Gweledigaeth:
Cyfrol Deyrn;
Yr Athro Gwyn T

Yr Athro Gwyn Thomas
(gyda chaniatâd caredig y ffotograffydd, Owain Llŷr, a'r Academi Gymreig)

Gweledigaethau: Cyfrol Deyrnged Yr Athro Gwyn Thomas

Golygydd:
Jason Walford Davies

Cyhoeddiadau Barddas
2007

ⓗ Y Cyfranwyr/Jason Walford Davies
Argraffiad Cyntaf: 2007

ISBN 978-1-906396-01-5

Cyhoeddwyd gan Gyhoeddiadau Barddas
Argraffwyd yng Nghymru gan Wasg Dinefwr, Llandybïe

Cynnwys

Diolchiadau 7
Byrfoddau 8
Y Cyfranwyr 9

Tair Cerdd

    'In Memory of Ted Hughes' 15
    R. S. Thomas

    'Y Bardd o'r Blaenau' 16
    Alan Llwyd

    'I Gwyn Thomas' 19
    Myrddin ap Dafydd

1. Rhagymadrodd 21
   Jason Walford Davies

2. Gwyn Thomas: Teyrnged 26
   John Gwilym Jones

3. Hanes Heledd Hyd Yma 29
   Marged Haycock

4. Yr Awdur a'i Gymeriadau: Y Portread o Efnisien
   yn Ail Gainc y Mabinogi 61
   Branwen Jarvis

5. 'Propaganda'r Prydydd': Gruffudd ap Llywelyn,
   Dafydd ap Llywelyn a'r Beirdd 79
   Peredur I. Lynch

6. Llythyr Serch o Fôn i Geredigion: Awdl Fawl
   Dafydd ap Gwilym i Ieuan Llwyd o Enau'r Glyn 121
   R. Geraint Gruffydd

7. Siôn Rhydderch y Bardd Caeth 134
   A. Cynfael Lake

8. 'Gosodir Ni yn Îs Na Phawb': Cymru Victoria ar Drywydd
   Enwogrwydd 159
   Hywel Teifi Edwards

9. Canu'r Mabinogi: Rhagarweiniad 173
   Dafydd Glyn Jones

10. Waldo Williams a 'Buddugoliaeth yr Afonydd' 201
    Jason Walford Davies

11. Yr Ianci o'r Blaenau: Golwg ar Gerddi Gwyn Thomas,
    1962–81 242
    Gerwyn Wiliams

12. Gwyn Thomas a'r Barchedig Iaith 269
    R. M. Jones

13. Gwyn Thomas: Y Bardd yn y Theatr a'r Cyfryngau 291
    William R. Lewis

14. Gwyn Thomas: Ei Ysgolheictod 322
    Gruffydd Aled Williams

15. Gwyn Thomas a Chyfieithu Dafydd ap Gwilym 350
    Dafydd Johnston

16. Gwyn Thomas: Y Bardd-feirniad 367
    Alan Llwyd

17. Llyfryddiaeth Yr Athro Gwyn Thomas 394
    Huw Walters

Mynegai 441

Diolchiadau

Hoffwn fel Golygydd y gyfrol deyrnged hon ddatgan fy niolch i'r canlynol: Emlyn Evans, Dafydd Meurig a Gwasg Gee am ganiatâd i ddyfynnu o'r cyfrolau gan Gwyn Thomas a gyhoeddwyd gan y wasg honno; Gwydion Thomas, Kunjana Thomas, Rhodri Thomas ac M. Wynn Thomas am ganiatâd i gynnwys cerdd R. S. Thomas; Eluned Richards, Bethan Mair a Gwasg Gomer am ganiatâd i ddyfynnu o weithiau Waldo Williams; Wil Rowlands am y darlun o Bulpud Huw Llwyd; John Meirion Morris, Llyfrgell Genedlaethol Cymru a Camwy MacDonald am y ddelwedd o'r benddelw efydd o Gwyn Thomas; Owain Llŷr, Yr Academi Gymreig a Lleucu Siencyn am y ffotograff o Gwyn Thomas, a gomisiynwyd fel rhan o gynllun Bardd Cenedlaethol Cymru (cynllun Yr Academi a ariennir gan Gyngor Celfyddydau Cymru); Elwyn Edwards am lunio'r mynegai; Damian Walford Davies am ei gymorth a'i gyngor; Alan Llwyd, Dafydd Llwyd, Cyhoeddiadau Barddas a Gwasg Dinefwr am eu manylder a'u gofal; a Gwyn Thomas ei hun am ei gefnogaeth ac am ateb sawl ymholiad. Dymunaf hefyd ddiolch i'r Athro Gerwyn Wiliams a'r Athro Peredur Lynch, gan gydnabod yn ddiolchgar gymorth ariannol o Gronfa Goffa D. Tecwyn Lloyd a Gwyneth Lloyd, Ysgol y Gymraeg, Prifysgol Cymru, Bangor. Y mae fy mhrif ddyled, fel arfer, i'm gwraig, Meinir Lloyd Davies.

Jason Walford Davies

Byrfoddau

CYFROLAU GWYN THOMAS

AD	*Amser Dyn* (Dinbych, 1972)
ARH	*Am Ryw Hyd* (Dinbych, 1986)
CM	*Cadwynau yn y Meddwl* (Dinbych, 1976)
CT	*Croesi Traeth* (Dinbych, 1978)
ChFf	*Chwerwder yn y Ffynhonnau* (Dinbych, 1962)
DM	*Darllen y Meini* (Dinbych, 1998)
EG	*Enw'r Gair* (Dinbych, 1972)
GA	*Gwelaf Afon* (Dinbych, 1990)
PDPhE	*Y Pethau Diwethaf a Phethau Eraill* (Dinbych, 1975)
SLl	*Symud y Lliwiau* (Dinbych, 1981)
W	*Wmgawa* (Dinbych, 1984)
WH	*Y Weledigaeth Haearn* (Dinbych, 1965)
YG	*Ysgyrion Gwaed* (Dinbych, 1967)

LLAWYSGRIFAU

Llsgr.	Llawysgrif
Llsgr. LlGC	Llawysgrif yng nghasgliad Llyfrgell Genedlaethol Cymru, Aberystwyth
Llsgr. BL Addl.	Llawysgrif Ychwanegol yng nghasgliad y Llyfrgell Brydeinig, Llundain

Y Cyfranwyr

MYRDDIN AP DAFYDD: Ganed ym 1956 a'i fagu yn Llanrwst, Dyffryn Conwy. Wedi cyfnod fel myfyriwr yn astudio Cymraeg ac yn ymchwilio ym maes y ddrama yn Aberystwyth, dychwelodd i Lanrwst i sefydlu Gwasg Carreg Gwalch ym 1980. Dan ei gyfarwyddyd a'i olygyddiaeth, datblygodd yn un o weisg prysuraf Cymru. Dysgodd y cynganeddion yn ifanc, gan ennill Cadair Eisteddfod yr Urdd ym 1974. Trodd at gyfansoddi caneuon yn bennaf yn ystod y 1970au a'r 1980au, cyn ennill Cadair yr Eisteddfod Genedlaethol am y tro cyntaf ym 1990, ac am yr eildro yn 2002. Cyhoeddodd dair cyfrol o farddoniaeth i oedolion—*Cadw Gŵyl* (Gwasg Carreg Gwalch, 1991), *Pen Draw'r Tir* (Gwasg Carreg Gwalch, 1998) a *Clawdd Cam* (Gwasg Carreg Gwalch, 2003)—ynghyd â nifer o gyfrolau i ddenu plant at farddoniaeth. Yn 2000, ef oedd Bardd Plant cyntaf Cymru.

HYWEL TEIFI EDWARDS: Wedi treulio dros ddeng mlynedd ar hugain yn Diwtor Efrydiau Allanol ac yna'n Athro'r Gymraeg ym Mhrifysgol Cymru, Abertawe, ymddeolodd ym 1995. Prif faes ei ymchwil yw diwylliant Cymraeg oes Victoria. Ef yw golygydd 'Cyfres y Cymoedd' Gwasg Gomer, a'r gyfrol *A Guide to Welsh Literature V: c.1800–1900* (Gwasg Prifysgol Cymru, 2000). Yn 2004 cyhoeddodd *O'r Pentre Gwyn i Gwmderi* (Gwasg Gomer), astudiaeth o ddelwedd y pentref yn llenyddiaeth y Cymry.

R. GERAINT GRUFFYDD: Athro Emeritws y Gymraeg, Prifysgol Cymru, Aberystwyth. Ymddeolodd fel Cyfarwyddwr Canolfan Uwchefrydiau Cymreig a Cheltaidd Prifysgol Cymru ym 1993. Ymddiddorodd mewn sawl maes, ond efallai mai ei gyfraniad mwyaf sylweddol yw ei waith fel Golygydd Cyffredinol 'Cyfres Beirdd y Tywysogion' y Ganolfan (7 cyfrol, 1991–6). Y mae'n parhau'n Olygydd Ymgynghorol 'Cyfres Beirdd yr Uchelwyr' y Ganolfan (Golygydd Cyffredinol: Ann Parry Owen; 35 cyfrol, 1994–), a *Geiriadur Prifysgol Cymru* (Golygyddion: Gareth A. Bevan a Patrick J. Donovan).

MARGED HAYCOCK: Athro'r Gymraeg yn Adran y Gymraeg, Prifysgol Cymru, Aberystwyth, lle y bu'n dysgu er 1979. Y mae'n arbenigo ar farddoniaeth yr Oesoedd Canol ac ar hanes y ferch yng Nghymru. Cyhoeddodd *Blodeugerdd Barddas o Ganu Crefyddol Cynnar* (Cyhoeddiadau Barddas, 1994), a chydolygodd gyfrol deyrnged J. E. Caerwyn Williams, *Cyfoeth y Testun: Ysgrifau ar Lenyddiaeth Gymraeg yr Oesoedd Canol* (Gwasg Prifysgol Cymru, 2003). Y mae ganddi lyfr yn yr arfaeth ar ferched a llenyddiaeth, ynghyd â golygiad o Lyfr Taliesin.

BRANWEN JARVIS: Aelod o staff Adran y Gymraeg, Prifysgol Cymru, Bangor o 1978 hyd ei hymddeoliad o'r Gadair yno yn Rhagfyr 2004. Bu'n cydweithio â Gwyn Thomas yn yr adran honno am dros ugain mlynedd. Llenyddiaeth y cyfnod o'r Dadeni Dysg ymlaen yw ei phrif ddiddordeb. Yn ddiweddar cyhoeddodd bennod ar 'Iolo Morganwg and the Welsh Cultural Background' yn y gyfrol *A Rattleskull Genius: The Many Faces of Iolo Morganwg* (Gwasg Prifysgol Cymru, 2005), a hi a olygodd *A Guide to Welsh Literature IV: c.1700–1800* (Gwasg Prifysgol Cymru, 2000). Cyhoeddodd hefyd gasgliad o'i hysgrifau beirniadol dan y teitl *Llinynnau* (Gwasg Taf, 1999). Trodd at y Mabinogi yn yr ysgrif a gyhoeddir yma er mwyn cydnabod diddordeb mawr Gwyn Thomas ym maes chwedloniaeth.

DAFYDD JOHNSTON: Graddiodd ym Mhrifysgol Caer-grawnt ym 1978, ac enillodd ddoethuriaeth ym Mhrifysgol Cymru, Aberystwyth. Ar ôl cyfnod yn darlithio yn yr Adran Gymraeg yng Nghaerdydd, fe'i penodwyd yn Athro'r Gymraeg ym Mhrifysgol Cymru, Abertawe ym 1995. Ymhlith ei gyhoeddiadau niferus ar lenyddiaeth yr Oesoedd Canol y mae *Gwaith Iolo Goch* (Gwasg Prifysgol Cymru, 1988), *Gwaith Lewys Glyn Cothi* (Gwasg Prifysgol Cymru, 1995) a *Llên yr Uchelwyr: Hanes Beirniadol Llenyddiaeth Gymraeg, 1300–1525* (Gwasg Prifysgol Cymru, 2005). Ef oedd arweinydd y tîm rhyngadrannol o ysgolheigion a luniodd olygiad newydd o waith Dafydd ap Gwilym ar ffurf electronig: <http://www.dafyddapgwilym.net> (2007).

DAFYDD GLYN JONES: Brodor o Garmel, Arfon, a chyn-ddarlithydd yn y Gymraeg ym Mhrifysgol Cymru, Bangor. Bu'n Gyd-olygydd *Geiriadur yr Academi*, ac yn ystod y blynyddoedd diweddar cyhoeddodd y tair cyfrol *Un o Wŷr y Medra: Bywyd a Gwaith William Williams, Llandygái, 1738–1817* (Gwasg Gee, 1999), *Agoriad yr Oes: Erthyglau ar Lên, Hanes a Gwleidyddiaeth Cymru* (Y Lolfa, 2001) a *Problem Prifysgol a Phapurau Eraill* (Gwasg Carreg Gwalch, 2003). Bu'n gyd-weithiwr i Gwyn Thomas ar staff Prifysgol Cymru, Bangor rhwng 1966 a 2000.

JOHN GWILYM JONES: Gweinidog yn Eglwys Annibynnol Bangor er 1967. Bu'n darlithio'n gynorthwyol am gyfnodau byrion yn Adran y Gymraeg ym Mhrifysgol Cymru, Bangor, a thros ryw bymtheng mlynedd ar Athrawiaeth a Diwinyddiaeth Fugeiliol yn Adran Diwinyddiaeth ac Astudiaethau Crefyddol y coleg hwnnw. Y mae'n gwasanaethu Cyd-bwyllgor Addysg Cymru ers dros ugain mlynedd bellach fel arholwr ac adolygydd papurau Safon Uwch. Bu'n olygydd a chyd-olygydd cylchgronau a chasgliadau Cristnogol, a bu'n sgriptio a darlledu ychydig. Ymddiddorodd yn y bywyd eisteddfodol, a chwblhaodd yn ddiweddar dymor fel Cadeirydd Panel Llenyddiaeth y Brifwyl.

R. M. JONES: Athro Emeritws y Gymraeg, Prifysgol Cymru, Aberystwyth, a Chymrawd o'r Academi Brydeinig. Ymhlith ei gyhoeddiadau diweddaraf y mae'r astudiaethau llenyddol *Mawl a'i Gyfeillion* (2000), *Mawl a Gelynion ei Elynion* (2002) a *Meddwl y Gynghanedd* (2005), y casgliad o straeon byrion *Rhy Iach* (2004) a'r cyfrolau o gerddi *Ôl Troed* (2003) ac *Y Fadarchen Hudol* (2005). Cyhoeddir y rhain oll gan Gyhoeddiadau Barddas.

A. CYNFAEL LAKE: Uwch-ddarlithydd yn Adran y Gymraeg, Prifysgol Cymru, Abertawe. Cyhoeddwyd ei olygiadau o weithiau Lewys Morgannwg, Siôn Ceri, Mathau Brwmffild ac eraill yng 'Nghyfres Beirdd yr Uchelwyr' Canolfan Uwchefrydiau Cymreig a Cheltaidd Prifysgol Cymru. Ymddiddora hefyd yn llenyddiaeth y ddeunawfed ganrif. Ef yw golygydd *Blodeugerdd Barddas o Ganu Caeth y Ddeunawfed Ganrif* (Cyhoeddiadau Barddas, 1993), a golygodd rai o anterliwtiau'r ganrif yn ogystal; ymddangosodd *Anterliwtiau Huw Jones o Langwm* (Cyhoeddiadau Barddas) yn 2000. Ar hyn o bryd y mae'n gyfrifol am gynllun a ariennir gan y Bwrdd Gwybodau Celtaidd i gasglu ynghyd a golygu holl faledi Huw Jones. Bu'n byw am gyfnod yn Nhanygrisiau, lle y maged Gwyn Thomas, ac, fel yntau, bu'n ddisgybl yn Ysgol y Moelwyn, Blaenau Ffestiniog.

WILLIAM R. LEWIS: Uwch-ddarlithydd yn Ysgol y Gymraeg, Prifysgol Cymru, Bangor. Ei briod faes yw'r theatr a'r ddrama, yn arbennig y ddrama Gymraeg fodern. Cyhoeddodd nifer o ymdriniaethau beirniadol â gweithiau John Gwilym Jones, ac ef yw awdur y drafodaeth ar y dramodydd hwnnw yn y gyfres 'Writers of Wales' (Gwasg Prifysgol Cymru, 1994). Y mae wedi llunio nifer helaeth o ddramâu, ac y mae pedair wedi eu cyhoeddi: *Geraint Llywelyn* (Gwasg y Glaslwyn, 1976), *Ymylau Byd* (Gwasg Taf, 1999), *Golff* (Gwasg Carreg Gwalch, 2000) a *Ffrwd Ceinwen* (Gwasg Taf, 2000). Y mae'n un o gyn-fyfyrwyr Gwyn Thomas, a bu'n gydweithiwr iddo am flynyddoedd lawer yn Adran y Gymraeg, Prifysgol Cymru, Bangor.

PEREDUR I. LYNCH: Brodor o Garrog yn yr hen Sir Feirionnydd. Ar ôl graddio yn y Gymraeg ym Mangor (wrth draed Gwyn Thomas, ymhlith eraill), bu'n Gymrawd Ymchwil yng Nghanolfan Uwchefrydiau Cymreig a Cheltaidd Prifysgol Cymru yn Aberystwyth rhwng 1985 a 1990, ac yna'n Ddarlithydd yn Adran y Gymraeg, Prifysgol Cymru, Abertawe. Dychwelodd i'w hen adran yn ddarlithydd ym 1995 (Gwyn Thomas oedd pennaeth yr adran erbyn hynny). Fe'i dyrchafwyd yn Athro yn 2005, ac ef oedd Pennaeth Adran y Gymraeg rhwng 2003 a 2006. Y mae ganddo gyhoeddiadau lluosog ym maes llenyddiaeth Gymraeg yr Oesoedd Canol, a chyfrannodd yn helaeth i 'Gyfres Beirdd y Tywysogion' y Ganolfan Uwchefrydiau Cymreig a Cheltaidd (1991-6).

ALAN LLWYD: Ganed yn Nolgellau ym 1948, a threuliodd ei blentyndod yn Llan Ffestiniog, Meirionnydd, ac ym Mhen Llŷn. Graddiodd gydag Anrhydedd yn y Gymraeg ym Mangor ym 1970, ac y mae'n Gymrawd er Anrhydedd yn ei hen goleg. Y mae'n gweithio i'r Gymdeithas Gerdd Dafod, ac ef yw Golygydd ei chylchgrawn, *Barddas*. Ef hefyd sy'n gyfrifol am ochr gyhoeddi'r Gymdeithas. Cyhoeddodd bron hanner cant o lyfrau un ai fel awdur neu olygydd. Ymhlith ei gyhoeddiadau diweddaraf y mae *Rhyfel a Gwrthryfel: Brwydr Moderniaeth a Beirdd Modern* (Cyhoeddiadau Barddas, 2003), *Cymru Ddu: Black Wales* (Hughes, 2005) a *Clirio'r Atig a Cherddi Eraill* (Cyhoeddiadau Barddas, 2005). Yn ddiweddar cyhoeddodd y ddwy gyfrol gyntaf yn ei gyfres ar hanes yr Eisteddfod yn yr ugeinfed ganrif: *Y Gaer Fechan Olaf: Hanes Eisteddfod Genedlaethol Cymru 1937-1950* (Cyhoeddiadau Barddas, 2006) a *Blynyddoedd y Locustiaid:*

Hanes Eisteddfod Genedlaethol Cymru 1919–1936 (Cyhoeddiadau Barddas, 2007).

JASON WALFORD DAVIES: Uwch-ddarlithydd yn Ysgol y Gymraeg, Prifysgol Cymru, Bangor a Chyd-gyfarwyddwr Canolfan Ymchwil R. S. Thomas yn y coleg hwnnw. Prif feysydd ei ymchwil yw llenyddiaeth Gymraeg yr Oesoedd Canol a'r ugeinfed ganrif, a Llên Cymru yn Saesneg. Cyhoeddodd yn helaeth ar waith R. S. Thomas, ac ymhlith ei ymdriniaethau â'r bardd hwnnw y mae'r cyfrolau *R. S. Thomas: Autobiographies* (J. M. Dent, 1997), a *Gororau'r Iaith: R. S. Thomas a'r Traddodiad Llenyddol Cymraeg* (Gwasg Prifysgol Cymru, 2003)—monograff a osodwyd ar Restr Fer Llyfr y Flwyddyn 2004. Enillodd y Goron yn Eisteddfod Genedlaethol Casnewydd 2004 â'i ddilyniant 'Egni'. Cydolygodd y gyfrol *Cof ac Arwydd: Ysgrifau Newydd ar Waldo Williams* (Cyhoeddiadau Barddas, 2006)—casgliad sy'n cynnwys ei astudiaeth estynedig ar 'Waldo Williams a "Chymdeithasiad Geiriau"'. Y mae wrthi'n llunio cofiant i Waldo yn y gyfres 'Dawn Dweud' (Gwasg Prifysgol Cymru), a hefyd yn paratoi'r golygiad beirniadol diffiniol o gerddi'r bardd ar gyfer Gwasg Gomer. Y mae'n un o gyn-fyfyrwyr Gwyn Thomas, a bu'n gyd-weithiwr iddo yn Adran y Gymraeg, Prifysgol Cymru, Bangor rhwng 1993 a 2000.

HUW WALTERS: Brodor o Ddyffryn Aman, Sir Gâr. Enillodd ddoethuriaeth ym 1985 am draethawd ar ddiwylliant barddol maes y glo carreg. Cyhoeddwyd rhannau o'r gwaith hwnnw yn *Canu'r Pwll a'r Pulpud* (Cyhoeddiadau Barddas, 1987), cyfrol y dyfarnwyd iddi dair gwobr lenyddol, yn cynnwys Gwobr Cyngor y Celfyddydau. Llyfryddwr a llyfrgellydd ydyw yn ôl ei alwedigaeth, ac y mae'n Bennaeth Uned Llyfryddiaeth Cymru yn Llyfrgell Genedlaethol Cymru, Aberystwyth. Y mae wedi llunio llyfryddiaethau o weithiau cyhoeddedig ein prif ysgolheigion, yn eu plith John Morris-Jones, E. D. Jones, Bedwyr Lewis Jones, R. Geraint Gruffydd, D. J. Bowen a J. E. Caerwyn Williams. Cyhoeddwyd cyfrol o'i ysgrifau, *Cynnwrf Canrif: Agweddau ar Ddiwylliant Gwerin*, gan Gyhoeddiadau Barddas yn 2004. Y mae'n arbenigo ar gynnyrch y wasg gyfnodol Gymreig, a chyhoeddwyd dwy lyfryddiaeth ganddo ar y cynnyrch hwnnw gan Lyfrgell Genedlaethol Cymru, sef *Llyfryddiaeth Cylchgronau Cymreig, 1735–1850* (1993) a *Llyfryddiaeth Cylchgronau Cymreig, 1851–1900* (2003). Y mae'n Gymrawd o Gymdeithas yr Hynafiaethwyr (FSA).

GERWYN WILIAMS: Athro a Phennaeth Ysgol y Gymraeg ym Mhrifysgol Cymru, Bangor, lle y bu'n cydweithio am flynyddoedd lawer â Gwyn Thomas. Y mae'n awdur nifer o astudiaethau beirniadol, yn cynnwys *Tir Neb: Rhyddiaith Gymraeg a'r Rhyfel Byd Cyntaf* (Gwasg Prifysgol Cymru, 1996), cyfrol a enillodd wobr Llyfr y Flwyddyn 1997, a *Tir Newydd: Agweddau ar Lenyddiaeth Gymraeg a'r Ail Ryfel Byd* (Gwasg Prifysgol Cymru, 2005). Ymhlith ei gyhoeddiadau fel golygydd y mae'r cyfrolau *Gorau Cyfarwydd: Detholiad o Ddarlithoedd ac Ysgrifau Beirniadol Bedwyr Lewis Jones* (Cyhoeddiadau Barddas, 2002) a *Rhyddid y Nofel* (Gwasg Prifysgol Cymru, 1999). Enillodd y Goron yn Eisteddfod Genedlaethol Nedd a'r Cyffiniau 1994, a'i gyfrol ddiweddaraf o gerddi yw *Tafarn Tawelwch* (Gwasg Carreg Gwalch, 2003). Ef yw golygydd *Ysgrifau Beirniadol* (Gwasg Gee).

GRUFFYDD ALED WILLIAMS: Athro'r Gymraeg a Phennaeth Adran y Gymraeg ym Mhrifysgol Cymru, Aberystwyth er 1995. Cyn hynny bu'n Ddarllenydd yn Adran y Gymraeg, Prifysgol Cymru, Bangor, lle y bu'n gydweithiwr i Gwyn Thomas am 25 mlynedd. Yn ogystal â'i gyfrol *Ymryson Edmwnd Prys a Wiliam Cynwal* (Gwasg Prifysgol Cymru, 1986), cyhoeddodd nifer helaeth o erthyglau ar farddoniaeth yr Oesoedd Canol a llenyddiaeth y Dadeni. Ymhlith ei gyfraniadau diweddar y mae pennod hir ar hanes llenyddiaeth Sir Feirionnydd yn y gyfrol *History of Merioneth, Volume II: The Middle Ages* (Gwasg Prifysgol Cymru, 2001), a phennod yn *The Cambridge History of Literary Criticism, Volume II: The Middle Ages* (Gwasg Prifysgol Caer-grawnt, 2005). Ef yw golygydd *Llên Cymru* a Chadeirydd Cymdeithas Astudiaethau'r Gymraeg.

In Memory of Ted Hughes

I think looking askance
into nature's mirror he saw,
even as I do, a god
hiding his face. In answer

to the question 'where
does the blood come from?'
he imagined some iron
smithy, where drops were forged

to make nails for a defenceless
body, and pain shone its rainbow
through the sunniest of showers.
If birds sang it was out

of the depths of the crow's
shadow, and life in search
of what life is looked long
into its own entrails. Is there

mercy? He bends now
over a darker river, making
his cast times out of mind,
for the big poem, bigger than the last.

R. S. Thomas

Y Bardd o'r Blaenau
i Gwyn Thomas ar ei ymddeoliad

Cyn imi gael fy mhen-blwydd
yn bump, yr oeddwn yn byw
mewn pentre bychan o'r enw Llan Ffestiniog,
pentre bychan nad oedd ei leoliad ymhell
o gyrraedd y Ffestiniog arall—
y Blaenau: y Blaenau a godai'r fath ofn ar blant
y Llan, yn y dyddiau pell hynny.

Does gen i, ar ôl yr holl amser,
ddim llawer o gof am y Llan
erbyn hyn, ond dwi'n cofio'r Blaenau:
y Blaenau â'i greigiau'n graith
ar wyneb y tirlun crin;
dwi'n cofio pob clogwyn cilwgus
yn bygwth cau amdanaf,
a'r llechi oer, llechwraidd
yn sleifio tuag ataf yn araf yn hunllef y nos;
ac er bod y creigiau weithiau
yn un sglein yn nawns y glaw,
a'r llechi'n llachar gan heulwen,
yr un oedd yr ofn,
gan mai byd caeëdig ydoedd,
byd diorwel ac eithrio gorwel o gerrig,
gorwel o greigiau geirwon.

Ac mae'n rhyfedd meddwl
mai'r un lle a fagodd y ddau ohonom,
mai'r un graig a'n naddodd ni,
er na bu i'n llwybrau groesi dan gysgod y graig
honno erioed, hyd y gwn.

Pan oeddwn oddeutu pump, gadewais y Llan
a symudais i Lŷn y traethau,
ac i Lŷn y gwylanod. Gwahanol oedd y creigiau yno,
ac roedd y môr yn Llŷn yn ymestyn ymhell
tua'r gorwel; tir garw
ond tir agored, mor agored â'r môr a gurai
yn erbyn y graig;
ac er bod y môr ar brydiau fel carreg las wastad
a chŷn y gwynt yn ei hollti
yn llechi o donnau, nid llechi Ffestiniog
mohonynt hwy;
ac er bod Llŷn yn ehangach, bach oedd y byd
i mi o hyd.

Ac yn ddeunaw gadewais Lŷn
i hwylio am y coleg ym Mangor,
ac fe groesodd ein llwybrau ni'n dau yng nghynteddau dysg.
Roedd y plentyn o'r Llan erbyn hyn yn fyfyriwr ifanc,
a'r glaslanc o'r Blaenau'n ddarlithydd:
y naill, yr un o Ben Llŷn,
yn oedran gwas, a'r llall â greddf gadarn gŵr,
ac ef a'm haddysgodd i.

Yn raddol newidiwyd o'm blaen
dirweddau ein daearyddiaeth;
ymestynnai'r Gymraeg o'm blaen
yn dirlun ymhob darlith,
yn dirluniau diorwel o hanes
a llên holl ganrifoedd ein llinach.
Yno, fe ehangai ef
orwel iaith â'i ddarlithoedd,
ac aeth â mi i Gatráeth a thiriogaeth Rheged,
a'r Dref Wen ym mron y coed,
ac roedd tiriogaeth helaeth ein hen fytholeg
yno yn ymagor o'm blaen;
yno ehangai, ymestynnai'r 'Stiniog

o greigiau'n Abercuawg a Rheged,
ac yno yn y stafell ddarlithio, wrth draethu ar lên,
aeth daear faith y Dref Wen
yn rhan o'm Cymru innau.

Ac aeth byd caeëdig y Blaenau
yn ehangder cof, wrth ein dwyn ni ynghyd, a'r cyfoeth
cynhysgaeth yn gynhysgaeth i ni;
ac mae'n rhyfedd meddwl fel y bu
i'r un graig anhringar hogi
gwydnwch y Gymraeg yn ein gwaed,
ac fel y bu i'r un tirlun ein naddu ni
yn rhan o Gymru a'i hiaith.

Alan Llwyd

I Gwyn Thomas

Am fod golau dan dy bedolau di'n
Chwarae, Osian, dos ar farch a chroesi
Degawdau'r dŵr. Dos, yn henwr heini,
I'r nos gynnar o ynys y geni.
O dan dylluan y lli a'i hangau,
Dos â dy eiriau yno'n dosturi.

Diosg dy wynfyd euog,
Tariannau aur Tir-na-nÓg.

Wyneba fedd yr heddiw
A'r llwch dros ffenestri lliw.

Dwed wrth godi llechi'r llawr
Fod dynion dan fawd Ionawr.

Yn y niwl cei fanylu
Ar erchwyn y dychryn du.

Cân ein marwnad, fod crac yn ein mêr-ni,
Mai mesur henaint 'mae amser inni,
Ond rho ynom angerdd drwy dy gerddi
I weld y gwefrau, gwneud i'r eiliad gyfri.
Cwyn y gân yw cic ein geni ninnau
Am fod golau dan dy bedolau di.

Myrddin ap Dafydd

Rhagymadrodd

Jason Walford Davies

Cyhoeddir y gyfrol deyrnged hon i gydnabod cyfraniad sylweddol un o ffigyrau llenyddol pwysicaf ail hanner yr ugeinfed ganrif a dechrau'r unfed ar hugain yng Nghymru, Yr Athro Gwyn Thomas. Y mae'r cyhoeddi'n amserol: ddiwedd 2006 bu iddo ddathlu ei ben-blwydd yn ddeg a thrigain oed, ac ef yw Bardd Cenedlaethol cyfredol Cymru. Comisiynwyd y pedair ysgrif ar ddeg a geir yma, ynghyd â'r Deyrnged a'r llyfryddiaeth o weithiau Gwyn Thomas (a fydd yn adnodd anhepgor i ysgolheigion, ymchwilwyr a darllenwyr cyffredin fel ei gilydd), yn arbennig ar gyfer y *Festschrift*, ac y mae'n briodol fod yma gyfraniadau hefyd gan dri o feirdd amlycaf y Gymru fodern. Yn gymwys iawn, gwelir bod cynrychiolaeth gref o hen adran Gwyn, Adran y Gymraeg, Prifysgol Cymru, Bangor, ymhlith y rheini a ddaeth ynghyd yn y fan hon i anrhydeddu un o brif leisiau diwylliannol Cymru yn ystod yr hanner can mlynedd a aeth heibio.

Bu i un o raddedigion Bangor, R. S. Thomas, anfon ei gyfraniad ef ataf yn nyddiau cynnar y prosiect hwn. Gyda'r gerdd yr oedd llythyr gan Thomas yn disgrifio 'In Memory of Ted Hughes' fel 'un o'm cerddi o werth'. Yr oedd hyn ddeufis yn unig cyn marwolaeth y bardd ym mis Medi 2000, a dichon fod modd, bellach, ddarllen y gerdd fel disgrifiad o R. S. Thomas ei hun. Fe'i cyhoeddir yma am y tro cyntaf, fel arwydd o'r parch mawr a oedd gan y bardd tuag at ei gyfaill a'i gydenw o'r Blaenau. Y mae'r gerdd hefyd yn fodd i'n hatgoffa, ar ddechrau'r gyfrol deyrnged, am ddiddordeb Gwyn Thomas ar hyd y blynyddoedd ym maes Llên Cymru yn Saesneg—ac yng ngwaith R. S. Thomas ei hun yn arbennig[1]—ac am ei bwyslais ar bwysigrwydd cynnal dialogau ar draws ffiniau dwy lenyddiaeth Cymru.

Wrth wraidd yr hyn a ddethlir yn y gyfrol deyrnged hon y mae gweledigaeth ddiwylliannol amlweddog a chynhwysol Gwyn Thomas. Ac felly'r teitl, *Gweledigaethau*. Teitl ydyw sy'n dwyn ynghyd sawl agwedd ar gyfraniad Gwyn: ei waith diffiniol ar *Weledigaetheu* Ellis Wynne (ac yn sgil hynny ei waith fel ysgolhaig yn gyffredinol), ei (syth)weleiad fel un o feirdd mwyaf dylanwadol ei genhedlaeth (gan adleisio yn ogystal deitl y gyfrol gynnar bwerus honno o'i eiddo, *Y Weledigaeth Haearn* (1965)), a hefyd ei gyfraniad blaengar—chwyldroadol yn wir—ym maes 'Llunyddiaeth', a nodi rhai enghreifftiau'n unig. At hyn, caiff Gwyn Thomas ei anrhydeddu yn y fan hon â phedair ar ddeg o ysgrifau gan rai o ysgolheigion a beirniaid llenyddol mwyaf blaenllaw Cymru—ysgrifau sydd hwythau'n torri tir newydd yn eu gwahanol feysydd, ac sy'n goleuo ymhellach gorff o lenyddiaeth a ddehonglwyd mor gyrhaeddgar (ac mor afaelgar) gan wrthrych y gyfrol deyrnged hon dros y blynyddoedd. Y mae'r cyfraniadau hyn hwythau, gan hynny, yn 'weledigaethau'.

Pan holwyd Gwyn Thomas yn ddiweddar sut brofiad oedd gweld penddelw ohono yn cael 'ei llunio gan y cerflunydd John Meirion Morris (atgynhyrchwyd y gwaith trawiadol hwn ar glawr cefn y gyfrol bresennol), ymatebodd drwy nodi ei bod yn 'rhyfedd edrych arnoch eich hun o bob cyfeiriad'.[2] Wrth gynllunio'r gyfrol deyrnged hon, dyna'r union nod a osodais i mi fy hun fel golygydd—creu *Festschrift* a fyddai'n edrych ar gyfraniad Gwyn Thomas 'o bob cyfeiriad'. (Efallai'n wir y bydd y profiad o fod yn wrthrych cyfrol deyrnged hefyd yn 'rhyfedd' iddo, ac yntau'n ŵr mor ddiymhongar a dirodres; ond da gennyf ddweud mai gyda'i ganiatâd nodweddiadol garedig yr ymatebodd Gwyn i'm bwriad o lunio cyfrol er anrhydedd iddo.) Er mwyn cyrraedd y nod honno o archwilio gwaith y ffigwr llenyddol amlochrog hwn o gymaint o wahanol onglau â phosibl, yr oedd yn rhaid imi feddwl o ddifrif ynghylch y ffordd orau o strwythuro'r gyfrol. Gan fod Gwyn Thomas yn un o'n llenorion a'n hysgolheigion mwyaf cynhyrchiol, a chan mai syfrdanol yw'r amrywiaeth sy'n nodweddu ei ddiddordebau, nid addas—camarweiniol yn wir—fuasai mabwysiadu'r dull a geir mewn cymaint o gyfrolau teyrnged, sef pennu un pwnc neu un maes cyffredinol ar gyfer y cyfranwyr oll. Yn lle hynny, penderfynais ar gyfuniad o ddwy ffordd o dalu teyrnged, sef drwy gomisiynu, yn y lle cyntaf, ysgrifau ar bynciau a fyddai'n adlewyrchu (ond nid yn slafaidd) ddiddordebau ymchwil eang Gwyn, ac, yn ail, ysgrifau a fyddai'n archwilio'r gwahanol weddau ar ei waith ef ei hun: Gwyn Thomas y bardd, yr ysgrifennwr ar gyfer y theatr a'r cyfryngau, yr ysgolhaig, y cyfieithydd a'r 'bardd-feirniad'. Yn achos y grŵp cyntaf hwnnw o gyfraniadau, fe welir eu bod, gyda'i gilydd, yn ffurfio math diddorol ar 'hanes llên Gymraeg' wrth ein tywys o'r Hengerdd, y Pedair Cainc, y Gogynfeirdd a Dafydd ap Gwilym at lenyddiaeth yr ail ganrif ar bymtheg a'r ddeunawfed, ac ymlaen wedyn i'r byd Fictoraidd a'r ugeinfed ganrif. Eithr ceir yma rywbeth mwy cyffrous o lawer nag arolwg o hanes ein llenyddiaeth. Y mae awduron yr ysgrifau hyn oll yn cynnig darlleniadau newydd a ffres o destunau llenyddol eu dewis feysydd: er enghraifft, drwy fapio, drwy'r canrifoedd, hynt a helynt creadigaeth lenyddol soffistigedig a dylanwadol—cymeriad Heledd o'r canu englynol cynnar—o'i genesis hyd at y presennol; drwy ddarparu testun newydd o awdl fawl rymus gan Ddafydd ap Gwilym; drwy gynnig dehongliad dadlennol o un o *dramatis personae* mwyaf drwgenwog ein llên, Efnisien o chwedl Branwen ferch Llŷr; neu drwy archwilio, yng nghyswllt canu'r ugeinfed ganrif, gerddi a themâu na chawsant hyd yma y sylw beirniadol dyledus. A pherthnasol yw tynnu sylw yma at y ffaith fod sawl un o ymdriniaethau'r gyfrol â llenyddiaeth y gorffennol yn mynd ati i ddadlennu arwyddocâd *cyfoes* dramatig y testunau dan sylw. Yn achos yr ail grŵp o gyfraniadau—yr astudiaethau ar waith Gwyn Thomas ei hun—fe welir bod y sawl a anrhydeddir, ac yntau ymhlith ffigyrau mwyaf allweddol llên Gymraeg fodern, yn cymryd ei le yn naturiol yn yr olyniaeth lenyddol a ddadansoddwyd yn hanner cyntaf y gyfrol.

Ceir yma, fe hyderir, gyfrol gydlynus ac iddi unoliaeth ar sawl lefel. Y mae i'r trafodaethau ar weithiau Gwyn Thomas eu hunoliaeth eu hunain yn y modd y maent oll yn eu gwahanol ffyrdd yn tystio i'r berthynas symbiotig sy'n bodoli rhwng yr amrywiol weddau hynny ar ei gyfraniad diwylliannol—ei farddoniaeth, ei waith ar gyfer y cyfryngau, ei ysgolheictod, ei gyfieithiadau a'i feirniadaeth lenyddol. Dyma un o brif themâu'r rhan hon o'r gyfrol. Dadlennir sut y mae'r amryfal weddau ar *oeuvre* Gwyn Thomas yn maethu ei gilydd ac yn rhan o weledigaeth (dyna'r gair hwnnw unwaith eto) lywodraethol, ddemocrateiddiol dra dylanwadol. Ac y mae i unoliaeth y gyfrol deyrnged hon ddimensiwn pellach, sef y rhwydwaith o gysylltiadau pynciol, thematig ac adleisiol awgrymus rhwng ysgrifau'r gyfrol ar ei hyd. Er enghraifft, dyna'r berthynas rhwng pennod Branwen Jarvis ar Efnisien ac astudiaeth Dafydd Glyn Jones ar ymateb beirdd yr ugeinfed ganrif (yn cynnwys Gwyn Thomas ei hun) i'r Mabinogi; neu dyna'r modd yr ymgysyllta ymdriniaeth destunol-feirniadol R. Geraint Gruffydd â Dafydd ap Gwilym ag ysgrif Dafydd Johnston ar drosiadau Gwyn Thomas o waith y bardd hwnnw—ysgrif sy'n mynd i'r afael â'r gwahanol gyfuniadau sy'n rhan o'r weithred o gyfieithu yn y cyswllt hwn: ysgolheictod ac ysgrifennu creadigol, y canoloesol a'r modern, y Gymraeg a'r Saesneg. Yn wir, y mae'n dra chymwys fod Dafydd ap Gwilym—ei Ddafydd ap Gwilym 'hoff', chwedl Gwyn[3]—yn bresenoldeb grymus mewn sawl ysgrif arall yn y gyfrol hon (gweler, er enghraifft, gyfraniadau R. M. Jones a'r golygydd). Cyflwyna Hywel Teifi Edwards ei astudiaeth ef ar awydd rhai o Gymry'r bedwaredd ganrif ar bymtheg i 'godi arwyr, i'w consurio . . . yn bantheon o enwogion' i 'fardd o ysgolhaig sydd wedi mawrhau arwyr o gynfyd y Mabinogion hyd at Orllewin Gwyllt John Wayne, jyngl Tarzan a marchogion Rhyfeloedd y Sêr, gan ddal mewn cerdd i Elvis, "'Dydi arwyr ddim yn marw"'. Dyma ddarparu llinyn cyswllt thematig diddorol â phennod Gerwyn Wiliams, er enghraifft, ar ymlyniadau trawsatlantig Gwyn Thomas a dylanwad diwylliant America ar ei awen. Pennod yw hon, sydd, wrth ymdrin ag 'awen ddemocrataidd' Gwyn Thomas, yn ei thro yn cynnal dialog ddadlennol â'r un ddilynol, lle y trafoda R. M. Jones rai o strategaethau barddol Gwyn Thomas yng nghyd-destun ei berthynas â'r 'barchedig iaith'. Gwelir felly fod yma gydbwysedd rhwng annibyniaeth ac unigolyddiaeth y gwahanol gyfraniadau ar y naill law, a'u cyswllt bywiol â'i gilydd ar y llall.

Tystia'r gyfrol deyrnged hon yn huawdl i'r parch mawr sydd i Gwyn Thomas ymhlith ei gyn-fyfyrwyr, ei gyfeillion a'i gyd-weithwyr dros y blynyddoedd. Mewn cynhadledd ym Mangor a drefnwyd gan Yr Athro Gerwyn Wiliams yn ddiweddar—'Mwy Na Rhywbeth i'w Wneud?: Barddoni Mewn Canrif Newydd'[4]—y nod a osodwyd oedd ymateb i ddatganiad (hanner) cellweirus Gwyn Thomas ar ddiwedd un o'i gerddi diweddar, 'Be Ydi Barddoni?': 'Wel, y mae o, welwch chi,/Yn rhywbeth i'w wneud/On'd ydi?'.[5] Wrth gyflwyno'r gyfrol deyrnged hon i'r Athro Gwyn Thomas, dyma ddatgan yn hyderus fod yr amryfal 'weledigaethau' a gynigir yn y cyfraniadau i'r gyfrol yn darparu tystiolaeth gref o blaid y ddadl fod creu—a dehongli—llenyddiaeth yn y Gymraeg ar ddechrau'r unfed ganrif ar hugain yn llawer, llawer mwy na 'rhywbeth i'w wneud' yn unig.

NODIADAU

1. Gweler, er enghraifft, ei ysgrif 'Barddoniaeth R. S. Thomas', yn M. Wynn Thomas (gol.), *R. S. Thomas: Y Cawr Awenydd* (Llandysul, 1990), 1–22.
2. 'A Fo Ben . . .', *Golwg*, 18, 24 (23 Chwefror 2006), 20. Gweler hefyd Gwyn Thomas, 'Artist Penigamp—John Meirion Morris', *Y Faner Newydd*, 36 (2005), 13.
3. Gweler y gerdd 'Llwynog' yn Gwyn Thomas a Ted Breeze Jones, *Anifeiliaid y Maes Hefyd* (Gwasg Dwyfor, 1993), 23.
4. Cynhadledd a gynhaliwyd ym Mhrifysgol Cymru, Bangor, 17–18 Tachwedd 2006, dan nawdd Ysgol y Gymraeg, y Sefydliad Cymreig ar Faterion Cymdeithasol a Diwylliannol (WISCA) a'r Academi Gymreig. Arni, gweler rhag-hysbysiad Gerwyn Wiliams, 'Mwy Na Rhywbeth i'w Wneud?: Barddoni Mewn Canrif Newydd', *Barddas*, 288 (Mehefin/ Gorffennaf 2006), 10–11. Cyhoeddwyd cyfraniadau Myrddin ap Dafydd a Tudur Hallam i'r gynhadledd yn *Taliesin*, 130 (Gwanwyn 2007).
5. Gwyn Thomas, *Apocalups Yfory* (Cyhoeddiadau Barddas, 2005), 9.

Gwyn Thomas: Teyrnged

John Gwilym Jones

Daeth cyfaill i mewn i 'mywyd i ryw hanner can mlynedd yn ôl. Ond buan y gwelais na chrewyd Gwyn fel y gweddill ohonom.
Mae'n anodd credu iddo fod erioed yn blentyn, ac eto mae'r plentyn wedi aros yn ei farddoniaeth a'i gymeriad ar hyd ei fywyd. Pan aeth i Brifwyl Ystradgynlais yn llencyn dwy ar bymtheg oed, nid plentyn ysgol a welem. Yr oedd yno ar wahoddiad yr hen Gyd-bwyllgor am mai ef oedd disgybl Cymraeg disgleiriaf Meirionnydd y flwyddyn cynt. Ond y llenor a'r ysgolhaig a welem hyd yn oed y pryd hwnnw, yn prysuro'n frwd o bafiliwn i babell ac yn ôl i gyngerdd gyda'r nos, yn aml iawn ar ei ben ei hun.
Wn i ddim a oedd gan farwolaeth annhymig ei fam rywbeth i'w wneud â'i aeddfedrwydd ifanc. Rhan o'r aeddfedrwydd hwnnw yn sicr oedd ei deyrngarwch i oedfaon yn y Blaenau. Hyd yn oed yn hynny roedd yna rywbeth ar wahân yn nefosiwn Gwyn. Rwy'n cofio ei weld un bore Sul. Erbyn meddwl, ni chofiaf imi sôn am hyn erioed wrtho. Cofio ei weld drwy ffenest gaeëdig Tŷ Capel Bryn Bowydd, lle'r oeddwn i'n lletya, ac yntau yn ugain oed unig ym mhen draw'r sgwâr, yn troedio'n fwriadus i gyfeiriad yr oedfa yn Jerwsalem. Os cymeriad pell fel yna, ac anghyraeddadwy, fu Gwyn i mi am flynyddoedd, rhyfeddwn at allu ei feddwl treiddgar. Ac yn wir, roedd arnaf ychydig o ofn ei feiddgarwch yn un neu ddau o'i ddarnau cynnar.
Daethai'r meddwl dadansoddol craff i'r golwg yn fuan. Ac er i Gymru golli gwyddonydd disglair—yn ôl tystiolaeth ei gyfoeswyr yn Ysgol y Moelwyn—pan droes at y celfyddydau, fe enillodd y genedl lenor ac ysgolhaig sy'n cyfoethogi ei bywyd.
Gŵyr pawb a'i hadnabu nad pell nac anghyraeddadwy mo Gwyn. Ni allech gael neb yn nes, oherwydd does dim yn perthyn iddo i'ch rhwystro rhag dod ato. Mae ei gymeriad mor ddiaddurn â'i farddoniaeth, ac ni

chuddiodd erioed y tu ôl i fân gymadiwau academia. Eto rhaid cyfaddef ei fod yn enigma, a bod y gwrthebau yn ei gymeriad yn aml yn ddigon i'ch taflu chi. Ni fydd y wên ymylon-ceg yna fyth yn bell i ffwrdd pan fyddwn ni'n seiadu yn y Cwrdd Paratoad neu pan fydd Gwyn yn gwrando ar rai o draethiadau ymdrechgar ei weinidog yn y pulpud.

Eto, rhowch Gwyn ar faes criced a'r bêl yn ei law, ac mae mor ddifrifol a rhagfarnllyd â'r gwaetha' o gricedwyr Lloegr. Gollyngwch chi ddaliad yn y slips oddi ar ei fowlio, a byddwch yn lwcus os cewch chi faddeuant cyn wynebu tân uffern. Ar drip Ysgol Sul 'slawer dydd tua Butlins, wedi gofalu'n barchus fod Jennifer yn cael y fraint o fugeilio'r plant, byddai yntau yn denu rhyw druan o gyfaill at y byrddau snwcer. I fwynhau gêm, meddech chi? Dim o'r fath beth. Mwynhau ennill. A deellais, wedi rhai blynyddoedd diniwed, mai i'r pwrpas hwnnw y byddai'n gofalu dethol gwrthwynebydd di-glem.

Os yw weithiau'n ddireidus fel gwrandawr pregeth neu addolwr mewn seiat, yr wrtheb eto yw na cheir neb mwy teyrngar i'w eglwys a'i gyd-aelodau, yn gymwys fel ei deyrngarwch i'w staff yn Adran y Gymraeg, Bangor dros y blynyddoedd. Ni chaech chi feddwl mwy miniog a dadansoddol, ac eto bydd wrth ei fodd yn niwloedd hud a lledrith yr ocwlt. Cyflawnodd ei ddasgau fel darlithydd ac Athro gydag ymroddiad diarbed, ac eto ni chyrhaeddodd neb Gadair Prifysgol ar lai o uchelgais.

Bu am flynyddoedd helaeth â gofal am arholiadau Lefel A i'r Cydbwyllgor Addysg. Yr oedd ei drylwyredd parthed cywirdeb y papurau yn addysg ynddo'i hun. Sicrhâi gyfrinachedd drwy gadw'i stydi dan glo tra byddai'r papurau yn ei feddiant, a thra byddai'r sgriptiau'n cael eu marcio. Manylai ar anghenion pob ateb, gan annog trugaredd at y gweiniaid. Ond wedyn byddai'n rholio gan fwynhad ar gorn digrifwch anfwriadol ambell ymgeisydd.

Mae ganddo edmygedd digymysg at ysgolheictod y cewri a'i rhagflaenodd ym maes llenyddiaeth Gymraeg. Er hynny, pan ddaeth i gyflwyno'r llenyddiaeth honno i Gymry diwedd yr ugeinfed ganrif, nid carreg ateb i waith na dulliau Ifor Williams a Thomas Parry fu Gwyn. Cyflwynodd i genhedlaeth ifanc drysorau ein llên mewn ffordd sydd wedi gafael yn eu dychymyg.

Ni wn i am unrhyw fardd na llenor arall yng Nghymru sydd â'i fywyd a'i farddoniaeth yn undod cyson. Fe geir llawer bardd sy'n canu rhyw deimladau ail-law am anghyfiawnderau'r byd. Ond y tu ôl i gerddi Gwyn

—rhai tebyg i 'Cadwynau yn y Meddwl'—mae yna ryw ffromi greddfol yn wyneb anghyfiawnder. Mae'n medru codi ar ei draed ôl weithiau, pa bryd bynnag y gwêl gam. A'r pryd hwnnw, gwae y rhai sydd yn ei ymyl.

Pam ar wyneb y ddaear felly na chlywais i mohono erioed yn disgyblu ei blant? Wnes i ddim—dim ond mwynhau awyrgylch ei aelwyd. Yr unig beth a wn i yw y byddai yntau a Jennifer yn rhai cymwys iawn i roi prentisiaeth i rieni ifainc ar grefft magu. Oblegid mae ganddynt dri o blant sydd â chariad a pharch dwfn at eu rhieni. Gwyn eu byd fel teulu ddweda' i.

Hanes Heledd Hyd Yma

Marged Haycock

Yr Oesoedd Canol
Tua 1400 copïodd Hywel Fychan destun Cylch Heledd i bum colofn, yn rhan o gynulliad helaeth o ddeunydd englynol yn Llyfr Coch Hergest (col. 1044–9). Saif y cylch ar ddiwedd bloc sy'n cynnwys englynion Geraint ac englynion Cadwallon—bloc a oedd ar gael gynt mewn rhan goll o Lyfr Gwyn Rhydderch (*c*.1350), fel y tystia'r copïau a ddiogelwyd o gyfnod y Dadeni. Ond yn y Llyfr Gwyn ei hun fe safai'r bloc hwn o flaen yr englynion saga eraill ('Claf Abercuog', Cylch Urien a Chylch Llywarch), nid ar eu hôl, sy'n awgrymu fod y ddau grŵp wedi cylchredeg yn annibynnol ar ei gilydd a'u bod wedi'u rhoi ynghyd mewn trefn wahanol yn y ddwy lawysgrif. Gan nad yw testun y Coch yn gopi uniongyrchol o'r Gwyn, rhagdybir ymhellach fod yna gopïau canoloesol coll o Gylch Heledd a'r cylchoedd eraill, ac ategir hyn gan y ddau gopi yn llawysgrif John Davies, Mallwyd (Llsgr. LlGC 4973 (17g.)), a dystia fod ganddo ef, fel ei gyfaill Robert Vaughan, Hengwrt, heol at gopïau a oedd yn annibynnol neu'n lled annibynnol ar y copïau yn y Llyfr Gwyn a'r Llyfr Coch. Manteisiodd Jenny Rowland ar y wythïen hon yn ei chyfrol *Early Welsh Saga Poetry* (1990), a thrwy hynny gadarnhau nifer o'r diwygiadau a gynigiasai Ifor Williams yn *Canu Llywarch Hen*. Amlygwyd unwaith eto hefyd fanylder Dr Davies, a'i ddiddordeb neilltuol yn hanes testunol yr englynion saga.[1]

Ond ychydig iawn o dystiolaeth sydd am wybodaeth y *literati* canoloesol o ffigwr Heledd. Cofnodir ei bod yn un o ferched Cyndrwyn yn achau Bonedd yr Arwyr yn y drydedd ganrif ar ddeg, ond mae'r cofnod yn deillio'n rhannol o'r farddoniaeth ei hun.[2] Dengys triawd yn y Llyfr Gwyn fod Heledd yn hysbys fel crwydryn ar drugaredd eraill—un o'r 'Tri Thrwyddedog' neu 'Anfodog' (digartref)[3]; fe'i rhoddid yn yr un cwch â

Llywarch Hen, ac â Llemenig yntau.[4] Nid oes bedd i Heledd yn 'Englynion y Beddau', ond dywed cyfres Llyfr Du Caerfyrddin (*c*.1250) fod rhyw Owain wedi'i gladdu yn Llan Heledd 'gwedy gwrm a choch a chain/a gorwyddawr mawr mynrhain'. Hap a damwain, efallai, yw'r tebygrwydd rhwng hyn a geiriau'r cylch, lle hola'r dywysoges i bwy y rhoddir yn awr 'gwrmseirch/Cynddylan a'i bedwarddeg meirch?',[5] a lle'r ystyria'r tro ar fyd a ddaethai 'Gwedi meirch hywedd a chochwedd ddillad/a phluawr melyn'.[6] Ond nid damwain oedd y sôn am feddau Cynddylan a Gwên fab Llywarch yn syth ar ôl englyn Llan Heledd: fel y triawd a nodwyd uchod, dengys y grwpio hwn, yn y lle cyntaf, fod y cylchoedd saga a'u cymeriadau eisoes yn tynnu at ei gilydd, ac yn ail, fod cydymdreiddiad rhwng gwahanol gategorïau o englynion.[7] Mae lleoliad ac arwyddocâd Llan Heledd yn dal yn broblem, fel yn achos amryw o'r enwau lleoedd eraill yn 'Englynion y Beddau'.[8]

Ni chafodd Heledd fynd i lys Arthur yn *Culhwch ac Olwen* gydag enwogion llên y dydd, ond fe gafodd wahoddiad i barti hwyrol 'Englynion y Clywaid' tua 1350 gyda chwmni brith o arwyr, saint, eglwyswyr, anifeiliaid, adar a physgod—oll am y gorau yn hwrjio cyngor doeth ar y pechadur. 'Os nad wyt ti'n gwybod, gofyn', meddai'r henwr Llywarch. 'Nid chwarae sydd rhwng hen gi a cholwyn', meddai Cyndrwyn. Cynnig Hyledd merch Cyndrwyn ei hun, un a fu'n 'fawr ei rhyfedd [cyfoeth]', yw 'Nid rhoi da a wna dlodedd'—awgrym posibl mai drwy ryw anffawd neu esgeulustod y bu iddi golli ei chyfoeth, y dillad coch a'r plu melyn a phob dim arall.[9] Lled-ategir y darlun hwn o Heledd gan Gruffudd Fychan ap Gruffudd ab Ednyfed (*fl*.1350-75). Wrth ganu i Hywel ap Goronwy ap Tudur Hen o Benmynydd, erfyniodd ar i Grist a Mair ddiogelu moeth ac ysblander llys, 'aur rhudd' y beirdd, eu gwinoedd a'u gwisgoedd ffwr. Mewn llinell anodd—'Ar adael yn hael oes Heledd—grychrudd'—mynegir dymuniad i fywyd aros yn ei lawnder, fel y bu cyn i Heledd golli popeth; neu, yn fwy tebygol, ddymuniad fod y noddwr yn cael byw i oroesi pawb arall yn y llys, fel y dywysoges gynt. Gellid cymharu'r modd y dymunodd Tudur Penllyn hir 'oes Lywarch' i Huw Lewys o Brysaeddfed.[10] Ar ryw olwg, byddai dymuno 'oes Heledd' yn taro'n well wrth sôn am fam neu wraig y noddwr; canu dychan yn unig sy'n cymharu dynion â merched. Ond beth bynnag fo'r ergyd, mae'r ansoddair 'crychrudd' yn dangos cynefindra â chystudd corfforol Heledd, yn enwedig y modd y mae ei 'gruddiau melyn' yn guriedig oherwydd ei galar—'Dygystudd deurudd ddagrau'.[11]

Y gŵr hwn, Gruffudd Fychan ap Gruffudd ab Ednyfed—un a chanddo gysylltiadau ag ardal Maelor yn y dwyrain[12]—biau'r unig gyfeiriad barddol a welais at gymeriad Heledd yn yr Oesoedd Canol. Gan nad oedd hi'n rhan o arfer ei ragflaenwyr, Beirdd y Tywysogion, i gyfeirio at ferched y gorffennol, ac eithrio crybwyll Mair Forwyn, Efa, y santesau, Ceridwen a Gwenddydd chwaer Myrddin, nid rhyfedd hynny.[13] Ond does dim golwg o Heledd yn y cyfnod dilynol ychwaith—yn wahanol i Lywarch, cefnder Urien Rheged, a gafodd oroesi i wasanaethu fel teip a gynrychiolai hirhoedledd neu stad ddibynnol, a hynny yn aml fel *alter ego* barddol, fel ym moliant yr hen Iolo Goch i lys Esgob Llanelwy ('Llywarch Hen llawen oll wyf,/Trwyddedog, treiddio'dd ydwyf'), neu mewn cywydd gofyn gan Lewys Glyn Cothi ('Oerach wyf no Llwarch Hen').[14] Nid *angst* euog Llywarch wedi iddo golli ei feibion a gyfleir yn gymaint â'r cyflwr corfforol a'i nodweddai—cyflwr yr oedd modd i bawb ei adnabod a rhyfeddu ato neu dosturio wrtho yn ôl y gofyn. Ar sail y tameidiau am Heledd a drafodwyd uchod, casglwn mai fel un a gollasai ei chartref, ei chyfoeth a'i phrydferthwch y gwelid hi—ffigwr addas ar gyfer triniaeth *Ubi sunt?*, efallai, ond cyfeirbwynt anaddas yn y canu mawl a'r canu serch. Paragonau prydferth, santesau diwair a chariadon gwŷr enwog a gyflawnai'r swyddogaeth honno gan amlaf (ac ambell Sibli ddoeth neu Marsia ffel neu Donwen gymodlon). Ni elwid neb yn Heledd yn yr Oesoedd Canol, a barnu wrth achau a rhestrau'r cyfnod.[15] Ai oherwydd natur ei stori, neu anwybodaeth, neu *damnatio memoriae*, ni allwn ond dyfalu, ond llithro o'r golwg a wnaeth.

Hynafiaethwyr
Nodwyd yn barod fod gan hynafiaethwyr yr ail ganrif ar bymtheg ddiddordeb neilltuol yn y cylchoedd englynol a'u cymeriadau, yn enwedig Llywarch Hen. Robert Vaughan oedd y cyntaf i briodoli Cylch Heledd i 'ferch Cyndrwyn', ond yr athrylith Edward Lhuyd biau'r clod am awgrymu gyntaf mai cerddi *in persona* oedd yr englynion hyn ('Heledg [*sic*] Condolani soror, sub cujus persona poeta loquitur'),[16] gan ddal ar y geiriau 'Heledd hwyedig y'm gelwir' a'u dyfynnu, ynghyd â detholiad hir o ddarnau blasus eraill. Ond ni welwyd arwyddocâd sylw Lhuyd gan y genhedlaeth nesaf, ac anwybyddwyd yr amheuaeth a leisiwyd ganddo ynglŷn â phriodoli'r cwbl i Lywarch. Rhan o gyfanwaith gan y bardd hwnnw oedd y deunydd ym marn William Owen (Pughe), er bod y dyb-

iaeth honno'n creu anawsterau iddo, fel y dengys ei ragymadrodd i *The Heroic Elegies and Other Pieces of Llywarç Hen, Prince of the Cumbrian Britons*:

> We are enabled to determine, with a tolerable degree of exactness . . . that [Llywarç] was born about the commencement of the sixth, and lived to the middle of the seventh century; being about a hundred and fifty years old at the time . . . [He] took refuge in Powys, where they were hospitably received by Cynddylan, prince of a part of that country.[17]

Eto fe wyddai Pughe am Heledd; dyfynna fersiwn carbwl o'r triawd y cyfeiriwyd ato'n barod—'Llywarç Hên, a Llwmhurig ab maon, a Heledd verç Cyndrwyn'—ac fe wyddai hefyd mai merched Cyndrwyn oedd Meisyr, Ffreuer a'r lleill. Ond fe gyfieitha'r llinell arwyddocaol 'Heledd hwyedig y'm gelwir' heb droi blewyn ('Heledd henceforth shall I be called'), gan ychwanegu'r nodyn:

> Heledd implies a brine, or salt pit; and it is also the name of several places; and there were warriors of this name; one of the daughters of Cyndrwyn was so called.

Ond gan gryfed ei argyhoeddiad mai Llywarch oedd y bardd a'r llefarydd, yr oedd yn ddall i'r hyn a welsai Lhuyd. Tybiai, felly, fod 'fy mrodyr' yn cyfeirio at gyfeillion y bardd:

> with whom the Bard had formed an intimacy; though, perhaps, he might have married Ffreuer, a daughter of Cyndrwyn, who seems to have been dead before the fall of her brothers in the battle of Tren.

'For the wife of Gwrthmwl there were piercing with spears' yw ei stomp o gyfieithiad o linell gyntaf yr englyn hwnnw a allai fod wedi'i roi ar drywydd y llefarwraig:

> Bai gwraig Gyrthmwl byddai gwan heddiw,
> Byddai ban ei disgyr:
> Hi gyfa; difa ei gwŷr.[18]

Roedd Pughe fel petai'n anesmwyth ynghylch ei waith dehongli: 'what an ample field is there left for those of fertile imagination to form each his own hypothesis, and to make bold assertions'; a thybed nad y diffyg argyhoeddiad hwn, yn ogystal â'i awydd i blesio Iolo Morganwg, a barodd iddo neilltuo'r rhan fwyaf o'i ragymadrodd i drafod dirgelion 'bardism'? Barnwyd ei gyfieithiadau'n llym gan Joseph Ritson, Robert Southey ac eraill,[19] ond er gwaetha'r gwallau a'r camau gwag ('I will not be a sniveller neither'), ceir yma gyffro hefyd: 'My heart how it throbs with misery;/ That the black boards should be joined to close/The fair flesh of Cynddylan, the foremost in a hundred hosts'; 'the stranger's daughter and the grey steed'. Bu rhai o'i gamgyfieithiadau'n ddylanwadol, fel y gwelwn yn y man—yn enwedig 'the yellow jaundiced fever/That makes the red tears flow over the bed-side'.

Dan y pennawd 'Caniadau Llywarch Hen' yr argraffwyd Cylch Heledd yn y *Myvyrian Archaiology*, ond trewir nodyn mwy carcus erbyn hyn. Sonnir am gerddi'n cael eu priodoli i 'Taliesin a Llywarch Hen, ac eraill o'r Cynfeirdd', ac awgrymir mai 'gwaith y clerwyr annysgedig ydynt'.[20] Tra daliai Thomas Stephens i gredu mai Llywarch oedd yr awdur, gosodai yntau'r cerddi yn yr ail reng:

> His *forte* does not lie in heroic poetry . . . his chief power lies in pathetic lamentation, and his elegies have many fine sentiments. He cannot, however, take a high rank in bardic literature; for either from want of capacity, or in compliance with a bad usage, he begins long strings of verses with the same words, such as 'Eryr Pengwern', 'Eiry Mynydd', 'Eglwysau Bassa', and with better effect, 'Ystavell Kynddylan' . . . Aneurin takes a higher position in the roll of poets . . .[21]

Ni wna ychwaith gysylltiad rhwng y deunydd hwn a'r cerddi ymddiddan englynol o'r Llyfr Du, a drafodir ganddo dan y pennawd 'Hud a Lledrith; Or, an Incipient Drama', lle dilynir awgrym Ab Iolo fod ar gael gynt 'dramatic representations, rather in imitation of the Roman dramas, that must have been familiar to the Britons'. Os gwir hynny, meddai, 'we shall have discovered a link of connexion between modern and ancient Europe, hitherto unsuspected', a thystiolaeth fod gan yr hen Gymry 'national drama', neu 'an incipient drama belonging to itself'.[22] Cydiwyd yn y ddau edefyn hyn o eiddo Stephens yn yr ugeinfed ganrif: yr ymchwil am ddrama gynnar,[23] a'r dybiaeth mai beirdd eilradd a oedd yn gyfrifol am y cylchoedd englynol. Daeth y naill a'r llall i ddylanwadu ar ffawd lenyddol Heledd; daethant hefyd yn destun dadl.

Saunders Lewis ac Ifor Williams
Pennod gyntaf garlamus y *Braslun o Hanes Llenyddiaeth Gymraeg* a'i cychwynnodd hi ym 1932—pennod a oedd yn chwa o awyr iach ac a dystiai i ysfa Saunders Lewis i orliwio ac i begynu, i dynnu yma i lawr ac i godi draw. Ond mae sawr y ganrif flaenorol ar ei gondemniad o englynion y Llyfr Coch (a rhannau o'r *Gododdin*), a chyfresi fel 'Stafell Gynddylan', meddai, yn gerddi a gynhyrchwyd yn fecanyddol gan brentisiaid diawen mewn ysgolion barddol. Gwelai ef y gerdd honno fel cywaith clytiog, anwastad, a'r ailadrodd fformwläig yn ganlyniad disgybl pencerdd yn 'dilyn ei athro gam a cham fel clochydd'. Ceid ambell englyn o well safon gan awenydd mwy medrus, ond at ei gilydd dyma ffrwyth y 'cerddor trwstan, diawen' a estynnai am ddihareb pan âi'n 'stwmp arno' am odl i'r drydedd linell, a'r awr ginio'n agosáu.[24] Wedi iddo gyflwyno'r ddramodig ddifyr hon a thrafod ychydig ar Lyfr Aneirin, aeth Lewis yn ei flaen i ganmol mawredd Taliesin, bardd y dychwelodd ato ag afiaith yn ddiweddarach yn ei yrfa. Ni ddychwelodd fyth at Ganu Heledd.

Y mae rhan o'r rheswm i'w weld yn ei ragair i'r *Braslun*:

> Yn awr, gan un gŵr yn unig yng Nghymru a'r tu allan i Gymru y mae awdurdod yn y maes hwnnw, sef yr Athro Ifor Williams o Goleg Bangor. Dangosais y bennod hon i Mr. Williams. Y mae ef yn llwyr anghytuno â'r ddamcaniaeth.

Er gwaethaf yr 'anghytuno brwdfrydig', aeth Lewis rhagddo'n dalog i gyhoeddi'r *Braslun*. 'Pan ddaw llyfrau Mr. Williams ar *Y Gododdin* ac ar englynion y *Llyfr Coch* o'r stydi ac o'r wasg, bydd cyfnod newydd yn agor ar efrydiau Cymraeg Cynnar', meddai'n bryfoclyd. Cyfeiriodd hefyd at y 'syniad a ledaenwyd yn ddiweddar y geill fod gelyniaeth rhwng ysgolheictod ac awen'.[25] Yn gynnar ym 1932, roedd Williams wedi rhoi cyfres o ddarlithiau ar yr englynion ym Mangor. Ar 1 Chwefror 1933, traddododd y Ddarlith Rhŷs, 'The Poems of Llywarch Hen', gerbron yr Academi Brydeinig, a'i chyhoeddi'r un flwyddyn.[26] Mentrwn gynnig fod yr anghytuno brwd rhwng y ddau ffigwr mawr hyn—a drôi'n wenwyn yn adladd helynt yr Ysgol Fomio ym 1936—wedi herio Ifor Williams a'i roi ar ei brawf, a bod y dadlau wedi dylanwadu'n uniongyrchol ar y ffordd y dewisodd gyflwyno ei ddarganfyddiadau ynghylch y farddoniaeth gerbron y byd, yn Llundain ac yng Nghymru.

Cyn sôn am y ddarlith gyfareddol honno gan Williams ym 1933, ac am y gyfrol *Canu Llywarch Hen* a ddeilliodd ohoni, gair am ei adolygiad ar y *Braslun*.²⁷ Wrth gyfeirio at y sgwrs a fu rhyngddynt, noda fod Saunders Lewis

> yn cytuno â'm damcaniaeth i ar darddiad yr englynion, ond ni fynnai gyhoeddi'r esboniad hwnnw, serch i mi ei gynnig iddo, nes i mi ei gyhoeddi fy hun gyntaf.

Torri crib Lewis a chyfyngu ar ei awdurdod oedd nod yr adolygiad ar ei hyd. Gresynwn heddiw wrth weld Athro Bangor o bawb yn mynnu fod 'rhai yn ymchwilwyr a'r lleill yn gyfansoddwyr' ac 'mai ymchwilydd wyf i, drwy reddf a phrofiad, ac mai cyfansoddwr celfydd yw SL'—a hefyd yn rhyw led-ensynio nad oedd addysg a disgyblaeth Lewis wedi'i gymhwyso i gynnig 'map diogel' o hanes llenyddiaeth Gymraeg.²⁸ Yn hytrach, 'Paentio'n odidog' a wnaeth awdur y *Braslun*, 'a gwrthod gweld yr hyn na weddo i'r llun sydd yn ei feddwl'. Syrthiodd gordd yr Athro ar bob un ddamcaniaeth yn ei thro, ac eithrio'r un am y Ganrif Fawr, 'lle mae Mr. Lewis . . . ar dir sicrach, ac yn sicrach ohono'i hun'.²⁹ Nid llefnyn oedd awdur y *Braslun*, ond ffigwr cenedlaethol. Yr oedd nid yn unig res o lyfrau beirniadol mirain wrth ei enw, ond hefyd ddwy ddrama, y nofel seicolegol ddadleuol *Monica* (1930), a thoreth o ysgrifau gwleidyddol a diwylliannol—yn eu plith rai ar y ddrama yng Nghymru, ac eraill a dystiai i'w sêl dros Iwerddon a'i llên. Anodd meddwl nad oedd hyn oll wedi rhoi min ar benderfyniad Ifor Williams i wneud cyfiawnder â'i ddarganfyddiadau ei hun—pob un ohonynt yn cyffwrdd mewn rhyw ffordd neu'i gilydd â diddordebau Lewis: darganfod y ddrama, darganfod y llais benywaidd, a darganfod y wythïen seicolegol yn llenyddiaeth fore'r genedl.

Y ddrama i gychwyn. Gradd yn y Roeg oedd gradd gyntaf Ifor Williams ym 1905, a diau fod y trasiedïau mawr yn gyfarwydd iddo cyn i weithiau fel *Antigone, Electra, Oedipus Tyrannus* a *Medea* ddod i amlygrwydd newydd ar ôl y Rhyfel Byd Cyntaf. Cyfieithiadau Gilbert Murray, Helenydd mwyaf ei oes, a ddaeth ag Euripides a'i ffigyrau benywaidd trasig i sylw'r cyhoedd ym Mhrydain (gwerthwyd hanner miliwn o gopïau o'r dramâu, er enghraifft—un ohonynt i Saunders Lewis[30]), ac fe daniwyd y dychymyg poblogaidd gan berfformiadau enwog, megis eiddo Sybil Thorndike yn rôl Medea (er na phlesiwyd T. S. Eliot gan gyfieithiad Murray pan aeth i weld Thorndike yn perfformio ym 1918). Pa ryfedd, felly, i Saunders Lewis ym 1921 freuddwydio am greu 'a Welsh Antigone'?[31] Yn Iwerddon ar droad y ganrif, gwireddwyd dyhead cyffelyb am 'Helen Iwerddon' gan ffigwr Deirdre, yr arwres drasig yng Nghylch Ulster y daeth ei stori'n gyfarwydd drwy fyrdd o gyfieithiadau ac addasiadau, yn cynnwys fersiwn dylanwadol Douglas Hyde.[32] Ym 1908, llwyfannwyd drama W. B. Yeats, *Deirdre*, yn Theatr yr Abbey—a sawl un yno'n gweld dewis tyngedfennol Deirdre rhwng Naoise a'r brenin Conchubar fel drych i'r ddrama garu a oedd ar gerdded rhwng Yeats, Maud Gonne a Sean MacBride: 'There's something brutal in us; and we are won/By those who can shed blood'.[33] Yn y perfformiad yn Llundain, y *tragedienne* enwog, Mrs Patrick Campbell, a chwaraeodd ran yr arwres. Ond drama fawr olaf J. M. Synge, *Deirdre of the Sorrows*, oedd yr enwocaf o'r holl weithiau a dynnai ar stori Deirdre, a'r un cryfaf ei afael ar y dychymyg. Buasai Synge farw ym 1909, ac fel y nododd R. F. Foster ynghylch y perfformiad o'r ddrama y flwyddyn ganlynol: 'much of the effect of *Deirdre* [was] due to Molly Allgood's haunting performance in the part written for her by her dead lover'.[34] I'r sawl sy'n gyfarwydd â'r englynion Cymraeg, y mae ambell ran o ddrama bwerus Synge yn arbennig o arwyddocaol. Dyna eiriau Conchubar wrth Deirdre, er enghraifft: 'You'd wish to be dressing in your duns and grey, and you herding your geese or driving your calves to their shed'; 'seeing age coming on me each year, when the dry leaves are blowing back and forward at the gate of Emain'. Neu ystyrier dyhead Deirdre am 'a man with his hair like the raven maybe and his skin like the snow and his lips like blood spilt on it', a phroffwydoliaeth Lavarcham ynghylch diwedd llys Emain: 'I'll walk up now into your halls, and I'll say it's here nettles will be growing, and beyond thistles and docks . . . and goats scratching, and sheep waking and coughing when there is a great wind from the north . . . the flames crackling, and the beams breaking, and I looking on the great blaze that will be the end of Emain'.[35]

Hoelio sylw ar ddrama'r deunydd Cymraeg yn anad dim a fynnai Ifor Williams wrth draddodi ei ddarlith gerbron yr Academi Brydeinig:

Llywarch is a character in a drama, a character study, cleverly and realistically drawn. He is not the author; he is not the artist. Hamlet did not write *Hamlet*. That fact does not prevent us from enjoying the play, and we never dream of calling it a forgery. So with these englynion. They are the finest creations of the Early Welsh *cyfarwydd* (story-teller), and in their way, masterpieces of dramatic art.[36]

Cyflwynodd Gylch Heledd, a chalon ei thrasiedi, mewn geiriau yr un mor drawiadol:

What we do have is a series of dramatic monologues declaimed by Heledd (or *Hyledd*), sister of Cynddylan, lord of Pengwern. She stands on one of the neighbouring heights, and looks down on the blazing ruin of her home . . . Once she rode on trained steeds, and wore red raiment and yellow plumes . . . [She] cries out in agony that she herself is responsible for these disasters, for the burning of Eglwysau Bassa, for the death of her brothers . . .[37]

Pe bai'r deunydd cyfan am y 'Tri Thrwyddedog' gennym, meddai:

we in Wales would have a trilogy comparable with the Irish *Three Sorrows of Story-Telling*. As matters stand, I can at any rate claim for Heledd a place side by side with the Irish Deirdre.[38]

Hawdd dychmygu Saunders Lewis yn gwingo am iddo fethu gweld yr hyn a oedd dan ei drwyn. Hawdd deall hefyd pam nad aeth ar gyfyl Heledd drwy gydol ei yrfa fel dramodydd.

Mwy cymhleth oedd yr hyn a oedd gan Ifor Williams i'w ddweud ynghylch union natur yr elfennau dramatig a gyflwynwyd ganddo mor drawiadol. Ei ddadl—darganfyddiad mwyaf cyffrous ei yrfa yn ei dyb ef[39]—oedd fod yr hen Gymry gynt, fel eu cefndryd yn Iwerddon yn eu sagâu, yn defnyddio *prosimetrum*, ffurf lenyddol yr oedd Ernst Windisch ac eraill yn ei gweld fel y fwyaf hynafol yn Indo-Europa. Cydgordiai hyn â'r ymholi cymharol am *genres* llenyddol a welwyd yng nghyfrol gyntaf *The Growth of Literature* H. M. ac N. K. Chadwick (1932). Erbyn heddiw, ni dderbynnir thesis y fframwaith rhyddiaith goll yn ddiamod.[40] Ond pwysicach i ni o safbwynt y drafodaeth hon yw'r cynnig mai darn o gelfyddyd anghyflawn oedd Cylch Heledd, a bod hyn yn ei dro wedi cymell awduron (a nofelwyr yn enwedig) i lenwi'r bwlch, i fynd i'r afael â dirgelwch ei heuogrwydd ac 'anffawd' ei thafod, gan geisio cysoni hynny rywsut â'r darlun cydymdeimladol a geir ohoni yn y cylch.

Daethai Hitler i rym yn Yr Almaen ym mlwyddyn darlith Williams. Yng Nghymru gadawyd cannoedd yn weddwon gan danchwa enbyd Gresffordd ym 1934; roedd bron hanner poblogaeth y wlad yn ddi-waith, a gorymdeithiai merched y De ar eu cythlwng i Lundain. Meddiannwyd y Saarland ym 1935, a'r Rheinland ym 1936. Yn y rhagymadrodd i *Canu Llywarch Hen* ym 1935, cyflwynwyd darlun dirdynnol o'r ffoadures Heledd a'i rhuchen o groen gafr amdani, ac o adfyd a thristwch Powys a'r erydu ar wlad y ffin: 'dyffryn Hafren, ac Ercal yn Sir Amwythig, yn llaw'r gelyn. Nid oes i Drenn berchen mwyn'.[41] Pwysleisiwyd unwaith yn rhagor mai 'Gogoniant y ddrama hon yw'r prif gymeriad ynddi . . . chwaer yn wylo ar ôl ei brodyr',[42] a bod yma 'gelfyddyd ac ymatal heb ei fath'.[43] A manteisiwyd ar y gerdd iasol am foddi Maes Gwyddnau (stori Cantre'r Gwaelod o Lyfr Du Caerfyrddin) a thraha Mererid euog i liwio'r ddrama ymhellach.

Nid academig dost a gafwyd 'o'r stydi', felly, wrth i gymylau rhyfel agosáu; darparwyd yn hytrach wledd amheuthun at ddefnydd y llenor, wedi'i chyflwyno'n syml ac yn gofiadwy: tywysoges drasig 'yn ystormydd ei theimladau trist',[44] euogrwydd, gorffwylledd, y diriaid a'r dedwydd,[45] llys Pengwern yn wenfflam, tref ddiffaith Tren, a gwlad gyfan, fel Waste Land Eliot, wedi'i difa. Pa ganghennau sy'n tyfu o'r garnedd hon fydd dan sylw nesaf.

Beirdd a Chyfieithwyr
Gwyndaf oedd un o'r beirdd cyntaf i ymateb. Dengys ei gerdd *vers libre* gynganeddol, 'Deirdre'r Gofidiau'—a enillodd y Gadair yn Eisteddfod Ryng-golegol 1934—iddo yntau ddod dan gyfaredd arwres drasig Iwerddon, a hynny, o bosibl, dan ddylanwad T. Gwynn Jones, ei athro yn Aberystwyth ac un o'r beirniaid y flwyddyn honno. Ond yn ei awdl 'Magdalen', cyfres o ymsonau gan Fair Fadlen, ym 1935—blwyddyn cyhoeddi *Canu Llywarch Hen*—yr adleisiodd gyntaf eiriau Cylch Heledd:

> ond heno
> Lliw cur sydd yn lle ceirios
> Ar fy neufin, ac ar fy nwyfoch
> Mae'r cnawd afiach yn crebachu
> Ac yn gwywo gan y gwewyr.
> . . .
> Diobaith fy myd,
> Hen gŵyn, heb gâr,
> Heb gwsg, heb gysgod
> I ddofi ing diwedd fy oes.
> . . .
> Byw a bedd,
> A'r bedd yn waeth na'r byw.

Perthnasol hefyd yw'r gerdd 'Difodiant' (1937) a'i sôn am oferedd rhyfela: 'A dynion gwaelwedd heb do na gwely,/Heb fwriad, heb yfory'. Cerdd ydyw lle pentyrrir enghreifftiau o'r dilyniant 'heb . . . heb'—cyfresi a fyddai'n atseinio drwy farddoniaeth y ganrif.[46] Lluniodd Gwynn Jones ei gerdd hir 'Cynddilig' ym 1934, a diau mai Darlith Rhŷs Ifor Williams a'i symbylodd i ymarfer ei ddychymyg i lunio cefndir i'r englyn gweddw a ddarllenasai yn y Llyfr Du ('Och Gynddilig, na fuost wraig'), ac i godi deunydd o Gylch Heledd yn ogystal ag o Gylch Llywarch (megis y sôn am y Dref Wen).[47]

Bardd yr oedd ei brofiad uniongyrchol o ryfel wedi'i liwio gan Hengerdd y Dosbarth Anrhydedd oedd Alun Llywelyn-Williams.[48] Anesmwythyd y gydwybod euog ond bendithiol a glywir yn y soned 'Y Gwrthgyrch', o'r gyfrol *Pont y Caniedydd* (1956); arswydir rhag y 'gad enbytach' a ddaw yn sgil gweld y galanastra a achoswyd: 'concro'r strydoedd briw, mathru aelwydydd/glandeg gynt, ysbeilio'u stafelloedd tlws'.[49] Diau fod trosiad y goedwig yn 'Cynddylan', cerdd gyntaf Cylch Heledd—lle saif coedwig am fyddin ('Un pren yng ngwyddfid a gofid arno', 'Ni elwir coed o un pren')[50]—yn llechu yn 'Y Gwrth-gyrch' dan goed go iawn y Reichswald:

> Wedi clirio'r goedwig hon, chwilio'n ochelgar
> bob perth ddiniwed a phob llannerch ddel,
> ymgripio o bren i bren rhag ofn dichellgar
> gynllwyn gelynol yr ymguddiwr ffel . . .[51]

Ac os felly, onid gweddwon a phlant amddifaid y gelyn sydd ynghudd, megis, yn ail linell y dyfyniad uchod, a'u dioddefaint yn dannod eu gweithredoedd i'r concwerwyr? Yn erbyn yr euogrwydd a brofa'r goresgynwyr—'daw arnom gad enbytach, tostach trin/â'r gras sy'n oeri gwaed y galon ferw'—ofer yw arfau: 'ni thycia tanc, na bom, nac ergyd gwn'.[52] Yn y gerdd 'Ar Ymweliad', 'diriaid yw'r dyddiau' wrth i'r bardd groesi trothwy plasty caerog yng ngwlad Belg.[53] Mae'r 'malltod llwyd' eiraog sy'n cael ei chwythu drwy'r ffenestri ac sy'n chwyrlïo o stafell i stafell yn dwyn i gof ddistawrwydd hen englynion 'Eiry Mynydd'; a chysgod yr Henwr, Llywarch, sydd ar y Barwn yn y gerdd: 'camai ef mewn urddas digydymaith,/unig, fel claf anhyblyg'. Yna, ar ôl troi'n chwithig tuag at yr 'ystafelloedd byw', deuir at y wraig y mae ei llygaid yn cronni â dagrau wrth i'w gŵr egluro na ddaw eu mab, y cerddor, 'mwy, byth mwy yn ôl tua thref'.[54] Nododd Elwyn Evans sut y mae'r adleisiau hynafol a'r cystrawennu herciog yn dwyn 'a sort of stiff dignity to the diction'.[55] Hyn, ynghyd â'r 'miwsig graslon' ar y diwedd, sy'n cynyddu'r ymdeimlad fod yma un o'r 'strange meetings that are simultaneously ancient and modern', a dyfynnu M. Wynn Thomas.[56]

Yn 'Lehrter Bahnhof', o'r gyfres 'Ym Merlin—Awst 1945', y clywir gliriaf leisiau ac adleisiau'r oesoedd yn ymgyfuno:

> Heledd ac Inge, pan fo'r ffaglau'n goch—
> Inge, neu Heledd, sut? ein twyllo mae'r blynyddoedd—
> wele'n cyfarfod, ar ryw gyd-blethiad o'r edafedd chwyrn,
> y pell siwrneiwyr ar ddamwain dan y cloc.[57]

Gorsaf anferth ger yr Humboldthafen ac afon Spree oedd y Lehrter Bahnhof, a adeiladwyd rhwng 1869 a 1871 fel terminws y llinell gyflym i'r gogledd—i Magdeburg a Hamburg ac ymlaen i Sgandinafia. Ystyrid ei neuadd addurnedig 188m o hyd yn gampwaith pensaernïol, i'w chymharu ag eiddo gorsafoedd gorau Ewrop. Wedi'r bomio ym 1945, fe safai, fel neuadd Cynddylan, 'heb do, heb nen', a dŵr yr afon a'r camlesi yn difrodi ei seiliau. Sonia cerdd Llywelyn-Williams am 'rwd y rheiliau', y 'llawr llaith', a'r 'crac yn y palmant'—arwyddion o freuder diwylliant dyn ac o ddarfodedigrwydd gwaith ei law. Yn nychymyg y bardd, adlam 'bwled dall' a ddryllioda wydr y cloc a rhwygo'r bysedd ymaith, gan ddymchwel amser a gofod. Yn y modd hwn, fe'i rhyddheir i gyrchu yn ôl dros y 'difudd ganrifoedd': at lafa Pompeii, at fynwent frenhinol Ur y Caldeaid yn nyffryn Ewffrates a ddarganfuwyd ym 1926–7 ('y taenu'r tywod tros feddrodau'r teyrn'), ac at 'yr aelwyd hon dan glafr y callod llwyd'—adlais o gerdd enwocaf Cylch Urien Rheged. Yn haf 1945, rhoddwyd y Lehrter Bahnhof yn nwylo'r *Allied Command*, a llwyddwyd i gynnal rhyw lun anniben o drafnidiaeth ar gyfer teithwyr a ffoaduriaid.[58] Daeth yr orsaf hefyd yn adnabyddus fel prif *Sammelstelle* dinas Berlin—man casglu ac anfon ymlaen negeseuon a llythyrau gan bobl a aethai ar goll neu a garcharwyd. Yma yn yr orsaf bu i Llywelyn-Williams ymdeimlo â'u presenoldeb hwythau—'Chi deithwyr anghofiedig'—ynghyd â'r 'pell siwrneiwyr', yr 'anfodog' eu meddwl na fyddai eu crwydro fyth ar ben.

Ond pwy neu beth yw Heledd/Inge y gerdd? Nid ymgorfforiad syml o drallod a phoen ei gwlad a'i phobl yw hi, er gwaetha'r enw Inge. 'Llym ydyw'r awel' adeg rhyfel, ac yr oedd ildio'r corff i'r concwerwr yn gyfnewid am gysur sigarét neu siocled yn ddewis dros ryw fath o fyw: 'Heledd, na chryn, nac wyla;/hwde dy hyder, yng nghudd ar wely cyfleus y rwbel', meddai'r bardd yn llym. Awgrymir mai dyna fyddai'r unig ddewis i ddinas newynog ('Erst kommt das Fressen, dann kommt die Moral', yng ngeiriau enwog Brecht), a'i merched wedi'u brwtaleiddio gan drais milwyr y Fyddin Goch,[59] onid adferid canllawiau clir: trefn, diwylliant ac arweiniad da, a gynrychiolir yma gan 'y swyddog glas,/a'i wisg drwsiadus', y gorsaffeistr ar y platfform sy'n sicrhau bod y 'fliegender Hamburger' yn cychwyn yn brydlon. Yna, ar ddiwedd y gerdd, cyfeirir at hanes hir 'pensaernïaeth grym' y ddinas, ac yn benodol at yr adeiladau neoglasurol anwar yr oedd Hitler a'i benseiri'n eu codi a'u cynllunio o 1934 ymlaen drwy'r Rhyfel, gydag eryr y Reich yn gwylio pob to a phorth. Cynlluniau unffurf tebyg a oedd ar droed ar gyfer dinasoedd eraill yr ymerodraeth.[60] Medd y bardd:

> Dinas rodresgar, fras, 'fu hon erioed
> ac addas i'w hadfeilio;
> a glywaist tithau, Heledd—na, Inge archolledig,—
> chwerthin croch yr eryr eiddig,
> a welaist ti, yn ei olygon hanner cau,
> ragosodedig ddelw'n holl ddinasoedd brau?

Yn y gerdd dywyll hon, cydblethir â'r archwiliad o *psyche* Yr Almaen dri o syniadau llywodraethol Cylch Heledd: y ferch ddioddefus, breuder creadigaethau dyn, a'r syniad bod merch (a gwlad) ar chwâl heb 'berchen mwyn'. Ymhellach, fe ymddengys i Lywelyn-Williams ymateb yn ddychmygus i gysgodion tywyllaf y cylch—i'r hyn nas eglurir am gydweithrediad Heledd â'i ffawd ei hun.

Yn ail gerdd y gyfres, 'Zehlendorf', cylchoedd Urien a Llywarch a adleisir wrth i'r bardd weld Inge'n cyrchu bedd bas ac iddo 'groes bitw o bren'. Mae peth gobaith mewn ystum a defod, fel y bu cysur gynt wrth goffáu mewn marwnad ffurfiol 'wyliwr y rhyd,/amddiffynnydd y ffin'; ond disgyblaeth a chelfyddyd dawns feillionog Inge/Olwen yn y drydedd gerdd, 'Theater des Westens', sy'n cynnig ernes o'r 'grym yn yr egin gwyrdd' i '[b]uro'r gyntefig loes', i 'osod ein horiau caeth yn rhydd'.[61] Nid gwareiddiad dyn ond grym adnewyddol y Groes a gynigiai waredigaeth i gyfaill Llywelyn-Williams, Pennar Davies, rhag gwae'r canrifoedd, a'i almonwydden yn gyfrwng troi '[C]wyn dorcalonnus Rachel am ei phlant' yn 'salm o ddiolch am ymgeledd', a '[d]olef Heledd/Am Bengwern hael' yn orohïan gorfoleddus.[62]

Yn y degawdau wedi'r Rhyfel, bu'r beirdd Cymraeg (a'r nofelwyr, fel Islwyn Ffowc Elis) yn ymgodymu â phroblemau nes adref, megis y newidiadau mawr ym mhatrymau traddodiadol bywyd, y diboblogi yng nghefn gwlad, a'r bygythiadau i dir a daear Cymru: Epynt er 1940 yn faes tanio, Trawsfynydd, Tryweryn, Presely. Y bryddest 'Adfeilion' (1951) gan y newyddiadurwr ifanc, T. Glynne Davies, oedd y gwaith diffiniol. Cymar llenyddol ydoedd, mewn ffordd, i'r ffotograff enwog hwnnw o Carneddog a'i wraig a dynnodd Geoff Charles, ei gyd-weithiwr ar *Y Cymro*, ym 1945. Braidd yn amrwd a chroch erbyn hyn yr ymddengys ymdriniaeth Davies â hen thema rhaib amser ar annedd a chorff: 'Gwthia'r pryf genwair ei hirdrwyn/Dan ddail cringoch yr aelwyd'. Hen, 'fel trol lwytgoch unolwyn/Yn madru ger llidiart y mynydd', yw'r wraig sy'n cofio 'swil gyffyrddiad haul/Â sidan gwyn ei bronnau'. Plethir y ddau edefyn ynghyd, fel y gwnaethai Dafydd ap Gwilym yntau:[63] 'Stafell fy nghariad/Ys tywyll heno,/Ac aflêr yw meini ei hannedd hi'.[64] Ond cafodd y bryddest dderbyniad brwd; nid oedd delweddau a geiriau arwyddocaol o Gylch Heledd (ystafell, aelwyd, eryr, 'heno') eto wedi colli eu blas, ac fe'u defnyddiwyd yn effeithiol ddigon i gyfleu'r teimlad o ddiymadferthedd yn y cyfnod diflas wedi'r Rhyfel. I rai, fel B. T. Hopkins yn ei gywydd 'Rhos Helyg', roedd i furddun y rhostir ei gyfaredd: 'Lle bu gardd, lle bu harddwch/ Gwelaf lain â'i drain yn drwch./. . . Eto hardd wyt ti o hyd'. Ond nodyn mwy miniog a drewir yn ei englynion milwr, 'Ein Tir', yn wyneb y bygythiad i 'oludog aelwydydd' y Mynydd Bach, i hen 'Erwau'n hiaith':

> Ddaear hardd! A roddir hon—
> Caeau gofal ein calon
> Yn wastraff o dan estron?

Clywir adlais gwan yma o gri Heledd: 'O Dduw! Pa ddiw yd roddir/ Meirch fy mrodyr ac eu tir?'.[65] '[S]egurwyr brau' sy'n '[Dd]i-lên a diydlannau' yw'r ymsefydlwyr ym marn Hopkins, a'r brodorion 'Heb dir, heb fywyd iraidd,/Heb gysur ond byw gwasaidd'.[66] Ond yr englynwyr diweddarach oedd y beirdd a gafodd y llwyddiant mwyaf, efallai, wrth archwilio'r gwahanol ymatebion i'r sefyllfa. Dyna 'Tŷ Haf' y cyn-Adferwr Ieuan Wyn, er enghraifft:

> Dialedd Heledd yw hyn;—hen ofid
> Yr amddifad grwydryn
> Yn tywys y pentewyn
> Liw nos i Gynddylan Wyn.[67]

Ac englyn 'Y Ffin' gan T. Arfon Williams:

> Clywch floedd dros ddyfroedd Hafren: 'Nid yw'r frwydr,
>   frodyr, wedi gorffen—
> erys trais', medd aeres Tren,
> 'Chwi ieuengwyr, mae'ch angen!'.[68]

Deillia cynildeb y ddau o'r sicrwydd fod selogion barddas bellach yn hen, hen gyfarwydd â'r cylch.[69] Dengys yr ymatal rhag defnyddio union ymadroddion y gwreiddiol fod yma ymwybod â pheryglon *kitsch*—tuedd a fuasai ar gerdded ers tro mewn cerddi eisteddfodol. Gellid enwi yma bryddest ymdrechgar W. R. P. George, 'Tân' (1974), plethiad o stori Promethews â phasiant y Cymry, o'r *Gododdin* i'r Tân yn Llŷn. Adleisir Alun Llywelyn-Williams wrth gyfosod Pompeii a Phengwern mewn darn effeithiol tua diwedd y bryddest, ond tost o anghynnil yw llawer ohoni— 'o flaen Catraeth yn ffraeth eu llu', 'gwarchodwyr y ffin', 'ar yr aelwyd hon heno':

Gwelodd ylfin eryr Pengwern yn goch
wedi gwledda ar waed gwŷr

a gweld gyda Heledd
lys Pengwern yn wenfflam.
. . .
[O]herwydd cyflafan Rhyd Forlas
a'r cilio anochel oddi wrth y goelcerth
pan losgai eglwysi Basa,
mae rhyw asgwrn ymysg esgyrn pob Cymro
a ddeifiwyd gan wres fflam y gorthrymwr.[70]

Mwy creadigol yw englynion tair llinell awdl Robat Powell, 'Cynefin' (1985), sy'n cyfuno delweddau o'r alarwraig â darluniau o dirlun ôl-ddiwydiannol y cwm:

Wynebu'r wyf gwm y brain,—eira glân
Ar ei glwyf yn lliain,
Ac wylaf uwch y gelain.
. . .
Rhag traha y bodaod—a oes ŵr
A saif yma i warchod
Cnawd y tir dan oerni'r ôd?[71]

Alan Llwyd, pennaf bardd 'hanes llên', biau'r ymdriniaethau mwyaf echblyg ar arwyddocâd Heledd. Yn y gerdd 'Y Ddwy Awen', fe'i cawn yn myfyrio ar 'fy nwy awen fenywaidd' ac ar y gwrthgyferbyniad rhwng Heledd a Blodeuwedd. '[Y] felltith yn rhith yr hardd' yw'r olaf iddo, un a gysylltir â gwaed, gwersylloedd angau, a 'dyhead/yr hil i'w dinistrio'i hun'. I'r gwrthwyneb, 'awen fy nhylwyth yw cwynfan Heledd', meddai, ac mae'r dywysoges yn '[Dd]elwedd . . . o genedl ddihalog', o'r gweddill ffyddlon 'a gynysgaeddwyd/â'r her i barhau yn nannedd gelyniaeth'. 'Hi', meddir, 'yw ubain y gwynt drwy'n hymwybod/a hi yw dyhead/yr hil wrol i aros/ar un darn o dir'.[72] Ar ddechrau ei gyfres bwerus o englynion i'r oroeswraig Kate Roberts, 'Eneidfawr o Rosgadfan', dyfynnir llinellau'r cylch—'Un pren yng ngwyddfid' a 'Brodyr a'm bwyad a ddug Duw rhagof'—ochr yn ochr â geiriau enwog yr awdures am golli ei brawd ieuengaf yn y Rhyfel Mawr, ei gŵr ar ddiwedd yr Ail Ryfel Byd a dau frawd arall ddechrau'r 1950au. Nid oedd rhaid, felly, i'r bardd adleisio'n groch wrth gyfarch awdur *Tywyll Heno*:

> Hon yw'r chwaer a ŵyr chwerwedd—hyn o fyd:
> Cyfoedion y llynedd
> Eleni yn gelanedd:
> Hi'n bod, a hwythau'n y bedd.
> . . .
> A'i henaid fel ei hannedd—yn dywyll,
> A Duw heb drugaredd . . .

Yn lle gollwng dagrau'n hidl fel Heledd, ceulodd 'hen wylo'r ddynoliaeth' yng nghalon Kate Roberts a chael ei ollwng 'Ar ddalen drwy ddolur'. Hi yn awr—nid y brawd a fu farw yn y Rhyfel Byd Cyntaf—yw'r pren unig 'a gofid/Arno', ac yn naear galed y llechi, 'Ei wewyr a'i blodeuodd'.[73] Mewn cerdd ddiweddarach, 'Chwilio am Ddelwedd Gymwys', awgryma Alan Llwyd fod y weithred o edmygu'r stoïciaeth arwrol hon wedi chwythu ei phlwc. Mor erchyll yw'r 'arswyd ar ein haelwydydd drwy'r teledu' fel na thycia'r hen gyfeirio treuliedig at 'Heledd yn llefain uwch y gelain goch', at Fyrddin Loerig, at arswyd rhag lluoedd Hors a Hengist.[74] Ac ar droad y mileniwm, a hyder yn yr awyr wedi Refferendwm 1997, fe â gam ymhellach yn 'Dwy Gerdd ynghylch Hunaniaeth', a mynegi syrffed ynghylch ffigwr y dywysoges drasig, ddioddefus, ac ynghylch y ffordd yr 'Anwylem y ddelwedd/o Heledd ar drugaredd y gwynt'. Lleisia ddyhead yr amseroedd i weld disodli delweddau goresgyniad a hunandosturi ('gwehelyth yn creu myth o'i methiant') gan ddelweddau deinamig a chynhwysol—Stadiwm y Mileniwm, nid Stafell Gynddylan.[75] A gellid cynnig delweddau pellach: y pair berwedig, nid yr aelwyd oer; Taliesin ddewin, nid bardd Tren.[76] Mae englynion Cyril Jones i'w ferch seithmlwydd, Heledd, yn dal peth o'r dyhead am y trawsffurfiad hwn:

> Llonnach ei 'stafell heno, na hi gynt
> Fu'n ei gwae yn wylo
> 'Rôl gweld ffawd ei brawd a'i bro.
>
> Chwerthin ei thân eithin hi sy yno

A seiniau'i direidi
Iach, annwyl yn gwreichioni.[77]

Prin yw defnydd y beirdd benywaidd o'r cylch—dewis rhy amlwg, efallai, a llais cryf persona Heledd yn ormes. Dichon fod rhai, fel Christine Furnival yn ei cherdd 'Rhiannon', wedi syrffedu ar drasiedïau Cymru a Chaer Droea, ar 'smoking citadels and beauty that drove men mad'. '[H]ow extremely refreshing and good/it is to encounter those rare, important—even royal—top persons/who are more intent on living than making ready to die'.[78] Ond cafwyd ambell un a adleisiodd brudd-der Heledd, fel Megan Lloyd-Ellis yn ei cherdd 'Gaeaf': 'clywaf ei beswch yng nghegin y coed', 'pwy a'm harbed rhag yr hirlwm,/pwy a'm gwaredo'n y dyddiau du?'.[79] Ganol y 1980au, pan oedd cryn holi am hanes coll llenyddiaeth merched Cymru, gofynnodd Elin ap Hywel, 'Pwy oedd chwiorydd Heledd/yn plethu porffor pasiant atgof/a düwch dolur?/A pha sawl Heledd/fu'n crwydro lonydd cefn hanes Cymru?'; ac mewn cerdd ddiweddarach tynnodd ynghyd lais y broffwydes, naws fygythiol y cylch-oedd, ac ymadroddi'r cerddi gnomig cynnar: 'Gwynt y dwyrain—yn wylo heno/a'i ddagrau'n rhagrith meddal/yn angladd y pethau byw'.[80]

Yn achos y cyfieithwyr a golygyddion y blodeugerddi, dylem gofio i Ifor Williams gynnwys darnau o Gylch Heledd yn Saesneg yn y Ddarlith Rhŷs ym 1933, ac yna mewn cyfres o ddarlithiau a draddododd yn Nulyn ym 1941 (ac a gyhoeddwyd fel *Lectures on Early Welsh Poetry* ym 1944). Eisoes ar drothwy'r Rhyfel, cawsai diddordeb Hugh MacDiarmid ei ennyn gan waith Williams ar yr Hengerdd, yn enwedig *Canu Aneirin* (1938);[81] ond at hynny, fel y dywed, 'I return to the Taliesin and Llywarch Hen poems,/Full of hiraeth, of angry revolt/Against the tyranny of fact'[82]—gan godi *verbatim* nid yn unig sylw Matthew Arnold (a'i cafodd gan Henri Martin), ond hefyd eiriau H. I. Bell yn *The Development of Welsh Poetry* (1936), cyfrol a gyflwynwyd i Ifor Williams, ac a fu'n gyfrwng pwysig i ledaenu'i ddysg.[83] Eglurodd Kenneth Jackson, disgybl i Syr Ifor ym 1933–4, sylwedd rhagymadrodd *Canu Llywarch Hen* mewn erthygl Saes-neg ym 1935,[84] a bu ei 'lively, nervous renderings' (chwedl Gwyn Williams) ar gyfer *A Celtic Miscellany* (1951) yn drobwynt. Dwysawyd effaith yr englynion drwy ddwyn uchelfannau Cylch Heledd ynghyd dan y pennawd 'From the Elegy on Cynddylan' ('Cynddylan the bright buttress of the borderland, wearing a chain, stubborn in battle'), a thrwy eu cyfosod â deunydd o Iwerddon a'r Alban.[85] Pwysleisiodd Jackson hynafiaeth a hirhoedledd marwnadu defodol y gwledydd Celtaidd (gan roi enghreifftiau o'r llais benywaidd, megis Caoineadh Airt Uí Laoghaire, ac ymson Deirdre wrth ffarwelio â'r Alban), grym thema'r adfail, a'r myfyrdod ar dynged a ffawd. Bu blodeugerddi ac astudiaethau Gwyn Williams i gwmni Faber and Faber hwythau'n fodd i ledaenu gwybodaeth am y farddoniaeth gynnar,[86] ond pytiau o Gylch Heledd, megis 'Eryr Pengwern' a 'Stafell Gynddylan',[87] a gafwyd yn y rheini, yn wahanol i ddetholiad cyfansawdd Jackson. Aeth Gwyn Williams i'r afael â chondemniad Saunders Lewis yn y *Braslun* wrth egluro nad oedd beirdd yr englynion â'u bryd ar gyfansoddi cerddi 'like Greek temples or even Gothic cathedrals but, rather, like stone circles or the contour-following rings of the forts from which they fought, with hidden ways slipping from one ring to another', fel yn lluniau'r llawysgrifau Celtaidd, a bod 'Echoing, running parenthesis, the purposeful re-iteration' yn fodd iddynt gynnig 'a collateral rather than a consecutive presentation'.[88] Er mai 'Stafell Gynddylan', 'Eryr Eli' ac 'Eryr Pengwern' yn unig a gyfieithodd Anthony Conran yn *The Penguin Book of Welsh Verse* ym 1967, rhoes ei ragymadrodd disglair a dylanwadol gryn sylw i'r canu saga, ac i'r 'superb, tragic images' a'r 'high dramatic utterance' yng Nghylch Heledd.[89] Dilynwyd hyn ym 1970 gan ddetholiad hael Joseph P. Clancy,[90] a chan *Yr Aelwyd Hon* gan Gwyn Thomas, Derec Llwyd Morgan a Bedwyr Lewis Jones—diweddariadau a roes gyfangorff yr Hengerdd yn ôl i'r Cymry yn eu hiaith eu hunain, gyda rhagymadrodd syml a gafaelgar.[91] Cyfrol er cof am Ifor Williams ydoedd hon, un a fuasai—fel *Y Traddodiad Barddol* gan Gwyn Thomas (1976)—wrth fodd calon ysgolhaig a wnaeth gymaint ei hun i fynd â'r farddoniaeth gynnar allan 'o'r stydi', a hynny, er enghraifft, drwy gydweithio â T. J. Morgan a Glyn Jones ar y ddrama radio *The Saga of Llywarch the Old*, a ddarlledwyd ar y Welsh Home Service ar 22 Tachwedd 1952, ac yna ar *The Misfortunes of Princess Heledd*, a ddarlledwyd ar 23 Mawrth 1954. Cyhoeddwyd y gyntaf fel argraffiad cain gan y Golden Cockerel Press ym 1955, a'r ail ym 1994 gan Wasg Gregynog.[92] Felly, rhwng popeth, yr oedd digon o gyfle—mwy na digon, hwyrach—i'r cyhoedd llengar ymgynefino â Chylch Heledd.[93] Profodd gorgynefindra'n broblem i rai o'r beirdd Cymraeg, fel y gwelsom, ond rhaid ystyried hefyd y llu o greadigaethau mwy poblogaidd a ddeilliodd o'r cylch—yn nofelau, caneuon a dramâu—yn ogystal ag ymateb y beirdd Saesneg.[94]

Ryw ddwy filltir i'r de-ddwyrain o Fanafon, lle bu R. S. Thomas yn rheithor rhwng 1942 a 1954, y mae Bryn Cae Meisir, a gysylltwyd yn nodiadau *Canu Llywarch Hen* â 'Dyffryn Meisir' y gerdd 'Eryr Eli'. Llifa dwy afon Rhiw ynghyd ychydig i'r gorllewin ('Y am ddwylan Dwyryw' yn y cylch); i'r dwyrain y mae pentref Garthmyl a 'thymyr Hafren'. Mynych yw'r adleisiau o'r hen englynion, ac o Gylch Heledd yn benodol, yng ngwaith R. S. Thomas, fel y dangosodd Jason Walford Davies. Dyna greadigaeth gynnar y bardd, Iago Prytherch, 'enduring like a tree under the curious stars', y gwas cyflog, 'sharing his hearth/With cats and hens', a'r adar ysglyfaethus, 'recalling their long/History, presidents of the battles/Of flesh, the sly connoisseurs'. A cheir gan Thomas adleisiau cryfion o'r gerdd 'Y Dref Wen' yn y llinellau 'The white house in the cool grass' a 'The white house at the wood's heart'. '[I]t's a long way/To Shrewsbury now from the Welsh border', meddir yn 'Border Blues', a diwylliant yr henfro wedi ymddatod yn ffrwcs. Yn 'Cynddylan on a Tractor', fe welir, yng ngeiriau Jason Walford Davies, 'y gwrthgyferbyniad poenus rhwng tiläwch pantomeimaidd y presennol a dioddefaint arwrol-drasig y gorffennol'.[95] Ond am Heledd ei hun ni sonia R. S. Thomas fawr ddim.

Bu i nifer o feirdd Llên Cymru yn Saesneg gydio yn nelwedd yr adar trahaus, ac yn eu plith Brenda Chamberlain: 'The prey-birds have had their fill, and preen their feathers:/Soft entrails have gone to make the hawk arrogant'.[96] Ond ni fu i neb wneud hynny'n fwy pwrpasol-drawiadol na Tony Conran yn ei farwnad gynganeddol i Ifor Williams ym 1965: 'Sea-eagles feed at midday;/Too soon they peck at sinew;/Kite, crow and hawk make outcry;/Claws upon red flesh they cloy.//Where is Cynddylan's ransom, or Heledd's/To make hale his wisdom?'.[97] Cynefindra'r cyfieithydd â manylion testunol a welir yn nelwedd Conran o'r môr-eryrod; felly hefyd yn y darlun o ymddangosiad yr arwres—'In lavender and chrome-yellow/The Princess Heledd enters . . ./. . . doomed and dappled'—yn oriel hanes yr hen arlunydd Shader yng ngherdd Glyn Jones, 'Seven Keys to Shaderdom'. A gwelir Jones yn troi hefyd yn y fan hon (fel Iolo Goch a Lewys Glyn Cothi o'i flaen) at brofiad yr Henwr—'Pole-like', 'My cave-cough—/Death's trumpet. I am sick, poor, I am sad'.[98]

Nes na'r Hanesydd: Nofel, Drama a Chân
'Worrying the carcase of an old song' go iawn a welir yn *Heledd*, nofel felodramatig W. J. Jones, a gyhoeddwyd ym 1973. Nid oes dianc rhag y

dyfyniadau, nifer ohonynt wedi'u rhoi yng ngenau'r cymeriadau: 'edrych
... y dref wen ym mron y coed', 'Er mwyn y Duw gwyn, paid â cholli dy
bwyll, chwaer'. Mae brodyr Heledd yn dwyn wy o nyth Eryr Eli, a deellir
yn fuan y bydd dial maes o law am gipio'r cyw. Mae ei chwaer, Ffreuer,
wedi'i heintio â'r pla melyn (cymharer 'the yellow jaundiced fever' yng
nghyfieithiad Pughe) drwy iddi gydorwedd â milwr o Sais. Newydd yw'r
awgrym o deimladau llosgachol Cynddylan tuag at Heledd,[99] a motif y
briodas er mwyn cymodi â'r estron (daw dial ar lys Cynddylan am fod
Heledd yn gwrthod priodi Osric). Llwydda'r dywysoges i oroesi'r gyflafan,
ac y mae'n llusgo byw am gyfnod fel bugeiles; ond caiff ei lladd gan yr eryr
ar ddiwedd y nofel.[100]

Ysgrifennwyd *Eryr Pengwern* Rhiannon Davies Jones (un o ddisgyblion
Ifor Williams) i goffáu hynafiaid yr awdures 'o odre Clawdd Offa' ac i
ddathlu fod rhai o'r tylwyth ym 1981 yn 'parhau i siarad Cymraeg yn yr
ardaloedd hyn heddiw'.[101] Archwilir yr ymgiprys rhwng hunaniaeth hil a
hunaniaeth ddiwylliannol drwy gyfrwng myrdd o gymeriadau a chyfeir-
iadau llenyddol. Mae'r pencerdd, Silin Fardd Hen, yn taranu ynghylch y
'cymysgedd o iaith hil Hors a'n hiaith ninne'—y 'llediaith ryfedd ac
annealladwy' sydd i'w chlywed ar hyd y ffin yn sgil y ffaith fod 'haid
fergerllyd hil Hors er dyddiau'r hen Edelfrith wedi cymysgu'n dawel efo
trigolion y Waun'. Mae ei ddisgybl barddol, Llywarch Ifanc, 'yn ymdroi
gyda'i ymarferion llafar' ar ei daith i'r dwyrain, a'i ganeuon mirain ym
Mhengwern yn fodd i adfer rhuddin llys y bu pydredd ym mêr ei esgyrn
ers blynyddoedd—oddi ar i Gynddylan gynghreirio â Phenda, ac i Heledd
drefnu i'w brodyr Elgan a Chynon briodi â merched o dylwyth brenhinol
Mersia. Yn ddrych i Heledd a Chynddylan y mae'r chwaer a'r brawd Ethne
a Briden, wyrion Garwen ('Hen Nain Rheged') a ddaethai fel ffoadur o'r
Hen Ogledd. O waed cymysg y mae Briden wallt golau ac Ethne; daw'r
olaf, y mae ei chadwyn aur yn dyst fod iddi 'urddas hiliogaeth Urien
Rheged', yn forwyn i Heledd ac yn gywely i Gynddylan. Mae Ethne a'r
bardd ifanc, Llywarch, ill dau yn gataliddion yn y llys—y naill yn atgof o
ogoniant yr Hen Ogledd, a'r llall o rym celfyddyd a dysg i wrthsefyll 'canu
caneuon Hors . . . [y] crochlefain rhuthmig . . . yn eu merwino â'i
undonedd', 'yn sigil i gyd'. Mae'r 'beunes' galed, Heledd, yn ymroi fwyfwy
i gasglu ynghyd chwedlau a throsi hen *ystorya* y deyrnas a'r hen
farddoniaeth am Lywarch a'i bedwar mab ar hugain. 'Adfer oedd hoff air y
llys', meddir, a gwelir Heledd obsesif yn dechrau 'rhyw godlan yn y pen'.

Daw'r diwedd pan ymosodir ar Bengwern gan Oswald, a leddir wedyn gan Penda. Llwyddir i ddiogelu'r memrynau, ac mae'r ffoaduriaid—yn eu plith fab Ethne a Chynddylan—yn cyrchu Mathrafal yn y gorllewin, gan adael Heledd orffwyll ym Manafon 'i grwydro'r bryniau fel un yn gwarchod y defaid a'r ŵyn'.

Archwilir, felly, sut y gellir 'ewyllysio' hunaniaeth, a honno'n drech nag ystyriaethau gwaed a hil. Ceir awgrym cryf fod Heledd 'wallt olau' ei hun—ac efallai Cynddylan Wyn yntau—o waed cymysg (fel y mae enw Ethne yn atgof o elfen Wyddelig yr Hen Ogledd). Roedd y nofel gyfoethog hon o flaen ei hamser yn hyn o beth, ac fe ragfynegodd hefyd rai o'r syniadau newydd a gynigiwyd gan olygiad Jenny Rowland o'r englynion ym 1990: yn gyntaf, fod Heledd yn cynrychioli sofraniaeth, a'i llais yn coffáu daearyddiaeth y tir a gollwyd ('Pe gallai'r ddaear las siarad y dwthwn hwnnw, fe godai o'i chrombil bangfeydd trueni'r cenedlaethau'), ac yn ail, fod euogrwydd Heledd yn deillio o fethiant ei phriodas ddynastig ag un o wŷr Mersia (sefyllfa drasig nid annhebyg i eiddo Branwen).[102]

Profiad hir o fyw yn Y Drenewydd, o ddysgu Cymraeg (yn Aberystwyth ym 1965–6 yn y lle cyntaf), ac o weithio fel llyfrgellydd ysgol gyda thrawstoriad o bobl ifainc Maldwyn a arweiniodd y nofelydd Mary Oldham, sy'n enedigol o Nottingham, i archwilio hunaniaeth y ffin yn ei dwy nofel, *Something's Burning* (1995) a *No Fire, No Candle* (2001). Testunau allweddol iddi hi fu llyfrau Faber Gwyn Williams; gweithiai hefyd i Wasg Gregynog pan oedd y gyfrol gain honno, *The Story of Heledd*, ar y gweill yno. A thestun allweddol arall oedd ethnograffi *Life in a Welsh Countryside* Alwyn D. Rees (1950). Wedi'u gosod yn ein cyfnod ni y mae storïau Oldham; mae'r ferch ifanc 'Heledd Something-Jones' fewnblyg o Landygái—'like something out of *Alien*'—yn cyrraedd yr ysgol lle mae Barbara Dawes yn ddisgybl. Gan fod Barbara wedi hen ddysgu Cymraeg, mae hi'n blino ar ei hathrawes yno, '[who] still felt obliged to say everything in both English and Welsh'; profa rwystredigaeth yn sgil y ffaith fod Byron Tudor, un o'r 'Fergies' (y Cynddylans), yn galw 'white settler' arni, a hithau'n ei ffansïo; a lleisia rai gwirioneddau poenus—'some Welsh people hate English people even more when they speak Welsh'. Ond blina Barbara ar ei mam anniddig hefyd, y Saesnes radical sy'n barod i lofnodi pob deiseb yn erbyn gorthrwm ar Tsieciad neu Rwsiad yng ngharchar, ond a boera: 'I hate this damned country . . . I wish we'd never come. I want to get back to civilization'. Datgelir mai merch i Reinallt, bardd mwyaf Cymru (a darlithydd ym Mangor)[103] yw Heledd, a bod ei thad yng ngharchar am iddo geisio llosgi i'r llawr blas Aelod Seneddol Ewrop, perthynas i'w gyn-wraig, Rhiannon. Mae honno bellach wedi ailbriodi ac yn byw yn Rhydychen, lle bu hi a Rheinallt yn fyfyrwyr. A'i thad yn ddifrifol wael, mae Heledd yn cymryd arni faich ei ferthyrdod. Yn yr ail nofel, trwy lygaid Heledd y gwelwn y digwyddiadau, a leolir yn Rhydychen ac yng Nghymru. Nid profiad y ffin a archwilir yn awr yn gymaint â'r fasnach ddiwylliannol rhwng y ddwy wlad (acsis Bangor–Rhydychen), a'r grym anghyffredin sydd gan lenorion a'u creadigaethau i lywio dychymyg a gweithred.[104]

Yng nghynhyrchiad arbrofol Lisa Lewis, *Llywarch Hen*, yn Theatr y Castell, Aberystwyth yn Awst 1992, gorfodwyd y gynulleidfa i rannu peth o arswyd dinistr Pengwern drwy faglu o stafell i stafell yn y tywyllwch cyn cyrraedd y perfformiad ei hun. Dygwyd i gof yn y modd hwn grwydro Blodeuwedd ar ddiwedd nofel Angharad Tomos, *Yma o Hyd* (1985)— 'Dwi'n cerdded drwy'r ystafelloedd i gyd yn ddiamcan, ddibwrpas. Wn i ddim be wna i os ydach chi wedi 'ngadael i. "Namyn Duw, pwy a'm dyry pwyll?"'—a'r ymbalfalu ymlaen i oleuni'r babell obaith sydd 'ar ei phen ei hun yn y gofod, a chenedl gyfan y tu mewn iddi yn canu am ei heinioes'.[105]

Bu Sioeau Maldwyn (1981–2003) gan Penri Roberts, Derec Williams a Linda Gittins (née Mills) yn fodd pwerus i drigolion y fro ddathlu eu hunaniaeth lenyddol a hanesyddol, a gwrthweithio delwedd joscinaidd R. S. Thomas o'r ardal. Megis yn achos *Y Mab Darogan, Pum Diwrnod o Ryddid*, ac *Ann*, daeth *Heledd* (Eisteddfod Genedlaethol De Powys, 1993) yn enwog drwy Gymru; fe'i darlledwyd yn ddiweddarach gan Gwmni Teledu Opus 30/S4C. Ond o ran poblogrwydd, anodd yw rhagori ar y darnau cynnil a gyfansoddwyd gan Tecwyn Ifan a Cleif Harpwood ym 1975 ar gyfer y sioe *Heledd* yn Theatr Felin-fach—yn enwedig y gân eithriadol bwerus, 'Y Dref Wen' (Sain C571N–B (1977)), a fynegai ddelfrydiaeth Adferaidd canol y 1970au: 'Awn i ailadfer bro,/Awn i ailgodi'r to,/Ailoleuwn y tŷ:/Pwy a saif gyda ni?'.[106] Nodweddwyd y modd yr adroddwyd stori Heledd yn Sioe Maldwyn ym 1993 gan elfen o grynhoi a symleiddio, a hefyd o gymathu'r hanes â storïau eraill. Cydiwyd drachefn yn y syniad o briodas wleidyddol (y tro hwn rhwng Heledd a'r brenin Penda ei hun), awgrymuwyd bod perthynas losgachol rhwng brawd a chwaer, a chyfunwyd eto fyth storïau Llywarch a Heledd er mwyn cael ffoaduriaid o Reged ym Mhowys (a digon o dorf i ganu!). Diddorol wrth fynd heibio yw honiad Penri Roberts fod stori Heledd yn fwy na rhywbeth a godwyd o lyfr—fod y traddodiad amdani'n parhau'n ddi-dor, a hwnnw'n cylchredeg yn Saesneg ar lafar gwlad.[107] Noda Roberts 'mai Heledd a fu'n gyfrifol am dynged ei theulu—a bod yn rhaid iddi hithau fyw gydag oblygiadau yr hyn a wnaeth';[108] ond pwysig yw nodi fod y cynhyrchiad hefyd yn cydgordio â themâu a ddaethai i amlygrwydd rhyngwladol erbyn dechrau'r 1990au: dymchwel y Llen Haearn, glanhau ethnig, ac ymwybod â chyflwr seicolegol 'y goroeswr euog' yn sgil cyfres o ergydion blin (Heysel, Hillsborough, Zeebrugge).

Denwyd cyfansoddwyr clasurol hwythau at yr englynion—o'r gosodiad 'The Lament of Llywarch the Old' (1870) hyd at *Cerddi Hynafol* Rhian Samuel yn 2001. Y mae'r olaf yn gylch ar gyfer mezzo-soprano, wedi'i ysbrydoli gan leisiau llenyddol y ferch—'Pais Dinogad', 'Crys y Mab', a galarnad Heledd (yn seiliedig ar dri englyn enwocaf 'Stafell Gynddylan'). Llwyddir i gyfleu ffurf yr englynion, ynghyd â'r aflonyddwch meddwl ynddynt, drwy gyfrwng cyfresi o dripledi, a'r naws oer a gwag drwy hir lusgo ar y gair 'heno'.[109]

Detholiad yn unig o weithiau a drafodwyd yn yr astudiaeth hon, ac mae sawl darn arall o dystiolaeth ar ôl: o *Awen* (1997), nofel hanes fawr Susan Mayse o Vancouver Island, Canada, i'r rhan fechan sydd gan Heledd yn *The Summer of the Danes* (1991) gan Ellis Peters (lle gwelir y cymeriad yn wynebu dewis rhwng cariad a chenedl);[110] o'r enw personol a ddaeth yn boblogaidd ganol yr ugeinfed ganrif (yr oedd Branwen Heledd Jarvis, a Heledd Hayes, merch yr Athro Thomas Jones, ymhlith y rhai cyntaf i ddwyn yr enw) i 'Heledd', y ffont Gymraeg debyg-i-Helvetica a brosesodd yr ysgrif hon. Canolbwyntiwyd yma ar Heledd a'i derbyniad yng Nghymru wedi i Ifor Williams ailagor y bont rhyngom a'r Hengerdd. Ni chafwyd drama fawr am Heledd gan Saunders Lewis, a hynny am resymau a drafodwyd eisoes; ond bu'r deunydd yn fodd i lawer o bobl greadigol feddwl o'r newydd am ferched y gorffennol a'u lleisiau coll, am oroesiad yn ogystal ag am oresgyniad; am ailfeddiannu'n ddiwylliannol yn ogystal ag am golli tir a daear: byw yn ogystal â'r bedd.[111]

NODIADAU

1. Am fanylion, gweler Jenny Rowland, *Early Welsh Saga Poetry: A Study and Edition of the Englynion* (Cambridge, 1990), 395–7.
2. P. C. Bartrum (gol.), *Early Welsh Genealogical Tracts* (Cardiff, 1966), 85. Mae'n rhyfedd, serch hynny, nad enwir Cynddylan.
3. Rachel Bromwich (gol.), *Trioedd Ynys Prydein* (Cardiff, 1961), 172–3 a 197 (rhifau 65 a 77). Gweler hefyd driawd 76, ibid., 196, ond dylid nodi nad yw'r enwau'n perthyn yn wreiddiol i'r triawd hwnnw. Rhoddwyd triawd 65/77, fel nifer o rai eraill, o fewn fframwaith trioedd 'llys Arthur'.
4. Y mae dau englyn am gampau milwrol Llemenig fab Mawan ar glawr yn Llsgr. LlGC 4973 (gweler Rowland, *Early Welsh Saga Poetry*, 445). Awgrymwyd y gallai fod stori annibynnol am ei ffawd (cymharer ystyron 'llam'), a hon eto â'i chefndir ym Mhowys os gellir uniaethu'r tad â mab Cyngen m. Cadell neu â mab Brochfael Ysgithrog; gweler Ifor Williams (gol.), *Canu Llywarch Hen* (Caerdydd, 1935), lxvi, lxxi, a Rowland, *Early Welsh Saga Poetry*, 612.
5. Gweler Rowland, *Early Welsh Saga Poetry*, 440. Cyffredin ddigon oedd y trawiad *meirch/seirch*; gweler, er enghraifft, Ifor Williams (gol.), *Canu Aneirin* (Caerdydd, 1938), ll. 902, 'perchen meirch a gwrymseirch ac ysgwydawr'; ll. 373, 'nerth meirch a gwrymseirch ac ysgwydawr'; ll. 1165, 'meirch eiliv eleirch a seirch gwehin'.
6. Gweler Rowland, *Early Welsh Saga Poetry*, 438.
7. Gweler Williams (gol.), *Canu Llywarch Hen*, xlviii. Ar sail testun Peniarth 98, awgrymodd Ifor Williams ymhellach fod unwaith gyfres ehangach o englynion beddau yn cyfeirio at gymeriadau'r englynion saga. Ar bwysigrwydd Cyfres III o 'Englynion y Beddau', gweler Patrick Sims-Williams, 'Clas Beuno and the Four Branches of the Mabinogi', yn Bernhard Maier a Stefan Zimmer (goln.), *150 Jahre 'Mabinogion': Deutsch-Walisische Kulturbeziehungen* (Tübingen, 2001), 116–22.
8. Os Llanhiledd/Llanhiddel yng Nglynebwy ydyw (ar enw Illtud Sant y cysegrwyd yr eglwys yno), gall mai amrywiad ar yr enw cyffredin *heledd* ('pwll halen', 'lle berwi halen') yw'r ail elfen, un a geir yn yr hen enwau lleoedd—'y tair Heledd'—yn Swydd Gaer: Heledd-wen (Nantwich), Heledd-ddu (Northwich), a Middlewich; gweler *Geiriadur Prifysgol Cymru* s.v. *heledd*, a Thomas Roberts ac Ifor Williams (goln.), *The Poetical Works of Dafydd Nanmor* (Cardiff, 1923), 39, 153. Neu ai'r hyn sydd yma yw elfen wedi'i ffurfio â *hêl* ('dôl'), neu *hâl* ('rhos', 'gwaun', 'gweundir')—ystyr a weddai'n dda i'r dirwedd o gwmpas yr eglwys? Ar darddiad a datblygiad semantig y geiriau hyn, gweler Peter Schrijver, 'Welsh *heledd*, *hêl*, Cornish **heyl*, "Latin" *Helinium*, Dutch *hel-*, *zeelt*', *Nowele [North-Western European Language Evolution]*, 26 (1995), 31–42. Ystyrier hefyd, yng ngoleuni'r ffaith fod Bryn Ithel gerllaw, mai'r enw hwnnw (gynt Iuddhael) sydd yma. Dywed Rowland, *Early Welsh Saga Poetry*, 602, y gallai'r enw awgrymu bod Heledd wedi gorffen ei chrwydriadau mewn 'llan', megis y bu i Lywarch, yn ôl traddodiad, gael lloches yn Llanfor; ond pur ansicr yw hyn.
9. Marged Haycock (gol.), *Blodeugerdd Barddas o Ganu Crefyddol Cynnar* (Cyhoeddiadau Barddas, 1994), 321, 316; am adleisiau pellach o Gylch Heledd, gweler 337.

10. Thomas Roberts (gol.), *Gwaith Tudur Penllyn ac Ieuan ap Tudur Penllyn* (Caerdydd, 1958), 18, ll. 54.
11. Nerys Ann Jones ac Erwain Haf Rheinallt (goln.), *Gwaith Sefnyn, Rhisierdyn, Gruffudd Fychan ap Gruffudd ab Ednyfed a Llywarch Bentwrch* (Aberystwyth, 1995), 137–8, llau. 31–42, a nodyn Erwain Haf Rheinallt, 177–8.
12. Ibid., 125.
13. Noda Rachel Bromwich mor eithriadol yw cyfeiriad Cynddelw at Fflur cariad Caswallon; gweler 'Cyfeiriadau Traddodiadol a Chwedlonol y Gogynfeirdd', yn B. F. Roberts a Morfydd E. Owen (goln.), *Beirdd a Thywysogion* (Caerdydd ac Aberystwyth, 1996), 212.
14. D. R. Johnston (gol.), *Gwaith Iolo Goch* (Caerdydd, 1988), 75, llau. 21–2; Dafydd Johnston (gol.), *Gwaith Lewys Glyn Cothi* (Caerdydd, 1995), 379, ll. 36, gyda chyfeiriad at Iolo yn ll. 38. Yn ôl Dafydd y Coed, 'Nid llaw-wag un nawd Llywarch' oedd Hopcyn ap Tomos, perchennog y Llyfr Coch (lle ceid deunydd am y cymeriad), ond fel Llywarch pan oedd yn ei ogoniant: 'Nawd Llywarch clutbarch clotbell'; gweler R. Iestyn Daniel (gol.), *Gwaith Dafydd y Coed a Beirdd Eraill o Lyfr Coch Hergest* (Aberystwyth, 2002), 20–1, llau. 66–7; a gweler hefyd 145, ll. 20 am gyfeiriad gan Y Proll. Cyfeirio at nifer ei feibion a wna beirdd eraill; gweler, er enghraifft, Johnston (gol.), *Gwaith Lewys Glyn Cothi*, 304, llau. 39–42.
15. Gweler Meredith Cane, 'Personal Names of Women in Wales, Cornwall and Brittany 400–1400'; traethawd MPhil Prifysgol Cymru [Aberystwyth], 1999, 93.
16. Edward Lhuyd, *Archaeologia Britannica* (Oxford, 1707), 260–1. Gweler Rowland, *Early Welsh Saga Poetry*, 572, a sylwadau Brynley F. Roberts, 'Edward Lhuyd a Darganfod Hen Gymraeg', yn Joseph F. Eska, R. Geraint Gruffydd a Nicolas Jacobs (goln.), *Hispano-Gallo-Brittonica: Essays in Honour of Professor D. Ellis Evans* (Cardiff, 1995), 157–8.
17. William Owen, *The Heroic Elegies and Other Pieces of Llywarç Hen, Prince of the Cumbrian Britons* (London, 1793), 3–4, xii. Ar ddyled William Owen Pughe i gyfieithiadau Richard Thomas a'i fywgraffiad o Lywarch, gweler Williams (gol.), *Canu Llywarch Hen*, ix, a Glenda Carr, *William Owen Pughe* (Caerdydd, 1983), 54–5. Gweler hefyd sylwadau G. J. Williams, yn *Iolo Morganwg* (Caerdydd, 1956), 384–5, ar y cylch o ysgolheigion ifainc yng Ngholeg Iesu, Rhydychen, y perthynai Richard Thomas iddo.
18. 'Pe byddai Gyrthmwl yn wraig, byddai'n wan heddiw,/Uchel fyddai ei llef:/Hi'n gyfa'; ei rhyfelwyr wedi'u difa'; gweler Williams (gol.), *Canu Llywarch Hen*, 43, a Rowland, *Early Welsh Saga Poetry*, 439, 490. Yn achos y dyfyniadau eraill yn y paragraff hwn, gweler Owen, *The Heroic Elegies*, viii, 101, 95, 89, 93, xx, 101, 123, 74–5, 123, a 188.
19. Gweler Carr, *William Owen Pughe*, 55–7, a'r cyfeiriadau yno.
20. Owen Jones, Edward Williams a William Owen Pughe (goln.), *The Myvyrian Archaiology of Wales*, ail argraffiad (Denbigh, 1870), xxvi.
21. Thomas Stephens, *The Literature of the Kymry*, ail argraffiad, gol. D. Silvan Evans (London, 1876), 2.
22. Ibid., 82, 72, 71.
23. Gweler pennod enwog Bobi Jones ar Lywarch Hen a Thwm o'r Nant, 'Dau Uchaf-

bwynt Drama', yn *I'r Arch: Dau o Bob Rhyw* (Llandybïe, 1959), 38–69. Astudiaeth ydyw sy'n dilyn Stephens, gan ymateb hefyd i sylw Elsbeth Evans, yn *Y Ddrama yng Nghymru* (Lerpwl, 1947), 1, fod perygl inni 'or-ganmol y gweddillion damweiniol sydd yn cynrychioli'r gweithgarwch dramatig hwn'.

24. Gweler Saunders Lewis, *Braslun o Hanes Llenyddiaeth Gymraeg, Y Gyfrol Gyntaf: Hyd at 1535* (Caerdydd, 1932), 5–7. Cafwyd ymateb i hyn gan Ifor Williams (gweler ymhellach uchod), a hefyd gan ei ddisgybl, Kenneth H. Jackson, yn 'Incremental Repetition in the Early Welsh Englyn', *Speculum*, 16 (1941), 304–21, lle dadleuir bod ailadrodd, gyda mân amrywiadau, yn nodwedd ar farddoniaeth 'boblogaidd' a barddoniaeth lafar. Dadleuodd Rowland yn *Early Welsh Saga Poetry*, 351–67, na raid cyfyngu'r dechneg i'r cyfryw weithiau, a bod yma ddefnydd artistig o ailadrodd, ac o ddiarhebion a gwirebau pwrpasol, gan feirdd uwch eu statws; gweler hefyd ei phennod bwysig, 'Genres', yn Brynley F. Roberts (gol.), *Early Welsh Poetry: Studies in the Book of Aneirin* (Aberystwyth, 1988), 179–208. Fel y dywed Rowland: 'Repetition, however, is also a feature of art poetry, and is generally used with great sophistication in the saga *englynion*' (t. 189); gweler *passim* am ei dadl rymus mai 'bardic in origin' yw 'the whole range of early genres' (t. 204).

25. Lewis, *Braslun o Hanes Llenyddiaeth Gymraeg*, iii, vi, iv, vi.

26. Ifor Williams, 'The Poems of Llywarch Hen', *Proceedings of the British Academy* (1932), 269–302. Ailgyhoeddwyd y ddarlith, gydag ychwanegiadau, yn Rachel Bromwich (gol.), *The Beginnings of Welsh Poetry*, ail argraffiad (Cardiff, 1980), 122–54.

27. Fe'i cyhoeddwyd yn *Yr Efrydydd*, 9, 4 (Ionawr 1933), 88–94.

28. Syniad yw hwn a adleisiwyd gan Aneirin Talfan Davies wrth drafod *Ysgrifau Dydd Mercher*: 'Nid yw Mr. Lewis yn ysgolhaig, a'r troeon y bydd yn methu yn ei feirniadaeth yw'r troeon pan fo'n ceisio gwisgo mantell hwnnw. Crewr, artist ydyw'; *Y Tir Diffaith* (Dinbych, 1946), 12. Am enghraifft arall o'r rhaniad a welai Ifor Williams rhwng ysgolheictod ac awen, gweler *Meddwn I* (Llandybïe, 1946), 44: 'Darganfod yw prif hyfrydwch a nod y cyntaf; datgan meddyliau a phrofiadau'r galon yw prif nwyd y llall'. Gweler ymhellach sylwadau Thomas Jones yn Aneirin Talfan Davies (gol.), *Gwŷr Llên* (Llandybïe, 1949), 253.

29. Mewn sgwrs tua diwedd ei fywyd, honnodd Saunders Lewis fod Ifor Williams wedi sicrhau na chyhoeddid dim rhagor o'i fonograffau gan Wasg y Brifysgol; gweler Papurau Saunders Lewis, Llyfrgell Genedlaethol Cymru, 22725E/106 (gwybodaeth gan T. Robin Chapman).

30. Gweler Mair Saunders Jones, Ned Thomas a Harri Pritchard Jones (goln.), *Saunders Lewis: Letters to Margaret Gilcriest* (Cardiff, 1993), 328.

31. Ibid., 469.

32. Ymhlith y golygiadau cynnar ceir y canlynol: Eugene O'Curry, 'The *Tri Thruaighe na Scealaigheachta* of Erinn', *Atlantis*, 3 (1862), 377–422; Ernst Windisch yn *Irische Texte*, I (Leipzig, 1880); Whitley Stokes yn *Irische Texte*, II (Leipzig, 1887); a Douglas Hyde yn *Zeitschrift für celtische Philologie*, 2 (1899), 138–55. O ran y cyfieithiadau, gellid nodi'r canlynol: Douglas Hyde, *The Three Sorrows of Story-Telling and Ballads of St Columkille* (London, 1895); Douglas Hyde, *A Literary History of Ireland* (London, 1899); Eleanor Hull, *A Text-Book of Irish Literature* (London, 1906).

33. W. B. Yeats, *The Collected Plays of W. B. Yeats* (London, 1952), 199.
34. R. F. Foster, *W. B. Yeats: A Life, I, The Apprentice Mage, 1865–1914* (Oxford, 1997), 413.
35. Ann Saddlemyer (gol.), *J. M. Synge: Plays* (Oxford, 1969), 173, 174, 173, 201.
36. Bromwich (gol.), *The Beginnings of Welsh Poetry*, 142.
37. Ibid., 148, 149, a noder ei sylw, 'Long Mountain would make a fine platform for Heledd!'.
38. Ibid., 153–4.
39. Tystiolaeth Rachel Bromwich; gweler *The Beginnings of Welsh Poetry*, xiv. Awgryma T. Robin Chapman wrthyf y gallai Williams fod yn gweld tebygrwydd rhwng ei waith ei hun a beirniadaeth destunol ysgrythurol Bultmann ac eraill.
40. Gweler Myles Dillon, 'The Archaism of the Irish Tradition', *Proceedings of the British Academy*, 33 (1947), 9–11. Taflwyd amheuaeth ar rannau o thesis Ifor Williams gan Jenny Rowland, 'The Prose Setting of the Early Welsh *Englynion Chwedlonol*', *Ériu*, 36 (1985), 29–43; ond gwrthgyferbynner H. C. L. Tristram, 'Early Modes of Insular Expression', yn Liam Breatnach *et al.* (goln.), *Sages, Saints and Storytellers: Celtic Studies in Honour of Professor James Carney* (Maynooth, 1989), 427–48, a Proinsias Mac Cana, 'Prosimetrum in Insular Celtic Literature', yn J. Harris a Karl Reichl (goln.), *Prosimetrum: Crosscultural Perspectives on Narrative in Prose and Verse* (Woodbridge, 1997), 99–130.
41. Williams (gol.), *Canu Llywarch Hen*, lxxiii.
42. Ibid., lxi. Perthnasol yma yw disgrifiad Ifor Williams o'r englynion fel 'the nearest thing to great drama that Wales has ever produced'; *Lectures on Early Welsh Poetry* (Dublin, 1944), 48.
43. Williams (gol.), *Canu Llywarch Hen*, lxii. Trueni mawr oedd cynnwys y gwahanol gylchoedd englynol oll dan y teitl amwys *Canu Llywarch Hen*.
44. Ibid.
45. Ar y modd yr archwiliwyd y categorïau hyn gan lenorion, gweler Dafydd Glyn Jones, 'Dedwydd a Diriaid', *Efrydiau Athronyddol*, LXI (1998), 65–85.
46. E. Gwyndaf Evans, *Cerddi Gwyndaf: Y Casgliad Cyflawn* (Dinbych, 1987), 28–31, 47, 55, 56, 87.
47. Gweler trafodaeth John Rowlands, '"Cynddilig"', yn Gwynn ap Gwilym (gol.), *T. Gwynn Jones: Cyfres y Meistri 3* (Llandybïe, 1982), 421–34.
48. Astudiasai Gymraeg a Hanes yng Ngholeg y Brifysgol, Caerdydd, 1931–4; gweler Gwyn Thomas, *Alun Llywelyn-Williams* (Caernarfon, 1987), 9, ac M. Wynn Thomas, 'The Two Aluns', *Internal Difference: Literature in 20th-century Wales* (Cardiff, 1992), 54.
49. Ar amgylchiadau'r frwydr dan sylw, gweler Thomas, *Alun Llywelyn-Williams*, 33, 36. I M. Wynn Thomas, euogrwydd sydd hefyd yn 'brif warant buchedd wâr' yw'r hyn sy'n pennu cyweirnod *Pont y Caniedydd* ar ei hyd; gweler 'Caethiwed Branwen: Agweddau ar Farddoniaeth Alun Llywelyn-Williams', yn Hywel Teifi Edwards (gol.), *Merthyr a Thaf* (Llandysul, 2001), 394–5.
50. Williams (gol.), *Canu Llywarch Hen*, 33, 35; cymharer hefyd ibid., 44: 'Brodyr a'm bwyad . . ./A dyfynt fal gwial coll'.

51. Alun Llywelyn-Williams, *Pont y Caniedydd* (Dinbych, 1956), 22.
52. Ibid. (Tybed a oes yn y gair 'tanc' chwarae ar y gair *tang*, 'heddwch'—*tanc* mewn orgraff ganoloesol?)
53. Ibid., 26–8.
54. Perthnasol yma, efallai, yw geiriau Heledd am ei brawd Cynddylan: 'Nid adfer twrch dref ei dad' (hynny yw, ni fydd y twrch yn dychwelyd i dref ei dad); Williams (gol.), *Canu Llywarch Hen*, 34.
55. Elwyn Evans, *Alun Llywelyn-Williams* (Cardiff, 1991), 39–40.
56. Thomas, 'The Two Aluns', 64.
57. Llywelyn-Williams, *Pont y Caniedydd*, 29. Am drafodaethau ar y gerdd, gweler Thomas, *Alun Llywelyn-Williams*, 37–8, a Greg Hill, 'A Oes Golau yn y Gwyll?: Alun Llywelyn-Williams ac Alun Lewis', yn M. Wynn Thomas (gol.), *DiFfinio Dwy Lenyddiaeth Cymru* (Caerdydd, 1995), 120–44.
58. Tynnwyd porth ysblennydd yr orsaf i lawr ym 1948, a rhedodd y trên olaf oddi yno ym 1951. Gydag ailuno'r Almaen ym 1989, aethpwyd ati i gynllunio gorsaf newydd, a dechreuwyd ar y gwaith adeiladu ym 1995. Agorwyd yr adeilad newydd—y Berliner Hauptbahnhof, prif orsaf y ddinas—ar 26 Mai 2006.
59. Gweler Antony Beevor, *Berlin: The Downfall, 1945* (Harmondsworth, 2003), 409–15, lle nodir: 'these pacts to obtain food and protection had thrown women back to a primitive, almost primeval state' (t. 415).
60. Gweler Peter Adam, *The Art of the Third Reich* (New York, 1995), 206–75.
61. Llywelyn-Williams, *Pont y Caniedydd*, 31, 32, 28.
62. Pennar Davies, 'Cathl i'r Almonwydden', *Yr Efrydd o Lyn Cynon a Cherddi Eraill* (Llandybïe, 1961), 9. Cynhwyswyd y gerdd hefyd yn Gwynn ap Gwilym ac Alan Llwyd (goln.), *Blodeugerdd o Farddoniaeth Gymraeg yr Ugeinfed Ganrif* (Llandysul, 1987), 210–12.
63. Gweler Gwyn Thomas, *Y Traddodiad Barddol* (Caerdydd, 1976), 176.
64. T. Glynne Davies, *Cerddi T. Glynne Davies* (Cyhoeddiadau Barddas, 1987), 181, 185, 181; a chymharer, 'Lle bu eich plasty/Yn perarogli,/Gadawaf garreg/Â mwswgl arni', ibid., 187.
65. Williams (gol.), *Canu Llywarch Hen*, 43.
66. Gweler Gwynn ap Gwilym ac Alan Llwyd (goln.), *Blodeugerdd o Farddoniaeth Gymraeg yr Ugeinfed Ganrif*, 87–8, 86–7.
67. Ieuan Wyn, *Llanw a Thrai* (Caernarfon, 1989), 23; gweler hefyd Gwynn ap Gwilym ac Alan Llwyd (goln.), *Blodeugerdd o Farddoniaeth Gymraeg yr Ugeinfed Ganrif*, 540. (Yr wyf yn ddiolchgar iawn i Alan Llwyd am ddod â'r enghraifft hon, ynghyd â'r nesaf, i'm sylw.) Cymharer yma y syniad a geir gan Dafydd Rowlands yn y gerdd 'Ewyllys i'r Meibion': 'y gwres sy'n ddial am oerni Cynddylan a gweddw'r neuaddau gwag'; *Blodeugerdd o Farddoniaeth Gymraeg yr Ugeinfed Ganrif*, 416.
68. T. Arfon Williams, *Englynion a Cherddi T. Arfon Williams: Y Casgliad Cyflawn* (Cyhoeddiadau Barddas, 2003), 71.
69. Nodwn mai prin yw defnydd barddoniaeth Gwyn Thomas o Ganu Heledd, er iddo dynnu'n gynnil, yn enwedig yn y 1960au a'r 1970au, ar ddelweddau'r englynion cynnar eraill (y ddeilen a'r henwr, er enghraifft)—fel y gwnaeth Aneirin Talfan Davies

wrth farwnadu aelodau o'i deulu a chyfeillion iddo; gweler, er enghraifft, *Diannerch Erchwyn a Cherddi Eraill* (Abertawe, 1975), 23, 30.
70. Gweler Stephen J. Williams (gol.), *Cyfansoddiadau a Beirniadaethau Eisteddfod Genedlaethol Frenhinol Cymru Bro Myrddin 1974* (Llandysul, 1974), 70, 71.
71. Gwynn ap Gwilym ac Alan Llwyd (goln.), *Blodeugerdd o Farddoniaeth Gymraeg yr Ugeinfed Ganrif*, 534, 535.
72. Alan Llwyd, *Cerddi Alan Llwyd 1968–1990: Y Casgliad Cyflawn Cyntaf* (Cyhoeddiadau Barddas, 1990), 64.
73. Gweler ibid., 240–3.
74. Ibid., 355.
75. *Taliesin*, 107 (Hydref, 1999), 9–12.
76. Cynrychiola ffigwr Taliesin, ym marn Jeremy Hooker, '[an] imaginative and emotional enlargement, [an] escape from a time-bound existence'; 'Ceridwen's Daughters: Welsh Women Poets and the Uses of Tradition', *Welsh Writing in English: A Yearbook of Critical Essays*, 1 (1995), 133.
77. Gwynn ap Gwilym ac Alan Llwyd (goln.), *Blodeugerdd o Farddoniaeth Gymraeg yr Ugeinfed Ganrif*, 520.
78. Katie Gramich a Catherine Brennan (goln.), *Welsh Women's Poetry 1460–2001: An Anthology* (Dinas Powys, 2003), 207.
79. Gwynn ap Gwilym ac Alan Llwyd (goln.), *Blodeugerdd o Farddoniaeth Gymraeg yr Ugeinfed Ganrif*, 313.
80. 'Pwy Oedd Chwiorydd Heledd?', *Y Traethodydd*, CXLI, 598 (Rhifyn Arbennig Merched a Llenyddiaeth, Ionawr 1986), 4–5 (cymharer teitl erthygl Marged Pritchard, 'Pwy Yw Chwiorydd Heledd?: Merched Ein Merched Llên', *Y Traethodydd*, CXLIV, 612 (Gorffennaf 1989), 115–30); Gramich a Brennan (goln.), *Welsh Women's Poetry*, 340.
81. Yn ychwanegol at yr enghreifftiau a ddyry Thomas, *Internal Difference*, 54–7, o ddylanwad cynnar y golygiad hwn, noder y bryddest 'Ebargofiant' gan Herman Jones yn Eisteddfod Genedlaethol Aberteifi, 1942. Ar effaith y cyfieithiadau, gweler pennod bwysig M. Wynn Thomas, 'The Good Thieves?: Translating Welsh Literature into English', *Corresponding Cultures: The Two Literatures of Wales* (Cardiff, 1999), 111–55.
82. Hugh MacDiarmid, 'On Reading Professor Ifor Williams's "Canu Aneurin" in Difficult Days', *Wales*, 8/9 (Awst 1939), 234; gweler Thomas, *Internal Difference*, 55.
83. Wrth drafod y canu saga, medd Bell: 'it has a prevailingly elegiac quality, combined with that note of intense, passionate yearning or hiraeth, that angry revolt against the tyranny of fact'; H. I. Bell, *The Development of Welsh Poetry* (Oxford, 1936), 27; gweler hefyd 12–13.
84. Kenneth H. Jackson, 'The Poems of Llywarch the Aged', *Antiquity*, 9, 35 (1935), 323–7.
85. Kenneth H. Jackson (cyf.), *A Celtic Miscellany*, ail olygiad diwygiedig yn y gyfres 'Penguin Classics' (Harmondsworth, 1971), 251–3. Gwnaethai Ernest Rhys, yn *Welsh Ballads and Other Poems* (London, 1898), 77–83, ddetholiad cynhwysfawr tebyg; gweler ei fersiynau o'r cylchoedd eraill, ac o 'Englynion y Beddau', yn W. B. Yeats (gol.), *The Oxford Book of Modern Verse 1892–1935* (Oxford, 1936), 47–55.

86. Gwyn Williams, *The Rent That's Due to Love* (London, 1950); *An Introduction to Welsh Poetry* (1953); *The Burning Tree: Poems from the First Thousand Years of Welsh Verse* (London, 1956); *Presenting Welsh Poetry* (London, 1959); *Welsh Poems: Sixth Century to 1600* (1973).
87. Atgyfododd hen gyfieithiad o'r ail gerdd a luniwyd ym 1867 gan William Barnes, y bardd a'r ieithegydd o Dorset; gweler Geoffrey Grigson (gol.), *Selected Poems of William Barnes, 1800–1886* (London, 1950), 265.
88. Williams (cyf.), *The Burning Tree*, 15, 16; *Welsh Poems*, 11, 12. Cymharer y '"radial" structure' a bwysleisia Joseph P. Clancy (cyf.), *The Earliest Welsh Poetry* (London, 1970), 5, a'r gerdd 'Dark Ages' gan Gwyneth Lewis: 'Saxons are vertical,/circles we', 'roundabout versus motorway'; *Parables and Faxes* (Newcastle upon Tyne, 1995), 54.
89. Anthony Conran (cyf.), *The Penguin Book of Welsh Verse* (Harmondsworth, 1967), 30; gweler hefyd 26–30, 90–3.
90. Clancy (cyf.), *The Earliest Welsh Poetry*, 79–87, 200–1.
91. Gwyn Thomas (gol.), *Yr Aelwyd Hon* (Llandybïe, 1970).
92. Glyn Jones a T. J. Morgan, *The Saga of Llywarch the Old* (London, 1955); Glyn Jones a T. J. Morgan, *The Story of Heledd* (Newtown, 1994); golygwyd y testun gan Jenny Rowland, a chafwyd engrafiadau pren gan Harry Brockway. (Y mae'n werth tynnu sylw yma at argraffiad Tern Press o gyfieithiadau Bill Griffiths, *Llywarch Hen* (Market Drayton, 1976).)
93. Gellid hefyd gyfeirio at gyfieithiadau o gerddi unigol, megis 'The Hall of Cynddylan' John Ormond; *Selected Poems* (Bridgend, 1987), 36–7. Cyfosodwyd y cyfieithiad hwn, yn ddadlennol, â 'Landscape Without Figures'—cerdd a ddisgrifir gan M. Wynn Thomas fel 'an anti-heroic modern commentary affecting to debunk the whole glamourizing arrangement of fine phrases'; *John Ormond* (Cardiff, 1997), 76.
94. Mae'r cynnyrch toreithiog hwn yn gwrthgyferbynnu'n drawiadol â'r trai yn y diddordeb poblogaidd yn yr Eingl-Sacsoniaid: 'Writers in the nineteenth century looked for the roots of Britain's pride in Empire in its Anglo-Saxon past. In contrast, and perhaps in part because of an anti-imperialist reaction, the twentieth century has less sense of the Anglo-Saxons and their heritage than any other period of our history'; Donald Scragg a Carole Weinberg (goln.), *Literary Appropriations of the Anglo-Saxons from the Thirteenth to the Twentieth Century* (Cambridge, 2000), 5–6.
95. R. S. Thomas, *Collected Poems 1945–1990* (London, 1993), 4 ('A Peasant'), 109 ('Hireling'); R. S. Thomas, *Pietà* (London, 1966), 21 ('Ravens'); Thomas, *Collected Poems*, 64 ('The Return'), 102 ('Genealogy'), 70 ('Border Blues'), 30 ('Cynddylan on a Tractor'); Jason Walford Davies, *Gororau'r Iaith: R. S. Thomas a'r Traddodiad Llenyddol Cymraeg* (Caerdydd, 2003), 64, ac ymhellach ei drafodaethau, 62–4, 170–4, 223, 251, 286.
96. Gramich a Brennan (goln.), *Welsh Women's Poetry*, 189 ('Dead Ponies'); cymharer yr 'ancient eagle' yn y gerdd 'regeneration' gan Alison Bielski, ibid., 203.
97. Tony Conran, 'Elegy for Sir Ifor Williams', *Eros Proposes a Toast: Collected Public Poems and Gifts* (Bridgend, 1998), 26. Gweler ymhellach drafodaeth Thomas, *Corresponding Cultures*, 177–9, 167.

98. Meic Stephens (gol.), *The Collected Poems of Glyn Jones* (Cardiff, 1996), 123, 128, 129. Gweler hefyd Thomas, *Corresponding Cultures*, 136–7.
99. Bu holi tebyg yn achos Efnisien a Branwen, ac Arianrhod a Gwydion a Gilfaethwy.
100. W. J. Jones, *Heledd* (Dinbych, 1973).
101. Rhiannon Davies Jones, *Eryr Pengwern* (Llandysul, 1981); dyfynnir o'r cyflwyniad i'r nofel.
102. Nid oedd Rowland wedi darllen *Eryr Pengwern* na nofel W. J. Jones (gwybodaeth bersonol).
103. 'Totally imaginary, although I am sure there are Rheinallts about', meddai'r awdures (gohebiaeth bersonol, haf 2003).
104. Mary Oldham, *Something's Burning* (Llandysul, 1995), a *No Fire, No Candle* (Llandysul, 2001).
105. Angharad Tomos, *Yma o Hyd* (Talybont, 1985), 126, 128. Gweler ymhellach Thomas, *Internal Difference*, 168–70, a chymharer y delweddau o ystafelloedd mewn ffatri yn y dehongliad o Ganu Heledd yn ffilm Marc Evans, *Dal Yma Nawr* (2003).
106. Perthnasol yw cyfeirio yma at y sioe *Nia Ben Aur* (1974), a ddathlai'r 'cwlwm Celtaidd'; gweler ymhellach Hefin Wyn, *Be Bop a Lula'r Delyn Aur: Hanes Canu Poblogaidd Cymraeg* (Talybont, 2002), 325–30.
107. Sonnir am deulu hollol Saesneg yn adrodd hanes y dywysoges, ac yn dal i gyfeirio at Amwythig fel Pengwern; gweler Penri Roberts, 'Cwmni Theatr Ieuenctid Maldwyn', yn Heledd Maldwyn Jones (gol.), *Blas ar Fwynder Maldwyn* (Llanrwst, 2003), 17–25.
108. Ibid., 22. Gweler hefyd y caneuon perthnasol yn Linda Gittins (gol.), *Sioeau Maldwyn* (Talybont, 1999).
109. Gweler Edward F. Rimbault (gol.), *14 Welsh Songs* (London, 1870); caneuon David Vaughan Thomas; Susan Lloyd Jones ac R. Gerallt Jones, *Stafell Gynddylan/Hall of Cynddylan* (Caernarfon, 1995); Grace Williams a John Stoddart, *Dwy Gerdd o Ganu Llywarch Hen/Two Poems from Llywarch Hen* (Caerdydd, 1997); Rhian Samuel, *Cerddi Hynafol/Ancient Songs* (London, 2001).
110. Susan Mayse, *Awen: A Novel of Early Medieval Wales* (Cheney, WA, 1997), a gweler ei hysgrif, 'Mist or Smoke or Warriors in Battle . . .: Early Medieval Powys & The Heledd Poetry', <http://www.castlewales.com/canuhel.html> (7/12/2006); Ellis Peters, *The Summer of the Danes* (London, 1991). Gellid nodi hefyd *Sabrine Fludde* (London, 2001) gan Pauline Fisk, nofelwraig o ardal Amwythig y mae technegau ei geolenyddiaeth i'w cymharu â dulliau Cylch Heledd.
111. Hoffwn ddiolch yn gynnes i Mary Oldham, Alan Llwyd a T. Robin Chapman am eu cymorth wrth imi lunio'r ysgrif hon.

Yr Awdur a'i Gymeriadau: Y Portread o Efnisien yn Ail Gainc y Mabinogi

Branwen Jarvis

Peth arswydus i bob un
Yw ei wynebu ef ei hun.
(Gwyn Thomas, 'Wynebu Pethau'; *DM*, 37)

Fel yr awr hon, felly drwy'r oesau;
Fel rŷm ninnau, felly hwythau . . .
(Gwyn Thomas, 'Ni Newidir'; *DM*, 53)

Un o anawsterau mawr cynnig unrhyw fath o sylwadaeth lenyddol ar Bedair Cainc y Mabinogi yw ceisio penderfynu pa rannau neu agweddau ar y ceinciau sy'n teilyngu'r fath feirniadaeth. Os derbynnir mai rhyw fath o glytwaith yw'r Pedair Cainc, ac mai elfennau a etifeddwyd, mewn amrywiol ffyrdd, gan y cyfansoddwr terfynol yw llawer o'r cynnwys, yna rhaid i unrhyw ddadansoddwr llenyddol sy'n ymdrin â'r deunydd mewn ffordd syncronig, fwy neu lai, wylio'i gerddediad yn ofalus iawn. Pa bethau y gellir yn deg eu cynnwys mewn dadansoddiad o'r fath? Weithiau, gellir bod yn lled hyderus nad oes a wnelo'r 'awdur' fawr â'r cynnwys, namyn ei fod wedi gweithredu fel rhyw fath o drosglwyddwr. Mae llawer o'r elfennau storïol yn perthyn i'r dosbarth hwn. Os yw hanfodion stori i'w cael yn chwedlau'r Motif-Index, neu os oes cyfatebiaeth glòs rhyngddynt ac elfennau Gwyddelig, dyweder, yna cyfyngedig yw hawl y cyfansoddwr i'r teitl 'awdur', a chyfyngedig yw'n hawl ninnau i ymdrin â'r deunydd fel petai'r cyfan yn greadigaeth lenyddol wreiddiol gan unigolyn arbennig.

Ond hyd yn oed os yw esgyrn y stori'n etifeddol, ac os yw rhai agweddau ar natur a gweithredoedd y cymeriadau wedi'u pennu ymlaen llaw, y mae fel arfer ddigonedd o bethau ar ôl y gellir defnyddio arfau'r beirniad llenyddol i'w trafod, yn hytrach nag arfau fforensig yr hanesydd llenyddol. Yn wir, y mae elfen oddrychol a chreadigol gref yn y deunydd etifeddol ei hun: yr awdur a benderfynodd pa elfennau i'w cynnwys, pa elfennau i'w gwrthod, pa elfennau i roi pwyslais arbennig arnynt. Ystyrier, er enghraifft, hanes y Pair Dadeni yn yr Ail Gainc. Gwêl Efnisien fod y Gwyddyl a laddwyd mewn ffordd mor gïaidd ganddo ef yn dod o farw yn fyw drwy eu taflu i'r pair, ond nad oes achubiaeth gyfatebol i'r Cymry. Pan wêl faint y dinistr ar y Cymry, y mae Efnisien yn edifarhau yn ei galon am yr hyn a wnaeth. Y mae'n mynd i blith celanedd y Gwyddyl, a theflir yntau i'r pair:

> a dyuot deu Wydel uonllwm idaw, a'y uwrw yn y peir yn rith Gwydel. Emystynnu idaw ynteu yn y peir, yny dyrr y peir yn pedwar dryll, ac yny dyrr y galon ynteu.[1]

Mae hi'n sicr bron mai motîff Gwyddelig yw'r Pair Dadeni. Dadleuodd Proinsias Mac Cana fod yr awdur wedi defnyddio'r motîff arbennig hwn i gyflawni dibenion y naratif:

> the redactor contrived that it [y pair] should return to Ireland and stand at the centre of the mighty conflict, as it did in the prototype ... [I]n this particular instance the compromise is worked very neatly and in such a way as to provide a timely and glorious demise for the fractious Efnisien, who had by then outlived his usefulness.[2]

Dyfais storïol yw'r pair ym marn Mac Cana, dyfais y mae'r awdur yn gwneud defnydd creadigol ohoni i bwrpas strwythurol, ac i roi pen taclus ar ran Efnisien yn y stori—a dim mwy na hynny. O safbwynt creadigrwydd llenyddol yr awdur felly, cyfyngedig iawn, yn ôl y ddadl hon, yw'r defnydd 'newydd' a wneir o'r motîff.

Carwn gynnig, fodd bynnag, fod modd dadansoddi hanes y pair mewn ffordd sy'n awgrymu elfen helaethach o lawer o greadigrwydd ac o berchnogaeth yr awdur ar y stori fel y mae hi gennym ni. Nid peri yn unig i Efnisien sylwi ar y gyflafan a wnaed y mae'r awdur:

> 'Oy a Duw,' heb ef, 'guae ui uy mot yn achaws y'r wydwic honn o wyr Ynys y Kedyrn ...'[3]

Mae Efnisien yn cydnabod ei fai a'i gyfrifoldeb, ac yn mynegi'i boen. Cymaint yw dyfnder ei wae nes ei fod yn marw o dorcalon (y gellir ei ddeall fel torcalon llythrennol a ffigurol). Hynny yw, y mae dimensiwn moesol ac emosiynol yn yr hanes fel yr adroddir ef gan yr awdur. Rhan o'm pwrpas yn yr erthygl hon fydd dangos sut y mae darlleniad gofalus o'r testun yn bwrw goleuni ar y defnydd a wnaeth yr awdur o'r elfennau a etifeddodd, a bod y darlun a greodd o'r cymeriad Efnisien yn gynnyrch sylwadaeth graff ar bersonoliaeth annormal, ac ar natur cydwybod a moesoldeb yn ogystal.

Gellir dweud bod tair ffordd, yn fras, o gynnig sylwadaeth ar gymeriadau'r Pedair Cainc. Y ffordd gyntaf yw ymdrin â'r cymeriadau mewn modd hanesyddol, drwy ddadansoddi eu cysylltiadau chwedlonol ac unrhyw darddiadau mytholegol a all fod iddynt. Yr ail yw gweld y cymeriadau mewn ffordd fotiffol neu deipolegol—hynny yw, fel cymeriadau stoc na pherthyn iddynt fawr mwy o arwyddocâd neu ddyfnder na hynny. Y drydedd ffordd yw eu gweld fel creadigaethau llenyddol, a stamp awdur arbennig arnynt. Gan mor gymhleth yw cynnwys y Pedair Cainc o ran ei darddiad ac o ran y defnydd a wnaed o'r gwahanol elfennau, afraid dweud fod i'r amryfal ffyrdd o fynd at y cymeriadau eu perthnasoldeb a'u pwysigrwydd eu hunain.

Pan aeth W. J. Gruffydd ati i lunio ei lyfr *Rhiannon* (1953), ei fwriad, cwbl ddilys, ef oedd olrhain y cysylltiadau hanesyddol a mytholegol, a datblygu'r ymdriniaeth â'r cymeriad fel fersiwn canoloesol o'r Fam Dduwies neu Dduwies y Ceffylau mewn mytholeg Geltaidd.[4] Yn hyn o beth, yr oedd yn dilyn llwybr Syr John Rhŷs ac eraill o'i flaen. Nid oes yn ei lyfr nemor ddim sôn am natur y cymeriad Rhiannon a welwn ni yn y Pedair Cainc. Mewn modd digon tebyg, pan aeth Kenneth Jackson ati i lunio ei ddadansoddiad ef, fe'i gwelodd hi fel teip—enghraifft o fotîff cydwladol Y Wraig a Gamgyhuddwyd. Yn wir, y mae Jackson, wrth bwysleisio mai teip o gymeriad cydwladol yw Rhiannon, yn ymwrthod â damcaniaeth Gruffydd mai Epona, Duwies y Ceffylau, yw ei rhagflaenydd, neu ei tharddiad mytholegol, hi. Un o'r agweddau pwysicaf ar ddadl Gruffydd oedd mai cerdded neu drotian yr oedd ceffyl Epona yn y cerfiadau a'r delwau ohoni a geir ar hen allorau, a bod perthynas rhwng hyn a'r ffaith nad yw march Rhiannon yn carlamu yn yr hanes yn y Pedair Cainc. Ymateb digon siort i honiad Gruffydd a geir gan Jackson:

One might point out that a walking or trotting horse is much easier to represent in a confined space than a galloping one; and one wonders what sort of goddess of cavalry was incapable of galloping! The motif occurs, of course, as a popular one in several other passages in Celtic literature not associated with Rhiannon at all . . . and the supposed myth is a fantasy.⁵

Ond mewn gwirionedd, y mae digon o gysylltiadau eraill â byd y ceffylau yn hanes Rhiannon: gorfodir hi i gario ymwelwyr ar ei chefn, fel petai hi'n geffyl; wrth iddi eistedd wrth borth y llys, 'esgynfaen'—maen i ddringo oddi arno i gefn ceffyl—yw ei gorffwysfan; pan ddarganfyddir ei mab bychan, cysylltir hynny â geni a diflaniad ebol bob Calan Mai; yn ei blentyndod y mae'r mab, Gwri, yn magu perthynas ryfeddol â'r ceffylau yn llys y tad a'i mabwysiadodd, Teyrnon. Yn ei awydd i ffitio Rhiannon i ffrâm gydwladol Y Wraig a Gamgyhuddwyd, tybed na fu Jackson yn rhy barod i wrthod damcaniaeth fytholegol Gruffydd? Bid a fo am hynny, y mae dadansoddiad Jackson o Riannon fel teip wedi bod yn ddylanwadol iawn, ac yn un y cyfeirir ato'n gyson gan feirniaid diweddarach wrth drafod y cymeriad.

Y perygl, gan mor gyfoethog—a disglair yn wir—fu dadansoddiadau Gruffydd a Jackson ac ysgolheigion eraill, yw anwybyddu manylion yr hyn a geir yn y testun, a methu clywed llais yr awdur yn dweud wrthym sut un yn union yw'r Rhiannon a greodd ef. Mewn chwedlau sy'n seiliedig yn y pen draw ar y traddodiad llafar, mae'n wir mai'r hyn a geir fel arfer yw teipiau o gymeriadau. Yng ngeiriau Brynley F. Roberts:

> Ni all y chwedl lafar oedi i ddisgrifio cymeriad yn drwyadl gan mai cyfres o weithredoedd yw'r sail, a thueddir, felly, i greu teipiau heb arbenigrwydd yn perthyn iddynt ond sy'n llithro'n esmwyth i'w swyddogaeth. Nid *personae* chwedl sy'n bwysig, yn gymaint â'r hyn a wnânt neu a wneir iddynt; y digwydd sy'n hawlio sylw, a hwnnw, er mor ddisgwyliedig, yn ddigwydd rhyfeddol.⁶

Ond rhan o arbenigrwydd y Pedair Cainc yw bod cynifer o'r *personae* hyn wedi magu personoliaeth unigol a gwahanol dan law'r awdur terfynol, a Rhiannon yn amlwg yn eu plith. Mae darlleniad syncronig o'r testun yn ychwanegu llawer iawn at ddadansoddiad sy'n dibynnu bron yn llwyr ar y cof amdani fel Duwies y Ceffylau, neu fel enghraifft o'r Wraig a Gamgyhuddwyd neu o deip 'y forwyn harddaf yn y byd'.

Ceir disgrifiad meistraidd o Riannon wrth iddi aros ac ymddiddan â Phwyll am y tro cyntaf:

> Sewyll, ac arhos a oruc y uorwyn, a gwaret y rann a dylyei uot am y hwyneb o wisc y phenn, ac attal y golwc arnaw, a dechreu ymdidan ac ef.⁷

Mae hi'n gweithredu'n ymwybodol rywiol a dengar—yn codi'r llen oddi ar ei hwyneb yn fwriadus i ddatgelu'i harddwch. Ac yna fe gawn y gair bach disylw hwnnw, 'atal'. Nid taflu rhyw olwg sydyn, diofal at Bwyll a wna hi, ond dal ei golwg arno, a syllu arno gyda bwriad; pa ryfedd fod Pwyll wedi'i rwydo? Mewn rhyw ffordd gynnil, mae'r awdur wedi deall cyfrinach Dawns y Saith Llen a phob dawns a symudiad tebyg, ac wedi cyfleu fod Rhiannon mor awyddus i ddenu Pwyll ag ydyw Pwyll i ymateb iddi hithau. Ac felly yr â'r darlunio cyfoethog yn ei flaen: mae hi'n chwim ei meddwl; yn 'ddeudrag', chwedl pobl Môn; mae ynddi synnwyr digrifwch sy'n llym ac eironig; yn ddoeth hefyd, a chanddi ddawn at yr hyn a elwid heddiw yn 'llunio strategaeth'; yn ddewr, ac yn ymddwyn mewn ffordd anrhydeddus a balch yn wyneb ei chamgyhuddo a'i chosbi. Nid perthyn i fyd mytholeg na motiffau na theipoleg yn unig y mae'r portread o Riannon. Dawn a sylwgarwch yr awdur a'i creodd hi yn bennaf oll.

Felly y mae hi hefyd gydag Efnisien. Bu tuedd i'w weld yntau fel cymeriad stoc, a fawr mwy na hynny. Rhoddodd Proinsias Mac Cana bwyslais arbennig ar ddiffygion cymeriadaeth yr Ail Gainc drwyddi draw:

> the characters in *Branwen* lack depth . . . Efnisien dominates the tale by his actions, but even he remains a stock character with little semblance of a developed personality.⁸

Â yn ei flaen i ymwrthod yn benodol â barn J. K. Bollard, a ddisgrifiodd Efnisien fel 'a complex, and in many ways, a very tragic figure'.⁹

Rhaid dweud ar unwaith fod llawer o elfennau stoc yn y portread o Efnisien. O'r dechrau, y mae'r awdur yn rhoi label arno, gan ei gyferbynnu, mewn geiriau sy'n llwyr ddu-a-gwyn, â'i frawd Nisien. '[G]was da' oedd hwnnw, ond un drwg oedd Efnisien, un 'a barei ymlad y rwng y deu uroder, ban uei uwyaf yd ymgerynt'.¹⁰ Un sy'n achosi anghydfod, corddwr, yw Efnisien felly, ac y mae'n cael ei ddiffinio'n ddiamwys yn y termau hyn. Gellir ei gymharu ag enghreifftiau eraill o'r teip. Oddi mewn i'r corff chwedlau Cymraeg, yr amlycaf yw Iddawg Cordd Prydain yn *Breuddwyd Rhonabwy*. Os 'peri ymladd' a wnâi Efnisien, 'chwannog i frwydr' yw Iddawg:

> Vn oedwn o'r kenadeu yg Katgamlan y rwng Arthur a Medrawt y nei. A gwr ieuanc drythyll oedwn i yna, ac rac vy chwannocket y vrwydyr y tervysgeis y rygtunt.¹¹

Ni ddylid gorymestyn y gymhariaeth, er hynny. Mae swyddogaeth Iddawg yn *Breuddwyd Rhonabwy* yn datblygu mewn ffordd sy'n dra gwahanol i swyddogaeth Efnisien. Perir iddo wneuthur penyd am saith mlynedd, maddeuir iddo, ac yna eir ymlaen â'r hanes, ac Iddawg yn chwarae rhan yn y stori nad oes a wnelo hi â'r 'corddwr' sydd ynddo. Eglurir arwyddocâd ei enw mewn ychydig frawddegau tua dechrau'r chwedl mewn rhyw gameo bach onomastig nad yw'n dwyn perthynas â gweddill y stori. Gwahanol iawn yw hi yn achos Efnisien. Caiff ei gyflwyno fel teip, ond y mae'r cyflwyniad hwnnw yn fan cychwyn ar helaethiad lliwgar ac unigolyddol o'i weithredoedd a'i bersonoliaeth—helaethiad sy'n treiddio trwy'r gainc ar ei hyd.

O ran teipoleg, ceir gwell cymar i Efnisien yn chwedloniaeth Iwerddon, ym mherson Bricriu. Yn wir, barn Mac Cana yw bod rhai o'r chwedlau sy'n cynnwys Bricriu wedi'u defnyddio fel ffynonellau gan awdur y Pedair Cainc, yn enwedig *Fled Bricrenn* (Gwledd Bricriu). Yn y chwedl honno, ef sy'n rhoi cychwyn i'r digwyddiadau, gan barhau'n weithredol yn natblygiad yr hanes. Mae ei ddisgrifiad ohono'i hun yn cyd-fynd yn agos â'r disgrifiad cychwynnol o Efnisien ac o'r hyn sy'n dilyn: 'Codaf gynnwrf ymhlith y brenhinoedd, yr arweinwyr, yr arwyr a'r mân foneddigion hyd nes y byddant yn difa'i gilydd . . . Paraf elyniaeth rhwng tad a mab fel y byddont yn lladd ei gilydd. Ond os nad yw hynny'n bosibl, gosodaf fam a merch yn erbyn ei gilydd'.¹² Gwêl Mac Cana hefyd gyfatebiaeth rhwng Nisien, y brawd 'a barei tangneued y rwg y deu lu, ban uydynt lidyawcaf',¹³ a Sencha, y tangnefeddwr yn *Fled Bricrenn* sy'n ceisio dadwneud drygioni Bricriu, er ei fod yn cyfaddef nad yw swyddogaeth Nisien yn y Pedair Cainc mor ddatblygedig â swyddogaeth Sencha yn hyn o beth.¹⁴

Mae perthynas Nisien ac Efnisien, y ddau frawd, yn dod â ni at gorff eang o fotiffau a chwedlau rhyngwladol sy'n ymwneud â dau frawd neu ddau efaill. Fel arfer, cyfleu gwrthgyferbyniad neu groestynnu yw diben thematig y motîff. A nodi dwy enghraifft Feiblaidd yn unig, fe welir bod Cain ac Abel, neu'r Mab Afradlon a'i frawd, yn dilyn y patrwm clasurol: y naill yn was da a'r llall yn was drwg. Mae Nisien ac Efnisien yn cyd-fynd felly â'r confensiwn. Ai dau efaill ydynt, ar ben hynny? Ni ddywedir hynny, ond yn ôl A. H. Krappe yn ei astudiaeth o efeilliaid mewn myth a chwedl, nid oes rhaid dweud hynny'n benodol yn y testun: y cyd-destun yn aml sy'n awgrymu'r wybodaeth.[15] Yn achos Nisien ac Efnisien, mae sawl peth yn awgrymu perthynas agos iawn rhwng y ddau. Cyflwynir y ddau frawd gyda'i gilydd fel pâr, gan roi nifer o frawddegau i'w disgrifio. Yn fwy na hynny, maent yn dwyn yr un enw yn ei hanfod: Nisien yn ffurf gadarnhaol ac Efnisien yn ffurf negyddol. Mae'r enwau'n seiliedig ar yr elfen 'nys', a welir hefyd yn y gair 'gwrthnysig'; y rhagddodiad negyddol 'af', mewn ffurf affeithiedig, a geir yn 'Efnisien' neu 'Efnysien'. Yn hyn o beth, mae'r enwau'n annhebyg i barau eraill o enwau sy'n arddangos rhyw gyseinedd neu onomatopeia, ond nad oes mwy o arwyddocâd iddynt na'u bod yn perthyn i barau o ryw fath, megis Pebiaw a Nyniaw.[16] Ystyr yr enw Efnisien yw 'garw', 'cas', 'gwrthwynebus', 'drwg ei natur'. Enw sy'n seiliedig ar ddisgrifiad ydyw, felly—label sy'n cadarnhau mai teip o gymeriad oedd Efnisien i ddechrau, er i'r awdur, fel y dywedwyd, fynd yn ei flaen i ddatblygu ac ehangu'r disgrifiad cychwynnol.

Mae perthynas enwol glòs yn nodweddiadol o efeilliaid erioed. Yn achos Nisien ac Efnisien, mae'r berthynas enwol yn un arbennig o agos. Yn ôl Krappe, nodwedd arall ar chwedloniaeth efeilliaid yw bod achub cam mam neu chwaer yn elfen thematig amlwg ynddi, megis yn hanes Castor a Pollux, y Spartiaid, yn achub eu chwaer Helen o Atica. Gwedd wrthgyferbyniol ar thema'r ddau efaill a welir yma, sef bod y ddau yn gweithredu'n arwrol mewn rhyw ffordd neu'i gilydd. Mae'n bosibl fod rhyw atgof pell o'r traddodiad arall hwn yn yr hanes yn yr Ail Gainc am Nisien ac Efnisien yn teithio i Iwerddon i achub cam Branwen, ond ni ddylid pwyso gormod ar yr hanes hwn i awgrymu mai efeilliaid oedd y ddau. Wedi'r cyfan, y brawd Brân, nad oedd yn efaill, a arweiniodd y cyrch yn erbyn y Gwyddelod.

Fodd bynnag, o ran datblygiad y gainc, nid yw o bwysigrwydd mawr ai dau frawd, ynteu dau efaill, sydd yma, gan fod y defnydd sylfaenol o'r ddau fotîff yn dilyn patrwm tebyg. Yn *Branwen Ferch Llŷr*, defnyddir motîff y ddau frawd i enghreifftio'r cysyniad sy'n rhan o wead y gainc drwyddi, sef natur da a drwg. Wrth ddewis dau frawd, dangosir pa mor agos y gall y berthynas rhwng y da a'r drwg fod. Un o'r eironïau sydd ymhlyg yn yr Ail Gainc yw bod y ddau a ddewiswyd fel symbolau o rymoedd gwrthgyferbyniol y da a'r drwg wedi codi o'r un gwraidd.

Efnisien, y gwas drwg, felly. Y mae natur ei ddrwgweithredoedd—difetha meirch Matholwch, lladd y Gwyddelod yn y sachau, taflu Gwern i'r tân—yn gyfarwydd i bawb, ac nid oes gofyn ailadrodd y manylion ar hyn o bryd, dim ond nodi eu pwysigrwydd yn natblygiad y naratif. Mae'n debyg fod y drwgweithredoedd hyn, yn eu hanfod, yn hanesyddol, ac yn rhan o'r corpws a etifeddodd yr awdur. Ond o edrych ar y ffordd y cyflwynir yr elfennau hyn—hynny yw, o ystyried y naratif mewn ffordd syncronig—pa oleuni a deflir ar 'ddrygioni' Efnisien? Credaf fod y darlun a gawn, o sylwi ar fanylion y dweud, yn ddarlun o berson sy'n 'ddrwg', mewn ystyr seml, ond sydd hefyd yn orffwyll. Rhaid dweud nad yw'r awdur yn defnyddio 'gorffwyll' nac unrhyw air neu ymadrodd tebyg iddo, i ddisgrifio Efnisien.[17] Awgrymiadau yn unig sydd yma o arwyddion neu symptomau y gellir, o'u rhoi at ei gilydd, eu defnyddio'n sail i ddisgrifiad, neu'n wir ddiagnosis, o'r fath.

Cystal fydd dechrau drwy geisio egluro yr hyn nad yw Efnisien. Yn llên yr Oesoedd Canol a chyfnodau cynharach, ar draws Ewrop a'r tu hwnt, ceir digon o enghreifftiau o orffwylledd mewn llenyddiaeth.[18] Gan ein bod yn ymdrin ag un o gyflyrau gweddol gyffredin yr hil ddynol, ni ellir rhyfeddu at hyn. Ar ben hynny, barn gyffredin yw mai trueni dyn yw pwnc pwysicaf llenyddiaeth, hyd yn oed lenyddiaeth nad yw'n rhan o'r traddodiad trasig ffurfiol. Yn nhraddodiad Cymraeg yr Oesoedd Canol, diau mai'r tri 'gorffwyll' enwocaf yw Heledd, Myrddin ac Owain. A oes rhyw debygrwydd rhyngddynt ac Efnisien?[19]

Gellid dadlau, gyda Dafydd Glyn Jones, nad yw Heledd mewn gwirionedd yn mynd dros y dibyn i bydew gorffwylledd.[20] Bron â drysu y mae hi, gan alar ac euogrwydd: 'Namyn Duw, pwy a'm dyry pwyll?'.[21] Hynny yw, y mae rhywun neu rywbeth a all ei chadw rhag drysu'n llwyr. Mae ei dolefau ingol yn ddigon tebyg i'r oernadu defodol a welir gan wragedd galarus y Dwyrain Canol; yn y pen draw, iachach ffordd, er mor galonrwygol, o wynebu trychineb na mudandod clo. Ar yr un pryd, ei gweld wedi colli ei phwyll a wnaeth llawer o ddarllenwyr. (Mae cyfochredd amlwg rhyngddi a Bet sâl ei meddwl yn *Tywyll Heno* Kate Roberts, er enghraifft.)

Mae'r traddodiad am Fyrddin yn llai amwys. Dywedir yn glir yn 'Afallennau Myrddin' iddo fod yn wallgof am gyfnod hir. Aeth y gwallgofrwydd heibio, ac y mae bellach yn adnabod ei gyflwr:

> Dec mlinet a dev ugein in ygein anetwon.
> it vif in ymteith gan willeith a gwillon.²²
>
> (Deng mlynedd a dau ugain y bûm yn byw'n galed ac anwar,
> Yn cyd-deithio â gorffwylledd a gwallgofiaid.)²³

Ceir disgrifiad o 'wyllaeth' Myrddin yn y *Vita Merlini*. Y tebyg yw bod Sieffre o Fynwy wedi seilio'i ddarlun ar y traddodiadau poblogaidd a oedd yn bodoli ynghylch Myrddin. Yn ôl y chwedl fel yr adroddir hi yng ngherdd Sieffre, dihangodd Myrddin i'r coed wedi iddo golli ei bwyll, a byw yno'n wyllt gyda'r anifeiliaid. Megis yn hanes Heledd, galar sy'n ei fwyta a'i ddifa; ond yn achos Myrddin, fe'i gwelwn yn colli arno'i hun yn llwyr:

> Yna, a'r awyr yn llawn o'r llefau uchel parhaus hyn [gan Fyrddin], daeth gorffwylledd rhyfedd drosto. Aeth ymaith yn llechwraidd a dianc i'r coed, gan ddymuno na welai neb mohono'n dianc ... Aeth yn Ŵr o'r Coed, fel petai'n ei roi ei hun iddynt. Felly am haf cyfan arhosodd yn guddiedig yn y coed, heb i neb ddod ar ei draws, gan ei anghofio'i hun a'i deulu, yn llechu fel creadur gwyllt.²⁴

Mae hanes gorffwylledd Myrddin yn perthyn i fotîff Y Gŵr Gwyllt o'r Coed, y ceir sawl enghraifft ohono mewn chwedloniaeth Geltaidd.²⁵ Hanfod y thema yw bod dyn yn byw'n neilltuedig a gwyllt yn y coed, yn treulio'i amser gyda'r anifeiliaid ac yn ymwrthod â chymdeithas cyd-ddyn. Un cam ymhellach yw disgrifio'r Gŵr Gwyllt o'r Coed fel gwallgofddyn— un a aeth i fyw fel hyn oherwydd iddo golli'i bwyll wedi trychineb o ryw fath. Dyma a gawn ni yn hanes Myrddin ac yn y chwedl enwog am Suibhne yn Iwerddon. Mae chwedl Owain yn dilyn yr un patrwm. Oherwydd mawr dristwch, y mae yntau'n dianc o fyd dynion eraill, i'r 'diffaith fynyddoedd' y tro hwn, i gyd-fyw â'r anifeiliaid, nes ei fod yn ymdebygu iddynt:

A thrannoeth y bore y kyfodes ac nyt llys Arthur a gyrchwys namyn eithaued byt a diffeith vynyded. Ac ef a vu y velly ar dro hyny daruu y dillat oll, ac hyny daruu y gorff hayach, ac yny dyuawd blew hir trwydyaw oll; a chytgerdet a bwystuilet gwyllt a wnai, a chytymborth ac wynt yny oedynt gynefin ac ef. Ac ar hynny gwanhau a oruc ef hyt na allei eu kanhymdeith.[26]

Dylid nodi'r hyn a ddywed A. O. H. Jarman, sef na ddywedir yn uniongyrchol fod Owain wedi gwallgofi: 'It should be noted that madness is not attributed to him and that his retreat into the forest was caused by remorse for having forsaken a lady'.[27] Fodd bynnag, anodd derbyn nad yw'r darlun a geir yn dilyn patrymau arferol 'gwyllaeth'. Mwy na hynny, y mae Owain yn gwbl ddifater ynghylch ei ddillad a'i gorff—arwydd go glir o annormalrwydd ei gyflwr.

Y mae gwahaniaethau unigol, wrth gwrs, yn y disgrifiadau o orffwylledd neu ledorffwylledd a geir yn y tri achos hyn, ond yn y bôn, disgrifiadau confensiynol ydynt. Yr elfennau pwysicaf ynddynt yw, yn gyntaf, yr achos allanol, y tristwch a roes gychwyn i'r cyflwr; yn ail, yr ymneilltuo a'r ymgadw ar wahân; yn drydydd, yr arwyddion dramatig o ddryswch yr unigolyn, yn arbennig yn achos ymddygiad bisâr Myrddin ac Owain. Cadarnheir confensiynoldeb y darlun yn achos y ddau hyn gan y berthynas agos rhwng eu hanes hwy a'r nodweddion a geir yn gyffredin ym motîff y Gŵr Gwyllt o'r Coed.

Wrth gwrs, y mae yn yr hanesion unigol fwy na hynny. Y mae awdur Canu Heledd yn ceisio eglurhad mewnol, seicolegol ar ei chyflwr. Awgrymir mai ei geiriau hi ei hun, mewn rhyw ffordd, oedd achos y colledion a esgorodd ar ei chyflwr truenus presennol.[28] Yn achos Myrddin wedyn, y mae awdur yr 'Afallennau' yn peri iddo adnabod a chydnabod ei orffwylledd pan ddaw iddo gyfnod o wellhad. Y mae adnabod yr hunan wedi cyfnod o orffwylledd hefyd yn nodwedd ar y traddodiad Groegaidd. Y mae'r syniadau a fynegir yn rhai digon cyffredinol i ffurfio haen arall o gonfensiynoldeb yn y darlunio a geir ar natur y cymeriadau.

Go brin y gellir dadlau nad oedd awdur y Pedair Cainc yn gyfarwydd â'r math o gonfensiwn a ddisgrifiwyd, gan fod yr elfennau yn rhan o stôr gyffredin yr Oesoedd Canol. Diau y gwyddai hefyd am syniadau confensiynol eraill. Un cysylltiad a wneid yn aml oedd hwnnw rhwng dewiniaeth a gorffwylledd. Fe'i gwelir yn gryf iawn yn y chwedlau am Fyrddin, ac y mae cysgod ohono yn y Pedair Cainc, yn hanes Gwydion a Math. Er na ellir honni bod Gwydion na Math yn orffwyll yn yr un ffordd â Myrddin, eto y maent, yn y ddewiniaeth greulon y maent yn ei harfer, ymhell o fod yn 'bwyllwastad', a defnyddio gair ardderchog 'Afallennau Myrddin'.[29] Ond nid yw Efnisien na dewin na phroffwyd, ac nid yng ngoleuni'r clwm cysylltiadau hyn y mae egluro ei gyflwr.

Ni ellir cysylltu hanes Efnisien ychwaith ag un o brif ddaliadau'r Oesoedd Canol, sef mai ysbrydoedd drwg, neu gythreuliaid, sy'n meddiannu'r gorffwyll. I'r gwrthwyneb yn wir; hanfod y darlun o Efnisien, fel y ceir gweld, yw mai cyflwr mewnol a ddisgrifir. Y mae ei wallgofrwydd yn codi o ddiffygion cynhenid ei natur a'i bersonoliaeth ef ei hun. Hyn yw arbenigrwydd y portread ohono.

Yr elfen amlycaf yn y gwallgofrwydd hwnnw yw'r creulondeb seicotig a welir yng ngweithredoedd Efnisien. Mewn tri man yn yr hanes, fel y cyfeiriwyd eisoes, sef wrth ddifrodi meirch Matholwch, wrth ladd y Gwyddelod yn y sachau, ac wrth daflu Gwern i'r tân, gwelir creulondeb treisiol Efnisien ar waith. Mae'r digwyddiadau hyn yn rhan hanfodol o rediad y naratif ac yn ffurfio trobwyntiau yn natblygiad yr Ail Gainc. Mae'n debyg, felly, i'r awdur etifeddu'r hanes sylfaenol. Yn sicr, y mae elfennau traddodiadol amlwg ynghlwm wrth y tri digwyddiad. Yr oedd difrodi meirch yn ffordd gydnabyddedig o sarhau'r perchennog;[30] mae'r 'Gwŷr yn y Sachau' yn fotîff rhyngwladol adnabyddus; mae tân yn elfen amlwg yn yr Ail Gainc, ac yn perthyn i fyd mytholeg Geltaidd.[31] Prin y gellir honni mai'r awdur a ddyfeisiodd y pethau hyn. Yr hyn a wnaeth, fodd bynnag, oedd rhoi cnawd ar yr esgyrn, dewis y geiriau a llunio'r disgrifiadau. Yn y disgrifiadau hynny, ac yn arbennig yn achos y ddau gyntaf, y mae manylder y disgrifio, eithafrwydd y creulondeb, a goruwch popeth efallai, ddull bwriadus, oeraidd Efnisien o fynd ynglŷn â'i dasg, yn ddadlennol iawn. Wedi'r cynnwrf cychwynnol, y mae'r trefnusrwydd didostur sy'n dilyn yn iasol orffwyll. Gwelwn ddyn sydd wedi colli'r cysylltiad rhwng meddwl, teimlad a gweithred sy'n rheoli ymddygiad y gwastadbwyll. Yn arbennig, chwalwyd ei allu i ymateb yn briodol o ran emosiwn neu deimlad, fel y dengys y disgrifiad manwl ohono'n lladd dau gant o ddynion fesul un drwy wasgu a malu asgwrn y pen nes bod ei fysedd yn suddo i'r ymennydd:

Ac arganuot y bolyeu crwyn a wnaeth ar hyt y pyst. 'Beth yssyd yn y boly hwnn?' heb ef, wrth un o'r Gwydyl. 'Blawt, eneit,' heb ef. Sef a wnaeth ynteu, y deimlaw hyt ban gauas y benn, a guascu y benn, yny glyw y uyssed yn ymanodi yn y ureichell drwy yr ascwrn. Ac adaw hwnnw, a dodi y law ar un arall a gouyn, 'Beth yssyd yma?' 'Blawt,' medei y Gwydel. Sef a wnai ynteu yr un guare a fawb ohonunt, hyt nat edewis ef wr byw o'r hollwyr o'r deu cannwr eithyr un. A dyuot at hwnnw, a gouyn, 'Beth yssyd yma?' 'Blawt, eneit,' heb y Gwydel. Sef a wnaeth ynteu, y deimlaw ef yny gauas y benn, ac ual y guascassei benneu y rei ereill, guascu penn hwnnw. Sef y clywei arueu am benn hwnnw. Nyt ymedewis ef a hwnnw, yny ladawd.[32]

A'r gair eironig a ddewisodd yr awdur i gyfleu gweithredoedd a chyflwr meddwl Efnisien yw 'chwarae', gair sy'n tanlinellu'r anghallineb sylfaenol yn ei bersonoliaeth.

O graffu ar y disgrifiadau o'r tri phrif ddigwyddiad treisgar yr oedd Efnisien yn gyfrifol amdanynt, fe welir eu bod yn dilyn patrwm arbennig. Cyn mynd ati i ddisgrifio'r weithred ysgeler, fe geir, fel rhyw fath o *leitmotiv*, ddarn sy'n dweud rhywbeth wrthym am gyflwr meddwl Efnisien. Dyma a geir yn y darn sy'n rhagflaenu'r disgrifiad o ddifrodi meirch Matholwch:

Ac ar hynny dydgueith, nachaf Efnyssen [y] gwr anagneuedus a dywedassam uchot, yn dywanu y lety meirch Matholwch, a gouyn a wnaeth, pioed y meirch. 'Meirych Matholwch brenhin Iwerdon yw y rei hyn,' heb wy. 'Beth a wnant wy yna?' heb ef. 'Yma y mae brenhin Iwerdon, ac yr gyscwys gan Uranwen dy chwaer, a'y ueirych yw y rei hynn.' 'Ay yuelly y gwnaethant wy am uorwyn kystal a honno, ac yn chwaer y minheu, y rodi heb uyghanyat i? Ny ellynt wy tremic uwy arnaf i,' heb ef.[33]

Ymateb Efnisien i'r sefyllfa hon sy'n rhoi cychwyn i hanes trasig yr ymrafael rhwng Cymru ac Iwerddon, ymrafael sy'n ffurfio prif elfen naratif y gainc. Mae'r drasiedi yn codi, felly, o sefyllfa deuluol arbennig, sef bod hanner brawd Efnisien, Brân, yn rhoi ei chwaer Branwen, hanner chwaer Efnisien, yn wraig i Matholwch heb ymgynghori ag ef yn gyntaf. Yn hyn o beth, mae'r Ail Gainc yn debyg i drasiedïau Groeg; mae'r dinistr yn cychwyn oddi mewn i'r tŷ neu oddi mewn i'r teulu ac yn lledu wedyn. Perthynas brawd a brawd, brawd a chwaer, ewythr a nai, gŵr a gwraig, brawd a brawd-yng-nghyfraith yw sylfaen yr episodau treisgar. Yr oedd Saunders Lewis yn llygad ei le pan bwysleisiodd arwyddocâd perthynas Efnisien a Branwen.[34] Os gormod yw derbyn ei awgrym fod teimladau llosgachol gan Efnisien tuag at ei hanner chwaer, rhaid derbyn bod rhoi Branwen yn wraig i frenin Iwerddon yn codi ynddo ymateb cwbl anghytbwys; prin bod ei rhoi hi, er 'cystal morwyn' ydyw, yn wraig i frenin yn weithred annheilwng ynddi ei hun, nac yn ddigon i beri iddo wneud yr hyn a wnaeth. Mae eithafrwydd cenfigen deuluol Efnisien yn greiddiol yn yr hanes.

Gellir awgrymu bod gwreiddiau'r genfigen ddinistriol hon nid mewn teimladau llosgachol, ond mewn cyflwr meddwl patholegol, cyflwr sy'n cael ei awgrymu yma ac a ddisgrifir yn llawnach yn ddiweddarach yn yr hanes. Y mae Branwen nid yn unig yn forwyn ardderchog ond yn 'chwaer i minnau'. Efallai fod yma orbwysleisio'r berthynas oherwydd ansicrwydd yr hanner-perthyn; yn sicr, mae yma elfen gref o hunanbwysigrwydd, a bwysleisir yn y rhagenw cysylltiol 'minnau'. Nid 'yn chwaer i mi', yn syml, a ddywedir, a da y cyfieithodd Gwyn Jones a Thomas Jones yr ymadrodd: 'and my sister at that'.[35] Credaf fod modd dadlau fod yma awgrym, o ddarllen y testun yn ofalus iawn, o hunan-dwyll yn ogystal ag o hunanbwysigrwydd.

Mae hunan-dwyll Efnisien parthed ei le yn y teulu yn wedd ar y cyflwr paranoid sy'n ysgogi ei ddrwgweithredoedd. Ni fwriadodd Brân sarhau ei hanner brawd. Ni ellir gwadu nad doethach peth fyddai iddo fod wedi aros i Efnisien ddychwelyd i'r llys; diau fod peth cyfiawnhad dros ymdeimlad yr olaf ei fod wedi'i sarhau. Ond i unrhyw fod rhesymol, nid cytbwys yw ei ymateb, hyd yn oed a chofio'r lle tra phwysig sydd i sarhad ym meddylfryd y cyfnod. Y mae Efnisien yn rhy barod i deimlo sarhad lle na fwriadwyd mohono—yn rhy barod i orymateb ar air a gweithred.

Fel y dywedwyd eisoes, awgrymiadau yn unig fod yma hunan-dwyll a pharanoia a geir yn y darn hwn o'r testun. Mae'r awgrymiadau yn magu mwy o rym pan gyfosodir hwy â darnau eraill, yn enwedig y darn lle y disgrifir Efnisien yn taflu Gwern, mab ei hanner chwaer, i'r tân:

> Ac yna, guedy daruot y tangneued, galw o Uendigeiduran y mab attaw. Y gan Uendigeiduran y kyrchawd y mab at Uanawydan, a

phawb o'r a'e guelei yn y garu. E gan Uanawydan y gelwis Nyssyen uab Eurosswyd y mab attaw. Y mab a aeth attaw yn diryon. 'Paham,' heb yr Efnissyen, 'na daw uy nei uab uy chwaer attaf i? Kyn ny bei urenhin ar Iwerdon, da oed genhyf i ymtiryoni a'r mab.' 'Aet yn llawen,' heb y Bendigeiduran. Y mab a aeth attaw yn llawen. 'Y Duw y dygaf uyg kyffes,' heb ynteu yn y uedwl, 'ys anhebic a gyflauan gan y tylwyth y wneuthur, a wnaf i yr awr honn.' A chyuodi y uynyd, a chymryt y mab erwyd y traet, a heb ohir, na chael o dyn yn y ty gauael arnaw, yny want y mab yn wysc y benn yn y gynneu.[36]

Anodd fyddai cael gwell disgrifiad o weithred baranoid nag a geir yma. Ni ellir amau bwriad yr awdur. Y mae'n gwrthgyferbynnu, yn gwbl ddiamwys, ymateb naturiol a charedig Bendigeidfran, Manawydan a Nisien i'r plentyn yn eu plith ag ymateb cwbl annaturiol Efnisien. Dyfnheir y gwrthgyferbyniad gan y saernïo gofalus. Megis mewn golygfeydd eraill yn y Pedair Cainc, fesul tri y digwydd pethau, ac y mae'r naratif yn cynyddu mewn tensiwn nes dod at Nisien, y trydydd a enwir, a'r pwysicaf o safbwynt bwriad yr awdur. Hwn yw'r gwas da, hwn sy'n cynrychioli'r hyn sy'n dderbyniol; hwn hefyd sy'n dwyn yr un berthynas ag Efnisien â'r plentyn. Yn ddigymhlethdod, mae Nisien yn galw'r mab ato ac y mae yntau'n ufuddhau 'yn dirion'. Pwysleisir annormalrwydd Efnisien eto fyth wrth i Fendigeidfran beidio â derbyn fod Gwern yn gwrthod mynd ato; y mae Gwern yn mynd at Efnisien fel yr aeth at bawb arall, 'yn llawen'. Ond y mae pwysau ei baranoia a'i rithdybiaethau yn ormod ar Efnisien, a gyrrir ef i gyflawni'r weithred fwyaf ysgeler o'r cyfan, sef taflu mab ei hanner chwaer wysg ei ben i'r tân.

Dywedwyd yn barod mai un o nodweddion arbennig y disgrifiad o gyflwr meddwl Efnisien yw mai cyflwr mewnol ydyw. Nid amgylchiadau allanol sy'n gyrru Efnisien, ond gwyrdroadau ei feddwl a'i ddychymyg. Y mae'n arddangos nifer o symptomau pwysig y cyflwr a adwaenir heddiw fel sgitsoffrenia paranoid. Fodd bynnag, y mae un symptom adnabyddus na ddisgrifir mohono, sef clywed lleisiau. Ni ddywedir mai lleisiau oddi mewn sy'n peri i Efnisien feddwl a gweithredu fel y gwna. Ar un olwg, ni ddylid synnu at hyn, gan nad gweithio oddi mewn i fframwaith seiciatryddol modern y mae'r awdur hwn o'r unfed ganrif ar ddeg. Gormod fyddai disgwyl symptomeg gyflawn—a ph'run bynnag, yn fynych, ni cheir symptomeg o'r fath. Dadleuol, a rhannol, yn aml yw diagnosis seiciatryddol o sgitsoffrenia, gan fod y cyflwr yn un amrywiol iawn. Ond, fel yr awgrymodd A. O. H. Jarman, gellir dal fod yr awdur yn tynnu sylw at brosesau meddwl annormal Efnisien.[37] Cyn iddo daflu ei nai i'r tân, fe'i gwelir fel petai yn siarad ag ef ei hun, ac yn dod i benderfyniad sy'n amlwg sbeitlyd a dialgar. Yr ymadrodd a ddefnyddir yw 'ebe yntau yn ei feddwl'. Defnyddir ymadrodd tebyg tua diwedd y stori, cyn iddo gael ei daflu i'r pair a chyflawni hunanladdiad: 'dywedodd yn ei feddwl'. Ddwywaith felly, yn union cyn iddo gyflawni gweithred dreisiol, y mae'r awdur yn rhoi pwyslais nid yn unig ar feddyliau mewnol Efnisien ond ar y dweud yn y meddwl. Cymharer hyn â'r math o ymadroddi a geir yn achos cymeriadau eraill. 'Meddyliaw a wnaeth a chael yn ei feddwl' a ddywedir am Teyrnon; 'ac yna meddyliaw a wnaeth' a ddywedir am Bwyll. Nid oes yn yr ymadroddion hyn unrhyw awgrym o'r 'siarad' mewnol a ddisgrifir yn achos Efnisien.

Ond nid cyfeirio at brosesau meddwl Efnisien yn unig a wna'r awdur. Ceir disgrifiad corfforol ohono mewn un man sy'n cyfleu mewn ffordd fyw iawn un o nodweddion cydnabyddedig sgitsoffrenia. Unwaith eto, y mae Efnisien ar fin cyflawni gweithred dreisiol, sef lladd y gwŷr yn y sachau. Dyfynnwyd y disgrifiad o'i weithred eisoes, ond sylwer ar y geiriau sy'n rhagflaenu'r disgrifiad hwnnw:

> Sef a wnaeth Efnyssyen dyuot ymlaen llu Ynys y Kedyrn y mywn, ac edrych golygon orwyllt antrugarawc ar hyt y ty.[38]

Nid 'golwg' ond 'golygon', a'r rheini'n 'orwyllt'; dyma'r 'darting eye movements' afreolus y bydd seiciatryddion yn cyfeirio atynt. Disgrifio dyn yn ei orffwylledd dilywodraeth y mae'r awdur.

Anorfod, rywsut, yw'r ffordd y daw diwedd Efnisien. Yn unol â phatrwm cydnabyddedig, y mae'n codi am gyfnod o'i orffwylledd, ac, yn ei iawn bwyll, yn amgyffred pa ddrygioni a wnaeth. Y mae'n gweld yn glir y tro hwn, a'r unig waredigaeth iddo yn ei wae yw ei ddinistrio'i hun. Cysyniad corfforol am darddle'r meddwl a'r dychymyg a geir yn yr hanes— cysyniad na fyddai'n ddieithr o gwbl i Roegwr na Hebrëwr. Wrth i Efnisien ymestyn yn y pair, y mae'n torri ei galon yn llythrennol. Yr un pryd, y mae'n darnio'r Pair Dadeni. Wrth i Efnisien ei ddifa'i hun, y mae'n dinistrio hefyd beth llawer ehangach nag ef ei hun, sef y cyfrwng a ddôi â gobaith ac adfywiad i laddedigion.

Gwnaeth awdur y Pedair Cainc beth rhyfeddol wrth bortreadu Efnisien. Impiodd ar y corff o chwedlau a dderbyniodd gan y cenedlaethau greadigaeth gyfoes a oedd yn ffrwyth ei sylwgarwch eithriadol ef ei hun. Pe byddai modd gofyn i'r awdur ddiffinio'r hyn a wnaeth, mae'n debyg mai'r ateb fyddai ei fod, a defnyddio geiriau ein hoes ni, wedi ceisio treiddio i feddwl a chymhellion dyn drwg. Nid oes awgrym ei fod yn ceisio gwahaniaethu rhwng y drwg a'r gorffwyll. Nid oedd meddwl yr unfed ganrif ar ddeg wedi'i gyfundrefnu yn y fath fodd. Yr hyn a wnaeth oedd tynnu ar ei wybodaeth am fywyd fel yr oedd, ac fel y mae, a rhoi inni ddarlun cyson a soffistigedig o bersonoliaeth y byddem ni heddiw yn ei hadnabod fel personoliaeth sgitsoffrenig yn ystyr fanwl, feddygol y gair hwnnw.

NODIADAU

1. Ifor Williams (gol.), *Pedeir Keinc y Mabinogi* (Caerdydd, 1982), 44.
2. Proinsias Mac Cana, *The Mabinogi* (Cardiff, 1977), 40.
3. Williams (gol.), *Pedeir Keinc y Mabinogi*, 44.
4. W. J. Gruffydd, *Rhiannon: An Inquiry into the First and Third Branches of the Mabinogi* (Cardiff, 1953), yn arbennig 103–8.
5. Kenneth Jackson, *The International Popular Tale and Early Welsh Tradition* (Cardiff, 1961), 133, nodyn 68.
6. Brynley F. Roberts, 'Rhagymadrodd', yn Dafydd Ifans a Rhiannon Ifans, *Y Mabinogion* (Llandysul, 1980), xii.
7. Williams (gol.), *Pedeir Keinc y Mabinogi*, 12.
8. Mac Cana, *The Mabinogi*, 55.
9. Ibid.
10. Williams (gol.), *Pedeir Keinc y Mabinogi*, 29.
11. Melville Richards (gol.), *Breudwyt Ronabwy* (Caerdydd, 1948), 4–5.
12. Gweler Proinsias Mac Cana, *Branwen Daughter of Llŷr* (Cardiff, 1958), 80–2.
13. Williams (gol.), *Pedeir Keinc y Mabinogi*, 29.
14. Mac Cana, *Branwen Daughter of Llŷr*, 83–4.
15. Ceir crynodeb hwylus o'r damcaniaethau sydd yn llyfr Krappe, *Mythologie Universelle*, yn Maria Leach (gol.), *Standard Dictionary of Folklore, Mythology and Legend*, 2 gyfrol (New York, 1949–50), I, 314–15.
16. Gweler Caitlín Matthews, *Arthur and the Sovereignty of Britain* (London, 1989), 51.

17. Hyd y gallaf weld, yn ôl *Geiriadur Prifysgol Cymru*, yr enghraifft gynharaf sydd gennym o ddisgrifio gorffwylledd ag un gair yw 'gwyll(i)aith'/'gwyllaeth' y gerdd 'Afallennau Myrddin', a geir yn Llyfr Du Caerfyrddin (*c*.1250). Wrth reswm, nid yw hyn yn profi dim ynghylch datblygiad y cysyniad haniaethol.
18. Ymhlith yr astudiaethau a fu'n gefndir cyffredinol i'r erthygl hon y mae Basil Clarke, *Mental Disorder in Earlier Britain* (Cardiff, 1975); P. B. R. Doob, *Nebuchadnezzar's Children: Conventions of Madness in Middle English Literature* (New Haven and London, 1974); Roy Porter, *Madness: A Brief History* (Oxford, 2002); Bennett Simon, *Mind and Madness in Ancient Greece: The Classical Roots of Modern Psychiatry* (Ithaca and London, 1978); a Gregory Zilboorg, *A History of Medical Psychology* (New York, 1941).
19. Wrth dynnu sylw at y traddodiadau a gysylltir â'r tri hyn, ni fwriedir awgrymu fod awdur y Pedair Cainc yn gyfarwydd â hwy.
20. Ceir trafodaeth ddiddorol ar seicoleg Heledd yn ei herthygl 'Dedwydd a Diriaid', *Efrydiau Athronyddol*, LXI (1998), 65–85.
21. Ifor Williams (gol.), *Canu Llywarch Hen* (Caerdydd, 1935), 35.
22. A. O. H. Jarman (gol.), *Llyfr Du Caerfyrddin* (Caerdydd, 1982), 27, llau. 58–9.
23. Dilynwyd A. O. H. Jarman yma, a throsi 'gwillon' â'r gair 'gwallgofiaid', yn hytrach na 'gwylliaid'.
24. Gweler Basil Clarke (gol.), *Life of Merlin* (Cardiff, 1973), 56, 57, llau. 72–4, 80–3. Seiliwyd y trosiad hwn ar y fersiwn a geir gan Clarke.
25. Gellir cymharu Myrddin â Nebuchadnesar, a ddisgrifiwyd gan Penelope Doob yn y geiriau hyn: 'he may be seen as the father of most literary madmen. The pattern of his life—his repeated falls from pride, power and idolatry into madness and bestiality followed by the grace of the knowledge of God and eventual restoration—resembles the characteristic life patterns of the three conventions'; Doob, *Nebuchadnezzar's Children*, 55. Y mae'r 'confensiynau' hyn, fodd bynnag, yn ymwneud â'r dimensiynau crefyddol y mae Doob yn canolbwyntio arnynt yn ei hastudiaeth, ac nid ydynt yn uniongyrchol berthnasol i hanes Myrddin.
26. R. L. Thomson (gol.), *Owein or Chwedyl Iarlles y Ffynnawn* (Dublin, 1968), 21.
27. A. O. H. Jarman, 'Early Stages in the Development of the Myrddin Legend', yn Rachel Bromwich ac R. Brinley Jones (goln.), *Astudiaethau ar yr Hengerdd: Studies in Old Welsh Poetry* (Caerdydd, 1978), 334.
28. Ar hyn, gweler Jenny Rowland, *Early Welsh Saga Poetry: A Study and Edition of the Englynion* (Cambridge, 1990), 32–3, 141–4.
29. 'Tra fuvm puyll. wastad. am buiad in i bon'; Jarman (gol.), *Llyfr Du Caerfyrddin*, 27, ll. 56.
30. Gweler Dafydd Jenkins, 'The Horse in the Welsh Law Texts', yn Sioned Davies a Nerys Ann Jones, (goln.), *The Horse in Celtic Culture: Medieval Welsh Perspectives* (Cardiff, 1997), 73–6.
31. Yma, yr hyn a geir yw tân aelwyd, sy'n gysylltiedig â phethau bywiol, daionus. Mae Efnisien yn gwyrdroi arwyddocâd tân, felly. Ar le tân mewn mytholeg Geltaidd, gweler R. J. Stewart, *Celtic Gods, Celtic Goddesses* (London, 1990), 96.
32. Williams (gol.), *Pedeir Keinc y Mabinogi*, 42–3.

33. Ibid., 31–2.
34. Gweler Saunders Lewis, 'Branwen', yn R. Geraint Gruffydd (gol.), *Meistri'r Canrifoedd* (Caerdydd, 1973), 17.
35. Gwyn Jones a Thomas Jones (cyf.), *The Mabinogion* (London, 1976), 27.
36. Williams (gol.), *Pedeir Keinc y Mabinogi*, 43.
37. Gweler A. O. H. Jarman, 'Pedair Cainc y Mabinogi', yn Geraint Bowen (gol.), *Y Traddodiad Rhyddiaith yn yr Oesau Canol* (Llandysul, 1974), 138.
38. Williams (gol.), *Pedeir Keinc y Mabinogi*, 42.

'Propaganda'r Prydydd': Gruffudd ap Llywelyn, Dafydd ap Llywelyn a'r Beirdd[1]

Peredur I. Lynch

I

Liw nos ar Ddydd Gŵyl Dewi 1244, syrthiodd Gruffudd ap Llywelyn i'w dranc, a hynny wrth iddo geisio dianc ar raff o'i waith ei hun o'r Tŵr yn Llundain.[2] Torrwyd ei wddf a drylliwyd ei gorff gan ei gwymp, a Matthew Paris, croniclydd enwog St Albans, sy'n sôn am yr 'olygfa druenus' (*miserabile spectaculum*) y daeth gwarcheidwaid esgeulus Gruffudd wyneb yn wyneb â hi wrth odre'r Tŵr wedi iddi ddyddio.[3] Gruffudd oedd yr hynaf o feibion Llywelyn Fawr neu Lywelyn ab Iorwerth (m. 1240), ac wrth gyfeirio at ei farwolaeth noda *Brut y Tywysogyon* fel y meddiannwyd Dafydd, hanner brawd Gruffudd, gan ddirfawr lid. Aeth ati yng Nghymru i ddial ar y Saeson y cam a wnaed â'i frawd, gan alw ato 'y holl wyrda y gyt a ruthraw y elynyon'.[4] Fodd bynnag, hawdd y gallai geiriau'r *Brut* daro'r darllenydd modern fel rhai creulon o eironig. Dafydd a fu'n gyfrifol am drosglwyddo Gruffudd i ddwylo'r awdurdodau Seisnig ym 1241, a hynny wedi iddo ef ei hun ei gipio a'i garcharu ym 1240. Bu'r ddau frawd benben â'i gilydd o ddiwedd y 1230au ymlaen, ac un cwmwl tywyll a fwriodd ei gysgod yn drwm dros deyrnasiad Llywelyn ab Iorwerth o'r 1220au ymlaen fu rhwystredigaeth Gruffudd o weld Dafydd, ei frawd iau, a mab i Siwan, yn cael ei ddyrchafu'n ffurfiol ym 1220 yn etifedd i deyrnas ei dad. Nid gormod yw honni bod ymateb Dafydd ym 1244 yn enghraifft ogleisiol o'r nodwedd honno ar gymeriad y Cymry y cyfeiriodd Gerallt Gymro ati, sef eu harfer, yn ôl Gerallt, o garu eu brodyr yn well wedi iddynt farw na phan fyddent ar dir y byw.[5]

Fel y nodwyd, yr oedd yr ymrafael rhwng Gruffudd a Dafydd yn deillio o ordeinhad Llywelyn ym 1220 ynghylch yr olyniaeth, a'r hyn a drafodir yn yr ysgrif hon yw ymateb Beirdd y Tywysogion, neu'r Gogynfeirdd fel y'u gelwir, i'r mater tyngedfennol hwnnw. Yn ychwanegol at bwyso ar dystiolaeth cerddi a ganwyd i Ruffudd a Dafydd gan bedwar bardd o'r 13g., sef Prydydd y Moch, Einion ap Madog ap Rhahawd, Einion Wan a Dafydd Benfras, eir ati hefyd i geisio pennu pa arwyddocâd y dylid ei roi i draddodiad gogleisiol a gofnodwyd mewn cywydd mawl o'r 15g. am berthynas y beirdd â Dafydd ap Llywelyn. Yn ôl y cywydd hwnnw, a ganwyd gan Ddafydd ab Edmwnd, y beirdd llys a fu'n gyfrifol am farwolaeth Dafydd ap Llywelyn, a hynny drwy ei ddychanu. Bydd tri phrif gam i'r drafodaeth. Yn gyntaf oll, ceisir gosod y cefndir hanesyddol; yn ail, ymdrinnir â thystiolaeth cerddi Beirdd y Tywysogion; ac yn drydydd, yng ngoleuni tystiolaeth y ddwy adran flaenorol, ceisir dangos bod rhyw hedyn o wirionedd yn y traddodiad am y beirdd yn dychanu Dafydd ap Llywelyn.

II

O 1201 ymlaen, yr oedd safle Llywelyn ab Iorwerth yng Ngwynedd yn gwbl ddiogel, ac er iddo wynebu cryn argyfwng ym 1211 yn sgil ymosodiad y Brenin John, buan y daeth tro ar fyd. Ym 1216–17 llwyddodd Llywelyn i ymestyn ei ddylanwad dros y rhan fwyaf o reolwyr brodorol Cymru, a daeth i'w ran awdurdod a oedd yn helaethach nag eiddo unrhyw reolwr Cymreig arall er dyddiau Gruffudd ap Llywelyn (m. 1063).[6] Fel sy'n ddigon hysbys, ni chafodd uwcharglwyddiaeth Llywelyn yng Nghymru ei chydnabod gan y goron Seisnig yn amodau heddwch Caerwrangon ym 1218,[7] a rhwng hynny a'i farwolaeth ym 1240 bu dau nod amlwg i'w deyrnasiad: sicrhau cydnabyddiaeth ffurfiol coron Lloegr i'w uwcharglwyddiaeth, a sicrhau, yn ogystal, y byddai ei awdurdod a'i statws, nid yn unig yng Ngwynedd, ond o fewn ei dywysogaeth embryonig ehangach, yn cael eu trosglwyddo yn eu cyfanrwydd i'w ddewis etifedd. Trwy gyfrwng olyniaeth gadarn yn unig y byddai gobaith i dywysogaeth newydd Llywelyn, yng nghyflawnder yr amser, droi'n endid gwleidyddol parhaol.[8]

Ganed dau fab i Lywelyn ab Iorwerth, sef Gruffudd a Dafydd.[9] Roedd Gruffudd yn fab i Dangwystl Goch, merch Llywarch Goch o Ros, cariadferch i Lywelyn na ddaeth erioed, yng ngolwg yr Eglwys o leiaf, yn wraig

briod iddo, a gellir casglu gan hynny fod Gruffudd wedi ei eni cyn i
Lywelyn briodi â Siwan ym 1205.[10] Cadarnheir cysylltiad Tangwystl â
Rhos gan yr Arolwg o Arglwyddiaeth Dinbych a wnaed ym 1334. Yno
cofnodir bod Llywelyn wedi rhoi tir prid i Dangwystl—ei 'gariadferch'
(*amica*) yn ôl y testun—yn Ninas Cadfel, gerllaw Llanefydd, ac iddi
hithau ei werthu yn y man i ryw Gynon ap Llywarch.[11] O graffu ar ei hach,
gwelir mai ei gorhendaid oedd gŵr yn dwyn yr enw Llywarch Howlbwrch,
cymeriad nad yw'n gwbl anadnabyddus yn hanes Cymru.[12] Yn ôl *Historia
Gruffud vab Kenan*, ef oedd 'guas ystavell a thrysoryer' ('gwas ystafell a
thrysorwr') Gruffudd ap Llywelyn (m. 1063), a chyfeiria'r *Historia* at ei
wraig, hithau hefyd yn dwyn yr enw Tangwystl, yn darogan llwyddiant i
Ruffudd ap Cynan.[13] Ymhellach, yn ôl yr *Historia* yr oedd y Dangwystl
hon yn berthynas (*cares*) i Ruffudd ap Cynan. A derbyn dilysrwydd yr
achau, gwelir ei bod yn ferch i Iago ab Idwal ac yn fodryb i Ruffudd ap
Cynan o ochr ei dad.[14] Gallai Tangwystl, cariadferch Llywelyn, hawlio felly
ei bod o'r un cyff â'r tywysog ac yn ddisgynnydd fel yntau nid yn unig i
Iago ab Idwal ond hefyd i Rodri Mawr. Er nad yw'n ymddangos i
ddisgynyddion Llywarch Howlbwrch fod yn flaenllaw yng ngwasanaeth
tywysogion oes ddiweddarach, ceir tystiolaeth yn yr Arolwg o
Arglwyddiaeth Dinbych am y tiroedd a ddelid ganddynt yn Rhos a
Rhufoniog, ac ni phallodd y cof ychwaith am Lywarch ei hunan.[15] Ceir
cyfeiriadau niferus ato ef fel cyndad tylwythol yng nghanu'r Cywyddwyr,
ac ymhlith y rhai a arddelai berthynas â'r tylwyth ar ddechrau'r Cyfnod
Modern Cynnar yr oedd Edmwnd Prys.[16]

Hawdd casglu mai Gruffudd, ar un adeg, a ystyrid yn etifedd i Lywelyn.
Rhoed iddo, wedi'r cwbl, enw ac iddo gryn anrhydedd yn hanes llinach
Aberffraw.[17] Ond yr oedd i briodas Llywelyn â Siwan ym 1205 oblygiadau
difrifol i'w obeithion.[18] Eisoes, er 1199, yr oedd Llywelyn wedi bod yn
ffafr y Brenin John. Ym 1201 gwnaeth gytundeb ag ef—y cytundeb
ysgrifenedig cynharaf sydd wedi goroesi rhwng un o frenhinoedd Lloegr a
rheolwr Cymreig—ac ni ellir gorbwysleisio cam mor arwyddocaol fu'r
briodas â Siwan yn ei yrfa wleidyddol.[19] Er mai merch anghyfreithlon i
John oedd Siwan, bu'r briodas hon yn fodd i ddyrchafu statws Llywelyn
uwchlaw eiddo'r rheolwyr Cymreig eraill, gan ei ddwyn i gysylltiad ag un
o linachau brenhinol amlycaf Ewrop. Yn fwy arwyddocaol, yng ngwyth-
iennau unrhyw fab a fyddai'n cael ei eni i Lywelyn a Siwan byddai gwaed
tywysogion Gwynedd bellach yn llifo'n gymysg â gwaed brenhinoedd

Angyw. Ni wyddys pa bryd yn union y ganed Dafydd, ond y mae 1215 yn awgrym dichonadwy.[20]

Nid mewn gwagle y mae ystyried dyfodiad Siwan i Wynedd fwy na phenderfyniad Llywelyn ym 1220 i ddewis Dafydd i'w olynu. Fel y nododd Huw Pryce, nid mater yn unig o olrhain gwrthsafiad brodorol yn erbyn concwest filwrol o du estroniaid yw'r dasg o adrodd stori'r 12g. a'r 13g. yng Nghymru.[21] Er i Lywelyn ymdrechu i leihau grym yr Eingl-Normaniaid yn ei wlad, un elfen ymddangosiadol baradocsaidd yn ei hanes ef, fel yn achos y rheolwyr Cymreig eraill, oedd yr awydd cynyddol hwnnw i ymgymathu, o ran buchedd, moes a diwylliant gwleidyddol, â'r byd Eingl-Normanaidd.[22] Arwydd o hynny oedd ei briodas â Siwan, ynghyd â'r priodasau niferus a drefnwyd ganddo ar gyfer ei blant ymhlith rhai o deuluoedd Eingl-Normanaidd amlycaf y Mers (yn ddiddorol ddigon, yr unig eithriad oedd Gruffudd, a briododd â Senana ferch Caradog, a ddisgynnai o Owain Gwynedd).[23] Ymhellach, amlygiad o'r un meddylfryd oedd ordeinhad Llywelyn ym 1220 ynghylch yr olyniaeth. Dafydd oedd etifedd diymwad Llywelyn yn ôl y dulliau cydnabyddedig o bennu'r olyniaeth yng ngwledydd Cred ('as heirship was reckoned in feudal and Christian Europe', chwedl J. E. Lloyd),[24] ac wrth i Wynedd ddod yn rhan o fyd Eingl-Normanaidd ehangach, anodd gweld pa benderfyniad arall y gallai Llywelyn fod wedi ei wneud. Ond o gofio ymateb Gruffudd i'r penderfyniad hwn, pwysig yw sylweddoli nad ymwneud yn unig yr ydym â surni unigolyn dadrithiedig. Yn ymhlyg ym mhenderfyniad Llywelyn ym 1220 yr oedd toriad â rhai agweddau ar y dull arferol o bennu'r olyniaeth yng Nghymru, ac ymosodiad anuniongyrchol hefyd ar rai agweddau ar y gyfraith frodorol.

Er mwyn iawnddeall yr hyn a wnaeth Llywelyn bydd yn ofynnol inni, yn gyntaf oll, wahaniaethu rhwng dau fater y bu gorbarodrwydd i'w huniaethu mewn hanesyddiaeth Gymreig hyd at yn gymharol ddiweddar, sef etifeddu tir yn gyffredinol ac olyniaeth frenhinol. Fe gofir, yn ddiau, mai agwedd greiddiol ar y drefn welyog o ddal tir yng Nghymru'r Oesoedd Canol oedd yr egwyddor fod tir i'w rannu'n gyfartal rhwng etifeddion gwryw ar farwolaeth y tad. Yn wahanol i'r Eglwys, ni wahaniaethai'r gyfraith Gymreig rhwng meibion a aned oddi mewn i rwymau priodas a meibion nad oeddynt yn ffrwyth uniad ffurfiol o'r fath. Y ffaith fod mab yn cael ei arddel gan ei dad a oedd yn bwysig yng ngolwg cyfraith Hywel, ac o'i arddel yr oedd ganddo hawl i gyfran o 'dref' y tad.[25] O ddyddiau

Gerallt Gymro ymlaen, lleisiwyd y farn gyfeiliornus fod trefn 'cyfran' wedi bod yn llestair i ddatblygiad gwleidyddol Cymru. Y drefn hon, meddir, a roddodd fod i'r arfer honedig o rannu teyrnasoedd y wlad ar farwolaeth eu rheolwyr, ac yn sgil hynny diflanedig oedd unrhyw hegemoni wleidyddol y byddai rheolwr yn debygol o'i sicrhau yn ystod ei oes.[26] Ymhellach, honnwyd mai'r hyn a wnaeth Llywelyn ab Iorwerth ym 1220 fu ymwrthod â'r drefn hon, gan gyflwyno ei deyrnas yn ei chyfanrwydd i un mab a nacáu i'r mab arall ei gyfran o'r etifeddiaeth.[27] Mae'n ddigon gwir nad yw ffynonellau Cymreig o'r Oesoedd Canol, o ran geirfa a thermau, yn gwahaniaethu'n glir bob amser rhwng olyniaeth frenhinol ac etifeddu tir neu dreftadaeth yn gyffredinol.[28] Ond o graffu'n fanwl ar y llyfrau cyfraith, ac ar gyfreithiau'r llys yn benodol, y mae'n allweddol bwysig sylweddoli na cheir unrhyw awgrym y dylai rheolwr (neu *frenin*, a glynu at iaith y llyfrau cyfraith) gael ei olynu gan fwy nag un etifedd, nac unrhyw dystiolaeth i gefnogi'r syniad fod brenhiniaeth yn y teyrnasoedd Cymreig yn rhanadwy.[29] Nid yng ngoleuni'r drefn welyog o ddal tir a'i etifeddu y mae dirnad y dull o bennu olyniaeth frenhinol yng Nghymru'r Oesoedd Canol, ond yng ngoleuni'r cymalau hynny sy'n ymwneud yn uniongyrchol â'r mater yng nghyfreithiau'r llys.

Nodir yn y llyfrau cyfraith nad oedd ond un etifedd, ac fe'i gelwir wrth un o dri enw, sef *gwrthrych* ('disgwyliwr' neu 'un a ddisgwylir'), *gwrthrychiad* ('disgwyliwr'), a'r term a'u disodlodd, sef *edling* (o'r Hen Saesneg *ætheling*, 'etifedd').[30] Yng ngeiriau Llyfr Iorwerth—sef y fersiwn mwyaf datblygedig ar gyfraith Hywel a luniwyd yng Ngwynedd yn nyddiau Llywelyn ab Iorwerth—hawl yr edling oedd rheoli ar ôl y brenin ('guledychu guedy y brenhyn'), ac fe'i dewisid gan y brenin yn ystod ei oes o blith ei berthnasau agosaf, sef 'aylodeu y brenhyn' (ei feibion, ei neiaint a'i gefndryd yn ôl Llyfr Iorwerth).[31] Fodd bynnag, ceir rhywfaint o amwysedd yn Llyfr Iorwerth. Nodir yn y testun fod rhai yn dal mai edling oedd pob un o 'aylodeu y brenhyn', ond bod eraill yn haeru 'nat edlyg nep namyn y nep y rodho y brenhyn gobeyth a gvrthrych ydav' ('nad edling unrhyw un ar wahân i'r sawl y rhoddo'r brenin obaith a disgwyliad iddo').[32] Fel y nododd Robin Chapman Stacey, ceir adlais yma o drafodaeth a fu mewn sawl gwlad yn Ewrop yn ystod y 12g. a'r 13g. ynghylch pa un ai'r brenin ei hun a oedd â'r hawl i ddewis ei olynydd (= un edling), ynteu cael ei ethol a'i ddyrchafu i'r orsedd a wnâi gan eraill (= sawl edling posibl hyd at awr y dewis).[33] Fel y cawn achos i sylwi isod, y mae'n ddichonadwy hefyd fod yr amwysedd hwn yn Llyfr Iorwerth yn fwriadol, ac yn gysylltiedig â'r ymrafael rhwng Gruffudd a Dafydd. O safbwynt hawliau Gruffudd ei hun, y mae'n ddiogel casglu na fyddai bod yn blentyn gordderch wedi ei rwystro, yn draddodiadol o leiaf, rhag bod yn un o 'aylodeu y brenhyn', a da cofio mai Hywel (m. 1170), mab Ffynnod Wyddeles, un o ordderchwragedd Owain Gwynedd, a ddyrchafwyd, yn ôl pob tebyg, yn edling gan Owain.[34] Noda'r gyfraith hefyd fod ystadau i'w darparu oddi mewn i'r deyrnas i'r rhai hynny na chawsant eu dewis ar gyfer yr olyniaeth. Byddai eu statws o hynny allan yn unol â statws (*breint*) y tir a ddarparwyd ar eu cyfer, ac yn ddamcaniaethol o leiaf, yr oedd derbyn y tir yn arwydd fod eu huchelgais frenhinol wedi dod i ben.[35] Yn ôl yr holl lyfrau cyfraith, gan gynnwys Llyfr Iorwerth, y brenin a ddylai gynnal yr edling, ac ymhelaethir ynghylch y darpariaethau a wneid ar ei gyfer yn y llys. Ond yn Llyfr Iorwerth, wrth drafod y tiroedd a estynnid i'r rhai aflwyddiannus o blith 'aylodeu y brenhyn', y mae'r geiriad amwys sydd i'r frawddeg yn awgrymu bod yr edling yntau yn dal tiroedd o'r fath, a chawn ddychwelyd isod at arwyddocâd posibl y sylw paradocsaidd hwn.[36]

Wrth ddymuno gweld ei deyrnas yn cael ei throsglwyddo yn ei chyfanrwydd i un etifedd, gwelir bod Llywelyn wedi gweithredu mewn cytgord ag egwyddorion Cymreig, ac yn ystod y 1220au bu'n gwbl ddiwyro yn ei benderfyniad i sicrhau mai Dafydd a fyddai'n ei olynu. Cafodd sêl bendith y goron ar y penderfyniad ym mis Mai 1220, ac ym 1222 cadarnhawyd y trefniant gan y Pab Honorius III. Ymhellach, ym 1226, llwyddwyd i berswadio'r Pab i gydnabod bod Siwan yn ferch gyfreithlon i John, a'r un flwyddyn tyngodd rheolwyr eraill Cymru lw ffyddlonder i Ddafydd. Ym 1229 gwnaeth Dafydd wrogaeth i'r brenin yn Llundain, a byddai ei briodas ag Isabella de Breos ym 1230 yn ei ddwyn i gysylltiad ag un o deuluoedd Normanaidd amlycaf y Mers.[37] Fodd bynnag, pan aeth Llywelyn ati ym 1222 i geisio sêl bendith y Pab ar ei benderfyniad, gwelir bod un agwedd ar ei ordeinhad a oedd yn doriad diedifar ag arferion Cymru. Barnodd fod Gruffudd yn anghymwys i fod yn etifedd ar y sail ei fod yn blentyn anghyfreithlon yng ngolwg yr Eglwys.[38] Nododd Llywelyn fod yn ei wlad ef arfer 'ffiaidd' (*detestabilis*) a olygai fod mab y gaethferch yn gydetifedd gyda mab y wraig rydd, a bod meibion anghyfreithlon yn gyfrannog yn yr etifeddiaeth fel petaent yn feibion cyfreithlon. Bu iddo, meddai, ddileu'r arfer hon a oedd yn groes i'r gyfraith ddwyfol ac i gyfraith dynion, ac i'r diben hwnnw y bu iddo lunio ordeinhad yn cyhoeddi mai

Dafydd, mab Siwan, ei wraig gyfreithlon, a fyddai'n ei olynu.[39] Er na chyfeirir at Ruffudd wrth ei enw, y mae ergyd yr ordeinhad yn gwbl eglur. Roedd Gruffudd yn wrthodedig am ei fod yn blentyn anghyfreithlon; seiliodd Llywelyn ei benderfyniad ar y gyfraith ganonaidd, nad oedd yn cydnabod hawliau etifeddol meibion o'r fath, gan ymwrthod â'r gyfraith frodorol.[40] Ymhellach, yr oedd ordeinhad Llywelyn mewn cytgord llwyr â barn Eglwyswyr megis John o Gaersallog a Gerallt Gymro, a John Pecham yn ddiweddarach, a fu'n dra beirniadol yn ystod y 12g. a'r 13g. o'r agweddau hynny ar y gyfraith Gymreig a âi'n groes i'r gyfraith ganonaidd mewn perthynas â phriodas a hawliau etifeddol.[41] Ond ni ddylid priodoli'r ymosodiad hwn ar hawliau meibion gordderch i unrhyw sêl foesol ar ran Llywelyn. Gwleidyddol oedd y nod. Wrth ymbriodi yn ystod y 13g. â theuluoedd yn y Mers ac â'r bendefigaeth Seisnig, neu â llinach Angyw fel yn achos Llywelyn, yr oedd yn anorfod y byddai'r prif linachau brenhinol Cymreig yn dod i goleddu'r arferion Eglwysig rhyngwladol hynny a oedd yn ymwneud â phriodas a hawliau etifeddol.[42]

III

Wrth droi at ymateb y beirdd i'r materion hyn, teg cofio bod ymrafaelio am yr olyniaeth frenhinol—'the bread and butter issue of medieval Irish and Welsh politics', chwedl R. R. Davies[43]—yn agwedd ganolog ar wleidyddiaeth fewnol y Gymru frodorol drwy gydol oes y tywysogion. Er bod dull o bennu'r olyniaeth yn y llyfrau cyfraith, mater cwbl wahanol oedd sicrhau bod yr uchelgeisiol rai o blith 'aylodeu y brenhyn' yn parchu ewyllys y rheolwr ymadawedig ac yn ymostwng i'r olynydd a ddewiswyd ganddo. Yng Ngwynedd, er enghraifft, ni chafwyd olyniaeth heddychlon ar unrhyw achlysur rhwng marwolaeth Owain Gwynedd ym 1170 a'r goncwest ym 1282–3, a phrin fod enbytach enghraifft o ymrafael o'r fath na'r tywallt gwaed a fu yn nheyrnas fechan Arwystli rhwng 1129 a 1131 ymhlith meibion a neiaint Llywarch ap Trahaearn, a fu farw yn niwedd yr 1120au.[44] Ar ddechrau'r ymgiprys hwnnw ymddengys fod deg olynydd posibl, ond o fewn dwy flynedd yr oedd pump ohonynt wedi eu lladd, dau wedi eu dallu, a dau arall wedi eu hysbaddu ynghyd â'u dallu gan eu gwrthwynebwyr.[45] Bu cyfnod tebyg o greulondeb ymhlith gwahanol ganghennau o linach frenhinol Powys rhwng 1111 a 1130, a'r un fu profiad

Deheubarth yn ystod y blynyddoedd 1072–91.[46] Ond erbyn y 13g. daethai'r lladd a'r anffurfio corfforol hwn i ben i raddau helaeth. Yng Ngwynedd erbyn y cyfnod hwnnw—a hynny, efallai, dan ddylanwad y Sistersiaid— caethiwed hirfaith neu alltudiaeth orfodol fyddai'r cyfryngau mwyaf priodol o wastrodi gwrthwynebwyr gwleidyddol.[47]

A bwrw mai pwrpas creiddiol y canu llys oedd 'effeithio ar y frenhiniaeth', chwedl Eurys Rowlands,[48] byddai'n rhesymol casglu bod gan Feirdd y Tywysogion ddiddordeb ysol yn yr agwedd hon ar wleidyddiaeth eu hoes. Er mai canu defodol, bwriadol hynafol ei gywair oedd eiddo'r beirdd, yr oedd y canu hwnnw wedi ei wreiddio yng ngwleidyddiaeth gythryblus yr oes, a bu cryn bwyslais mewn ymchwil ddiweddar ar archwilio'r cyswllt rhwng y canu a'r cefndir gwleidyddol.[49] Nid oes ofod i ymhelaethu yma, ond digon yw nodi bod rhâi cerddi cyfain ar glawr a ddeilliodd o ymrafaelio am yr olyniaeth: galargan Peryf ap Cedifor, er enghraifft, ar farwolaeth Hywel ab Owain Gwynedd ym 1170, a'r cerddi grymus a ganwyd gan Hywel Foel yn y 1260au ar ran Owain ap Gruffudd.[50] Y mae'n gwbl amlwg hefyd na ellir iawn ddehongli gyrfa bardd megis Prydydd y Moch heb roi ystyriaeth fanwl i'r ymgiprys hirfaith am uchafiaeth yng Ngwynedd rhwng 1170 a 1203, a cheir tystiolaeth fod o leiaf un bardd, Einion ap Gwalchmai, wedi ei wobrwyo â thir am estyn cefnogaeth i Lywelyn ab Iorwerth, a gamodd yn fuddugoliaethus o'r ymrafael hwnnw.[51]

Yn achos Gruffudd ap Llywelyn a Dafydd ap Llywelyn, beth yw natur y dystiolaeth farddol a oroesodd? Y mae pedair cerdd fawl i Ruffudd ap Llywelyn wedi eu diogelu. Canwyd dwy o'r rhain gan Brydydd y Moch, a gwaith Einion ap Madog ap Rhahawd ac Einion Wan yw'r ddwy arall.[52] Ac ystyried na ddaeth Gruffudd erioed yn dywysog ar Wynedd, y mae'r ffaith fod cynifer o gerddi wedi eu cadw yn awgrym clir ynddo'i hunan ei fod yn gryn ffefryn ymhlith y beirdd. Lluniwyd marwnad iddo hefyd gan Ddafydd Benfras, ac aeth yr un bardd ati yn ddiweddarach i farwnadu Llywelyn ab Iorwerth, Gruffudd a Dafydd ynghyd yn yr un gerdd. Yr unig gerddi yn y llawysgrifau a ganwyd i Ddafydd yn ystod ei oes yw cerdd ddadolwch (sef cerdd yn cymodi bardd a noddwr) gan Einion Wan, a cherdd gan Ddafydd Benfras sy'n sôn am alltudiaeth y bardd. Er y gellir casglu bod Dafydd ap Llywelyn wedi cyrraedd oedran gŵr erbyn 1229, ac er yr holl ymdrechion o du ei dad i'w ddyrchafu, y mae'n syn meddwl na ddiogelwyd unrhyw fawlgan ffurfiol iddo o'r 1230au. Ond yn dilyn ei farwolaeth ym 1246, cafodd yntau ei farwnadu gan Ddafydd Benfras, ac fel y sylwyd eisoes, fe'i crybwyllir yn y farwnad a ganodd Dafydd i'r 'tri ynghyd'.

Prydydd y Moch oedd pencerdd amlycaf teyrnas Gwynedd o ddegawdau olaf y 12g. hyd at ddechrau'r 1220au. Cynigiodd golygyddion ei waith fod y ddwy gerdd a luniodd i Ruffudd wedi eu cyfansoddi yn fuan ar ôl i Ruffudd ddychwelyd i Wynedd ym 1215 wedi iddo fod yn wystl yn nwylo'r Brenin John am gyfnod o bedair blynedd.[53] Er bod y cerddi hyn, felly, wedi eu cyfansoddi oddeutu pum mlynedd cyn i Lywelyn ddatgan ei ordeinhad ym 1220, ceir ynddynt dystiolaeth allweddol ynghylch holl fater yr olyniaeth yng Ngwynedd.

O ganlyniad i ymgyrchoedd y Brenin John yn haf 1211, gorfodwyd amodau heddwch darostyngol ar Lywelyn, a bu'n rhaid iddo drosglwyddo nifer o wystlon i ofal y brenin, yn eu plith Gruffudd.[54] O safbwynt Gruffudd, yr oedd rhai agweddau pellgyrhaeddol eu harwyddocâd ynghlwm wrth yr heddwch hwn. Bu'n rhaid i Lywelyn gydnabod y byddai ei deyrnas yn mynd yn fforffed i'r goron petai'n marw heb etifedd o groth Siwan, ac ni châi Gruffudd, o ganlyniad, ond yr hyn y dymunai'r brenin ei estyn iddo. Dengys y cymalau hyn nad oedd Dafydd wedi ei eni eto ym 1211. Ond, yn bwysicach fyth, dangosant fod modd i'r goron, yng ngoleuni dysgeidiaeth yr Eglwys ar fater priodas, fanteisio i'r eithaf ar y ffaith mai plentyn gordderch oedd Gruffudd.[55] Llwyddodd Llywelyn i adfer ei awdurdod yn bur fuan ar ôl 1211, a thrwy ymuno ym 1215 â'r barwniaid yn eu gwrthryfel yn erbyn John cryfhawyd ei law ymhellach. Ar 15 Mehefin 1215 gorfodwyd John i gyhoeddi'r Freinlen Fawr (Magna Carta), ac yr oedd yn honno gymalau yn ymwneud â Chymru a ddarparai fod yr amodau llym a osodwyd ar Lywelyn ym 1211 yn cael eu gwyrdroi.[56] Yn sgil hynny, ac ar ôl pedair blynedd o gaethiwed, rhyddhawyd Gruffudd.

Ym 1211, fel y dangoswyd eisoes, bu'n rhaid i Lywelyn ab Iorwerth ddatgan na fyddai Gruffudd yn olynydd iddo, ac wrth groesawu Gruffudd yn ôl i Wynedd y mae'n amlwg fod yr amod llym hwnnw yn heddwch 1211 yn fyw iawn yng nghof Prydydd y Moch. Yn ei englynion, nid croesawu'r tywysog ieuanc yn ôl i Wynedd yn unig a wna'r bardd, ond mynd ati'n hyderus i ailddatgan hawl Gruffudd i'r olyniaeth:

> Graesaw, rhwyf anaw angudd—ym Mhrydain,
> Ym mhrydfawr ddadannudd,
> Engiriawl, arwyniawl udd,
> Angerddawl, greddfawl Gruffudd.

Gruffudd, gryd lofrudd, o lawfrydedd—dygn
Y dugost bobl Wynedd;
Gwawr gwanar, ei gwin a'i medd
A'i gwŷr gworfych o'r diwedd.

Diweddwyr eryr, ar Gymry—hu bych,
Hu bydd bawb a'i dyly,
Wrth Dduw ydd iolaf hynny,
Werthefin Freienin fry.

('Croeso, arglwydd amlwg ei gyfoeth ym Mhrydain,/Yn [dy] adferiad hardd,/Pennaeth llidiog [a] brawychus,/Ffyrnig [a] chadarn yw Gruffudd.//Gruffudd, y gwaedlyd ei law [mewn] brwydr, o ddigalondid blin/Y gwaredaist bobl Gwynedd;/Arglwydd taer, boed i ti gael/Ei gwin a'i medd a'i gwŷr yn y diwedd.//Arweinydd y milwyr olaf [i encilio], felly y boed i ti fod ar Gymru,/Felly y bydd pawb sydd â hawl arni,/Ar Dduw yr erfyniaf am hynny,/Y goruchaf Frenin fry.')[57]

A derbyn mai nod canolog Prydydd y Moch oedd ailddatgan hawl Gruffudd i'r olyniaeth, y mae'n werth sylwi ar rai cysyniadau o fyd y gyfraith a ddefnyddir ganddo. Mae'r term cyfreithiol *dadannudd* yn yr englyn cyntaf, a'r cyfeiriad at win a medd yn yr ail englyn, yn drymlwythog o ystyr. Fel y gwelir, 'adferiad' yw'r cyfieithiad a roes y golygyddion i'r gair *dadannudd*, a thasg amhosibl oedd iddynt gyfleu holl gynodiadau cyfreithiol cyfoethog y gair hwnnw. Yn wreiddiol, ystyr y berfenw *dadanhuddo* oedd 'dadorchuddio neu agor tân a anhuddwyd dros nos', ond yng nghyfraith Hywel daeth y gair hefyd i olygu'r weithred o hawlio tir neu adfeddiannu tir a fu'n eiddo i hynafiaid yr hawlwr.[58] Y syniad o ailfegino'r tân ar yr hen aelwyd a roes fod i'r ystyr gyfreithiol, ac fel yr esbonia Dafydd Jenkins, tebyg fod agwedd symbolaidd ar hyn oll yn wreiddiol wrth i'r hawlwr gynnau tân ac aros am gyfnod penodol ar y tir a hawliai. Rhoes bôn y berfenw inni'r enw *dadannudd*, ac yn y llyfrau cyfraith golyga *dadannudd* y weithred o adfeddiannu tir neu'r achos cyfreithiol a oedd ynghlwm â hynny. A chofier, yng Ngwynedd, yn Llyfr Iorwerth, lledodd *dadannudd* i gynnwys nid yn unig y tir a fu'n eiddo ar ryw adeg i hynafiaid yr hawlwr, ond hefyd y tir y bu'r hawlwr ei hunan yn ei ddal, tir a gadarnhawyd yn ei feddiant gan yr arglwydd, ond a gipiwyd oddi arno drwy gam.[59]

Gan gofio amgylchiadau Gruffudd ym 1215, y mae modd dehongli *dadannudd* yn y gerdd ar sawl lefel drosiadol. Yn gyntaf oll ceir yma ddadannudd yn yr ystyr fod Gruffudd yn adennill neu'n adfeddiannu ei ryddid ar ôl cyfnod o gaethiwed. Ond y mae yma awgrym cryf hefyd fod Gruffudd yn adfeddiannu Gwynedd, neu o leiaf yn ailgydio yn ei hawl i'w llywodraethu ryw ddydd, sef yr hawl a gipiwyd oddi arno yn dilyn heddwch 1211. Er mai ymwneud â chyfraith y tir yn hytrach nag olyniaeth frenhinol y mae *dadannudd*, fel y nodwyd eisoes pwysir yn fynych mewn ffynonellau Cymreig ar dermau o'r fath wrth drafod y frenhiniaeth, ac y mae'n rhesymol cynnig mai gweld Gruffudd yn adfeddiannu'r hawl i frenhiniaeth Gwynedd a oedd flaenaf ym meddwl y bardd.[60] Yn hynny o beth y mae'r cyfeiriadau yn yr ail englyn at hawl Gruffudd i dderbyn gwin a medd Gwynedd yn awgrymog dros ben. Fe all mai cyfeirio y mae Prydydd y Moch yma at y ffaith y byddai Gruffudd, yn y dyfodol, yn derbyn *gwestfa*, sef y dreth y disgwylid i wŷr rhyddion ei thalu i'r brenin yn ôl cyfraith Hywel.[61] Treth o fwyd oedd hon yn wreiddiol, ac yn null Blegywryd fe'i rhennir yn *vara*, yn *enllyn* ac yn *llyn* (diod).[62] Er na sonnir am win mewn perthynas â gwestfa, ceir cyfeiriadau at fedd yn y testunau cyfraith.[63] Yn wir, yn ei farwnad i Fadog ap Maredudd (m. 1160) o Bowys, cyfeiria Gwalchmai ap Meilyr at westfa wrth yr enw *meddged* (treth fedd), ac wrth bwysleisio bod hegemoni Madog yn ymestyn hyd Faelienydd, ei ffordd o wneud hynny yw crybwyll bod gan Fadog yr hawl i westfa yn y cantref hwnnw.[64] Talu'r 'bunt dwnc', yn hytrach na gwestfa, a wneid yn gynyddol mewn llawer man erbyn y 13g., ond nid yw hynny'n lleihau dim ar rym trosiadol y cyfeiriad at win a medd a'r awgrym sydd yn ymhlyg ynddo; gŵr oedd Gruffudd a fyddai— a glynu at eirfa'r llyfrau cyfraith—yn *frenin* ei hunan yn y man ac â'r hawl i westfa. Mae'n amlwg hefyd mai dyhead clir y bardd yw gweld Gruffudd yn rheoli Cymru oll ryw ddiwrnod, ac yn sgil ei ddefnydd o'r ferf *dylu* (ll. 10), y mae arlliw cyfreithiol unwaith eto i'w ddull o ymadroddi.[65]

A throi at yr awdl fer a luniwyd gan Brydydd y Moch i Ruffudd, dylid sylwi yn gyntaf oll ei bod yn agor gyda'r ferf *arddwyreaf*: 'Arddwyreaf ddraig, ddragon nen—Prydain,/Llawer bardd prydfawr yn ei ohen' ('Moliannaf arweinydd [sy'n] bennaeth arweinwyr Prydain,/Y mae llawer bardd mawr ei awen yn cyrchu ato').[66] Yng nghanu Beirdd y Tywysogion digwydd pymtheg o awdlau sy'n agor gyda'r un ferf (o'r berfenw *arwyrain*, 'dyrchafu, moli'), ac yn y teitlau a roddwyd iddynt yn Llawysgrif Hendregadredd, gelwir y rhan fwyaf wrth yr enw 'arwyrein'.[67] Er nad oes unrhyw sicrwydd ynghylch hynny, y mae'n ddigon posibl fod yr 'arwyrain' ar un cyfnod yn *genre* penodol, ac awgrymodd Morfydd E. Owen mai cerdd ydoedd a genid yn wreiddiol wrth estyn y tywysog i'w frenhiniaeth.[68] Ar sail hynny, awgrymwyd ymhellach mai cerddi a genid i dywysogion (h.y. *brenhinoedd* yn ôl diffiniad y llyfrau cyfraith) yn unig oedd yr 'arwyreiniau', neu i rai o dras frenhinol a oedd yn debygol o sicrhau'r safle hwnnw.[69] Yn wir, cynigiodd Ann Parry Owen 'mai cerddi oeddynt a ganwyd ar unrhyw achlysur lle y byddai'n briodol cadarnhau ym meddwl y gwrandawr (y gynulleidfa yn ogystal â'r tywysog ei hun) mai'r tywysog oedd piau'r hawl i'r frenhiniaeth'.[70] O fynd ati i'w cymharu â'i gilydd, gwelir bod cryn amrywiaeth yng nghynnwys yr 'arwyreiniau', a dichon mai peryglus yw gorgyffredinoli ynghylch eu harwyddocâd. Ar filwriaeth y noddwr y mae'r pwyslais yn rhai ohonynt, ac y mae eraill fel petaent yn dynodi bod y bardd yn adfer perthynas â'i noddwr ar ôl cyfnod o fod ar wahân. Ond yn yr 'arwyrain' i Ruffudd y mae ateg i'w chael i awgrym Dr Owen. Yng nghorff yr awdl cyfeirir at y modd y caethiwyd Gruffudd gan elynion Gwynedd, a disgrifir hynny fel *cam*: 'Ys gwybuam gam am gamhunben' ('Profasom ninnau gam ynglŷn â phennaeth campus').[71] Ond cafodd Gruffudd ei ollwng yn rhydd gan Dduw o'r 'carchar anwar', a thrwy chwarae ar ystyron y gair *cam* y mae'r bardd yn mynd rhagddo i nodi nad *cam* ('camgymeriad') fydd dewis Gruffudd i fod yn bennaeth ar Wynedd; hynny yw, y mae'n mynd rhagddo i gadarnhau hawl Gruffudd i'r frenhiniaeth: 'Neu wddam nad cam cymryd yn ben/Mab Llywelyn hael . . .//. . . i Wynedd wen' ('Gwyddom nad camgymeriad yw derbyn yn bennaeth/Fab Llywelyn hael . . .//. . . ar Wynedd fendigaid').[72]

Wrth i'r bardd gyfeirio at y *cam* a wnaed â Gruffudd ym 1211, ni ddylid rhuthro i'r casgliad mai ergydio'n unig yn erbyn gelynion allanol Gwynedd a wna, a dylid cadw mewn cof natur ddeublyg y cam a wnaed ag ef, sef y ffaith iddo gael ei gaethiwo am bedair blynedd, ynghyd â'r modd y gorfodwyd Llywelyn gan John i gydnabod na allai Gruffudd ei olynu. Erbyn 1215 roedd colledion 1211 wedi eu llwyr wyrdroi, ac yn yr ychydig gymalau hynny yn y Freinlen Fawr (1215) a oedd yn ymwneud â thywysogion Cymry, gwelwn fod y Brenin John nid yn unig wedi cydsynio i ryddhau gwystlon 1211, ond hefyd wedi cydsynio i ddileu amodau heddwch y flwyddyn honno.⁷³ Ond mae'n ddichonadwy fod y fath newid yn yr hinsawdd wleidyddol wedi dod yn rhy hwyr mewn perthynas â gobaith Gruffudd o olynu ei dad. Dichon fod digwyddiadau 1211 wedi dangos yn eglur fod peryglon gwleidyddol i'r ffaith mai plentyn gordderch ydoedd. Erbyn 1215 y mae'n gwbl ddichonadwy hefyd fod Dafydd wedi ei eni (gweler uchod). Os gwir hynny, ac os oedd hi'n amlwg bellach yng nghylchoedd y llys—a phrin y gallai fod fel arall—mai mab Siwan a fyddai'n cael ei ddyrchafu'n olynydd, byddai dychweliad yr alltud wedi bod yn achlysur chwithig. Mae lle, felly, i ddehongli cerddi Prydydd y Moch, nid yn gymaint fel dathliad yn sgil rhyddhau Gruffudd, ond fel datganiad clir a diamwys fod gan Gruffudd, er mai plentyn gordderch ydoedd, hawl ddiamwys yn ôl arferion a chyfraith Cymru i gael ei ystyried yn olynydd i Lywelyn ab Iorwerth. A derbyn cyd-destun o'r fath, y mae'r ffaith i Brydydd y Moch leisio'r fath gefnogaeth yn arwydd o'r cydymdeimlad eang a fodolai â Gruffudd. Nid clerwr di-glem oedd y Prydydd, ond bardd llys mwyaf dylanwadol ei oes, ac un a oedd, er yr 1190au, wedi sefyll gyfysgwydd â Llywelyn ab Iorwerth. Ond, ar fater yr olyniaeth a hawliau Gruffudd, hawdd dychmygu bod rhwyg wedi ymagor rhyngddo a'r tywysog.

Yn achos Einion ap Madog ap Rhahawd yr ydym yn troi ein golygon at gerdd a ganwyd i Ruffudd ym 1234 neu'n fuan wedi hynny. Bu llawer tro ar fyd yn hanes Gruffudd rhwng 1215 a'r flwyddyn honno, ac ym 1220, fel y crybwyllwyd eisoes, wynebodd y siom eithaf o weld Dafydd yn cael ei ddyrchafu'n etifedd. Fodd bynnag, ni adawyd Gruffudd yn ddigydnabyddiaeth gan Lywelyn, ac ym 1220—yn unol â'r math o ddarpariaeth a oedd yn briodol ar ei gyfer yn ôl cyfreithiau'r llys (gweler uchod)—derbyniodd stad helaeth ym Meirionnydd ac Ardudwy. Ond ym 1221 cododd anghydfod rhyngddo a'i dad mewn perthynas â'r tiroedd hyn, a'r canlyniad fu i Lywelyn ei ddiarddel ohonynt. Erbyn 1223 yr oedd Gruffudd yn ôl yn ffafr ei dad, ac arweiniodd fyddinoedd Gwynedd i Ddeheubarth ar ddau achlysur yn ystod y flwyddyn honno.⁷⁴ Awgryma hynny mai ef ar y pryd a ddaliai swydd y penteulu yng Ngwynedd.⁷⁵ Roedd hefyd yn y cyfnod hwnnw yn dal tiroedd yng nghwmwd Cyfeiliog yng ngogledd Powys.⁷⁶ Ond ym 1228, am resymau nad ydynt yn hysbys bellach, bu'n rhaid i Lywelyn weithredu drachefn yn ei erbyn, a'r tro hwn carcharwyd Gruffudd gan ei dad am gyfnod o chwe mlynedd yng nghastell Degannwy.⁷⁷ Er na chrybwyllir mater yr olyniaeth mewn perthynas â'r carcharu hwn, fwy na'r helynt ym Meirionnydd ym 1221,

cwbl resymol yw casglu bod yr anghydfodau hyn yn amlygiad—mewn rhyw fodd neu'i gilydd—o rwystredigaeth un a oedd yn wrthodedig ym 1220.[78]
   Rhyddhawyd Gruffudd ym 1234, ac yn lled fuan ar ôl hynny y canodd Einion ap Madog ap Rhahawd ei awdl iddo.[79] Hon yw'r unig gerdd o eiddo'r bardd hwnnw a ddiogelwyd inni, ond er mai prin yw ein gwybodaeth am Einion, y mae tystiolaeth gadarn i brofi ei fod yn aelod o un o'r teuluoedd mwyaf dylanwadol yng Ngwynedd ei oes. Hanai Einion o dylwyth Cilmin Droetu, y teulu pwysicaf o wŷr cyfraith yng Nghymru'r Oesoedd Canol. Ei frawd oedd Iorwerth ap Madog ap Rhahawd, y gŵr cyfraith a roddodd ei enw i Lyfr Iorwerth. I'r un llinach y perthynai'r bardd Gruffudd ab yr Ynad Coch, ac y mae lle i awgrymu mai aelod arall o'r un tylwyth oedd Ystrwyth (neu Instructus), un a fu'n glerc yng ngwasanaeth Llywelyn ab Iorwerth.[80] O gofio pwy oedd brawd y bardd, y mae'n werth nodi na fu gwŷr cyfraith Gwynedd yn ddiymateb i ordeinhad Llywelyn ym 1220, a bod mwy nag awgrym i'w gael o gydymdeimlad yn eu plith ag achos Gruffudd. Yng nghorff yr ymdriniaeth â chyfreithiau'r tir yn Llyfr Iorwerth ceir brawddeg herfeiddiol ei natur sy'n amddiffyn hawl sylfaenol y mab gordderch i'w gyfran o'r etifeddiaeth, ac y mae'n bosibl fod un fersiwn ar y frawddeg hon—ffrwyth ymyrraeth olygyddol Iorwerth ap Madog ei hun efallai—yn cyfeirio'n benodol at yr ordeinhad a wnaed ym 1220.[81] Ymhellach, fel y cawsom achos i sylwi uchod, yn Llyfr Iorwerth bwrir rhywfaint o amheuaeth ar hawl y *brenin* i ddewis ei olynydd, ac awgrymir y gallai pob un o 'aylodeu y brenhyn' fod yn edling. Fel yr awgrymodd Robin Chapman Stacey, efallai mai o ganlyniad i anniddigrwydd Gruffudd yr ymddangosodd y sylw hwn yn Llyfr Iorwerth, ac fel y dangosodd Dr Stacey ymhellach, efallai fod rhyw gyswllt â sefyllfa Gruffudd —gŵr a dderbyniasai dir gan ei dad ond a oedd yn parhau â'i lygaid ar yr olyniaeth—yn yr awgrym unigryw a geir yn Llyfr Iorwerth y gallai'r edling, yn groes i dystiolaeth y llyfrau cyfraith eraill, ddal tir.[82]
   Pa beth sydd gan y bardd i'w ddweud wrthym yn ei awdl fer? Y mae'n amlwg fod Gruffudd bellach yng ngofal y castell newydd a godwyd gan Lywelyn ab Iorwerth yng Nghricieth; ef yw 'pendefig Cruciaith' yn ôl y bardd, ac fel yr awgrymodd Dafydd Jenkins a Gruffydd Aled Williams, gellir casglu ar sail hynny fod Eifionydd dan ei awdurdod.[83] Y mae'n hysbys fod Llŷn, neu o leiaf ran o'r cantref hwnnw, wedi dod i feddiant Gruffudd pan ryddhawyd ef, a thebyg mai dynodi hynny a wna'r bardd

wrth ei alw'n '[b]ennaeth rhwng deufor'.[84] Ceir cryn bwyslais yn yr awdl ar filwriaeth Gruffudd, a sonnir yn benodol am ei wrhydri yn peri '[t]rallif gwyar' ('llif mawr o waed') uwchlaw man o'r enw Trallwng Elfael.[85] Gan fod cantref Elfael ychydig i'r de o Bowys Wenwynwyn, mae'n bosibl mai bwriad y bardd yw atgoffa'i gynulleidfa fod Gruffudd yn cynnal y ffin ym Mhowys (yn y cyfnod hwn yr oedd yn arglwyddiaethu yno yn ogystal ag yn Llŷn ac Eifionydd).[86] Ond a oes i'r awdl hon unrhyw arwyddocâd o safbwynt y prif fater a archwilir yn yr ysgrif hon? Yn gyntaf oll, y mae'n dra diddorol fod Einion, yn yr un modd â Phrydydd y Moch, yn agor ei awdl â'r ferf *arddwyreaf*. Ac er na elwir yr awdl hon—fwy nag un Prydydd y Moch—yn 'arwyrain' fel y cyfryw yn Llawysgrif Hendregadredd, y mae'r hyn a nodwyd uchod mewn cyswllt â *genre* yr 'arwyrain' yr un mor berthnasol yn achos y gerdd hon hefyd. Efallai fod yma ymdrech, ac yntau wedi ei ryddhau, i 'ddyrchafu' Gruffudd o'r newydd ar gyfer yr olyniaeth. Ond, fel y nodwyd eisoes, amhosibl yw dod i gasgliad pendant ynghylch arwyddocâd yr 'arwyreiniau', ac efallai mai'r pwrpas yn yr achos hwn yw dynodi'n syml fod y bardd yn adfer perthynas â'i noddwr ar ôl cyfnod o fod ar wahân.

Y mae'n bur amlwg fod y gerdd wedi ei chanu yn fuan ar ôl i Ruffudd gael ei ryddhau gan fod y bardd yn cyfeirio at ei gaethiwed:

> Eryr gwŷr Gwynedd, gwn nad echwng,
> Cyd ef ddigoner ni chymer flwng.
> Er yn fab i'm rhwyf-i rhywnaeth ystwng.
> Ar ei estronion ys drud echwng.

('Arweinydd gwŷr Gwynedd, gwn nad yw'n gaeth,/Er [yr hyn] a wneir [iddo] ef ni chymer lid./Er [pan oedd] yn fachgen gwnaeth ymostwng i'm harglwydd i./Ar ei elynion creulon yw'r caethiwed [o'i blegid].')[87]

Nid yw Gruffudd yn gaeth bellach, medd y bardd ('gwn nad echwng'), ond er gwaethaf yr hyn a wnaed iddo nid un i goleddu dicter ydyw ('ni chymer flwng'). Ymhellach, er pan oedd yn llencyn, ei arfer fu ymostwng i arglwydd y bardd ('i'm rhwyf-i'), sef i Lywelyn ab Iorwerth. Fel y sylwodd Gruffydd Aled Williams, o gofio holl helyntion y 1220au, prin y gellir derbyn bod y bardd yn llefaru calon y gwirionedd yn y llinellau hyn.[88] Ac eto, gellir awgrymu iddo ddethol ei eiriau yn ofalus. Ar y naill law, mae yma fesur helaeth o gydymdeimlad â Gruffudd a chydnabyddiaeth fod cam wedi ei wneud ag ef yn y gorffennol. Ond, wrth atgoffa Gruffudd mai arferol fu ei weld yn ymostwng i'w dad er pan oedd yn llencyn, yr awgrym anuniongyrchol yw y dylai barhau i wneud hynny yn y presennol.

Ceir yn y gerdd hefyd un cyfeiriad arwyddocaol arall. Honna'r bardd nad arferol (*gnawd*) yw gweld Gruffudd yn trosglwyddo na 'thâl na thwng' o'i ardal ('Ni gnawd o'i ardal na thâl na thwng').[89] Y *twng* neu'r *twnc* oedd y tâl a delid i'r arglwydd (neu'r *brenin* yn y llyfrau cyfraith) yn lle gwestfa, ac y mae'r cyfeiriad hwn, ar yr olwg gyntaf, yn ymgysylltu â'r gobaith a fynegwyd yn englynion Prydydd y Moch ym 1215 y byddai gan Ruffudd, pan ddôi'n dywysog ei deyrnas, yr hawl i westfa yng Ngwynedd oll.[90] Fodd bynnag, yn wahanol i Brydydd y Moch, nid yw Einion yn uniaethu'r cyfeiriad hwn at y *twng* â hawl ddichonadwy Gruffudd i reoli Gwynedd yn ei chyfanrwydd. Dweud yn unig a wna fod Gruffudd yn derbyn y taliadau hyn o'r tiroedd sydd dan ei ofal ('o'i ardal'). A derbyn bod Gruffudd yn dal ei diroedd yn Llŷn ac Eifionydd fel rhyw fath o arglwyddiaeth fên (*mesne*) oddi mewn i Wynedd, byddai ganddo'r hawl i'r taliadau hyn.[91] Fe geir, felly, fesur o undod syniadaethol yn y gerdd. Atgoffir Gruffudd fod ganddo ei uwcharglwydd (Llywelyn) ac y dylai ymostwng iddo, ond nodir hefyd fel y daw'r ymostyngiad hwnnw â breintiau arglwyddaidd yn ei sgil. Y mae'n dra phosibl, felly, mai llais cymod a glywir yn yr awdl hon.

Ceir cyfeiriad cyffelyb at freintiau Gruffudd yn yr englynion a ganwyd iddo gan Einion Wan. Noda'r bardd fel y daw'r '[d]a/A ddyglud môr i lan' ('cyfoeth a gluda'r môr i'r lan') i ran ei noddwr, ac fel y'i rhennir ganddo i eraill nos a dydd.[92] Y mae'n bur amlwg mai cyfeirio a wna'r bardd yma at ddofod neu froc môr, a bod y cyfeiriad, yn gyntaf oll, yn fodd i gyfleu haelioni Gruffudd. Yng Ngwynedd, ymddengys mai rhagorfraint y *brenin* erbyn y 13g. oedd hawlio nwyddau neu longau a olchid i'r lan o'r môr. Yn ôl Llyfr Iorwerth, yr oedd y môr yn un o'r 'Vyth punuarch brenhyn' ('wyth pynfarch brenin'), sef un o'i ffynonellau incwm achlysurol (sonnir am yr un hawl fel braint *arglwydd* mewn testunau eraill).[93] Y mae'n werth cofio hefyd fel y ceisiodd Llywelyn ab Iorwerth gyfyngu ar hawliau'r esgobion drwy fynnu'r hawl i ddofod ar stadau eglwysig, a gwthiwyd yr un hawliau i'r eithaf gan Lywelyn ap Gruffudd yn ail hanner y 13g.[94] Fodd bynnag, yn ystod ei gyfnod byr yn arglwyddiaethu dan awdurdod ei dad ym Meirionnydd, neu yn ystod ei gyfnod yn arglwyddiaethu rhwng 'deufor' yn Llŷn ac Eifionydd yn y 1230au, eiddo Gruffudd mae'n ddiau fyddai'r cyfryw daliadau.⁹⁵ Ni fyddai'r cyfeiriad hwn, felly, yn anghyson â bwriadau Llywelyn ar gyfer ei fab ar ôl 1220, nac yn anghyson â statws un o 'aylodeu y brenhyn' gynt a oedd bellach wedi derbyn arglwyddiaeth oddi mewn i'r deyrnas gan na ddaeth yn edling ei hunan. Fodd bynnag, yn wahanol i gerdd Einion ap Madog, y mae cyfeiriad dichonadwy yn englynion Einion Wan sy'n awgrymu bod y bardd yn parhau i weld Gruffudd fel rhyw fath o edling. Ar derfyn y trydydd englyn gelwir Gruffudd yn 'Eisillydd wrth ei syllu' ('Disgynnydd ar gyfer edrych arno'). Y mae yma gyswllt diddorol—os amwys—rhwng yr ymadrodd 'wrth ei *syllu*' ('ar gyfer edrych arno') a'r termau hynny a ddefnyddid gynt am yr olynydd cyn i'r gair *edling* eu disodli, sef *gwrthrych* a *gwrthrychiad* (gweler uchod). Y 'disgwyliwr' yw ystyr *gwrthrych* yn y cyd-destun hwn, ond daeth *gwrthrych*, fel sy'n ddigon hysbys, hefyd i olygu 'yr hyn yr edrychir arno', ac ymhlith ystyron *gwrthrych* fel berfenw y mae 'edrych ar'.⁹⁶ A derbyn y cysylltiad semantaidd chwareus hwn, cyflwynir Gruffudd yn yr englynion hyn fel un sy'n parhau i fod yn edling, er ei fod wedi derbyn arglwyddiaeth a hawliau arglwydd (er enghraifft, hawl i ddofod) oddi mewn i deyrnas ei dad. Ceir yma gyfochredd diddorol, felly, â'r frawddeg amwys yn Llyfr Iorwerth sy'n awgrymu—yn groes i dystiolaeth yr holl lyfrau cyfraith eraill—y gallai'r edling fod â thiroedd yn ei feddiant (gweler uchod), ac mae'n dra phosibl wrth gwrs, fel yr awgrymwyd eisoes, mai sefyllfa Gruffudd a barodd i wŷr cyfraith Gwynedd gynnwys y frawddeg honno yn Llyfr Iorwerth.

Gobaith Einion ap Madog, fel y sylwasom, oedd gweld Gruffudd yn ymostwng i awdurdod ei dad. Ond erbyn 1237 ymddengys ei fod yn rhyfela yn agored yn erbyn Llywelyn.⁹⁷ Ym 1238, yn dilyn arwisgiad o fath yn Ystrad Fflur, y mae'n ymddangos i Lywelyn gyflwyno awenau'r deyrnas i ddwylo Dafydd, a gweithred gyntaf Dafydd fu erlid Gruffudd o Bowys a'i gyfyngu i Lŷn.⁹⁸ Yn dilyn marwolaeth Llywelyn ym 1240, methiant llwyr, fodd bynnag, fu ymdrechion Dafydd i gynnal teyrnas ei dad, a thorrodd rhyfel cartref allan rhyngddo a'i frawd yn ddi-oed.⁹⁹ Lai na chwe wythnos ar ôl marwolaeth Llywelyn, ymddangosodd Dafydd gerbron y brenin yng Nghaerloyw, ond dros Wynedd yn unig y cydnabuwyd ei awdurdod.¹⁰⁰ Yn bur fuan ar ôl hyn llwyddodd i garcharu Gruffudd a'i fab Owain, ond yn Awst 1241 bu'n rhaid iddo wynebu amodau cwbl ddarostyngol Cytundeb Gwerneigron, ac yn sgil y cytundeb hwnnw y trosglwyddwyd Gruffudd ac Owain i ofal y brenin a chaethiwed cymharol glyd y Tŵr yn Llundain. Bu Senana, gwraig Gruffudd, yn ymgyrchu'n ddygn ar ran ei gŵr yn llys y brenin, ac ymddengys mai bwriad Henri oedd rhannu Gwynedd rhwng y ddau frawd a dryllio'i brenhiniaeth.[101] Ond bu'n ymarhous i weithredu, ac mae'n dra phosibl iddo ddod i ddealltwriaeth â Dafydd na fyddai'n gorfodi unrhyw raniad tra parhâi Dafydd yn deyrngar iddo.[102] Pallodd amynedd Gruffudd, ac arweiniodd hynny, fel y nodwyd ar ddechrau'r ysgrif hon, at ei ymdrech aflwyddiannus i ddianc, a'i gwymp angheuol ar 1 Mawrth 1244.

Yn Llundain y claddwyd Gruffudd ym 1244, ond cafodd ei weddillion eu cludo i Abaty Aberconwy ym 1248 i'w claddu gyda gweddillion Llywelyn a Dafydd (buasai'r olaf farw ym 1246).[103] Yr achlysur hwnnw fu'r cymhelliad i Ddafydd Benfras lunio'i farwnad nodedig 'i'r triwyr ynghyd' (gweler isod). Ond ym 1244 yr oedd hefyd wedi llunio marwnad fawreddog i Ruffudd yn ei hawl ei hun, y feithaf o'i holl gerddi. Cyn troi at y farwnad honno, y mae dau beth y dylid eu nodi ynghylch ymraniadau'r blynyddoedd a flaenorodd awr ei chyfansoddi. Yn gyntaf oll, ymddengys fod yr ymraniadau mewnol yng Ngwynedd wedi eu dwysáu yn sgil y modd dichellgar y cipiwyd Gruffudd gan ei frawd ym 1240. Noda Matthew Paris fod Dafydd wedi cipio Gruffudd ar ôl iddo ei ddenu i gynhadledd dan warchodaeth Richard, Esgob Bangor. O ganlyniad i'r weithred honno esgymunwyd Dafydd gan Richard, a ffodd yr Esgob i Loegr.[104] Yn ail, tra oedd Gruffudd ap Llywelyn mewn caethiwed rhwng 1240 a 1244, y mae'n ymddangos fod yr enwocaf o'i feibion, Llywelyn ap Gruffudd, wedi ymsefydlu yn Nyffryn Clwyd, a hynny yn groes i ewyllys ei ewythr Dafydd. Edrydd Syr John Wynn o Wedir fel y bu i ddau o'i hynafiaid ef yn Eifionydd, Einion ap Caradog a Gruffudd ap Caradog—a oedd yn frodyr i Senana, gwraig Gruffudd ap Llywelyn—godi mewn gwrthwynebiad i Ddafydd cyn ffoi at eu nai, Llywelyn ap Gruffudd, a ymsefydlasai erbyn hynny, yn ôl Syr John, ym Maesmynan (gerllaw Bodfari).[105] Nid ffrwyth dychymyg Syr John mo'r honiad hwn yn llwyr. Y mae enw Einion ap Caradog i'w gael ymhlith enwau'r tystion mewn dogfen o eiddo Llywelyn ap Gruffudd a luniwyd yn ôl pob tebyg ym 1241. A dengys siarter o'r flwyddyn 1243 mewn perthynas â thiroedd a hawliau Einion ap Maredudd, gŵr o Lannerch yn Nyffryn Clwyd, fod Llywelyn ap Gruffudd yn arglwyddiaethu yn yr ardal honno yn nechrau'r 1240au.

Ymhlith tystion yr ail siarter digwydd enw Richard, Esgob Bangor, a orfodwyd i ffoi o Wynedd Uwch Conwy dair blynedd yn flaenorol. Y mae sail ddiogel, felly, dros dybio i rai o wrthwynebwyr Dafydd ap Llywelyn gael eu denu yn y cyfnod 1240–4 at y Llywelyn ap Gruffudd ieuanc, ac i Ddyffryn Clwyd ddod yn rhyw fath o ganolbwynt i'r gwrthwynebiad i Ddafydd yng Ngwynedd.[106]

Dafydd Benfras oedd bardd amlycaf Gwynedd yn ystod ail hanner teyrnasiad Llywelyn ab Iorwerth, a bu fyw i weld cynnydd Llywelyn ap Gruffudd yn ystod y 1250au. Y mae yn y farwnad a ganodd i Ruffudd, fel yn wir yn ei holl farwnadau, ddeunydd eithriadol o gyfoethog ar gyfer ymdriniaeth estynedig, ond ymgyfyngir yma i drafod rhai pwyntiau sy'n berthnasol i brif bwnc yr ysgrif hon. A'r fath rwygiadau yng Ngwynedd, y mae lle i holi yn gyntaf oll ym mha le, a gerbron pwy, y datganwyd y farwnad ysblennydd hon i Ruffudd. Chwithig, ar yr olwg gyntaf, fyddai meddwl amdani yn cael ei datgan gerbron Dafydd yng Ngwynedd Uwch Conwy, ac eto da cofio am ymateb honedig Dafydd i'r newyddion enbyd o Lundain (gweler y paragraff agoriadol), ac y mae'n deg nodi hefyd mai cyfeirio at dranc Gruffudd fel petai'n ddichellwaith y Saeson ('Gwaith Saeson llidruddion') a wna'r bardd.[107] Ond ar sail un adran fechan yn y gerdd hirfaith hon, y mae lle i ddamcaniaethu mai gerbron Llywelyn ap Gruffudd, a hynny fe ddichon yn Nyffryn Clwyd, y'i datganwyd. Ar ddiwedd y caniad cyntaf ceir llinellau hynod o arwyddocaol sy'n rhyw fath o anogaeth i Lywelyn:

> Gwedi llarydad, Duw deg gyfreithiau,
> Llofrudd-dab Gruffudd, draul budd dreigiau,
>   Llwrw y gwn gwenwawd brydestau,
>   Llary rwyf a ganwyf â'm genau,
>   Llew biwyf, Llywelyn biau
>   Llyw Gwynedd, diwedd a dechrau.

('Ar ôl tad hael, [di] Dduw['r] deddfau cyfiawn,/Llofruddiaeth Gruffudd, [yr un a oedd yn] gynhaliaeth lles milwyr,/Y modd y medraf foliant dyrchafedig cân,/Boed imi ganu i'r arglwydd hael â'm genau,/[Y] gwron yr wyf yn perthyn iddo, Llywelyn biau/ Llywodraeth Gwynedd, [ei] diwedd a['i] dechrau.')[108]

Er bod Dafydd ap Llywelyn ar dir y byw, y mae'r bardd fel petai'n annog Llywelyn ap Gruffudd yn y llinellau hyn i geisio goruchafiaeth dros Wynedd oll ('diwedd a dechrau'); ef piau llywodraeth y deyrnas ('Llywelyn biau/Llyw Gwynedd'), ac ni ellir ond casglu mai hanfod ei hawl yng ngolwg y bardd yw'r ffaith ei fod yn un o feibion Gruffudd ap Llywelyn. Yr awgrym sydd yn ymhlyg yn hynny yw mai Gruffudd, yng ngolwg Dafydd Benfras, oedd gwir olynydd Llywelyn ab Iorwerth. Mae'n dra phosibl, felly, ar sail y llinellau hyn, y dylid ychwanegu enw Dafydd Benfras at y rhai hynny a oedd wedi encilio at Lywelyn ap Gruffudd yn Nyffryn Clwyd yn nechrau'r 1240au.[109]

Fodd bynnag, ymhen dim o dro trawsnewidiwyd y sefyllfa wleidyddol yng Ngwynedd. Yn sgil marwolaeth Gruffudd rhoddwyd hwb o'r newydd i yrfa Dafydd, a daeth yn arweinydd y cynghrair Cymreig newydd a flagurodd yn ystod y blynyddoedd dilynol. Yn nechrau 1245 cyfannwyd rhwygiadau dwfn y gorffennol wrth i Lywelyn ap Gruffudd fwrw ei goelbren o'i blaid. Mae'n gwbl amlwg mai bwriad Dafydd bellach oedd gwyrdroi'r amodau a osodwyd arno ym 1241, gan adfer uwcharlgwyddiaeth tywysog Aberffraw fel yn nyddiau ei dad, ac ni cheir amlycach arwydd o hynny na'r ffaith ei fod yn arddel y teitl *princeps Wallie*, 'tywysog Cymru', erbyn dechrau 1245.[110] Wynebodd Dafydd ymgyrchoedd milwrol enfawr o du Henri yn ystod haf 1245. Yng ngeiriau'r *Brut*, daeth holl 'gedernyt Lloegyr ac Iwerdon' i geisio darostwng Cymru, ac y mae'r ffaith i Ddafydd lwyddo i ddal ei dir yn brawf diamheuol ei fod yn meddu ar gynneddf y gwir arweinydd.[111] Ond ymhen llai na blwyddyn byddai Dafydd yn ei fedd, a'r cynghrair Cymreig wedi ymddatod yn sgil ei farw annhymig.

Fel y nodwyd, y mae dwy gerdd a ganwyd i Ddafydd ap Llywelyn yn ystod ei oes wedi eu diogelu. Gellir bod yn weddol bendant fod englynion 'dadolwch' Einion Wan iddo wedi eu llunio yn ystod y blynyddoedd ar ôl marwolaeth Llywelyn ab Iorwerth ym 1240.[112] Defnyddia'r bardd y gair *brenin* i ddisgrifio Dafydd, a phrin y byddai hynny wedi bod yn briodol pan oedd Llywelyn ar dir y byw.[113] Fel y dangosodd Rhian M. Andrews, y mae'r cerddi 'dadolwch' ('cymod') yn ymffurfio'n ddosbarth penodol oddi mewn i gyfangorff gwaith Beirdd y Tywysogion.[114] Ynddynt gwelir y beirdd yn cymodi â'u noddwyr ar ôl i'r berthynas gilyddol rhyngddynt gael ei thanseilio, a cheir llawer o nodweddion cyffredin yn y cerddi hyn. Defnyddir y gair *bâr* yn ddieithriad wrth sôn am 'ddicter' y noddwr tuag at y bardd, a daw'r bardd i hawlio cymod, ymhob cerdd ymron, nid yn ymddiheurgar wenieithus ond yn hyderus ymwybodol o'i safle. Cyfeiria Einion at ryw gamgyhuddiad ('[c]uhudded gam') a dducpwyd yn ei erbyn. Ond, fel y noda Dr Andrews, yn achos y rhan fwyaf o'r cerddi 'dadolwch', annelwig yw natur yr amgylchiadau a barodd danseilio'r berthynas rhwng bardd a noddwr yn y lle cyntaf, ac nid yw'r gerdd hon yn eithriad. Fodd bynnag, prin y gellir anwybyddu'r ffaith fod y gerdd wedi ei chanu rywbryd rhwng 1240 a 1246, a phrin y gellir anghofio i Einion Wan—yn y gorffennol pell, mae'n ddigon gwir—ganu i Ruffudd ap Llywelyn a mynegi cefnogaeth iddo. Fe wyddom hefyd gyda phwy y safodd Dafydd Benfras ar ddechrau'r 1240au. Ni ellir gwneud dim mwy na damcaniaethu wrth gwrs, ond tybed nad oedd a wnelo'r cymod rhwng Llywelyn ap Gruffudd a Dafydd ap Llywelyn ym 1245 rywbeth â'r ffaith fod y bardd yn dymuno dod yn ôl i ffafr Dafydd?[115]

Ni ellir ond damcaniaethu ychwaith ynghylch cefndir y gerdd fer o eiddo Dafydd Benfras sy'n crybwyll Dafydd ap Llywelyn. Ynddi y mae'r bardd yn llefaru ac yntau ymhell o lys ei noddwr. Mae'n ymboeni am 'iaith gawddfaith gofeg' ('iaith boenfawr serch') a fyddai'n caniatáu iddo gyflawni 'chweddlau i mi a fai chweg' ('gweithredoedd a fyddai'n felys imi'). A'r bardd yn amlwg ymhlith estroniaid, ymddengys mai cwyno y mae nad oes ganddo'r arfau ieithyddol priodol i ddenu'r rhyw deg. Ni all siarad yr un gair o Saesneg ('Ni wybûm erioed fedru Saesneg'), na'r un ymadrodd o 'ffrawdd Ffrangeg' ('Ffrangeg angerddol'), a phan geisiodd ynganu sillaf o *Enilleg* ('Sgandinafeg') ni ddaeth ond '[G]wyndodeg' ('iaith Gwynedd') o'i enau. Ei ddymuniad, gan hynny, yw cael ei ddwyn yn ôl i wlad 'Dafydd rydd' ('Dafydd hael'), yr un llithrig ei Gymraeg.[116] Ym mha wlad bellennig yr oedd Dafydd Benfras? Ar sail y cyfeiriad at Sgandinafeg, a'r posibilrwydd cryf fod yr iaith honno i'w chlywed o hyd yn Nulyn yng nghanol y 13g., awgrymodd y Chwaer Bosco Costigan mai yn Iwerddon yr oedd. Cynigiodd, yn ogystal, fod a wnelo'i alltudiaeth â'r ffaith ei fod yn un o gefnogwyr Gruffudd ap Llywelyn yn ystod y cyfnod 1240–4.[117] Fel y gwelsom, y mae achos cryf dros dderbyn bod Dafydd Benfras yn un o gefnogwyr Gruffudd, ond sylwer nad 'dadolwch' mo'r gerdd hon, ac ar wahân i'r ffaith fod y bardd ymhell o lys ei noddwr, ni cheir unrhyw awgrym fod anghydfod rhyngddynt.[118] Dryslyd yw'r cefndir, ond y mae'n dda cofio mai cydnabod i'r bardd, a gŵr a farwnadwyd yn rymus ganddo, oedd Gruffudd ab Ednyfed (m. *c.*1256), un o feibion Ednyfed Fychan, distain Llywelyn ab Iorwerth a Dafydd ap Llywelyn.[119] Ceir traddodiad fod

Gruffudd wedi gorfod ffoi am gyfnod i Iwerddon ar ôl iddo gael ei yrru o Wynedd gan Lywelyn ab Iorwerth, a hynny am iddo sarhau'r dywysoges Siwan ('am y gogan a'r hort a gawssai dywyssoges o honav', yn ôl Simwnt Fychan).[120] Yn un o'i gerddi—y ceir peth amheuaeth ynghylch ei dilysrwydd, y mae'n rhaid cydnabod—y mae tystiolaeth i ryw anghydfod hefyd godi ei ben rhwng Dafydd Benfras a Llywelyn ab Iorwerth. Mae nodau digamsyniol 'dadolwch' i'r gerdd honno, a cheir awgrym fod Llywelyn wedi amddifadu'r bardd o'i diroedd etifeddol ('bylchu fy ngwely').[121] Er bod alltudiaeth yn thema amlwg ynddynt, mentrus yn ddiau fyddai ceisio cysylltu'r holl gyfeiriadau hyn. Mae'n werth nodi, serch hynny, ei bod yn ddichonadwy fod Gruffudd ab Ednyfed, yn wahanol i'w dad, Ednyfed, yn un o gefnogwyr Gruffudd ap Llywelyn.[122]

IV

O ystyried y dystiolaeth a gyflwynwyd hyd yma, prin fod unrhyw sail dros dybio i ddyrchafiad Dafydd ym 1220, fwy na'i ddyfodiad i'r orsedd ym 1240, ennyn brwdfrydedd heintus ymhlith beirdd llys Gwynedd. Ac ategu'r darlun hwnnw a wna'r traddodiad ynghylch perthynas Dafydd ap Llywelyn â'r beirdd llys a ddiogelwyd mewn cywydd o eiddo Dafydd ab Edmwnd (*fl.* 1450–97). Cywydd ydyw i gyfarch meibion a merched Thomas Salisbury 'Hen' (m. 1490) o Leweni yn Nyffryn Clwyd, a chafodd ei ganu ar derfyn gyrfa Dafydd ab Edmwnd yn dilyn urddo Thomas Salisbury (m. 1505), y mab hynaf, yn farchog am ei wrhydri ym mrwydr Blackheath (1497). Fe'i henwir, ynghyd â'i frodyr, ei chwiorydd a'i frodyr-yng-nghyfraith, yng nghorff y cywydd, ond â'r llinellau agoriadol y mae a fynnom ni:[123]

> Dialaeth fu dalaith Fôn,
> da seigiodd dywysogion.
> Y mab a las yn Aber
> a fu'n glaf rhag ofn y glêr,
> Dafydd, newidiwr deufyd,
> digio'r beirdd a'i dug o'r byd,
> a Llywelyn, ŵr lliwlwyd,
> a 'mrôi i glêr ym mro Glwyd.
> Da fu gael pendefig ynn,

dull hael, wedi Llywelyn.
Tomas Hen, to mis Ionawr,
tywysog fyth, tai saig fawr,
lle mae gyda llu a'i medd
Llyweni a holl Wynedd.[124]

Ar yr olwg gyntaf, ymddengys natur y gyfeiriadaeth yn y llinellau hyn yn ddryslyd. Ond diogel yw casglu bod '[t]alaith Fôn' (ll. 1) yn gyfystyr â thalaith Aberffro (hynny yw, Gwynedd), sef un o daleithiau barddol y gwŷr wrth gerdd yn niwedd yr Oesoedd Canol.[125] Yn ôl y bardd, bu'n dalaith farddol ddiofid (*dialaeth*) mewn dyddiau a fu gan fod y tywysogion yn darparu gwleddoedd (*seigio*) ar gyfer y beirdd. Ond cyfeirir at ryw Ddafydd, un a fu'n 'glaf' oherwydd dicter y beirdd, un a'u cythruddodd ac a laddwyd ('a las') yn Aber, gan beri ei fod yn 'newidiwr deufyd', sef yn un a oedd wedi cyfnewid y byd presennol am y byd a ddaw.[126] Mewn gwrthgyferbyniad llwyr â'r Dafydd hwn, sonia'r bardd am ryw Lywelyn a fu'n cynnal y beirdd 'ym mro Glwyd'. Un hael ei ddull ('dull hael') fel y Llywelyn hwn oedd Thomas Salisbury 'Hen', ac aiff y bardd rhagddo i glodfori ei blant. Gellir tybio, felly, fod y bardd, drwy gyfrwng y cyfeiriadau hyn, am atgoffa ei wrandawyr o'r hen wirionedd fod clod yn deillio o haelioni, ond mai anghlod a ddaw i ran y sawl sy'n amharod i gynnal y beirdd.

Pwy yw'r Dafydd a'r Llywelyn y cyfeiria'r bardd atynt yn y llinellau hyn? Yn y casgliad helaeth o ganu'r Cywyddwyr a gwblhawyd ganddo ym 1587, nododd David Johns (*fl.* 1573–87), person Llanfair Dyffryn Clwyd, mai cyfeirio a wneir at 'dd[afydd] ap llywelyn y twyssog', sef un o brif wrthrychau'r bennod hon.[127] Derbyniwyd yr awgrym hwnnw gan Thomas Roberts, a chynigiodd ef mai Llywelyn ap Gruffudd yw'r '[g]ŵr lliwlwyd' a fu'n cynnal y beirdd yn Nyffryn Clwyd.[128] Er bod dau arall o dywysogion llinach Aberffraw yn dwyn yr enw Dafydd, sef Dafydd ab Owain (m. 1203) a Dafydd ap Gruffudd (m. 1283), y mae'r cyfeiriad yn y cywydd at Aber, sef Abergwyngregyn, un o hoff lysoedd y tywysogion erbyn y 13g., yn llwyr glensio'r ddadl o blaid uniaethu'r enw yn y cywydd â Dafydd ap Llywelyn.[129] Fel y noda'r cywydd, yn Aber y bu farw Dafydd (ar 25 Chwefror 1246), a chadarnheir hynny mewn ffynonellau hanesyddol tra dibynadwy.[130] Y mae rhesymau da hefyd, fel y dangosir isod, dros dderbyn mai at Lywelyn ap Gruffudd y cyfeirir.[131]

Roedd Dafydd ab Edmwnd, yn amlwg, yn gybyddus â rhyw draddodiad a oedd yn ymwneud â pherthynas wrthgyferbyniol Dafydd ap Llywelyn a Llywelyn ap Gruffudd â'r beirdd llys. Roedd y naill yn un a enynnodd eu dirmyg, a'r llall yn batrwm o noddwr iddynt. Ond y mae mwy i'r traddodiad na hynny, a'r cyntaf i lawn ddirnad ei wir arwyddocâd oedd Eurys Rowlands. Yn ôl Dafydd ab Edmwnd, dicter y beirdd a laddodd Ddafydd ('digio'r beirdd a'i dug o'r byd'), a bu iddo glafychu gan i'r beirdd godi arswyd arno ('rhag ofn y glêr'). Gan ddilyn Eurys Rowlands, rhesymol yw dod i'r casgliad fod yma gyfeiriad at y beirdd yn dychanu Dafydd, a chyfeiriad at y gred 'y gallai bardd niweidio a lladd drwy ddychanu'.[132] Ceir tystiolaeth helaeth ynghylch y gred hynafol hon yn Iwerddon, ac mor ddiweddar ag oes Elizabeth nododd un sylwebydd fod y Gwyddelod yn barod i daeru 'that they can rime either man or beast to death'.[133] Yng Nghymru hefyd cofnodwyd traddodiad mai o ganlyniad i'r awdl ddychan a ganwyd iddo gan Ddafydd ap Gwilym y lladdwyd y bardd Rhys Meigen, ac yn Llyfr Coch Hergest ceir nodyn sy'n haeru mai o ganlyniad i ddychan y bardd Trahaearn Brydydd Mawr (*fl.* dechrau'r 14g.) y llosgwyd tŷ rhyw Gadwgan Ficer i'r llawr ac y lladdwyd ei fab-yng-nghyfraith.[134] Cofnodir traddodiad gan Dafydd ab Edmwnd sydd hyd yn oed yn fwy trawiadol na'r rhain—mai dychan y beirdd llys a barodd farwolaeth un o dywysogion llinach Aberffraw.

A ddylid rhoi unrhyw goel ar hyn? Yn gyntaf oll, y mae'n rhaid cydnabod na oroesodd unrhyw gerddi dychan fel y cyfryw o gyfnod Beirdd y Tywysogion, ac i'r 14g. y perthyn y canu dychan Cymraeg cynharaf a ddiogelwyd.[135] Ond y mae tystiolaeth sy'n awgrymu'n gryf fod dychan yn rhan o arfogaeth beirdd llys y 12g. a'r 13g., ac y mae hynny'n gwbl gyson â'r hyn sy'n wybyddus am swyddogaeth y bardd 'Celtaidd' gynt.[136] Yn Llawysgrif Hendregadredd diogelwyd dwy 'gerdd fygwth' o eiddo Prydydd y Moch. Yn y naill bygythir Dafydd ab Owain (m. 1203), ac yn y llall, Gruffudd ap Cynan ab Owain (m. 1200), ac yn y ddwy gerdd atgoffir y gwrthrychau fod dychan yn arf sydd ym meddiant y bardd.[137] Yn y gerdd i Ddafydd y mae'r rhybudd yn dra eglur; lle bynnag y bydd gwenwyn tafod y bardd yn trywanu, ni bydd modd i eli ei iacháu ('Gwn, yn y gwanwyf, gwenwynig fi/Gŵyth wastawd tafawd nas tyf eli').[138] Mater bychan, meddai ymhellach, fyddai dwyn anfri ar Ruffudd, gan yrru '[g]wrid' i'w ddeurudd i'w 'ddewrwarth ganlid' ('canlyn â gwarth mawr'), ac mewn cymdeithas a roddai'r fath bwys ar gysyniadau megis anrhydedd a sarhad, byddai i rybuddion o'r fath oblygiadau pellgyrhaeddol.[139] Fel y dangosodd Catherine McKenna, y mae'r cerddi bygwth Cymraeg yn cyfateb i'r *trefhocal* mewn Gwyddeleg, sef rhybudd tra ffurfiol gan fardd i noddwr y bydd dychan yn dilyn onid eir ati i unioni cam arbennig.[140] Y mae'r cerddi hyn hefyd yn profi bod yng nghymdeithas Gymreig y 12g. a'r 13g. ymwybod byw â grym arswydus dychan y beirdd.

Yng ngoleuni'r fath dystiolaeth, nid yw'n afresymol cynnig y gallai dychan fod wedi codi'i ben mewn anghydfod rhwng Dafydd ap Llywelyn a beirdd llys Gwynedd. Ond ai rhyfyg fyddai ceisio cysylltu'r traddodiad hwn â'r rhwygiadau gwleidyddol yng Ngwynedd ar ddechrau'r 1240au? Mae'n werth nodi bod elfennau o ddychan a melltith i'w cael mewn un gerdd a ddeilliodd yn ddigamsyniol o rwygiadau a grewyd gan ymgiprys chwerw yn ystod y 12g. am goron Aberffraw. Yr alarnad a luniodd Peryf ap Cedifor ar farwolaeth Hywel ab Owain Gwynedd a'i frodyr maeth ym 1170 yw'r gerdd honno. Lladdwyd Hywel gan ei hanner brodyr Dafydd a Rhodri, ac yng nghlo ei gerdd gwelir Peryf yn bwrw'i felltith arnynt, gan ddymuno dim llai na gweld eu diwedd ('Ni bo dyn ym myw ym Môn/O'r Brochfaeliaid brychfoelion').[141] O gofio'r rhwygiadau dyfnion a ymagorodd yng Ngwynedd, yn enwedig ar ôl 1240, ac o gofio bod Dafydd, os gellir derbyn tystiolaeth Matthew Paris, wedi ei esgymuno gan yr Esgob Richard o ganlyniad i'r modd dichellgar y carcharodd Ruffudd, a bod ei enw dan gabl ymhlith rhai o wŷr rhyddion amlycaf ei deyrnas, y mae'n rhesymol cynnig, fel y gwnaeth Eurys Rowlands, fod a wnelo'r traddodiad a ddiogelwyd yng nghywydd Dafydd ab Edmwnd—mewn rhyw fodd neu'i gilydd—â'r ymrafael yng Ngwynedd rhwng Dafydd a Gruffudd.[142] Ateg i hynny yw bod y traddodiad yn lleoli Llywelyn ap Gruffudd—a derbyn mai ato ef y cyfeirir—yn Nyffryn Clwyd. Y mae hynny'n cyddaro'n rhyfeddol o daclus â'r hyn a wyddom am ei gamre rhwng 1240 a 1246. Fel y gwelsom, fe'i lleolir gan John Wynn yn Nyffryn Clwyd yn ystod y cyfnod hwnnw; yr oedd yno yn ddraenen yn ystlys Dafydd ap Llywelyn; dengys tystiolaeth ddogfennol fod yr Esgob Richard a rhai o wŷr rhyddion amlwg Gwynedd yn ei gwmni; ac os cywir y ddamcaniaeth i Ddafydd Benfras ddatgan ei farwnad i Ruffudd ap Llywelyn ger ei fron, yr oedd Llywelyn ap Gruffudd hefyd, fel y tystia Dafydd ab Edmwnd, yn ymroi i gynnal y beirdd llys 'ym mro Glwyd'. Digon gwir, nid yw'r hyn a gofnodir gan Ddafydd ab Edmwnd yn ddim amgenach na chof gwlad. Ond roedd yn draddodiad digon hysbys ar ddiwedd y 15g. i fod yn ddeunydd cyfeiriadaeth farddol a fyddai'n ystyrlon i gynulleidfa Dafydd ab Edmwnd yn Lleweni. Mae'n werth cofio bod Syr John Wynn yn cysylltu Llywelyn yn y cyfnod hwn â llys yn Nyffryn Clwyd yn dwyn yr enw Maesmynan (gweler uchod), ac fel yr hed y frân y mae Maesmynan o fewn rhyw dair milltir i Leweni. Er na chrybwyllir mo'r llys tybiedig hwnnw yn ffynonellau'r Oesoedd Canol, nid yw'n amhosibl i Faesmynan weithredu fel rhyw fath o ffocws i draddodiadau a ffynnodd yn yr ardal am Lywelyn a thywysogion Gwynedd.[143]

A bwrw bod y beirdd wedi dychanu Dafydd ap Llywelyn, gellir cynnig esboniad cwbl resymol ynghylch sut y tyfodd traddodiad i'w geiriau daro'r nod a'i niweidio'n gorfforol. Mae a wnelo'r esboniad hwnnw â chyflwr iechyd Dafydd yn ystod y blynyddoedd 1242–3. Datgela rholiau llys y brenin fod Dafydd ap Llywelyn a Gruffudd ap Llywelyn, yn ystod y blynyddoedd hyn, wedi dwyn achosion gerbron llys y brenin, gyda'r ddau yn beio'i gilydd am dorri heddwch y brenin yn ystod y blynyddoedd blaenorol. Mewn achos a ddaeth gerbron ym 1242/3, datgelwyd na fedrai Dafydd fod yn bresennol oherwydd salwch difrifol.[144] Mewn achos pellach, yn gynnar ym 1244, ymhelaethodd Dafydd ei hunan ynghylch natur ei anhwylder dros flwyddyn yn flaenorol; haerai iddo gael ei wenwyno, ac iddo, o ganlyniad, golli gwallt ei ben ynghyd ag ewinedd ei ddwylo a'i draed.[145] Mae'r sylw hwn yn codi pob math o bosibiliadau rhyfeddol. A fu ymdrech aflwyddiannus yng Ngwynedd ym 1242/3, i lofruddio Dafydd?[146] Mae disgrifiad Dafydd o'i gyflwr truenus yn dwyn i gof yr hanesyn a geir gan Matthew Paris am ymdrech honedig ym 1258 i wenwyno Richard de Clare (1222–62), iarll Caerloyw. Bu farw William, brawd yr iarll; goroesi fu hanes Richard, ond collodd ei wallt a'i ddannedd a chafodd ewinedd ei ddwylo a'i draed eu hanffurfio.[147] Cafodd distain Richard, Walter de Scoteny, ei ddienyddio am ei ran yn y cynllwyn honedig hwn, ond dylid nodi bod haneswyr yn bur amheus a fu, mewn gwirionedd, unrhyw gynllwyn. O ganlyniad i hysteria gwleidyddol y cyfnod, a borthwyd gan yr ymrafael rhwng y brenin a'r barwniaid, hawdd gweld sut yr aed ati i briodoli'r hyn nad oedd ond epidemig, neu achos difrifol o wenwyn bwyd efallai, i effeithiau cynllwyn llawer mwy sinistr.[148]

Yn yr un modd, y mae'n dra phosibl y gallai Dafydd fod wedi priodoli ar gam yr aflwydd corfforol a ddaeth i'w ran i effeithiau gwenwyn. Y mae modd cynnig esboniad fymryn yn llai dramatig o'r hyn a roddodd fod i'w anhwylder. A defnyddio'r term meddygol priodol, yr oedd—fe ymddengys

—wedi bod yn dioddef o *alopecia areata*. Dyma glefyd y gwyddys erbyn heddiw y gall daro hyd at 1.7% o'r boblogaeth, yn blant ac yn oedolion, gan achosi i'r claf golli gwallt ei ben naill ai'n rhannol neu'n llwyr. Mewn llawer o achosion fe all hefyd effeithio ar yr ewinedd, gan arwain weithiau, fel yn achos Dafydd, at *onychomadesis* (colli'r ewinedd).[149] Y mae achosion eithafol wedi eu cofnodi o'r gwallt yn cael ei golli'n llwyr o fewn cyfnod o 48 awr, ac y mae'r ffaith fod Dafydd yn haeru iddo golli ei holl ewinedd yn awgrymu iddo fod yn dioddef naill ai o *alopecia totalis* (colli gwallt y pen yn llwyr) neu *alopecia universalis* (colli holl wallt y pen a blew'r corff). Yn achos y mwyafrif o ddioddefwyr, ymddengys fod yr ymosodiad cyntaf yn parhau am gyfnod sy'n ymestyn o ychydig wythnosau neu fisoedd hyd at flwyddyn, ac yn fynych iawn ni bydd y gwallt yn tyfu drachefn. Ond fe all dyfu'n ôl yn achos rhai cleifion, hyd yn oed ymhlith cleifion a fu'n dioddef o *alopecia universalis*. Ymhlith y cyhoedd yn gyffredinol coleddir y gred y gellir priodoli moeli cyflym o'r fath i ryw brofiad trawmatig, rhyw ddychryn neu straen emosiynol, a cheir tystiolaeth anecdotaidd helaeth i gefnogi'r cyswllt posibl hwn. Bu cryn ymchwil i'r agwedd hon ar *alopecia areata*, a dangosodd un astudiaeth a wnaed ymhlith un grŵp o ddioddefwyr fod 23% ohonynt wedi profi rhyw bryder difrifol neu ysgytwad meddyliol mawr cyn yr ymosodiad cyntaf. Fodd bynnag, ni lwyddodd astudiaethau eraill i gadarnhau patrwm o'r fath, ac y mae natur y cyswllt rhwng straen emosiynol a'r clefyd eto i'w harddangos a'i hesbonio'n fanwl. Ond y mae'n werth cofio un peth. Os oedd unrhyw fod dynol yng Nghymru â rheswm i ymdeimlo â phwysau gorlethol ar ei ysgwyddau rhwng 1240 a 1242/3, Dafydd ap Llywelyn oedd hwnnw. Onid oedd dyheadau gwleidyddol ei dad wedi ymddatod yn llwyr o'i gwmpas? Oni welodd Wynedd yn ymrannu a rhai o'i gwŷr amlycaf yn troi tu min tuag ato? Onid oedd Esgob Bangor, yn ôl Matthew Paris, wedi ei esgymuno? Oni wynebodd holl rym milwrol y goron Seisnig ym 1241? Ac onid oedd y beirdd, efallai, wedi ei ddychanu?

Yr hyn sy'n drawiadol ynghylch afiechyd Dafydd ym 1242/3 yw ei fod mor ddramatig o weladwy. I effeithiau gwenwyn y priodolodd ef ei gyflwr. Ond, os bu iddo ennyn dirmyg y beirdd, y mae'n gwbl ddichonadwy y byddai eraill—a'r beirdd eu hunain yn anad unrhyw garfan arall—yn dra pharod i briodoli'r salwch hwn i rymoedd tywyll yr awen. Y mae'n werth cofio, yn hynny o beth, fod cyswllt agos yn y meddwl canoloesol rhwng y weithred o wenwyno a swyngyfaredd (a chofier fel y defnyddiodd Prydydd y Moch y syniad o wenwyn yn drosiadol am effeithiau dychan; gweler uchod).[150] Y mae'n gwbl ddichonadwy, felly, fod a wnelo dechreuadau'r traddodiad a ddiogelwyd gan Ddafydd ab Edmwnd â'r salwch hwn. Ar wahân i'r traddodiad y gallai dychan ladd, ceir cyfeiriadau mewn perthynas â beirdd Iwerddon at ddychan yn anffurfio wyneb y sawl a ddychenid, ac y mae'r un syniad yn ymhlyg yn sylw Prydydd y Moch y byddai'n peri 'gwrid' ar wyneb Gruffudd ap Cynan ab Owain (gweler uchod).[151] A derbyn bod y beirdd wedi eu cythruddo gan Ddafydd yn nechrau'r 1240au, gellid dychmygu y byddai ei gyflwr yn amlygiad enbyd yng ngolwg ei gyfoeswyr fod melltith dybiedig y beirdd llys arno. Y mae cyflwr Dafydd, yn ogystal, yn ein dwyn at syniad hynafol arall y rhoir mynegiant iddo yn llenyddiaeth gynnar Iwerddon, sef y dylai brenin fod yn gorfforol ddifefl, ac na allai barhau ar yr orsedd pe digwyddai iddo gael ei anffurfio'n gorfforol gan y byddai ei anffurfiadau'n ennyn gwawd a dychan ac yn dynodi ei fod yn frenin anghyfiawn.[152] Ymddengys, i gryn raddau, mai motîff llenyddol yn unig oedd y cysyniad hwn erbyn y cyfnod hanesyddol. Ond mae'n werth cofio am y traddodiad hwnnw, a gofnodwyd gyntaf gan Humphrey Llwyd, sy'n nodi mai o ganlyniad i nam corfforol—ei drwyn *twn* ('toredig') yn ddiau—y rhwystrwyd Iorwerth Drwyndwn, tad Llywelyn ab Iorwerth, rhag etifeddu'r goron.[153] Yn achos Dafydd ap Llywelyn, tybed, yn wir, nad oedd ei anffurfiadau yng ngolwg ei bobl yn amlygiad, fel yn Iwerddon gynt, o natur anghyfiawn ei deyrnasiad?

V

Fel y ceisiwyd dangos uchod, y mae'n ddiamau fod rhyw hedyn o wirionedd yn y traddodiad a ddiogelwyd gan Ddafydd ab Edmwnd. Mae'n gwbl ddichonadwy, fel y gwelsom, y gallai'r beirdd fod wedi cael achos i ddychanu Dafydd yn hinsawdd wleidyddol chwerw dechrau'r 1240au, ac y mae'n hawdd gweld sut y gallai salwch Dafydd ym 1242/3 fod wedi porthi'r traddodiad. Y mae'n werth cofio hefyd i Matthew Paris nodi—er bod honiadau amlwg ddi-sail yn rhan o'i dystiolaeth—mai gŵr a orlethwyd gan flinder enaid a llesgedd corfforol oedd Dafydd yn ystod misoedd olaf ei oes.[154] Ond er y gellir dal i Ddafydd gael ei daro gan *alopecia areata* ym 1242/3, y gwir yw na wyddom bellach beth fu achos ei farwolaeth yn

Aber ym 1246, ac ar un cyfrif y mae'r traddodiad a ddiogelwyd gan Ddafydd ab Edmwnd yn llwyr anghyson â'r dystiolaeth hanesyddol. Haerir i'r beirdd ddychanu Dafydd a'i ladd, yn ddisymwth ymron, yn Aber. Fel y cawsom achos i sylwi, cymodwyd Dafydd a Llywelyn ap Gruffudd ym 1245, a bu hynny'n drobwynt ar y pryd yng ngwleidyddiaeth fewnol Gwynedd. Os bu ymddieithrio yn achos y beirdd llys a Dafydd ar ddechrau'r 1240au, bu cyfle i adfer eu perthynas cyn marwolaeth y tywysog ym 1246, a chafodd yr undod newydd yng Ngwynedd ei gadarnhau yn sgil ymosodiad Henri ym 1245. Mae'n bosibl mai yn yr amgylchiadau hynny y trodd Einion Wan yn ôl at Ddafydd, a gallwn fod yn dra sicr, er mai gwrthwynebydd i Ddafydd oedd Dafydd Benfras ym 1244, iddo yntau ddod yn ôl yn gadarn i'w ffafr erbyn 1246. Y rheswm dros nodi hynny yn achos Dafydd Benfras yw'r farwnad odidog a ganodd y bardd i'r tywysog ym 1246.

Dengys marwnad Dafydd Benfras pa mor gyfnewidiol oedd y ffactorau gwleidyddol hynny a effeithiai ar rwymau teyrngarwch a natur y berthynas rhwng bardd a noddwr yn oes y tywysogion. Fel y gwelsom, ym 1244, yn ei farwnad i Ruffudd ap Llywelyn, barnai Dafydd Benfras y dylai Llywelyn ap Gruffudd gipio llywodraeth Gwynedd, a hynny yn nannedd y ffaith fod Dafydd eisoes yn tywysogaethu yno. Ond, ddwy flynedd yn ddiweddarach, yn ei farwnad i Ddafydd, gwelwn yr un bardd yn cyfeirio at yr hawl ddiymwad a feddai'r tywysog hwnnw i lywodraethu Gwynedd. Ef oedd 'Dilys briodawr gwynglawr Gwynedd' ('Perchennog cyfreithlon gwlad ddedwydd Gwynedd'), a dengys y bardd ymhellach fod ganddo ddealltwriaeth eglur o bwysigrwydd y cysylltiadau dynastig hynny a wnâi Ddafydd yn ddewis mor amlwg ar gyfer yr olyniaeth ym 1220. Ef oedd 'Ŵyr Breenin Lloegr' a 'Mab brenin Cymru'; ef ymhellach oedd 'Etifedd Gwynedd', ac roedd yn hanu 'O iawn deÿrnllin y brenhinedd' ('O linach frenhinol ddilys y brenhinoedd').[155] Hawdd fyddai rhuthro i'r casgliad nad yw'r geiriau hyn yn ddim amgen nag enghraifft o'r annidwylledd a'r oportiwnistiaeth a gysylltir mor aml yn y meddwl poblogaidd â beirdd llys yr Oesoedd Canol. Ond y mae'n deg cofio na fyddai unrhyw fantais wleidyddol na phersonol amlwg i Ddafydd Benfras o fod wedi canu marwnad mor ysgubol o rymus yn yr achos hwn, gan i Ddafydd ap Llywelyn farw yn ddietifedd. Roedd gan Ddafydd ei rinweddau llachar yng ngolwg y bardd, a gellir tybio i farwolaeth Gruffudd ym 1244 ei ryddhau i roi mynegiant cynyddol i'r nodweddion hynny ac i ennyn serchiadau ei bobl. Yng ngolwg Dafydd Benfras, nid y lleiaf o'i rinweddau oedd ei filwriaeth a'i ran yn amddiffyn yr 'adwy' yn Aberconwy yn ystod ymosodiad enfawr y Saeson ar Wynedd yn haf 1245.[156] Er i ni gael achos i gyfeirio sawl tro at y rhai hynny a ffodd oddi wrth Ddafydd ym mlynyddoedd argyfyngus 1240–4, byddai'n dda i ni gofio i eraill barhau'n ddisyfl eu cefnogaeth iddo, a'r amlycaf ymhlith y garfan honno oedd Ednyfed Fychan, prif wasanaethwr llinach Aberffraw yn ystod hanner cyntaf y 13g.[157] Ac nid y farwnad hon, a ganwyd ym 1246, oedd y gair olaf y byddai Dafydd Benfras yn ei lefaru am Ddafydd ap Llywelyn. Ym 1248, daethpwyd â gweddillion Gruffudd yn ôl o Lundain i'w claddu gyda gweddillion ei dad a'i frawd yn Abaty Aberconwy, a chyda gwir bathos aeth Dafydd ati i farwnadu'r tri ynghyd—'gorau gwŷr er Jason'—ac i roi clo llenyddol nodedig i bennod drofaus o helbulus yn hanes Gwynedd.[158]

NODIADAU

1. Dymuna'r awdur nodi iddo gyflawni llawer o'r ymchwil ar gyfer yr ysgrif hon yn sgil cymrodoriaeth hael a dderbyniodd yn 2002–3 gan Ymddiriedolaeth Leverhulme.
2. J. E. Lloyd, *A History of Wales from the Earliest Times to the Edwardian Conquest*, 2 gyfrol (London, 1912), II, 700–1; J. B. Smith, *Llywelyn ap Gruffudd: Prince of Wales* (Cardiff, 1998), 47–8.
3. Matthew Paris, *Chronica Majora*, gol. H. R. Luard, 7 cyfrol (London, 1872–83), IV, 295–6. Yn ei gronicl gwnaeth Paris ddarluniad o Gruffudd yn syrthio tua'r llawr, a gwnaeth un arall yn ei *Historia Anglorum* (crynhoad o'r cronicl); gweler Suzanne Lewis, *The Art of Matthew Paris in the Chronica Majora* (Berkeley, 1986), 217–19, platiau 133 ac 134. Atgynhyrchwyd y darluniad o'r *Historia* yng nghyfrol Kari Maund, *The Welsh Kings* (Stroud, 2002), plât 18.
4. Thomas Jones (gol.), *Brut y Tywysogyon: Peniarth Ms. 20* (Caerdydd, 1941), 200; Thomas Jones (gol.), *Brut y Tywysogyon, or The Chronicle of the Princes: Red Book of Hergest Version* (Cardiff, 1955), 238.
5. Thomas Jones (cyf.), *Gerallt Gymro: Hanes y Daith Trwy Gymru, Disgrifiad o Gymru* (Caerdydd, 1938), 215.
6. Ar y cefndir hanesyddol yn gyffredinol, gweler Lloyd, *History of Wales*, II, 612–706; R. R. Davies, *Conquest, Coexistence, and Change: Wales 1063–1415* (Oxford, 1987), 239–51, 300–3; Smith, *Llywelyn ap Gruffudd*, 12–56; a chofnod A. D. Carr ar Lywelyn yn H. C. G. Matthew a Brian Harrison (goln.), *The Oxford Dictionary of National Biography*, 60 cyfrol (Oxford, 2004), XXXIV, 180–5.
7. Smith, *Llywelyn ap Gruffudd*, 21–2.
8. Gwyn A. Williams, 'The Succession to Gwynedd 1238–47', *Bwletin y Bwrdd Gwybodau Celtaidd*, 20 (1962–4), 395.

9. Gweler yr achrestrau yn Lloyd, *History of Wales*, II, 766; Smith, *Llywelyn ap Gruffudd*, 607; Davies, *Conquest, Coexistence, and Change*, 240. Yn Peter C. Bartrum, *Welsh Genealogies AD 300–1400*, 8 cyfrol (Cardiff, 1974), III, 446 ('Gruffudd ap Cynan 4'), sonnir am fab gordderch arall, Tegwared y Baiswen (ond ni nodir enw ei fam).
10. Roedd gan Tangwystl a Llywelyn hefyd ferch o'r enw Gwenllian; gweler J. E. Lloyd, 'Who Was Gwenllian de Lacy?', *Archaeologica Cambrensis* (1919), 293. Noda ffynonellau achyddol Cymreig o'r 15g. ymlaen mai merch arall iddynt oedd Gwladus Ddu; gweler Bartrum, *Welsh Genealogies AD 300–1400*, III, 446 ('Gruffudd ap Cynan 4'); Lewys Dwnn, *Heraldic Visitations of Wales*, gol. S. R. Meyrick, 2 gyfrol (Llandovery, 1846), II, 107–8; Robert Vaughan, *British Antiquities Revived* (Oxford, 1662), 27–31. Ail ŵr Gwladus oedd Ralph Mortimer, arglwydd Wigmor, ac yn llawysgrif Wigmor (Llyfrgell Prifysgol Chicago, Llsgr. 224, ff. 51^v–52^r), a luniwyd efallai er mwyn hyrwyddo hawl Rhosier Mortimer (1374–98) i goron Lloegr, nodir mai merch i Siwan oedd Gwladus. Ar y ffynhonnell hon, gweler Mary E. Giffin, 'A Wigmore Manuscript at the University of Chicago', *Cylchgrawn Llyfrgell Genedlaethol Cymru*, 7 (1951–2), 316–25, a chymharer C. Given-Wilson (gol.), *The Chronicle of Adam Usk, 1377–1421* (Oxford, 1997), 40–5. Yr un yw'r farn yn Humphrey Llwyd, *Cronica Walliae*, gol. Ieuan M. Williams (Cardiff, 2002), 206.
11. P. Vinogradoff ac F. Morgan (goln.), *Survey of the Honour of Denbigh, 1334* (London, 1914), 128; J. E. Lloyd, 'The Mother of Gruffydd ap Llywelyn', *Buletin y Bwrdd Gwybodau Celtaidd*, 1 (1921–3), 335. Am sylwadau pellach ar y daliad hwn, gweler Thomas Charles-Edwards, *Early Irish and Welsh Kinship* (Oxford, 1993), 435–6.
12. Bartrum, *Welsh Genealogies AD 300–1400*, III, 604 ('Llywarch Howlbwrch 1').
13. D. Simon Evans (gol.), *Historia Gruffud vab Kenan* (Caerdydd, 1977), 7, llau. 20–6.
14. Bartrum, *Welsh Genealogies AD 300–1400*, I, ach 41 (ni cheir rhif tudalen).
15. Vinogradoff a Morgan (goln.), *Survey of the Honour of Denbigh*, 80–3, 92–101, 266–7; gweler hefyd Charles-Edwards, *Early Irish and Welsh Kinship*, 240–1. Yn ôl Bartrum, *Welsh Genealogies AD 300–1400*, III, 604 ('Llywarch Howlbwrch 1'), roedd gan Tangwystl, cariadferch Llywelyn, frawd o'r enw Einion Flaenllym ap Llywarch (barna'r golygydd ei fod genhedlaeth yn iau na hi). Ceir gŵr yn dwyn yr enw Einion ap Llywarch yng ngwasanaeth Llywelyn ap Gruffudd ym 1271; gweler David Stephenson, *The Governance of Gwynedd* (Cardiff, 1984), 210.
16. Gweler, er enghraifft, Enid Roberts (gol.), *Gwaith Siôn Tudur*, 2 gyfrol (Caerdydd, 1980), I, 319, ll. 17, *et passim*; hefyd Michael Powell Siddons, *The Development of Welsh Heraldry*, 3 cyfrol (Aberystwyth, 1991–3), II, 338–9. Ar gysylltiadau Prys â'r tylwyth, gweler Gruffydd Aled Williams (gol.), *Ymryson Edmwnd Prys a Wiliam Cynwal* (Caerdydd, 1986), 16, ll. 16 (ynghyd â'r nodyn, t. 245).
17. Gweler sylwadau Huw Pryce, 'Negotiating Anglo-Welsh Relations: Llywelyn the Great and Henry III', yn Bjorn K. U. Weiler ac Ifor W. Rowlands (goln.), *England and Europe in the Reign of Henry III (1216–1272)* (Aldershot, 2002), 21–2.
18. Ar sail ffynhonnell Ladin ('in an old manuscript'), myn Vaughan, *British Antiquities*, 29, ddarfod i Lywelyn briodi â Siwan wedi i Dangwystl farw. Mae'n hysbys hefyd fod cynlluniau ar droed ym 1203 i Lywelyn briodi â merch brenin Manaw; gweler Lloyd, *History of Wales*, II, 617.

19. Davies, *Conquest, Coexistence, and Change*, 294.
20. Ym 1229 gwnaeth Dafydd wrogaeth i'r brenin yn Llundain, a hynny efallai yn fuan wedi iddo gyrraedd oedran gŵr (14 oed). Ar y sail hwnnw y cynigiwyd *c*.1215 gan J. Beverley Smith yn ei gofnod ar Ddafydd yn Matthew a Harrison (goln.), *The Oxford Dictionary of National Biography*, XIV, 900.
21. Huw Pryce, 'Frontier Wales *c*.1063–1282', yn Prys Morgan (gol.), *The Tempus History of Wales, 25,000 B.C.—A.D. 2000* (Stroud, 2001), 77.
22. R. R. Davies, *Domination and Conquest: The Experience of Ireland, Scotland and Wales, 1100–1300* (Cambridge, 1990), 47–65.
23. A. J. Roderick, 'Marriage and Politics in Wales, 1066–1282', *Welsh History Review/ Cylchgrawn Hanes Cymru*, 4 (1968–9), 16–18; Smith, *Llywelyn ap Gruffudd*, 45; Bartrum, *Welsh Genealogies AD 300–1400*, III, 455 ('Gruffudd ap Cynan 13').
24. Lloyd, *History of Wales*, II, 686.
25. Dafydd Jenkins, *Cyfraith Hywel* (Llandysul, 1970), 41–2, 55–9; Charles-Edwards, *Early Irish and Welsh Kinship*, 211–25, 521–7; T. P. Ellis, *Welsh Tribal Law and Custom*, 2 gyfrol (Oxford, 1926), I, 229–45.
26. Jones (cyf.), *Gerallt Gymro*, 214–15, 229; Llwyd, *Cronica Walliae*, 151; Davies, *Conquest, Coexistence, and Change*, 230–1.
27. Lloyd, *History of Wales*, II, 686–7; T. Jones Pierce, 'The Age of the Two Llywelyns', yn A. J. Roderick (gol.), *Wales Through the Ages, Volume I* (Llandybïe, 1959), 115–16.
28. Fel y sylwodd Huw Pryce, *Native Law and the Church in Medieval Wales* (Oxford, 1993), 97, n.71, defnyddir y geiriau *tref tat* a *priodolder* (sef hawl i berchnogi tir etifeddol) ochr yn ochr â *brenhiniaeth* a *teyrnas* wrth sôn am hawl Gruffudd ap Cynan i deyrnas Gwynedd; gweler Evans (gol.), *Historia Gruffud vab Kenan*, 6, 7, 8 ac 16.
29. J. Beverley Smith, 'Dynastic Succession in Medieval Wales', *Bwletin y Bwrdd Gwybodau Celtaidd*, 33 (1986), 199–232.
30. T. M. Charles-Edwards, 'The Heir-Apparent in Irish and Welsh Law', *Celtica*, 9 (1971), 180–90.
31. Aled Rhys Wiliam (gol.), *Llyfr Iorwerth* (Cardiff, 1960), 2; Smith, 'Dynastic Succession', 201–2.
32. Wiliam (gol.), *Llyfr Iorwerth*, 3.
33. Robin Chapman Stacey, 'King, Queen, and *Edling* in the Laws of Court', yn Thomas Charles-Edwards *et al.* (goln.), *The Welsh King and His Court* (Cardiff, 2000), 50–1 ('"Election" in this period could mean anything from a formal selection by peers of the realm to the securing of sufficient noble support to make possible an armed bid for the throne'). Yn ei farwnad faith i Ruffudd ap Cynan (m. 1137), try Meilyr Brydydd i gyfarch dau o'i feibion, sef Owain Gwynedd a Chadwaladr, a cheir ganddo'r llinellau: 'Ni wddant fanfeirdd ni mawr gynnydd/Pwy a enillo o'r do ysydd' ('Ni ŵyr manfeirdd na wnânt gynnydd mawr/Pwy a orchfygo o'r genhedlaeth ysydd'). Awgryma hynny nad ystyriai'r bardd yr olyniaeth yn fater y penderfynwyd yn derfynol yn ei gylch gan Ruffudd ap Cynan. Ond aiff rhagddo i gyfarch Owain yn gyntaf oll cyn estyn mawl i Gadwaladr, a thrwy roi blaenoriaeth i Owain yr awgrym cynnil yw mai ei eiddo ef yw coron Aberffraw; gweler J. E. Caerwyn Williams *et al.* (goln.), *Gwaith Meilyr Brydydd a'i Ddisgynyddion* (Caerdydd, 1994), 79, 83, llau. 141–2.

34. Smith, 'Dynastic Succession', 213–14.
35. Ibid., 205–6.
36. Wiliam (gol.), *Llyfr Iorwerth*, 3.
37. Lloyd, *History of Wales*, II, 656, 687.
38. Er na oroesodd petisiwn Llywelyn at y Pab, gellir adlunio ei gynnwys o ddilyn geiriad yr ateb a dderbyniwyd gan Honorius III, a gellir casglu ymhellach fod y petisiwn, yn ei dro, yn dilyn geiriad yr ordeinhad gwreiddiol; gweler Huw Pryce (gol.), *The Acts of Welsh Rulers, 1120–1283* (Cardiff, 2005), 414–16.
39. Fel y sylwodd Smith, 'Dynastic Succession', 218, n.3, y mae'r geiriad yn adleisio Galatiaid 4:30 ('Ond beth y mae'r Ysgrythur yn ei ddweud? "Gyrr allan y gaethferch a'i mab, oherwydd ni chaiff mab y gaethferch fyth gydetifeddu â mab y wraig rydd"'), ynghyd â Genesis 21:10 ('A dywedodd wrth Abraham, "Gyrr allan y gaethferch hon a'i mab; oherwydd ni chaiff mab y gaethferch hon gydetifeddu â'm mab i, Isaac"').
40. Fel y dengys J. Beverley Smith, ibid., 212–13, dichon fod cynsail ym mhenderfyniad Yr Arglwydd Rhys neu Rys ap Gruffudd (m. 1197) o Ddeheubarth i ddewis Gruffudd ap Rhys yn olynydd iddo yn hytrach na'i fab hynaf Maelgwn, a aned y tu allan i rwymau priodas.
41. Pryce, *Native Law and the Church*, 82–112.
42. Ibid., 84.
43. R. R. Davies, 'In Praise of British History', yn R. R. Davies (gol.), *The British Isles, 1100–1500: Comparisons, Contrasts and Connections* (Edinburgh, 1988), 18.
44. A. D. Carr, 'A Debatable Land: Arwystli in the Middle Ages', *Montgomeryshire Collections*, 80 (1992), 40–1. Y mae'n ymddangos nad yw'r achrestr sydd i'w chael yn Lloyd, *History of Wales*, II, 770, yn gyflawn. Ar sail y ffynonellau a ganlyn, y mae'n rhesymol casglu bod gan Lywarch bedwar mab a chwe nai: Bartrum, *Welsh Genealogies AD 300–1400*, IV, 849 ('Trahaearn ap Caradog 1'), 854 ('Trahaearn ap Caradog 6'); Jones (gol.), *Brut y Tywysogyon . . . Red Book of Hergest Version*, 110–12, ond dylid diwygio'r testun yng ngoleuni John Williams ab Ithel (gol.), *Annales Cambriae* (London, 1860), 39, a'r nodyn yn Thomas Jones (gol.) *Brut y Tywysogyon, or The Chronicle of the Princes: Peniarth Ms. 20 Version* (Cardiff, 1952), 172. Gweler ymhellach Richard Morgan, 'The Territorial Divisions of Medieval Montgomeryshire', *Montgomeryshire Collections*, 69 (1981), 13; 70 (1982), 28–30.
45. Rhobert ap Llywarch ap Trahaearn (m. 1171) oedd yr unig un a lwyddodd i oroesi'r blynyddoedd hyn o ladd a dial yn iach ei groen ac yn gyflawn o gorff; gweler Jones (gol.), *Brut y Tywysogyon . . . Red Book of Hergest Version*, 152.
46. Davies, *Conquest, Coexistence, and Change*, 60–1, 72–3.
47. Stephenson, *The Governance of Gwynedd*, 151–2; John Gillingham, 'Killing and Mutilating Political Enemies in the British Isles from the Late Twelfth to the Early Fourteenth Century: a Comparative Study', yn Brendan Smith (gol.), *Britain and Ireland, 900–1300* (Cambridge, 1999), 114–34. Gweler hefyd Klaus van Eickels, 'Gendered Violence: Castration and Blinding as Punishment for Treason in Normandy and Anglo-Norman England', *Gender & History*, 16 (2004), 588–602.
48. Eurys Rolant, 'Cerddi Beirdd yr Uchelwyr', yn Alan Llwyd (gol.), *Llywelyn y Beirdd* (Cyhoeddiadau Barddas, 1984), 137–8.

49. Gweler Meirion Pennar, 'Beirdd Cyfoes', yn J. E. Caerwyn Williams (gol.), *Ysgrifau Beirniadol XIII* (Dinbych, 1985), 48–69; A. D. Carr, 'Prydydd y Moch: Ymateb Hanesydd', *Trafodion Anrhydeddus Gymdeithas y Cymmrodorion* (1989), 161–80; Peredur Lynch, 'Llygad Gŵr: Sylwebydd Cyfoes', yn J. E. Caerwyn Williams (gol.), *Ysgrifau Beirniadol XVI* (Dinbych, 1990), 31–51; Peredur I. Lynch, 'Court Poetry, Power and Politics', yn Charles-Edwards *et al.* (goln.), *The Welsh King and His Court*, 167–90; Esther Feer a Nerys Ann Jones, 'A Poet and His Patrons: The Early Career of Llywarch Brydydd y Moch', yn Helen Fulton (gol.), *Medieval Celtic Literature and Society* (Dublin, 2005), 132–62.
50. Kathleen Anne Bramley *et al.* (goln.), *Gwaith Llywelyn Fardd I ac Eraill o Feirdd y Ddeuddegfed Ganrif* (Caerdydd, 1994), 339–45; Rhian Andrews *et al.* (goln.), *Gwaith Bleddyn Fardd a Beirdd Eraill Ail Hanner y Drydedd Ganrif ar Ddeg* (Caerdydd, 1996), 183–99.
51. Feer a Jones, 'A Poet and His Patrons', 132–62; Williams *et al.* (goln.), *Gwaith Meilyr Brydydd a'i Ddisgynyddion*, 430–1.
52. Nodir y ffynonellau wrth drafod y cerddi.
53. Elin M. Jones a Nerys Ann Jones (goln.), *Gwaith Llywarch ap Llywelyn 'Prydydd y Moch'* (Caerdydd, 1991), 292, 298. Dadleua Nerys Ann Jones, 'Llywarch ap Llywelyn a Llywarch Brydydd y Moch', *Llên Cymru*, 24 (2001), 161–4, y dylid gwahaniaethu rhwng Llywarch ap Llywelyn, y gellir priodoli un gerdd yn unig iddo, a Llywarch Brydydd y Moch.
54. Lloyd, *History of Wales*, II, 631–7; Davies, *Conquest, Coexistence, and Change*, 241, 295–6.
55. Pryce (gol.), *The Acts of Welsh Rulers*, 386–8.
56. J. B. Smith, 'Magna Carta and the Charters of the Welsh Princes', *English Historical Review*, 99 (1984), 344–62.
57. Jones a Jones (goln.), *Gwaith Llywarch ap Llywelyn*, 295, 296, llau. 1–12.
58. *Geiriadur Prifysgol Cymru*, 4 cyfrol (Caerdydd, 1950–2002), I, 868, s.n. *dadanhuddaf.*
59. Jenkins, *Cyfraith Hywel*, 50–1; Dafydd Jenkins, *The Law of Hywel Dda* (Llandysul, 1990), 261–2; Dafydd Jenkins, 'A Lawyer Looks at Welsh Land Law', *Trafodion Anrhydeddus Gymdeithas y Cymmrodorion* (1967), 228–30; Charles-Edwards, *Early Irish and Welsh Kinship*, 274–303, 563–4. Mae'n werth cofio bod Llyfr Blegywryd yn rhoi blaenoriaeth glir mewn achosion o ddadannudd i'r mab hynaf, hyd yn oed pan fo'r brodyr iau wedi ei flaenori ag achos o'r fath; gweler Stephen J. Williams a J. Enoch Powell (goln.), *Llyfr Blegywryd* (Caerdydd, 1961), 72. Rwy'n ddiolchgar i'r Athro Thomas Charles-Edwards am dynnu fy sylw at hyn; gweler ymhellach ei drafodaeth yn *Early Irish and Welsh Kinship*, 284–5.
60. Gweler uchod, n.28. Fel y dangosodd Thomas Charles-Edwards, y mae cyswllt posibl rhwng gwreiddiau delweddol *dadannudd*—y syniad fod y tân ar yr aelwyd yn arwydd o barhad teuluol—ac eisteddle'r *edling* (neu'r *gwrthrychiad*) yn nulliau Cyfnerth a Blegywryd ar y llyfrau cyfraith. Nodir yn Williams a Powell (goln.), *Llyfr Blegywryd*, 4, mai ei 'le a vyd yn y neuad am y tan a'r brenhin' (hynny yw, y mae'r edling yn eistedd am y tân â'r brenin). 'It is not difficult . . . to see what was meant by the rule that the heir-apparent sat on the other side of the fire to the king. The fire symbolized the

kingship, which was originally hereditary within the same four generation agnatic kindred as any ordinary patrimony'; Charles-Edwards, 'The Heir-apparent', 187. Ond arall yw'r cyfarwyddiadau yn Wiliam (gol.), *Llyfr Iorwerth*, 2 ('E le yn y llys yw yrvg yr osp a'r penhebogyd'). Yn Llyfr Iorwerth, fel yn yr holl ddulliau eraill, ceir cyfarwyddyd y dylai'r edling gysgu'r nos yn y neuadd ('a'r maccvyueyt ygyt ac ef'; ibid.), ac y dylai'r casglwr tanwydd beri bod tân yn cael ei gynnau ar ei gyfer (ibid.). Ar arwyddocâd symbolaidd posibl hyn, gweler Stacey, 'King, Queen, and *Edling*', 47–8.

61. *Geiriadur Prifysgol Cymru*, II, 1651, s.n. *gwestfa*.
62. Williams a Powell (goln.), *Llyfr Blegywryd*, 67; Charles-Edwards, *Early Irish and Welsh Kinship*, 369–83.
63. Charles-Edwards, *Early Irish and Welsh Kinship*, 370–1.
64. Williams *et al.* (goln.), *Gwaith Meilyr Brydydd a'i Ddisgynyddion*, 156, ll. 106.
65. Ar *dylyu*, 'bod â hawl, teilyngu', &c., yn y llyfrau cyfraith, gweler Williams a Powell (goln.), *Llyfr Blegywryd*, 9, *et passim*; Wiliam (gol.), *Llyfr Iorwerth*, 4, *et passim*; a'r drafodaeth yn Jenkins, *The Law of Hywel Dda*, 339–40.
66. Jones a Jones (goln.), *Gwaith Llywarch ap Llywelyn*, 301, 302, llau. 1–2.
67. Ann Parry Owen, 'Canu Arwyrain Beirdd y Tywysogion', yn J. E. Caerwyn Williams (gol.), *Ysgrifau Beirniadol XXIV* (Dinbych, 1998), 44–59.
68. Morfydd E. Owen, 'Noddwyr a Beirdd', yn Morfydd E. Owen a Brynley F. Roberts (goln.), *Beirdd a Thywysogion: Barddoniaeth Llys yng Nghymru, Iwerddon a'r Alban* (Caerdydd, 1996), 92–4.
69. Feer a Jones, 'A Poet and His Patrons', 140–1; T. M. Charles-Edwards a Nerys Ann Jones, '*Breintiau Gwŷr Powys*: The Liberties of the Men of Powys', yn Charles-Edwards *et al.* (goln.), *The Welsh King and His Court*, 195–6, 201.
70. Owen, 'Canu Arwyrain Beirdd y Tywysogion', 54.
71. Jones a Jones (goln.), *Gwaith Llywarch ap Llywelyn*, 301, 302, ll. 7.
72. Ibid., 301, 302, llau. 13–14, 18.
73. Smith, 'Magna Carta and the Charters of the Welsh Princes', 346.
74. Jones (gol.), *Brut y Tywysogyon: Peniarth Ms. 20*, 182–3, 186–7; Jones (gol.), *Brut y Tywysogyon . . . Red Book of Hergest Version*, 220, 224.
75. Maund, *The Welsh Kings*, 124. Ar ei swyddogaethau, gweler Sean Davies, *Welsh Military Institutions, 633–1283* (Cardiff, 2004), 14–49; A. D. Carr, '*Teulu* and *Penteulu*', yn Charles-Edwards *et al.* (goln.), *The Welsh King and His Court*, 63–81. Cofier sylw Thomas Charles-Edwards (yn ei bennod 'Food, Drink and Clothing in the Laws of the Court', ibid., 324): 'the *penteulu* might have been the heir-apparent, but had, in the event, been excluded from the succession'.
76. Pryce (gol.), *The Acts of Welsh Rulers*, 448–51.
77. Jones (gol.), *Brut y Tywysogyon: Peniarth Ms. 20*, 194; Jones (gol.), *Brut y Tywysogyon . . . Red Book of Hergest Version*, 232. Croniclydd Abaty Sant Werburg yng Nghaer sy'n enwi Degannwy; gweler R. C. Christie (gol.), *Annales Cestrienses; or, Chronicle of the Abbey of S. Werberg, at Chester*, Record Society of Lancashire and Cheshire, 14 (London, 1887), 54.
78. Smith, *Llywelyn ap Gruffudd*, 14.

79. Gweler golygiad Gruffydd Aled Williams yn N. G. Costigan *et al.* (goln.), *Gwaith Dafydd Benfras ac Eraill o Feirdd Hanner Cyntaf y Drydedd Ganrif ar Ddeg* (Caerdydd, 1995), 347–59.
80. Roedd Cyfnerth ap Morgenau, a roddodd ei enw i un arall o'r testunau cyfraith, yn gefnder i daid y bardd; gweler Dafydd Jenkins, 'Iorwerth ap Madog', *Cylchgrawn Llyfrgell Genedlaethol Cymru*, 8 (1953–4), 164–70; Dafydd Jenkins, 'A Family of Medieval Welsh Lawyers', yn *Celtic Law Papers* (Bruxelles, 1973), 123–33. Ar Ystrwyth, gweler ymhellach Stephenson, *The Governance of Gwynedd*, 224–5.
81. Wiliam (gol.), *Llyfr Iorwerth*, 57: 'Keureyth eglues a dyweyt na dele un mab tref tat namen e mab hynaf e'r tat o'r wreyc pryaut. Keureyth Hewel a'e barn e'r mab yeuhaf megys e'r hynaf, ac a uarn na dotter pechaut e tat na'e agkeureyth en erbyn e mab am tref e tat'. Yn J. Gwenogvryn Evans (gol.), *Facsimile of the Chirk Codex of the Welsh Laws* (Llanbedrog, 1909), 62, y mae'r geiriad yr un fath ar wahân i'r cymal cyntaf: 'Y gyureyth a dywawt [llsgr. *dyly*] eylweyth . . .' ('Y gyfraith a ddywedodd ar achlysur arall . . .'). Fel y dadleuodd Pryce, *Native Law and the Church*, 98–100, y mae'n bosibl mai ordeinhad Llywelyn ym 1220 yw'r 'achlysur arall' hwn y cyfeirir ato; gweler hefyd ei gyfraniad, 'The Context and Purpose of the Earliest Welsh Lawbooks', *Cambrian Medieval Celtic Studies*, 39 (Haf 2000), 52–63. Ond golwg gondemniol a geir ar 'vastardaeth' yn englynion y 'gnodiau'; gweler Kenneth Jackson, *Early Welsh Gnomic Poems* (Cardiff, 1935), 27, ll. 1 (rwy'n ddiolchgar i Nicolas Jacobs am y cyfeiriad hwn).
82. Stacey, 'King, Queen, and *Edling*', 50–3.
83. Costigan *et al.* (goln.), *Gwaith Dafydd Benfras ac Eraill*, 351, ll. 9. Gweler hefyd sylwadau'r golygydd, ibid., 348; Jenkins, 'Iorwerth ap Madog', 170, n.10.
84. Costigan *et al.* (goln.), *Gwaith Dafydd Benfras ac Eraill*, 351, ll. 11.
85. Ibid., ll. 25. Mae'n bosibl mai cyfeirio at Trawley neu Trowley yn Llanbedr Castellpaen a wneir; gweler nodyn y golygydd (tt. 354–5).
86. Lloyd, *History of Wales*, II, 692.
87. Costigan *et al.* (goln.), *Gwaith Dafydd Benfras ac Eraill*, 351, 352, llau. 5–8.
88. Ibid., 347, 353.
89. Ibid., 351, ll. 22.
90. *Geiriadur Prifysgol Cymru*, IV, 3657, s.n. *twng*; Charles-Edwards, *Early Irish and Welsh Kinship*, 370–1, 377–8; Stephenson, *The Governance of Gwynedd*, 64, *et passim*.
91. Gweler Smith, 'Dynastic Succession', 216, sy'n cyfeirio at ddadl J. Goronwy Edwards mai'r cwmwd oedd uned sofraniaeth yng Nghymru, a bod meddiant o gwmwd yn dwyn hawliau brenhinol yn ei sgil.
92. Costigan *et al.* (goln.), *Gwaith Dafydd Benfras ac Eraill*, 40, llau. 1–4.
93. Wiliam (gol.), *Llyfr Iorwerth*, 23, 58; Dafydd Jenkins (gol.), *Llyfr Colan* (Caerdydd, 1963), 38 ('argluyd byeu'); Aneurin Owen (gol.), *Ancient Laws and Institutes of Wales*, 2 gyfrol (London, 1841), II, 52, 258. Rwyf yn ddiolchgar i'r Athro Huw Pryce am ei arweiniad gyda'r dystiolaeth hon.
94. Llinos Beverley Smith, 'The *Gravamina* of the Community of Gwynedd Against Llywelyn ap Gruffudd', *Buletin y Bwrdd Gwybodau Celtaidd*, 31 (1984), 168–9, 175; Pryce, *Native Law and the Church*, 245; Pryce (gol.), *The Acts of Welsh Rulers*, 514.

95. Anodd cynnig dyddiad pendant i'r englynion hyn. Defnyddir y gair *gwas* ('llencyn') ynddynt ddwywaith i ddisgrifio'r gwrthrych, a chynigiwyd gan yr awdur presennol yn Costigan *et al.* (goln.), *Gwaith Dafydd Benfras ac Eraill*, 36, iddynt gael eu canu 'pan oedd Gruffudd yn ŵr lled ifanc', rhwng 1215 a 1220 efallai. Ond cofier fel y geilw Gruffudd ab yr Ynad Coch Lywelyn ap Gruffudd yn *was* yn ei farwnad enwog iddo (roedd Llywelyn ymhell yn ei bumdegau pan fu farw); gweler Andrews *et al.* (goln.), *Gwaith Bleddyn Fardd*, 423, llau. 12 a 43. Mae dyddiad ar ôl 1220 yn fwy cyson â'r disgrifiad o Ruffudd fel arglwydd a chanddo hawl i drysorau o'r môr.
96. J. Lloyd-Jones, 'Gwrthrych, Gwrthrychiad', *Bwletin y Bwrdd Gwybodau Celtaidd*, 11 (1941–4), 120–2; J. Lloyd-Jones, *Geirfa Barddoniaeth Gynnar Gymraeg*, 2 gyfrol (Caerdydd, 1931–63), II, 719; *Geiriadur Prifysgol Cymru*, II, 1732–3, s.n. *gwrthrych* a *gwrthrychaf*.
97. Paris, *Chronica Majora*, III, 385.
98. Jones (gol.), *Brut y Tywysogyon: Peniarth Ms. 20*, 197; Jones (gol.), *Brut y Tywysogyon . . . Red Book of Hergest Version*, 234.
99. Paris, *Chronica Majora*, IV, 8, 47–8. Dilyn cronoleg y *Brut* a wna Lloyd, *History of Wales*, II, 693; gweler Jones (gol.), *Brut y Tywysogyon: Peniarth Ms. 20*, 197; Jones (gol.), *Brut y Tywysogyon . . . Red Book of Hergest Version*, 234–6. Ceir dadl gref dros dderbyn tystiolaeth Paris yn Williams, 'The Succession to Gwynedd 1238–47', 393–413.
100. Williams, 'The Succession to Gwynedd 1238–47', 401–8; Pryce (gol.), *The Acts of Welsh Rulers*, 457–60.
101. Pryce (gol.), *The Acts of Welsh Rulers*, 466–72; Davies, *Conquest, Coexistence, and Change*, 301; Smith, *Llywelyn ap Gruffudd*, 32–6.
102. Smith, *Llywelyn ap Gruffudd*, 39–40.
103. Ym Mehefin 1245 rhoddodd Henri elusen i'r tlawd (62*s.* 8*d.*) er cadwedigaeth enaid Gruffudd; *Calendar of the Liberate Rolls Preserved in the Public Record Office* (London 1917–), II, 306. Trwy ymdrechion abadau Aberconwy ac Ystrad Fflur y daethpwyd â'i weddillion yn ôl i Gymru; Jones (gol.), *Brut y Tywysogyon: Peniarth Ms. 20*, 204; Jones (gol.), *Brut y Tywysogyon . . . Red Book of Hergest Version*, 242.
104. Paris, *Chronica Majora*, IV, 8, 148. Er mai gwahanol yw ei gronoleg, sonia'r *Brut* am Ddafydd yn dal Gruffudd 'drwy torri y lw'; gweler Jones (gol.), *Brut y Tywysogyon: Peniarth Ms. 20*, 197; Jones (gol.), *Brut y Tywysogyon . . . Red Book of Hergest Version*, 234–6.
105. Yn ôl Syr John bu ymdderu cyhoeddus rhyngddynt a Dafydd ap Llywelyn ym Mhwllheli ('the Prince told them they were too strong to be subjects . . . they answered that he was rather too weak to be a prince'); gweler J. Gwynfor Jones (gol.), *History of the Gwydir Family and Memoirs* (Llandysul, 1990), 10.
106. Pryce (gol.), *The Acts of Welsh Rulers*, 490–1; Stephenson, *The Governance of Gwynedd*, 229–32; Smith, *Llywelyn ap Gruffudd*, 40–7.
107. Costigan *et al.* (goln.), *Gwaith Dafydd Benfras ac Eraill*, 456, ll. 79.
108. Ibid., 456, 459, llau. 64–9. Noda'r eirfa (ibid., 556) mai cyfeirio at Lywelyn ab Iorwerth a wneir. Ond annhebygol hynny ac yntau yn ei fedd er 1240.

109. Cymharer sylwadau J. Beverley Smith, 'Gwlad ac Arglwydd', yn Owen a Roberts (goln.), *Beirdd a Thywysogion*, 239. Gogleisiol hefyd yw'r defnydd o *ymguddio* yn llinellau clo'r awdl; Costigan *et al.* (goln.), *Gwaith Dafydd Benfras ac Eraill*, 457, llau. 119–22. Mae'r bardd yn dannod i'w wrandawyr eu bod yn 'ymguddio'; ond er eu bod hwy oll yn ymguddio ('Cyd ymguddioch-chwi oll' . . . 'Cyd ymguddio pawb'), ni all ef ymguddio yn llechwraidd ('dan llaw') yn achos y gwaith o ganu ei farwnad i Ruffudd. Ai rhai megis Einion ap Caradog a Gruffudd ap Caradog, a oedd wedi ffoi o grafangau Dafydd ap Llywelyn ac a oedd yn 'ymguddio' yn Nyffryn Clwyd, a gyferchir yma? Onid anogaeth anuniongyrchol y bardd yw iddynt ymwroli a dod allan o'u cuddfannau?

110. M. Richter, 'David ap Llywelyn, The First Prince of Wales', *Welsh History Review/ Cylchgrawn Hanes Cymru*, 5 (1970–1), 208–19; Pryce (gol.), *The Acts of Welsh Rulers*, 78, 479–80.

111. Jones (gol.), *Brut y Tywysogyon: Peniarth Ms. 20*, 201; Jones (gol.), *Brut y Tywysogyon . . . Red Book of Hergest Version*, 238; Smith, *Llywelyn ap Gruffudd*, 53–4.

112. Costigan *et al.* (goln.), *Gwaith Dafydd Benfras ac Eraill*, 74–87.

113. Lynch, 'Court Poetry, Power and Politics', 187, n.96; Charles-Edwards a Jones, 'Breintiau Gwŷr Powys', 195.

114. Rhian M. Andrews, 'Cerddi Bygwth a Dadolwch Beirdd y Tywysogion', *Studia Celtica*, 41 (i ymddangos). Rwyf yn dra diolchgar i Dr Andrews am anfon copi teipysgrif o'i herthygl ataf.

115. Yn yr englyn olaf, Costigan *et al.* (goln.), *Gwaith Dafydd Benfras ac Eraill*, 81, llau. 41–4, anogir Dafydd i gadw mewn cof fel y rhoddir lloches i bob *eddëin* (sef pob un 'digyfran, dieithr, estron, didoledig') ar Ddydd y Farn. Mae ergyd y cyngor yn amlwg: felly hefyd y mae'r bardd yn disgwyl cael lloches gan Ddafydd yn y presennol. Er y byddai'r cyfeiriad hwn yn dra phriodol mewn unrhyw gerdd ddadolwch, awgrymwyd yn y golygiad o'r gerdd (ibid., 86–7) y gall fod arwyddocâd i'r gair *eddëin* o gofio am y rhai hynny a ffodd neu a yrrwyd o Wynedd Uwch Conwy ym 1240, a'i bod yn ddichonadwy fod Einion yn eu plith. Am yr ystyr 'outcast' i *eddëin*, a weddai'n dda yn y fath gyd-destun, gweler Jenny Rowland, *Early Welsh Saga Poetry: A Study and Edition of the Englynion* (Cambridge, 1990), 452, 499, 628.

116. Costigan *et al.* (goln.), *Gwaith Dafydd Benfras ac Eraill*, 446, 447.

117. Ibid., 373, 443; Y Chwaer Bosco Costigan, 'Cerdd Foliant Dafydd Benfras i Ddafydd ap Llywelyn a'i Chefndir', yn J. E. Caerwyn Williams (gol.), *Ysgrifau Beirniadol XX* (Dinbych, 1995), 111–12.

118. Gelwir Dafydd yn 'llyw Dinorweg' ('arglwydd Dinorwig'); Costigan *et al.* (goln.), *Gwaith Dafydd Benfras ac Eraill*, 446, ll. 13, a'r nodyn (t. 448). Efallai fod hynny'n awgrymu bod y gerdd yn perthyn i'r cyfnod cyn iddo etifeddu'r goron ym 1240.

119. Arno, gweler Stephenson, *The Governance of Gwynedd*, 214–15.

120. Yn ôl yr un traddodiad, yn ei gwmni ef y daeth y cyndad tylwythol Osborn Wyddel i Gymru; gweler Dwnn, *Heraldic Visitations of Wales*, II, 101, n.7. Ond ceir mwy nag un fersiwn ar y traddodiad, fel y dengys sylwadau Patrick Sims-Williams, 'Cú Chulainn in Wales: Welsh Sources for Irish Onomastics', *Celtica*, 21 (1990), 629–31.

121. Costigan *et al.* (goln.), *Gwaith Dafydd Benfras ac Eraill*, 418, ll. 24.

122. Stephenson, *The Governance of Gwynedd*, 104–5; Smith, 'Gwlad ac Arglwydd', 239; Smith, *Llywelyn ap Gruffudd*, 45.
123. Bu noddi helaeth ar y beirdd yn Lleweni o ddiwedd y 15g. ymlaen, fel y dengys astudiaeth John Rowlands, 'A Critical Edition and Study of the Welsh Poems Written in Praise of the Salusburies of Llyweni'; traethawd DPhil Prifysgol Rhydychen, 1967–8. Ar hanes cynnar y teulu, gweler W. J. Smith (gol.), *Calendar of Salusbury Correspondence, 1553–circa 1700* (Cardiff, 1954), 1–7; hefyd J. E. Lloyd *et al.* (goln.), *Y Bywgraffiadur Cymreig Hyd 1940* (Llundain, 1953), 844–5. Rhestrir plant Thomas Salisbury 'Hen' yn Peter C. Bartrum, *Welsh Genealogies AD 1400–1500*, 18 cyfrol (Aberystwyth, 1983), IX, 1569 ('Salesbury 1').
124. Rowlands, 'A Critical Edition', 124, llau. 1–14. Argraffwyd y testun hefyd yn Thomas Roberts (gol.), *Gwaith Dafydd ab Edmwnd* (Bangor, 1914), 85, llau. 1–14. Wrth baratoi'r testun, ni bu modd i'r Athro Rowlands, fwy na Thomas Roberts, fanteisio ar yr holl ffynonellau llawysgrifol (ail hanner yr 16g.–18g.) a restrir bellach ym 'Maldwyn', 'Y Mynegai Cyfrifiadurol i Farddoniaeth Gymraeg y Llawysgrifau' (9 Mawrth 2007); <http://maldwyn.llgc.org.uk>. Digwydd y cywydd yn weddol gyflawn mewn ugain o lawysgrifau, a'r cwpled agoriadol yn unig yn Llsgr. Peniarth 221. O ymgynghori â'r llawysgrifau hyn, cafwyd bod testun yr Athro Rowlands yn parhau'n gwbl ddibynadwy, ac, fel y dengys ef, yr unig amrywiadau arwyddocaol yw *y mab a'i blas* (ll. 3) ac *iôr lliwlwyd* (ll. 7).
125. Y ddwy dalaith arall oedd Mathrafal a Dinefwr; gweler D. J. Bowen, 'Taleithiau'r Gwŷr wrth Gerdd', *Llên Cymru*, 17 (1992–3), 139–42.
126. Ar wahân i 'afiach' (yr ystyr gysefin), cofier hefyd y gall *claf* olygu 'gwahanglwyfus' a 'clafrllyd'; gweler *Geiriadur Prifysgol Cymru*, I, 487, s.n. *claf*; Nicolas Jacobs, 'Clefyd Abercuog', *Bwletin y Bwrdd Gwybodau Celtaidd*, 39 (1992), 56–70. Rwyf yn ddiolchgar i'r golygydd am yr awgrym hwn.
127. Llsgr. BL Addl. 14866, 62[v]; ymhellach ar y llsgr., gweler J. Gwenogvryn Evans, *Report on Manuscripts in the Welsh Language*, 2 gyfrol (London, 1898–1910), II, 1022–38. Y mae'n bosibl fod nodyn esboniadol hefyd yn Llsgr. Bangor (Mostyn) 5, 94[r], yn llaw gynnar Thomas Wiliems (1545/46–1622) o Drefriw, ond yn sgil traul ar y llawysgrif amhosibl bellach yw ei ddarllen.
128. Roberts (gol.), *Gwaith Dafydd ab Edmwnd*, 156. Â'r ansoddair *lliwlwyd*, cymharer 'Llywelyn llwyd' yng nghywydd dychan Llywelyn ap Gutun i Ddeon Bangor, lle cyfeirir at y traddodiad ddarfod i Lywelyn ap Gruffudd gael ei fradychu gan Fadog Min; gweler Rolant, 'Cerddi Beirdd yr Uchelwyr', 110, ll. 5 (cerdd XII).
129. T. Jones Pierce, 'Aber Gwyn Gregin', *Trafodion Cymdeithas Hanes Sir Gaernarfon*, 23 (1962), 37–43.
130. Christie (gol.), *Annales Cestrienses*, 64; Jones (gol.), *Brut y Tywysogyon: Peniarth Ms. 20*, 201; Jones (gol.), *Brut y Tywysogyon . . . Red Book of Hergest Version*, 238–40. Bu farw Dafydd ab Owain mewn alltudiaeth yn Lloegr, fel y dengys Lloyd, *History of Wales*, II, 589–90. Y mae tynged erchyll Dafydd ap Gruffudd yn Amwythig ym 1283 yn dra hysbys; gweler Smith, *Llywelyn ap Gruffudd*, 578–9.
131. Ond ni ddylid diystyru'r posibilrwydd mai at Lywelyn ab Iorwerth y cyfeirir.
132. Rolant, 'Cerddi Beirdd yr Uchelwyr', 137–8.

133. J. E. Caerwyn Williams, *Traddodiad Llenyddol Iwerddon* (Caerdydd, 1958), 147. Ar ddychan yn Iwerddon yn gyffredinol, gweler cyfraniad Robin Chapman Stacey yn John T. Koch (gol.), *Celtic Culture: A Historical Encyclopedia*, 5 cyfrol (Santa Barbara, CA, 2006), IV, 1560–6, a'r cyfeiriadau a nodir yno.
134. Thomas Parry (gol.), *Gwaith Dafydd ap Gwilym* (Caerdydd, 1952), lxix–lxx, 60–3; N. G. Costigan *et al.* (goln.), *Gwaith Gruffudd ap Dafydd ap Tudur, Gwilym Ddu o Arfon, Trahaearn Brydydd Mawr ac Iorwerth Beli* (Aberystwyth, 1995), 108. Am draddodiad cyffelyb a gofnodwyd yn niwedd y 18g., gweler J. E. Caerwyn Williams, 'Beirdd y Tywysogion: Arolwg', *Llên Cymru*, 11 (1970–1), 62–3.
135. Gweler Dafydd Johnston, *Llên yr Uchelwyr* (Caerdydd, 2005), 375–400, a'r cyfeiriadau a nodir yno. Barna Jenny Rowland, 'Genres', yn Brynley F. Roberts (gol.), *Early Welsh Poetry: Studies in the Book of Aneirin* (Aberystwyth, 1988), 179–80, fod dychan yn ddiau yn cael ei gyfansoddi yng nghyfnod yr Hengerdd, a chlyw adlais yn y canu englynol; gweler ymhellach Rowland, *Early Welsh Saga Poetry*, 302–3.
136. Roedd llunio cerddi mawl a dychan yn rhan o'i swyddogaeth yn ôl Diodorus Siculus (*fl. c.*60–*c.*30 CC); gweler John T. Koch a John Carey (goln.), *The Celtic Heroic Age: Literary Sources for Ancient Celtic Europe & Early Ireland & Wales* (Aberystwyth, 2001), 13.
137. Am ymdriniaethau, gweler Catherine McKenna, 'Bygwth a Dychan Mewn Barddoniaeth Llys Gymraeg', yn Owen a Roberts (goln.), *Beirdd a Thywysogion*, 108–21; Feer a Jones, 'A Poet and His Patrons', 137–8, 153–5; Andrews, 'Cerddi Bygwth a Dadolwch Beirdd y Tywysogion' (i ymddangos).
138. Jones a Jones (goln.), *Gwaith Llywarch ap Llywelyn*, 27, llau. 15–16.
139. Ibid., 80, llau. 19–20.
140. McKenna, 'Bygwth a Dychan', 112–13.
141. Bramley *et al.* (goln.), *Gwaith Llywelyn Fardd I ac Eraill*, 339–45. Ansicr yw ergyd y gair *Brochfaeliaid* (gweler ibid., 344–5), ond nid yw difenwi gyda gair megis *brychfoelion*, 'ysmotiog a moel', yn anghyson â'r hyn a geir yng nghanu dychan y 14g. Y mae'r bardd hefyd yn dannod mai 'Brython anghristiawn' ('Brython anghristnogol') yw Dafydd a Rhodri, sef cyfeiriad at y ffaith eu bod yn ffrwyth yr uniad annilys yng ngolwg yr Eglwys rhwng Owain Gwynedd a'i gyfnither Cristin; gweler Lloyd, *History of Wales*, II, 522. Caiff Dafydd ei enwi yn yr englyn olaf a'i alw'n ŵr *enwir* ('drwg, anfad, anghyfiawn'). Yn ei gerdd i fygwth Gruffudd ap Cynan, y mae Prydydd y Moch yn uniaethu dychanu â lledaenu *cabl* 'anfri'; gweler Jones a Jones (goln.), *Gwaith Llywarch ap Llywelyn*, 80, llau. 10 a 24. Ceir enghraifft eglur o hynny yng ngherdd Peryf.
142. Rolant, 'Cerddi Beirdd yr Uchelwyr', 138.
143. Yng nghywydd Gruffudd Hiraethog (m. 1564) i Siôn Gruffudd o Lwynglynnau gerllaw Caerwys, crybwyllir 'croes naid' tywysogion Gwynedd mewn perthynas â Maesmynan; gweler D. J. Bowen (gol.), *Gwaith Gruffudd Hiraethog* (Caerdydd, 1990), 62, llau. 1–4. Cymharer y cyfeiriad at *dywysawg* yng nghywydd marwnad Morys Parry i Siôn Mostyn o Faesmynan: 'Dewisodd lle bu dwysawg/Vnwedd rhoes i annedd rhawg'; Llsgr. Mostyn 96, 35. Sonia llawysgrif o ddiwedd y 16g. am 'the court of a prince' mewn perthynas â Maesmynan; gweler Edward Owen (gol.), *Catalogue of*

Manuscripts Relating to Wales in the British Museum, 4 cyfrol (Cymmrodorion Record Series, London, 1900–22), II, 152. Mae 'Maes-mynan Hall' (SJ 117721) gerllaw priffordd yr A541 nid nepell o Fodfari. Haerai Thomas Pennant (1726–98) fod sylfeini llys y tywysogion i'w gweld mewn cae cyfagos 'till within these few years'; Thomas Pennant, *Tours in Wales*, gol. John Rhŷs, 3 cyfrol (Caernarfon, 1883), II, 189. Gweler hefyd *An Inventory of the Ancient Monuments in Wales and Monmouthshire: IV, County of Denbigh* (London, 1914), 10–11. Ond nid oes unrhyw sail i'r dybiaeth mai mwnt o'r Oesoedd Canol oedd y bryncyn a oedd gerllaw ac a ddinistriwyd bellach o ganlyniad i gloddio am raean; gweler P. Drewett, 'The Excavation of a Bronze Age Burial in a Natural Mound at Maesmynan, Denbighshire, 1969', *Bwletin y Bwrdd Gwybodau Celtaidd*, 23 (1968–70), 411–13. Cyfeiria Angharad Llwyd, *History of the Island of Mona, or Anglesey* (Ruthin, 1833), 115, 311–12, at y ffaith fod cist ac ynddi freichledau a thorchau aur wedi ei darganfod mewn coedwig y tu cefn i Faesmynan, ac aeth ati i haeru mai gweddillion regalia tywysogion Gwynedd oeddynt. Am farn ddiogelach ar y darganfyddiad hwn, gweler Ellis Davies, *The Prehistoric and Roman Remains of Flintshire* (Cardiff, 1949), 431–3. Ceid cysylltiad rhwng tywysogion Gwynedd a'r ardal. Roedd trefgordd Maesmynan (neu Blorant) ym mhlwyf Aberchwiler, a oedd yn un o'r maenorau a roddodd Llywelyn ab Iorwerth i'w ferch Gwenllian, sef modryb Llywelyn ap Gruffudd, ar ei phriodas *c*.1222–3 â William de Lacy. Daeth hi ag achos ym 1241 yn erbyn Dafydd ap Llywelyn, ei hanner brawd, er mwyn adfer y maenorau hyn i'w meddiant; gweler Pryce (gol.), *The Acts of Welsh Rulers*, 412; Lloyd, 'Who Was Gwenllian de Lacy?', 292–8; Melville Richards, *Welsh Administrative and Territorial Units* (Cardiff, 1969), 151.

144. Alexander Nicol (gol.), *Curia Regis Rolls of the Reign of Henry III* (London, 1991), XVII, 26.
145. Ibid., 61–2: 'Et David venit et dicit quod nullo modo potuit tunc venisse quia pocionatus [*sic*] fuit veneno, ita quod capilli sui ceciderunt de capite et ungwes de manibus et pedibus suis'. Gweler hefyd Smith, *Llywelyn ap Gruffudd*, 50–1.
146. Cyfeiria'r *Brut* at ddau reolwr Cymreig a wenwynwyd yn y 10g., sef Cadell fab Arthfael (m. 942) a Chyngen fab Elisedd (m. 945); gweler Jones (gol.), *Brut y Tywysogyon: Peniarth Ms. 20*, 8; Jones, *Brut y Tywysogyon . . . Red Book of Hergest Version*, 12. Cofnododd Rhigyfarch draddodiad am gynllwyn i wenwyno Dewi Sant; gweler D. Simon Evans (gol.), *Buched Dewi* (Caerdydd, 1965), 10–12 (y mae'n ddiddorol nodi i'r ast y rhoddwyd y bara iddi farw a cholli ei blew oll!). Yn ôl cyfraith Hywel, roedd darparu gwenwyn yn drosedd a allai deilyngu'r gosb eithaf; gweler Jenkins, *Cyfraith Hywel*, 62. Haera Matthew Paris, *Chronica Majora*, III, 394, fod Helen, merch Llywelyn ab Iorwerth, wedi gwenwyno ei gŵr, John, iarll Caer, ym 1237. Ceir cyfoeth o wybodaeth am wenwyno yn yr Oesoedd Canol yng nghyfrol Franck Collard, *Le Crime de Poison au Moyen Âge* (Paris, 2003).
147. Paris, *Chronica Majora*, V, 704–5.
148. Matthew a Harrison (goln.), *The Oxford Dictionary of National Biography*, XI, 763, s.n. Richard de Clare (cofnod gan Michael Altschul); Michael Altschul, *A Baronial Family in Medieval England: The Clares, 1217–1314* (Baltimore, 1965), 32, 83; R. F.

Treharne, *The Baronial Plan of Reform, 1258–1263* (Manchester, 1932), 80–1; Michael Prestwick, *Edward I* (London, 1988), 27.

149. Mae cynnwys y paragraff hwn yn seiliedig ar y gweithiau a ganlyn: Maria K. Hordinsky, 'Alopecia Areata', yn Elise A. Olsen (gol.), *Disorders of Hair Growth* (New York, 2003), 239–69; A. G. Messenger ac N. B. Simpson, 'Alopecia Areata', yn Rodney Dawber (gol.), *Diseases of the Hair and Scalp* (Oxford, 1997), 338–69; Maria K. Hordinsky *et al.* (goln.), *Atlas of Hair and Nails* (Philadelphia, 2000), 52, 99–103, 234–5; D. A. R. de Berker *et al.*, 'Alopecia Areata', yn R. Baran *et al.* (goln.), *Baran and Dawber's Diseases of the Nails and their Management* (Oxford, 2001), 210–14; Vinod K. Sharma *et al.*, 'Profile of Alopecia Areata in Northern India', *International Journal of Dermatology*, 35 (1996), 22–7.

150. Richard Ireland, 'Medicine, Necromancy and the Law: Aspects of Medieval Poisoning', *The Cambrian Law Review*, 18 (1987), 52–61; Richard Ireland, 'Chaucer's Toxicology', *The Chaucer Review*, 29 (1994), 74–92.

151. Cymharer sylwadau McKenna, 'Bygwth a Dychan', 116.

152. Bart Jaski, *Early Irish Kingship and Succession* (Dublin, 2000), 82–7, 279.

153. Llwyd, *Cronica Walliae*, 167; cymharer Jones (gol.), *History of the Gwydir Family*, 3.

154. Paris, *Chronica Majora*, IV, 487, 517–18.

155. Costigan *et al.* (goln.), *Gwaith Dafydd Benfras ac Eraill*, 472, llau. 57, 77–8; 471, ll. 31; 472, ll. 80.

156. Ibid., 472, ll. 75.

157. Smith, *Llywelyn ap Gruffudd*, 45.

158. Costigan *et al.* (goln.), *Gwaith Dafydd Benfras ac Eraill*, 484, ll. 33.

Llythyr Serch o Fôn i Geredigion: Awdl Fawl Dafydd ap Gwilym i Ieuan Llwyd o Enau'r Glyn

R. Geraint Gruffydd

Ac yntau'i hun yn fardd mawr, yn ogystal â bod yn hanesydd a beirniad llenyddol hynod eang ei ddiddordebau a threiddgar ei amgyffrediad, y mae'n naturiol—bron na ellir dweud, yn anorfod—fod yr Athro Emeritws Gwyn Thomas wedi'i ddenu i astudio gwaith Dafydd ap Gwilym, ond odid ein bardd mwyaf oll. Y mae ei gyfieithiad campus i'r Saesneg o holl gerddi Dafydd, *Dafydd ap Gwilym: His Poems* (2001), yn sicr yn cynrychioli cam bras ymlaen yn y gorchwyl o astudio a chloriannu cynnyrch artist geiriol a all yn rhwydd sefyll yn gyfysgwydd â'i gyfoeswr hŷn, Francesco Petrarca (1304–74), a'i gyfoeswr iau, Geoffrey Chaucer (*c*.1343–1400). Yr wyf yn hyderu y bydd y truth—a defnyddio un o hoff eiriau Gwyn—sy'n dilyn, ar awdl led gynnar o waith Dafydd, ar y naill law'n rhoi rhyw gymaint o bleser iddo, ac ar y llaw arall yn dyfnhau rhyw ychydig ar ein gwerthfawrogiad o gerdd o waith Dafydd na chafodd fawr o sylw hyd yn hyn.

Gymaint oedd camp Syr Thomas Parry yn ei olygiad arloesol a gorchestol, *Gwaith Dafydd ap Gwilym* (1952), fel y gellid tybio bod angen cyfiawnhau unrhyw ymgais i ailolygu unrhyw gerdd a fu trwy ei ddwylo ar gyfer y golygiad hwnnw. Eto i gyd, y mae'n amheus a fu unrhyw olygiad erioed yn gwbl derfynol, a gellir croesawu'n ddiamodol brosiect Pwyllgor Pwnc Astudiaethau Celtaidd Prifysgol Cymru i ailolygu'r holl weithiau dan gyfarwyddyd yr Athro Dafydd Johnston. Teimlais ers tro y gellid cywreinio peth ar olygiad *Gwaith Dafydd ap Gwilym* o'r awdl sy'n canlyn, ac y byddai'r cywreiniad, o bosibl, yn rhoi inni olwg newydd ar hynodrwydd yr awdl. Ond y gwir yw y byddai pob un bron o awdlau a chywyddau Dafydd ap Gwilym yn elwa o roi iddynt sylw manwl o'r fath, nid yn unig yn destunol ond hefyd yn ddeongliadol (gweler bellach y wefan <http://www.dafyddapgwilym.net>).

Awdl yw hon (*Gwaith Dafydd ap Gwilym*, rhif 14) i uchelwr o fro Dafydd ap Gwilym, Ieuan Llwyd ab Ieuan Fwyaf o Enau'r Glyn. Dyma'r unig awdl i uchelwr lleol a gadwyd inni o waith Dafydd, er iddo hefyd lunio awdl farwnad enwog i'r uchelwraig Angharad wraig Ieuan Llwyd ab Ieuan ap Gruffudd Foel o Lyn Aeron (*Gwaith Dafydd ap Gwilym*, rhif 16). Diolch i lafur Dr Peter Bartrum a'r Athro Ralph Griffiths, gallwn bellach leoli Ieuan Llwyd ab Ieuan Fwyaf beth yn sicrach nag a oedd yn bosibl i Syr Thomas ym 1952, o safbwynt achyddol ac o safbwynt cymdeithasol. O archwilio casgliadau Dr Bartrum, gellir gweld ei fod yn ddisgynnydd yn y chweched neu'r seithfed ach i Lawdden Hen, a sefydlodd yn y ddeuddegfed ganrif brif lwyth cantref Uwch Aeron yng ngogledd Ceredigion. Yr oedd gwraig gyntaf Ieuan Llwyd, na wyddys mo'i henw, yn orwyres i'r uchelwr tra phwerus Syr Gruffudd Llwyd o Ddinorwig, y bu iddo ryw ran yn ffurfiant fersiwn cyntaf gramadeg y beirdd;[1] yn ogystal, yr oedd Ieuan Llwyd ei hun yn perthyn o bell—cefnder i hendaid, a bod yn fanwl—i Dangwystl ferch Adda, gwraig y bardd pwysig Llywelyn Goch Amheurig Hen; ac yn olaf, yr oedd merch i gefnder arall iddo yn briod â Rhydderch ab Ieuan Llwyd o Barcrhydderch yng Nglyn Aeron, mab yr Angharad y canodd Dafydd ap Gwilym ei marwnad.[2] O safbwynt cymdeithasol, fel y disgwylid braidd ac ystyried ei ddisgynyddiaeth anrhydeddus, yr oedd Ieuan Llwyd yn amlwg yn un o'r uchelwyr a oedd yn codi yn y byd yn ystod y bedwaredd ganrif ar ddeg. Un ddangoseg i hyn yw'r ffaith iddo ddal amryw swyddi o gryn bwysigrwydd yn llywodraeth leol ei ran ef o Dywysogaeth y De—sef cantref Uwch Aeron—dros gyfnod o ugain mlynedd a mwy. Fel y dangosodd yr Athro Griffiths, yr oedd yn gwnstabl cwmwd Genau'r Glyn yn y flwyddyn weinyddol 1335–6, yn rhingyll cwmwd Perfedd ym 1344–5, 1346–7 a 1351–2 (ac efallai ym 1359–61 hefyd) ac yn fedl yr un cwmwd ym 1355–6.[3]

Yn anffodus, nid yw'r achau na'r cofnodion swyddogol yn datguddio ymhle yn union yr oedd Ieuan Llwyd yn byw, ac nid yw'r dwsin o lawysgrifau sy'n cynnwys yr awdl iddo yn cynnig dim help ychwaith. 'O Enau'r Glyn' (neu ryw ffurf gyfatebol) a geir mewn saith o'r dwsin, tra bo pedair yn dweud bod y gerdd wedi'i chanu i Ieuan (neu Ifan) o Fôn, gosodiad sy'n amlwg wedi'i seilio ar gamddarllen yr awdl; mewn un llawysgrif nid enwir y gwrthrych o gwbl.[4] Y mae'r cyfeiriad at '[d]raeth' (ll.

1) a '[th]ir breudraeth môr' (ll. 35) yn peri dyfalu a oedd gan Ieuan blasty rywle yn agos i lan y môr yng nghwmwd Genau'r Glyn—rhywle fel Gwallog (SN 591858), lle yr oedd ei gyfaill Goronwy ap Meilyr, yn ôl pob tebyg, yn byw. Fel y cofir, pan gyhuddwyd mab Goronwy ap Meilyr, sef Hywel, ym 1342 o ddwyn cwpan arian oddi ar Robin Nordd ddwy flynedd ynghynt, aeth ei dad, ynghyd ag Ieuan Llwyd a'r Bwa Bychan ac eraill, yn feichiau drosto.[5] O gofio bod cangen o deulu Ieuan Llwyd yn ddiweddarach yn trigiannu yn y Morfa Bychan, a leolir ar lan y môr ryw dair milltir i'r de o Aberystwyth, y mae'n demtasiwn awgrymu bod Ieuan ei hun eisoes yn byw yno; ond ym mhlwyf Llanychaearn yng nghwmwd Mefenydd y mae'r Morfa Bychan, ac awgrym Dafydd y Coed mewn awdl i Ruffudd ap Llywelyn ab Ieuan o'r Morfa Bychan—sef mab i gefnder i Ieuan Llwyd—yw mai Gruffudd oedd y cyntaf o'r teulu i symud i'r Morfa.[6] Erys un posibilrwydd egwan arall: y mae peth tystiolaeth fod Gogerddan yn perthyn i ddisgynyddion Llawdden cyn i'r ystad fynd yn eiddo trwy briodas i ŵyr Rhydderch ab Ieuan Llwyd o Lyn Aeron, ac nid yw'n gwbl amhosibl mai yno y trigai Ieuan Llwyd ab Ieuan Fwyaf pan ganwyd yr awdl hon iddo.[7] Nid yw Gogerddan ond rhyw filltir a hanner o gartref Dafydd ap Gwilym ym Mrogynin, ac y mae hefyd ar y ffin rhwng cymydau Genau'r Glyn a Pherfedd, a allai esbonio pam y gweithredai Ieuan fel swyddog yn y ddau gwmwd. Ond y mae Gogerddan gryn ddwy filltir a hanner o lan y môr yng Nghlarach, ac nid oes ronyn o dystiolaeth uniongyrchol i gysylltu Ieuan Llwyd â'r lle. Ar hyn o bryd, felly, gwell derbyn na wyddom ni ddim ymhle yn union yr oedd yn byw.

Y mae'n ymddangos mai yng nghartref noddwr i Ddafydd ap Gwilym ym Môn y lluniwyd yr awdl, a'i hanfon gyda negesydd i gartref Ieuan Llwyd yng Ngheredigion—neu o leiaf dyna ei *mise en scène*, fel petai. Er bod Dafydd ap Gwilym yn amlwg yn dra chyfarwydd â Môn, ni chadwyd ond un gerdd o'i waith a ganwyd i noddwr o'r ynys, sef awdl fawl i Hywel ap Goronwy, Deon Bangor erbyn *c*.1340 ac Esgob Bangor 1370–1 (*Gwaith Dafydd ap Gwilym*, rhif 15).[8] Awgrymir yn yr awdl hon (llau. 23–4, 44) fod gan Hywel blasty ym Môn yn ogystal â'i Ddeondy ym Mangor, ond ysywaeth ni wyddys ymhle (methais â dod o hyd i'r Deon yn achau Dr Bartrum). Y mae'r awdl iddo o leiaf mor ddiddorol â'r un i Ieuan Llwyd, ond rhaid peidio ag ildio i'r demtasiwn o ddechrau ei thrafod yma.

Cynnwys yr awdl i Ieuan Llwyd ddeuddeg o wawdodynnau byrion wedi'u canu'n unodl ('-aeth') ac wedi'u cynganeddu'n gyflawn, er bod tuedd gref ynddi tuag at gynganeddion pengoll, yn enwedig yn llinellau cyntaf y gwawdodynnau; gwnaed dadansoddiad manwl o'i chynghanedd gan y Dr T. D. Crawford.[9] Cynhelir cymeriad llythrennol yn 'N-' yn y pedwar gwawdodyn cyntaf, yn 'G-' yn y pedwar nesaf, ac yn 'D-' yn y pedwar olaf. Y mae cyrch-gymeriad rhwng 'Mai' yn y llinell gyntaf a 'mau' yn y llinell olaf, awgrym diddorol fod y ddau air eisoes yn cael eu hynganu'n debyg yn nhafodiaith Dafydd ap Gwilym. Yn yr ail wawdodyn y mae'r gwahaniaethau pennaf rhwng y testun sy'n dilyn ac eiddo Thomas Parry. Dewisodd ef ddarllen 'Neud' ar ddechrau llinellau 5 a 7, ond y mae'r pedair llawysgrif hynaf sy'n cynnwys yr awdl—yr unig rai sy'n perthyn yn glir i'r unfed ganrif ar bymtheg—i gyd yn darllen 'Nid' yn y llinellau hynny, a hwy a ddilynir yma. Ar y llaw arall, rhaid cyfaddef eu bod i gyd yn darllen 'Nid' ar ddechrau llinell 8 hefyd, ond fy mod i, gyda Syr Thomas, wedi dewis 'Neud' yno, ar y tir sigledig fod y llawysgrif hynaf oll wedi rhoi 'Neud' i ddechrau, ac yna wedi croesi'r darlleniad hwnnw allan a rhoi 'Nid' yn ei le.[10] O ddewis y darlleniadau hyn, y mae ergyd rhan gyntaf yr awdl yn newid yn llwyr. Nid cwyno am ei le ym Môn, a'i gyferbynnu â'r croeso a gâi yng Ngheredigion, y mae Dafydd, ond yn hytrach ganmol ei groeso ym Môn, ond addef serch hynny fod ei hiraeth am Ieuan yn ei lethu—ffordd lawer mwy effeithiol o ddatgan ei ymlyniad wrth ei noddwr.

   Mor awyddus yw Dafydd i fynegi ei deimladau cynnes tuag at Ieuan fel bod ei gerdd ar un olwg yn gyfuniad o awdl serch ac awdl foliant: hynny yw, gwna ddefnydd helaeth ynddi o gonfensiynau'r canu serch yn ogystal â rhai'r canu arwrol. Yr enghraifft fwyaf trawiadol o hyn yw ei bod yn agor â *Natureingang*—dathliad o ddeffroad byd natur yn y gwanwyn—sy'n nodwedd ar ganu serch canoloesol mewn llawer gwlad (ac nid canu serch yn unig, o ran hynny).[11] Yn agos i ddeugain mlynedd yn ôl, sylwodd Gwyn Thomas, ynghyd â'r Athro Emeritws D. J. Bowen a Mr Eurys Rowlands, ar gyfuno tebyg o ran confensiynau yng nghanu Dafydd ap Gwilym i Ifor Hael, a phriodoli i'r cyfuniad swyddogaeth bwysig yn natblygiad y cywydd mawl.[12] Os oes unrhyw goel i'w rhoi ar 'Fuchedd Dafydd', sef stori dybiedig ei garwriaeth â Morfudd, y tebyg yw fod awdl Ieuan Llwyd rai blynyddoedd yn gynharach na'r canu i Ifor Hael—a phe gwesgid arnaf, fe dueddwn i'w dyddio tua chanol tridegau'r bedwaredd ganrif ar ddeg, pan ymddengys Ieuan Llwyd gyntaf yn y cofnodion swyddogol ar gyfer Genau'r Glyn. O dderbyn hynny, byddai'r gerdd yn dystiolaeth fod yr ysfa waelodol i gyfuno elfennau anghydryw—ysfa a brofodd yn ffrwythlon anghyffredin o safbwynt cerdd dafod Gymraeg—yn bresennol yn *psyche* Dafydd o gyfnod cynnar yn ei yrfa farddol.

Yn llinell olaf yr awdl geilw Dafydd Ieuan Llwyd yn 'dadmaeth' iddo, ac yn gynharach (ll. 17), yr oedd wedi sôn am 'waly mabolaeth', sef 'digonedd llencyndod', fel un o'r elfennau yr oedd eu gweld (mewn atgof) yn ennyn hiraeth ynddo. Tybed a fu Dafydd yn ei fachgendod ar faeth gydag Ieuan Llwyd am gyfnod? Fe esboniai hynny'n burion gynhesrwydd teimladau'r bardd tuag at y noddwr. Ond y mae dwy ffaith sy'n peri amau hyn. Yn gyntaf, geilw Dafydd Ifor Hael yntau yn 'dadmaeth' (*Gwaith Dafydd ap Gwilym*, cerdd 11, ll. 5). Nid yw hyn yn debyg o fod yn llythrennol wir, ac os yn ffigurol y defnyddir y term am Ifor Hael, gall mai'n ffigurol hefyd y'i defnyddir am Ieuan Llwyd. Yn ail, yn ôl rhestrau Dr Bartrum, ganwyd Ieuan Llwyd a Dafydd ap Gwilym tua'r un adeg, sef 1330.[13] Y mae'r dyddiad hwn yn sicr yn rhy ddiweddar yn y ddau achos, ond rhyfygus yw diystyru casgliadau Dr Bartrum am berthynas y cenedlaethau â'i gilydd.

Yn dilyn rhoddir testun o'r awdl, gyda chynnig ar aralleiriad (gweddol lac) sy'n corffori'r darlleniadau newydd; atodir ychydig nodiadau cynnil. Prin fod angen imi ddweud imi elwa'n sylweddol ar gyfieithiad Gwyn Thomas yn *Dafydd ap Gwilym: His Poems*.

  Neud Mai, neud erfai adarfeirdd traeth,
  Neud manwyrdd coedydd, wŷdd wehyddiaeth,
  Neud meinwedn gan edn ganiadaeth—anawdd,
  Neud mi a'i heurawdd, neud mau hiraeth.

5 Nid er na chaffwyf, loywnwyf luniaeth,
  Newyddion roddion ym Môn, a maeth;
  Nid eisiau heiliau, hael wasanaeth—byd:
  Neud heb anwylyd, Tybion alaeth!

  Neud temlau, byrddau, beirdd ysgafaeth,
10 Neud teulu eirian teuluwriaeth;
  Namyn hyn, Duw gwyn, gweinidogaeth—serch:
  Nad am annerch merch mawrchwant neud gwaeth.

Na welaf Ieuan ddifan ddofaeth,
Na wŷl yntau fi, ri rywogaeth;
15 Neud af, anwylaf unoliaeth,—ataw:
Nid wyf hy hebddaw, ddifraw ddofraeth.

Gwyllt wyf tra gwelwyf gwaly mabolaeth,
Gwenwynwys ynof gwin wasanaeth,
Gwedy, gwydn y'm try treftadogaeth—braw
20 O gyhoedd wylaw gywyddoliaeth.

Gwyrddgae yw'r lle mae, mi a'i rhydraeth,
Gwarae o feddiant gwir ofyddiaeth,
Gwyndir cryf lle tyf tafarnwriaeth—hoed
A gwedr egin coed gwiw diriogaeth.

25 Gwelaf yn bennaf ei unbennaeth,
Gwalch o hil Lawdden, gweilch helyddiaeth;
Gwaredfeirdd ydyw gwirodfaeth—cerddawr:
Gwawr a garawdd awr y gerddwriaeth.

Gwas diog fyddaf i'm gwesteiaeth,
30 Gwastad erbyniad yw'r aur bennaeth,
Gwanwyn gwin ancwyn, ei uncaeth—fyddaf,
Gaeaf, cynhaeaf a haf hyfaeth.

Da cadwai awdur deg geidwadaeth,
Da a fyn im, gnawd diofn y'm gwnaeth;
35 Durgrwydr yw dôr brwydr ar dir breudraeth—môr,
Dôr difraw ragor, Deifr wrogaeth.

Difanol eiriol, arial pennaeth,
Di-fai, medd pob rhai, y rhydd luniaeth,
Dyfodiad, trwsiad, treisiaeth—a gynnail,
40 Defodau Huail, hail ehelaeth.

Di-bŵl, difygwl bendefigaeth,
Di-ball, dyn arall nid un wriaeth,

Di-fai, dôr erfai dewr arfaeth—drudchwyrn,
Difan eurdëyrn dwfn wrdaaeth.
45 Da fygylarf gwŷr, Lŷr filwriaeth,
Difygylodd fi, da fugeiliaeth!
Dwbled ym, rym rwymedigaeth,—llurig
Dyblyg, mad edmyg, yw'r mau dadmaeth!

ARALLEIRIAD

(Ni ddangosir y geiriau a roddir i mewn i gyflawni'r ystyr.)

Y mae'n fis Mai, y mae beirdd-adar y traeth yn orawenus,
Y mae tyfiant mân a gwyrdd ar y coedydd, sef gwehyddgrefft y goedwig,
Uchel a chryf gan aderyn yw ei gerddoriaeth anodd,
Myfi a anrhydeddodd hyn oll gynt, eiddof i yw hiraeth yn awr.

5 Nid yw hyn oherwydd na chaf, yn ddarpariaeth ddisglair ac eiddgar,
Roddion newydd ym Môn, ac ymborth yno;
Nid prinder gwleddoedd sy'n fy mhoeni, wedi'u gweini'n hael
    yn ôl arfer y byd:
Yr wyf heb f'anwylyd, a'm gofid megis hwnnw am Dybion!

Y mae pentyrrau o fwydydd, y mae byrddau, yn ysbail ar gyfer beirdd,
10 Y mae mintai hardd yn proffesu crefft y teuluwr;
Ond hyn sy'n fy mhoeni, Dduw sanctaidd, sef y rheidrwydd
    i wasanaethu serch:
Nid yw dyhead am ymddiddan â merch yn waeth na hyn.

Ni welaf Ieuan ddifrycheulyd ei fagwraeth,
Ni wêl ef fi, yr un o dras brenin;
15 Yr wyf ar fynd ato (dyma'r undeb cynhesaf):
Nid wyf yn hyderus ar wahân iddo, a'i gynhaliaeth ddibryder.

Yr wyf yn anhydrin tra gallaf ganfod eto ddigonedd llencyndod,
Trodd y weithred o weini gwin imi yn wenwyn ynof,
Wedi hynny, yn gyndyn y cyfyd ynof etifeddiaeth o arswyd
20 Drwy ganiadaeth a dry'n wylo agored.

Y mae ble bynnag y bo megis garlant werdd, haeraf hynny,
A difyrrwch yn codi o bŵer awen ddilys Ofydd,
Tir cadarn y fendith lle y ffynna lletygarwch sy'n ennyn hiraeth
Ac egin disglair coed y wlad hardd.

25 Yr wyf yn gweld ei arglwyddiaeth ef yn drechaf,
Arwr o hiliogaeth Llawdden, ac arwyr eraill yn brae iddo;
Y mae bod beirdd wedi'u hachlesu yn wledd feddwol i'r cerddor:
Y gŵr a garodd sain cerdd dafod a cherdd dant.

Diogyn fyddaf yn fy stad fel gwestai,
30 Croesawr cyson yw'r pennaeth anrhydeddus,
Drwy'r gwanwyn a'i wledd o win, byddaf yn unig gaethwas iddo,
A thrwy'r gaeaf a'r hydref a'r haf toreithiog.

Yn dda y mae'r gŵr wrth gerdd yn trin ei ystad deg,
Y mae'n mynnu gwneud daioni imi, yn fynych lleddfodd f'ofnau;
35 Mewn arfwisg o ddur rhwyllog y mae'r arweinydd mewn brwydr ar
        lawr y traeth hyfriw ger y môr,
Arweinydd eofn ei ragoriaeth, un sy'n hawlio gwrogaeth Saeson.

Un hael i ddeisyf arno, un o natur pendefig,
Yn gyflawn, medd pawb, y rhydd ef ymborth,
Y mae'n gofalu am deithio a gwisg ac urddas y sawl a ddêl ato,
40 Yn ôl arferion Huail, darpariaeth ardderchog.

Yr un y mae iddo oruchafiaeth lem ac eofn,
Un diatal, nid oes yr un dyn arall â'r un gwroldeb,
Un cyflawn, arweinydd gorfoleddus ac iddo amcan dewr a beiddgar
        a dygn,
Arglwydd anrhydeddus difrycheulyd ac iddo wehelyth urddasol.

45 Arf da yn codi ofn ar arwyr, un o fedr Llŷr wrth ymladd,
Gwnaeth fi i beidio ag ofni, dyna warchodaeth dda!
Siaced ledr i mi yn amddiffyn grymus, brestblad
Dwbl, hyfryd a chlodfawr, yw'r tad maeth sy'n eiddo i mi!

NODIADAU AR Y GERDD

Llinell
1 **Neud Mai**: Cymharer agoriad marwnad Dafydd Benfras i Lywelyn ab Iorwerth, Gruffudd ap Llywelyn a Dafydd ap Llywelyn; N. G. Costigan (Bosco) *et al.* (goln.), *Gwaith Dafydd Benfras ac Eraill o Feirdd Hanner Cyntaf y Drydedd Ganrif ar Ddeg* (Caerdydd, 1995), 480–90.
8 **Tybion**: Dyfaliad yw'r enw hwn ar sail darlleniadau'r llawysgrifau. Yn ôl traddodiad, dyma fab hynaf Cunedda Wledig, mab a fu farw ym Manaw Gododdin cyn i'w dad a'i frodyr fudo i Wynedd. Daeth mab Tybion, sef Meirion, i Wynedd yn lle ei dad, ac ef oedd tad Cynfelyn, nawddsant Llangynfelyn yng ngogledd Ceredigion; gweler P. C. Bartrum, *A Welsh Classical Dictionary* (Aberystwyth, 1993), 624–5, a chymharer Thomas Parry (gol.), *Gwaith Dafydd ap Gwilym* (Caerdydd, 1952), 307.
14 **ri rywogaeth**: Olrheiniai Llawdden Hen ei ach i Aleth frenin Dyfed; gweler P. C. Bartrum, *Welsh Genealogies AD 300–1400*, 8 cyfrol (Cardiff, 1974), I, 13 ('Aleth 1').
19–20 **Gwedy . . . gywyddoliaeth**: Petrus yw dehongliad y llinellau hyn, ond gweler D. J. Bowen, 'Nodiadau ar Waith Dafydd ap Gwilym', *Llên Cymru*, 7 (1962–3), 244–5.
27–8 **Gwaredfeirdd . . . gerddwriaeth**: Tra phetrus yw dehongliad y llinellau hyn.
31 **ei uncaeth**: Y pwynt yma yw na châi caethwas ymadael â thir ei arglwydd.
36 **Deifr**: Yr hen enw ar ran ddeheuol teyrnas Northumbria, ond a ddaeth i gynrychioli'r Saeson yn gyfan.
39 **Dyfodiad . . . a gynnail**: Petrus yw dehongliad y llinellau hyn.
40 **Huail**: Arwr chwedlonol, brawd i Gildas a gelyn i Arthur; gweler Bartrum, *A Welsh Classical Dictionary*, 368.
45 **Llŷr**: Llŷr Llediaith, arwr chwedlonol, tad Brân (Bendigeidfran), Manawydan a Branwen; gweler ibid., 421–2.

ATODIAD

Digwydd yr awdl yn y llawysgrifau canlynol:

A Bangor, Prifysgol Cymru, Bangor 6, 421–3: Owen Jones, 1768
B Prifysgol Cymru, Bangor 27414, 48–50: llaw anhysbys, diwedd yr 16g./ dechrau'r 17g. (*ex inf.* Mr Daniel Huws)
C Aberystwyth, Llyfrgell Genedlaethol Cymru, Bodewryd 1, 183–4: Wmffre Dafis, diwedd yr 16g./dechrau'r 17g.

D Llundain, y Llyfrgell Brydeinig Addl. 14870, 202–3: cynorthwyydd i Lewis Morris, canol y 18g.
E Y Llyfrgell Brydeinig Addl. 14967, ff. 36^v–37^r: llaw anhysbys, canol yr 16g.
F Caerdydd, Llyfrgell Ganolog Caerdydd 5.167, f. 74^v: cylch Richard Longford, c.1565
G Llyfrgell Genedlaethol Cymru, Cwrtmawr 381D, 34–6: John Williams 'Ioan Rhagfyr', 1783
H Llyfrgell Genedlaethol Cymru, Llansteffan 122, 125–7: Wiliam Bodwrda, c.1648
I Llyfrgell Genedlaethol Cymru 6209E, 226: William Jones, c.1700
J Llyfrgell Genedlaethol Cymru 17113E, f. 13^r: llaw anhysbys, canol yr 16g.
K Llyfrgell Genedlaethol Cymru 17114B, 250–1: llaw anhysbys, c.1560
L Llyfrgell Genedlaethol Cymru, Peniarth 240, 56–8: William Wynn o Langynhafal, canol y 18g.

Ceir manylion pellach am yr holl lawysgrifau hyn, ac eithrio B, yn Rhiannon Ifans (gol.), *Gwaith Gruffudd Llwyd a'r Llygliwiaid Eraill* (Aberystwyth, 2000), 345–55; ar B gweler '[Catalogue of] Bangor MSS: General Collection Vol. XIV' (cyfrol deipysgrif anghyhoeddedig, Prifysgol Cymru, Bangor, dim dyddiad).

Digwydd yr amrywiadau canlynol yn y llawysgrifau (rhestrir hwy fesul llinell, gan ddilyn orgraff y llawysgrif a nodir gyntaf ymhob achos):

1 AG iraeth [*am* traeth] B nev/ervai C nid mai nid erfai E neu er vai atar veirdd F evd mai nev ervai I Naid mai neud eurvai neud arfer ffraeth J Nevd mad ervai atarveirdd L at arfeirdd K nev ervai [*gyda* -d *wedi'i hychwanegu ar ôl* nev]
2 ADGH meinwyrdd Coedwyrdd . . . weuyddiaeth [DH weu yddiaeth] C nid manwydd . . . waethiaeth E weddia[ ] I manwydd . . . veddyddiaeth J wyd weddiaeth L weddïaeth [y.d. am *weyddiaeth*]
3 ADG hawdd B meinwedy/n/ gen/ edyn/ gamadaiaeth C nid meinwedn ganadv gyniadaeth EJ meinwedyn gen edyn ganiaeth Aneawdd [J aneawd] FK meinwedydn gen edyn ganiadai adaeth I meinwedyn gen edyn L meinwedyn gen edyn ganiaeth
4 B nev/mi/ai hevrawdd/nevd/mavihi[r]aeth C nid mi hevrawdd nid EFJKL nev mi FK hevrawd
5 ADH Neud er B chaffwy . . . lvmaeth C loiw nwyf EJ lownwyf F Nid na chaffwy lownwyf G Neud er na chafwyf K nachaffwy
6 B rodion/y/mon C rhoddion mon DEFIJK y mon FK rodion
7 ADGH neud
8 BC[D]EFHIJKL nid ADGH haelion B heibion C hybiwn EJL hybion F bion I hyboen K h-bion

9   BFK byddav C nid . . . wssanaeth J ys gavaeth
10 ADGH nid C nid tevlv eirian nid helwriaeth
11 E Nambu FK gwenedigaeth IJ namvn
12 ADGH ymanerch . . . nid gwaeth B an/ anerch . . . nevd gaeth C ai gwnaeth I mawrchwedl J annerch mowrchwant FK nevd gaeth
13 C dda faeth J wela
14 ACDFGHIK rhi rhywogaeth L rh rhywiogaeth
15 ADG nid af Anwylaf [ ] B anwylas /vn/ olieth C nid af . . . vn olaeth E [ ]f H nid
16 ADGH hyf
17 ADG tra'i . . . gwalyf B gwelwy C gwell wyf gwelwyf gwelv E tre [?] F tre . . . mablaeth H trai . . . gwalyf I tre . . . gael J tre K tre . . . mabolaeth [*ysgrifennwyd* mablaeth *i ddechrau ond ychwanegwyd* -o- *rhwng y* -b- *a'r* -l-]
18 BCEIJKL gwen/a/wys C yno F Gwen awys
19 ADGH gwedyf gwydn im tryf C gwedv ym try EL ym dry J gwely gwydyn ym dry
20 AG Gwyddoliaeth C gwywawdd o wylaw gwewydd oliaeth
21 ADGH Gwrddgae . . . llei BFK rrydraetha I rryddraeth
22 C y wir afiaeth DH Ofuddiaeth EI o vyddiaeth G ofeddiant . . . Ofyddiaith I gorau [J]
23 ADG [ ] cryf llei tyf Tafrnwriaeth B tavarnwiaith F tavarnwiaeth H Gwndir [y.d. Gwndir or Gwindir] I gwindyf L gwynder
24 ABCDEHIL gwydr G gwdr I eigion J gwydyr . . . gwyw
25 FK Gwaelaf
26 B llowdden G lowden
27 C g virodfaeth kerdd FG Gwared veirdd FK kerddwr I gwir odvaeth
28 BFK a/garawdd/ L awr o gerddoriaeth
29 I ynn gwesddeiaeth [*gyda dotiau dan yr* -ei- *ac* dd *wedi'i hychwanegu uwchben*]
30 G y'w
31 BFK gwaynwyn/gwiw C gwaeniwyn EIJL gwaenwyn IJ gwynn ADG i fu caeth CEHIJL i vn kaeth B vydd I faddaf G fuddaf
32 C hoyw faeth
33 BFK keidw C kadwaf I owdwl ADG cadweidiaeth C keidwadigaeth H cedweidiaeth [*gyda llinell dan yr* -e- *gyntaf ac a wedi'i hysgrifennu uwch ei phen*]
34 BI gwawd B yn/ gwnaeth
35 B brevddraeth C dirgrwydr . . . ar dair EL a dir J a dyr K ardir
36 C Dor difraw rhagor Dwfr roiwogaeth F dor divyraw rragor deifr wrogaith AEJL Wriogaeth DH Warogaeth
37 ADG Di fa ol BEFIJKL divanwl C Difanawl eiriawl B eriol E siriol

38 ADG di medd
39 EIJL devodiad B /o/ gynail FK a gymail
40 BF dyvodav C Deddfodau hyael hael B hai /le/ helaeth E helaeth FJ e helaeth
41 ADGH Di fwl di fwgwl C Di bwl di fwgwl
42 F ni vn
43 C Difai derfai AG druchwyrn
44 ADG difar B divai C a dwfn CFJK wrdaeth L wr da aeth
45 EJL da vyglaryf I Di fugalaryf B gwylyr FK gwyrlyr
46 EJL di vyglodd B da/fv/geiliaeth I da vugoliaeth
47 CI Dwbled vm o rvm
48 ADGH di blyg CEIJL Diblyg

NODIADAU

1. Gweler R. Geraint Gruffydd, 'Wales's Second Grammarian: Dafydd Ddu of Hiraddug', *Proceedings of the British Academy*, 90 (1996), 1–28.
2. Gweler Peter C. Bartrum, *Welsh Genealogies AD 300–1400*, 8 cyfrol (Cardiff, 1974), III, 584 ('Llowdden 2'), a chymharer I, 77 ('Bleddyn ap Cynfyn 50') ac I, 179 ('Cydifor ap Gwaithfoed 3').
3. Ralph A. Griffiths, *The Principality of Wales in the Later Middle Ages: The Structure and Personnel of Government: I, South Wales 1277–1536* (Cardiff, 1972), 449, 453, 529.
4. Gweler yr Atodiad am ymdriniaeth â'r llawysgrifau.
5. Gweler Bartrum, *Welsh Genealogies AD 300–1400*, II, 372–3 ('Elystan Glodrydd 19–20'); Griffiths, *The Principality of Wales in the Later Middle Ages*, 442, 528 (a hefyd 438, 443); David Jenkins, 'Enwau Personau a Lleoedd yng Nghywyddau Dafydd ap Gwilym', *The Bulletin of the Board of Celtic Studies*, 8 (1935–7), 140–5. Drwy garedigrwydd yr Athro Emeritws J. Beverley Smith, cefais olwg ar ei drosysgrif o'r ffeil lle y cofnodir yr achos hwn; bellach, Llundain, yr Archifdy Gwladol, JUST 1/1151, m.3^r (ceir cyfeiriadau pellach at Ieuan Llwyd ar mm. 1^v (ddwywaith) a 12^r).
6. Gweler Iestyn R. Daniel (gol.), *Gwaith Dafydd y Coed a Beirdd Eraill o Lyfr Coch Hergest* (Aberystwyth, 2002), 13–18, 57–62; Bartrum, *Welsh Genealogies AD 300–1400*, III, 586 ('Llowdden 4').
7. Gweler D. Hywel E. Roberts, 'Noddwyr y Beirdd yn Sir Aberteifi', *Llên Cymru*, 10 (1968–9), 89–97; ond rhaid cyfaddef nad yw'r dystiolaeth mor eglur ag y dymunid; gweler Bartrum, *Welsh Genealogies AD 300–1400*, I, 71 ('Bleddyn ap Cynfyn 44').
8. Gweler A. D. Carr, 'The Making of the Mostyns: The Genesis of a Landed Family', *Trafodion Anrhydeddus Gymdeithas y Cymmrodorion*, 1979, 136–57 (yn arbennig 146); B. Jones (gol.), *John Le Neve, Fasti Ecclesiae Anglicanae 1300–1541: XI, The Welsh Dioceses* (London, 1965), 3.
9. T. D. Crawford, 'The *Toddaid* and *Gwawdodyn Byr* in the Poetry of Dafydd ap Gwilym', *Études Celtiques*, 27 (1990), 301–36.

10. Rhestrir yr amrywiadau yn yr Atodiad.
11. Gweler J. E. Caerwyn Williams, 'The Nature Prologue in Welsh Court Poetry', *Studia Celtica*, 24/25 (1989–90), 70–90; Huw M. Edwards, *Dafydd ap Gwilym: Influences and Analogues* (Oxford, 1996), 81–2.
12. Gwyn Thomas, 'Dafydd ap Gwilym ac Ifor Hael', *Llên Cymru*, 7 (1962–3), 249–51; D. J. Bowen, 'Dafydd ap Gwilym a Morgannwg', ibid., 5 (1958–9), 164–73; Eurys I. Rowlands, 'Nodiadau ar y Traddodiad Moliant a'r Cywydd', ibid., 7 (1962–3), 217–43.
13. Bartrum, *Welsh Genealogies AD 300–1400*, III, 584 ('Llowdden 2'), III, 497 ('Gwynfardd 2').

Siôn Rhydderch y Bardd Caeth

A. Cynfael Lake

Perthyn nodweddion amlwg i waith y beirdd a ganai yng ngogledd Cymru yn ystod degawdau olaf yr ail ganrif ar bymtheg a degawdau cynnar y ddeunawfed, ac y mae'r nodweddion hynny cyn amlyced yng ngwaith beirdd blaenllaw a chynhyrchiol megis Huw Morys, Pontymeibion, ac Owen Gruffudd, Llanystumdwy, ar y naill law ag yng ngwaith beirdd llai adnabyddus a phrinnach eu cynnyrch megis Robin Ragad, Corwen, a Dafydd Manuel, Trefeglwys, ar y llall. Un hynodrwydd yw'r modd y defnyddir dau gyfrwng sy'n perthyn i ddau draddodiad gwahanol. Ni pheidiodd yr arfer o lunio cywyddau ac englynion ac awdlau mawl i'r boneddigion, er darfod am gyfundrefn y beirdd swyddogol tua dechrau'r ail ganrif ar bymtheg. Yr un pryd, lluniai'r beirdd garolau ar bob math o bynciau. Er bod llawer o'r cerddi yn grefyddol neu yn foesol eu cywair, nid oedd brinder cerddi ar bwnc ysgafnach a mwy cyffredinol ei apêl megis serch. Aelodau haen uchaf y gymdeithas a gyferchid ar ffurf cywydd ac awdl, ond at drwch y boblogaeth yr anelid y canu carolaidd, neu'r canu caeth newydd fel y'i gelwir. Bu geiriau yn gyfrwng diddanu'r bobl gyffredin er cyn cof, er mai cyfran fechan a ddiogelwyd ar glawr. Datblygiad pur ddiweddar, fodd bynnag, oedd priodi geiriau ag alawon cerddorol, llawer ohonynt o dras estron.

Y mae canu Siôn Rhydderch yn gyson â'r patrwm a amlinellwyd. Y gwaith cynharaf o'r eiddo y gellir ei ddyddio yw'r pedair carol a gafodd eu cynnwys yn netholiad Thomas Jones, *Carolau a Dyrïau Duwiol* (1696). Gwyddys am ddeg carol ar hugain o leiaf a ganodd rhwng 1696 a'i farw ym 1735. Gwelir llawer ohonynt yn y taflenni baledol a ddaeth o'i wasg yn Amwythig, lle y sefydlodd ei fusnes argraffu ym 1715. Gwelir cryn nifer hefyd yn yr almanaciau blynyddol a luniai. Mantais fawr i awdur yr almanaciau oedd gallu cynnwys ei waith ei hun ym mhob rhifyn. Carolau plygain yw'r cyfan bron o'r cerddi hyn, a chan fod mydryddu dyddiad y cyfansoddiad yn arfer cyffredin yn y math hwn o ganu, gallai Siôn Rhydderch ddangos i'w ddarllenwyr ei fod yn darparu deunydd blasus ac amserol ar eu cyfer. Ond yr oedd awdur y carolau poblogaidd yr un pryd yn fardd caeth. Er i Siôn lunio mwy o garolau nag o gywyddau, ac er mai'r carolau a gâi eu datgan yn gyhoeddus a'u darllen, gellid tybio mai'r sawl a feistrolai'r mesurau traddodiadol a haeddai'r parch mwyaf yn ei olwg. Hwn, wedi'r cwbl, yw'r gŵr a fuasai'n annog y beirdd i osgoi 'Dyri, Carol, neu ryw wael Gerddi, y rhai na fu wiw gan y Prif Feirdd gynt gymmaint a'i crybwyll, o herwydd nad oes Rheolau perthynasol iddynt' pan fyddent yn cynnal eu heisteddfodau.[1]

Gellir rhannu ei gerddi caeth yn ddau ddosbarth. Yn gyntaf ceir y canu mawl a marwnad yn olyniaeth canu penceirddiaid yr oesoedd a fu ar ffurf cywydd ac awdl, ac ar y canu hwn y canolbwyntir yn y llith hon. Yn ail ceir canu achlysurol, a hwnnw ar ffurf englynion yn bennaf. Cyfarch ei gyfeillion a'i gydnabod llenyddol a wna Siôn Rhydderch yn y cerddi hyn, ac er nad yma y gwelir ei awen ar ei disgleiriaf, dyma ond odid y deunydd mwyaf diddorol sydd ar glawr gan ei fod yn tystio'n groyw i'r rhwydwaith o gysylltiadau a feithriniasai â gwŷr llên o bob cwr o Gymru. Bu'n ymwneud â Lewis Morris, y bardd a'r ysgolhaig o Fôn, Edward Samuel, y cyfieithydd o Langar ym Meirion, Iaco ab Dewi, y copïwr llawysgrifau o Lanllawddog yn Sir Gaerfyrddin, a Siôn Bradford, y gwëydd llengar o'r Betws ym Morgannwg. Gwedd arall ar y canu achlysurol yw'r englynion niferus sy'n britho'r almanaciau a ddaeth o'i wasg. Er bod y rhan fwyaf yn ddienw, gellir bod yn bur sicr mai Siôn Rhydderch ei hun a'u lluniodd. Digwydd llawer o'r englynion hyn ar ddiwedd y cyfarchiad at y darllenwyr a welir ar ddechrau'r almanaciau. Daw hwn o almanac 1718:

> Dwg annerch draserch drosodd—i Gymru
>   Ac amryw ymadrodd;
> O gariad Siôn a'i gyrrodd
> Am arian rhwyddlan yn rhodd.

Ni fynnai Siôn weld lle gwag ar waelod dalen, a dewisai lunio englyn pwrpasol a fyddai nid yn unig yn llenwi'r bwlch ond ar yr un pryd yn cydio wrth y deunydd a'i rhagflaenai. Dilynir gwybodaeth am dymhorau'r gyfraith yn almanac 1720, er enghraifft, gan yr englyn hwn, sy'n cyfleu'r farn boblogaidd am y cyfreithwyr:

Y cigfrain milain am olud—ysbail
Sbwylant ddynan ehud,
A gwaglaw am roi goglyd
Yw cyfraith a'i haraith hud.

Y mae'r englynion yn brinnach o lawer yn y llyfrynnau baledol. Nid oes amheuaeth na fyddai diwyg deniadol yn denu sylw'r prynwyr, ac yr oedd gan Siôn gyflenwad o luniau ac addurniadau ar ffurf prendoriadau a ddefnyddiai os oedd lle gwag ar waelod y ddalen. Ond yr oedd yn ddigon parod i gynnwys englynion yn ei faledi, fel yn ei almanaciau. Atgyfnerthir neges y faled 'Hanes y pla yn Ffraingc. Sy'n Dangos y môdd yr yscybwyd amryw Ddinasoedd yno gan yr Haint Echryslon hwn. Ynghyd a Rhybudd i ninnau i ymddiwygio rhag ein difetha oll yn yr ûn môdd Ofnadwy'[2] gan yr englyn hwn a welir ar yr wynebddalen:

Haint a dynn tu hwnt y don—digellwair,
　Dir gwella tra gallon;
Daw cofion y Duw cyfion
Yn ffonnod un ffunud hon.

Cyn troi at ganu defodol Siôn Rhydderch, buddiol fyddai ystyried sut y syniai beirdd yr oes am eu galwedigaeth. Ni pheidiodd yr arfer o foli ac o farwnadu yn ystod yr ail ganrif ar bymtheg, fel y nodwyd. Er bod Huw Morys ac Owen Gruffudd yn cynrychioli dau eithaf y gogledd—y naill yn hanu o Lyn Ceiriog yn y dwyrain a'r llall o Lanystumdwy yn Eifionydd yn y gorllewin—glynai'r ddau wrth arferion eu rhagflaenwyr yn oes y cywydd, fel y gwnâi Edward Morris, Cerrigydrudion, a Siôn Dafydd Las, a aned yn ôl pob tebyg yn Llanuwchllyn. Yn y canu hwn mawrygir rhinweddau cyfarwydd megis gwaedoliaeth, haelioni, dysg, doethineb a'r gallu i arwain yn deg ond yn gadarn.[3] Er gwaethaf y bwlch daearyddol rhwng y beirdd, ac er bod blas lleol amlwg ar ganu pob un, ymddengys eu bod yn ymddwyn fel pe baent yn aelodau o frawdoliaeth farddol. Lluniodd Huw Morys gywydd marwnad hirfaith i Edward Morris—diau fod yr hyd yn fynegiant o'i barch at ei gyd-brydydd—a'i gyffelybu i Fyrddin y traddodiad Cymraeg ac i Homer a Horas y traddodiad clasurol. Yr oedd Edward yn ei olwg yn 'ben bardd', yn 'dad cynghanedd deg' ac yn 'aer y muwsus', a'i ganu megis 'gardd win'.⁴ Yn yr un modd, da fu gan Owen Gruffudd dalu teyrnged i Siôn Dafydd Las. Cywydd ar ffurf ymddiddan rhwng y byw a'r marw a ganodd ef, a rhaid gosod y gerdd yn olyniaeth y farwnad a ganodd Wiliam Llŷn i Ruffudd Hiraethog, a honno eto ar ffurf ymddiddan rhwng y bardd sydd ar dir y byw a'i athro sy'n ateb o'r bedd.⁵ Ar ddechrau ei farwnad, clywir Owen Gruffudd yn holi 'p'le mae mrawd?', ac â rhagddo i ddisgrifio'r golled i farddoniaeth yn sgil ei farw:

> Aeth y gerdd iaith gywirddwys,
> A'i dawn i gyd dan y gwys;
> Swrth air bwnc syrthio i'r bedd
> Syth gu hâd saith gyhydedd;
> Aeth heddyw yn waeth addysg,
> Saith colofn cerdd ddyfn gerdd ddysg;
> Yn ol Sion, frau union fryd,
> Gwael a fydd y gelfyddyd.⁶

Yr oedd y Cywyddwyr, wrth gwrs, yn grefftwyr ymroddedig, a cheisiai beirdd yr ail ganrif ar bymtheg ddangos eu bod yn ddisgynyddion teilwng iddynt trwy gaboli eu cerddi a thrwy amlygu eu meistrolaeth ar eu cyfrwng. Saernïodd Siôn Dafydd Las awdl ar y pedwar mesur ar hugain i Huw Nannau, a gofalodd ei fod yn cynnal y cymeriad llythrennol ym mhob pennill.⁷ Lluniodd Edward Morris gywydd i Domas Mostyn i'w ganu wyneb a gwrthwyneb, a phob llinell, felly, yn cynnwys cynghanedd groes rywiog.⁸ Mewn cywydd i ofyn march gan ddau ŵr bonheddig, Huw Nannau a Rhisiart Fychan, Corsygedol (cywydd y bu cryn gopïo arno), ceir Owen Gruffudd yn cynnal y cymeriad geiriol 'dau' dros ddeuddeg cwpled, ac yn dyfalu'r gwrthrych a geisid yn unol â chonfensiwn y canu.⁹

Er bod tebygrwydd rhwng y beirdd a'u rhagflaenwyr ar lawer gwastad, gwyddai Huw Morys a'i gyd-brydyddion fod sawl newid ar droed, ac nad oedd y rheini er gwell bob tro. Dyma'r oes a welodd ddyfnhau'r rhwyg rhwng yr uchelwr breiniol a'r Cymro cyffredin wrth i'r blaenaf ddechrau cefnu ar y Gymraeg a graddol droi ei olygon at ddiwylliant a gwerthoedd amgen. Buasai'r beirdd fel dosbarth yn effro i ganlyniadau'r difrawder hwn tuag at y Gymraeg, a gwelir eu hymateb yn rhai o'u cerddi. Ymglywir â digalondid eithafol Edward Morris yn ei gywydd 'Y Bardd yn Ymliw â'i

Awen'. Er cydnabod ohono fod rhai noddwyr dethol yn dal yn gefn i'r beirdd ac yn dal yn driw i'r diwylliant brodorol, rhaid iddo gydnabod hefyd nad yw ei ganu yn dwyn elw iddo bellach:

> Nid o'm cerdd, fel oferddyn,
> Y daw lles, 'rwy'n deall hyn . . .
> Ar Saesneg deg y digwydd,
> Pur iach wellhad, parch a llwydd . . .
> A gwaith ein Beirdd, gwaeth yw'n byd,
> Mewn llai achles, mae'n llychlyd.[10]

Y duedd erbyn heddiw yw cysylltu'r Seisnigo a ddigwyddodd â'r Deddfau Uno a wnaeth y Gymraeg yn destun dirmyg yn ei gwlad ei hun, ond nid felly y gwelai Edward Morris bethau. Yr iaith Gymraeg sy'n llefaru yn y cywydd moliant a ganodd i Wiliam Llwyd, esgob Llanelwy. Bu amser, meddai'r iaith, pan fu'r Cymry dan yr iau, a hithau yn ddibris; ond er pan gafwyd brenin o waed Cymreig ar yr orsedd—

> Ymgodais yma gwedi,
> Astudiwyd, arferwyd fi.[11]

O droi at gerddi defodol Siôn Rhydderch, gwelir nad yw'r cyfanswm yn fawr; diogelwyd un gerdd ar bymtheg i gyd, sef tri chywydd ar ddeg, dwy awdl a chyfres o englynion. Canodd gerddi mawl a marwnad i deuluoedd yn Sir Drefaldwyn a gartrefai o fewn tafliad carreg i'w gartref yng Nghemais. Marwnadodd dri aelod o deulu Mathafarn, sef Wiliam Puw, Mathafarn, ei fab Dr Roland Puw, a briodasai ag aeres Y Rug, a'i ferch yntau, Margaret. Yn ôl Dafydd Jones o Drefriw, a luniodd farwnad i Siôn Rhydderch, yr oedd cyswllt gwaed rhyngddo a'r teulu hwn.[12] Canodd hefyd i deuluoedd bonheddig yn Sir Feirionnydd, ac yr oedd eu plasau hwythau drachefn o fewn cyrraedd hwylus. Gallai Siôn gyrraedd Dolgellau, lle yr oedd Nannau a Hengwrt, trwy ddilyn y ffordd a arweiniai trwy fwlch yr Oerddrws, lle y lladdwyd y barwn Lewis Owen gan y Gwylliaid Cochion ym 1555. O Ddolgellau gallai ddilyn yr arfordir i gyfeiriad Abermo ar ôl croesi Afon Mawddach, a mynd yn ei flaen i Gorsygedol. O fwlch yr Oerddrws gallai gyfeirio ei gamre ar hyd dyffryn Dysynni nes cyrraedd Ynysymaengwyn, nid nepell o Dywyn, aelwyd arall y bu iddo ymweld â hi. Y mae dau gyfansoddiad nad ydynt ar yr olwg gyntaf yn cyd-fynd â'r patrwm hwn. Cywydd moliant i Risiart Bwclai yw'r cyntaf, a rhoddir sylw i hwn isod. Cywydd marwnad i Siôn Owen o Frogyntyn yw'r llall. Bu farw Siôn yn ŵr ifanc, ond ceir gwybod iddo etifeddu tiroedd ym milltir sgwâr Siôn Rhydderch yng Nghemais; gellir cyfrif hwn eto yn gywydd lleol.

Yr oedd clymau priodasol clòs rhwng prif deuluoedd Sir Feirionnydd, ac ar un ystyr gellid ystyried y gwŷr a'r gwragedd y canodd Siôn iddynt yn aelodau o un tylwyth estynedig. Canodd farwnad i Risiart Fychan, Corsygedol, a marwnad hefyd i'w chwaer, Catrin, a briodasai â Huw Nannau. Priododd un o bedair merch Catrin a Huw Nannau â Robert Vaughan, Hengwrt, a chafodd Siôn achlysur i'w marwnadu hithau. Priododd chwaer iddi â'i chefnder, William Vaughan, Corsygedol, etifedd Rhisiart Fychan. Dathlodd Siôn yr uniad trwy lunio cywydd, a chanodd hefyd gyfres o bymtheg englyn sy'n ymdebygu i restr swyddogol o enwau'r gwahoddedigion a ymunodd â'r teulu i ddathlu'r achlysur llawen. Dyma englyn agoriadol y gyfres:

> Cyfarfod hynod yw hon—yn ollawl,
>   Cynulliad bon'ddigion,
> Cymdeithas, llwyn urddas llon,
> Cuf ewyllys, cyfeillion.[13]

Trigai cyfnither arall i William Vaughan, Corsygedol, yn Ynysymaengwyn. Priododd Ann, chwaer Rhisiart Fychan, â Vincent Corbet o Ynysymaengwyn, ac Ann, eu merch hwy, a etifeddodd y cartref. Pan ganodd Siôn Rhydderch iddi, yr oedd yn wraig weddw ac yn ôl yn ei chynefin yn dilyn marwolaeth ei gŵr, Athelstan Owen o Riwsaeson.

Gan nad yw cyfanswm y cerddi yn fawr, hawdd credu bod rhai wedi eu colli.[14] Yn wir, mewn un copi llawysgrif yn unig y digwydd un ar ddeg o blith yr un gerdd ar bymtheg dan sylw, a rhaid derbyn mai trwy hap a damwain y diogelwyd y deunydd sydd ar glawr. Diogelwyd y cywydd moliant i Risiart Bwclai yn llaw Dafydd Jones o Drefriw, a David Ellis a gopïodd y cywydd marwnad i Fargaret Puw o'r Rug.[15] Ond Siôn Rhydderch ei hun a gofnododd y rhan fwyaf o'r darnau, a phe na buasai am ei waith copïo, buasai ein gwybodaeth am ei ganu defodol yn bur dameidiog.[16] Cywydd marwnad i Siôn Dafydd Siencyn yw un o'r cerddi a ddiogelwyd yn llaw Siôn Rhydderch. 'Marchnadwr' a drigai ym Machynlleth oedd ef, ac efallai fod cerddi eraill i wŷr a berthynai i'r un dosbarth cymdeithasol wedi eu colli gyda threigl amser. Byddai'r cerddi a ganwyd i'r teuluoedd bonheddig yn debycach o gael eu parchu a'u harbed rhag rhaib amser. Efallai fod yn y *Grammadeg Cymraeg* a lywiodd Siôn Rhydderch trwy'r wasg ym 1728 awgrym o'r hyn a gollwyd. Gwelodd Siôn yn dda enghreifftio rhai o'r mesurau trwy ddyfynnu ei benillion ei hun, fel y gwnaethai Wiliam Midleton o'i flaen yn ei ramadeg yntau. Coffeir Wiliam Puw, Mathafarn, yn un o'r englynion.[17] Gwyddys i Siôn lunio cywydd marwnad iddo, ond tybed a luniodd awdl farwnad a ddiflannodd? Ac ar achlysur arall dyfynnir cwpled a allai fod yn rhan o gywydd moliant nad yw ar glawr bellach.[18]

Ond er ei bod yn annhebyg fod pob cerdd o'r eiddo wedi ei diogelu, nid yw'n dilyn bod lliaws o gywyddau defodol y bardd wedi diflannu. Os anwybyddir am y tro y farwnad a ganwyd i'r Frenhines Anne, a fu farw ym 1714, a'r farwnad i Wiliam Puw, Mathafarn, a fu farw ym 1718, gwelir bod y cerddi eraill i gyd yn perthyn i ysbaid fer iawn ym mywyd y bardd. Hyd y gellir barnu, fe'u canwyd oll rhwng tua 1728 a 1734.[19] Rhaid cysylltu'r cerddi sydd ar glawr â chyfnod o ansefydlogrwydd ym mywyd Siôn Rhydderch. Ymddengys iddo roi'r gorau i'w waith fel argraffwr yn Amwythig ym 1728. Erbyn 1729 yr oedd yn Llundain ac yn llunio englynion i gyfarch Richard Morris a'i gyfaill o Fonwysyn Huw Dafydd. Erbyn 1730 cyraeddasai Sir Fôn, a lluniodd y bardd Siôn Tomas Owen bedwar englyn i'w groesawu i'r ynys. Meddai yn un ohonynt:

> Croeso i'r hardd ddewrfardd sy ddoeth—i'n ynys,
> Un enwog a gwirddoeth,
> A'i sain wirddysg synhwyrddoeth,
> Aml eiriau cu mal aur coeth.[20]

Bu Lewis Morris yn chwarae â'r syniad o sefydlu gwasg yn Llannerch-y-medd a Siôn yn oruchwyliwr arni, ond ni lwyddwyd i fynd â'r maen i'r wal. Yn ystod ei arhosiad ym Môn, cyfarfu Siôn â rhai o feirdd yr ynys, a Huw Huws, Llwydiarth Esgob, y Bardd Coch o Fôn, a Michael Prichard, garddwr Wiliam Bwclai, Y Brynddu, yn eu plith. Tua'r adeg hon hefyd y canodd Siôn ei gywydd moliant i Risiart Bwclai.[21] Ond y mae lleoliad cartrefi'r teuluoedd y canodd iddynt yn awgrymu iddo dreulio peth amser yn ei gynefin hefyd. Trigai'r rhan fwyaf o'r teuluoedd hynny, fel yr awgrymwyd, o fewn cyrraedd hwylus i Gemais. Nid annichon fod Siôn Rhydderch yn ystod cyfnod anodd yn ei fywyd yn cael ei orfodi i chwilio am gynhaliaeth a swcr, ac iddo wneud defnydd ymarferol o'i ddoniau barddol, fel y gwnaeth Twm o'r Nant yn ail hanner y ganrif. Cefnodd Twm ar yr anterliwt pan ddechreuodd garu â merch a dueddai at grefydd, ond pan âi hi'n fain arno, yr unig ddewis a oedd ganddo oedd troi at gyfrwng a oedd wedi talu ar ei ganfed yn y gorffennol, fel y prawf y sylw hwn yn ei hunangofiant:

> adref y deuthum i o'r Deheubarth, heb na cheffyl na *gwagen*; ac nid oedd dim gennyf i droi ato, oddieithr gwneud *Interlute*: a hynny a wneuthum.[22]

Diogelwyd tri o'r darnau-un-copi sydd yn llaw Siôn Rhydderch yn llawysgrif BL Addl. 14866. Ceir yn y llawysgrif hon gasgliad toreithiog o ganu'r Cywyddwyr a gynullwyd gan David Johns rhwng 1586 a 1587 pan oedd yn ficer Llanfair Dyffryn Clwyd.[23] Brodor o Feirion oedd David Johns, ac yr oedd ganddo gyswllt â theulu Ynysymaengwyn nid nepell o Dywyn.[24] Erbyn dechrau'r ddeunawfed ganrif yr oedd y llawysgrif ym Meirionnydd yng nghynefin David Johns ac ym meddiant Edward Morgan, ficer Tywyn a Llanaber. Er bod Siôn Rhydderch ar un achlysur yn ei ddisgrifio ei hun yn 'One of the foolish Poets of Wales',[25] ni rwystrodd hynny ef rhag ychwanegu ei gerddi at gasgliad a oedd yn cynnwys gwaith beirdd megis Dafydd ap Gwilym, Guto'r Glyn a Thudur Aled. Ychwanegodd Siôn Rhydderch ei gywyddau ar ddechrau casgliad David Johns, a hefyd ar y diwedd, lle y cofnodwyd gwaith nifer o feirdd cyfoes.[26] Diau mai yn ystod ei ymweliadau â chartref Edward Morgan yn ystod blynyddoedd olaf ei oes y gwnaeth hyn. Lluniodd ddwy gyfres o englynion i gyfarch Edward Morgan, a'u cofnodi yn yr un llawysgrif. Lluniodd hefyd gyfres o englynion marwnad i John Morgan, brawd Edward, sy'n diweddu fel hyn:

> Ffarwél, frawd, didlawd odlau,—dysgedig,
>   Dwys gadarn rinweddau;
> Ffarwél gerdd, bencerdd bynciau,
> Ffarwél glod hoff wrol glau.

Ffarwél, Siôn dirion, da araith,—Morgan
Am eurgerdd lwys berffaith;
Ffarwél barch, alarch eilwaith,
Ffarwél rwysg a pherl yr iaith.²⁷

Ni chofnodwyd y rhain yn BL Addl. 14866, ond fe'u ceir yn Llansteffan 166. Yn y llawysgrif honno hefyd y cofnodwyd un o'r ychydig gerddi nas ceir yn llaw Siôn Rhydderch, sef y farwnad i Wiliam Puw, Mathafarn. Diogelwyd ail gopi o'r cywydd hwnnw yn llawysgrif Cwrtmawr 204. Ar ddiwedd yr ail destun copïwyd yr enw 'Siôn Rhydderch' sawl gwaith, fel pe bai'r ysgrifennwr yn ceisio efelychu llawysgrifen Siôn. Tybed a godwyd y cywydd o destun a oedd yn llaw'r bardd? Nid yw hynny'n destun syndod pan ystyrir bod y ddwy lawysgrif yn perthyn i'r Plasaugwynion yn Llanymawddwy, nid nepell o gartref Siôn Rhydderch. Yn y Plasaugwynion hefyd y cartrefai hynafiaid Edward Morgan; yr oedd Wiliam Morgan, a gopïodd lawysgrif Cwrtmawr 204, yn gâr iddo, ac Ifan Rhisiart, a gopïodd lawysgrif Llansteffan 166, yn frawd-yng-nghyfraith iddo.²⁸

Gwelir englyn arall a luniodd Siôn Rhydderch i John Morgan—pan ddewisodd hwnnw adael Cymru a throi ei olygon tua Swydd Essex—yn BL Addl. 14866 ac yn Llansteffan 166; penodwyd y '[Ll]enor a anghofiwyd', chwedl Saunders Lewis,²⁹ yn ficer Matching yn y flwyddyn 1713, ac yno yr arhosodd hyd ei farw ym 1733.³⁰ *Myfyrdodau Bucheddol ar y Pedwar Peth Diwethaf*, a ymddangosodd ym 1714, oedd ei waith mwyaf poblogaidd; cafwyd pum argraffiad, ac o wasg Siôn Rhydderch yn Amwythig y daeth dau ohonynt, sef argraffiadau 1716 a 1725. Mawr oedd y bwlch ar ei ôl pan adawodd ei wlad, medd Siôn Rhydderch:

Gresyndod dyfod gŵr dofedd—gamrau
O Gymru serchogedd;
Na bai'i ddysg ymysg y medd
A'i genedl ym mro Gwynedd.³¹

Daeth llawysgrif BL Addl. 14866 maes o law i ddwylo Lewis Morris.³² Bu Siôn Rhydderch ac yntau yn cyfnewid cerddi ar sawl achlysur. Gwelir cywydd cyfarch a luniodd Lewis ar ddechrau'r *Grammadeg Cymraeg* (1728), a rhoes Lewis y pennawd 'To my friend John Roderick' uwchben cywydd a ganodd dro arall. Clodforir Siôn yn ddibrin ac yn ddiffuant yn y gerdd honno:

> Nid annerch tafod unnos
> Ac nid gweniaith neu iaith nos:
> Puraf annerch i'ch perchi
> A'ch galw'n ben a'n nenbren ni.[33]

Yr oedd Lewis yn ddigon parod i ganmol ei gyd-brydyddion yn eu gŵydd, ond datgelir barn amgen yn y llythyrau a dderbyniai ei frodyr ganddo. Mewn llythyr a anfonodd at ei frawd Wiliam ym 1757, dygodd i gof hanes rhai o'r beirdd y bu'n ymwneud â hwy pan oedd yn iau: 'You remember how Davydd Manwel a Sion Pr[isiart] Prys and Sion Rhydderch were admired in their times, very bright men! and wonderful for their dulness'.[34] I'r un cywair y perthyn y sylwadau a ychwanegodd Lewis ar y dalennau yn llawysgrif BL Addl. 14866 a oedd yn cynnwys cerddi Siôn Rhydderch. Barnai Lewis fod y cywydd marwnad i'r cyfreithiwr Lewis Hughes o Ddolgellau yn 'very bad, bad Poetry', a bod un o'r ddwy gyfres o englynion i Edward Morgan yn ddim amgen na 'Poor stuff! a mere Jargon of Sounds. But the poor man meant well and could do no better'. Ac yn ôl sylw arall, y tro hwn wrth ochr y cywydd i Ann Owen, Ynysymaengwyn: 'To be praisd by a Simple fellow, is in reality a dispraise'.

Os dychenir y tri bardd, dychenir hefyd y teuluoedd bonheddig nad oedd eu crebwyll barddol yn caniatáu iddynt iawnbrisio'r canu a gyflwynid iddynt. Yr oedd a wnelo'r bwlch ieithyddol yn rhannol â hyn—y mae'n amheus a ddeallai Rhisiart Bwclai, Pumed Is-Iarll Bwclai, gŵr y llifai gwaed teuluoedd Bertie ac Egerton, Harvey a Savage yn ei wythiennau, yr un gair yn y cywydd achau a ganodd Siôn Rhydderch iddo—ond yr oedd y bwlch cymdeithasol rhwng bardd a noddwr yn ddylanwad pwysig yn ogystal, fel y nododd Dafydd Wyn Wiliam wrth drafod canu cyfoeswr i Siôn Rhydderch a fu farw bedair blynedd o'i flaen, sef Siôn Tomas Owen o Fôn:

> Erbyn ei ddyddiau ef yr oedd y rhwyg diwylliannol rhwng y werin a'r uchelwyr yn llydan ac yn bendant. Yr agosaf y deuai'r bardd o Fodedern at deuluoedd Prysaddfed a Threiorwerth ydoedd yn rhinwedd ei swydd fel clochydd. Cydaddolai â hwy ac agorai eu beddau![35]

Y mae lle i gredu i rai o deuluoedd bonheddig Sir Feirionnydd a Sir Drefaldwyn lynu wrth y Gymraeg yn hwy nag aelodau'r dosbarth cyfatebol yn y siroedd eraill, a bu Siôn Rhydderch yn ffodus yn hynny o beth. Gwyddys i Roland Puw, Y Rug, danysgrifio i bedwar llyfr Cymraeg yn ystod ei oes, a bu ei dad, Wiliam Puw o Fathafarn, yn ceisio tanysgrifwyr ar ran Thomas Williams, Dinbych.[36] Merch Lewis Owen o Beniarth oedd Siân, gwraig Rhisiart Bwclai. Pwysleisir ei Chymreictod yn y cywydd i'w gŵr, a gallai'r bardd lawenhau fod ei waith yn ddealladwy i un aelod o'r teulu o leiaf:

> arglwyddes, wawr gloywddawn,
> Gu am wres lwydd, Gymraes lawn,
> Angyles fwyn fynwes fyw,
> Dilediaith, duwiol ydyw.[37]

Er bod traddodiad hir o noddi ar aelwydydd Nannau a Chorsygedol, Y Rug a Rhiwedog, ymddengys fod llai o alw am wasanaeth y bardd erbyn ail hanner yr ail ganrif ar bymtheg.[38] Ar un ystyr, gellir priodoli hynny i ystyriaethau biolegol. Bu croeso i'r beirdd yn Y Rug ers cyn cof, ond ni chafodd Owain Salsbri fab i'w olynu, ac etifeddwyd yr eiddo gan ei ddwy ferch, Elisabeth a Margaret. Bu farw Huw Nannau ym 1701 gan adael pedair merch i hiraethu ar ei ôl. Ond yr oedd dylanwadau eraill ar waith, fel yr awgrymwyd. Cynnal arfer eu hynafiaid a wnâi'r teuluoedd wrth dderbyn cerddi, ac er bod lle i gredu bod y beirdd a'u lluniai yn derbyn cydnabyddiaeth deilwng, diau eu bod yn synhwyro nad oedd gwir ddiddordeb gan y teuluoedd bonheddig yn y canu traddodiadol. Yn y cyswllt hwn y mae'n arwyddocaol fod un gerdd ar ddeg o blith yr un ar bymtheg a ganodd Siôn yn farwnadau. Yr oedd uchelwr ar ei wely angau yn fwy gwerthfawr na noddwr iach. Disgrifia Siôn alar aelodau'r teulu yn dilyn marw Rhisiart Fychan, Corsygedol. Rhoddir sylw i golled ei wraig, ei feibion, ei ferched, ei waudd (ei ferch-yng-nghyfraith), ei ŵyr, ei neiaint a'i nithoedd, ond ni sonnir o gwbl am golled bersonol y bardd. Arweinwyr y gymdeithas sy'n hiraethu ar ôl Siôn Owen o Frogyntyn:

> Mae'r bonedd â mawr benyd
> Amdano heno o hyd.[39]

Datganiadau ffurfiol ac oeraidd ar lawer ystyr yw marwnadau Siôn Rhydderch. Olynwyd Rhisiart Fychan, Corsygedol, gan ei fab William, a ymddiddorai'n fawr yn y canu traddodiadol. Cydnabuwyd hynny pan ddewiswyd ef yn ben-llywydd y Cymmrodorion pan sefydlwyd y gymdeithas honno yn Llundain ym 1751. Dathlodd Siôn Rhydderch ei briodas ym 1732 â'i gyfnither, Catrin o Nannau, trwy lunio cywydd hir ynghyd â chyfres o englynion. Daeth yr ystad i feddiant William Vaughan pan fu farw ei dad ym 1734, ond erbyn hynny yr oedd rhawd ddaearol Siôn Rhydderch ei hun yn dirwyn i ben. Y mae'n bosibl y cawsai groeso yng Nghorsygedol pe cawsai fyw yn hwy. Eto, er bod William Vaughan yn ŵr diwylliedig a ymhoffai yn y canu traddodiadol, ac er i sawl bardd ei gyfarch, ymddengys ei fod yn dethol ei gydnabod llenyddol yn ofalus, ac ychydig o ymwneud a fu rhyngddo a'r beirdd yn gyffredinol. Ond yr oedd croeso cynnes ar ei aelwyd i Rys Jones o'r Blaenau ac i Lewis Morris. Canodd Rhys gywyddau, awdlau ac englynion iddo, a chroniclodd benodau ysgafn a dwys yn hanes y teulu.[40] Dathlodd briodas ei ferch mewn un cywydd, a chyn gynted ag y clywodd y newyddion am eni ŵyr i William Vaughan, ymroes â'i ddeg ewin i lunio awdl ar y pedwar mesur ar hugain i gofnodi'r achlysur. Daeth i'w ran hefyd farwnadu Catrin, gwraig William Vaughan, a'i unig ferch, Ann. Yn ogystal â bod yn fardd crefftus, yr oedd Rhys Jones yn ŵr tiriog, a diau fod a wnelo'r croeso a estynnid iddo yng Nghorsygedol ac yn Nannau â hyn:

> Pendefigion ei sir ei hun yw pwnc y rhan fwyaf o'r darnau hyn, a chan ei fod ef yn berchennog ystad nid ansylweddol, gellir cynnig ei bod yn haws iddo gyfarch aelodau'r dosbarth dethol hwn . . . Ac yntau ar yr un donfedd â'r boneddigion breiniol, ni châi Rhys ei gymell i wenieithio, ac y mae ei farddoniaeth yn fwy diffuant o ganlyniad.[41]

Ffrwyth y gyfathrach glòs rhwng y bardd a'i noddwr yw'r cerddi crefftus, ond pur fasweddus eu cywair, sy'n dychanu Siôn Grustal, garddwr William Vaughan. Yn un ohonynt ensynnir bod y garddwr yn ymgydio â geist ac â chathod:

Garw fâr, mae'r gair ei fod,—du elach,
Yn dilyn ffieidd-dod;
Cydiodd heb rus, nwyfus nod,
Gast chwithig, geist a chathod.⁴²

Ni pherthynai Lewis Morris i'r dosbarth breiniol, ond hoffai ymrwbio yn y mawrion, a châi ei barchu ar gyfrif ei ddysg a'i huodledd. Fel Rhys Jones, canodd gerddi ffurfiol i benteulu Corsygedol, ond dechreuodd ei borthi â cherddi ysgafn a hwyliog ac â rhyddiaith garlamus pan sylweddolodd fod y cyfryw at ei ddant.⁴³ Clod i gynefin William Vaughan yw telyneg swynol Lewis, 'Caniad y Gog i Feirionnydd', a phutain a gynigiai gysur i'r noddwr pan fyddai ar ddyletswydd fel aelod seneddol yn Llundain oedd yr 'Haras o Gaer-ludd' (Sarah Froomes, a rhoi iddi ei henw cywir) a ddisgrifir mewn dau gywydd o eiddo'r bardd. Er bod gwedd amharchus ac anllad yn cyniwair trwy'r naill a'r llall—er mawr ddifyrrwch yn ddiau i Lewis ac i'w gyfaill William Vaughan—trewir tant dwys yn ogystal. Rhyfeddod y bardd wrth ddwyn i gof harddwch y ferch, a myfyrdod ar y modd y diflannodd y prydferthwch hwnnw, yw pwnc y cywydd cyntaf. Yn yr ail, sy'n farwnad i Haras, pwysleisia'r bardd—wedi iddo dalu teyrnged i'r ymadawedig a nodi cystal y cyflawnai ei dyletswyddau a'i gorchwylion proffesiynol—fod henaint ac angau yn dod i bawb yn ddiwahân:

Y bedd yw diwedd y doeth
A'r enwog fel yr annoeth.
Marw wna mwynferch serchog
Fel hen wrachen, grachen grog.⁴⁴

Nodwyd mai yn llaw Siôn Rhydderch ei hun y mae'r rhan fwyaf o'r copïau o'i gerddi sydd ar glawr, a chyfeiriwyd at y gweithiau a gopïodd yn y llawysgrif a oedd ym meddiant Edward Morgan, ficer Tywyn. Bu llawysgrif BL Addl. 14874 ym meddiant Siôn hefyd, fel y tystia'r nodyn 'Sion Rhydderch yw ei berchenog ef yn y flwyddyn o Oedran ein Harglwydd Iesu Ghrist 1709'. Casgliad o gerddi'r Cywyddwyr a ganai yn yr unfed ganrif ar bymtheg a'r ail ganrif ar bymtheg yn bennaf—beirdd megis Siôn Tudur, Tomas Prys, Siâms Dwnn a Rhys Cain—sydd yma.⁴⁵ Cofnododd y perchennog ei awdl farwnad ar y pedwar mesur ar hugain i Dr Roland Puw o'r Rug ar ddalen wag yn y llawysgrif.⁴⁶ At hyn, ymddengys mai ef a

gopïodd y cywydd i ddathlu priodas William Vaughan, Corsygedol, â
Chatrin o Nannau a ddiogelwyd yn llawysgrif LlGC 436B.[47] Pennaf
hynodrwydd y cerddi sy'n weddill yw'r modd y copïwyd hwy ar ddalennau
rhyddion. Ar ochr y ddalen sy'n cynnwys y farwnad i Siôn Owen,
Brogyntyn, nodwyd, 'To the Hond madm Elizabeth Owen an Elegy on the
Death of yo Renowned Brother Mr William Owen'. Bu'n rhaid plygu'r
dalennau rhyddion hyn cyn eu cludo, ac erys yr olion. Y mae'n amheus a
fu i'r cerddi hyn gylchrediad helaeth, ond fe'u prisiwyd gan deulu'r
ymadawedig a'u diogelu nes darfod eu cyplysu maes o law wrth ddeunydd
amgen a'u cadw rhwng cloriau.[48]

Fel y nodwyd, mewn un ffynhonnell yn unig y cofnodwyd un ar ddeg
o blith yr un gerdd ar bymtheg dan sylw. Ar y llaw arall, bu'r farwnad a
ganodd Siôn Rhydderch i 'anrhydeddus fawrhydi ein diweddar arglwyddes
Anne Brenhines Brydain fawr. ffrainc a'r werddon, ymddiffynferch y ffydd'
(m. 1714) yn bur boblogaidd, ac fe'i copïwyd ar bum achlysur. Dichon
fod hynny yn arwydd o ymlyniad Cymry'r oes wrth y drefn wleidyddol ac
wrth y frenhiniaeth. Yr oedd Anne, 'parch a rhaid . . . y Protestaniaid' yng
ngolwg Siôn Rhydderch, yn 'ben eglwys', 'piler mawr' a 'mur ynys' a
lwyddodd i wastrodi brenin Ffrainc babyddol:

> Gyrrwyd ffrwyn i Gred a Ffrainc,
> Gwers addfwyn, o'i gorseddfainc.[49]

Yr oedd Ellis Wynne o'r Lasynys yn un o gynheiliaid y drefn, a pharodd i'r
Bardd Cwsg draethu yn llesmeiriol am yr hyn a welsai yn yr eglwys ar
ddiwedd 'Gweledigaeth Cwrs y Byd':

> 'A adwaenost-ti y rhan yna?' ebr ef. Ni wyddwn i beth i ateb.
> 'Dyna Eglwys Loegr,' ebr ef.
> Mi gyffrois beth, ac wedi edrych i fyny mi welwn y Frenhines Ann
> ar ben yr Eglwys a chleddy' ym mhob llaw; un yn yr aswy a elwid
> Cyfiawnder i gadw ei deiliaid rhag dynion y Ddinas Ddihenydd,
> a'r llall yn ei llaw ddeau i'w cadw rhag Belial a'i ddrygau ysbrydol
> —hwn a elwid Cleddy'r Ysbryd, neu Air Duw . . . Gwelwn y
> t'wysogion eraill â'r un rhyw arfau'n amddiffyn eu rhan hwythau o'r
> eglwys; eithr teca' gwelwn i ran fy mrenhines fy hun, a gloywa'i
> harfau.[50]

'Os medr un glyttio rhyw fâth ar ddyri, dyna fe'n Gadeir-fardd', meddai Ellis Wynne, a diau mai yn nosbarth y clytwyr y gosodai fardd megis Siôn Rhydderch. Ond ceir gan Siôn farwnad i awdur y *Gweledigaethau*—a bu hon drachefn yn bur boblogaidd. Diogelwyd un o'r pum copi yn llawysgrif Peniarth 123. Cynnwys rhan gyntaf y llawysgrif, a gopïwyd gan Ellis Wynne, destun meddygol sy'n trafod pynciau megis 'gwewyr mewn traed', 'stopio gwaed', 'dolur pen', 'diffyg anadl' ac 'attal piso'; yn llaw ei fab, William Wynne, a ddilynodd ei dad yn ficer Llanaber a Llanfair (wedi i hwnnw iro llaw'r esgob),[51] y mae'r ail ran, sy'n cynnwys gwaith Huw Morys a beirdd lleol megis Siôn Phylib o Fochres, a foddodd wrth groesi'r môr ar ei farch ar ei ffordd adref o Bwllheli ym 1620, a Robert Tomas o Harlech.[52] I deulu'r Lasynys y canwyd rhai o'r cerddi, ac y mae'n briodol fod y farwnad gan Siôn Rhydderch yn rhan o'r casgliad. Ond, megis rhai o'r marwnadau eraill o waith Siôn, y mae hon eto ar ddalen rydd ac yn llaw'r bardd.[53] Cofnodwyd Siôn y cywydd drachefn yn BL Addl. 14866 pan oedd y llawysgrif ym meddiant Edward Morgan, ac y mae'n bur sicr mai Siôn ei hun a gopïodd ddau gopi arall o'r farwnad sydd unwaith eto ar ddalennau rhyddion—y naill yn llawysgrif LlGC 9172,[54] a'r llall yn Peniarth 196, sydd, fel Peniarth 123, yn cynnwys deunydd yn llaw Ellis Wynne.[55] Proffwydoliaethau a gysylltir â Myrddin, Taliesin, Adda Fras a'r Bardd Cwsg gwreiddiol yw cynnwys y llawysgrif hon, ac y mae'n destun syndod fod yr awdur a ddewisodd fychanu a dychanu'r Cynfeirdd yn y *Gweledigaethau* yn ymddiddori cymaint yn y deunydd hwn. Diogelwyd y pumed copi yn llawysgrif Plas Tan-y-bwlch, sy'n cynnwys casgliad o waith y Cywyddwyr ac a gopïwyd tua diwedd yr ail ganrif ar bymtheg a dechrau'r ddeunawfed.[56] Ond nid yn llaw'r sawl a gopïodd y llawysgrif y mae'r farwnad i Ellis Wynne. Y mae'r copi hwn drachefn ar ddalen rydd a rwymwyd yn rhan o'r llawysgrif. O'r pum copi a ddiogelwyd, gwelwyd bod pedwar yn llaw Siôn Rhydderch ei hun (testun Tan-y-bwlch yw'r eithriad), a bod pedwar o'r copïau ar ddalennau rhyddion (yr eithriad yn y cyswllt hwn yw testun BL Addl. 14866).[57]

Ymddengys fod y farwnad wedi cylchredeg ymhlith rhai o deuluoedd amlwg Sir Feirionnydd, a cheir un esboniad ar apêl y gerdd yn ei hadran olaf, lle y dilynir ach Ellis Wynne o dad i dad—gan atgoffa pob un fod gwaed breiniol yng ngwythiennau awdur *Gweledigaethau y Bardd Cwsg*. Y mae'n bosibl fod a wnelo apêl y farwnad hefyd â statws Ellis Wynne, y llenor a'r cyfieithydd. Eto, pan gofir mai argraffwr a chyhoeddwr oedd

Siôn Rhydderch wrth ei alwedigaeth, ac mai un o'r cyfrolau cyntaf a ddaeth o'i wasg yn Amwythig oedd clasur Theophilus Evans, *Drych y Prif Oesoedd*, y mae'n syn na ddewisodd grybwyll gwaith enwocaf yr awdur o'r Lasynys yn ei farwnad. Gelwir sylw, fodd bynnag, at *Rheol Buchedd Sanctaidd*, cyfieithiad Ellis Wynne o waith Jeremy Taylor, *The Rule and Exercises of Holy Living*, ac at ei waith yn diwygio'r Llyfr Gweddi Gyffredin.[58] At hyn, canmolir Ellis Wynne ar gyfrif ei iaith gyfoethog a rhywiog:

>   Cawn wylo, cwyno alaeth,
>   Camrwygo ffrwd Cymraeg ffraeth.[59]

Awgrymwyd na fu cylchrediad helaeth i gerddi defodol Siôn Rhydderch, ac mai'r teuluoedd a gyferchid a ymddiddorai yn bennaf yn y canu. Ond efallai fod angen ailystyried y sylw hwnnw yng ngoleuni amlder y copïau o'r farwnad i Ellis Wynne.[60]

Rhaid cydnabod na pherthyn llawer o wreiddioldeb i gerddi mawl a marwnad y bardd. Cyffredin yn y marwnadau a ganwyd yn y cyfnod hwn yw'r arfer o fydryddu blwyddyn marw'r gwrthrych a goffeir. Yn achos y cywydd marwnad i Ellis Wynne, mydryddir diwrnod, mis a blwyddyn y farwolaeth, ynghyd ag oedran yr ymadawedig. Ceir bod 180 o linellau yn y cywydd marwnad i Wiliam Puw, Mathafarn, a chynnwys y cywydd a luniwyd i ddathlu priodas William Vaughan, Corsygedol, â'i gyfnither, Catrin o Nannau, 250 o linellau. Ni ddylid synnu bod y cerddi yn rhai hirfaith. Y maent yn hir am fod Siôn, fel ei gyfoeswyr, yn rhoi'r fath bwyslais ar waedoliaeth. Dyma thema greiddiol yng nghanu'r beirdd, a gweithred lafurus i'r darllenydd cyfoes yw ymlwybro trwy'r rhestrau moel o enwau. Amheuthun yw taro ar ambell gyfeiriad sy'n dod â'r cymeriadau o'r gorffennol yn fyw, ond prin, ysywaeth, yw'r cyffyrddiadau hyn. Fe'n hatgoffir bod Siôn Owen o Frogyntyn yn un o ddisgynyddion John Owen, Clenennau, a fu'n cynnal achos y brenin yng ngogledd Cymru yn ystod y Rhyfel Cartref:

>   Cafalir mewn cu fawl oedd,
>   Baun llawen, yn ben lluoedd.
>   Anturiodd, enaid dewrwych,
>   Yn y gad yn enwog wych . . .

Gŵr abl oedd a gurai blaid,
Tro taerion, y traeturiaid.⁶¹

Cofnodir enwau hynafiaid brodorol megis Iarddur, Marchudd ac Ednyfed Fychan yn y cywydd moliant o 194 o linellau i Risiart Bwclai, ond fel y gweddai mewn cywydd i fab Is-Iarll Bwclai a'i wraig, Bridget Bertie, merch James, Iarll Abingdon, y cysylltiadau Seisnig a fawrygir yn bennaf. Yn y cywydd priodas i William Vaughan a Chatrin o Nannau, mydryddir enwau hynafiaid y gŵr a'i wraig, ond synhwyrir yr un pryd mai William a gafodd y fargen orau. Er nad oedd lle i amau urddas ach Corsygedol, ni allai aelodau'r teulu honni eu bod yn disgyn, fel Catrin o Nannau, o waed Bleddyn ap Cynfyn, brenin Powys yn yr unfed ganrif ar ddeg. Rhestrir y cartrefi a'r tiroedd a oedd ym meddiant y ddau deulu, a hyd yn oed wedi bwlch o sawl canrif, gellir synhwyro pa mor bwysig fu teuluoedd Nannau a Chorsygedol ym mywyd y sir.

Prisiai'r teuluoedd bonheddig wybodaeth am eu hynafiaid, a diau fod llawer o gerddi mawl beirdd yr oes yn seiliedig ar achresi a gedwid ar yr aelwyd. Y beirdd wrth grefft a arferai ddiogelu'r cof am achau'r boneddigion, ac er bod yr oes aur wedi hen fachlud, gwyddys i Siôn Rhydderch barchu'r arfer ac iddo ymddiddori'n fawr yn y ddysg draddodiadol. Diogelodd wybodaeth am deuluoedd bonheddig ei sir enedigol, a diweddarodd y cofnodion a baratowyd gan yr achyddwr a'r arwyddfardd Lewys Dwnn.⁶² Rhagflaenir y cywydd marwnad i Wiliam Puw, Mathafarn, yn llawysgrif Cwrtmawr 204 gan achres a luniwyd yn wreiddiol gan Siôn Rhydderch: 'Wele vchod Bais Arfau ac odditanodd Achau [. . .] Parchedig ar Anrhydeddus Bendefig Wiliam Pugh*e* o Fathfarn Esqr'. Dechreuir gydag enw Wiliam a'i hynafiaid agos—'Wiliam Pugh Esqr ap Joh Pughe Esqr ap Rowland Pughe Esqr ap Richard Pughe ap Rowland Pughe'—a daw'r rhestr i ben yng nghwmni Seth ab Adda. A rhag bod neb yn amau ei honiadau, geilw Siôn sylw ar ddiwedd yr achres at ei ffynonellau: 'Y mae Lewis Dwnn yr hwn oedd Arwydd fardd clodadwy yn dywedyd fod amryw Dystiolaethau diamheus yn siccerhau Gwirionedd yr Ach hon: o wneuthuriad ac Argraphiad John Rhydderch'.⁶³

Y mae perchentyaeth yn thema bwysig yn y canu. Disgrifir y cartref moethus ac urddasol sydd yn symbol o statws ac o gyfoeth y noddwr ar y naill law ac o'i groeso a'i haelioni ar y llall. Câi gwrêng a bonedd gyfranogi o'r lluniaeth ddibrin ar fyrddau Wiliam Puw, Mathafarn:

Llys moliant er lles miloedd,
Gŵr a'i dŷ agored oedd:
Gŵr â seigiau gwresogwedd,
Gwir lawn, a gorau ei wledd;
Gwleddoedd i ieirll, arglwyddi,
Gwn, yn llawn, a gwin yn lli.[64]

Ymgeleddai Sioned Fychan y tlodion a'r trueiniaid yn ei chartref yn Hengwrt:

Rheol oes, rhôi elusen.
Rhoi yn ei phlas rhan a phlaid
Trwy Wynedd i'r trueiniaid.[65]

Y cartref yn Ynysymaengwyn a'r croeso sydd yno yw pwnc y cywydd moliant i Ann Owen drachefn. Egyr y gerdd ar nodyn syberw gan fod y disgrifiad o'r cartref yn dwyn i gof adran agoriadol y cywydd a ganodd Guto'r Glyn yn y bymthegfed ganrif i Hywel ab Ieuan o Foelyrch,[66] ond gwahanol yw'r cywair erbyn yr ail ran, pan ddaw i'r amlwg mai amcan y bardd yw deisyf cwrw ar gyfer yr adeiladwyr sychedig a oedd yn adnewyddu'r cartref. Yn un o'i ychydig ddatganiadau ysgafn, awgryma Siôn Rhydderch na fyddai seler yr offeiriad hyd yn oed yn ddigon i adfer nerth y gweithwyr ac i'w disychedu.[67]

Y mae gwaedoliaeth a pherchentyaeth, felly, yn themâu canolog yn y canu. Yma a thraw, fodd bynnag, cyflwynir ambell sylw sy'n rhoi arlliw personol i'r portread o'r gwŷr a'r gwragedd a gyferchir. Yn y farwnad i Sioned Fychan pwysleisir pa mor gadarn oedd y cariad rhyngddi a'i gŵr, Robert Vaughan o Hengwrt:

Byw fel saint mewn braint a bri,
Rhyw gariad yn rhagori . . .
Ni bu dim mewn byd yma
Yn oes y rhain, naws yr ha',
A oerai serch o ras sail,
Iawn hyder, yn eu hadail
Ond angau yn y dynged—
Llew ddull cryf sy'n lladd holl Gred.[68]

Yr oedd doethineb yn rhinwedd arall i'w chymeradwyo. Clodforir Rhisiart
Fychan, Corsygedol, ar gyfrif ei barodrwydd i farnu'n deg ac yn gytbwys.
Parai heddwch a chymod rhwng gelynion, ac ni châi ei demtio gan lwgrwobrwyon:

> Gŵr a safodd, gwres hefyd,
> A'i farn yn gadarn i gyd,
> Ac ni throdd ef at roddion
> Gwŷr y llys a'u brys gerbron
> Yn warthus, ac ni werthodd
> Mo'i wlad er mawrhad na rhodd . . .
> Ni thwyllwyd unwaith allan,
> Abram oedd, er gwobrwy mân.[69]

Ar fwy nag un achlysur, dewisodd Siôn Rhydderch bwysleisio rhinweddau
trwy restru'r hyn na wnaethpwyd. Yn achos y cyfreithiwr, Lewis Hughes o
Ddolgellau, er enghraifft:

> Ni wnâi, annwyl iawn wyneb,
> Orthrymu, anafu neb
> Na chneifio, gwelleifio llu
> Yn ei gysgod, na'u gwasgu . . .
> Nid oedd flaidd, annedwydd flin,
> Garw wedd, i ddifa gwerin
> Na llwynog mewn un llannerch,
> Rhyw ystryw swydd yn rhwystr serch,
> Na neidr ffals, nodir ei phwys,
> Go afrol, na sarff gyfrwys . . .
> Gŵr gonest, gywir gynnil,
> Gair a fu gorau o fil.[70]

Yn unol ag arfer beirdd yr oes, galwai Siôn Rhydderch sylw at dduwioldeb y boneddigion ac at eu helusengarwch, er bod mwy o bwyslais ar yr
ail. Trwy gyfrwng ei garolau yn bennaf y ceisiodd y bardd hyrwyddo
buchedd ddilychwin ac annog ei gyd-Gymry i barchu gorchmynion Crist.
Canmolir Wiliam Puw, Mathafarn, am ei fod yn cynnal dyletswydd
deuluol deirgwaith bob dydd ar yr aelwyd 'yn iaith ei fam'. Yr oedd hefyd

yn 'cadw ei eglwys', ac yr oedd hynny'n gyfystyr â theyrngarwch i'r drefn wleidyddol ac i'r Goron. Bu'r Rhyfel Cartref yn gyfrwng cadarnhau ymlyniad pob haen o'r gymdeithas wrth y frenhiniaeth, ac nid rhaid synnu bod Siôn Rhydderch yn cymeradwyo ffyddlondeb Rhisiart Bwclai a'i hynafiaid:

> Gwŷr ffyddlon, gyfion ar goedd,
> Fronnau hen, i frenhinoedd.[71]

Ond yr oedd newid ar droed, fel y gwyddai'r gŵr a gyfieithodd *Datcuddiad or un peth mwya' angenrheidiol, Neu Pa un yw'r Grefydd Orau. Sef dwys ddifrifol chwilio allan, pa Eglwys a Chymmundeb sydd orau a siccra i lynu wrthi; tuag at gyrraedd Bywyd Tragywyddawl* yn dda.[72] Ymdrinnir ag un ar bymtheg o sectau gwahanol yn y gwaith hwn, a'r Crynwyr, neu'r 'cŵn mudion' a enynnodd ddicter Ellis Wynne, yn eu plith. Da gan Siôn Rhydderch allu cyhoeddi nad oedd gan Risiart Fychan, Corsygedol, ddim i'w ddweud o blaid yr ymwahanyddion hyn:

> Ni hoffodd yn eu heffaith
> Neilltuwyr, gwewyr eu gwaith.[73]

Yn ail hanner y ddeunawfed ganrif, clywid Ieuan Fardd yn gwawdio cenhedlaeth arall o Ymneilltuwyr—y Methodistiaid y tro hwn—a hynny mewn cywyddau moliant a marwnad i fab Rhisiart Fychan.[74] Dulliau addoli'r Methodistiaid a'i cythruddai, ac wrth iddo alw sylw at y sŵn a oedd yn gysylltiedig â'u hoedfaon, ni wnâi namyn ategu barn boblogaidd ei ddydd, fel y gwnâi Rhys Jones o'r Blaenau, a luniodd gyfres o englynion dilornus—'Fflangell Ysgorpionog i'r Methodistiaid':

> Llusgant, mordwyant i deios—gwledig,
>   Caethgludant wrageddos;
>   Crochfloeddio dan neidio'r nos
>   A gwirioni gwerinos.[75]

Prin y gellid disgwyl i Ieuan Fardd, ac yntau'n ŵr eglwysig wrth ei alwedigaeth, gymeradwyo'r sect newydd. Yn wahanol i lawer o gollfarnwyr ei oes, fodd bynnag, ceisiai ef amgyffred apêl Howel Harris a'i ganlynwyr, a thestun pryder iddo oedd gorfod cydnabod ar goedd, fel y gwna mewn cywydd moliant a thrachefn mewn cywydd marwnad i William Vaughan, mai diffygion yr eglwys wladol—a Seisnigrwydd ei harweinwyr yn anad dim—a barai i'r Cymry cyffredin droi at y Methodistiaid.

Er i Siôn Rhydderch gyfarch nifer helaeth o feirdd ei oes, y mae'n arwyddocaol na luniodd gywydd i'r un ohonynt. Cyfarchwyd ef yn ei dro mewn cywydd ac englyn, ac ar ffurf cywydd y dewisodd ei dri marwnadwr, sef Rhys Jones o'r Blaenau, Richard Morris a Dafydd Jones o Drefriw, ei goffáu. Nid oes amheuaeth nad oedd ei ddoniau prydyddol yn destun edmygedd yng ngolwg ei gyd-feirdd. Fe'i gosodwyd gan Rys Jones o'r Blaenau yn olyniaeth penceirddiaid mawr y gorffennol, ac er bod elfen o ormodiaeth yn y deyrnged a dalodd iddo, dengys nad oedd pob un yn rhannu dirmyg Lewis Morris (a gyfeiriodd yn ddilornus at ei 'very bad, bad Poetry'[76]):

> Cwympo saer campus araith,
> Parodd wae, pur oedd ei waith . . .
> Gwniadwr y gân ydoedd,
> Hy' am yr iaith, Homer oedd.
> Pôr difyr, pêr ei dafawd,
> Hoff iawn gyff, a ffynnon gwawd.
> Dda achles, gweodd ddichlyn
> Felys gerdd un flas â gwin.[77]

Yn y tair marwnad sydd ar glawr, crybwyllir llafur Siôn Rhydderch yr almanaciwr, yr argraffwr a'r gramadegwr. Efallai mai cymwynas bennaf y tri phortread ohono yw dangos ei fod wedi gwneud cyfraniad o bwys yn ei ddydd, a hynny mewn sawl maes, a bod ei enw yn haeddu cael ei gofio o'r herwydd.

NODIADAU

1. John Rhydderch, *Grammadeg Cymraeg* (Amwythig, 1728), 188–9.
2. Gweler J. H. Davies, *A Bibliography of Welsh Ballads Printed in the 18th Century* (London, 1908–11), cerdd 44.
3. Gweler Gwyn Thomas, 'Y Portread o Uchelwr ym Marddoniaeth Gaeth yr Ail Ganrif ar Bymtheg', yn J. E. Caerwyn Williams (gol.), *Ysgrifau Beirniadol VIII* (Dinbych, 1974), 110–29.

4. Llsgr. Peniarth 241, 322.
5. Thomas Parry (gol.), *The Oxford Book of Welsh Verse* (Oxford, 1962), 203–6.
6. Owen M. Edwards (gol.), *Gwaith Owen Gruffydd* (Llanuwchllyn, 1904), 33, 35.
7. Gweler yr adran ar deulu Nannau, cerddi 158–251, yn A. Lloyd Hughes, 'Noddwyr y Beirdd yn Sir Feirionnydd'; traethawd MA Prifysgol Cymru [Aberystwyth], 1969.
8. Hugh Hughes (gol.), *Barddoniaeth Edward Morris, Perthi Llwydion* (Liverpool, 1902), 36–8.
9. Edwards (gol.), *Gwaith Owen Gruffydd*, 57–60.
10. Hughes (gol.), *Barddoniaeth Edward Morris, Perthi Llwydion*, 39.
11. Ibid., 20.
12. Llsgr. Caerdydd 84, 476: 'un o uchel waed/Mathafarn, gadarn gydwaed'.
13. Llsgr. Bangor Mostyn 26.
14. Ni chatalogiwyd yr holl gerddi, ac efallai y daw eraill i'r golwg maes o law. Galwodd Dafydd Wyn Wiliam sylw at y cywydd a ganodd Siôn i erchi march gan Robert Wyn o Fodysgallen dros Hywel Wyn ym 1732; gweler *Cofiant Lewis Morris 1700/1–42* (Llangefni, 1997), 165 (nodyn 28). Ni restrir y cywydd hwn yn y *Mynegai i Farddoniaeth Gaeth y Llawysgrifau* (Caerdydd, 1978), nac yn y gronfa gyfrifiadurol 'Maldwyn' (Llyfrgell Genedlaethol Cymru), <http://maldwyn.llgc.org.uk>.
15. Copïodd Peter Bailey Williams (1763–1836) yr awdl farwnad i Gatrin o Nannau a'r cywydd marwnad i Sioned Fychan, Hengwrt, ond y testunau yn llaw Siôn Rhydderch a gopïodd. Nid oes lle i gredu iddo weld y cerddi mewn ffynhonnell annibynnol a gollwyd erbyn hyn.
16. Diogelwyd y cywydd marwnad i Wiliam Puw, Mathafarn, mewn dwy ffynhonnell a gopïwyd yn ystod oes Siôn Rhydderch, a pherthyn y naill a'r llall i ardal Llanymawddwy nad oedd nepell o gynefin y bardd; gweler ymhellach 142 uchod.
17. Rhydderch, *Grammadeg Cymraeg*, 56.
18. 'Paun Anwyl a'n Pen Ynad/Byw erchwyn glwys barch ein gwlad'; ibid., 125.
19. Hyd y gwyddys, ni chanodd Siôn Rhydderch ar achlysur priodas Sioned, merch Huw Nannau, â Robert Vaughan o Hengwrt ym 1719, fel y gwnaeth Elis Rowland, Harlech, ac ni chanodd ychwaith i Vincent Corbet o Ynysymaengwyn, a fu farw ym 1723. Gwyddai Siôn Prisiart Prys o Fôn fod croeso i'r beirdd ar yr aelwyd honno, a chanodd gywydd moliant i Vincent Corbet, ynghyd â chyfres o dri englyn i'r ardd yn Ynysymaengwyn.
20. Llsgr. BL Addl. 14937, 45^r.
21. Priododd Rhisiart Bwclai â Siân, merch Lewis Owen o Beniarth yn Sir Feirionnydd, tua 1731–2; gweler J. E. Griffith, *Pedigrees of Anglesey and Carnarvonshire Families* (Bangor, 1914), 42–3, 323. Gan fod y gŵr a'r wraig yn cael eu henwi yn y cywydd, ni all fod yn gynharach na hyn. Bu farw Rhisiart Bwclai ym 1739. Ni sonnir yn benodol yn y cywydd am y briodas, ond rhoddir cryn sylw i gysylltiadau teuluol y rheini a folir, fel y gwneir yn achos y gerdd i ddathlu priodas William Vaughan, Corsygedol, â Chatrin o Nannau. Gall hynny awgrymu, felly, mai ar achlysur yr uniad y canwyd y cywydd dan sylw.
22. G. M. Ashton (gol.), *Hunangofiant a Llythyrau Twm o'r Nant* (Caerdydd, 1948), 47.
23. Gweler J. Gwenogvryn Evans, *Report on Manuscripts in the Welsh Language*, 2 gyfrol (London, 1898–1910), II, 1022–38.

24. Gweler J. E. Lloyd *et al.* (goln.), *Y Bywgraffiadur Cymreig Hyd 1940* (Llundain, 1953), 416; Meic Stephens (gol.), *Cydymaith i Lenyddiaeth Cymru* (Caerdydd, 1997), 377; Garfield H. Hughes, 'Cyfieithiad Dafydd Johns, Llanfair Dyffryn Clwyd, o "Weddi Sant Awgwstin"', *Cylchgrawn Llyfrgell Genedlaethol Cymru*, VI (1949–50), 295–8.
25. Llsgr. BL Addl. 14874, 146^v.
26. Y mae blas lleol ar lawer o'r cerddi hyn. Yn eu plith ceir cywydd marwnad John Morgan i'r Frenhines Anne, cywydd moliant Siôn Prisiart Prys i Vincent Corbet, Ynysymaengwyn, a chywydd marwnad Wmffre Wiliam i Athelstan Owen, mab-yng-nghyfraith Vincent Corbet.
27. Llsgr. Llansteffan 166, 320.
28. Ar ganu'r beirdd i'r cartref, gweler Glenys Davies, *Noddwyr Beirdd ym Meirion* (Dolgellau, 1974), 185–7.
29. Saunders Lewis, 'John Morgan', yn R. Geraint Gruffydd (gol.), *Meistri'r Canrifoedd: Ysgrifau ar Hanes Llenyddiaeth Gymraeg* (Caerdydd, 1973), 225.
30. Gweler Lloyd *et al.* (goln.), *Y Bywgraffiadur Cymreig*, 608–9; Stephens (gol.), *Cydymaith i Lenyddiaeth Cymru*, 513; A. D. Carr, 'John Morgan, Matching, 1688–1733', *Cylchgrawn Cymdeithas Hanes a Chofnodion Sir Feirionnydd*, V (1965–8), 127–32.
31. Llsgr. BL Addl. 14866, 289^v.
32. Dywed Lewis mewn nodyn ar ddechrau Llsgr. BL Addl. 14866 iddo gael benthyca'r llawysgrif pan oedd ym meddiant Edward Morgan. Fe'i dychwelodd maes o law, ond pan fu farw Edward Morgan trefnodd Humphrey Humphreys, ysgutor yr ewyllys, ei bod yn cael ei throsglwyddo i Lewis.
33. Llsgr. LlGC 21301B, 32.
34. J. H. Davies (gol.), *The Letters of Lewis, Richard, William and John Morris, of Anglesey*, 2 gyfrol (Aberystwyth, 1907–9), I, 490 (llythyr CCCXXXVI). Pan aeth Lewis Morris ati i lunio ei dafol farddol, gan roi marc allan o ugain i bob bardd, a hynny dan bedwar pen, sef Awen, Gwybodaeth, Dysg a Chynganeddiaeth, yr unig fardd y rhagorai Dafydd Manuel a Siôn Prisiart Prys arno oedd Robin Clidro; gweler Hugh Owen, *The Life and Works of Lewis Morris (Llewelyn Ddu o Fôn) 1701–1765* (Anglesey Antiquarian Society and Field Club, 1951), 158–9. Ni roddwyd gwaith Siôn Rhydderch yn y glorian.
35. Dafydd Wyn Wiliam, 'Y Traddodiad Barddol ym Mhlwyf Bodedern, Môn'; traethawd MA Prifysgol Cymru [Bangor], 1970, 112.
36. Gweler Geraint H. Jenkins, *Literature, Religion and Society in Wales 1660–1730* (Cardiff, 1978), 242, 292–3.
37. Llsgr. BL Addl. 10313, 233^r.
38. Trafodir ymwneud y teuluoedd hyn â'r beirdd yn E. D. Jones, 'The Family of Nannau (Nanney) of Nannau', *Cylchgrawn Cymdeithas Hanes a Chofnodion Sir Feirionnydd*, II (1953–6), 5–15.
39. Llsgr. Brogyntyn 29, 10.
40. Trafodir bywyd a gwaith Rhys Jones gan Beryl H. Griffiths, 'Rhys Jones (1713–1801) o'r Blaenau', *Cylchgrawn Cymdeithas Hanes a Chofnodion Sir Feirionnydd*, XI (1990–3), 433–45, ac A. Cynfael Lake, 'Rhys Jones: Y Golygydd a'r Bardd', yn J. E. Caerwyn Williams (gol.), *Ysgrifau Beirniadol XXII* (Dinbych, 1997), 204–26.

41. Lake, 'Rhys Jones: Y Golygydd a'r Bardd', 219.
42. Llsgr. LlGC 7856D, 142.
43. Gweler Rhiannon Thomas, 'William Vaughan: Carwr Llên a Maswedd', *Taliesin*, 70 (1990), 69–76.
44. A. Cynfael Lake (gol.), *Blodeugerdd Barddas o Ganu Caeth y Ddeunawfed Ganrif* (Cyhoeddiadau Barddas, 1993), 26, llau. 23–6.
45. Gweler Evans, *Report on Manuscripts in the Welsh Language*, II, 1131–5.
46. Dewisodd Siôn Rhydderch rannau o'r awdl hon wrth enghreifftio rhai o'r mesurau yn ei ramadeg.
47. Yr unig beth a nodir yn J. H. Davies, *The National Library of Wales: Catalogue of Manuscripts*, I (Aberystwyth, 1921), 325–35, yw fod y llawysgrif yn cynnwys sawl llaw.
48. Dyma'r cerddi a ddiogelwyd ar ddalennau rhyddion: marwnad Rhisiart Fychan, Corsygedol; marwnad Siôn Owen, Brogyntyn; marwnad Sioned Fychan, Hengwrt; awdl farwnad Catrin gwraig Huw Nannau; awdl farwnad Dr Puw o'r Rug (ceir ail gopi, a hwnnw eto yn llaw Siôn Rhydderch, yn Llsgr. BL Addl. 14874); englynion i ddathlu priodas William Vaughan, Corsygedol; cywydd i erchi march gan Robert Wyn o Fodysgallen dros Hywel Wyn; cywydd marwnad Ellis Wynne o'r Lasynys. Trafodir yr olaf uchod.
49. Llsgr. Caerdydd 2.14, 513.
50. Patrick J. Donovan a Gwyn Thomas (goln.), *Gweledigaethau y Bardd Cwsg Ellis Wynne* (Llandysul, 1998), 47.
51. Dengys ewyllys Ellis Wynne iddo brynu'r hawl gan esgob Bangor i ddewis ei olynydd ym mhlwyf Llanfair; gweler Irene George, 'Rhai o Lawysgrifau Ellis Wynne a William Wynn', *Journal of the Welsh Bibliographical Society*, 4 (1932–6), 171–98.
52. Gweler Evans, *Report on Manuscripts in the Welsh Language*, I, 751–4. Gweler hefyd George, 'Rhai o Lawysgrifau Ellis Wynne a William Wynn', 178–9.
53. 'Nid oes dim arbenigrwydd neilltuol yn perthyn i'r cywydd hwn ar wahân i'r ffaith mai cywydd marwnad Ellis Wynne ydyw' oedd dyfarniad Irene George; 'Rhai o Lawysgrifau Ellis Wynne a William Wynn', 179.
54. Gwelir bod y cywydd ar ddwy ddalen hir, ond un ochr yn unig a ddefnyddiwyd o'r naill a'r llall. Y mae olion y plygiadau yn amlwg, fel pe bai'r ddwy ddalen wedi eu plygu er mwyn eu cludo'n hwylus. Ar gefn y ddalen gyntaf ysgrifennwyd 'To the Revrd Mr Wynn at Lâsynys'.
55. Gweler Evans, *Report on Manuscripts in the Welsh Language*, I, 1025–6.
56. Gweler 'Schedule of the Contents of a Manuscript Volume of Welsh Poetry Known as the Tanybwlch Manuscript' yn Llyfrgell Genedlaethol Cymru, Aberystwyth.
57. '[V]ery Bad Poetry' yw'r sylw sydd gan Lewis Morris yn Llsgr. BL Addl. 14866.
58. Tebyg mai at *Rheol Buchedd Sanctaidd* Ellis Wynne, yn hytrach na'r *Gweledigaethau*, y cyfeirir yn y cwpled hwn: 'Gwrol oedd, mae gair y wlad,/Gof aeth, am ei gyfieithiad'.
59. Llsgr. BL Addl. 14866, 4^v.
60. Diogelwyd dau gopi o awdl farwnad y bardd i Dr Roland Puw o'r Rug, a'r ddau hynny yn llaw Siôn Rhydderch. Digwydd y naill mewn llawysgrif a fu yn ei feddiant, a cheir y llall ar ddalen rydd a ddiogelwyd yn un o lawysgrifau Peniarth; gweler nodyn 48 uchod.

61. Llsgr. Brogyntyn 29, 10.
62. Bu farw Lewys Dwnn ym 1616, a diweddarwyd ach teulu Mathafarn, er enghraifft, er mwyn cynnwys gwybodaeth am aelodau'r teulu yn ystod yr ail ganrif ar bymtheg. Dilynwyd yr ach hyd at Wiliam Puw, 'now living' yn y flwyddyn 1711; gweler Lewys Dwnn, *Heraldic Visitations of Wales*, gol. S. R. Meyrick, 2 gyfrol (Llandovery, 1846), I, 295–6.
63. Llsgr. Cwrtmawr 204, 73.
64. Llsgr. Llansteffan 166, 109.
65. Llsgr. Cwrtmawr 71, 5.
66. J. Llywelyn Williams ac Ifor Williams (goln.), *Gwaith Guto'r Glyn* (Caerdydd, 1961), 109–11.
67. 'Yn ddigon disynwyr Duw ai Gŵyr' oedd sylw Lewis Morris wrth y cywydd hwn; gweler Llsgr. BL Addl. 14866, 306^v.
68. Llsgr. Cwrtmawr 71, 5.
69. Llsgr. Peniarth 327 iii, 97.
70. Llsgr. BL Addl. 14866, 5^v.
71. Llsgr. BL Addl. 10313, 233^r.
72. Argraffwyd y gwaith hwn ym 1724.
73. Llsgr. Peniarth 327 iii, 97.
74. Gweler D. Silvan Evans (gol.), *Gwaith y Parchedig Evan Evans* (Caernarfon, 1876), 41–6, 114–17.
75. Lake (gol.), *Blodeugerdd Barddas o Ganu Caeth y Ddeunawfed Ganrif,* 79, llau. 21–4.
76. Llsgr. BL Addl. 14866, 6^r.
77. Lake (gol.), *Blodeugerdd Barddas o Ganu Caeth y Ddeunawfed Ganrif,* 66, llau. 59–60; 66–7, llau. 65–70.

'Gosodir Ni yn Îs Na Phawb':
Cymru Victoria ar Drywydd Enwogrwydd

Hywel Teifi Edwards

R. J. Derfel piau pennawd yr ysgrif hon. Brawddeg ydyw a godwyd o'i erthygl (sydd mewn gwirionedd yn fwy o draethawd 37 tudalen), 'Cymru yn ei Chysylltiad ag Enwogion', a ymddangosodd yn *Y Traethodydd* ym 1855. Yn yr un cylchgrawn y flwyddyn honno adolygwyd ei ddrama ddychan, *Brad y Llyfrau Gleision*—sef ei wrthymosodiad yn erbyn Adroddiad y tri chomisiynwr a wylltiodd y Cymry â'u collfarn ym 1847—ac yr oedd hynny'n briodol gan mai ei fawr awydd i godi'r genedl ar ôl ei diraddiad cyhoeddus oedd wrth wraidd y ddrama a'r erthygl fel ei gilydd.[1]

Ddwy flynedd yn ddiweddarach, cyhoeddwyd yn *Y Traethodydd* arolwg sylweddol yr hyglod Thomas Stephens o Ferthyr ar 'Sefyllfa Wareiddiol y Cymry', sef y traethawd eisteddfodol a ysgrifennodd ym 1856 i wrthbrofi haeriad H. A. Bruce, A.S. (Arglwydd Aberdâr wedi 1873) nad oedd y Cymry erioed wedi cynhyrchu enwogion o'r radd flaenaf[2]—haeriad a atgyfodwyd gan y *Times* ym 1877 i drwblu'r dyfroedd drachefn. Ac fe ellid dilyn ysfa ôl-1847 y Cymry i brofi fod ganddynt wŷr glew i ymffrostio ynddynt mewn sawl maes drwy gyhoeddiadau ac eisteddfodau oes Victoria i lawr at Eisteddfod Ffair y Byd yn Chicago ym 1893, pan enillodd y Parchedig Eben Edwards 300 o ddoleri a 'buggy' am draethawd ar 'Welshmen as Civil, Political and Moral Factors in the Formation and Development of the United States Republic'.[3] Yn wir, tystia cyfrol ddiweddar Terry Breverton, *100 Great Welshmen: Eminent Britons, Volume 1* (2001), fod yr ysfa eto'n fyw.[4]

Yng nghyd-destun consýrn R. J. Derfel, Thomas Stephens a'u cyfoeswyr, y mae 'enwogion' yn gyfystyr ag 'arwyr', a sylweddolir wrth ddarllen eu gwaith ein bod drwyddynt yn cael gweld fel yr ymawyddai'r Cymry, yn arbennig ar ôl 'Brad y Llyfrau Gleision', i godi arwyr, i'w consurio trwy gyfrwng chwedl a chân, hanes a chronicl, ffaith a ffuglen, llun a lliw, cofiant a chofeb yn bantheon o enwogion a fyddai wrth law i sicrhau'r genedl o'i gwerth a'i noddi yn nyddiau dolur a dirmyg. Â'r awydd hwnnw y bydd a wnelo'r ysgrif hon y mae ei hawdur yn ffyddiog fod ei phwnc, o leiaf, yn ateb gofyn cyfrol deyrnged i fardd o ysgolhaig sydd wedi mawrhau arwyr o gynfyd y Mabinogion hyd at Orllewin Gwyllt John Wayne, jyngl Tarzan a marchogion Rhyfeloedd y Sêr, gan ddal mewn cerdd i Elvis, "Dydi arwyr ddim yn marw' (*CT*, 42–3).

Yn Lloegr, fel yng ngwledydd Ewrop ac America, tyfodd dyrchafu a defnyddio arwyr yn fath o reidrwydd diwylliannol yn y bedwaredd ganrif ar bymtheg—arwyr chwedlonol, hanesyddol a chyfoes, arwyr ffantasi a ffaith, brenhinol a gwerinol, ysbrydol a bydol, milwrol a heddychol, masnachol a chelfyddydol. I'r pwerau imperialaidd ymgorfforent ragoriaethau hil, ac i'r bobloedd dan ormes tystient i rym ysbryd annistryw. Rhôi arwyr hawl i'r llwyth neu'r bobl neu'r genedl a'u cododd i edrych yn falch yn llygad y byd.

Y mae cyfrolau lawer wedi'u hysgrifennu am gwlt yr arwr yn oes Victoria, ac y mae'n dda fod pennod Walter E. Houghton ar 'Hero Worship' yn ei gyfrol nodedig, *The Victorian Frame of Mind, 1830–1870* (1957), yn gyflwyniad mor wybodus i'r maes.[5] Yn ei farn ef, 'In the fifty years after 1830 the worship of the hero was a major factor in English culture', ac Edmund Gosse a ddywedodd fod y Fictoriaid wedi trosi edmygedd o fod yn rhinwedd i fod yn grefydd, a'i galw yn arwraddoliaeth. Ym 1841, gyda chyhoeddi *On Heroes, Hero-Worship and the Heroic in History* Thomas Carlyle, fe gafodd y grefydd honno ei beibl—tra dylanwadol—a thyfodd synied am hanesyddiaeth fel crynhoad o fywgraffiadau enwogion yn gredo i genhedlaeth o haneswyr ar draws y gwledydd. Ar ôl darllen y gyfrol hon pan oedd yn fyfyriwr yng Ngholeg Y Bala rhwng 1866 a 1869, cyhoeddodd y Parchedig William Richard Jones (Goleufryn) ym 1876 ddwy erthygl glodforus ar waith Carlyle yn *Y Traethodydd*, gan wasgu ar ei ddarllenwyr argyhoeddiad Carlyle na cheir gwir arwriaeth lle nad oes ffydd.[6]

Ymhen chwe mlynedd ar ôl ymddangosiad cyfrol Carlyle, yr oedd ffydd y Cymry yn eu teilyngdod fel cenedl i'w siglo'n ddifrifol gan 'Frad y Llyfrau Gleision'. Taniodd yr ymosodiad ymgyrch amddiffynnol ar unwaith, ac yn yr hinsawdd arwraddolgar a oedd ohoni nid yw'n syndod fod y Cymry wedi mynd ati i geisio cloddio arwyr 'at iws gwlad' o'u gorffennol, yn ogystal ag arwisgo ambell gyfoeswr rhagluniaethol â phriodoleddau ac awra arwriaeth. Gellir dilyn yr ymgyrch trwy gystadlaethau'r prif eisteddfodau, yn arbennig felly yr Eisteddfodau Cenedlaethol o 1858 ymlaen, sydd wedi gadael ar eu hôl drwch o dystiolaeth i'w rhidyllu—yn gerddi a thraethodau, yn gofiannau a storïau, yn anerchiadau a thrafodaethau, yn ganigau ac unawdau.

Y mae E. G. Millward, yn ei gyfrol fanylgraff *Yr Arwrgerdd Gymraeg: Ei Thwf a'i Thranc* (1998), wedi trafod y cymhellion wrth wraidd yr arwrgerddi, yn awdlau a phryddestau, yr aeth y beirdd i ffwdan fawr i'w cynhyrchu o 1850 ymlaen, ac yn *Cenedl o Bobl Ddewrion* (1991), fe fu'r un mor llygadog wrth roi sylw beirniadol i'r rhamantau hanesyddol sy'n britho'r cylchgronau a'r newyddiaduron yn yr un cyfnod. Yn hytrach na lladd ar yr arwrgerddi a'r rhamantau am eu bod yn syrthio'n fyr fel 'llenyddiaeth safonol', y mae wedi adfer iddynt bwrpas dilys drwy fod yn barod i edrych arnynt yng ngoleuni'r hyn sydd gan Edward Said i'w ddweud am 'culture of resistance' yn *Culture and Imperialism* (1993), a'r hyn sydd gan yr hanesydd Linda Colley i'w ddweud yn *Britons: Forging the Nation, 1707–1837* (1992) am y modd yr oedd y Cymry, yr Albanwyr a'r Saeson 'yn eu diffinio eu hunain yn eu perthynas â gweddill Ewrop a'r Ymerodraeth Brydeinig'.[7] Y mae ei waith yn tanlinellu'r angen am gyfrol sylweddol i drafod y rhan y mae hanes, yn gyffredinol, yn ei chwarae yn llenyddiaeth Gymraeg y bedwaredd ganrif ar bymtheg.

Nid yw ymdrin â'r arwrgerddi eisteddfodol yn rhan o fwriad yr astudiaeth hon; mae fy niddordeb yn y maes i'w weld yn yr ysgrif ar 'Y Prifeirdd Wedi'r Brad' yn y gyfrol *Brad y Llyfrau Gleision* (1991).[8] Ceisio dweud rhywbeth yr wyf yma am greu'r hinsawdd y tyfodd arwrgaredd y Cymry ynddi ar ôl 1850, gan ddwyn R. J. Derfel gerbron yn un o'r tystion cynharaf i'r syched am 'enwogrwydd' yr oedd yn rhaid i genedl a gawsai ei darostwng yn greulon ei ddiwallu os oedd ei braint a'i bri i'w hadfer.

Ym marn Prys Morgan, yr oedd drama R. J. Derfel yn ddrych i 'holl ddryswch a thryblith ac anesmwythyd' Cymru'r 1850au,[9] a gellid dweud yr un peth am ei erthygl, 'Cymru yn ei Chysylltiad ag Enwogion'. Fe'i hysgrifennwyd drannoeth sarhad 1847 dan argyhoeddiad fod yn rhaid i genedl wrth arwyr, wrth enwogion, os oedd i ddal ei phen yn uchel mewn cyfnod pan oedd bri unwaith eto ar raddio rhywogaethau a hilion yn unol â'r gred ganoloesol yng Nghadwyn Bod, a phan oedd daeargryn Darwin ar fin taro. Rhoes Derfel sylw penodol i bedwar cwestiwn: (i) a oedd gan y

Cymry enwogion? (ii) a oeddynt yn cynhyrchu llai ohonynt mewn cymhariaeth â chenhedloedd eraill? (iii) os oeddynt, beth oedd i gyfrif am hynny? (iv) pa foddion oedd yn angenrheidiol i ateb y diffyg?[10]

Y mae erthygl R. J. Derfel yn rhy hir i fanylu arni yn yr ysgrif hon, ond y mae'n rhaid cynnig braslun o'i chynnwys. Yr oedd Derfel yn sicr fod gan y Cymry amrywiol enwogion o ddyddiau Caswallon hyd at John Elias, ac o gymharu'r genedl o ran maint, adnoddau a chyfle â'r Saeson a'r Albanwyr, nid oedd eisiau iddi gywilyddio. Yn unig dylid cydnabod 'mai mewn dynion anghyffredin o fawr yr ydym . . . ar ol ein cymdogion'. Ni chododd y genedl neb i gystadlu â Homer, Bacon, Locke, Newton, Herschel, Raphael, Angelo, Martin, Howard, Wilberforce, Handel, Mozart, Haydn, Scott na Dickens; prin iawn oedd y Cymry y gellid dweud eu bod 'wedi cyrhaedd pinaclau uchaf enwogrwydd'—mor brin, yn wir, fel bod yn rhaid mynnu fod Arthur Frenin yn Gymro hanesyddol.[11]

Fe allai enwogion o Gymru fod yn fwy adnabyddus i'r byd, meddai Derfel, pe na bai (i) y Cymry mor barod i'w diraddio'u hunain, (ii) y genedl mor ddi-rym o ran ei dylanwad ymhlith cenhedloedd eraill, (iii) y Gymraeg mor gyfyng ei therfynau, (iv) hanes Cymru mor ddibris mewn ysgol a choleg, (v) coffadwriaeth eu henwogion wedi'i hesgeuluso gan y Cymry eu hunain, a (vi) y Saeson mor barod i hawlio enwogion o Gymry yn eiddo iddynt hwy. Yng nghyswllt y pwynt olaf hwn, medd Derfel: 'Maent am lyncu y Cymry i fyny ynddynt eu hunain os gallant, ac am hyny ni chlywir hwy ond yn anfynych yn son am "Wales" a "Welsh", gan y rhoddant y naill a'r llall o'r golwg yn "England" a'r "English".'[12]

At hynny, fe allai enwogion Cymru fod yn lluosocach petai'r hinsawdd ddiwylliannol yn fwy ffafriol i'w twf—petai (i) moddion addysg helaethach ar gael ar gyfer eu meithrin, (ii) noddwyr goleuedig a hael yn bod i'w cefnogi, (iii) cymhellion yr ifainc yn ddigon cryf i oresgyn anfanteision, (iv) digon o lyfrau Cymraeg i'w cael ar amrywiaeth cynyddol o bynciau, (v) digon o fywgraffiadau enwogion ar gael yn Gymraeg i ysbrydoli ieuenctid y wlad i'w hefelychu, (vi) ysbryd anturiaethus yn cael ei feithrin er mwyn agor cwysi newydd ym myd masnach neu fyd llên, (vii) uchelgais y Cymry yn anelu'n gyson at fod yn flaenaf ym mhob menter, ac (viii) yr eisteddfodau—a'r ymlyniad wrth y gynghanedd yn waeth na dim—yn peidio â chloffi gwreiddioldeb a gwobrwyo syrthni meddwl.[13]

Ac i gloi, rhestrodd Derfel ddeuddeg o foddion 'i dynu allan athrylith y Cymry, ac i ddyrchafu y Dywysogaeth', gan gydnabod bod rhai ohonynt eisoes ar waith yn ystod yr hanner canrif a aethai heibio, a'u heffeithiolrwydd i'w weld mewn gorchestion a oedd yn ernes na orffwysai'r genedl 'nes y bydd yn alluog i roddi taw ar eneuau y rhai a hoffant ei gwaradwyddo'. Gan ailbwysleisio rhai o'i argymhellion blaenorol, mynnodd fod yn rhaid (i) meithrin hunan-barch a chenedlgarwch cryf, (ii) darparu'n eang ar gyfer anghenion addysgol y genedl, (iii) rhoi lle canolog i hanes a llên Cymru yng nghwricwlwm yr ysgolion, (iv) sefydlu cymdeithasau llenyddol ym mhob ardal er lles y dosbarth gweithiol, (v) estyn cylch gwybodaethau 'preswylwyr y mynyddau' trwy gyfrwng cyhoeddiadau rhad, (vi) cyhoeddi cofiannau enwogion er mwyn ennyn edmygedd a thanio awydd i ragori, (vii) codi cofebau i enwogion a diogelu eu gweithiau, (viii) 'noddi perchenogion athrylith tra yn fyw', (ix) sicrhau marchnad i lyfrau Cymraeg gwreiddiol gan nad oedd disgwyl i genedl a ddibynnai ar gyfieithiadau gyfrif yng ngolwg y byd, (x) anelu at gyfansoddi campweithiau digamsyniol megis yr *Iliad* neu *Paradise Lost*, (xi) creu cymdeithasau a sefydliadau i hysbysebu cyflawniadau'r Cymry rhag i'r Saeson eu hawlio, a (xii) agor llygaid y Cymry i'r peryglon cyfoes a fygythiai barhad y genedl, a nerthu penderfyniad ynddynt i oroesi er gwaethaf pob anfantais.[14]

Fel Thomas Stephens ym 1856–7, ac Emrys ap Iwan ugain mlynedd yn ddiweddarach, yr oedd R. J. Derfel am hoelio'i gyd-wladwyr wrth eu cyfrifoldebau. Eu busnes hwy oedd ymenwogi a phrofi eu gwerth:

> Gymry! mae eich dyrchafiad a'ch enwogrwydd cenedlaethol yn gorphwys arnoch chwi eich hunain. A fynech chwi fod yn fawr ac enwog? Byddwch felly. Nid oes neb na dim a ddichon eich lluddias. Mae y moddion yn gyrhaeddadwy i chwi. Mae myrdd o leisiau yn eich annog ymlaen. Mae enwogrwydd yn dal coronau anrhydedd yn ei llaw, yn barod i'w rhoddi ar eich pen, ac os hebddynt y byddwch, arnoch chwi y bydd y bai.[15]

Pe methai'r Cymry â gwneud eu marc ar lwyfan byd, nid am eu bod yn faterol dlawd y byddent yn methu, ond am eu bod yn wan eu hysbryd, yn llipa eu cymeriad ac yn ddianrhydedd o ran teyrngarwch i'w priod etifeddiaeth. 'Dysgwn barchu ein hunain, ac fe gawn barch gan ein cymydogion.'[16]

Dylid pwysleisio nad ysgrifennu yng nghysgod 'Brad y Llyfrau Gleision' yn unig yr oedd R. J. Derfel ym 1855. Yr oedd y cof am Arddangosfa Fawr 1851, pan ddaeth y miliynau i'r Palas Grisial i ryfeddu at ysblander yr Ymerodraeth Brydeinig, yn dal i gynnau balchder difesur. Yn ogystal, yr oedd y cof am angladd epig Dug Wellington ym 1852—yr olaf o'r drindod (Nelson a Napoleon oedd y ddau arall, wrth gwrs) a fu'n cynnal teml arwraddoliaeth eu hoes megis colofnau Corinthaidd—yn dal i dystio, a hynny i raddau helaeth trwy gyfrwng marwnad Tennyson, 'Ode on the Death of the Duke of Wellington', i afael ddiollwng yr arwr gwaredigol ar ddychymyg a diolchgarwch Ewrop. Ac fel pe na bai hynny'n ddigon, yr oedd rhyfela yn y Crimea pan ymboenai Derfel am enwogion i Gymru, a Tennyson, drachefn, ym 1854 wedi canu'r folawd honno i arwriaeth ddigyfri'r-gost (a ystyrir bellach yn hurtwch) a ddaeth ar unwaith yn un o gerddi creiddiol oes Victoria—'The Charge of the Light Brigade'.

Yn sicr, yr oedd Derfel am i'w gyd-wladwyr sylweddoli eu bod hwythau mewn rhyfel, a bod gan 'enwogion o fri' ran hollbwysig i'w chwarae os oedd y rhyfel hwnnw i'w ennill. Brwydro yr oeddynt, wrth gwrs, dros eu parhad fel cenedl ac iddi ei hunaniaeth hanesyddol, a chan fod cynifer ohonynt fel petaent yn ewyllysio bod yn Saeson, yr oedd colli'r rhyfel yn bosibilrwydd real: 'Mae marwolaeth a difodiant yn edrych yn fygythiol arnom'.[17] Nid oes dim sy'n fwy arwyddocaol yn erthygl Derfel—ac yn fwy perthnasol i gyflwr Cymru ar ddechrau'r unfed ganrif ar hugain—na'r amlygrwydd a roes i'r seicoleg wantan a barai fod hunanosgoi yn pydru ewyllys nifer cynyddol o'i gyd-wladwyr i fyw yn Gymry hyderus.

Ac yntau'n byw ym Manceinion, 'Cottonopolis' yr Ymerodraeth, gwyddai R. J. Derfel, o hir sylwi ar ymddygiad llawer o'i gyd-alltudion, fod eisiau iacháu'r 'ysbryd anwladgarol ag sydd beunydd yn dibrisio ac yn iselhâu gwlad ein genedigaeth'. Onid e, pa obaith codi Cymru o'i dinodedd?

> Nid ydym ond cenedl fechan o ran rhifedi a phwysigrwydd ymysg cenedloedd y byd . . . Yn yr ystyr hon yr ydym ni yn llafurio o dan anfanteision dirfawr. Nid ydym yn llenwi ond lle bychan yn y gymdeithas ddynol. Pe difodid ni fel cenedl, prin y gwyddai y byd ein colli . . . nid oes genym frenin na llywodraeth i'n cynnrychioli fel cenedl. Mae ein cysylltiad uniongyrchol â gwledydd y ddaear wedi ei dorri ymaith. Yn anaml y mae neb o dan anghenrheidrwydd

i ymwneud â ni, neu i son am danom. Yr ydym wedi cael ein gyru i dir neillduedd, lle nad yw yn hawdd i neb ein canfod. Mae ein lle mewn hanesyddiaeth wedi cael ei ddwyn oddiarnom. Edrychir arnom fel cenedl wedi marw; a'r cwbl a wneir gan haneswyr, yn gyffredin, yw crybwyll ychydig am danom yn yr oesau gynt.[18]

Ni fynegodd yr un o'i gyfoeswyr yn well na Derfel yn y darn hwn yr ofn fod Cymru, a hithau'n oes penllanw Cynnydd a mawredd ymerodrol, wedi'i thynghedu i fod heb bwysau 'yng nghlorian bodolaeth y byd'. Ac nid ofn munud awr mohono: y mae ei ôl i'w weld ar y diwylliant Cymraeg hyd at ein dyddiau ni. Yr oedd ei dabwrdd i'w glywed yn ddiweddar ynghanol holl orohïan 'Cŵl Cymru', ac y mae'n ein cydio wrth Gymru oes Victoria yn dynnach nag y carai rhai gydnabod ar ddechrau'r unfed ganrif ar hugain. Y mae ofn difodiant yn llawer hŷn, wrth gwrs, yn hanes y Cymry Cymraeg nag oes Victoria, ond y mae'r difrod seicolegol a wnaed ganddo bryd hynny yn ddigon o reswm dros ystyried yr oes honno yn un argyfyngus.

A heddiw wele ni yng ngafael cyfnod argyfyngus arall i'r Cymry Cymraeg, nid yn bennaf oherwydd mewnfudo, ond oherwydd bod nifer cynyddol ohonom eto'n dewis bod yn rhywbeth llai nag y gallwn fod, gan ymwrthod â'n hetifeddiaeth ddiwylliannol a gwadu'n hiaith ar yr aelwyd. Mae fel petai mentaliti 'Welsh Not' oes Victoria gyda ni eto, ac fel yn yr oes honno, yn ein taeogrwydd diwylliannol ni'r Cymry y mae gwreiddyn y drwg. Pe dychwelai R. J. Derfel, fe gâi fod ei ddiagnosis o anghenion Cymru ym 1855 yn rhyfeddol o gyfoes yn 2007. Gwyddai ef bryd hynny mai brwydr i'w hennill yn y meddwl oedd brwydr goroesiad y Cymry; dyna pam yr oedd listio enwogion i'w hymladd mor bwysig yn ei olwg. Yr un oedd ei neges ef ym 1855 â neges yr hanesydd Howell T. Evans, a wnaeth ei farc pan gyhoeddodd *A History of England and Wales* yn ddwy gyfrol, 1908–10. Mewn ysgrif ar Llywelyn Bren mynegodd farn bendant: 'Heroes are a national asset. The masses are born, live, die, and are no more. Heroes live on; and it is they who are thrown into the scales which estimate the moral and intellectual worth of a people'.[19]

Gellid disgwyl i genedl sicr ohoni ei hun fawrhau ei hanes a chael ynddo arwyr i gynnal ei balchder o genhedlaeth i genhedlaeth. Dyna'n sicr a wnâi'r Saeson, ond nid felly'r Cymry, fel y sylwodd Derfel yn ddig. Roeddent wedi ymdaeogi i raddau helaeth drwy anwybyddu eu hanes. Roedd hi'n gywilydd ar y Saeson fod hanes y Cymry mor ddi-gownt ganddynt: 'Gall dyn gael ei ystyried yn ysgolor perffaith heb wybod dim am y Cymry, oddigerth ychydig o ffeithiau cyffredinol yn eu cylch hyd ddyfodiad y Saeson i'r ynys. Nid yw anwybodaeth lwyr o honom yn un sarhâd i'r ysgolor penaf yn ngolwg y byd'.[20] Ond beth oedd i'w ddweud am ddi-ystyrwch y Cymry eu hunain o'u hanes? Sut roedd esbonio'r ffaith fod dysgu am hanes a llên cenhedloedd eraill—y Saeson yn anad neb—mor bwysig yng Nghymru tra nad oedd ysgol yn y wlad, yn ôl Derfel, lle dysgid am hanes a llên y Cymry? Pam gwneud i'r ifainc gredu fod pob cenedl arall 'yn annrhaethol uwch na'u cenedl eu hunain'? Waeth beth am y rheswm, roedd canlyniad 'yr esgeulusdod gwarthus hwn' yn chwerw amlwg:

> Mae y ffaith nad yw plant y Cymry yn cael eu hyfforddi yn hanes a llenyddiaeth eu cenedl eu hunain, y dirmyg penaf ar ein gwlad ag y mae yn hawdd meddwl am dano. Hunan-sarhâd o'r fath wrthunaf ydyw. Nid yw ddim amgen mewn effaith na dysgu y plant i gasâu, i feddwl yn fach, ac i ddirmygu eu cenedl. Mae yn anmhosibl i genedl, tra bydd yn euog o esgeulusdod gwrthun fel hwn, fod yn enwog.[21]

Fe fyddai dysgu'r Cymry am eu hanes yn swyddogaeth ddi-ail i'r Gymraeg—y famiaith, yn ôl ei gelynion, yr oedd iddi fwy o orffennol nag o ddyfodol—oherwydd o'i gwneud yn gyfrwng anhepgor i storïau'r enwogion gynt, byddai'n rhwym o dynhau ei gafael ar serchiadau ei siaradwyr a'i darllenwyr. O'r briodas rhwng mamiaith a hanes gellid disgwyl geni balchder ym mywyd y genedl ac awydd i'w gyfoethogi gan Gymry a fyddai wedi'u hachub rhag tyfu'n gam dan faich hunanymwadiad.

A chymryd Eisteddfod Fawr Llangollen ym 1858 yn fan cychwyn, y mae'n werth nodi rhai enghreifftiau o'r arwyr y ceisiodd y Cymry elwa arnynt i lawr hyd at y Rhyfel Byd Cyntaf. Ni chafwyd dechreuad addawol yn Llangollen, lle'r oedd Ab Ithel a'i ddilynwyr yn amlwg am daflunio delwedd o genedl arwrol. Mae'n wir i Eben Fardd wneud yn fawr o'i gyfle i ddyrchafu'r Cymry yn ei awdl 'Brwydr Maes Bosworth', ac fe brofwyd fod glewder Rhys ap Thomas yn dal yn y tir pan arwisgwyd Corporal Robert Shields â'r 'Cambrian Gold Torque of Valour' ar ôl cael sicrwydd mai ef oedd y Cymro a gyflawnasai'r weithred ddewraf yn Rhyfel y Crimea. Ond siom enbyd i Ab Ithel a'i gefnogwyr oedd fod Thomas

Stephens, mewn traethawd rhagorol yn ôl y beirniaid, wedi chwalu'r chwedl am Madog yn darganfod America, ac o'r herwydd wedi gwadu i'r Cymry eu hawl i'w hystyried yn ddarganfyddwyr y Byd Newydd. Waeth beth am ei ysgolheictod, nid oedd Stephens yng ngolwg Ab Ithel yn ddim gwell na bradwr, ac nid oedd yntau yng ngolwg Stephens yn ddim gwell na thwyllwr. Yr oedd hi'n amlwg fod creu arwr o ambell ffigwr yn mynd i fod yn anodd—yn anodd iawn pe digwyddai fod yr olaf o'r tywysogion brodorol neu'r olaf o'r 'gwrol ryfelwyr' i ymladd dros ryddid Cymru.[22]

Yr wyf eisoes wedi adrodd stori methiant trist Cymry oes Victoria i godi cofadail i'r Llyw Olaf. Dechreuwyd apelio at deyrngarwch y genedl mewn difrif yn Llangollen ym 1858, ond i ddim pwrpas. Ni fynnai'r Cymry mo'i goffáu, ac y mae'n siŵr fod a wnelai eu dibristod o'u hanes â'u diystyrwch ohono.[23] Roedd adferiad iechyd Albert Edward ym 1871 yn llawer pwysicach yn eu golwg nag adferiad bri y Llyw a fwtsierwyd, yn llythrennol, ym 1282. Mae'r arwrgerdd a enillodd y Goron i Elfed yn Eisteddfod Genedlaethol Aberhonddu ym 1889 yn dangos yn glir nad oedd modd dyrchafu Llywelyn yn arwr cenedlaethol argyhoeddiadol pan oedd y Cymry mor fodlon ar eu stad o fewn yr undeb Prydeinig,[24] ac yr oedd Glyndŵr i ddioddef am yr un rheswm, megis pan ganodd Hwfa Môn ei arwrgerdd arobryn iddo ym 1867.[25] Roedd beirdd oes Victoria yn rhy ymwybodol o'r rhaid a oedd arnynt i fod yn 'wleidyddol gywir' i allu creu arwyr hanesyddol ymosodol heb falio am dramgwyddo'r gelyn yr oedd y Cymry bellach mewn partneriaeth broffidiol ag ef. O ganlyniad, fel cymeriadau 'music hall', cymeriadau diffiwsiedig mewn cantata gan Bencerdd Gwalia a dramâu cerdd amrwd gan Beriah Gwynfe Evans, y dygwyd Llywelyn a Glyndŵr gerbron cynulleidfaoedd oes Victoria. Wedi'r cyfan, o gofio fod hanes Cymru erbyn Jiwbilî Victoria ym 1887 bron â bod yn faes astudiaeth anghofiedig yn ôl haeriad Isambard Owen yn un o gyfarfodydd Eisteddfod Genedlaethol Caernarfon ym 1886, prin fod disgwyl i Lywelyn a Glyndŵr ddod gerbron y bobl fel fawr mwy na sloganau. Wrth gwrs, y mae i sloganau eu hiws, ond rhaid bod i arwr hanesyddol dylanwadol sylwedd a'i gwna'n ffigwr magnetig. Ni lwyddodd beirdd a llenorion Cymraeg oes Victoria i drosi un o enwogion y gorffennol yn ffigwr o'r fath.

Fodd bynnag, fe wnaeth y Cymry yn fawr o ymddangosiad pob math o arwyr cyfoes o'r 1860au ymlaen. Erbyn diwedd y degawd roeddent wedi sylweddoli fod delweddu Cymru fel 'Gwlad y Gân' yn debygol o dalu iddynt.[26] Fe ddychwelodd Joseph Parry o America yn dalp o athrylith gerddorol Gymreig i gyfansoddi *Blodwen* a 'Myfanwy'; fe aeth Edith Wynne o Dreffynnon i serennu yn Llundain ac America—y cyntaf o'r lleisiau cydwladol eu bri y gellir dirwyn eu henwogrwydd dros y degawdau i lawr at orchestion Bryn Terfel heddiw; ac yn hafau 1872 a 1873 fe arweiniodd Caradog (Griffith Rhys Jones, 1834–97) fyddin 'Gwlad y Gân', sef 'Côr Mawr y De', i ddwy fuddugoliaeth iwfforig yn y Palas Grisial a welodd gyffelybu 'gallant five hundred' cantorion y De i 'gallant six hundred' Tennyson. Ni bu yn holl hanes diwylliant torfol y Gymru fodern fuddugoliaeth waredigol hafal i fuddugoliaeth Caradog pan drechodd gôr Cymdeithas Tonic Sol-ffa Llundain ym mis Gorffennaf 1873, ac fe yrrodd ei arwriaeth Lywelyn a Glyndŵr i'r cysgodion. Yn Eisteddfod Ffair y Byd yn Chicago ym 1893, fe'i derbyniwyd fel brenin, yr union adeg pan oedd yr ymgyrch i godi cofadail i Lywelyn yn mynd i'r gwellt, ac y mae'n ddiamau mai ef, o ddigon, oedd yr arwr a roes fwyaf o achos i'r Cymry ymfalchïo nes i haul David Lloyd George godi yn ffurfafen Prydain.

Bu'r 1870au yn ddegawd proffidiol i'r arwrgarwyr Cymreig. Roedd arwraddoliaeth gymaint yn y ffasiwn fel bod *Y Goleuad* ym 1877 yn ceisio denu mwy o ddarllenwyr trwy gynnig iddynt engrafiad dur o baentiad John Absolon, 'The Daughter of the Regiment', a baentiwyd i fawrhau'r fyddin Brydeinig yn Sebastopol. Roedd yr engrafiad i'w gael gan y 'National Fine Art Union' yn gyfnewid am '*Goleuad* Redemption Bond'.[27] Yn dilyn campau 'Côr Mawr y De', wele arwriaeth glowyr pwll Tynewydd yn Y Rhondda yn Ebrill 1877—pan achubwyd pump o drueiniaid a ddaliwyd mewn poced aer am ddeng niwrnod ar ôl boddi'r pwll—yn hoelio sylw ledled Prydain ac yn peri i Victoria ddangos ei hedmygedd trwy orchymyn fod Medalau Albert i'w cyflwyno i'r achubwyr (y tro cyntaf i'r fedal gael ei chyflwyno am weithredoedd dewr ar dir).[28] Ac yn Chwefror 1879, wele'r '24th Welsh' ym mrwydr Rorke's Drift yn gwrthsefyll 'impis' y Zulu mor ddi-ildio fel bod un ar ddeg ohonynt yn ennill Croes Victoria am ddewrder di-ail. Yr unig beth a gadwodd gwpan gorfoledd y Cymry rhag gorlifo yn yr 1870au oedd fod H. M. Stanley (sef John Rowlands o Ddinbych), 'darganfyddwr' David Livingstone a 'llusernwr' imperialaeth Prydain a Gwlad Belg yn Affrica, wedi gwrthod arddel ei dras; ond ni rwystrodd ei ddirmyg at ei famwlad mo Iolo Caernarfon (y Parchedig J. J. Roberts) rhag ei foli'n ddibrin yn Eisteddfod Genedlaethol Abertawe ym 1891 mewn pryddest arobryn gwbl ddigywilydd ei hanwiredd.[29] Fe gâi

Stanley fod yn arwr o Gymro pa un a ddymunai ef hynny ai peidio. Os nad oedd angen Cymru arno ef, roedd ei angen ef ar Gymru.

Pan ddaeth O. M. Edwards i 'godi'r hen wlad yn ei hôl', yr oedd ei fryd ar adeiladu Cymru falch ar sail arwriaeth gwerin gwlad yn hytrach na'r cof am filwriaeth ei thywysogion. Y mae'n sicr iddo, trwy gyfrwng ei gylchgronau—*Cymru* yn enwedig—wneud mwy na neb rhwng 1891 a'i farw ym 1920 i boblogeiddio hanes ei wlad, ond yr oedd yntau'n Brydeiniwr digyfaddawd, fel y profodd adeg Rhyfel 1914–18. Fel gyda Syr John Rhŷs, Syr John Morris-Jones a Syr Henry Jones, eples yn nhoes ei Brydeingarwch oedd ei wladgarwch. Ac o ran iechyd llenyddol Cymru, ni chredai fod yr hir ymboeni am arwrgerdd genedlaethol, a hwnnw'n ymboeni di-fudd iawn yn achos bardd mor anfeirniadol â Llew Llwyfo, wedi bod o ddim llesâd. Roedd mwy o nodd i werin gwlad yn nhelynegion Ceiriog nag yn yr arwrgerddi a barai feddwl am Ddafydd yn arfwisg Saul. Gwir arwyr O. M. Edwards oedd trinwyr tir a bugeiliaid y Gymru wledig, a gorau po fwyaf ohonynt oedd yn Fethodistiaid Calfinaidd, oherwydd roedd digon o gofiannau 'enwogion y ffydd' wedi'u hysgrifennu yn Gymraeg i'w cynnig iddynt yn esiamplau.

Ym 1905 ymddangosodd cyfrol Owen Rhoscomyl, *Flame-bearers of Welsh History*, ac yn haf 1909 perfformiwyd y pasiant rhyfeddol, 'Rhwysg Hanes Cymru', a sgriptiwyd ganddo ef, yng Ngerddi Sophia yng Nghaerdydd. Yn ei lyfr, fel yn ei basiant, roedd dyrchafu hen arwyr milwriaethus Cymru yn bennaf pwrpas ganddo, oherwydd fel militarydd o'r groth credai mai 'warriors' y bwriadwyd i'r Celtiaid fod. Yr hyn a'i gyrrai i ysgrifennu oedd ei ddicter o feddwl nad oedd Lloegr erioed wedi cydnabod ei dyled i lewder y Cymry yn y rhyfeloedd a'i gwnaethai erbyn diwedd teyrnasiad Victoria yn ganolbwynt ymerodraeth fwya'r byd. Yr oedd pasiant 1909, heb os, yn fenter drawiadol iawn, fel yr wyf eisoes wedi ceisio dangos,[30] a gallaf dystio mai wrth ddarllen *Flame-bearers of Welsh History* pan oeddwn grwt yn ysgol Llanddewi Aber-arth y teimlais am y tro cyntaf hanes fy ngwlad yn fy nghynhyrfu. Yr oedd llun O. M. Edwards ar y wal yn yr ysgol honno, a darllenais *Cartrefi Cymru* a *Clych Atgof*, ond Owen Rhoscomyl, y cyn-gowboi ac arwraddolwr Glyndŵr, a adawodd ei farc arnaf i bryd hynny.

Fe ddaeth miloedd i Erddi Sophia i wylio perfformio'r pasiant ym 1909, a'r gobaith oedd y gwelid hanes Cymru yn tyfu'n bwnc poblogaidd mewn ysgol a choleg wedi'r sbloet liwgar a gefnogwyd gan fawrion y genedl. Ond fe wyddai R. J. Derfel yn ôl ym 1855 nad ar chwarae bach yr adfeddiannai'r Cymry eu hanes, a chafwyd prawf o hynny ym 1910 pan ddechreuodd Syr Ivor Herbert, ŵyr Arglwyddes Llanofer, ymgyrchu dros greu 'A National Valhalla for Wales', sef pantheon o arwyr hanesyddol.[31] Fe fyddai'r 'Valhalla' yn ffordd o goffáu Iorwerth VII ac o ddatblygu Parc Cathays yn ganolfan sifig Caerdydd. I ddyfynnu o anerchiad Syr Ivor ar y pwnc yn Eisteddfod Genedlaethol Bae Colwyn, 1910: 'I would like to give to posterity in this national memorial a symbol of one of our national ideals, namely, our loyalty to the Crown as the head and centre of Imperial Unity, coupled with an intense devotion to our distinct and characteristic nationality'.[32] Unwaith eto, rhaid oedd cael y gorau o ddau fyd, ac ym 1912 wele D. A. Thomas (Arglwydd Rhondda) yn cynnig rhoi deg cerflun o arwyr Cymru yn rhodd i ddinas Caerdydd. Fe gâi'r deg eu dewis gan y cyhoedd yn sgil cystadleuaeth a ofynnai am nodi deg arwr a fuasai farw cyn y flwyddyn 1837, a phenodwyd Marchant Williams, Thomas Powel a Llewelyn Williams yn feirniaid.

Llugoer fu ymateb y cyhoedd i'r gystadleuaeth yn haf 1913. Ni dderbyniwyd ond 364 o gynigion, ac o'r arwyr tebygol (250 ohonynt) a enwebwyd, y deg y cytunwyd arnynt oedd Dewi Sant, Hywel Dda, Gerallt Gymro, Llywelyn ein Llyw Olaf, Dafydd ap Gwilym, Glyndŵr (y mwyaf ei gefnogaeth), Harri VII, Yr Esgob William Morgan, Pantycelyn a Syr Thomas Picton. Am ryw reswm roedd Caradog, a gafodd 82 o bleidleisiau, yn llai derbyniol na Harri VII, a gafodd 36, a Picton, a gafodd 49, ac er na chafodd Buddug ond 24 o bleidleisiau, fe gytunodd D. A. Thomas i dalu am gerflun iddi hithau a'i merched, gan ddwyn cyfanswm yr arwyr i un ar ddeg. Pa un ai cywilydd yn wyneb rhagfarn wrywaidd y cystadleuwyr ai ofn beth fyddai ymateb y syffragetiaid a ysgogodd Thomas i dalu am le i wraig yn 'Valhalla' Cymru, ni allwn ond dyfalu. Fe allwn fod yn sicr, fodd bynnag, nad ernes o falchder 'y genedl' yn ei hanes oedd y pantheon o arwyr/enwogion y daeth David Lloyd George i Neuadd Dinas Caerdydd i'w ddadorchuddio yn Hydref 1916, ac ymwybod â'r caswir hwnnw oedd wrth wraidd cerdd Sarnicol, 'Arwyr Cymru'. Nid oedd ond un ffordd i genedl deilwng goffáu ei glewion:

> Arwyr fy ngwlad! nid aur na marmor drud,
> Na cherdd aruchel, na soniarus dant,
> A weddai i ddwyn eu clod i bellter byd,

A'u bri i bob anghysbell gwm a phant;
Mil mwy na mynor gweld eu côf o hyd
Yn wynder sanctaidd ym mucheddau'u plant.[33]

Er cymaint eu hawch am gydnabyddiaeth yn oes Victoria, ni chafodd y Cymry fawr o hwyl ar greu arwyr i fod yn bresenoldebau cyffrous yn eu dychymyg ac yn ddur yn eu penderfyniad i sefyll ar eu traed eu hunain. Roeddent mor gyson ymwybodol o fawredd Lloegr ac o'r fraint o fod ynghlwm wrthi fel na fedrent greu celfyddyd drwyadl 'resistant'. Nid bod yn rhesymol yw *sine qua non* yr arwr, ac yn anad dim fe fynnai Cymry oes aur Victoria eu hystyried eu hunain yn bobl resymol—a chymathadwy.

Erbyn i Ryfel 1914–18 ddod i ben, roedd arwraddoliaeth y Fictoriaid yn gelain yn y ffosydd, a'r gwrtharwr ar ei ffordd adref i hau ei ddadrith a'i ddicter trwy'r gwledydd. Daeth adref i ddarllen *Eminent Victorians*—clasur o ddismoli gan Lytton Strachey a roes ergyd farwol i'r cofiant Fictoraidd dyrchafol pan ddaeth o'r wasg ym Mawrth 1918. Tawodd tannau'r arwriaeth genhadol y darostyngwyd pobloedd lawer i'w chyfeiliant, a bu'n rhaid i'r Eisteddfod Genedlaethol hyd yn oed sylweddoli fod dyddiau'r hen gywair arwrol wedi darfod. Ac yn achos y sawl sydd am wybod beth a olygodd hynny i'n llên, fe dalai iddo, i ddechrau, ystyried y gwahaniaeth rhwng yr awdlau i'r 'Arwr' yn Eisteddfod Genedlaethol Penbedw ym 1917 a'r dilyniannau i 'Arwyr' mewn 'cystadleuaeth wael sobor', chwedl Bedwyr Lewis Jones, yn Eisteddfod Genedlaethol Dyffryn Conwy ym 1989.[34] Gallai wedyn deithio i Gorwen, ac o ystyried y 'Grogg' sy'n cynrychioli Glyndŵr ar y sgwâr, holi a yw'n ategu'r hyn a ddywedodd R. J. Derfel ym 1855 am ddibristod y Cymry o'u hanes.

NODIADAU

1. R. J. Derfel, 'Cymru yn ei Chysylltiad ag Enwogion', *Y Traethodydd*, XI (1855), 322–59; 'Nodiadau ar Lyfrau', ibid., 108–13.
2. Thomas Stephens, 'Sefyllfa Wareiddiol y Cymry', *Y Traethodydd*, XIII (1857), 230–40, 297–323, 385–415.
3. Gweler Hywel Teifi Edwards, *Eisteddfod Ffair y Byd, Chicago, 1893* (Llandysul, 1990), 126–30.
4. Terry Breverton, *100 Great Welshmen: Eminent Britons, Volume 1* (St Athan, 2001); cafwyd ail argraffiad diwygiedig yn 2005.

5. Walter E. Houghton, *The Victorian Frame of Mind, 1830–1870* (New Haven, 1967), 305–40.
6. Goleufryn, 'Thomas Carlyle', *Y Traethodydd*, XXX (1876), 89–103, 344–61.
7. E. G. Millward, *Yr Arwrgerdd Gymraeg: Ei Thwf a'i Thranc* (Caerdydd, 1998), 273–6.
8. Hywel Teifi Edwards, 'Y Prifeirdd Wedi'r Brad', yn Prys Morgan (gol.), *Brad y Llyfrau Gleision: Ysgrifau ar Hanes Cymru* (Llandysul, 1991), 166–200.
9. Prys Morgan, 'R. J. Derfel a'r Ddrama *Brad y Llyfrau Gleision*', yn Morgan (gol.), *Brad y Llyfrau Gleision*, 21.
10. Derfel, 'Cymru yn ei Chysylltiad ag Enwogion', 322.
11. Ibid., 335.
12. Ibid., 335–9.
13. Ibid., 340–7.
14. Ibid., 348–57.
15. Ibid., 357.
16. Ibid., 336.
17. Ibid., 356.
18. Ibid., 336–7.
19. Howell T. Evans, 'Llywelyn Bren', *The Nationalist*, 131 (Ionawr 1910), 17.
20. Derfel, 'Cymru yn ei Chysylltiad ag Enwogion', 337.
21. Ibid., 338.
22. Gweler Hywel Teifi Edwards, *Gŵyl Gwalia: Yr Eisteddfod Genedlaethol yn Oes Aur Victoria, 1858–1868* (Llandysul, 1980), 4–5, 343.
23. Gweler Hywel Teifi Edwards, *Codi'r Hen Wlad yn ei Hôl, 1850–1914* (Llandysul, 1989), 187–237.
24. Gweler ibid., 224–5, a Millward, *Yr Arwrgerdd Gymraeg*, 277–81.
25. Gweler Millward, *Yr Arwrgerdd Gymraeg*, 188–9.
26. Gweler Edwards, *Gŵyl Gwalia*, Pennod IV, 'Gwlad y Gân, Gwêl dy Gynnydd', 189–299.
27. *Y Goleuad*, 21 Gorffennaf 1877, 15.
28. Gweler Hywel Teifi Edwards, *Arwr Glew Erwau'r Glo: Delwedd y Glöwr yn Llenyddiaeth y Gymraeg, 1850–1950* (Llandysul, 1994), 114–30.
29. Gweler Edwards, 'Y Prifeirdd Wedi'r Brad', 190–5.
30. Edwards, *Codi'r Hen Wlad yn ei Hôl*, 239–83.
31. Gweler Angela Gaffney, '"A National Valhalla for Wales": D. A. Thomas and the Welsh Historical Sculpture Scheme, 1910–1916', *Transactions of the Honourable Society of Cymmrodorion*, 1998, Cyfres Newydd, 5 (1999), 131–44.
32. Ibid., 132–3.
33. Sarnicol, 'Arwyr Cymru', *Cymru*, LIII (1917), 42.
34. J. Elwyn Hughes (gol.), *Cyfansoddiadau a Beirniadaethau Eisteddfod Genedlaethol Frenhinol Cymru Dyffryn Conwy a'r Cyffiniau 1989* (Llandysul, 1989), 22.

Canu'r Mabinogi: Rhagarweiniad

Dafydd Glyn Jones

Gyda thair cerdd sydd i'w gweld yn ei ddwy gyfrol gyntaf—'Y Ddôr yn y Mur' (*ChFf,* 9), 'Y Bedwaredd Gainc' (*WH,* 16) ac 'efnisien' (ie, fel yna, gydag 'e' fach; *WH,* 30)—ymuna Gwyn Thomas â chwmni'r beirdd diweddar a ganodd ar destunau o'r Mabinogi. Fy mwriad yn yr ysgrif hon yw ystyried ambell gerdd gan feirdd eraill o'r cwmni hwn, a cheisio awgrymu peth neu ddau am arwyddocâd y canu mabinogaidd yn yr ugeinfed ganrif.[1]

Mae'r cwmni'n un helaeth. Mewn ychydig ddyddiau o chwilota'r cof a'r silffoedd cyfrifais tua chant a thrigain o gerddi perthnasol i'n pwnc—gwaith dros bedwar ugain o awduron. Cyhoeddwyd 'Drudwy Branwen' R. Williams Parry yn *Y Llenor* ym 1929. Mentraf feddwl mai hi yw gwir gychwyniad y canu mabinogaidd modern, er bod ambell eitem gynharach a fydd yn gofyn ein sylw, ac er na ellir anwybyddu dylanwad dwy act gyntaf y ddrama farddonol *Blodeuwedd* (1923, 1925) ar farddoniaeth Gymraeg yn gyffredinol. Yn ystod y 1930au dilynodd 'Y Twrch Trwyth' ac 'Adar Rhiannon' Gwenallt, a thebyg iddynt fod yn ysgogiad o bwys o ran awgrymu i awduron eraill y rhyddid y gellid ei gymryd gyda'r chwedlau. Erbyn canol y ganrif mae tudalennau'r beirdd yn frith gan enwau fel Rhiannon, Pryderi, Brân, Branwen, Efnisien, Gwydion, Lleu, Blodeuwedd, Arberth, Aber Alaw, Gwales, Aber Henfelen a Chaer Arianrhod. Parhaodd yr arfer, neu'r ffasiwn, neu beth bynnag sydd orau ei galw, yn gryf hyd ddiwedd y ganrif; denodd y testun 'Branwen' chwech ar hugain o ymgeiswyr am goron Eisteddfod Genedlaethol Meirion, 1997. 'Beirdd Coleg' yn hytrach na 'Beirdd Gwlad' yw'r rhan fwyaf o ddigon o'r awduron. Oddi ar 1930 bu ganddynt olygiad Ifor Williams, *Pedeir Keinc y Mabinogi,* yn gydymaith diogel.

Wrth sôn am 'Y Mabinogi' yng nghanu'r cyfnod a ddiffiniwyd, dylid datgan yn glir—a buan y ceir cadarnhad o hyn wrth fodio'r cyfrolau—

mai'r hyn a olygir yw'r 'Mabinogi go-iawn', y Pedair Cainc, gyda chwedl *Culhwch ac Olwen* yn ail da. Bychan iawn yw'r diddordeb yn y Tair Rhamant Arthuraidd, storïau Owain, Geraint a Pheredur; a'r un modd *Breuddwyd Macsen*, *Breuddwyd Rhonabwy* a *Lludd a Llefelys*. Rhwng awdl J. Machreth Rees, 'Geraint ac Enid' (1904), a cherdd hir Bobi Jones, 'Cynnydd Peredur' (1976), ni allaf feddwl ond am ychydig iawn o eitemau eraill seiliedig ar y Rhamantau: (a) pryddest J. Dyfnallt Owen, 'Y Greal' (1907); (b) dwy gerdd yn *Tannau Tegfelyn* (1924), 'Dihangfa Peredur' ac 'Anwadalwch';[2] (c) adroddiad bach T. Gwynn Jones, 'Peredur, O Peredur . . .', a lwyddodd i ddal ysbryd y cymeriad a'r chwedl gymaint gwell na llawer o bethau mwy ymdrechgar. Ac o fewn y Pedair Cainc eu hunain bu rhai ceinciau, a rhai episodau, yn fwy o ffefrynnau na'i gilydd: cyfarfyddiad Pwyll a Rhiannon, cipio ac adfer y plentyn Pryderi, dioddefaint a marwolaeth Branwen, profiadau'r Seithwyr yn Harlech a Gwales, a digwyddiadau rhan olaf cainc Math, sef creu Blodeuwedd, ei phriodas a'i chosbedigaeth. Am ryw reswm, prin fu'r diddordeb yn nigwyddiadau'r Drydedd Gainc (Manawydan).

Yr hyn a fu'n amlwg yng nghanu'r 'saith degawd' (1930–2000), bu'n drawiadol a rhyfeddol o anamlwg ym marddoniaeth 'Deffroad Rhamantaidd' troad yr ugeinfed ganrif. Oedd, yr oedd chwedloniaeth yn bwysig yng nghanu 'Y Nos, y Niwl a'r Ynys', fel y clywsom ei alw, ond cystal inni fod yn glir beth yn union a olygai. Cynhwysai'r canlynol: (a) y fytholeg a ddyfeisiodd T. Gwynn Jones ar sail awgrymiadau mewn chwedl a thraddodiad, Celtaidd a Chymreig; (b) 'Cilhwch ac Olwen', cân weddol hir gan Elphin; (c) dyri John Morris-Jones, 'Y Morgrug', sy'n adrodd digwyddiad o stori Culhwch; (ch) y faled fer 'Hela'r Twrch Trwyth' gan William Griffiths (Gwilym ap Lleision); (d) peth canu ar chwedlau lleol fel 'Cantre'r Gwaelod' a 'Llyn y Morynion'; (dd) cryn gyfeirio at enw Olwen —arferiad na ddaeth i ben hyd yn oed wedi i Grwys gyhoeddi ei wrthateb enwog;[3] (e) yn bwysicach na dim arall, cerddi Arthuraidd Eisteddfod Genedlaethol Bangor, 1902, sef awdl 'Ymadawiad Arthur' Gwynn Jones a dwy bryddest 'Trystan ac Esyllt' Silyn a W. J. Gruffydd. Ceisiodd yr Eisteddfod gynnal y diddordeb Arthuraidd drwy wahodd awdlau ar 'Geraint ac Enid' (Y Rhyl, 1904) a 'Dychweliad Arthur' (Yr Wyddgrug, 1923), a phryddest ar 'Y Greal Sanctaidd' (Abertawe, 1907); ond rywfodd ni ddaeth y wefr yn ôl. Erbyn y down at awdl 'Ogof Arthur' William Morris (Castell Nedd, 1934), yr ydym mewn cyfnod gwahanol, a'r ysgogiad Rhamantaidd pur wedi mynd heibio. Awdl gwbl lwyddiannus ydyw hon, o fewn y terfynau a osododd y bardd iddo'i hun—Rhif 2 yn siart y cerddi eisteddfodol Arthuraidd, heb unrhyw amheuaeth.

Yng ngherddi'r cyfnod Rhamantaidd, ble mae Pedair Cainc y Mabinogi? Rhaid chwilio, ac wedi chwilio, bechan yw'r helfa. Dyma, hyd y gwelaf, ei swm a'i sylwedd hi: (a) Elfed yn arloesi gyda 'Y Drws Cauedig', y byddaf yn cyfeirio ati yn nes ymlaen; (b) dwy bryddest goronog braidd yn anghofiedig, sef 'Branwen Ferch Llyr' gan Emyr (Caernarfon, 1906), a 'Pwyll, Pendefig Dyfed' gan Wil Ifan (Penbedw, 1917); (c) telyneg gan Wil Ifan, 'Er Ffoi o'r Hud-flynyddoedd', yn y gyfrol *Dros y Nyth* (1915); (ch) awdl 'Branwen' gan David Ellis, a gyfansoddwyd ym 1912, a'i hailgyhoeddi ym 1992 yn y gyfrol *Y Bardd a Gollwyd: Cofiant David Ellis*; (d) rhai cyfeiriadau mabinogaidd gan Gwynn Jones yn 'Y Nef a Fu' a'i ddeg llinell hudolus yn 'Gwlad Hud':

> Ac o'r coedydd gyda'r hwyrddydd,
> Clywem gwynfan y Dylluan,
> Cri grynedig, ddychrynedig,
> Nes bod gwrtheb cerrig ateb
> Yn dynwared nâd anwiredd
> Brad Blodeuwedd pan fu ddiwedd
> Llew Law Gyffes, wrth yr hanes,
> Gynt ym mhellter hen amseroedd,
> Pan oedd hud ar wlad ein tadau,
> Celfyddydau, rhyfeddodau,
> Rhwng-dau-olau duwiau daear.

A dyna hi, hyd y gallaf gofio. Treuliodd W. J. Gruffydd flynyddoedd yn dehongli a dadansoddi ceinciau Pwyll, Manawydan a Math, ond bechan yw'r dystiolaeth iddynt ysbrydoli ei awen: yr un cyfeiriad enwog yn 'Y Tlawd Hwn' at 'anweledig gôr/Adar Rhiannon', a'r dyfyniad o gainc Branwen a osodwyd ar frig 'Ynys yr Hud'. Yr oedd Bardd yr Haf yntau yn troi'n Fardd y Gaeaf pan ganodd i Ddrudwy Branwen.

Yr un yw stori'r blodeugerddi yn hanner cyntaf y ganrif. Oni bai i'w golygydd weld yn dda gynnwys 'Y Tlawd Hwn', ni buasai unrhyw beth mabinogaidd yn *Y Flodeugerdd Gymraeg* (1931). Nid oes dim yn *Telyn y*

Dydd (1918), *Rhwng Doe a Heddiw* (1926), *Beirdd y Babell* (1939), nac *Awen Aberystwyth* (1939). Yn *Beirdd ein Canrif* I, II (1934), nid oes dim ac eithrio 'Y Morgrug' (John Morris-Jones) a detholiad o *Blodeuwedd*. Nid oes dim ychwaith ymhlith cerddi Cymraeg dwy gyfrol *Barddoniaeth Bangor* (1924, 1938); ond, yn ddiddorol braidd, ceir cyfeiriadau mabinogaidd mewn dwy neu dair o gerddi Saesneg y gyntaf o'r ddwy gyfrol.

Y mae popeth i'w weld yn cadarnhau'r un stori—na chyffyrddodd y Pedair Cainc â dychymyg beirdd Rhamantaidd dechrau'r ganrif, na'r beirdd Sioraidd a'u dilynodd, na'r rhan fwyaf o'r telynegwyr hyd at ganol y ganrif. Hyn er gwaethaf ambell bwniad gan yr Eisteddfod.

Pwnc ar gyfer diwrnod arall yw'r ymateb i'r storïau gan feirdd Saesneg, yng Nghymru a'r tu allan: David Jones, Harri Webb, Anthony Conran, Emyr Humphreys a llawer eraill.[4] Ceid fod hon hefyd yn wedd werth edrych arni, yn enwedig ped estynnid yr ystyriaeth i gynnwys cyfeiriadau at chwedl Taliesin, a fyddai'n dwyn i mewn gerddi gan Walt Whitman a Charles Williams. Y sawl a hoffai ystyried y maes hwn, fe dalai iddo hefyd edrych ar y gwaith hynod *The Cauldron of Annwn* gan Thomas Evelyn Ellis (Lord Howard de Walden), a gyhoeddwyd gan ei awdur mewn argraffiad preifat, cyfyngedig ym 1922. Cyfres ydyw o dair drama fydryddol—'Children of Don', 'Dylan, Son of the Wave' a 'Bronwen'; perffformiwyd y rhan ganol fel opera yn Drury Lane, Llundain ym 1914. Trawiadol hefyd yw'r ffaith mai yn Saesneg, a'r tu allan i Gymru, yr aeth rhai ati i helaethu storïau'r Pedair Cainc yn nofelau, neu'n 'uwchffantasïau' fel y galwyd hwy unwaith—rhai mewn cefndir modern ac eraill mewn cefndir lled ganoloesol.[5] Ni theimlodd yr un awdur Cymraeg, hyd yma, awydd i wneud yr hyn a wnaeth Lloyd Alexander ac Evangeline Walton, ac ni bu gan ddarllenwyr o Gymry lawer o ddiddordeb yn y math hwn o lenyddiaeth. Cerddi a dramâu fu cyfryngau'r Mabinogi modern Cymraeg, ar wahân i beth defnydd cyfeiriadol mewn nofelau megis *Y Tŷ Haearn* (John Idris Owen), *Y Dylluan Wen* (Angharad Jones), *Mellt yn Taro* (Beryl Stafford Williams) a *Dial yr Hanner Brawd* (Arwel Vittle).[6]

Mewn rhagair diddorol i *The Cauldron of Annwn*, mae gan T. E. Ellis bethau i'w dweud am apêl y ceinciau a'r ysgogiad i'w hailysgrifennu a'u haddasu. Fe'i crynhodd hi cystal ag y gwelais neb erioed yn gwneud:

> I have a fancy now that it was the very evasive nature of these tales which drew me to them; the queer vivid glimpse of ancient peoples,

stirred by motives apparently inexplicable, covered ever and again by shifts of darkness which melted them into the goblin figures of the nursery; the sudden, strange sayings like a bird's cry in the night, and above all the vitality in these tales of the Bronze Age which has kept them living to this day. For the virtue of a proper tale is that through all the ages it holds something secret. However plain and simple the theme may appear, there is always to certain eyes a revelation.[7]

Anodd meddwl nad yr un math o gymhelliad a deimlodd yr awduron Cymraeg hwythau—pan ddaeth yr adeg. Rhaid bod dirgelwch y chwedlau, eu hamwysedd, eu tawedogrwydd ynghylch rhai pethau, eu pennau llinynnau heb eu clymu—y pethau hyn oll—yn cyd-daro â rhyw brofiad neu agwedd meddwl a ddaeth i fod tua'r hanner ffordd rhwng y ddau Ryfel Byd, ac a barhaodd wedyn am ryw ddwy genhedlaeth. Gadawaf heb geisio'u hateb y cwestiynau pam y daeth ar y foment honno, a pham na ddaethai ynghynt. Y mae a wnelo, rywsut, â'r *lled*-ddisodli ar Ramantiaeth gan beth yr ydym wedi arfer ei alw'n Foderniaeth. Daeth hefyd gyfnod, o boptu'r Ail Ryfel Byd, pan deimlodd llenorion mewn mwy nag un wlad yr awydd neu'r angen i ddefnyddio chwedlau yn ddamhegol; meddylir am y don o ddramâu Ffrangeg gan Jean Cocteau, Jean Giraudoux, Jean Anouilh, Jean-Paul Sartre ac Albert Camus yn ailysgrifennu rhai o'r chwedlau Groegaidd. Yn hynny o beth yr oedd hanner cyntaf *Blodeuwedd* (1923, 1925) yn waith o flaen ei oes, er ei fod mewn rhai pethau yn edrych yn ôl at ddramâu W. B. Yeats, Gordon Bottomley a rhai awduron Eingl-Geltaidd eraill. (Ysgwn-i a wyddai Saunders Lewis, pan fwriodd iddi ym 1922, am ddramâu T. E. Ellis? Methais â chanfod unrhyw dystiolaeth.)

Wrth iddo fenthyca'r hen chwedl, mae i'r llenor modern ddewis helaeth o ran beth i'w wneud â hi. Gall ddefnyddio llawer neu ychydig ohoni. Gall godi darnau ohoni, eu cymysgu â chwedlau eraill, neu eu gosod mewn sefyllfaoedd newydd. Gall addasu'r chwedl, ei hail-lunio, ei chymhwyso, ei pharodïo, ei defnyddio'n gyfeiriadol, yn symbolaidd, yn ddamhegol, yn gyferbyniol neu'n eironig. Gall lenwi rhai o'r tyllau ynddi, dychmygu meddyliau a chymhellion i'r cymeriadau, awgrymu achosion a chanlyniadau gwahanol i'r pethau sy'n digwydd. Gall alw i gof ryw un digwyddiad neu un cyfeiriad yn unig, rhyfeddu ato, bwrw rhyw sylw, codi rhyw gwestiwn yn ei gylch. Mae'r pethau hyn oll mor gyfreithlon â'i gilydd, oherwydd mewn gwirionedd nid oes na ffurf wreiddiol na ffurf derfynol ar chwedl; esblygu y mae yn barhaus, ond ei bod yn cael ei dal weithiau a'i chornelu gan ryw awdur eithriadol ei ddawn neu ei gyfle, neu gan hap a damwain colli hyn a chadw'r llall. Cyfaddasiad yw'r Mabinogi ei hun, a gwyddom fod fersiynau gwahanol i'w cael ochr yn ochr â'r fersiwn a gadwyd inni yn y Llyfr Gwyn a'r Llyfr Coch. Yn ei bedair cerdd, 'Y Twrch Trwyth', 'Rhiannon', 'Adar Rhiannon' ac 'Y Morgrug', cwmpasodd Gwenallt gymaint o'r amrywiadau posibl. Gosododd batrymau pwysig o ran trin y chwedlau'n symbolaidd a'u cymhwyso'n wleidyddol, a chreodd gynsail gyda'r ddyfais o wrth-ddweud y chwedl (dyfais, wrth gwrs, sy'n dibynnu am ei heffaith ar fod y gynulleidfa'n gyfarwydd â'r stori):

> Fe gariest ar dy gefn y gwestai a'r pellennig,
>   Gweision gwladwriaeth estron a gwŷr dy lys dy hun,
> Sacheidiau o lo a gefeiliau o ddur ac alcam,
>   Pynnau o flawd a gwenith. Ni wrthododd yr un.

('A damwein y gadei yr un y dwyn', meddai'r chwedl.[8]) Yn y traddodiad hwn y saif 'Y Ddôr yn y Mur' Gwyn Thomas, gydag adduned i beidio â bod yn Heilyn ap Gwyn arall. Ac yr oedd 'Branwen' Ifor ap Glyn, a osodwyd yn uchel ymhlith pryddestau Eisteddfod Genedlaethol Meirion, 1997, yn werth ei chyfansoddi petai ond am y pedair llinell gyrhaeddgar:

> Mor annheg yw'r nawdegau
> a'n henwlad yn ein gadael;
> at bwy
> anfonaf fy nrudwy?

Peth eithaf tebyg, er nad yr un peth yn union, yw'r penderfyniad ymwybodol i gymryd golwg groes i'r arfer ar ddigwyddiad neu gymeriad. Mentrodd Alan Llwyd hi yn 'Soned i Efnisien':

> Ond dyro yn awr, Efnisien, i genedl lugoer dy lid:
> Ailennyn yn ein calonnau dy her rhag ein marw di-hid.

(Y rhai sydd wedi darllen llyfr diddorol Caitlín Matthews, *Mabon and the*

Mysteries of Britain, fe gofiant am y dehongliad o Efnisien fel ffigwr angenrheidiol, math o arwr, gwir geidwad sofraniaeth Ynys y Cedyrn.⁹)

I gyd yn gyfreithlon, meddwn. Ni olyga hynny fod pob ymgais mor debyg â'i gilydd o lwyddo. Dibynna, wrth reswm, ar ddawn, adnoddau, chwaeth a chrebwyll y bardd. Ac mae yna'r fath beth â chroes-ddweud y chwedl *yn ei hanfod*. Teimlais erioed dipyn bach yn anesmwyth ynghylch un caniad o awdl Euros Bowen, 'Myth y Gwanwyn', lle gwahoddir ni i weld priodas Blodeuwedd a Lleu fel priodas ffrwythlon. Gwir, nid dehongli'r chwedl y mae'r gerdd, ond benthyca'r ddau enw at bwrpas newydd. Serch hynny, y mae'n ei gwthio hi, braidd. Teimlais, am reswm tebyg, yn anhapus gyda rhesymeg y bryddest 'Dadeni' gan Dafydd Rowlands, a goronwyd yn Eisteddfod Genedlaethol Hwlffordd, 1972.

Rhag ofn inni anghofio, mae un peth arall y gall bardd modern ei wneud â hen chwedl. Gall ei hadrodd yn blaen. Nid yw 'Adar Rhiannon' William Jones yn cyfaddasu ond y mymryn lleiaf, gan adael i'r dychymyg lenwi ychydig ar y darlun yn null y faled delynegol; eto fe gyfiawnheir y gwaith o ddweud y stori ar gân. Yr ydym erioed wedi troi llafar yn llên a rhyddiaith yn fydr, a bellach nofel yn ddrama, drama'n ffilm, ffilm yn llyfr. Dyna'r drefn. Hen stori, cyfrwng newydd: mae'n dal i roi rhyw bleser, boed mor syml ag y bo. Yn awdl 'Y Twrch Trwyth' (Rhydaman, 1970), ni wnaeth Tomi Evans ond dweud hanes yr helfa mewn gwers rydd gynganeddol a oedd—am unwaith—yn egnïol a lliwgar, ac a oedd yn adleisio ieithwedd a thrawiadau'r chwedl mewn mannau allweddol. Nid oedd eisiau dim mwy. Saif hon o hyd yn uchel ymhlith y cerddi arobryn mabinogaidd, ac wrth ei darllen gallwn ddeall beth oedd gan John Morris-Jones mewn golwg pan anogai'r beirdd i 'adrodd yr hanes', a dim ond hynny.¹⁰ Yn y diwedd mae'n ddiamau y saif cyngor T. Gwynn Jones:

> Pwy bynnag a ryfygo ganu ar ryw hen chwedl, a adroddwyd eisoes yn fedrus ac mewn iaith brydferth, gweddus arno ystyried ei dasg yn lled ofalus, canys rhaid iddo wynebu cymhariaeth â meistr neu feistriaid a fu o'i flaen. Dylai fod ganddo ryw ystyr newydd i'w roi ar yr hen ystori, neu ffordd newydd o'i hadrodd.¹¹

Ond fel y profodd Gwynn Jones ei hun fwy nag unwaith, fe ellir awgrymu'r 'ystyr newydd', neu glosio'n nes at 'is-destun' y stori, neu at ei gwir thema, heb wneud fawr mwy, i bob golwg, na'i hadrodd yn uniongyrchol. Mae hynny'n well yn aml nag ymlafnio i'w chymhwyso, sy'n fai ar beth o'r canu mabinogaidd.

Ceisiaf bellach awgrymu peth o'r amrywiaeth, a datgan ambell ffansi bersonol yr un pryd, drwy gyfeirio at chwe cherdd.

* * *

Gwelir 'Y Drws Cauedig' yn *Caniadau Elfed* (1895). Yr wyf am fentro gosodiad neu ddau amdani, a chaiff rhywun fy nghywiro os wyf yn methu. Hi, mi gredaf, yw'r gyntaf o'r cerddi mabinogaidd diweddar, a'r unig gerdd fabinogaidd Fictoraidd. (Nid ar y Mabinogi, ond ar y fersiwn llên gwerin, gwahanol, y seiliwyd y rhieingerdd 'Llyn y Morwynion', a ddug Elfed i beth sylw yn Eisteddfod Genedlaethol Wrecsam, 1888; a'r un modd gerdd Glasynys ar yr un testun.) Efallai mai gwenu neu wingo yw ein hymateb cyntaf ni wrth glywed yr adleisiau o 'Hob y Deri Dando' a 'Gwŷr Harlech' ym mydrau 'Y Drws Cauedig'. Efallai, yr un pryd, mai'r unig beth i'w wneud yw cyd-fynd â'r hyfdra hapus, neu hyd yn oed ei fwynhau dipyn bach. Dyma Manawyddan a'r Seithwyr yn canu:

> MANAWYDDAN (*wrth y bwrdd*):
> Gwell yw cwmni'r delyn dirion,
>   Hob y derri dando,
> Na phicellau'r gelyn creulon,
>   Doed hi fel y delo;
> Gwell yw aros uwchben digon,
>   Boed hi fel y bo,
> Nac aredig caeau oerion,
>   Boed fel bo.
>
> Y SAITH:
> Doed hi fel y delo,
> Hob y derri dando.

I ddechrau mae pawb yn gytûn na ddylid agor y trydydd drws:

> Y SAITH:
> Pwy a falia agor drysau,

Tra bo digon ar y byrddau?
Pwy a edy hen lawenydd
I fyn'd i chwilio galar newydd?

Mwyn yw medd, a haf a'i hedd,
Mwyn yw medd, a haf a'i hedd:
   Hela gwan yw hela gofid
Tra cawn londid yn y wledd.

Ond y mae Heilyn ap Gwyn eisoes yn anesmwytho:

HEILYN:
Pa'm mae deuddrws yn agored,
   Tra mae'r trydydd eto'n nghau?
Beth anwylach gawn ni weled,
   'Nol gwel'd cymaint trwy y ddau?
Agor—peidio? peidio—agor?
   P'un o'r ddau?—(ah! mwyn yw'r medd!)
Onid gwell yw ceisio rhagor
   Na chael llondid yn y wledd?

Daw'r foment, a chyn sicred â dim, mae Heilyn yn agor y drws. Cân Manawyddan a Phryderi eu gofid am yr hyn a ddigwyddodd, ond eto ni cheir ganddynt gondemnio Heilyn:

MANAWYDDAN:
O fy nolur! O! fy ngalar!
   O ofidiau haint a chledd!
Nid oes blod'yn ar y ddaear
   Nad yw'n agor ar ryw fedd:
Do, collasom Brân Fendigaid,
   A chollasom eto fwy—
Blagur ienctyd aeth o'r enaid,
   A'n gobeithion, b'le maent hwy?

PRYDERI:
Wele'r wybren o rosynau

> Wedi duo uwch fy mhen;
> A dychwela hen gymylau
> Annghofiaswn, 'nol i'r nen!
> Rhaid yw codi hwyliau eto,
> A gwynebu dig y dòn:
> Ffarwel, flwyddi tirion Penfro!
> Gauaf yw hi dan fy mron.

Synia Ynawg yn wahanol, gan weld gweithred Heilyn fel peth yr oedd yn rhaid wrtho, a pheth a fydd er daioni yn y diwedd:

> YNAWG:
> Byw yn gul yw byw heb wybod;
>   Holi ddaw â dyn yn rhydd:
> Mwynach fyddai esgeulusdod,
>   Pe bai'n dala goleu'r dydd!
> Y mae'r funyd ddaw o'r diwedd,
>   Ddaw, er gwaethaf dawn a nerth,
> Yn gwneud pedwar ugain mlynedd
>   O ysmaldod yn ddiwerth!

Clo ac uchafbwynt y gerdd yw Heilyn ap Gwyn, o sicrwydd ei safle fel arwr Fictoraidd, yn annog ei gymrodyr ymlaen:

> HEILYN:
> Dewch, fy mrodyr, dros y tònau,
> Awn yn gynar gyda'r borau,
> Draw mae glenydd Cernyw'n olau—
>   Dyma'r dydd, a'r awr!
> Awn o fyd yr hen ofidiau,
> A seguryd hen fwynderau—
> Hawl y dewr yw agor dorau,
>   A gwynebu'r wawr.
> Ni ddaw un boreuddydd
> Heb gyfleusdra newydd:
> Cauad yw drysau Duw,
>   I'r byw eu hagor beunydd!

> Fe aeth blynyddau euraidd heibio,
> Ond mae'r haul yn aros eto,
> I roi golau i ni deithio—
> > Trown i'r daith yn awr!

Ymddangosodd y gerdd mewn sawl argraffiad o *Caniadau Elfed* oddi ar 1895, ond hepgorodd y bardd hi o'r detholiad bach olaf a wnaeth (1953). Bron na ddywedem fod colled ar ei hôl. Tebyg iddo benderfynu bod ei hawr wedi mynd heibio.

*   *   *

Drigain mlynedd ymlaen a dyma gwrdd â'r un cymeriadau mewn pryddest gan Pennar Davies. Mae triniaeth y ddau Annibynnwr yn ddiddorol o debyg, ac o wahanol. Benthyca'r chwedl y mae'r ddau, nid ei dehongli. Yr ail dro mae'r Cristioneiddio'n hyfach, ond yr un pryd mae'r olwg ar Heilyn —yn cynnwys ei olwg ef arno'i hun—yn fwy amwys ac ansicr. Ymddangosodd rhannau o 'Heilyn ap Gwyn' yn y gyfrol ar-y-cyd *Cerddi Cadwgan* (1953), sef caneuon ac areithiau byrion yng ngenau rhai o'r Seithwyr ar amrywiol fesurau, yn cynnwys 'mesur Madog', y wers rydd a rhai mydrau acennog. Yn *Yr Efrydd o Lyn Cynon* (1961) ceir y gerdd gyfan, gydag ymson dramatig gan Heilyn ei hun, ar y mesur moel, bellach yn cydio'r cyfan ynghyd:

> A ydych chwi am wybod pwy wyf i?
> Heilyn ap Gwyn. Ie, Heilyn ap Gwyn Hen.
> Melltith fy mrodyr cu, melltith fy hen
> Gymdeithion dewr, fy melltith i fy hun.
> Gwrandewch, gyfeillion mwyn. Na throwch i ffwrdd
> A'm gadael i heb neb i glywed dim
> O'm hanes. Dewch. Arhoswch a gwrandewch,
> Ac wedi clywed hyn, melltithiwch fi
> Os mynnwch. Cans cynefin wyf â melltith.
> Ond peidiwch chwi, er mwyn y chwys a'r gwaed
> A gollwyd gynt dros bawb ohonom ni,
> Â chloi fy enaid mewn mudandod erch,
> Di-gartref, di-gydymaith a di-gwsg.

Dyna'r agoriad, a gwelwn na wastraffwyd llawer o amser cyn rhoi ar ddeall ein bod i weld y cyfan mewn fframwaith Cristnogol. Fel cymeriad diriaid arall a enynnodd felltith ei gymdeithion, tynghedwyd yr Heilyn hwn yntau i atal fforddolion a'u gorfodi i wrando ar ei stori. Fel yn 'The Rime of the Ancient Mariner', symudwn oddi wrth y felltith a gyhoeddir mor gryf ar y dechrau tuag at fan lle gallwn weld Heilyn fel canfyddwr a chennad rhyw neges, nid er gwaethaf ond oherwydd ei weithred drychinebus. Yr wyf am gyfaddef y daliwyd finnau gan Heilyn ap Gwyn y troeon cyntaf y darllenais y gerdd, ac nid wyf am ei diarddel bellach, er gwybod yn iawn beth yw ei gwendidau. Gwelsom eisoes, yn yr agoriad a ddyfynnwyd, esiamplau o'r mydryddu digon llac ac o'r ansoddeiriau ystrydebol. Rhaid imi gyfaddef nad oedd y rhain yn fy mhoeni gymaint ag y dylent ar y pryd, a rywsut nid ydynt eto; ac nid yw hynny oherwydd dysgu yn y cyfamser am y swyddogaeth barchus a fu i ansoddeiriau stoc yn y canu epig drwy'r canrifoedd. Fe ddysg darllenwyr Pennar Davies ddygymod â'i gyfuniad unigryw o gamp a rhemp, a buan iawn y daw'r hen bryddest ffwrdd-â-hi hon, fel pethau eraill o'i waith, i bowlio'n ddigon hoyw yn ei blaen yng ngrym yr eiddgarwch a'r serchogrwydd sydd bob amser yn nodweddu'r awdur. Mae cryn arbenigrwydd ar rannau ohoni; gellid dethol a dyfynnu'n gyfan y gân 'Mawl Taliesin i Fendigeidfran' fel un o bethau mwyaf bywiol a hynod ein canu mabinogaidd modern.

Dilynir trefn digwyddiadau'r Ail Gainc—o'r hwylio am Iwerddon, drwy'r ysbaid yng Ngwales, hyd at yr awr pan yw'n rhaid i'r cymdeithion gychwyn eto ar eu taith tua Llundain. 'Cân Antur Pryderi' sy'n taro cywair y dyddiau cyntaf:

> Bendigaid fo enw Duw Celi
>   A roes inni'r antur glân,
> A'n galwodd dros helynt yr heli
>   I ganlyn Bendigaid Frân:
> I drechu mileindra'r drygioni
>   Sy'n llygru byd macwy a mun;
> I dragogoneddu'r daioni
>   A roddwyd i fywyd dyn . . .
> I ddryllio hualau'r caethiwed
>   A flinodd blant dynion cyhyd;

Dyrchafu'r rhai da a diniwed
I orsedd gogoniant y byd.

'Now, God be thanked Who has matched us with His hour', canodd bardd arall mewn amgylchiadau nid annhebyg. Fel yn nyddiau cyntaf Awst 1914, felly ar 'y nawnddydd eiddgar hwnnw' pan hwyliodd llongau Brân:

Mawr
Oedd bywyd inni i gyd; a meddw oedd pawb
Ohonom, wedi meddwi'n lân ar obaith
A dyletswydd, bonedd a syberwyd byw.

Yn anochel, fe dry'r antur yn drychineb ac yn ddadrith. Daw'r wledd yn Harlech a'r ysbaid yng Ngwales i ohirio, dros dro, wynebu ac amgyffred yr hyn sydd wedi digwydd; ond yn unol â'r dynged daw'r foment pan yw Heilyn yn agor y drws. Cyhoedda Taliesin felltith chwerw ar Heilyn, gan adleisio cweryl diwylliannol yr oeddem yn bur gyfarwydd â chlywed ei sŵn ym mlynyddoedd canol yr ugeinfed ganrif:

Melltith arnat ti!
Canys dewisach na'th chwilgarwch mileinig
Yw'r tawch a'r tarth a enhudda
Eneidiau awenyddion y byd.

Er yr ategir y felltith gan Bryderi, Manawydan a Glifieu, nid yw Heilyn ar frys i syrthio ar ei fai. Yna daw Ynawg a Gruddieu i daro nodyn gwahanol. Yn ddigon diddorol, dewiswyd Ynawg gan Elfed yntau i ddweud gair o blaid Heilyn; nid oes unrhyw gynsail i hyn yn y chwedl. Yn hytrach na chyhoeddi collfarn ar Heilyn a'i gadael hi ar hynny, myn Ynawg a Gruddieu ofyn 'Beth nesaf?', a chynigiant ddau ateb gwahanol i'w gilydd. I'r rhai a gofia ail ganiad awdl 'Yr Haf', gall y gwahaniaeth awgrymu peth o'r cyferbyniad rhwng y bardd a'r Brawd Gwyn yn y fan honno. Daearol yw bryd Ynawg, a ddisgrifir yn y gerdd fel 'arglwydd holl fwynderau/A moesau llys a llannerch':

Byw fuom mewn breuddwyd, gymrodyr,
Ac er bod y breuddwyd yn brydferth i'w ryfeddu

>   Bu'n rhaid iddo gilio o'r diwedd
>   Am mai breuddwyd yn unig oedd.
>   Rhaid inni sawru bywyd fel y mae;
>   Rhaid derbyn
>   Y nwydau a'r nerthoedd a roddwyd inni,
>   A'r ceyrydd a godwyd gennym
>   Ac a gwympodd i'r llwch.
>   Heb alar, heb lawenydd; heb ofid, heb afiaith.
>   Yr un tafod a flasa'r gwin a'r wermod.
>   . . .
>   Fy nghymrodyr cu, gwrandewch.
>   Glynwch wrth y glendid sydd gennych,
>   Er ei fod yn gymysg â gwae.
>   Gwged yr Angau arnom. Hwyrach bod amser
>   I anwesu anwylyd ac i hela'r baedd coed.
>   Wrth yfed ac ymbleseru cawn angof ennyd
>   Rhag braw a thrallod a thranc.

A dyma Gruddieu, 'cyfaill Duw,/Cydymaith etholedig meibion Iôr', a'i safbwynt yn lled agos at Blatoniaeth Gristnogol:

>   Ynfydrwydd yw coelio anwiredd,
>   Ac ynfydion 'fuom ni:
>   Nid wrth ymserchu yn y lledrith llawen
>   Ond wrth dybio bod sadrwydd iddo.
>   Un sylwedd di-dranc y sydd,
>   A hwnnw'n uwch na dwthwn a daearen.

Heilyn sy'n cloi, dan gabl o hyd ond yn anedifeiriol. Tyn y cyfan ynghyd mewn diweddglo da sy'n ailadrodd rhai o linellau'r agoriad:

>   Ai bri ai anfri a ddaw ar fy mhen
>   Pan roddir cyfrif yn y Farn Ddiwethaf?
>   Ni wn, ond gwn nad oes imi orffwysfa
>   Na châr na chyfaill. Byw wyf i o hyd,
>   Heilyn ap Gwyn, byw yn eich canrif chwi,
>   A'r chwant anniwall, ysfa gweld a phrofi,

> Yn llosgi ynof megis byd ar dân.
> Hon yw fy nhynged i. Ni allaf lai
> Na chwilio fel y chwiliais gynt, i'm distryw.
> Mae i bob un ei dynged. Clywais, wir,
> Nad yw fy nhynged innau'n ddim ond rhan
> O Dynged gron y greadigaeth faith,
> Yr Oll-yn-Oll dragwyddol. O am weld
> Y Dynged honno; Mab y dyn, Mab Duw,
> Cyfaill y rhai di-gyfaill! Chwilio 'rwyf,
> I'm distryw ac i'm gwaredigaeth hefyd,
> Am y Gwaredwr, am y chwys a'r gwaed
> A gollwyd gynt dros bawb ohonom ni.

*   *   *

Dyma agoriad arall a ddaliodd fy sylw, tua'r un adeg ag y darllenais 'Heilyn ap Gwyn' gyntaf:

> Branwen o bawb! Ni ddychmygais y gwelswn hi
> yno'n eistedd wrth y bwrdd sigledig â staen
> hen goffi ar y lliain llwyd. 'R oedd y stafell
> yn llawn llafar a gwich llestri a thawch atgofion,
> chwerthin a ffarwel a chroeso a dagrau mud.
> Gwenai'r goleuni'n garcus trwy fwrllwch tybaco
> ond fe'i gwelodd hi fi, a'm hadnabod . . .

'Branwen a'r Ffoadur Arall' yw'r gerdd, a hi sy'n cloi'r gyfrol *Pont y Caniedydd* (1956) gan Alun Llywelyn-Williams. Fel 'Eginyn Drama' y disgrifir hi gan ei hawdur. '[Y]stafell fwyta stesion wrth y cei mewn porthladd yng ngogledd Cymru' yw'r lleoliad, ac yno mae adroddwr dienw, ar ffo o Gymru, yn cwrdd â Branwen, sydd newydd ffoi o Iwerddon:

> ''Welais i monot ar y llong,' medd hi.
> A chwarddodd. 'Ble'r ei di a'th wep mor hir?'
>
> 'Allan o Gymru, am fy mywyd, ferch!'
> Ar hyn, canodd y stemar ei chorn dolefus

draw wrth y cei, ac ym mlaen yr orsaf hir
ochneidiai injan y trên yn ddiamynedd tua'r tir.
Meddyliais, 'd yw dy wedd dithau, Branwen, ddim mor llon.

Wrth ymdroi i gyfnewid profiad, mae'r 'Ffoadur arall' yn colli ei gwch. Dyna hynny o 'stori' sydd. Dewisodd Alun Llywelyn-Williams hepgor y gerdd hon o'i gasgliad diffiniol, *Y Golau yn y Gwyll* (1979), ond i un darllenydd o leiaf, fe erys ei hapêl. Credaf fod rhan o'r apêl honno yn y cyfuniad o iaith ffurfiol, ychydig yn ddyrchafedig, a lleoliad cyfoes, cyffredin. Rhan arall yw rhamant stesion a phorthladd, mynd a dod trenau a llongau.

Hola Branwen:

> 'Os dianc,
> rhaid bod rhyw ddrwg yn rhywle. Beth sy'n bod?'

A'r ateb:

> 'Euogrwydd sy'n bod! F'euogrwydd i, neu'r tadau,
> neu Gymru gyfan efallai. Ond wrth gofio,
> pan fuost ti'n byw yn y parthau hyn
> 'd oedd dim Cymru: ac nid yw Cymru mwy.'

Ai yma, tybed, y mae'r gwendid a barodd na allai'r bardd fod yn gwbl fodlon ar y gerdd? Mae elfennau o felodrama yng nghyffes y Ffoadur, ac efallai nad yw'n llawn argyhoeddi:

> 'Myfi yw'r broblem yn awr. Breuddwydiais neithiwr
> imi ladd fy nhad, a'm holl hynafiaid o un
> i un, ac yna, mewn dychryn, fe'm lleddais fy hun.
> Rhag dial yr wy'n dianc, rhag ofn nad breuddwyd oedd.'

Ond y mae ymateb Branwen yn adfer hygrededd yn syth:

> 'Rhag breuddwyd ni allwn ddianc; os nad breuddwyd
> oedd a brofaist, ofer sôn am ddianc
> a thithau'n farw eisoes. Bûm innau farw,

cyn bod Cymru, a chyn bod pechod, eithr
nid cyn bod gwae. Ac eto, adwaen dy gyflwr.'

Gwêl y Ffoadur yntau beth sydd ganddynt ill dau yn gyffredin:

'Y mae i ninnau'n dau gymundeb clos—
ein bod yn feirwon, eto'n fyw, ar daith
fel ffoaduriaid rhag galanastra: a rhannwn
ein heuogrwydd heb wybod sut na pham.'

Cyffes dau sy'n teimlo eu bod euog o alanas yw rhan helaetha'r sgwrs.
Meddai Branwen, gan gymryd ychydig bach yn hyf ar y chwedl:

'Mynych y mynnais innau farw, a chwennych
marwolaeth gaeth ar eraill, er dial fy ngwarth.
Atebwyd fy neisyfiadau, a dyna'r loes
dostaf o'r cwbl oll, fod yn rhaid dioddef
am gyfiawnder fel am fai, a chreu o ddioddef
ddioddef mwy . . .'

Am y Ffoadur, y pechod neu'r bai y mae ef yn ei gyffesu yw ei fod wedi
gadael i wlad ddadfeilio a marw dan ei ddwylo:

'Cyffredin
wyf o'r cyffredin, heb awdurdod teyrn,
heb urddas coron, heb ledrith bore'r byd;
ac yn fy enw i'n llechwraidd y drylliwyd
pob hen syberwyd. Os ynof i mae'r cancr,
os gwir imi ddwyn gwarth ar lendid hanes,
a synni di fy mod yn deisyf dianc
rhag dwbl euogrwydd llofrudd a bradwr?'

Cerdda'r ddau allan i'r cei, lle mae morwr diamynedd yn eu hannog i
frysio:

'Brysiwch, brysiwch,' sibrydai, 'rhy hir y buoch
yn ffeirio'ch gwae a chwyno'ch tosturi'ch gilydd.

> Mae'r llong ar gychwyn, a'r môr glân yn gwahodd
> fel erioed. Pob cychwyn, terfyn yw,
> a diben terfyn taith, o'r newydd cychwyn.'

Wrth y Ffoadur sydd â'i fryd ar ddianc, neges olaf Branwen yw nad oes dianc:

> 'Nid af ymhell, fy nghyfaill. Gwelais mor fain
> yw'r ffin rhwng gofid a llawenydd, na ellir
> da heb ddrwg. Derbyn sydd raid amodau'r
> duwiau, a pha dynged flin a bennwyd
> arnom bawb. Mewn derbyn y mae'n gobaith
> am ras rhag drwg, a throi'n gaethiwed balch
> yn fawl yw'n buddugoliaeth. 'D oes dim dianc,
> mi dybiaf, rhag cur ein geni, rhag hyder bod.
> Ond y mae llais dirgel i'n cysuro wrth raid,
> a chwmni'r gweddill ffyddlon sy'n cydio doe
> wrth yfory, a'r henwlad wrth y newydd.
> Ffarwel, fy nghyfaill, dos di i'th ffordd.'

Bwriad y Ffoadur oedd dal y cwch. Ond:

> Mi drois i ffoi. Rhy hwyr! Ymaith y llithrai'r
> llong. Poerodd y morwr mewn dirmyg i'r dŵr,
> a sleifiodd yntau i'r nos. 'Aros, Branwen,
> aros! Dof gyda thi!' Gwaeddais mewn braw,
> a throi drachefn. Ond ni ddaeth ateb ddim.
> Ac wrth f'ymyl mwy, ni safai neb.

Nid yn aml y mae Alun Llywelyn-Williams mor genedlaetholaidd ag y mae yn y gerdd hon. A oedd hynny'n rheswm, tybed, pam nad ailargraffodd hi? Ond rhaid dweud bod euogrwydd y Ffoadur yn taro nodyn cyfoes iawn heddiw, hanner canrif ar ôl ei chyfansoddi, a'r hyn y tybiem ei fod yn 'ddeffroad cenedlaethol' wedi bod, ac wedi mynd, yn y cyfamser. Gadawodd hwnnw rai pethau ar ei ôl, yn bwysicaf oll fesur bychan o ymreolaeth i Gymru; ond gadawodd y gobeithion gloywaf heb eu gwireddu. Gallai cyffes y Ffoadur wasanaethu fel cyffes methiant cenhedlaeth a dosbarth heddiw, gan dorri'n fwy i'r byw na phan ysgrifennwyd hi. Yn y diwedd, efallai mai yn ei hawyrgylch y mae cryfder 'Branwen a'r Ffoadur Arall', yn fwy nag yn ei meddylwaith. Eto mae hwnnw'n ddiddorol. Yn ei dydd yr oedd yn arbrawf newydd a ffres mewn gosod cymeriad mabinogaidd mewn cyd-destun modern. Gwnaed hynny wedyn droeon yn ystod y blynyddoedd; anaml, os o gwbl, y'i gwnaed cystal.

* * *

Awdl fer, neu efallai ddarn o awdl, yw 'Nant Lleu', a welir ar flaen cyfrol Mathonwy Hughes, *Corlannau a Cherddi Eraill* (1971). Arweinir dyn i ddyfalu tybed a fwriadwyd hi yn rhan o rywbeth mwy, a hwnnw ar gyfer cystadleuaeth. Ond 'tae waeth am hynny bellach. Clywais ias wrth ei darllen gyntaf, a'r un modd bob tro wedyn, er nad oes ynddi, o'i chrynhoi, ond disgrifiad o Nant Lleu mewn cyflwr gwyllt, cyntefig, ac yna lais yn torri ar yr anghyfanedd-dra:

> Gorweddai mewn hedd, fy nghwm danheddog,
> Ym môr ei goed, digymar ei gydiog
> Estyll o graig oedd yn gastell grugog
> I eryr rheibus, i'r afr a'r hebog;
> Y glyn lle dôi'r creyr o glog—am ei fwyd
> I'w gorsydd llwyd ac i'w rosydd lleidiog.
> . . .
> O fro ddu unig y dyfroedd anwel,
> Drwy yr hafn dywyll dôi'r afon dawel
> Drwy'r llwyni coed a'r llyn cêl—cyn colli
> Trwy wyll y deri tua'r llwyd orwel.
>
> Dôi oerllef o goed irllaes
> Lle gwaedai Lleu o goed llaes:
>
> 'Hon yw fy hen dderwen ddu,
> Clyw fy nghwyn, clyw f'ynganu,
> Yma'r wyf a mawr hefyd
> Fy nghur maith, fy ngwewyr mud.

Mawr fy nghur am arf yng nghad,
Mwy fy nghur am fy nghariad.

Mewn glaw fy mhoen a glywi—a'm hiraeth
   Ym mawrwynt y deri;
F'ing hen a'm clwyf yng nghyni—coed adfail,
   Yng ngwywo dail fy ngwaed a weli.

Mawr fy nghur am arf yng nghad,
Mwy fy nghur am fy nghariad.'

Caniatawn efallai mai'r gynghanedd a ffurfiodd y cwpled hwn a gymerir yn fyrdwn. Ond ni ddylai hynny fod yn dramgwydd, mwy nag y mae'r awgrym, nad yw i'w gael yn y chwedl, fod Lleu yn gwir garu Blodeuwedd. Ni wn am ddim yn unman sy'n cyfleu mor rymus ing a gwae Lleu Llaw Gyffes wedi ei fradychu a'i glwyfo.

*   *   *

Dyma gerdd eto sy'n ymateb i le a gysylltir â'r chwedl. A dyma brofi hefyd nad oes raid bod yn y lle i dderbyn o'r ysbrydoliaeth. Dywed un o 'Englynion y Beddau' fod bedd Gwydion ap Dôn ym Morfa Dinlleu.[12] Pe gwyddwn ble mae, gwnawn bererindod yno y munud yma, fel y gwnaf hefyd i Gaer Dathyl os byth y dof o hyd iddi. Cofiaf ofyn i Gwilym R. Jones, awdur y darn cywydd hwn, 'Gwydion ap Dôn', ble yn union y mae'r bedd ar y Morfa. 'Dwn i ddim, wchi,' oedd yr ateb. 'Oeddech chi ddim wrth y bedd pan ddaeth y gerdd ichi?' holais wedyn. 'Nac oeddwn.' 'Fuoch chi yno erioed?' 'Na, 'does gen i ddim co'.' Ond na hidiwn ddim o gwbl. Dyma hi, o *Cerddi Gwilym R.* (1969):

     O Li, a daeni'n dyner
     Dros y twyn dy dresi têr,
     Clyw'r adar sy'n galaru
     Uwch y dwylath dwmpath du:
     Gwydion ap Dôn, gwyddonydd,
     Dewin y sêr, dano sydd.

> Sïa, fôr, felysaf wawd,
> Siriol, soniarus arawd;
> Clybu hwn y clariwn clau,
> Hen idiom y planedau;
> Ymwêl â thraeth y Belan
> Â'i lety cul i ffliwtio cân.
>
> O Law, a liwi'r awyr
> A thaenu hud ei thanau hwyr:
> Ni wêl o'r man lle chwelir
> Swnd y lan ei siandelîr.
> Nid yw'r sêr yn lleueru
> Dan y dwylath dwmpath du.

Ni synnwn i ddim nad oes yma drachefn enghraifft o'r gynghanedd yn arwain y meddwl. Ond unwaith eto, nid yw hynny'n broblem o unrhyw fath. Mae yma'r hen felyster hwnnw i'r glust, ac o'r glust i'r galon. Pridd a sêr yw'r cyferbyniad, a chofiwn fod 'Caer Gwydion' (a 'Caer Arianrhod' hefyd) yn enw traddodiadol ar y Llwybr Llaethog.

* * *

Ysbrydolwyd dwy gerdd nodedig gan gymeriad Mabon fab Modron o chwedl Culhwch. 'Mabon' gan Saunders Lewis yw'r naill. 'Mabon fab Modron' gan Gwynne Williams yw'r llall, ac fe'i dyfynnaf yn gyfan o *Rhwng Gewyn ac Asgwrn* (1969):

> Ofer fu, ofer fydd
>   holi a galw
> nes dof ryw hwyrnos daer
>   i erwau'r carw.
>
> Ar gefn y carw gwyn
>   ymaith carlamaf
> a dod ar wŷs i dwll
>   'r aderyn hynaf.

O'i nyth ym môn y nos
  ym mhlu'r dylluan
codaf ac af i goed
  yr eryr arian.

Ac ar ei war o'i graig
  wedyn ehedaf
hyd at ddyffryn Llyn Llyw
  a'r fordaith eithaf

ar gefn yr eog aur
  a dod i oedi
dan y gaer gadwai'n gaeth
  enaid penwynni.

A rhoi gwaedd ger y gell
  i chwalu'r muriau
a'i roddi eto'n rhydd
  i'r eangderau.

Wedi'r lladd daw i'r llys
  noson yr asiad
i wau cân uwch y cawr
  o eiriau cariad.

Cerdd ydyw am y briodas gysegredig (*hieros gamos*, neu *hierogamy*), sydd hefyd yn bob priodas. Ni ddywedir pwy sydd yma'n llefaru ac yn edrych ymlaen; gall mai Culhwch a gall mai Mabon, ac mae'r amwysedd yn gwbl addas gan mai gwedd ar Gulhwch ei hun yw Mabon (ac Arthur, ac Ysbaddaden, o ran hynny). Newidiwyd y defnydd o'r Anifeiliaid Hynaf, ond nid yw hynny ychwaith yn drais ar y chwedl. Mae yma ail-greu eofn ar y stori, ond ail-greu mewn modd sy'n unol â'i hysbryd. Crewyd byd symbolaidd cyfan sy'n llawn o antur, pellter, ymdrech, dirgelwch, dyhead a gorfoledd.

*   *   *

Ni byddwn yn meddwl honni am y chwe cherdd a ddewisais eu bod y rhai mwyaf nodweddiadol o'r canu mabinogaidd modern; ond y maent bob un yn cynrychioli rhywbeth. Dewisais un ohonynt, y gyntaf, oherwydd tybio bod iddi beth arwyddocâd hanesyddol, a dewisais y lleill oherwydd rhyw hen hoffter. Diamau y ceid, o chwilio, gerddi mwy dyfeisgar na hwy—neu efallai mai 'mwy ymdrechgar' y dylid ei ddweud. Maent i gyd, mae arnaf ofn, yn gerddi hawdd, ac i gyd yn rhamantus, os nad Rhamantaidd hefyd. Mae pedair o'r chwech, y pedair olaf, mor llwyddiannus am mai breuddwydion ydynt. Breuddwydion yw'r Pedair Cainc, nid llai na'r ddwy chwedl sydd yn uniongyrchol yn disgrifio breuddwydion (*Breuddwyd Macsen* a *Breuddwyd Rhonabwy*). Mae Pwyll Pendefig Dyfed, un o'r ychydig gymeriadau gwir ddynol yn y Mabinogi, yn cychwyn allan un bore i hela. Cyn pen ychydig linellau mae wedi taro ar Arawn Frenin Annwfn, a dyna ni wedyn, wedi gadael byd ymwybod a realiti. Down yn ôl at ymwybod a realiti yn y man, ond yn anuniongyrchol. Yn y diwedd, yr hen natur ddynol sy'n ein hwynebu yn y Mabinogi, ond down i'w gweld yn gliriach ar ôl siwrnai ogylch, drwy fyd breuddwyd. Cryfder tair o'r cerddi a ddewisais yw fod y beirdd yn cymryd eu harwain—ie, gan y gynghanedd, i raddau, mewn dau achos—a bod y cerddi trwy hynny yn rhydd o unrhyw ymlafnio. Cryfder pedair ohonynt yw bod ynddynt 'y golau dieithr' hwnnw. A'i roi fel arall, mae ynddynt ryw gyffyrddiad o Annwfn.

Mewn lledobaith yr hoffai rhywrai feddwl ymhellach am helaethder a chyfoeth y testun hwn, atodaf restr o gerddi. Dylwn ddweud efallai mai cerddi ydynt lle daw'r prif bwnc, neu'r brif thema, o'r chwedlau. Ped ychwanegid cerddi sy'n defnyddio'r chwedlau'n gyfeiriadol, fe âi'r rhestr gryn dipyn yn hwy; o'r cyfryw ni chynhwysais ond un neu ddwy, yn cynnwys yr olaf un. Cerddi o gyfrolau yn unig sydd yma; pe chwilid y cylchgronau, diamau y tyfai'r rhestr.

ATODIAD: CERDDI AM Y CHWEDLAU

(Mae'r awdlau a'r pryddestau arobryn i'w cael hefyd, wrth reswm, yng nghyfrolau *Cyfansoddiadau a Beirniadaethau* yr eisteddfodau perthnasol.)

Aethwy, Elis, *Y Bryniau a Cherddi Eraill* (1968), 'Rhiannon', 50; *Menai a Cherddi Eraill* (1979), 'Drudwy', 11, 'Bro Ddyfed', 65.

Ap Dafydd, Myrddin, *Pen Draw'r Tir* (1998), 'Ogof Arthur', 53, 'Ogof Arthur' (englyn), 102; *Clawdd Cam* (2003), 'Ceisio Rhiannon (*yn Ninbych-y-Pysgod*)', 20.

Ap Glyn, Ifor, *Golchi Llestri Mewn Bar Mitzvah* (1998), 'Branwen', 41.

Ap Gwilym, Gwynn, *Gwales* (1983), 'Mabinogi', 29.

Ap Hywel, Elin, yn Edmund Cusick (gol.), *Blodeuwedd: An Anthology of Women's Poetry* (2001), 'Adroddiad', 62.

Bowen, Euros, *Cerddi* (1957), 'Myth y Gwanwyn', 51, 'Adar Rhiannon', 125, 'Wrth Orsedd Arberth', 157; *Cerddi Rhydd* (1961), 'Y Morgrugyn Cloff', 11; *Myfyrion* (1963), 'Glyn Cuch', 74; *Cynullion* (1976), 'Gollyngdod', 23; *Amrywion* (1980), 'Aber Henfelen', 33; *Gwynt yn y Canghennau* (1982), 'Cenhadau Arthur', 24; *O Bridd i Bridd* (1983), 'Cae Niwl', 61; *Buarth Bywyd* (1986), 'Y Twrch Trwyth', 13, 'Ar Lan Afon Alaw', 16, 'Pair Ceridwen', 18.

Bowen, Geraint, *Cerddi Geraint Bowen* (1984), 'Branwen', 37.

Bryan, Robert, *Tua'r Wawr* (1921), 'Dyfodiad Arthur' (libretto), 22.

Davies, Bryan Martin, *Darluniau ar Gynfas* (1970), 'Mewn Perfformiad o "Blodeuwedd"', 62; *Y Golau Caeth* (1972), 'Y Drudwy', 22, 'Y Seithwyr', 23, 'Gwydion', 25, 'Lleu', 27, 'Mabon fab Modron', 29 (y pump olaf o ddilyniant coronog Eisteddfod Genedlaethol Bangor, 1971), 'Tw-whit, Tw-hw', 53, 'Efnisien', 55, 'Y Pair', 70; ceir y naw cerdd olaf drachefn yn *Cerddi Bryan Martin Davies: Y Casgliad Cyflawn* (2003).

Davies, D. R. Cledlyn (Cledlyn), yn E. Vincent Evans (gol.), *Cofnodion a Chyfansoddiadau Eisteddfod Genedlaethol 1923 (Yr Wyddgrug): Barddoniaeth a Beirniadaethau* (1923), 'Dychweliad Arthur' (awdl), 28; *Chwedlau ac Odlau* (1963), 'Dychweliad Arthur' (detholion), 98.

Davies, Gareth Alban, *Baled Lewsyn a'r Môr a Cherddi Eraill* (1964), 'Enwi', 45; *Trigain* (1986), 'Arianrhod', 23, 'Cerdd Ddi-enw', 24.

Davies, G. Gerallt, *Yr Ysgub Olaf* (1971), 'Gwales', 53.

Davies, Grahame, *Cadwyni Rhyddid* (2002), 'Branwen', 67.

Davies, H. Emyr (Emyr), *Llwyn Hudol* (1907), 'Branwen Ferch Llyr' (awdl Eisteddfod Genedlaethol Caernarfon, 1906), 85.

Davies, J. Eirian, *Awen y Wawr* (1948), 'Adar Rhiannon', 29, 'Gwales', 34.

Davies, Pennar, yn *Cerddi Cadwgan* (1953), 'Heilyn ap Gwyn' (rhannau), 18; *Yr Efrydd o Lyn Cynon* (1961), 'Heilyn ap Gwyn' (yn gyfan), 35; *Llef: Casgliad o Gerddi* (1987), 'Dylan Eil Ton', 39, 'Gwri Wallt Euryn', 43, 'Creiddylad', 45.

Edwards, Islwyn, *O'r Pren i'r Pridd* (1986), 'Bydded Blodeuwedd', 15.

Ellis, David, yn Alan Llwyd ac Elwyn Edwards, *Y Bardd a Gollwyd: Cofiant David Ellis* (1992), 'Branwen', 139.

Evans, E. Gwyndaf, *Magdalen a Cherddi Eraill* (1962), 'Ogof Arthur', 18.

Evans, Tomi, *Y Twrch Trwyth a Cherddi Eraill* (1983), 'Y Twrch Trwyth' (awdl Eisteddfod Genedlaethol Rhydaman, 1970), 1.
Evans, William (Wil Ifan), *Dros y Nyth* (1913), 'Er Ffoi o'r Hud-flynyddoedd', 49; *Plant y Babell* (1922), 'Pwyll, Pendefig Dyfed' (pryddest Eisteddfod Genedlaethol Penbedw, 1917), 60; *Y Winllan Las* (1936), 'Adar Rhiannon (Maes-y-Tannau)', 67.
Evans, W. R., *Awen y Moelydd* (1983), 'Y Twrch Trwyth', 48.
Evans-Jones, Albert (Cynan), *Cerddi Cynan* (1959), 'Ar Graig Harlech', 65.
George, Eirwyn, *Llynnoedd a Cherddi Eraill* (1996), 'Porth Clais', 25.
George, W. R. P., *Cerddi'r Neraig* (1968), 'Branwen', 'Gilfaethwy', 'Blodeuwedd' (englynion), 16; *Dringo'r Ysgol* (1989), 'Efnisien', 23; yr olaf eto yn *Mydylau: Cynhaeaf Cerddi* (2004), 80.
Griffith, R. A. (Elphin), *O Fôr i Fynydd* (1909), 'Cilhwch ac Olwen', 25.
Griffiths, J. Gwyn, *Ffroenau'r Ddraig* (1961), 'I'r Dryw a Saethwyd', 53.
Griffiths, William (Gwilym ap Lleision), *Cerddi'r Mynydd Du* (1913), 'Hela'r Twrch Trwyth', 21.
Gruffydd, W. J., *Caneuon a Cherddi* (1906), 'Trystan ac Esyllt', 73.
Gruffydd, W. T., yn Emlyn Evans (gol.), *Awen Môn* (1960), 'Afon Alaw', 106.
Gwynn, Harri, *Barddoniaeth Harri Gwynn* (1955), 'Y Wledd yng Ngwales', 14, 'Drudwy Branwen', 42.
Hughes, Mathonwy, *Corlannau a Cherddi Eraill* (1971), 'Nant Lleu', 1, 'Dolbebin', 3.
Hughes, T. Rowland, *Cân neu Ddwy* (1948), 'Branwen', 36, 'Aderyn Branwen', 38, 'Y Ffin' (awdl Eisteddfod Genedlaethol Machynlleth, 1937), 54.
Humphreys, Emyr, *Collected Poems* (1999), 'Carchar Gweir', 147.
Ifan, Tecwyn, yn Mererid Hopwood (gol.), *Cerddi Sir Benfro* (2002), 'Bro'r Twrch Trwyth', 109.
Jenkins, J. Gwili (Gwili), *Caniadau Gwili I* (1934), 'Trystan ac Esyllt', 102.
Jones, Bobi, *Y Gân Gyntaf* (1957), 'Rhiannon', 87; *Man Gwyn* (1965), 'Caniad Lleu', 72; *Yr Ŵyl Ifori* (1967), 'Ynys Afallon', 34; *Gwlad Llun* (1976), 'Cynnydd Peredur', 76; *Canu Arnaf: Cyfrol 2* (1995), 'Efnisien Ymhlith y Cloddiau', 237, 'Cynnydd Peredur', 501; *Hunllef Arthur: Cerdd* (1986).
Jones, D. Gwenallt, *Ysgubau'r Awen* (1939), 'Y Twrch Trwyth', 16, 'Adar Rhiannon', 17; *Eples* (1951), 'Y Morgrug', 16, 'Rhiannon', 25; *Gwreiddiau* (1959), 'Y Drws', 18, 'Sir Benfro', 49; *Y Coed* (1969), 'Adar Rheibus', 39.
Jones, Edward Lloyd (Tegfelyn), *Tannau Tegfelyn* (1924), 'Adar Rhiannon', 26, 'Dihangfa Peredur', 27, 'Branwen', 27, 'Anwadalwch', 28.
Jones, Gwilym R., *Cerddi Gwilym R.* (1969), 'Gwae Annwn', 6, 'Dialog yn Ogof Arthur', 43, 'Gwydion ap Dôn', 91.
Jones, Moses Glyn, *Y Sioe* (1984), 'Branwen', 37.

Jones, Nesta Wyn, *Dawns y Sêr* (1999), 'Blodeuwedd', 28.
Jones, O. Alon, *O Ben Cilgwyn* (1980), 'Caer Arianrhod', 17.
Jones, Richard (Ap Alun Mabon), yn J. W. Jones (gol.), *Gwrid y Machlud: Cyfrol Goffa Ap Alun Mabon, 1903–1940* (1941), 'Llech Ronwy', 17, 'Llyn y Morynion', 18.
Jones, Stephen, *Dylunio'r Delyneg* (1987), 'Brain Castell Harlech', 25.
Jones, T. Gwynn, *Ymadawiad Arthur a Chaniadau Ereill* (1910), 'Ymadawiad Arthur' (awdl Eisteddfod Genedlaethol Bangor, 1902, wedi ei diwygio), 3, 'Y Nef a Fu', 25, 'Arthur Gawr', 90, 'Ogof Arthur', 95; *Manion* (1932), 'Atro Arthur', 70; *Caniadau* (1934), 'Ymadawiad Arthur' (wedi ei diwygio eto, 1925), 15, 'Gwlad Hud', 157; *O Oes i Oes* (d.d.), 'Peredur', 9.
Jones, T. James, *O Barc Nest* (1997), 'Y Twrch Trwyth', 30.
Jones, T. Llew, *Sŵn y Malu* (1967), 'Branwen', 39.
Jones, Vernon, *Y Llafn Golau* (2000), 'Creithiau: Blodeuwedd, Siwan, Monica', 40.
Jones, William, *Adar Rhiannon* (1947), 'Aber Henfelen', 32, 'Blodeuwedd', 36, 'Adar Rhiannon', 67.
Lewis, Emyr, *Chwarae Mig* (1995), 'Aber Henfelen', 40.
Lewis, H. Elfed (Elfed), *Caniadau Elfed* (1895), 'Y Drws Cauedig', 83, 'Arthur Gyda Ni', 132.
Lewis, Saunders, *Siwan a Cherddi Eraill* (1956), 'Mabon', 23; R. Geraint Gruffydd (gol.), *Cerddi Saunders Lewis* (1986), 'Mabon' (eto), 29, 'Caer Arianrhod', 30.
Llwyd, Alan, *Y March Hud* (1971), 'Y March Hud', 9, 'Blodeuwedd', 23; *Cerddi Alan Llwyd 1968–1990: Y Casgliad Cyflawn Cyntaf* (1990), 'Soned i Efnisien', 34, 'Y Ddwy Awen', 64; *Sonedau i Janice a Cherddi Eraill* (1996), 'Branwen', 33, 'Y Llun', 72.
Llwyd, Iwan, *Dan Ddylanwad* (1997), 'Cwm Cuch', 111.
Llywelyn-Williams, Alun, *Pont y Caniedydd* (1956), 'Branwen a'r Ffoadur Arall', 63.
Morgan, Derec Llwyd, *Y Tân Melys* (1966), 'Marw Moch', 16; *Pryderi a Cherddi Eraill* (1970), 'Pryderi', 22.
Morris, William, *Clychau Gwynedd* (1946), 'Ogof Arthur' (awdl Eisteddfod Genedlaethol Castell Nedd, 1934), 49.
Morris-Jones, John, *Caniadau* (1907), 'Y Morgrug', 21.
Nicholas, James, *Cerddi'r Llanw* (1969), 'Y Daith', 60.
Owen, J. Dyfnallt (Dyfnallt), *Y Greal a Cherddi Eraill* (1946), 'Y Greal' (pryddest Eisteddfod Genedlaethol Abertawe, 1907), 9.
Owen, Owen G. (Alafon), yn *Eisteddfod Genedlaethol Bangor, 1902: Yr Awdl, Y Bryddest, a'r Telynegion Ail-oreu* (d.d.), 'Ymadawiad Arthur', 9.
Parry, Gruffudd, *Y Co Bach a Hen Fodan a Wil* (2002), 'Bendigeidfran', 65.

Parry, R. Williams, *Cerddi'r Gaeaf* (1952), 'Y Ddôl a Aeth o'r Golwg', 1, 'Drudwy Branwen', 25, 'Dyffryn Nantlle Ddoe a Heddiw', 83.
Pennar, Meirion, *Syndod y Sêr* (1971), 'Pwyll yn Annwn', 89, 'Baedd-ymson Rhyw Gilfaethwy', 90, 'Lleu ym Mhennardd', 91; *Pair Dadeni* (1977).
Prichard, Caradog, *Canu Cynnar* (1937), 'Dychweliad Arthur', 81; eto yn *Cerddi Caradog Prichard: Y Casgliad Cyflawn* (1979), 75.
Phillips, Edgar (Trefîn), *Caniadau Trefîn* (1950), 'Harlech' (awdl Eisteddfod Genedlaethol Wrecsam, 1933), 9.
Rees, J. Machreth (Machreth), *Geraint ac Enid a Chaniadau Eraill* (1908), 'Geraint ac Enid' (awdl Eisteddfod Genedlaethol Y Rhyl, 1904), 1, 'Dychweliad Arthur', 81.
Reynolds, Idris, *Ar Lan y Môr* (1994), 'A Fo Ben . . .' (awdl Eisteddfod Genedlaethol Aberystwyth, 1992), 67.
Richards, W. Leslie, *Bro a Bryniau* (1963), 'Gwales', 18.
Roberts, Emrys, *Lleu* (1974), 'Y Chwarelwr' (awdl Eisteddfod Genedlaethol Bangor, 1971), 75.
Roberts, R. Silyn, *Trystan ac Esyllt a Chaniadau Eraill* (1904), 'Trystan ac Esyllt' (pryddest Eisteddfod Genedlaethol Bangor, 1902), 3, 'Arthur yn Cyfodi', 125.
Rowlands, Dafydd, *Yr Wythfed Dydd: Cerddi 1972–74* (1975), 'Dadeni' (pryddest Eisteddfod Genedlaethol Hwlffordd, 1972), 20.
Thomas, Gwyn, *Chwerwder yn y Ffynhonnau* (1962), 'Y Ddôr yn y Mur', 9; *Y Weledigaeth Haearn* (1965), 'Y Bedwaredd Gainc', 16, 'efnisien', 30; eto yn *Gweddnewidio* (2000), 13, 22, 28.
Williams, Cen, *Ffansi'r Funud, Ffansi Oes* (1999), 'Branwen' (pryddest Eisteddfod Genedlaethol Meirion, 1997), 11, 'Drws', 30.
Williams, E. Llwyd, *Tir Hela* (1957), 'Rhiannon', 20.
Williams, Goronwy Wyn, yn Emlyn Evans (gol.), *Awen Arfon* (1962), 'Blodeuwedd', 88.
Williams, Gwynne, *Rhwng Gewyn ac Asgwrn* (1969), 'Lleu', 56, 'Mabon fab Modron', 65, 'Y Pysgotwr', 74; *Pysg* (1986), 'Colomen', 30, 'Yntau Wydion', 59, 'Llygoden y Gerdd', 83, 'Yng Ngwales', 101.
Williams, J. J., *Y Lloer a Cherddi Eraill* (1936), 'Afallon', 113.
Williams, R. Bryn, *Pentewynion* (1949), 'Olwen', 37.
Williams, Rhydwen, *Y Ffynhonnau a Cherddi Eraill* (1970), 'Glyn Cuch', 74.
Williams, Waldo, *Dail Pren* (1956), 'Diwedd Bro', 65.
Williams, W. Crwys (Crwys), *Cerddi Crwys* (1920), 'Fy Olwen I', 49.

NODIADAU

1. Gweler yr Atodiad am ffynonellau'r cerddi a drafodir.
2. Yr wyf yn wir ddiolchgar i'r golygydd am dynnu fy sylw at y gyfrol hon, a hefyd am awgrymiadau eraill a fu'n gymorth gwerthfawr i lenwi'r darlun.
3. Gweler J. E. Caerwyn Williams, 'Olwen: Nodiad', yn J. E. Caerwyn Williams (gol.), *Ysgrifau Beirniadol VII* (Dinbych, 1972), 57.
4. 'Everyone Writes a Blodeuwedd Poem' yw teitl cerdd gan Sue Moules yn Edmund Cusick (gol.), *Blodeuwedd: An Anthology of Women's Poetry* (Ruthin, 2001), 24. Cynnwys y gyfrol hon 44 o gerddi Saesneg a dwy gerdd Gymraeg—gwaith 16 o feirdd.
5. Gweler C. W. Sullivan III, *Welsh Celtic Myth in Modern Fantasy* (Westport, CT, 1989), a Kath Filmer-Davies, *Fantasy Fiction and Welsh Myth: Tales of Belonging* (Basingstoke, 1996).
6. Erbyn 1995 yr oedd o leiaf un beirniad wedi cael digon ar gymaint ag a oedd! Barn Alun Jones, wrth feirniadu cystadleuaeth Gwobr Goffa Daniel Owen yn Eisteddfod Genedlaethol Bro Colwyn y flwyddyn honno, oedd mai arwydd o ddiffyg gwreiddioldeb meddwl ac o gaethiwed i ffasiwn oedd y cysylltiad mabinogaidd. 'Mi roddais i ochenaid fel ffogorn Enlli pan ddois i ato', meddai; gweler J. Elwyn Hughes (gol.), *Cyfansoddiadau a Beirniadaethau Eisteddfod Genedlaethol Frenhinol Cymru Bro Colwyn 1995* (Llandybïe, 1995), 62.
7. Thomas Evelyn Ellis, *The Cauldron of Annwn* (London, 1922), ix.
8. Ifor Williams (gol.), *Pedeir Keinc y Mabinogi* (Caerdydd, 1930), 21.
9. Caitlín Matthews, *Mabon and the Mysteries of Britain: An Exploration of the Mabinogion* (London, 1987), 41–2, 44–6.
10. Gweler ei feirniadaeth ar 'Ymadawiad Arthur' yn E. Vincent Evans (gol.), *Cofnodion a Chyfansoddiadau Buddugol Eisteddfod Bangor, 1902* (Liverpool, 1903), 8; ac ymhellach ei ysgrif 'Swydd y Bardd', *Y Traethodydd*, LVII (1902), 464.
11. T. Gwynn Jones, 'Adlunio', *Beirniadaeth a Myfyrdod* (Wrecsam, 1935), 39.
12. Gweler Thomas Jones, 'The Black Book of Carmarthen "Stanzas of the Graves"', *The Proceedings of the British Academy*, LIII (1967), 134.

Waldo Williams
a 'Buddugoliaeth yr Afonydd'

Jason Walford Davies

Nid oes amheuaeth yn fy meddwl i na fu inni, wrth grwydro eangderau rhyfeddol *Dail Pren* (1956), golli golwg ar gynnyrch Waldo y tu allan i'r gyfrol honno. Nid yw hyn, wrth gwrs, yn beth rhyfedd, am sawl rheswm. Un o'r rheini yw'r ffaith mai ei nodau amgen fel cyfrol, wedi'r cyfan, yw ei helaethrwydd cysyniadol a gweledigaethol, a'i hamrywiaeth arddulliol syfrdanol. Ceir, wrth gwrs, eithriadau amlwg i'r patrwm beirniadol, megis astudiaeth Robert Rhys ar yrfa gynnar y bardd (hyd at 1939),[1] a bu'r casgliad o ryddiaith Waldo a gyhoeddwyd yn ddiweddar yn symbyliad i fwrw ein rhwyd feirniadol i gyfeiriadau newydd a gwahanol—er bod gofyn ychwanegu yn y fan hon mai un agwedd fuddiol (ymhlith llawer, dylid nodi) ar y broses o fynd i'r afael â'r rhyddiaith honno, wrth gwrs, yw'r goleuni newydd a deflir ganddi ar gerddi *Dail Pren*.[2] Ond y mae dirfawr angen inni hefyd fynd ati i archwilio'n fanwl y cerddi hynny a gyhoeddodd Waldo yn y cyfnod wedi 1956—cerddi sy'n ffurfio corff cryno o weithiau gwirioneddol bwysig. Ym 1975 bu i James Nicholas yn ei fonograff ar Waldo resynu bod beirniaid wedi esgeuluso'r casgliad trawiadol o gywyddau mawl, marwnad a diolch—i W. R. Evans, E. Llwyd Williams, Isfoel, D. J. Williams a Tomi ac Anni James—a gyhoeddodd Waldo rhwng 1959 a 1964.[3] Byddai'n deg dweud ein bod fel beirniaid Cymraeg, dros ddeugain mlynedd yn ddiweddarach, eto i lawn werthfawrogi arwyddocâd y cywyddau hyn—ynghyd â cherddi eraill o bwys megis 'Cân imi, Wynt', 'Gwenallt', 'Y Dderwen Gam', 'Llandysilio-yn-Nyfed' a 'Llanfair-ym-Muallt'[4]—yng nghyd-destun bywyd a gwaith y bardd.[5] Diddorol odiaeth yw'r ffaith mai gan feirniaid Eingl-Gymreig (pwysig i'm tyb i yw gwarchod y term hwnnw) y cafwyd y sylwadau mwyaf treiddgar ar gerddi'r 'bennod olaf' hon yng ngyrfa'r bardd. Meddwl yr wyf yn y fan hon, er enghraifft, am ymdriniaethau dadlennol Tony Conran, yn ei gyflwyniad i'w gyfrol o gyfieithiadau o gerddi Waldo, â cherddi megis 'Llandysilio-yn-Nyfed', 'Cywydd Diolch am Fotffon' a 'Llwyd'.⁶ Hynny yw, o'r tu allan i'r byd Cymraeg (yn rhannol o leiaf) y daeth yr ymateb galluocaf hyd yn hyn i gerddi olaf Waldo Williams—sefyllfa gwbl briodol ar un wedd, o ystyried cefndir diwylliannol cynnar y bardd ei hun.

Fel ymgais i ddadansoddi agwedd bwysig ar yrfa farddonol Waldo yn ystod y blynyddoedd wedi ymddangosiad *Dail Pren* y cynigir yr astudiaeth hon, felly. Ynddi byddaf yn ystyried yn fanwl un o'r cerddi mwyaf arwyddocaol a gyhoeddodd Waldo yn y cyfnod dan sylw—ac un o gerddi mawr, a mwyaf enigmataidd, y bardd i'm tyb i—sef 'Y Dderwen Gam'. Yn y cyswllt hwn, gwahanol yw fy safbwynt i eiddo James Nicholas, a haerodd ym mlwyddyn marw'r bardd mai'r 'gerdd fawr olaf a gyfansoddodd Waldo oedd "Mewn Dau Gae"'.⁷ Nid oes amheuaeth nad oedd R. M. Jones yn llygad ei le wrth gynnwys 'Y Dderwen Gam' ymhlith cerddi diffiniol a 'safadwy' gyrfa Waldo Williams.⁸ Ac y mae dewis trafod y gerdd hwyr hon yn weithred dra chymwys yn y cyd-destun presennol, gan mai Gwyn Thomas oedd y beirniad cyntaf i werthfawrogi ei harbenigrwydd, a hynny mewn darn byr ar ddiwedd ei ragymadrodd i'r gyfrol *Cerddi '69*, lle'r ymddangosodd 'Y Dderwen Gam' am y tro cyntaf. Ar y 'rhyfeddod' yn y gerdd y mae pwyslais Gwyn Thomas yn y rhagymadrodd hwn: 'y peth pwysig ydi bod dyn yn teimlo fel Pwyll Pendefig Dyfed yn y Mabinogion gynt wrth iddo weld Rhiannon yn symud yn araf a meirch cyflymaf ei deyrnas yn methu ei dal, a'i fod yn dweud gyda Phwyll, "Y mae yno ryw ystyr hud"'.⁹ Priodol iawn yw'r gyfeiriadaeth at y rhan hon o'r Gainc Gyntaf o ystyried bod y goeden a ysbrydolodd gerdd Waldo i'w chanfod nid nepell o dref Arberth.¹⁰ Ac eto, er gwaetha'r ffaith fod Gwyn Thomas wedi galw sylw at 'Y Dderwen Gam' yn y rhagymadrodd hwnnw ym 1969, erys y gerdd, teg yw dweud, yn un bur anghyfarwydd i ddarllenwyr Cymraeg. Yn sicr ddigon, ni chafodd y sylw beirniadol y mae'n ei haeddu. Mawr obeithiaf, felly, y bydd y drafodaeth sy'n dilyn yn fodd i ennyn diddordeb mewn cerdd bwerus y mae iddi gefndir hanesyddol, gwleidyddol a llenyddol arbennig o gyfoethog.

Fel y nodwyd, yn y gyfrol *Cerddi '69* y cyhoeddwyd 'Y Dderwen Gam' am y tro cyntaf, a hynny ar y cyd â soned gyhyrog Waldo er cof am Gwenallt ('Crych fu ei ganu . . .')—soned a oedd wedi ymddangos yn gynharach y flwyddyn honno yn *Y Traethodydd*.¹¹ Gosodwyd 'Y Dderwen Gam' ar ddiwedd eithaf y flodeugerdd, fel uchafbwynt iddi:

Y Dderwen Gam
(Pan fwriedid cau ar ran uchaf Aberdaugleddau)

Rhedodd y môr i fyny'r afon,
   Y cyrliog serchog, pur ei drem,
Unwaith, a myrdd o weithiau wedyn,
   Cyn imi gael y dderwen gam.

Cyn imi ddod yr hydref hwnnw
   A sefyll dan y gainc a'u gweld;
Hithau a'i mynwes yn ymchwyddo'n
   Ardderchog rhwng ei gwyrdd a'i gold.

Yma bydd llyn, yma bydd llonydd,
   Oddi yma draw bydd wyneb drych.
Derfydd ymryson eu direidi,
   Taw eu tafodau dan y cwch.

Derfydd y llaid, cynefin chwibanwyr
   Yn taro'r gerdd pan anturio'r gwawl,
A'u galw gloywlyfn a'u horohïan,
   A'u llanw yn codi bad yr haul.

Yn codi'r haul ac yn tynnu'r eigion
   Trwy'r calonnau gwyrdd dros y ddwylan lom.
Yma bydd llyn, yma bydd llonydd,
   A'r gwynt ym mrig y dderwen gam.[12]

Gellir synhwyro ychydig o ddryswch yn ymateb rhai o'r rheini a adolygodd *Cerddi '69* i'r ddwy gerdd gan Waldo yn y casgliad. 'Certainly there is difficulty', meddai Gerald Morgan yn *Poetry Wales*, er enghraifft: 'Euros Bowen at one end of the volume and Waldo Williams at the other are far from easy'.[13] Gresynu'n simplistig nad oedd 'ffydd fawr iachusol' Waldo yn amlwg iawn yn 'Y Dderwen Gam' a 'Gwenallt' a wnaeth Alun Llywelyn-Williams yn *Y Genhinen*.[14] Craffach a mwy cadarnhaol o lawer oedd sylwadau John Rowlands. Ni fu iddo grybwyll 'Y Dderwen Gam', ond wrth drafod sonedau'r gyfrol haerodd: 'os claddwyd y delyneg, mae'r soned ar dir y byw o hyd . . . [N]id wyf yn dymuno claddu ffurf sy'n gyfrwng marwnad mor wefreiddiol i Gwenallt ag un Waldo Williams. Cerdd gyfoes yn sicr yw hon, ond mae rhywun yn amau ai Cerddi '69 yw rhai o gerddi'r gyfrol mewn gwirionedd'.[15] Y mae'r sylw olaf hwn yn arbennig o berthnasol i'n dealltwriaeth o 'Y Dderwen Gam', oherwydd cerdd yw hon y mae i'w chronoleg, fel y cawn weld, arwyddocâd tra arbennig. Creiddiol bwysig yn y cyswllt hwn yw'r llythyr, dyddiedig 8 Mai 1969, a anfonodd Waldo o '1 Plasygamil/Wdig' at un o olygyddion *Cerddi '69*, Islwyn Jones:

> Diolch am y llythyr. Rwy'n lledgofio cân a wneuthum tua 10 mlynedd nol [*sic*] am y chwibanwyr ar lan Daugleddau. Hoffais hi ond nis cyhoeddais. Af lawr i Hwlffordd ddydd Sul i chwilio amdani yn fy nhŷ a gyrraf hi ddydd Llun i chi gael ei gweld.[16]

Ar 11 Mai anfonodd Waldo gopi holograff o 'Y Dderwen Gam' at Islwyn Jones, ynghyd â llythyr byr ac ynddo sawl manylyn cefndirol, bywgraffyddol allweddol:

> Dyma'r gân a addawais iti. Euthum i lawr i Hwlffordd ar ei hôl hi heddiw. Cês [*sic*] i hi, nid yn y man yr own i'n meddwl, ond mewn man arall ar ol [*sic*] chwilio ychydig a medrais ddod yn ôl ar y bws pedwar.
>
> Anghofiais i beth oedd achlysur y gân. Dim ond y ffigyr olaf a fedrwn i gofio. Bwriadu gwneud argae i gau ar ran uchaf Aber Dau Gleddau yr oeddid ond, trwy lwc, nid oedd digon o arian yn dod ar gyfer y cynllun. Dim ond am y chwibanwyr y cofiwn erbyn hyn. Maent yn codi yn un haid (gallwn feddwl). Mae eu cân ar doriad gwawr yn ddigon o ryfeddod. Cerddais lawer tro drwy'r nos i fod yno mewn pryd i'w chlywed—Pum milltir a hanner o Hwlffordd.
>
> Wel dyma'r gân—gobeithio y gwna hi'r tro, er bod y bygythiad hwn wedi mynd heibio am y tro beth bynnag.[17]

Y mae'n werth oedi am ennyd gyda'r llythyr byr hwn, sydd ynddo'i hun yn destun llenyddol sy'n cyffroi diddordeb. Tra idiosyncratig yw arddull y darn, a theg dweud bod rhyw odrwydd a lletchwithdod (atyniadol) yn nodweddu'r mynegiant ar ei hyd. Darn ydyw ac ynddo gryn dipyn o fynd a dod, o newid meddwl a chyfeiriad, ac y mae'r manylu cyfewin fanwl—

ac anfwriadol ddoniol?—yn y paragraff cyntaf yn gwrthgyferbynnu'n drawiadol â'r tinc gwrthddywediadol sydd i amryw o frawddegau'r ail. Nodwedd arall o'r ail baragraff hwn, ac un sy'n esgor ar naws bur ddirgelaidd, yw'r gronoleg ryfedd braidd sydd i'r berfau, a'r symud dirybudd rhwng y presennol, yr amherffaith a'r perffaith—patrwm y mae'r ailadrodd yn nwy frawddeg olaf y llythyr ('lawer tro . . . y gwna hi'r tro . . . am y tro') hefyd yn rhan ohono.

Fel y nodir ar y copi o 'Y Dderwen Gam' a geir yn llaw Dilys Williams, chwaer y bardd: 'Ar lan Cleddau Ddu [y] saif y dderwen gam[,] tua chwe milltir o Hwlffordd trwy goed Pictwn, ac wrth derfyn hen ffordd y fferi'.[18] Y mae'n dra pherthnasol nodi yn y fan hon fod Cleddau Ddu (yr afon ddwyreiniol) yn tarddu ger Mynachlog-ddu—a hynny yng nghyd-destun y ffaith mai'r pentref hwn oedd tarddle bywyd Waldo Williams fel Cymro Cymraeg (fe gofir mai yma, ar iard yr ysgol, y bu iddo ddysgu'r iaith). Lleolir derwen Waldo Williams, felly, ger Trwyn Pictwn, islaw pentref bychan Rhos. Perthnasol hefyd yw tynnu sylw at gyswllt agos yr artist Graham Sutherland (1903–80) â'r union ran hon o'r ddyfrffordd, ac at ei dylanwad pellgyrhaeddol ar ei yrfa artistig, yn ddelweddol ac ar lefel fwy ymarferol (Castell Pictwn, gerllaw'r dderwen gam, oedd lleoliad Oriel Graham Sutherland o 1976 hyd 1995).[19] 'Sutherland considered Picton Point his favourite spot', medd Gordon T. H. Bennett yn ei gyfrol ar berthynas yr artist â Sir Benfro[20]—cyfrol sy'n tynnu sylw at ddarluniau a ysgogwyd yn uniongyrchol gan y lle arbennig hwn, a hefyd at wrthrych a oedd yn dra arwyddocaol yn artistig i Sutherland (ac sy'n berthnasol iawn yng nghyswllt pwnc cerdd Waldo), sef derwen ddadwreiddiedig ar y traeth ger Trwyn Pictwn.[21] Y mae ymlyniad yr artist wrth y fangre hon yn destun cerdd gan Tony Curtis, 'Sutherland at Picton Ferry', sy'n diweddu â disgrifiad o ddelweddau nodweddiadol y darluniau a ysbrydolwyd gan y rhan hon o'r ddyfrffordd—cydblethiadau o ffurfiau naturiol megis coed, gwreiddiau, adar, creigiau, cerrig—yn ymdoddi i'w gilydd ac yn magu ystyron ac arwyddocâd newydd ac amgen: 'He looks and looks until/the earth, the tree, the salt smell of the estuary/fold into pure form and become/torso, cave, grave, cruciform'.[22]

Yn achos gwaith Waldo, dylid nodi nad 'Y Dderwen Gam' yw'r unig gerdd o'i eiddo a ysgogwyd gan yr ardal arbennig hon. Yr arwyddbost sy'n dwyn enw pentref Rhos—'Yr hen gennad fudan ar fin y ffordd fawr', chwedl Waldo—a ysbrydolodd y gerdd 'Cwm Berllan', er enghraifft,[23] a cheir gan y bardd englyn anghasgledig, a ddiogelwyd inni gan E. Llwyd Williams yn *Crwydro Sir Benfro*, am y llanw ar Gleddau Ddu: 'Hallt yw'r cŷn sy'n hollti'r coed[,]—aing o ddŵr/Sy rhwng y ddau dewgoed;/Hynt y weilgi rhwng talgoed,/Trawsli'r Cawr rhwng treslau'r coed'.[24] (Gwelir bod Waldo yn y fan hon, drwy gyfrwng y delweddau o fyd offer ac arfau ('cŷn', '(g)aing'), yn datblygu'r trosiad a geir yn enw'r afon dan sylw, Cleddau.[25]) At hyn, yr ydym yn ffodus fod gennym dystiolaeth werthfawr Dilys Williams ynghylch ymweliadau Waldo â lleoliad y dderwen gam yn benodol:

> Pan oedd ystafell gan Waldo yn swyddfa Mr Philipps-Williams yn Hwlffordd, fe fyddai'n cerdded liw nos hyd at gapel Mill Inn—ar y ffordd i Drwyn Picton. Roedd y capel ar agor nos a dydd yr adeg hynny, ac fe fyddai Waldo'n gorwedd ar y meinciau yno nes byddai'r wawr ar dorri, ac yna'n cerdded ymlaen at y dderwen gam . . . i weld a chlywed 'oyster catchers' a 'sand curlews' yn codi gyda'r wawr.[26]

Ychwanegwyd at yr wybodaeth hon gan James Nicholas: 'I'r capel hwn [Croes Millin] y byddai Waldo'n dod i gysgu gan godi rhwng nos a dydd—yr amser hwnnw pan ddychwel creaduriaid crwydrol y nos i'w tyllau a chyn i'r adar ddechrau canu. Byddai'n mynd at lannau Afon Cleddau ac yno y gwelodd "Y Dderwen Gam". Ar yr achlysuron prin hyn yr oedd y bardd ar drywydd byd arall a thybiai mai dyma'r adeg orau rhwng dydd a nos i rwygo'r llen rhwng deufyd'.[27] Pwysig yw nodi bod gwedd ddaearyddol yn ogystal ag amseryddol i'r dimensiwn trothwyol—a chyfunol—yn y cyswllt hwn, oherwydd saif y dderwen gam nid nepell o'r fan lle y cyferfydd Cleddau Ddu â Chleddau Wen i ffurfio dyfrffordd Aberdaugleddau.[28] Ac yn y cyd-destun uniaethol a chydgysylltiol hwn, tra pherthnasol yw nodi sut y bu i'r hanesydd a'r hynafiaethydd George Owen o Henllys (1552–1613), ar ddechrau'r 'Pamphelett conteigninge the description of Mylford Havon' o'i eiddo, ddarlunio hafan Aberdaugleddau a'i dyfrffordd droellog, gadeiriog yn nhermau coeden gam enfawr. Y mae'n werth dyfynnu agoriad trawiadol Owen yn ei gyfanrwydd:

> Mylford Hauon is a large and spacious harborowe, entringe into the mayne land by estimacion xvj miles longe and more, having all that space sufficient water to receave shippes of cc or ccc tonne and in many places thereof the greatest vessell of whatsoever burden that

saileth on the Seas may salfelye ryde and harborowe yt self. The havon after the entrance bendeth diverse wayes makeing good land succours over every rode of the same, and shooteth forth on every side diuerse landing places and salf harborowes from all windes, and is of it self calme and gentle having within the same many good rodes and Bayes hereafter truelie described. And for forme it may well be likened to the picture of some greate crooke and forked Tree having many branches and bunches some greate some litle groweinge even up from the butt to the Toppe and the same branches being lopped & cut of, some neere and some farre from the bodye of the Tree (from the crookednes downe) the picture of such tree might soe be drawne as the same should well describe the true forme of this harborowe and every branch and creeke thereof.[29]

Fel y byddir yn gweld, un o nodweddion mwyaf trawiadol a soffistigedig cerdd Waldo Williams hithau yw'r elfen uniaethol, gyfunol a chyfannol sydd iddi.

'You goodlie sister Floods, how happy is your state!': felly y disgrifir Cleddau Wen a Chleddau Ddu yn *Poly-Olbion* Michael Drayton, ac â'r bardd rhagddo i ddarlunio'r ddwy yn llifo i'r môr yn Aberdaugleddau: 'Or should I more commend your features, or your Fate;/That *Milford*, which this Ile her greatest Port doth call/Before your equall Floods is lotted to your Fall!'.[30] Ac ni ddylid anghofio bod cwrs Afon Cleddau, o'i 'chodi swyn ym mrwyn fy mryniau' i'r môr, yn destun cerdd gyfan (ac anghasgledig) gan Waldo ei hun.[31] Eithr drwy wyrdroi ein disgwyliadau, ar un wedd, yr egyr 'Y Dderwen Gam', oherwydd nid y ddelwedd arferol a disgwyliedig o afon yn llifo i lawr i'r môr a gyflwynir gan y bardd, ond darlun gafaelgar o fôr sy'n rhedeg 'i fyny'r afon': 'Rhedodd y môr i fyny'r afon,/Y cyrliog serchog, pur ei drem'.[32] Disgrifiad byrlymus o ddyfrffordd lanwol Aberdaugleddau sydd yma, wrth gwrs—dyfrffordd y rhoddwyd inni ddarlun cofiadwy o'i symudiadau bywiog gan George Owen yntau. Ceir gan Owen yn ei *Description of Penbrokshire* (1603) ddarlun, i ddechrau, o Gleddau Wen yn ymuno â Chleddau Ddu, a'r ddwy'n llifo i'r môr mawr:

Cleddau [Wen], being now turned salt, continues on bending somewhat south-east, runs between Hook Wood and Boulston and so, with joy, meets her other sister of like name and lovingly joins to make the fair haven of Milford, become both a salt sea of a mile broad and sixteen miles long before they forsake their native county for whose good they send forth many fair branches on either side serving divers towns, villages and gentlemen's houses with easy transporting and carriage of necessaries and commodius fishing, and at Dale Point turns right south making a goodly port of entrance of two miles broad and then by course of nature yield themselves to the sea, the ending of all rivers . . .'[33]

Ond rhydd Owen hefyd ddisgrifiad byw o'r afonydd hyn yn dychwelyd i'w cynefin, fel petai (dyma'r môr yn rhedeg 'i fyny'r afon', a defnyddio termau Waldo yn 'Y Dderwen Gam'): 'not forgetting the natural love of native county, [they] twice every day return as it were with a loving care to see and salute their ancient offspring, and not so content with daily travel, every fortnight force themselves to press further up, making a great tide which we, for difference of the others, call the spring tides'.[34] 'With joy . . . lovingly . . . natural love . . . loving care': cyd-dery disgrifiadau George Owen yn drawiadol â darlun Waldo yn ei linellau agoriadol o'r môr egnïol, dymunol, cariadus. Yr un ysbryd nwyfus a chwareus sy'n hydreiddio portread Bobi Jones yn ei gerdd 'Afon Cleddau (Yn Llanhuadain)': 'A'm hynni yn anial/Fe'i gwelais—y llawenydd oll ohoni, ei thro/Wrth chwerthin, ei ffordd o fyw, gyda'i bwrlwm gwamal//Iach':

> O! diheintiol yw'i gloywder araf sy'n boddi'r lloer,
> A gwyllt yw ei chalon dan y gelltydd. Cyflwyna
> Ei llunieidd-dra i'r hwyr er iddo gamddeall mor oer.[35]

Ond dychwelwn am ennyd at ymadrodd Waldo, 'Y cyrliog serchog'. Gwych yn y lle cyntaf yw'r 'cyrliog' chwareus ac afieithus hwnnw fel disgrifiad o gwrs troellog y ddyfrffordd ei hun, a hefyd o'r llu o biliau ('pills'), neu geinciau bychain o fôr, ar bob llaw iddi. Yn achos yr ymadrodd yn ei gyfanrwydd, pwysig yw tynnu sylw at y ffaith fod i'r dweud yn y cyswllt hwn, yn gymwys iawn, elfen hylifol ac ystyr sy'n llifo'n awgrymog rhwng gwahanol rannau ymadrodd. (Gwelir bod yr elfen gyfunol, gyfannol honno y cyfeiriwyd ati yng nghyswllt y gerdd yn ymdreiddio i feinwe'r iaith ei hun.) Mynnir bod y darllenydd yn dod yn rhan weithredol o'r portreadu, a chaiff ei ysgubo'n annisgwyl i ganol llif y broses o lunio darlun o'r môr/afon (cyfuniad arall, sylwer) wrth geisio penderfynu pa air sy'n ymbatrymu fel ansoddair, pa un fel ansoddair-felenw—a hefyd, yn wir, fel enw, oherwydd dylid cofio y gall 'serchog' olygu 'carwr', 'anwylyd', megis yn nisgrifiad Dafydd ap Gwilym o fis Mai: 'Cyfaill cariad ac adar,/Cof y serchogion a'u câr'.[36] A dichon fod gwaith Dafydd ap Gwilym yn berthnasol ar lefel ddyfnach yn y fan hon hefyd, a hynny fel ffynhonnell bosibl i'r ymadrodd 'Y cyrliog serchog' ar ddechrau cerdd Waldo. Ni ellir wrth ddarllen agoriad 'Y Dderwen Gam' lai na chlywed yn yr ymadrodd arbennig hwn adlais o agoriad y cywydd tra phoblogaidd hwnnw i'r ceiliog bronfraith a gynhwyswyd gan Thomas Parry, er gwaethaf ei amheuon ynghylch ei awduraeth, yn *Gwaith Dafydd ap Gwilym* ym 1952, ychydig cyn i Waldo lunio'i gerdd: 'Y ceiliog serchog ei sôn'.[37] Y mae hwn yn llinyn cyswllt diddorol, yn enwedig gan fod 'Y Dderwen Gam' yn gerdd sy'n ymhyfrydu yng nghân ryfeddol adar y ddyfrffordd ac sy'n arswydo rhag y cynllun arfaethedig—'Pan fwriedid cau ar ran uchaf Aberdaugleddau', chwedl yr is-deitl—sy'n bygwth yr adar hyn. Dylid nodi bod yr ardal arbennig hon yn enwog yn rhyngwladol am ei chyfoeth o fywyd gwyllt, ac o adar yn benodol. Perthnasol yng nghyddestun cyfeiriad Waldo yn y gerdd at ymweld â'r dderwen gam 'yr hydref hwnnw' yw'r hyn a nodir gan David Saunders wrth drafod y rhan hon o'r ddyfrffordd:

> [It] comes into its own from early September until the following March, especially so in mid-winter, and particularly during periods of hard weather. Teal, smallest of the British ducks, rapidly build up in numbers during the autumn and by mid-winter can number several thousand. In hard weather, many more move in and then the waterway takes on an international importance.[38]

Ymhyfrydu'n benodol yng '[ng]alw gloywlyfn' yr adar a wna Waldo yn 'Y Dderwen Gam'—ffaith sy'n cynnig llinyn cyswllt arall â'r cywydd i'r ceiliog bronfraith, gan mai ar loywder y canu (noder yn arbennig y cyfuniadau '[g]loywdon' a '[g]loywiaith') y mae'r pwyslais yn y portread hwn yntau:

> Y ceiliog serchog ei sôn
> Bronfraith dilediaith loywdon,

> Deg loywiaith, doe a glywais,
> Dawn fad lon, dan fedw ei lais . . .
> . . .
> Pell y clywir uwch tiroedd
> Ei lef o lwyn a'i loyw floedd.
> Proffwyd rhiw, praff awdur hoed,
> Pencerdd gloyw angerdd glyngoed.[39]

Yn wir, bardd oedd Waldo a ymhyfrydai'n aml yn synesthesia'r gair 'gloyw' yn ei amrywiol weddau—ansoddair a geir ganddo'n gyson mewn cyd-destunau adaregol, diddorol yw nodi. Dyry'r ehedydd yn 'Ar Weun Cas' Mael', er enghraifft, 'ganiad hir,/Gloywgathl heb glo';[40] yn 'Caniad Ehedydd' ceir y llinellau, 'Disgyn y gloywglwm/Hyd lawer dyfngwm' (gyda 'gloywglwm' ar yr un pryd yn ddisgrifiad cymwys ohono'i hun fel gair cyfansawdd);[41] ac yn y farwnad 'Llwyd' datgenir: 'Pregeth loyw, pur gathl eos./Llawn o Nef yw llwyn y nos'.[42] At hyn, y mae defnydd Waldo o'r enw 'chwibanwyr' ar y cyd â'r ansoddair 'gloywlyfn' ym mhedwerydd pennill 'Y Dderwen Gam' yn ymgysylltu'n naturiol â'r disgrifiad o'r adar ar ddechrau 'Mewn Dau Gae' fel 'chwibanwyr gloywbib': 'Oddi fry uwch y chwibanwyr gloywbib, uwch callwib y cornicyllod,/Dygai i mi y llonyddwch mawr'.[43] Yn y cyswllt hwn, ac yng nghyd-destun y portread yn 'Y Dderwen Gam' o gyfoeth o fywyd gwyllt—a byd natur ei hun—dan fygythiad, ni ddylid colli golwg ar y ffaith fod Waldo yn priodoli arwyddocâd ysbrydol dwfn i'r chwibanu a glywir ar y ddau gae: 'Pa chwiban nas clywai ond mynwes? O, pwy oedd?/Twyllwr pob traha, rhedwr pob trywydd,/Hai! y dihangwr o'r byddinoedd/Yn chwiban adnabod, adnabod nes bod adnabod'.[44]

Y mae grym proleptig, felly, i'r adlais o'r cywydd i'r ceiliog bronfraith yn nisgrifiad Waldo o'r môr, 'Y cyrliog serchog', ar ddechrau'r gerdd. Hynny yw, cawn ein cyflwyno i fyd adar y ddyfrffordd ymlaen llaw, cyn pryd, megis. Dylid cofio na chaiff yr adar eu henwi gan Waldo tan linell gyntaf y pennill olaf ond un, lle y cyfeirir at '[g]ynefin chwibanwyr'. Y mae craffu fel hyn ar ddull Waldo o arwyddo a chyfeirio at wahanol nodweddion naturiol y ddyfrffordd yn ein harwain i ystyried agwedd gysylltiedig ar ei bortread, sef ei ddefnydd awgrymus o ragenwau yn y gerdd. At beth, gofynnwn, y cyfeiria'r 'eu' yn ail linell yr ail bennill—'A sefyll dan y gainc a'u gweld'—a'r ddwy enghraifft o'r un rhagenw ar ddiwedd y trydydd:

'Derfydd ymryson eu direidi,/Taw eu tafodau dan y cwch'? (Pwysig yw nodi nad oes unrhyw amheuaeth ynghylch y ffurf luosog 'eu' yn yr enghreifftiau hyn: prawf y copi holograff o'r gerdd a ddiogelwyd inni mai dyna'r hyn a fwriadwyd gan y bardd ym mhob achos.[45]) Y mae'r defnydd o'r rhagenwau hyn yn bur enigmataidd ac yn greadigol amhenodol, fel y tystia'r ffaith eu bod wedi peri rhywfaint o benbleth i Tony Conran fel cyfieithydd. Yn achos ail linell yr ail bennill, fe'i gwelir, mewn ymgais i ganfod gwrthrych i'r 'gweld', yn dileu'r rhagenw problemus ac yn ychwanegu enw lluosog, 'branches', nas ceir gan Waldo: 'Stood under it, saw the branches wild'. A bu i'r cyfieithydd hefyd ddileu'r ddau ragenw arall ar ddiwedd y trydydd pennill: 'An end of mischief and contention—/Tongues are dumb below a boat'.[46] Bwriadol benagored yw'r defnydd o'r rhagenwau gan Waldo. Techneg ydyw sy'n rhan o'r pwyslais uniaethol, cyfunol a chyfannol hwnnw yn y gerdd y cyfeiriwyd ato eisoes ac a drafodir yn fanylach maes o law. Hynny yw, drwy gyfrwng y rhagenwau hyn dygir ynghyd amryw bosibiliadau o ran yr hyn a arwyddir, ac esgorir ar sawl cyfuniad posibl o elfennau. Er enghraifft, y mae'n bur debyg mai arwyddo'r môr a/neu yr afon a hefyd y dderwen a wna 'eu' yr ail bennill: 'A sefyll dan y gainc a'u gweld'. (*Pace* Conran a Clancy, cyfeirio at y goeden a wna'r 'Hithau' yn llinell 3.[47]) Mwy amhenodol-awgrymus yw'r ddwy enghraifft o 'eu' yn y pennill dilynol. Yng nghyd-destun y portread afieithus ar ddechrau'r gerdd o ryngweithio chwareus y môr a'r afon, gellir cymryd mai cyfeirio atynt hwy a wneir yma: 'Derfydd ymryson eu direidi,/Taw eu tafodau dan y cwch'. Dyna gyferbynnu, felly, lifo byrlymus a hyglyw ('tafodau') y môr a'r afon â llonyddwch a mudandod y llyn arfaethedig. Daw darlun Waldo o ddyfroedd llafar yn cael eu hamgáu â cherdd gan John Clare yn bwerus i'r meddwl. Yn 'The Lamentations of Round-oak Waters' (cymwys iawn yng nghyswllt derwen Waldo yw enw'r dyfroedd hyn—ffaith sy'n awgrymu dylanwad posibl ar gerdd y Cymro o du Clare), yr afon ei hun sy'n siarad, gan alaru ynghylch y modd yr aethpwyd ati i gau ac amgáu tiroedd yr ardal, ac ynghylch effaith hynny arni hi: '"Dire nakedness oer all prevails/Yon fallows bare and brown/Is all beset wi' post & rails/And turned upside down//. . . But O! my brook my injur'd brook/'Tis that I most deplore/To think how once it us'd to look/How it must look no more"'.[48] Perthnasol yng nghyd-destun darlun Waldo o dranc y dyfroedd llafarus yn 'Y Dderwen Gam' yw sylwadau Jonathan Bate ynghylch cerdd Clare. Mewn ymgais i wrthweithio grym darlleniadau traddodiadol, anthroposentrig o'r gerdd—megis hwnnw gan John Barrell[49]—ac er mwyn cynnig darlleniad amgen, ecosentrig ohoni, gofynna Bate:

> Is the voice of Round Oak Waters to be understood only as a metaphor, a traditional poetic figuration of the genius loci, or 'an extreme use of the pathetic fallacy'? Or can we conceive the possibility that a brook might really speak, a piece of land might really feel pain? As inheritors of the Enlightenment's instrumental view of nature we cannot. But . . . how would the poem be read by, say, an Australian Aboriginal who has walked some of the invisible pathways which criss-cross the land, which are known to Europeans as Dreaming-tracks or Songlines and to the Aboriginals themselves as Footprints of the Ancestors or the Way of the Law? Are we 'to understand the sorrows of the brook as an echo of Clare's own?' asks Barrell. No, the Aboriginal reader will reply, instinct with the knowledge that the land itself is always singing. It may just be the other way round: the sorrows of Clare are an echo of the brook's own.[50]

Ac ymhellach, nid y môr a'r afon yw'r unig fywyd tafodiog yng ngherdd Waldo. A dychwelyd at ragenwau'r bardd yn 'Y Dderwen Gam', onid yw'r sôn hwnnw yn y trydydd pennill am 'ymryson eu direidi', a'r cyfeiriad at 'eu tafodau', hefyd yn rhagfynegi'r darlun byrlymus, a llawn sŵn dathliadol ('orohïan'), o adar y glannau ar doriad gwawr yn y pennill dilynol: 'chwibanwyr/Yn taro'r gerdd pan anturio'r gwawl,/A'u galw gloywlyfn a'u horohïan,/A'u llanw yn codi bad yr haul'? Hynny yw, y mae elfen gref o brolepsis (dyna'r dechneg honno ar waith gan Waldo unwaith eto yng nghyswllt yr adar) yn perthyn i'r ddwy enghraifft o'r rhagenw 'eu' ym mhennill 3, a gwelir sut yr ymgysyllta'r rhain ymhellach â'r tair enghraifft o'r un rhagenw—lle y cyfeirir yn glir at yr adar—yn nwy linell olaf pennill 4: 'A'u . . . a'u . . . A'u'. Beth, felly, yw arwyddocâd yr arwyddo proleptig hwn, ynghyd â'r enghraifft flaenorol o brolepsis a welwyd yn yr adlais o'r cywydd i'r ceiliog bronfraith ar ddechrau'r gerdd? Hyd nes yr enwir yr adar gan y bardd—'chwibanwyr'—ar ddechrau'r pennill olaf ond un, ymdeimlo'r ydym, drwy adlais a rhagenw, â phresenoldebau rhithiol, enigmataidd, dienw. Y mae'r adar yno heb fod yno. A chyfleu'r peth yn ieithwedd 'Cwmwl Haf': Wele, fe ddaethant, heb ddod.⁵¹ Y mae'r dechneg yn un dra effeithiol mewn cerdd a symbylwyd, fe gofir, gan gynllun i gau ar ran uchaf y ddyfrffordd a boddi cynefin adar y glannau.

Nodwedd ddramatig o'r gerdd yn y cyd-destun hwn yw'r symud di-baid ynddi rhwng y presennol a'r dyfodol, rhwng bywiogrwydd a llonyddwch, bywyd a marwolaeth. A thrawiadol yw'r modd y darlunnir llonyddwch aflonyddol, hunllefus dyfroedd y dyfodol ar ddechrau'r trydydd pennill— 'Yma bydd llyn, yma bydd llonydd,/Oddi yma draw bydd wyneb drych'— lle y mae'r gynghanedd a'i chyfatebiaeth gytseiniol berffaith rhwng dwy ran y llinell gyntaf yn cyfleu'n gofiadwy ddŵr neu 'ddrych' y llyn yn adlewyrchu'r awyr.⁵² Ac onid yw defnydd ergydiol Waldo o'r gair elfennaidd hwnnw, 'derfydd'—'Derfydd ymryson eu direidi', 'Derfydd y llaid, cynefin chwibanwyr'—yn hydreiddio 'Y Dderwen Gam' â phrudd-der yr hen bennill adnabyddus?

> Derfydd aur, a derfydd arian,
> Derfydd melfed, derfydd sidan,
> Derfydd pob dilledyn helaeth;
> Eto er hyn ni dderfydd hiraeth.⁵³

Yn wir, y mae i'r ailadrodd a welir yng ngherdd Waldo drwyddi draw ('Cyn imi gael y dderwen gam.//Cyn imi ddod yr hydref hwnnw', 'A'u llanw yn codi bad yr haul.//Yn codi'r haul ac yn tynnu'r eigion', er enghraifft) rym yr ailadrodd cynyddol anesmwythol sy'n nodweddu'r canu englynol cynnar. Dylid nodi hefyd fod y naws aflonyddol, gynhyrflyd hon yn cael ei dwysáu ymhellach gan y defnydd medrus o odlau proest anniddig, a bod cyswllt o ran ystyr yn ogystal ag o ran sŵn yn nodweddu sawl pâr o odlau yn y gerdd: 'gwawl'/'haul', 'gweld'/'gold', 'lom'/'gam'.

Diau mai dyma'r fan i ystyried union natur y cynllun i foddi rhan uchaf y ddyfrffordd. Y mae'n bwysig nodi, yng nghyd-destun pryder ecolegol Waldo, ein bod yn ymwneud yma ag ardal o fewn terfynau Parc Cenedlaethol Arfordir Penfro, a sefydlwyd yn swyddogol ym 1952.⁵⁴ Yn wir, adwaenir y ddyfrffordd fel 'Seintwar Fewnol' y Parc hwnnw.⁵⁵ Trafodwyd y syniad o adeiladu argae ar y ddyfrffordd yn helaeth ac yn gyson yn ystod y 1950au a'r 1960au cynnar, ac yr oedd y trafodaethau hyn yn rhai digon arwyddocaol i hawlio sylw R. M. Lockley yn ei gyfrol *Pembrokeshire*, a ymddangosodd ym 1957:

For years a dispute raged (and still rages at intervals) in the Pembrokeshire Press on the alternatives of building dam or bridge to replace the much-derided Neyland–Hobbs Point ferry. A public enquiry ended somewhat abortively, although the Admiralty declared itself neutral, provided naval vessels could pass through the barrage or under the bridge. There are those who believe that a dam carrying the main road, with locks for ships to pass through, would 'make' Pembrokeshire, by creating a permanent inland lake ideal for boating and fishing—a rival to the Nolfolk Broads. But there are others, many of them residing beside the waters of the haven, who will not give up their tidal water at any price. The costs of building a dam or a bridge are about equal, although the annual upkeep of a steel bridge, high enough to clear a sea-going vessel's masts, would probably be excessive.[56]

Yn ei lythyr at Islwyn Jones ar 8 Mai 1969, fe gofir bod Waldo wedi nodi mai 'cân a wneuthum tua 10 mlynedd nol [sic]' oedd 'Y Dderwen Gam'. O droi at bapurau newydd Sir Benfro—ac at *The Weekly News for Pembrokeshire and Carmarthenshire* a *The Western Telegraph and Cymric Times* yn arbennig—fe welir eu bod yn rhoi cryn dipyn o sylw yn ystod 1959 i'r bwriad i greu argae ac i foddi rhan uchaf y ddyfrffordd. Trafodir yn y papurau hyn yn gyson yn ystod y flwyddyn gynllun gan y Cyngor Sir a Bwrdd Dŵr y rhanbarth i adeiladu cronfur—a fyddai'n cario'r briffordd—ryw ddwy filltir i'r gogledd o'r fferi y cyfeiria Lockley ati.[57] Prosiect uchelgeisiol oedd hwn—y gost, fe amcangyfrifid, fyddai £3,000,000–£4,000,000—a oedd yn annatod gysylltiedig â'r ffaith fod Aberdaugleddau ar y pryd yn cael ei datblygu'n borthladd olew o bwys rhyngwladol (erbyn 1959 yr oedd Esso a B.P. eisoes wrthi'n codi eu gweithfeydd olew mawrion yn yr ardal).[58] Prif amcan y cynllun i gau ar ran uchaf y ddyfrffordd a chreu llyn enfawr o ddŵr croyw (penllanw parhaol, fe ellid dweud) oedd sicrhau cyflenwad sylweddol a chyson o ddŵr ar gyfer y diwydiant olew newydd a'r diwydiannau eraill hynny a ddeuai yn ei sgil. Ond yr oeddid yn dra ymwybodol hefyd o'r manteision, ym maes twristiaeth, a oedd ynghlwm wrth greu llyn a fyddai'n ganolfan hwylio heb ei hail. Am hyn oll y meddylia Waldo pan ddywed, ddwywaith, yn 'Y Dderwen Gam', 'Yma bydd llyn, yma bydd llonydd'.

Ymddengys fod cryn dipyn o gefnogaeth i'r prosiect ymhlith trigolion yr ardal (hyglyw oedd y galw ar y pryd am bont fawr dros yr afon),[59] ond dylid nodi hefyd fod sawl carfan wedi lleisio gwrthwynebiad chwyrn. Dadleuwyd, er enghraifft, y byddai llawer iawn o dir amaethyddol gwerthfawr yn cael ei golli yn sgil y cynllun, a bod lleoliad arfaethedig y morglawdd a fyddai'n cario'r briffordd yn hynod o anghyfleus. At hyn, pryderai pysgotwyr y byddai'r datblygiad yn rhwystro pysgod rhag symud o'r afon i'r môr ac yn ôl, a phoenai Pwyllgor Pysgodfeydd Môr De Cymru ynghylch yr effaith ar wystrys yn y ddyfrffordd.[60] Tra pherthnasol hefyd o ystyried lleoliad derwen Waldo—ger Trwyn Pictwn ac nid nepell o Gastell Pictwn—yw nodi'r gwrthwynebiad i'r cynllun o du'r Fonesig Marion Philipps o'r castell hwnnw ger y ddyfrffordd.[61] Ond diau mai ffigwr amlycaf y ddadl yn erbyn y prosiect oedd Henry Brooke, y Gweinidog Tai a Llywodraeth Leol a'r Gweinidog dros Faterion Cymreig, a ddaeth yn ddiweddarach yn Ysgrifennydd Cartref. (Dyma'r gŵr, fe gofir, a lysenwyd yn 'Babbling Brooke'—*sobriquet* addas iawn o ystyried y cyd-destun dan sylw. Diddorol yw nodi, at hyn, ei fod yn perthyn i'r Fonesig Marion Philipps o Gastell Pictwn.) Bu iddo ef wrthwynebu'r cynllun, a oedd wedi'i gyflwyno fel Mesur Seneddol (y 'Milford Haven Barrage Bill'), a hynny'n bennaf, yn swyddogol felly o leiaf, am resymau ariannol ac ar sail y ddadl bod digon o ddŵr eisoes ar gael ar gyfer diwydiannau'r ardal. Cafwyd adroddiad ar hyn yn benodol—'Mr. Brooke Opposes Cleddau Barrage'—ar dudalen blaen *The Weekly News* ar 23 Ebrill 1959. Diddorol odiaeth yw gweld Waldo yn cyfeirio at y newyddion mewn llythyr anghyhoeddedig a anfonodd ar 22 Ebrill 1959 o '[L]ythyrdy Hwlffordd' at ei gyfaill Bobi Jones—yn ei longyfarch ar ennill Gwobr gan Gyngor y Celfyddydau am gasgliad o farddoniaeth Gymraeg heb ei gyhoeddi (sef *Rhwng Taf a Thaf*, a ymddangosodd y flwyddyn ganlynol):

Annwyl Bobi,
    Llongyfarchiadau mawr eto. Eisteddais ar y sêt wrth y bont newydd gynnau i gael cip ar yr afon wrth ddarllen y papur a llawenychais am fuddugoliaeth yr afonydd, yn gyntaf y llywodraeth yn gwrthod awdurdodi rhoi argae ar draws dau Gleddau; ac yn ail dwy Daf yn ennill canpunt iti eto.[62]

Ond llawenydd cyn pryd oedd hyn ar ran Waldo, oherwydd wythnos yn unig yn ddiweddarach cyfeirir mewn erthygl yn *The Weekly News*, dan y pennawd 'Cleddau Lakes Would Be Finest Yachting Centre', at y ffaith fod y Mesur Seneddol, er gwaethaf gwrthwynebiad y Llywodraeth, wedi derbyn sêl bendith Pwyllgor Dethol yn Nhŷ'r Arglwyddi dan gadeiryddiaeth yr Arglwydd Russell o Lerpwl.[63] Ac mewn adroddiad ar 21 Mai 1959, nodir bod y Mesur wedi cwblhau ei daith drwy Dŷ'r Arglwyddi a'i fod yn dychwelyd i Dŷ'r Cyffredin.[64] Ond parhau â'i wrthwynebiad dylanwadol a wnaeth Henry Brooke, gan ennyn llid y rheini a gefnogai'r cynllun,[65] ac wrth ymateb yn Nhŷ'r Cyffredin ddiwedd Gorffennaf 1959 i ddadleuon dau o'r cefnogwyr mwyaf pybyr—yr Aelod Seneddol lleol, Desmond Donnelly, a'r Fonesig Megan Lloyd George (yr Aelod Seneddol dros Gaerfyrddin)—haerodd Brooke:

> The Government's purpose here is so to guide and direct policy as to ensure that the great economic potentialities of Milford Haven and that part of Pembrokeshire will be realised without ruining the beauty of the National Park or the surroundings and without imposing any kind of strain which could not be borne . . . I thoroughly believe in Milford Haven and its economic potential. But I do not believe that the vast scale industrial development which is embodied in figures like a water demand of 26 million, or 36 million, or 50 million gallons per day would necessarily be best for Pembrokeshire. We do not want to turn Pembrokeshire into another Birmingham.[66]

Ddechrau Medi cyhoeddwyd yn *The Weekly News* anerchiad gan Donnelly a oedd yn mynd i'r afael â'r hyn a welai fel manteision economaidd yr argae a'r llyn arfaethedig. Gwelir Donnelly yn ceisio lleddfu pryderon y gwrthwynebwyr, gan amddiffyn y Cyngor Sir a'r Bwrdd Dŵr drwy nodi na fu hi'n fwriad gan y sefydliadau hynny fynd ati i ddechrau adeiladu'r argae 'unless and until there was sufficient industrial demand for more water. Their first purpose in seeking such powers was to be able to assure any prospective developer that the services would be forthcoming and their second purpose was to provide a real alternative to spending more public money on the unsatisfactory ferry'.[67] Unwaith eto, daeth Brooke dan y lach ganddo, a daw adroddiad *The Weekly News* i ben drwy ddyfynnu sylwadau Donnelly ynghylch dyfodol tebygol y cynllun yn wyneb gwrthwynebiad diwyro Brooke: 'Technically it would still be possible but practically speaking it is very near to death's door'.[68] Dwysáu a wnaeth yr elyniaeth a'r cecru yn sgil sylwadau Brooke ynghylch y prosiect mewn anerchiad a draddododd yn Hwlffordd ddechrau Hydref. Ymatebodd Donnelly drwy ddatgan bod yn yr anerchiad hwnnw 'deplorable falsehoods and a series of half-truths'—gweithred a ysgogodd Brooke i wrthymosod ar dudalennau *The Western Telegraph*, lle y'i gwelwyd yn datgan: 'the crucial question is whether it is wise for Pembrokeshire to get authority to spend 3 or 4 million pounds to provide for more water than there is any visible prospect of everybody needing. I advised that it was not, and an all-party committee of M.P.'s evidently took the same view, for they threw out the Bill'.[69]

Ond er gwaethaf hyn, parhaodd y cynllun yn destun trafod yn y wasg am fisoedd lawer. Ddechrau 1960 cafodd trigolion Cwm Gwendraeth Fach wybod bod cynllun i foddi'r cwm yn cael ei ystyried gan Gorfforaeth Abertawe er mwyn darparu dŵr ar gyfer y ddinas honno a Gorllewin Morgannwg. Bu iddynt ddatgan eu gwrthwynebiad yn syth, gan fynd ati i ffurfio Pwyllgor Amddiffyn.[70] Mewn ymateb i'r datblygiadau hyn, awgrymwyd gan H. L. Howarth, Clerc Bwrdd Dŵr y rhanbarth, y gellid atgyfodi cynllun yr argae ar ddyfrffordd Aberdaugleddau. Fel y nodir mewn erthygl yn *The Weekly News* ar 5 Mai 1960: 'Referring to the West Glamorgan proposals for the Gwendraeth flooding and the opposition to the plan, Mr. Howarth added: "In these circumstances it might be possible to suggest that the merits of the Milford Haven tidal barrage might be re-examined as a possible overall source of supply for industrial water covering the needs of Pembrokeshire, Carmarthenshire and West Glamorgan"'.[71] Ni fu i'r awgrym ddwyn ffrwyth, ond cyndyn iawn oedd cefnogwyr y prosiect i ollwg gafael arno. Crybwyllwyd y cynllun unwaith eto ddiwedd Hydref 1960 (newydd ei ryddhau o garchar Abertawe yr oedd Waldo, lle y treuliasai chwe wythnos am wrthod talu ei dreth incwm[72]), pryd yr esgorodd penderfyniad cwmni o Ganada i beidio ag adeiladu melin bapur yn yr ardal ar drafodaeth ar y pwnc cyfarwydd hwnnw—gallu Aberdaugleddau i gynnig cyflenwad digonol o ddŵr ar gyfer diwydiannau newydd. Datgelwyd yn y drafodaeth honno yn y wasg fod Bwrdd Dŵr y sir, ar y cyd â pheirianwyr ym Mhrifysgol Lerpwl, wedi adeiladu 'a 20-foot working model of the Cleddau barrage scheme . . .

[which] could simulate tides and flow and would provide valuable data'.[73] Ond er gwaethaf ymdrech ddyfalbarhaus cefnogwyr y fenter,[74] ni wireddwyd cynllun yr argae, ac erbyn canol y 1960au yr oedd y Cyngor Sir wedi mynd ati i ystyried posibiliadau eraill yng nghyswllt pontio'r afon a sicrhau cyflenwad sylweddol o ddŵr ar gyfer diwydiannau'r sir.[75]

Gwelir felly mai ymateb i gynllun pellgyrhaeddol ei oblygiadau yr oedd Waldo yn achos 'Y Dderwen Gam'—prosiect a achosodd gryn dipyn o ddrwgdeimlad ac o gecru politicaidd yn Sir Benfro, fel y dangoswyd. Hanfodol bwysig yw deall y cyd-destun hanesyddol hwn er mwyn gwerthfawrogi'n llawn brotest dawel ond aflonyddol-rymus Waldo yn y gerdd. Ac agwedd bellach ar y cyd-destun hwn yw'r ffaith fod y dadlau ynghylch codi'r argae yn cydredeg â'r paratoadau ar gyfer yr Etholiad Cyffredinol a gynhaliwyd ym mis Hydref 1959. Yr oedd hyn, wrth gwrs, yn dwysáu ymhellach yr elyniaeth rhwng yr Aelod Seneddol Llafur, Desmond Donnelly, a'r Ceidwadwr Brooke. Ond mwy arwyddocaol yn achos 'Y Dderwen Gam' yw'r cysylltiad uniongyrchol rhwng Waldo a Donnelly yn y maes hwn, oherwydd fe gofir mai Waldo ei hun a ddewiswyd i gynrychioli Plaid Cymru yn Sir Benfro—ymgeisydd cyntaf y Blaid yn y sir[76]— yn Etholiad Cyffredinol 1959, pryd y llwyddodd Donnelly i ddal gafael ar ei sedd, gan gynyddu ei fwyafrif.[77] Rhydd cefnogaeth Donnelly i'r cynllun i gau ar ran uchaf y ddyfrffordd arwyddocâd newydd i'r ystrydeb sy'n agor ei ddatganiad byr fore'r etholiad: 'A lot of water has flowed down the Cleddau since that chilly February evening in 1950 when I was elected the Member of Parliament for Pembrokeshire'. Â chyfeiriad at ddiwydiannau Cymru y daw anerchiad cryno Waldo i ben: 'we have the industrial resources and, latent in us, the national will to work together to use them properly. We can give our people a greater range of industries distributed over our land to the advantage of the agricultural home market' (nodweddiadol Waldoaidd yw'r ymadrodd hwnnw, 'latent in us').[78] Y mae hyn yn thema bwysig hefyd yn Natganiad Etholiadol swyddogol Waldo, lle y noda, mewn perthynas â Sir Benfro yn benodol: 'I would urge now such matters as the processing of Pembrokeshire timber in Pembrokeshire, the spending of more money on land improvement and rural amenities, the encouragement of the tourist industry in our beautiful county, and an inquiry into the state of the fishing industry'.[79]

Afraid dweud, serch hynny, nad oedd hybu'r diwydiant ymwelwyr drwy ddarparu llyn enfawr ar gyfer gweithgareddau hamdden megis hwylio, a hynny ar draul 'cynefin' y dderwen a'r 'chwibanwyr', yn rhan o faniffesto Waldo—neu'n rhan o faniffesto Waldo'r *bardd* o leiaf. Neges ecolegol sydd i 'Y Dderwen Gam'. Cerdd werdd ydyw sydd, wrth ddychmygu mor fyw yr olygfa wedi i'r 'cynefin' hwn gael ei foddi, yn datgan gyda cherdd Hopkins, 'Binsey Poplars (felled 1879)', 'After-comers cannot guess the beauty been'.[80] Ac er bod tôn 'Y Dderwen Gam' yn llai ymosodol—yn fwy pruddglwyfus-brotestiol—nag eiddo'r gerdd anhysbys rymus honno o ail hanner yr unfed ganrif ar bymtheg, 'Coed Glyn Cynon', buddiol, ar sail angerdd yr amgyffrediad o natur (os goddefer y mwysair) colled yn y ddwy, yw eu hystyried yn chwaer-gerddi: 'Mwya' adfyd a fu erioed/Pan dorred Coed Glyn Cynon'.[81] Dyfnheir ein dealltwriaeth o wrthwynebiad Waldo i'r cynllun i gau ar ran uchaf y ddyfrffordd o sylweddoli mai ardal lofaol oedd hon tan yn ddiweddar iawn; nid tan ddechrau'r 1950au y rhoddwyd y gorau i gloddio ar lannau'r ddyfrffordd.[82] Nid nepell o'r dderwen gam y mae pentrefi Landshipping a Hook—dwy ganolfan lofaol bwysig yn eu dydd:

> Anthracite of the highest quality was once mined close to the shore of the waterway, both at Hook and at Landshipping. An ancient industry . . . its heyday in terms of production was reached in the late 19th century. For many years no more than 20,000 tons were mined per annum, but the quantity doubled for a time in the 1930s . . . When coal was exported from Hook it was not just to markets elsewhere in Great Britain, or even Europe. There are records of its despatch to places as far afield as St. Helena and Singapore. On the opposite side of the river, mining took place at Landshipping, where the first steam engine to be used at a Pembrokeshire mine started work in 1800.[83]

Ym mhwll glo'r Garden, Landshipping, gweithiai'r glowyr mor agos at wely'r afon fel y gallent, fe honnid, glywed sŵn rhwyfau'r cychod a oedd yn symud uwch eu pennau. Ar 14 Chwefror 1844, o ganlyniad i lanw anarferol o uchel, rhuthrodd dŵr yr afon i mewn i'r pwll gan foddi dros ddeugain o weithwyr.[84] Y mae'n dra thebygol y buasai Waldo yn gyfarwydd â hanes y drychineb enwog hon, ac yng ngoleuni'r sôn uchod am y gweithwyr yn y pwll o dan yr afon yn clywed sŵn y rhwyfau, dichon y gellid awgrymu bod dimensiwn pellach, dynol, i'r llinell honno yn 'Y Dderwen Gam', 'Taw eu tafodau dan y cwch'.

Yr ydym yn ymwneud yn y fan hon, felly, â chynefin a fu'n ardal ddiwydiannol o bwys ac a oedd newydd ei ddad-ddiwydiannu pan luniodd Waldo 'Y Dderwen Gam'. Ac yng nghyswllt gweledigaeth hunllefus y gerdd o gynefin wedi'i foddi, pwysig yw tynnu sylw at ffaith dra diddorol (a thra eironig ar un wedd), sef bod y ddyfrffordd yn enghraifft glasurol o *ria*, sef dyffryn a erydwyd gan afon ac a foddwyd wedyn gan y môr.[85] Byddai creu'r argae wedi golygu y byddai'r ardal wedi'i boddi eilwaith, fe ellid dweud—y tro hwn gan ddyn yn hytrach na chan brosesau natur. Teifl y ffaith mai *ria* yw'r ddyfrffordd oleuni diddorol ar agoriad cerdd Waldo, ac yn benodol ar y datganiad bod y môr wedi rhedeg i fyny'r afon 'Unwaith, a myrdd o weithiau wedyn,/Cyn imi gael y dderwen gam'. Y mae'r datganiad ychydig yn rhyfedd ar yr olwg gyntaf. Beth, er enghraifft, yw grym yr 'Unwaith' tra phenodol hwnnw yn y fan hon? Dyma awgrymu mai disgrifiad o'r *ria* yn cael ei ffurfio a geir gan Waldo yma, gyda'r 'Unwaith' arwyddocaol (sylwer ar ei safle ar ddechrau'r llinell) yn ddisgrifiad o'r môr yn gorlifo i mewn i'r dyffryn (rhwng 12,000 a 6,000 o flynyddoedd yn ôl, fe dybir), gan greu'r ddyfrffordd lanwol sy'n gyfarwydd inni heddiw. Cyfeirio at symudiadau beunyddiol y llanw ar y ddyfrffordd byth er hynny y mae'r bardd yn yr ymadrodd 'a myrdd o weithiau wedyn' yn ail hanner y llinell. Yn y modd hwn gosodir y dderwen gam ac ymweliad y bardd â hi yn erbyn cefndir cynhanes, a chyfunir hanes cyfoes ac amser 'personol' ar y naill law (y bardd yn dod o hyd i'r goeden neu'n taro arni: 'Cyn imi gael y dderwen gam'), a hanes daearegol—'deep time'—ar y llall (y *ria* yn cael ei ffurfio). Y tu ôl i chwaraegarwch y disgrifio ym mhennill agoriadol y gerdd y mae cryn fanylder daearyddol a naturiaethol.

Y mae'r cysyniad hwn o gyfosod a chyfuno yn un hanfodol bwysig, fel yr awgrymwyd. Un o nodau amgen y gerdd yw'r modd y mae Waldo yn dwyn ynghyd amrywiol elfennau'r amgylchedd naturiol a ddarlunnir ganddo, a hynny er mwyn cyfleu undod organig rhyfeddol yr ecosystem sydd dan fygythiad. (Y mae hyn yn wedd arbennig iawn ar yr elfen gyfunol, gyfannol sy'n nodweddu gweledigaeth y bardd hwn yn gyffredinol.) Cyfeiriwyd eisoes at y ffaith fod George Owen wedi disgrifio'r ddyfrffordd fel coeden gam enfawr. Gwelir rhywbeth tebyg ar waith yn 'Y Dderwen Gam', ond ar raddfa fwy o lawer ac mewn modd mwy soffistigedig o gryn dipyn. Cymerwn, er enghraifft, y llinellau 'Cyn imi ddod yr hydref hwnnw/ A sefyll dan y gainc a'u gweld'. Y term allweddol yn y fan hon yw 'cainc'— mwysair sy'n cyfuno'n drawiadol o awgrymog y dderwen gam ei hun ('cainc' yn yr ystyr cangen ar goeden), yr afon gyfagos (cofiwn fod 'cainc' yn derm am gangen o afon neu o fôr), a hefyd adar y glannau, y 'chwibanwyr' sy'n chwarae rôl mor ganolog yn y gerdd ('cainc' yn y fan hon yn golygu 'cân' neu 'alaw').[86] A gwelwyd sut y dygwyd ynghyd y môr a'r adar eisoes drwy gyfrwng grym adleisiol, cyfeiriadol yr ymadrodd 'Y cyrliog serchog' ar ddechrau'r gerdd. (Cyfuniadau yw'r rhain sy'n ein hatgoffa o'r uniaethu dramatig yn llinell agoriadol cerdd Dylan Thomas 'In the White Giant's Thigh': 'Through throats where many rivers meet, the curlews cry'.[87]) Erbyn diwedd cerdd Waldo fe welir bod elfen bellach wedi'i hychwanegu at y cyfuniad adar/afon/môr, wrth i'r bardd uniaethu llanw'r adar â'r haul ei hun: 'A'u llanw yn codi bad yr haul' (delwedd drawiadol y cawn ddychwelyd ati). Yn wir, gellid dweud bod teitl y gerdd yntau yn rhan o'r patrwm cyfannol hwn, yn yr ystyr bod y dderwen gam ei hun, fel y nodwyd, yn sefyll ger Trwyn Pictwn, y fan lle'r ymdodda Cleddau Wen a Chleddau Ddu i'w gilydd. Ac y mae gan hyd yn oed is-deitl y gerdd— 'Pan fwriedid cau ar ran uchaf Aberdaugleddau'—rôl i'w chwarae yn y cyddestun hwn, a hynny yn yr ystyr bod yr enw lle hwnnw, Aberdaugleddau, yn un sy'n dwyn ynghyd, yn cyfannu ac yn cyfuno'r nodweddion daearyddol y mae'n eu disgrifio.[88] Hawdd y gellir cymhwyso at 'Y Dderwen Gam' sylw Jonathan Bate ynghylch cerdd Keats 'To Autumn' (yr hydref yw tymor cerdd Waldo hithau, fe gofir): 'The world of the poem thus comes to resemble a well-regulated ecosystem'.[89] Medd Bate ymhellach:

> 'To Autumn' . . . is a poem of networks, links, bonds and correspondences. Linguistically, it achieves its most characteristic effects by making metaphors seem like metonymies. Mist and fruitfulness, bosom-friend and sun, load and bless, are not 'naturally' linked pairs in the manner of bread and butter. One would expect the yoking of them to have the element of surprise, even violence, associated with metaphor. But Keats makes the links seem natural: the progression of one thing to another through the poem is anything but violent or surprising. The effect of this naturalization within the poem is to create contiguity between all its elements.[90]

Yn achos 'Y Dderwen Gam', fe welir bod yr elfennau naturiol dan sylw nid yn unig yn dwyn perthynas gyffiniol, gydgyffyrddol â'i gilydd, ond yn ymdoddi i'w gilydd, a hynny drwy gyfrwng defnydd Waldo o'r dechneg gyfunol honno, y mwysair. Ac nid 'cainc' yw'r unig enghraifft dan sylw yn y fan hon, Ystyrier hefyd y cyfeiriad ar ddiwedd y gerdd at '[d]ynnu'r eigion/Trwy'r calonnau gwyrdd'. Am y galon ddynol gydymdeimladol y meddyliwn yn y lle cyntaf, yn naturiol, a dylid crybwyll yn y fan hon y posibilrwydd fod dylanwad llinellau adnabyddus George Herbert yn 'The Flower'—'Who would have thought my shrivel'd heart/Could have recover'd greennesse?'[91]—i'w weld ar gyfeiriad Waldo at y 'calonnau gwyrdd'. Ond rhaid cofio ar yr un pryd fod 'calon' hefyd yn derm am graidd coeden; meddylier, er enghraifft, am yr ymadrodd 'calon pren', sef y rhan o'r boncyff sy'n cynhyrchu'r pren caletaf. Neu, a dyfynnu disgrifiad trawiadol J. M. Edwards, mewn cerdd a gyhoeddwyd, fel y mae'n digwydd, yn *Cerddi '69*, o ddarnau o goed yn cael eu trin gan saer yn ei weithdy: 'Clywed o gno'u hartaith bersawr eu calonnau'.[92] (Ac at hyn oll, fe welir, o edrych ar ran uchaf y ddyfrffordd ar fap, fod ei ffurf yn ymdebygu'n drawiadol i ffurf calon. Ac aralleirio un o ymadroddion mwyaf arwyddocaol 'Mewn Dau Gae', mawr yw cydnaid calonnau yn 'Y Dderwen Gam'.) Yn nefnydd Waldo o'r mwysair 'calon'—a hefyd, dylid nodi, o'r trosiad 'mynwes' ar ddiwedd yr ail bennill ('Hithau a'i mynwes yn ymchwyddo'n/Ardderchog')—cyfunir canolbwynt bywyd corff dyn ac anifail â rhuddin y byd naturiol, gan ein hannog i ystyried rôl allweddol, dyngedfennol dyn mewn perthynas â'r ecosystem a ddarlunnir yn y gerdd. Yn ei phwyslais ar y rhyngweithio cymhleth a bywiol rhwng gwahanol elfennau'r amgylchedd dan sylw, cerdd yw 'Y Dderwen Gam' sy'n dehongli'r cynllun i foddi'r rhan hon o'r ddyfrffordd fel gweithred o ecoladdiad—onid yn wir, yn y pen draw, o hunanladdiad.

Ond dylid pwysleisio yn y fan hon nad ystyriaethau amgylcheddol, ecolegol yn unig sydd dan sylw gan Waldo. Un o ddarluniau mwyaf cofiadwy'r gerdd yw'r weledigaeth hunllefus honno yn y trydydd pennill o roi taw yn barhaol ar fwrlwm bywiol y môr a'r afon—ac, yn broleptig, fel y gwelsom, ar gân ddathliadol yr adar: 'Taw eu tafodau dan y cwch'. Llinell yw hon sy'n rhwym o'n hatgoffa o linell olaf pedwerydd pennill 'Cofio'— cerdd y mae tranc yr iaith, fel y nododd Ned Thomas, yn islais pwerus ynddi:[93]

> A geiriau bach hen ieithoedd diflanedig,
>   Hoyw yng ngenau dynion oeddynt hwy,
> A thlws i'r clust ym mharabl plant bychain,
>   Ond tafod neb ni eilw arnynt mwy.⁹⁴

Perthnasol yma hefyd yw'r sôn am 'dorri'r tafod' yn 'Llanfair-ym-Muallt', cerdd rymus Waldo am farwolaeth Llywelyn ap Gruffudd.⁹⁵ Deuwn yn awr at bwynt hanfodol bwysig. Nid pryder ecolegol yn unig a fynegir yn 'Y Dderwen Gam'. Sylwer yn arbennig ar y rhestr ganlynol: '[c]ainc', 'ymryson', 'tafodau', '[c]erdd', 'orohïan'. Geiriau yw'r rhain y mae iddynt oll gysylltiadau llenyddol amlwg a phenodol—geiriau sydd yn rhinwedd hynny yn sefydlu is-destun diwylliannol.⁹⁶ Ystyrier, er enghraifft, y llinell 'Derfydd ymryson eu direidi' o'r trydydd pennill. (Y mae'n denu ein sylw yn y lle cyntaf yn rhinwedd y ffaith mai'r hyn y byddem wedi disgwyl ei gael fyddai, nid 'ymryson eu direidi', ond 'direidi eu hymryson'.) Un posibilrwydd a ganiateir gan ddefnydd unigolyddol Waldo o ragenwau yn y gerdd, fel y gwelsom, yw mai'r adar sy'n 'ymryson' yn y fan hon—ffaith sy'n rhwym o ddod â *genre* lenyddol arbennig, y *disputatio* adarol, i gof, ac sydd hefyd, yn ddiddorol, yn ein tywys yn ôl at y cywydd hwnnw i'r ceiliog bronfraith, ac at ddefnydd y bardd canoloesol o'r union air hwnnw, 'ymryson', wrth ddisgrifio cân yr aderyn: 'Pob cwlm addwyn er mwyn merch,/ Ymryson am oreuserch'.⁹⁷ Ac y mae'n bwysig ein bod yn tynnu sylw at 'direidi' yntau. Unwaith, onid wyf yn camgymryd, y digwydd y gair yn *Dail Pren*, a hynny, yn arwyddocaol, fel rhan o ddisgrifiad o nodweddion 'merch perygl', sef yr iaith Gymraeg ei hun, ar ddiwedd y soned 'Cymru a Chymraeg' (1947):

> Merch perygl yw hithau. Ei llwybr y mae'r gwynt yn chwipio,
> Ei throed lle diffygiai, lle syrthiai, y rhai o'r awyr is.
> Hyd yma hi welodd ei ffordd yn gliriach na phroffwydi.
> Bydd hi mor ieuanc ag erioed, mor llawn direidi.⁹⁸

Ochr yn ochr â'r ystyriaethau ecolegol, cadwraethol, felly, y mae a wnelom yn achos 'Y Dderwen Gam' ag ystyriaethau diwylliannol-boliticaidd, â hunaniaeth genedlaethol. Nodwyd mai ym 1969, blwyddyn yr Arwisgo, y cyhoeddwyd y gerdd am y tro cyntaf, ond ei bod wedi'i llunio 'tua 10 mlynedd' ynghynt, chwedl Waldo ei hun, mewn ymateb i fygythiad penodol, fel y gwelsom—'Bwriadu gwneud argae i gau ar ran uchaf Aber Dau Gleddau yr oeddid', chwedl y bardd. Ond dyma gyfnod helynt Tryweryn hefyd, wrth gwrs. Cyfansoddwyd y gerdd, felly, ynghanol 'deng mlynedd o chwalu', a dyfynnu'r disgrifiad o'r blynyddoedd 1955–65 yn nheitl cyfrol Einion Thomas ar Gapel Celyn,[99] a hefyd, dylid nodi, ar ddiwedd degawd pur dywyll yn hanes diwylliannol Cymru.[100] Gwrthwynebu'r cynllun i godi argae ar Ddaugleddau ddiwedd y 1950au a wnaeth Henry Brooke; ond ef oedd un o gefnogwyr mwyaf pybyr y cynllun i foddi Cwm Tryweryn yn ystod yr un cyfnod.[101] 'Members who had voted for the Bill's rejection would saddle themselves with a very grave responsibility for water shortages which might occur in the next few years on Merseyside and in southwest Lancashire', meddai yn achos Tryweryn. 'I cannot believe that preservation of the Welsh way of life requires us to go as far as that. I cannot believe that the Welsh people of all people want to stand outside the brotherhood of man to that extent'.[102] (Poenus o eironig, mewn cyddestun Waldoaidd, yw'r cyfeiriad hwnnw at 'frawdoliaeth dyn'.) Dyfnheir ein hamgyffrediad o gerdd Waldo o'i hystyried yng nghyd-destun arwyddocâd diwylliannol yr hyn a oedd ar droed ym Meirionnydd ar y pryd. Yn wir, dyma awgrymu y gellir yn fuddiol ddarllen myfyrdod Waldo ar y cynllun i foddi rhan uchaf dyfrffordd Aberdaugleddau yn 'Y Dderwen Gam' fel ymateb hefyd, yn is-destunol, i'r cynllun yn y cyfnod hwn i foddi Cwm Tryweryn a Chapel Celyn. (Cymwys yn y cyd-destun yw llinellau Gerallt Lloyd Owen yn ei gerdd 'Tryweryn': 'Nid oes inni le i ddianc,/Nid un Tryweryn yw'n tranc,/Nid un cwm ond ein cymoedd'.[103]) Chwaergerdd arall i 'Y Dderwen Gam' ar lawer ystyr, felly, yw 'Diwedd Bro', a ymddangosodd ym 1939 ac a egyr â chyfeiriad at foddi Cantre'r Gwaelod: 'Rhoed un dan lanw'r môr/A saith a wnaed yn weddw/Heb derfysg wrth eu dôr/Na malltod gwyliwr meddw'.[104]

Symbylwyd Waldo gan y bwriad i '[g]au ar ran uchaf Aberdaugleddau', felly, i lunio cerdd sy'n dwyn ynghyd dde Sir Benfro a Thryweryn, y lleol a'r cenedlaethol, y naturiaethol a'r politicaidd, yr ecolegol a'r diwylliannol. Yn achos y ddau bâr olaf, perthnasol yw geiriau Dylan Foster Evans mewn erthygl ddiweddar ar ecoleg a llenyddiaeth Gymraeg: 'Gellir dehongli hanes y Gymraeg ac ecoleg y cyfnod modern yn nhermau fframwaith dadansoddol—neu fetanaratif—o ddirywiad . . . mae'r gyfatebiaeth rhwng iaith a bioamrywiaeth yn boenus o eglur'.[105] Fel bardd a oedd yn ingol ymwybodol o'r bygythiadau i '[r]wydwaith dirgel' a 'chyflawn we' brawdoliaeth, buddiol fyddai synio am Waldo—a ddewisodd, wedi'r cyfan, drosiad ecolegol fel teitl i'w gyfrol o gerddi, *Dail Pren*—fel bardd yr ecosystemau diwylliannol. A dyfynnu un o ddiffiniadau'r bardd o 'awen Adnabod': 'Ti yw'r waddol/A geidw bob cymdeithas yn werdd'.[106] Fel y dangosodd Owen Roberts, nid ymddengys fod dadleuon cadwraethol wedi chwarae rhan allweddol-ganolog yng ngwrthwynebiad sefydliadau megis Pwyllgor Amddiffyn Capel Celyn a'r Cyngor Sir i gynlluniau Corfforaeth Dinas Lerpwl yn Nhryweryn. Dangosodd hefyd paham na fu mudiadau amgylcheddol y cyfnod, gyda'u pwyslais ar yr esthetaidd ar draul yr organig, yn fwy llafar eu gwrthwynebiad i'r bwriad i foddi'r darn mynyddig, corsiog ac ymddangosiadol lwm hwn o Feirionnydd (a oedd, dylid cofio—megis ardal y dderwen gam ei hun—o fewn terfynau un o Barciau Cenedlaethol Cymru).[107] Yng ngoleuni hyn, y mae pwyslais Waldo yn 'Y Dderwen Gam' ar effeithiau ecolegol andwyol y boddi arfaethedig yn Sir Benfro yn ystod yr un cyfnod yn magu arwyddocâd pellach, ac, fe ellid dweud, yn ffurfio gwrthbwynt cywirol yn y cyswllt hwn. Llwm yw traethellau lleidiog Waldo hwythau ('y ddwylan lom'), ond llymder ymddangosiadol yn unig ydyw yn yr achos hwn hefyd (cyfoeth naturiol y fflatiau llaid sydd wrth wraidd ffyniant y 'chwibanwyr', wrth gwrs). Da y'n hatgoffwyd gan Jonathan Bate fod y term 'ecology' yn tarddu yn y pen draw o'r geiriau Groeg *oikos*, 'cartref'/'tŷ' (un o ddelweddau mawr barddoniaeth Waldo, wrth gwrs), a *logos*, 'gair'.[108] Defnyddir *oikos* hefyd i olygu 'cynefin'—gair sydd, fe gofir, yn digwydd yn 'Y Dderwen Gam' mewn perthynas â'r traethellau lleidiog hynny ger y goeden a ddaw i'r golwg pan fo'r llanw'n isel: 'Derfydd y llaid, cynefin chwibanwyr'. 'I'w chynefin af yn ôl', medd Waldo yn 'Geneth Ifanc', wrth iddo ail-greu yn ei ddychymyg ddiwylliant cynhanesyddol byd y plentyn y gwelodd ei ysgerbwd yn amgueddfa Avebury.[109] Eithr cerdd yw 'Y Dderwen Gam' sy'n boenus o ymwybodol o ddiflaniad posibl cynefin ecolegol a diwylliannol—pryder a leisiwyd gan y bardd (a hynny, yn arwyddocaol ddigon, drwy gyfrwng delwedd adaregol) wrth iddo fyfyrio ar ddifodiant y *logos*, yr iaith Gymraeg, yn 'Yr Heniaith':

> Ni chlywem ei breichiau am ei bro ddi-berygl
> Ond mae tir ni ddring ehedydd yn ôl i'w nen,
> Rhyw ddoe dihiraeth a'u gwahanodd.
> Hyn yw gaeaf cenedl, y galon oer
> Heb wybod colli ei phum llawenydd.[110]

Er na chyhoeddwyd 'Y Dderwen Gam' tan 1969, gwyddys bod y gerdd yn hysbys, fel testun llafar, i rai o gyfeillion Waldo ymhell cyn hynny. Medd Bobi Jones:

> Yr oedd cyhoeddi yn fater eilradd [i Waldo]. Nid oedd yn gwbl ddifater yn ei gylch; teimlai ddyletswydd weithiau, ond dim arall o'r braidd. Clywais ['Y Dderwen Gam'] fwy nag unwaith ar lafar, cyn ei gweld mewn print. Yn hynny o beth roedd ei 'gyhoeddi' ef yn perthyn i'r traddodiad llafar.[111]

Er hyn, bu bron i'r gerdd weld golau dydd, pwysig yw nodi, yn haf 1961, yn y flodeugerdd *Beirdd Penfro*, a olygwyd gan W. Rhys Nicholas. Ceir yn Llyfrgell Genedlaethol Cymru gyfres o lythyrau gan Waldo at y golygydd yn trafod natur y detholiad o'i waith ar gyfer y flodeugerdd hon. Mewn llythyr at W. Rhys Nicholas, dyddiedig 25 Ionawr 1960, o 'Great Harmeston, Johnston, Hwlffordd', gwelir Waldo yn rhoi sêl ei fendith ar ddetholiad o blith ei gerddi cyhoeddedig: 'Bydd unrhyw ddewisiad a wnewch o'm gwaith yn dderbyniol gennyf ond peidiwch â rhoi gormod o le iddynt'.[112] Ond tystia llythyr gan Waldo at y golygydd ar 24 Mai 1961 fod y bardd erbyn hynny wedi ailfeddwl ynghylch y detholiad o'i waith ar gyfer *Beirdd Penfro*. Y cyfeiriad a nodir ar frig y llythyr hwn yw 'c/o Mr. + Mrs. Thomas Murphy, Cathair an Treantaigh, Ventry, Kerry':

> Diolch yn fawr am eich llythyr, a maddeuwch imi am fod cyhyd yn ei ateb. Yr ydych yn rhoi mesur da imi yn y llyfr. Yr oeddwn i'n meddwl, gan fod wyth i fod y byddai'n dda cael pedair yn rhai newydd i'r darllenwyr. Bûm i'n treio cofio cân a wneuthum i afon Cleddau pan oedd sôn am argae arni, ond nid wyf yn ei chofio'n ddigon da, nac yn cofio pa le mae hi yn iawn imi gael dweud wrth fy chwiorydd. Mae'n lletchwith fan hyn . . . Rwy'n edrych ymlaen at y llyfr. Bydd rhai cerddi a glywais ar dafodau ynddo rwy'n gobeithio. Yr wyf yn golygu aros yma am fis neu ragor eto, os gallaf.[113]

Y mae'n amlwg fod ymweliad estynedig Waldo ag Iwerddon yn haf 1961 wedi ei rwystro rhag mynd ati i chwilio am gopi o 'Y Dderwen Gam' ar gyfer casgliad W. Rhys Nicholas, a ymddangosodd yn ddiweddarach yr haf hwnnw ac ynddo chwe cherdd gan y bardd.[114] Eithr petai cerdd Waldo am yr argae arfaethedig ar y ddyfrffordd wedi'i chyhoeddi ym mlodeugerdd 1961[115]—ynghanol y degawd hwnnw o chwalu, 1955–65, ac ar drothwy'r gweithredu yng Nghwm Tryweryn gan David Walters a David Pritchard ddiwedd 1962 a chan Emyr Llywelyn Jones (mab, wrth gwrs, i un o gyfeillion mawr Waldo, T. Llew Jones), Owain Williams a John Albert Jones ddechrau 1963[116]—mentraf awgrymu y byddai protest ecolegol-ddiwylliannol y bardd wedi dod, yn naturiol, yn rhan o'r brotest lenyddol drawiadol yn erbyn y cynllun yn Nhryweryn.[117] (Ni ddylid anghofio ychwaith yn y cyswllt hwn am yr ymgyrchu ddechrau'r 1960au yn erbyn adeiladu argae Clywedog.[118]) Yng ngeiriau cerdd Waldo: 'Yma bydd llyn, yma bydd llonydd,/Oddi yma draw bydd wyneb drych'.[119] Ac ymhellach, nid amheithnasol yn y cyd-destun yw cyfeirio at y modd y daeth yr enw Derwen-gam, bedair blynedd wedi i gerdd Waldo weld golau dydd am y tro cyntaf, yn annatod gysylltiedig â brwydr yr iaith yn sgil y ffaith fod nifer sylweddol o dai pentref Derwen-gam yng Ngheredigion wedi eu gwerthu i fewnfudwyr fel tai haf.[120] Yng ngeiriau'r gân boblogaidd, 'A welaist ti'r cyfan, fy Nghymro di-nam?/A welaist ti'r prynwyr yn nhref Derwen-gam?/A welaist ti'r estron ar drothwy pob tŷ?/Pan werthon nhw'r pentre ymhle'r oeddet ti?'.[121]

Diwedda 'Y Dderwen Gam' drwy gyfosod yn ysgytwol ddwy olygfa wrthgyferbyniol—dau ddewis yn wir:

> Yn codi'r haul ac yn tynnu'r eigion
>   Trwy'r calonnau gwyrdd dros y ddwylan lom.
> Yma bydd llyn, yma bydd llonydd,
>   A'r gwynt ym mrig y dderwen gam.

Pwysleisir y gwahaniaeth rhwng y ddau ddewis a gynigir gan y gwrthgyferbyniad trawiadol yn ansawdd y ddelweddaeth yn y ddau achos. Yn y ddwy linell gyntaf dethlir hoywder yr olygfa naturiol drwy gyfrwng cyfres o ddelweddau cymhleth a chyfoethog. Unwaith eto, y mae'r bardd yn y fan hon yn peri i wahanol elfennau'r amgylchedd ymdoddi i'w gilydd. Ar ddiwedd y pennill blaenorol uniaetha Waldo ymchwydd cân orfoleddus adar y glannau ag ymchwydd y llanw, a chodiad haul ei hun â bad wrth angor yn codi ar y llanw hwn: 'A'u galw gloywlyfn a'u horohïan,/A'u llanw yn codi bad yr haul'. Yn achos yr ail linell, dylid cofio bod yr haul, yn ogystal â'r lleuad, yn gyfrifol am symudiadau'r llanw. At hyn, sylwer ar y modd y chwaraea'r bardd yn y fan hon ag ystyron cyflawn ac anghyflawn 'codi' mewn perthynas â'r haul hwnnw. Nid codi y mae haul y gerdd, ond *cael ei godi*—fel y pwysleisir eto ar ddechrau'r pennill olaf: 'Yn codi'r haul . . .'. Wrth archwilio prosesau a phosibiliadau byd natur, y mae Waldo hefyd yn archwilio prosesau a phosibiliadau gramadeg ac idiomau eu hunain. Ac ymhellach, noder mai 'bad' yw'r gair a ddefnyddir yn llinell olaf pennill 4, a hynny er mwyn tawel arwyddo'r gwahaniaeth rhwng y llestr gorfoleddus, cosmig hwn a'r 'cwch' a gysylltir â difodiant yn y llinell gyfatebol yn y trydydd pennill: 'Taw eu tafodau dan y cwch'. Y mae gorfoledd y cyd-destun ar ddiwedd y pedwerydd pennill fel pe'n mynnu newid yn y derminoleg. Yn awr, ar ddechrau'r pennill olaf, cyflwynir inni ddelweddau sy'n ein tywys, yn nodweddiadol Waldoaidd, o'r cosmos a'r byd allanol i'r gofod lleol, mewnol, personol: 'haul . . . eigion . . . calonnau . . . [d]wylan'.[122] Yn hyn o beth, y mae delweddaeth y llinellau dan sylw yn dwyn perthynas agos ag eiddo cerdd hydrefol arall gan Waldo, sef 'Medi'—lle y darlunia'r bardd 'ystwyth gainc' (dyna'r gair hwnnw unwaith eto) yr 'haul mawr aeddfed' yn plygu'n is dan ei llwyth tymhorol:

> A than ei thrymlwyth hithau
> Mae cainc o'r pren sy'n hŷn
> Yn gwyro trwy'r llonyddwch
> I lawr at galon dyn.[123]

Awgrymwyd eisoes fod yr ymadrodd hwnnw gan Waldo yn 'Y Dderwen Gam', 'calonnau gwyrdd'—'Yn codi'r haul ac yn tynnu'r eigion/Trwy'r calonnau gwyrdd'—yn amlygu dylanwad o du George Herbert. (Yn sicr, yr oedd Waldo yn bur gyfarwydd â gwaith bardd Metaffisegol mawr arall, Henry Vaughan, fel y dangosodd Gruffydd Aled Williams mewn perthynas â'r gerdd 'Wedi'r Canrifoedd Mudan'.[124]) Ond o gofio am ddyled Waldo i Wordsworth,[125] buddiol fyddai ystyried hefyd y posibilrwydd fod dylanwad y bardd hwnnw i'w weld ar y llinellau y buom yn eu trafod. Y mae darlun dramatig Waldo o'r eigion yn cael ei dynnu 'Trwy'r calonnau' yn dwyn i gof y llinellau hynny yn *The Prelude* sy'n darlunio dyfroedd yn llifo drwy eangderau ac i bellafoedd y galon ddynol: 'a gentle shock of mild surprise/Has carried far into his heart the voice/Of mountain torrents'.[126] Ac yn wir, y mae egnïon geiriol eraill ar waith yn narlun Waldo yn y fan hon o gyfarfyddiad yr allanol a'r mewnol, byd natur a'r corff dynol, yr 'eigion' a'r 'calonnau', oherwydd gwelir bod y bardd hefyd yn y llinellau hyn yn chwarae'n ddeheuig â'r idiom Gymraeg 'o eigion calon' (hynny yw, o waelod calon). Idiom yw hon a ddefnyddiodd Waldo, yn arwyddocaol ddigon, yn 'Angharad', ei deyrnged fawr i'w fam:

> Dros lawer y pryderai
> Liw nos, a chydlawenhâi,
> Synhwyro'r loes, uno â'r wledd,
> Yn eigion calon coledd.[127]

Agwedd bellach, strwythurol, ar hyn oll yw'r ffaith fod y ddelwedd o'r 'calonnau gwyrdd' ym mhennill olaf 'Y Dderwen Gam' yn adfer perthynas â dechrau'r gerdd drwy adleisio 'mynwes' a 'gwyrdd' yn yr ail bennill: 'Hithau a'i mynwes yn ymchwyddo'n/Ardderchog rhwng ei gwyrdd a'i gold'. Y mae'r ymadrodd 'gwyrdd a'i gold' yn peri i rywun feddwl am 'Fern Hill' Dylan Thomas—'And green and golden I was huntsman and herdsman', 'Before the children green and golden/Follow him out of grace'[128]— ac arwyddocaol iawn yn y cyd-destun yw bod anheddau o'r enw Fern Hill a Fern Hill Lodge i'w cael nid nepell o safle'r dderwen gam. Ymhellach, y mae'r gair benthyg hwnnw a geir gan Waldo, 'gold' (nid 'aur' oedd ei ddewis derm, sylwer), yn ddiddorol hefyd o ran ei adleisiau yn y traddodiad Cymraeg. Dyna'r modd, er enghraifft, yr ymgysyllta ar draws y canrifoedd â disgrifiadau'r Cywyddwyr o harddwch merch: 'gweled i gwalld fal gold gwiw', er enghraifft.[129] Y mae yn sicr ryw *frisson*, o ran cywair a thôn, i'w theimlo yn nefnydd Waldo o'r gair 'gold' ar ddiwedd yr ail bennill— *frisson* a deimlir yn gryfach fyth fan arall yng ngwaith y bardd pan drewir ar air euraid pellach (yntau'n un a arferwyd gan y Cywyddwyr yn eu cerddi serch), sef 'eurferch', ar ddiwedd ei gerdd i'w wraig Linda, 'Oherwydd Ein Dyfod': 'A dyfod y byd i'r dyfnder dedwydd/O amgylch sŵn troed fy eurferch'.[130]

Eithr disodlir y cyfoeth hwn oll gan uniongyrchedd, noethni a natur finimalistig delweddau clo 'Y Dderwen Gam'. Yn y cyswllt hwn y mae'n werth tynnu sylw at y modd yr amrywia Waldo batrwm sillafau'r gerdd yn y ddau bennill olaf. Tan hynny, ym mhenillion 1-3, digyfnewid yw'r patrwm sylfaenol hwnnw, 9/8/9/8. Ond pan eir ati ym mhennill 4 i foli ymchwydd cyfun cân yr adar a'r llanw, a chodiad haul, ymchwyddo a wna llinellau'r gerdd hwythau: 10/9/10/9. Cadarnheir hyn ymhellach yn nwy linell gyntaf y pennill olaf—10/10—wrth i'r bardd barhau i ddisgrifio'r rhyngweithio gorfoleddus rhwng elfennau'r olygfa. Ond ar ddiwedd eithaf y gerdd, crebachu a wna'r llinellau—9/8—i gyd-daro â'r olygfa elfennaidd-anghyfannedd wedi'r boddi: 'Yma bydd llyn, yma bydd llonydd,/A'r gwynt ym mrig y dderwen gam'. Llinellau yw'r rhain sy'n dwyn i gof ddiweddglo'r gerdd fwyaf pwerus, i'm tyb i, a ysgrifennwyd am Dryweryn, 'Y Gwynt' John FitzGerald—cerdd a gyhoeddwyd yn wreiddiol yn *Y Faner* yn Awst 1963, ond a gynhwyswyd hefyd yn y gyfrol *Cadwyn Cenedl* ym 1969, sef blwyddyn ymddangosiad cerdd Waldo, fe gofir: 'Gwyn dy fyd-di y gwynt yng nghwm Tryweryn:/Yno, dy hunan, cei grychu dŵr llyn'.[131] At hyn, yng nghyd-destun gwaith Waldo ei hun, buddiol fyddai ystyried y darlun a geir gan y bardd ar ddiwedd 'Y Dderwen Gam' ochr yn ochr â'r disgrifiad o dirwedd elfennaidd y wlad a reibiwyd yn 'Diwedd Bro': 'Cyn dristed oedd y saith/Â'r paith anhysbys pell//Na chlybu acen bêr,/Nas gwelodd neb ar hynt/Ond haul a lloer a sêr/A'r di-greëdig wynt'.[132] Ac ymhellach, caiff awyrgylch aflonyddol diweddglo 'Y Dderwen Gam' ei ddwysáu yn *Cerddi '69* yn rhinwedd y ffaith fod y gerdd wedi ei gosod yn olaf yn y gyfrol honno. Yn wir, cyfoethogir ein hymateb i ddelweddaeth y pennill clo o ddarllen y gerdd yng nghyd-destun rhai o'r cyfraniadau eraill i *Cerddi '69*. Dyna 'Y Gwynt' Harri Gwynn, er enghraifft, ynghyd â 'Coed' R. Gerallt Jones ('mae coed yn amddiffyn cartref,/yn ymgasglu'n dorf warcheidiol gefn nos/ac yn gwadu hawl y gwynt'), a 'Coed' J. M. Edwards yn arbennig—cerdd y mae ei rhan ganol ar lawer ystyr yn rhagfynegiant o'r olygfa annaearol ar ddiwedd cerdd Waldo:

> Pe deuai'r dydd y tawai geneuau dynion,
> Difodi o'r awyr holl sillafau'r ddynol ryw
> A lleisiol barabl y creaduriaid oll,
> Eto'u tafodau hwy a gadwai'n fyw
> Stori'r elfennol wynt . . .[133]

Yn wahanol i'r hyn a glywir yng nghanghennau uchaf coeden yr idiom gyfarwydd, 'sŵn ym mrig y morwydd', arwyddo diwedd pethau, nid y cyffro cychwynnol, a wna'r ymsymud 'ym mrig y dderwen gam'. 'My ears were teased with the dread/Of what was foretold', meddai Edward Thomas yn ei gerdd 'The New House', wrth i sŵn y gwynt o amgylch ei gartref newydd beri iddo fyfyrio ar y galar a'r colledion a ddeuai i'w ran yn y tŷ hwnnw. Y mae llinellau clo cerdd Thomas yn un o analogau mwyaf trawiadol diweddglo 'Y Dderwen Gam': 'All was foretold me .../... I learned how the wind would sound/After these things should be'.[134]

Diau fod trychineb y 'Sea Empress' ger Aberdaugleddau yn Chwefror 1996 ym meddwl Nigel Jenkins pan gynigiodd y cyngor hwn i fardd ifanc mewn cerdd ddiweddar: 'Wait, after the latest/tanker disaster,//before wading in/with an ireful ode//that does nothing but add/to the poetry slick'.[135] Un o gryfderau mawr 'Y Dderwen Gam' yw'r ffaith nad cân brotest lawn digofaint amrwd yn wyneb y cynllun i gau ar ran uchaf y ddyfrffordd mohoni. Wrth gynnig tacsonomeg ragarweiniol ar gyfer rhethreg gweithiau llenyddol Americanaidd sy'n ymdrin â'r byd naturiol, dadleuodd y beirniad Scott Slovic y gellir yn fuddiol feddwl yn nhermau dau fath sylfaenol o destun. Ar y naill ben i'r sbectrwm ceir yr hyn a eilw'n 'epistemological rhapsody'—gwerthfawrogiad neu ddathliad o'r byd naturiol yn ei amryfal weddau—ac ar y llall y 'political jeremiad'— rhybudd neu feirniadaeth sy'n deffro, ac yn trawsnewid, ein hymwybyddiaeth wleidyddol/grefyddol mewn perthynas â byd natur, ac sy'n ein cymell i weithredu'n ymarferol.[136] Ar sail y dacsonomeg hon cynigiodd Slovic ddosbarthiad pellach, gan wahaniaethu rhwng 'embedded persuasive rhetoric' ar y naill law—dull sy'n cyfuno 'natural historical information with social/religious exhortation'—a 'discrete persuasive rhetoric' ar y llall, lle y mae awdur yn gweithio '*discretely* in either the rhapsodic mode ... or the jeremiadic mode'.[137] Dyma awgrymu y gall dosbarthiad Slovic yn y cyswllt hwn fod yn dra buddiol inni fel modd o werthfawrogi gwedd allweddol bwysig ar arbenigrwydd 'Y Dderwen Gam'. I'm tyb i, deillia llawer iawn o'i phŵer o'r 'embedded persuasive rhetoric' ynddi: y modd crefftus y dygir ynghyd, yn arbennig ym mhenillion 3–5, y rhapsodig ac elfen o rybudd a beirniadaeth. Un o nodau amgen y gerdd yw'r rhyngweithio grymus ynddi rhwng y telynegol a'r aflonyddol, y dathliadol a'r cynnil-rybuddiol, y disgrifiadol a'r tawel-brotestiol. Sylfaen ei rhethreg gywirol yw'r sylwebaeth sy'n deillio o gyfosod dathliad afieithus o fwrlwm y presennol â darlun marwnadol, galarus ei ailadrodd, o ddyfodol llonydd, mud.

Yn y pen draw, fel y nodwyd—ac megis yn achos 'Preseli', cerdd arall a ysgogwyd gan yr hyn a welai Waldo fel bygythiad i dir a daear ei ardal[138]— ni wireddwyd y cynllun a enynnodd ymateb mor huawdl gan y bardd.[139]

Ond er na foddwyd rhan uchaf y ddyfrffordd, daeth diwedd ar arfer Waldo o lochesu yng nghapel Croes Millin yn ystod ei ymweliadau â'r dderwen gam pan ddywedwyd wrth yr heddlu lleol fod 'rhyw drempyn' (hynny yw, y bardd) yn treulio'r nos yno'n gyson.[140] Y canlyniad oedd cloi'r capel. Eithr gallai Waldo, wrth weld 'Y Dderwen Gam' mewn print am y waith gyntaf ym 1969, ddwy flynedd cyn ei farwolaeth, ymfalchïo o'r newydd yn y ffaith na ddinistriwyd ecosystemau cyfoethog rhan uchaf y ddyfrffordd gan lyn ac argae. Gallai ymhyfrydu eto ym '[m]uddugoliaeth yr afonydd', chwedl ei ddisgrifiad cofiadwy yn y llythyr hwnnw at Bobi Jones ar 22 Ebrill 1959. A chymwys yw diweddu drwy awgrymu bod 'Y Dderwen Gam' yn bresenoldeb adleisiol mewn cerdd farwnad ddiweddar gan Bobi Jones i'w gyfaill:

> Tydi gredadun ffri,—
>
> Uchelwr Rhoi a'th anrhydeddodd di
> fel Cleddau'n cyflwyno'i dyfroedd yn ddi-baid
> yn ddaioni amlddeiliog o ymdonnog hydref
> i'th bwll canolog llonydd, gan dywallt ei byd.[141]

Yn wir, gellir darllen y llinellau hyn fel ateb cyd-ddathliadol, bron hanner canrif yn ddiweddarach, i'r llythyr hwnnw a dderbyniodd Bobi Jones gan Waldo yn Ebrill 1959. Y tu ôl i'r pennill uchod ceir *nexus* o destunau Waldoaidd. Y mae'r elfennau 'Cleddau', 'dyfroedd', 'amlddeiliog', 'ymdonnog', 'hydref', '[p]wll canolog llonydd', a '[t]ywallt' yn dwyn geirfa a golygfeydd 'Y Dderwen Gam' yn glir i gof. Ond y mae'r ddelwedd o 'ddyfroedd . . . yn ddaioni amlddeiliog' hefyd yn ein harwain yn ôl at *Dail Pren* fel cyfrol, at 'Mewn Dau Gae' yn benodol ('Yr oedd rhyw ffynhonnau'n torri tua'r nefoedd/Ac yn syrthio'n ôl a'u dagrau fel dail pren'), a hefyd at 'destun' hollbwysig arall, 'Sylwadau' Waldo yng nghefn *Dail Pren*, a'r glos a gynigiodd ar y llinellau a ddyfynnwyd o 'Mewn Dau Gae': '*Datguddiad* 22, 2. "A dail y pren oedd i iacháu'r cenhedloedd"'.[142] Ac y mae ystyried 'Y Dderwen Gam' fel hyn, ochr yn ochr â thestunau o *Dail Pren*, fel rhan o rwydwaith cyfeiriadol cerdd Bobi Jones, yn ategu pwynt a wnaed ar ddechrau'r ysgrif hon, sef pwysigrwydd cofio nad gyda'r gyfrol honno y daeth gyrfa farddonol Waldo Williams i ben, ac mai cam dybryd â'r bardd yw ei ddiffinio yn nhermau'r casgliad hwnnw'n unig, ar draul y corff cryno ond allweddol o gerddi a gyhoeddwyd ganddo wedi 1956. Fel y gwelwyd yn yr astudiaeth hon, bu deilio hynod o arwyddocaol y tu allan i gasgliad 'diffiniol' Waldo Williams. Ar 19 Ionawr 1970, ychydig dros flwyddyn cyn i'r bardd farw, clustnodwyd ardal y dderwen gam fel lloches swyddogol ar gyfer adar y ddyfrffordd.[143] Wrth weld gwarchodfa bwysig fel hon yn cael ei sefydlu lai na degawd wedi'r trafodaethau ynghylch boddi'r union ran hon o'r ddyfrffordd, diau y teimlai awdur 'Y Dderwen Gam' fod dyn—a hyn mewn mwy nag un ystyr—wedi dod at ei goed.

NODIADAU

1. Robert Rhys, *Chwilio am Nodau'r Gân: Astudiaeth o Yrfa Lenyddol Waldo Williams hyd at 1939* (Llandysul, 1992).
2. Damian Walford Davies (gol.), *Waldo Williams: Rhyddiaith* [=*WWRh*] (Caerdydd, 2001).
3. Gweler James Nicholas, *Waldo Williams* (Cardiff, 1975), 80–2, ynghyd â'r manylion a nodir yn llyfryddiaeth B. G. Owens, 'Gweithiau Waldo Williams', yn James Nicholas (gol.), *Waldo: Teyrnged* (Llandysul, 1977), 244–6.
4. Gweler Owens, 'Gweithiau Waldo Williams', 246–8. Ymddangosodd 'Llanfair-ym-Muallt' yn *Adferwr*, Ionawr 1973, 3, ddwy flynedd wedi marwolaeth Waldo.
5. Cynhwyswyd y cerddi a enwyd uchod yn J. E. Caerwyn Williams (gol.), *Cerddi Waldo Williams* (Y Drenewydd, 1992), ac eithrio'r cerddi i Isfoel ('Cywydd Diolch am Fotffon (a gafwyd yn rhodd o law Isfoel)') ac i Tomi ac Anni James ('Priodas Aur (Cyfarchion i Mr a Mrs T. James, Ysgeifiog, Solfa ar ddathlu ohonynt eu priodas aur)').
6. Tony Conran (cyf.), *Waldo Williams: The Peacemakers* (Llandysul, 1997), 17–20, 36–46. Perthnasol hefyd yw ymdriniaeth A. M. Allchin â 'Llwyd' yn ei bennod 'The Knowledge Which Unites: The Death-Defying Quality of Art' yn *Praise Above All: Discovering the Welsh Tradition* (Cardiff, 1991), 142–57. At hyn, ceir cyfieithiad o'r 'Cywydd Diolch am Fotffon' gan Joseph P. Clancy yn ei *Twentieth Century Welsh Poems* (Llandysul, 1982), 136–7.
7. James Nicholas, 'Waldo: Bardd Sir Benfro', *Y Genhinen*, 21, 3 (Haf 1971), 103.
8. Enwir tair ar ddeg o gerddi ganddo yn y cyswllt hwn yn ei bennod ar Waldo yn *Cyfriniaeth Gymraeg* (Caerdydd, 1994), 215–16.
9. Gwilym Rees Hughes ac Islwyn Jones (goln.), *Cerddi '69* (Llandysul, 1969), 12, 13.
10. Gweler Ifor Williams (gol.), *Pedeir Keinc y Mabinogi* (Caerdydd, 1930), 8–10. Ar union leoliad y dderwen gam, gweler y drafodaeth uchod.
11. *Y Traethodydd*, CXXIV, 531 (Ebrill 1969), 53.
12. Fy ngolygiad i a geir yma o ran yr atalnodi, gan fod hwnnw'n llac yn y fersiynau o'r gerdd a geir yn Hughes a Jones (goln.), *Cerddi '69*, 72, yn Williams (gol.), *Cerddi Waldo Williams*, 101, a hefyd yn y copi holograff o'r gerdd a gadwyd inni (ymhellach ar y copi hwn, gweler uchod).

13. Gerald Morgan, adolygiad ar *Cerddi '69* yn *Poetry Wales*, 5, 2 (Gaeaf 1969), 57. 'Ieuenctid yr Iaith' a 'Cerfluniau Henry Moore' oedd y cerddi o eiddo Euros Bowen.
14. Alun Llywelyn-Williams, adolygiad ar *Cerddi '69*, *Y Genhinen*, XX, 1 (Gaeaf 1969–70), 45.
15. John Rowlands, 'Telyn y Dydd', *Barn*, 88 (Chwefror 1970), 103.
16. Casgliad Gwilym Rees Hughes ac Islwyn Jones, Gwaith Awduron Cyfoes 1968–75, Pecyn *Cerddi '69*, yn Llyfrgell Genedlaethol Cymru.
17. Ibid. Cynhwyswyd y ddau lythyr a ddyfynnwyd yn *WWRh*, 106, 354.
18. Owens, 'Gweithiau Waldo Williams', 247. 'Dan y Dderwen Gam' yw teitl y gerdd yn y copi hwn. Gweler hefyd sylwadau B. G. Owens, 'Casglu Gweithiau Waldo Williams', yn Robert Rhys (gol.), *Waldo Williams: Cyfres y Meistri 2* (Abertawe, 1981), 214.
19. Gweler *Sutherland in Wales/Sutherland yng Nghymru* (London, 1976)—catalog o'r casgliad yng Nghastell Pictwn.
20. Gordon T. H. Bennett, *Sutherland in Pembrokeshire* (Whithybush, 1995), 16.
21. Ibid., 15–16, 18–20, 35–6, 40. Ceir ffotograff o'r dderwen dan sylw ar d. 41.
22. Tony Curtis, *Taken For Pearls* (Bridgend, 1993), 29. Ymhellach ar berthynas Sutherland â Sir Benfro, gweler darn rhyddiaith trawiadol yr artist ei hun, 'Welsh Sketch Book', *Horizon*, V, 28 (Ebrill 1942), 225–35.
23. Gweler Waldo Williams, *Dail Pren* [=*DP*] (Aberystwyth, 1956), 77, a James Nicholas (gol.), *Bro a Bywyd Waldo Williams* (Cyhoeddiadau Barddas, 1996), 26.
24. Dyfynnir yr englyn gan E. Llwyd Williams yng nghyd-destun ei ddisgrifiad o'r 'heol gul sy'n cydredeg â'r afon drwy'r cwm a'r coed i Mynwar, Landshipping a Martletwy . . . efallai y digwyddwch fod yno pan fydd y llanw'n cyrraedd o dan dir Miner'; *Crwydro Sir Benfro (Y Rhan Gyntaf)* (Llandybïe, 1958), 26.
25. Ymdrinnir â'r enw Cleddau, ac ag enghreifftiau eraill o afonydd sy'n dwyn enwau arfau a chelfi, yn B. G. Charles, *The Place-Names of Pembrokeshire*, 2 gyfrol (Aberystwyth, 1992), I, 7. Gweler hefyd R. J. Thomas, *Enwau Afonydd a Nentydd Cymru* (Caerdydd, 1938), 40–1, 99–100.
26. Owens, 'Gweithiau Waldo Williams', 247.
27. Nicholas (gol.), *Bro a Bywyd Waldo Williams*, 86, lle y ceir ffotograff o'r afon ac o gapel Croes Millin (1866). Ceir ffotograff trawiadol o'r dderwen gam ei hun ar y tudalen dilynol.
28. Arferir yr enw 'Aberdaugleddau' yn y cyswllt hwn i gyfeirio at y ddyfrffordd ar ei hyd, o Drwyn Pictwn i Drwyn y Santes Ann.
29. George Owen, *The Description of Penbrokshire*, gol. Henry Owen, Rhan II (London, 1897), 534. Ar gefndir a chyd-destun y 'Pamffled', gweler B. G. Charles, *George Owen of Henllys: A Welsh Elizabethan* (Aberystwyth, 1973), 154–5.
30. J. W. Hebel (gol.), *The Works of Michael Drayton*, 5 cyfrol (Oxford, 1931–41), IV, 104.
31. Ar 'Cleddau' (1939), gweler trafodaeth fer Robert Rhys yn *Chwilio am Nodau'r Gân*, 153–5, lle y dyfynnir y gerdd yn ei chyfanrwydd.
32. Nid anfuddiol yw cymharu llinell gyntaf 'Y Dderwen Gam' ag agoriad 'Mewn Dau Gau'—'O ba le'r ymroliai'r môr goleuni' (*DP*, 26)—yn arbennig felly yng nghyd-destun y posibilrwydd fod yr agoriad enwog hwn yn ddyledus i linell o awdl Eirian Davies, 'Yr Afon': 'Ymrolio i fôr â mawr leferydd'. Ar hyn gweler tystiolaeth Eirian

Davies ei hun yn 'Gair Eto am "Y Gerdd Fach Seml"', *Barddas*, 147–8 (Gorffennaf/ Awst 1989), 2.
33. George Owen, *The Description of Pembrokeshire*, gol. Dillwyn Miles (Llandysul, 1994), 100–1.
34. Ibid., 101.
35. Bobi Jones, *Tyred Allan* (Llandybïe, 1965), 53. Yn y gyfrol hon yr ymddengys 'Dail' (dyddiedig 'Hydref, 1960; Pasg, 1961')—cerdd a gyflwynwyd 'I Waldo Williams; yng ngharchar am ei fod wedi gwrthod talu'r dreth i gynnal rhyfel Lloegr yn erbyn un o genhedloedd bach y byd'; ibid., 71–2.
36. 'Mis Mai a Mis Ionawr', yn Thomas Parry (gol.), *Gwaith Dafydd ap Gwilym* (Caerdydd, 1952), 187, llau. 5–6. Gweler hefyd y golygiad newydd o'r gerdd, dan y teitl 'Mis Mai a Mis Tachwedd', ar y wefan <http://www.dafyddapgwilym.net> (rhif 33). Ceir gan Joseph P. Clancy 'The rippling lover' fel cyfieithiad o'r ymadrodd 'Y cyrliog serchog' yn ei drosiad o 'Y Dderwen Gam'; *Twentieth Century Welsh Poems*, 138.
37. 'Y Ceiliog Bronfraith', yn Parry (gol.), *Gwaith Dafydd ap Gwilym*, 81, ll. 1. Fel y noda Thomas Parry: 'Y mae peth amheuaeth ynghylch dilysrwydd y cywydd hwn, oherwydd ceir cywydd arall i'r ceiliog bronfraith . . . a'i arddull yn debycach i arddull DG'; ibid., 470. Barn Yr Athro Dafydd Johnston yw bod y cywydd yn 'efelychiad bwriadol o waith Dafydd (o bosibl wedi'i ledaenu dan ei enw ef o'r cychwyn cyntaf) gan ryw fardd o ail hanner y bedwaredd ganrif ar ddeg neu ddechrau'r bymthegfed'; gweler ei nodiadau ar gerdd rhif 159 ('Mawl i'r Ceiliog Bronfraith'), <http://www.dafyddapgwilym.net>. (Yr wyf yn ddiolchgar i'r Athro Johnston am ganiatâd i weld ei olygiad o'r gerdd, a'i sylwadau arni, cyn i'r wefan gael ei lansio.) Ar yr ymadrodd 'ceiliog . . . serchog' yn y canu rhydd cynnar, gweler Huw M. Edwards, *Dafydd ap Gwilym: Influences and Analogues* (Oxford, 1996), 112.
38. David Saunders et al., *A Waterway For Wildlife: The Milford Haven Waterway From Source to Mouth* (Haverfordwest, 1991), 5. Cyfeirir hefyd yn y fan hon at y mathau eraill o adar sydd i'w gweld ar y ddyfrffordd, megis gwyddau Canada, chwiwellau, garanhwyaid, pibyddion y mawn, cornicyllod, pibyddion mannog a chwtiaid aur.
39. Parry (gol.), *Gwaith Dafydd ap Gwilym*, 81, llau. 1–4, 9–12. Yn achos y cwpled cyntaf a ddyfynnwyd, cywirach, er mwyn nodi'r trychiad, yw'r atalnodi yng ngolygiad newydd Yr Athro Johnston: 'Y ceiliog, serchog ei sôn,/Bronfraith, dilediaith loywdon'; 'Mawl i'r Ceiliog Bronfraith', cerdd 159, llau. 1–2, <http://www.dafyddapgwilym.net>.
40. *DP*, 24.
41. Ibid., 94.
42. Williams (gol.), *Cerddi Waldo Williams*, 94.
43. *DP*, 26.
44. Ibid., 27.
45. Gweler Casgliad Gwilym Rees Hughes ac Islwyn Jones, *Gwaith Awduron Cyfoes 1968–75*, Pecyn *Cerddi '69*, yn Llyfrgell Genedlaethol Cymru.
46. Conran (cyf.), *The Peacemakers*, 177. Diogelwyd y rhagenwau yn nhrosiad Joseph P. Clancy, *Twentieth Century Welsh Poems*, 138.
47. Dehonglodd y ddau gyfieithydd yr 'Hithau' fel cyfeiriad at yr afon: 'The river with its bosom surging/Splendid between the green and gold'; Conran (cyf.), *The Peacemakers*,

177; 'The river with its breast superbly/Swelling between its green and gold'; Clancy (cyf.), *Twentieth Century Welsh Poems*, 138. Eithr diau mai disgrifiad o ganghennau'r dderwen yn eu gwisg hydrefol o ddail gwyrdd ac euraid a geir yma (cofiwn am linell gyntaf y pennill: 'Cyn imi ddod yr hydref hwnnw').

48. Eric Robinson, David Powell a Margaret Grainger (goln.), *The Early Poems of John Clare, 1804–1822*, 2 gyfrol (Oxford, 1989), I, 231, 232. Ar y cefndir hanesyddol, gweler John Barrell, *The Idea of Landscape and the Sense of Place, 1730–1840: An Approach to the Poetry of John Clare* (Cambridge, 1972).
49. Barrell, *The Idea of Landscape and the Sense of Place*, 115–16.
50. Jonathan Bate, *The Song of the Earth* (Cambridge, Mass., 2002), 165–6.
51. Gweler *DP*, 48: 'Nid niwl yn chwarae, na nos yn chwarae,/Distawrwydd llaith a llwyd,/Yr un sy'n disgwyl amdanom,/Wele, fe ddaeth, heb ddod'.
52. Diddorol yw nodi yn y fan hon fod darlunio'r môr yn nhermau'r awyr, a *vice versa*, yn nodwedd gyson o waith Waldo ac yn rhan o weledigaeth farddonol a seiliwyd ar gyfuno elfennau a chyflyrau gwrthgyferbyniol. Ystyrier yr enghreifftiau canlynol: 'Y graig, hyhi/Ar welw fin yr wybrol fôr' ('Y Tŵr a'r Graig', *DP*, 31); 'Dyfnach yno oedd yr wybren eang' ('Geneth Ifanc', *DP*, 23); 'Ti yw ehedeg/Ein hiraeth i'r wybren ddofn' ('Adnabod', *DP*, 63); 'A chusan yn dychwel hyd bob seren/Eigion yr archipelágo' ('Oherwydd Ein Dyfod', *DP*, 40). Enghraifft awgrymog iawn yw'r llinell 'A lli'r haul a'r lloer olau' ('Y Tŵr a'r Graig', *DP*, 39).
53. T. H. Parry-Williams (gol.), *Hen Benillion* (Llandysul, 1940), 42, rhif 123. Gweler hefyd ibid., 47, rhif 147.
54. Gweler Dillwyn Miles, *The Pembrokeshire Coast National Park* (Newton Abbot, 1987), 10, 17.
55. Gweler Theodore Whalley et al., *The Secret Waterway: A Guide to the Milford Haven and Daugleddau Waterway* (Haverfordwest, 1988), 36. Dangosir y dderwen gam ei hun yn y darlun ar d. 46 ('Picton Ferry').
56. R. M. Lockley, *Pembrokeshire* (London, 1957), 105.
57. Ceir yn archifdy'r sir gopi o gynllun sy'n gyson â hyn; Archifdy Sir Benfro, Hwlffordd, T/MM/179. Gweler hefyd dystiolaeth K. D. McKay, *A Vision of Greatness: The History of Milford, 1790–1990* (Haverfordwest, 1989), 359. Ystyriwyd hefyd safleoedd posibl eraill, fel y prawf yr erthygl 'Industry Would Come If County Had The Water', *The Weekly News for Pembrokeshire and Carmarthenshire* [=*WN*], 27 Hydref 1960, 1.
58. Gweler Brian John, *The Milford Haven Oil Industry* (Lanchester, 1974), 6. Gweler hefyd Ken McKay, 'The Port of Milford: Oil in the Twentieth Century', yn David W. Howell, Elwyn Davies a Brian Howells (goln.), *Pembrokeshire County History IV: Modern Pembrokeshire, 1815–1974* (Haverfordwest, 1993), 187–96.
59. Yr wyf yn ddiolchgar i Mr Vernon Scott am yr wybodaeth hon; llythyr at yr awdur presennol, 21 Ebrill 2006.
60. Ar hyn gweler yr erthyglau 'Fields in Which Farming Has Scope for Development', *WN*, 5 Chwefror 1959, 7, a 'Cleddau Lakes Would Be Finest Yachting Centre', *WN*, 30 Ebrill 1959, 1.
61. Yr wyf yn ddiolchgar i Roger Barrett-Evans am ddwyn hyn i'm sylw; llythyr at yr awdur presennol, 2 Mawrth 2006.

62. Casgliad Bobi Jones, 970, yn Llyfrgell Genedlaethol Cymru. (Enillasai Bobi Jones wobr arall gan Gyngor y Celfyddydau ym 1956 â'i gyfrol *Y Gân Gyntaf*.) Ymhlith y cerddi yn *Rhwng Taf a Thaf* y mae 'Portread o Fardd', sy'n gân foliant i Waldo; *Rhwng Taf a Thaf* (Llandybïe, 1960), 13.
63. 'Cleddau Lakes Would Be Finest Yachting Centre', *WN*, 30 Ebrill 1959, 1. Gweler hefyd yr adroddiad 'Haven Barrage Bill Beats Opposition in Lords' yn *The Western Telegraph and Cymric Times* [=*WT*], 30 Ebrill 1959, 10.
64. 'Barrage Bill Through Lords', *WN*, 21 Mai 1959, 2.
65. Gweler, er enghraifft, 'Barrage Bill Has "A Poor Chance": Minister is Lashed', *WT*, 23 Gorffennaf 1959, 11, a 'Mr Brooke Attacked For Opposing Barrage Bill', *WN*, 23 Gorffennaf 1959, 8.
66. 'Barrage Costs Could Be Deterrent to Industry', *WN*, 6 Awst 1959, 8. Gweler hefyd 'Mr. Donnelly Forecasts a Serious Crisis in 18 Months', *WT*, 6 Awst 1959, 7.
67. 'Pembrokeshire at the Parting of the Economic Road', *WN*, 3 Medi 1959, 8.
68. Ibid.
69. 'Election Row Flares in Pembrokeshire', *WT*, 8 Hydref 1959, 9. Gweler hefyd 'Mr. Henry Brooke Explains About the Barrage and Shrugs Off Heckling', ibid., 10, lle y nodir: 'In the afternoon sandwichmen had paraded the town displaying the slogan "Damn the brooke and Build the Barrage"'.
70. Ar y frwydr yn erbyn y cynllun hwn—brwydr a barhaodd tan ganol y 1960au—gweler Robert Rhys, *Cloi'r Clwydi* (Llangyndeyrn, 1983; ail argraffiad, 1993).
71. 'Barrage Might Be Answer to West Wales Water Needs', *WN*, 5 Mai 1960, 4.
72. Gweler, er enghraifft, 'So Poet Waldo is a Prison "Martyr"', *WN*, 8 Medi 1960, 1, ac 'I Shall Continue My Stand Says Tax-rebel Waldo', *WN*, 20 Hydref 1960, 1.
73. 'Industry Would Come If County Had The Water', *WN*, 27 Hydref 1960, 1.
74. Gweler 'Mr. Donnelly Seeks Xmas Hope of State Help', *WN*, 22 Rhagfyr 1960, 1, 4.
75. Ni chafwyd pont dros yr afon—Pont Cleddau—tan 1975 (rhaid oedd dod â'r gwaith adeiladu i ben am gyfnod yn dilyn damwain ym 1970, pan ddymchwelodd rhan o'r bont gan ladd pedwar o weithwyr). Adeiladwyd cronfa Llys-y-frân rhwng 1968 a 1972 er mwyn darparu dŵr ar gyfer de'r sir a'r diwydiant olew; gweler Thomas Lloyd, Julian Orbach a Robert Scourfield, *The Buildings of Wales: Pembrokeshire* (New Haven and London, 2004), 268.
76. Gweler, er enghraifft, 'Plaid Cymru Elects Local Candidate: "The Radical Conscience Revived"', *WT*, 30 Gorffennaf 1959, 12.
77. Enillodd Waldo 2,253 o bleidleisiau, Graham Partridge (yr ymgeisydd Ceidwadol) 22,301, a Desmond Donnelly 27,623; gweler 'West Wales' Three M.P.'s Increase Their Majorities', *WN*, 15 Hydref 1959, 1.
78. 'Morn-of-Poll Messages From Candidates', *WN*, 8 Hydref 1959, 1.
79. 'Datganiad Etholiadol', *WWRh*, 325. Ar y dirywiad dramatig yng nghyflwr y diwydiant pysgota yn Aberdaugleddau wedi'r Ail Ryfel Byd, gweler Ken McKay, 'The Port of Milford: The Fishing Industry', yn Howell, Davies a Howells (goln.), *Pembrokeshire County History IV*, 183–6. Yng nghyswllt ymgeisyddiaeth Waldo yn etholiad 1959, gweler hefyd ei ddatganiad 'Plaid Cymru: A Power to be Reckoned With', *WT*, 8 Hydref 1959, 12—datganiad a gynhwyswyd yn *WWRh*, 325–8.

80. Catherine Phillips (gol.), *Gerard Manley Hopkins: A Critical Edition of the Major Works* (Oxford, 1986), 143.
81. Ar 'Coed Glyn Cynon', gweler Christine James, '"Coed Glyn Cynon"', yn Hywel Teifi Edwards (gol.), *Cwm Cynon* (Llandysul, 1997), 27–70.
82. Ar hanes maes glo Sir Benfro, gweler M. R. Connop Price, 'The Pembrokeshire Coal Industry', yn Howell, Davies a Howells (goln.), *Pembrokeshire County History IV,* 111–37. Gweler hefyd erthygl yr un awdur, 'Coal, Clum and Cresswell Quay: Some Aspects of the Pembrokeshire Coal Industry in the Eighteenth Century', *The Journal of the Pembrokeshire Historical Society,* 6 (1994–5), 25–34.
83. Saunders *et al., A Waterway For Wildlife,* 5.
84. Gweler Connop Price, 'The Pembrokeshire Coal Industry', 119.
85. Ar y ddyfrffordd fel *ria,* gweler Brian John, *Milford Haven Waterway* (Newport, 1981), 4–5.
86. Priodol yw cyfeirio at ddefnydd Waldo o ddelwedd y Gainc yn 'Dameg Arall at y Lleill' (1928), *WWRh,* 276–9.
87. Walford Davies a Ralph Maud (goln.), *Dylan Thomas: Collected Poems, 1934–1953* (London, 1988), 150.
88. Y mae'n werth cyfeirio yn y fan hon at ymdriniaeth Terence Hawkes, mewn ysgrif ar *Cymbeline,* â'r enw 'Aberdaugleddyf', a hynny mewn gwrthgyferbyniad â'r enw 'Milford Haven'. Ar 'Aberdaugleddyf' fel gair sy'n arwyddo deuoliaeth y mae ei bwyslais ef yng nghyd-destun y darlun o'r porthladd, ac o'r berthynas rhwng Cymru a Lloegr, yn nrama Shakespeare: '"Aberdaugleddyf" is, almost literally, a contradiction in terms . . . it refers to two entities in the guise of one, or a point at which two separate things remain in unresolved suspension, so that they can be simultaneously glimpsed in a single word . . . [A]s a port, Milford Haven's condition partakes less of unity than of *aporia,* contradiction, ambiguity, disjunction. The suspended duality that Welsh records and recognises in "Aberdaugleddyf", English smoothes over, makes singular and "naturalises" in "Milford Haven". In fact the issue of "unity" cannot help but raise the question of what the series of Acts of Union between England and Wales finally involved'; 'Aberdaugleddyf', *Shakespeare in the Present* (London, 2002), 48, 59.
89. Jonathan Bate, 'Living With the Weather', *Studies in Romanticism,* 35, 3 (Hydref 1996), 442.
90. Ibid., 441–2.
91. F. E. Hutchinson (gol.), *The Works of George Herbert* (Oxford, 1941), 166.
92. Hughes a Jones (goln.), *Cerddi '69,* 28.
93. Ned Thomas, *Waldo* (Caernarfon, 1985), 32.
94. *DP,* 78.
95. Williams (gol.), *Cerddi Waldo Williams,* 103.
96. Prif ystyr yr olaf, '(g)orohïan', yng ngherdd Waldo yw cân orfoleddus neu gri o fuddugoliaeth neu o lawenydd, sef cân y 'chwibanwyr' yn y cyswllt hwn, wrth gwrs: 'A'u galw gloywlyfn a'u horohïan'. (Ceir y gair gan R. Williams Parry yn awdl 'Yr Haf': 'Y troellwr fentry allan gyda'r hwyr/I rwygo'r awyr â gorohïan'; Alan Llwyd (gol.), *Cerddi R. Williams Parry: Y Casgliad Cyflawn* (Dinbych, 1998), 41.) Ond yn y cyd-destun diwylliannol y tynnwyd sylw ato, fe dâl inni nodi bod nifer o gywyddau yn y

llawysgrifau Cymraeg yn cael eu priodoli i'r bardd rhithiol 'Oraihian' (neu 'A(i)raihian'). Mewn adolygiad ar y gyfrol *Peniarth 76*, dywed Ifor Williams: 'Pan na wyddai'r copïwr pwy oedd awdur cywydd serch, rhoddai wrtho *Oraihian a'i cant* (neu *A'i carodd a'i cant*, neu'r cyffelyb). Tybiaf mai cyfystyr yw hyn â dweud mai rhyw *ynfytyn serchog* neu'i gilydd a'i canodd'; *Yr Efrydydd*, 3, 12 (Medi 1927), 336. Nid amherthnasol o gofio'r disgrifiad o'r môr ar ddechrau 'Y Dderwen Gam'—'Y cyrliog serchog' —yw'r ystyr bellach hon, 'ynfytyn serchog', a nodir gan Ifor Williams.

97. Parry (gol.), *Gwaith Dafydd ap Gwilym*, 81, llau. 17–18; 'Mawl i'r Ceiliog Bronfraith', cerdd rhif 159, llau. 17–18, <http://www.dafyddapgwilym.net>. Perthnasol hefyd yw'r disgrifiad yn y cywydd (ll. 12) o'r ceiliog bronfraith fel 'pencerdd': 'Pencerdd gloyw angerdd glyngoed'. Gweler hefyd yn y cyd-destun hwn Rachel Bromwich (cyf.), *Dafydd ap Gwilym: A Selection of Poems* (Llandysul, 1982), 92, a Rachel Bromwich, *Aspects of the Poetry of Dafydd ap Gwilym: Collected Papers* (Cardiff, 1986), 75–81, 97–102.
98. *DP*, 100.
99. Einion Thomas, *Capel Celyn: Deng Mlynedd o Chwalu, 1955–1965* (Cyhoeddiadau Barddas, 1997).
100. Ar y cefndir, gweler Mari A. Williams, *'Yr Iaith Gymraeg yn ei Henbydrwydd': Y Gymraeg yn y 1950au* (Aberystwyth, 2001).
101. Gweler Rhys Evans, *Gwynfor: Rhag Pob Brad* (Talybont, 2005), 183, 185. Yr oedd Brooke i draddodi anerchiad yn Eisteddfod Genedlaethol Llangefni ym 1957, ond o ganlyniad i gryfder y drwgdeimlad yn ei erbyn oherwydd ei gefnogaeth i'r cynllun i foddi Cwm Tryweryn, ni fu iddo fynychu'r Eisteddfod; gweler Evans, *Gwynfor: Rhag Pob Brad*, 187–8.
102. Gweler Thomas, *Capel Celyn: Deng Mlynedd o Chwalu*, 53.
103. Gerallt Lloyd Owen, *Cilmeri a Cherddi Eraill* (Caernarfon, 1991), 48.
104. *DP*, 65. Ar 'neges boenus o gyfoes' Waldo yn y gerdd, gweler Donald Hughes, '"Diwedd Bro"', yn Rhys (gol.), *Waldo Williams: Cyfres y Meistri 2*, 144–5. Gweler hefyd Rhys, *Chwilio am Nodau'r Gân*, 155–6.
105. Dylan Foster Evans, '"Cyngor y Bioden": Ecoleg a Llenyddiaeth Gymraeg', *Llenyddiaeth Mewn Theori*, 1 (2006), 65. Ond gweler hefyd ei *caveat*, 77–8.
106. *DP*, 62.
107. Owen Roberts, '"A Very Ordinary, Rather Barren Valley": Argyfwng Tryweryn a Gwleidyddiaeth yr Amgylchedd yng Nghymru', yn Geraint H. Jenkins (gol.), *Cof Cenedl XVI* (Llandysul, 2001), 155–90. Ar y cefndir hanesyddol ac ideolegol, gweler astudiaethau Pyrs Gruffudd, 'Remaking Wales: Nation-building and the Geographical Imagination, 1925–50', *Political Geography*, 14, 3 (1995), 219–39, a 'Prospects of Wales: Contested Geographical Imaginations', yn Ralph Fevre ac Andrew Thompson (goln.), *Nation, Identity and Social Theory: Perspectives From Wales* (Cardiff, 1999), 149–67.
108. Jonathan Bate, *Romantic Ecology: Wordsworth and the Environmental Tradition* (London, 1991), 103.
109. *DP*, 23, 119.
110. Ibid., 95. Ceir esboniad manwl gan Waldo ar y gerdd mewn llythyr ym 1967 at Anna Wyn Jones; gweler *WWRh*, 102–4.

111. Llythyr at yr awdur presennol, 6 Gorffennaf 2006. Yr wyf yn ddiolchgar i'r Athro Jones am ganiatâd i ddyfynnu ei sylwadau yn y fan hon.
112. Papurau'r Parchedig W. Rhys Nicholas, 1/45, yn Llyfrgell Genedlaethol Cymru.
113. Papurau'r Parchedig W. Rhys Nicholas, 1/48, yn Llyfrgell Genedlaethol Cymru.
114. W. Rhys Nicholas (gol.), *Beirdd Penfro* (Aberystwyth, 1961). Y cerddi o waith Waldo a gynhwyswyd yn y gyfrol oedd 'Llwyd', 'Cywydd Cyfarch W. R. Evans', 'Swyn Y Fro', 'Cywydd Diolch am Fotffon', 'Priodas Aur' ac 'Emyn' (tt. 148–58).
115. Arni fel casgliad gweler Alan Llwyd, *Barddoniaeth y Chwedegau: Astudiaeth Lenyddolhanesyddol* (Cyhoeddiadau Barddas, 1986), 36–7, 423–7.
116. Ar hyn gweler Owain Williams, *Cysgod Tryweryn*, gol. Eirug Wyn (Llanrwst, 1995); Watcyn L. Jones, *Cofio Tryweryn* (Llandysul, 1997), 260–2; ac Alan Llwyd, *Barddoniaeth y Chwedegau*, 86–8. Yn achos Emyr Llywelyn Jones, gweler cerdd Gwenallt iddo yn Christine James (gol.), *Cerddi Gwenallt: Y Casgliad Cyflawn* (Llandysul, 2001), 292–3. Cyhoeddwyd y gerdd yn wreiddiol yn *Y Coed* (1969).
117. Ceir casgliad o'r cerddi a ysgogwyd gan y cynllun i foddi Cwm Tryweryn yn Elwyn Edwards (gol.), *Cadwn y Mur: Blodeugerdd Barddas o Ganu Gwladgarol* (Cyhoeddiadau Barddas, 1990), 453–509. Gweler hefyd drafodaeth Alan Llwyd, *Barddoniaeth y Chwedegau*, 86–95.
118. Gweler Evans, *Gwynfor: Rhag Pob Brad*, 222, 230, 242–3.
119. Diddorol yw nodi bod Waldo wedi dechrau llunio awdl ar y testun 'Yr Argae' ar gyfer cystadleuaeth y Gadair yn Eisteddfod Genedlaethol Ystradgynlais ym 1954. (Yr oedd hyn, dylid nodi, cyn i'r cynllun i foddi Cwm Tryweryn ddod yn wybodaeth gyhoeddus yn ystod hydref y flwyddyn ddilynol.) Ni chwblhaodd Waldo yr awdl, ond tystia James Nicholas fod y gerdd 'Gyfaill Mi'th Gofiaf' (*DP*, 44), 'sy'n gân i Idwal [Jones]—lle y mae ei hiwmor yn argae', yn rhan ohoni yn wreiddiol; Nicholas (gol.), *Bro a Bywyd Waldo Williams*, 12. Bardd y Gadair yn Ystradgynlais ym 1954 oedd John Evans, a ganodd am foddi pentref Llanddwyn a chreu Llyn Efyrnwy yn y 1880au. Ar yr awdl, gweler pennod Hywel Teifi Edwards, 'Wedi Mynd ac Yno o Hyd', yn *O'r Pentre Gwyn i Gwmderi* (Llandysul, 2004), 170–98—pennod sydd hefyd yn trafod *Nid yw Dŵr yn Plygu* (1958), nofel Bobi Jones am gynllun dinas 'Grandfield' i foddi 'Cwm Dywelan' a phentref 'Llanlecwydd' a chreu cronfa ddŵr ar gyfer anghenion y ddinas honno. Perthnasol yw nodi bod Bobi Jones ar ddechrau'r nofel yn diolch "i'm cyfaill Waldo Williams am ddarllen y llawysgrif'; *Nid yw Dŵr yn Plygu* (Llandybïe, 1958), 5.
120. Gweler 'Brwydr Dderwen Gam', *Tafod y Ddraig*, 65 (Hydref 1973), 6–9.
121. Richard Rees a Cleif Harpwood, 'I'r Dderwen Gam' (Edward H. Dafis), *Hen Ffordd Gymreig o Fyw* (1974). Mewn erthygl ym mhapur newydd *Yr Herald* ym 1993, haerodd Angharad Tomos mai 'yn Nerwen Gam y collson ni'n diniweidrwydd fel ymgyrchwyr iaith'; 'Parhau'n Destun Tristwch y Mae Stori Derwen Gam', *Yr Herald Cymraeg*, 20 Tachwedd 1993, 2 (yr wyf yn ddiolchgar i Awel Mehefin Edwards am y cyfeiriad hwn). Ar ddefnydd Angharad Tomos o enw a hanes y pentref mewn nofel anorffenedig, 'Achos Mae' (1989–90), gweler Awel Mehefin Edwards, 'Yr Awdures Aflonydd: Astudiaeth o Ffuglen Angharad Tomos (1975–2004)'; traethawd MPhil Prifysgol Cymru [Bangor], 2006, 130–45.

122. Ar y symud 'rhwng cyfyngder ac ehangder' yn nelweddaeth Waldo, gweler sylwadau Ned Thomas, *Waldo*, 46–8, ac yn arbennig 47: 'mae cwrs amser a phellter gofodol yn drosiadau sy'n cyfateb i ddyfnder yr ymwybyddiaeth fewnol'.
123. *DP*, 114.
124. Gruffydd Aled Williams, '"Cerdd Fach Seml Waldo Williams": Golwg ar "Wedi'r Canrifoedd Mudan"', yn J. E. Caerwyn Williams (gol.), *Ysgrifau Beirniadol VII* (Dinbych, 1972), 241–2.
125. Gweler, er enghraifft, Damian Walford Davies, '"Cymodi â'r Pridd": Wordsworth, Coleridge, a Phasg Gwaredol Waldo Williams', yn Damian Walford Davies a Jason Walford Davies (goln.), *Cof ac Arwydd: Ysgrifau Newydd ar Waldo Williams* (Cyhoeddiadau Barddas, 2006), 83–107; Alan Llwyd, '"Oherwydd Ein Dyfod": "Undod y Byd" a Chariad Cyfanfydol yng Ngwaith Waldo Williams', ibid., 108–35. Ar y cefndir Rhamantaidd, gweler Thomas, *Waldo*, *passim*.
126. *The Prelude* (1805), V, llau. 407–9; Jonathan Wordsworth (gol.), *The Prelude: The Four Texts* (Harmondsworth, 1995), 192.
127. *DP*, 43.
128. Davies a Maud (goln.), *Dylan Thomas: Collected Poems*, 134, 135.
129. Thomas Roberts (gol.), *Gwaith Dafydd ab Edmwnd* (Bangor, 1914), 45.
130. *DP*, 40. Fel y nododd Tony Conran: '"Eurferch" is perhaps the most surprising word in the whole poem. In terms of register it seems so different from the rest of the diction, and yet it is absolutely right, the gold picking up both the star and the secret, both Bethlehem and the light of bright hearths'; Conran (cyf.), *The Peacemakers*, 31.
131. John FitzGerald (Ieuan Hir), *Cadwyn Cenedl* (Pontypridd, 1969), 36.
132. *DP*, 65. 'He was always fascinated by the sound of the wind', medd James Nicholas mewn trafodaeth ar gerdd Waldo 'Cân Imi, Wynt'; Nicholas, *Waldo Williams*, 17–18.
133. Hughes a Jones (goln.), *Cerddi '69*, 37, 50, 29.
134. Edward Thomas, *Collected Poems* (London, 1991), 103.
135. Nigel Jenkins, 'Advice to a Young Poet', *Hotel Gwales* (Llandysul, 2006), 118–19.
136. Scott Slovic, 'Epistemology and Politics in American Nature Writing: Embedded Rhetoric and Discrete Rhetoric', yn Carl G. Herndl a Stuart C. Brown (goln.), *Green Culture: Environmental Rhetoric in Contemporary America* (Wisconsin, 1996), 82–110.
137. Ibid., 86.
138. *DP*, 30.
139. Ar gefndir 'Preseli' (1946), gweler erthygl Janet Davies, 'The Fight For Preseli, 1946', *Planet*, 58 (Awst/Medi 1986), 3–9.
140. Gwybodaeth gan Dilys Williams. Cadarnhawyd hyn gan Bobi Jones—a glywodd yr hanes gan y bardd ei hun—mewn llythyr at yr awdur presennol, 6 Gorffennaf 2006.
141. Bobi Jones, 'Portread o Droseddwr a Gasâi Ddrylliau', *Y Fadarchen Hudol* (Cyhoeddiadau Barddas, 2005), 24.
142. *DP*, 27, 119. Y mae Keats yn bresenoldeb ychwanegol yma, wrth gwrs; gweler llythyr Waldo at J. Gwyn Griffiths a Kate Bosse-Griffiths, *WWRh*, 84, ynghyd â nodyn y golygydd, ibid., 345.
143. Saunders *et al.*, *A Waterway For Wildlife*, 5.

Yr Ianci o'r Blaenau:
Golwg ar Gerddi Gwyn Thomas, 1962–81

Gerwyn Wiliams

'Hwyrach mai Gwyn Thomas oedd yr awdur Cymraeg cyntaf o bwys i werthfawrogi diwylliant poblogaidd America . . . [ef] oedd un o'r awduron Cymraeg cyntaf i ddwyn perthynas â'r Unol Daleithiau drwy ddefnyddio'r union gyfryngau a briodolir bellach i'r taleithiau, sef cyfrwng ffilm a theledu': barn M. Wynn Thomas yn *Gweld Sêr: Cymru a Chanrif America* (2000).[1] Ac fel petai am gadarnhau safle arloesol y bardd o'r Blaenau, mae'n briodol mai pennod gan Gwyn Thomas ei hun a leolir yn union ar ôl un agoriadol Wynn Thomas, golygydd y gyfrol amlgyfrannol dan sylw. Yn y cyfraniad hwnnw, 'Mae'n Wlad i Ni', gwada Gwyn Thomas ei fod erioed wedi gwirioni ar lenyddiaeth America fel y cyfryw: fe'i geilw'n 'rhy flonegog', a myn fod '[g]ormod o wmffiau o eiriau mewn llawer o'i gweithiau'. O'i phlaid, fodd bynnag, 'y rhyddid i wneud hyn, i beidio ag edrych ormod dros eu hysgwyddau, i fod yn eneidiau rhydd yw cryfder awduron llenyddiaeth America'.[2] Cyfeiria'n arbennig at 'Howl' (1956), cerdd hir y bardd *Beat* Allen Ginsberg:

> Uwchlaw popeth, y mae *pethau* dinasoedd, pethau'r ugeinfed ganrif, yn hydreiddio'r gerdd ac yn hydreiddio dychymyg y bardd. I mi, yr oedd, ac y mae, hyn yn ddeniadol iawn; dyma rywun sydd wedi teimlo rhywbeth i'r byw mewn dinasoedd a chanddo'r geiriau i ddweud am hynny. I un yn byw mewn gwlad y mae iddi gymaint o orffennol, cymaint o draddodiad, cymaint o'r amaethyddol â Chymru . . . roedd llenyddiaeth fel yna'n dangos posibiliadau cyffrous.[3]

Yr hyn a gynrychiola hanfod America i Gwyn Thomas yw ei chaneuon—cyfeiria'n benodol at Elvis Presley—ond yn anad dim, ei ffilmiau.

Gweld 'cefnfor' rhwng ei dad, y bardd-bregethwr J. Eirian Davies—y 'bardd clên o Gymro,/yr eisteddfodwr, y saer pwyllog'—a Ginsberg a wnaeth Siôn Eirian;[4] ef hefyd a sylwodd fod yna 'bethau/nad oes gennym ni yng Nghymru/eiriau amdanynt' yn nilyniant Coronog Caerdydd ym 1978, a Gwyn Thomas, fel y mae'n digwydd, yn un o'r beirniaid.[5] Awgrymu diffyg perthnasedd llenyddiaeth Gymraeg, ei hanallu i gwmpasu profiadau'r byd sydd ohoni, a wna Siôn Eirian, ac fe chwiliodd ef am waredigaeth i *angst* ei lencyndod yng ngherddi 'Saeson hirwallt esgeulus/rhag ffwndro ym mhlaniau manwl-gywir/y penseiri Cymraeg'. Gwaredigaeth ddinesig a ddarlunnir yn 'Profiadau Llencyndod', ac fe gyfeiriodd Gwyn Thomas mewn ymdriniaeth ag un arall o'i gerddi at y ffaith mai 'Bywyd trefol a geir yng nghrynswth gwaith Siôn Eirian, cosmopolitaniaeth yr ugeinfed ganrif'.[6] Mae'r her sy'n wynebu llenyddiaeth Gymraeg, yr her a awgrymir gan rwystredigaeth Siôn Eirian, yn un y bu Gwyn Thomas, yn anad yr un llenor arall a fu'n sgrifennu drwy gyfrwng y Gymraeg yn ystod ail hanner yr ugeinfed ganrif, yn dra ymwybodol ohoni:

> Os oedd eisiau cymathu'r diwylliant dinesig yn y tridegau, pa faint mwy ydi'r angen erbyn hyn a'r ddinas, ac at hynny dechnoleg sy'n defnyddio Americaneg, wedi treiddio trwy gyfrwng y diwylliant pop i encilion ein cefn gwlad. Yr ydym ni i gyd wedi ein Hamericaneiddio, achos yr Americaneg sydd yn naturiol yn troi pethau'r ddinas yn idiomau a dywediadau . . . yr ydym ni ar ei hôl hi efo geiriau am 'bethau' y byd sydd ohoni.[7]

Ystyried ymdrechion Gwyn Thomas, trwy gyfrwng y cerddi a gyhoeddodd rhwng *Chwerwder yn y Ffynhonnau* ym 1962 a *Symud y Lliwiau* bron ugain mlynedd yn ddiweddarach ym 1981, i groesi'r cefnfor diwylliannol rhwng Cymru ac America, i ddod o hyd i eiriau am bethau'r byd sydd ohoni, a wneir fan hyn. Yr un pryd, ceisir archwilio natur y berthynas rhwng Gwyn Thomas a'r Byd Newydd fel y'i hamlygir drwy gyfrwng ei gerddi.

Byd Newydd
Mae'r gerdd hir i leisiau, 'Blaenau', yn *Ysgyrion Gwaed* (1967)—sydd ar un olwg yn gymaint o arwrgerdd i gynefin chwareliddol Gwyn Thomas ag yw *Traed Mewn Cyffion* (1936) i Rosgadfan mebyd Kate Roberts—yn mapio'r

newidiadau cymdeithasol a brofa'r gymuned dros gyfnod o amser. At ei
diwedd, darlunnir yr hwb i'r economi leol a ddaeth yn sgil codi pwerdy
Stwlan, a'r hawddfyd materol a wawriodd drannoeth yr Ail Ryfel Byd:

> Teledyddion, céir, peiriannau golchi,
> Bathrwms, recordiau, bingo.
> Anodd cael bwrdd yn y lle biliards.
> Dawnsfeydd yn llenwi ar ôl deg,
> A genethod yn gosod eu gwalltiau
> Yn y dulliau diweddaraf.
> Byd newydd i'n hiaith, a'i bwrw
> I gybolfa lon o deimladau a diddordebau a thaclau newydd.
> A hithau heb wrido unwaith o'i hetifeddiaeth
> Yn cyfryngu i'r anghenion, yn lodes ifanc
> Fodern â'i sgert yn ddiddorol o gwta,
> Yn wir, yn ddigon bethma
> Ond yn hoyw wrth ei byw.
>
> (*YG*, 22)

Mae'r agwedd yn ei hanfod yn un gadarnhaol: disgrifio gallu'r Gymraeg i
ymateb i her y byd newydd a wneir. Ac yna, yn y cyfnod o segurdod pan
ddaw'r gwaith adeiladu i ben:

> Mae gwacter yn y stryd fawr . . .
> Yn ambell ffenestr mae golau gwelw'r teledydd,
> A daw pwl o chwerthin o America i'r stryd.
> Mae golau yn y tafarnau, lleisiau yno a gwydrau
> Ac weithiau gip o gân—'Myfi sy'n fachgen ifanc ffôl',
> 'I bob un sy'n ffyddlon', 'She loves you'.
>
> (*YG*, 22–3)

Darlun ydyw o dlodi cymdeithasol—sylwer nad *o'r* stryd ond *i'r* stryd y
daw'r pwl o chwerthin—ac o ymgymysgu diwylliannol.

Cerdd arall gynnar sy'n arwyddo'r math o newid cymdeithasol a
brysurwyd gan yr Ail Ryfel Byd yw 'Priodas' yn *Y Weledigaeth Haearn*
(1965). Mae'r ffaith nad yw'r fam yn y gerdd bellach yn cyfri pregethwr fel
bachiad da yn arwyddo seciwlareiddio cymdeithasol cynyddol yr ugeinfed

ganrif, ac mae'r ffaith mai 'Gladys' yw enw'r ferch yn dwysáu'r ergyd drwy'n hatgoffa am 'Gwladys Rhys' gaeth W. J. Gruffydd a'r dieithrwch a'r ymbellhau rhyngddi hi a'i rhieni yn y mans.[8] Gŵr â swydd broffesiynol, ddosbarth canol yw'r nod bellach, boed athro, gyfryngi ('gŵr gyda'r B.B.C.') neu feddyg. Ond mae'r realiti'n dra gwahanol:

> Hithau'r ferch ar Sadyrnau a âi mewn bws
> I gysylltu ei chnawd â pheiriannydd,
> Gwas mewn garej,
> Un ag olew tragywydd dan ei ewinedd.
> Dan ledr ei gôt 'roedd egni moto beic.
> Asgellasai ei wallt a'i lyfnhau
> I loywi ei ffordd rhwng yr awel.
> Ac fe'i galwai hi yn 'Honey'.
>
> (*WH*, 23)

A hithau'n disgwyl, priodas ddistaw yw tynged y ferch yr oedd ei breuddwydion am ei chariad yn 'llawn ansoddeiriau caneuon pop'. Petai'n foesolwr —ac mae Gwyn Thomas yn gweithio yn ei gerddi o fewn fframwaith moesol a sylfaenwyd ar Gristnogaeth—mae'n bosib y byddai wedi dal ar y cyfle i briodoli tynged Gladys i'r llacio moesol a ddaeth yn sgil newyddbethau Eingl-Americanaidd (teledu: BBC; symbolaeth gymdeithasol: bws, moto-beic; caneuon pop; ffilmiau: 'Honey'). Ond dameg yw 'Priodas' yn y bôn am yr hen wrthdaro oesol rhwng disgwyliadau rhieni a dyheadau eu plant, am y tyndra bythwyrdd, sy'n sail i 'Top of the Pops' (*CT*, 12), rhwng persbectif yr hen a'r ifainc.

Ar lefel gosmetig, mae ôl America ar awen Gwyn Thomas i'w weld yn ei ddewis o destunau: y ddwy farwnad yn *Y Weledigaeth Haearn* i gychwyn, y naill i Marilyn Monroe a'r llall, 'Fe Fu Farw Gŵr', er cof am yr Arlywydd John F. Kennedy (*WH*, 13, 44); caed hefyd yn *Chwerwder yn y Ffynhonnau* gerdd am Ryfel Corea (*ChFf*, 28), rhyfel o ddechrau'r 1950au y chwaraeodd America ran flaenllaw ynddo, ac un a fyddai'n rhagfynegi Rhyfel Fietnam. Ond mae'r mater yn un mwy arwyddocaol nag yr ymddengys. Un o'r pethau a bwysleisiwyd ym maniffesto'r Imagistiaid ym 1915, un o ganghennau'r mudiad Modernaidd, oedd rhyddid llwyr o ran dewis testunau barddoniaeth: 'To allow absolute freedom in the choice of subject matter'.[9] Mae Gwyn Thomas yn meddu ar yr un hyder, hyder anghymreig ond Americanaidd, o ran y testunau y dewisa'u trin a'u trafod. Nid fy mod i'n awgrymu bod dylanwad Pound arno fel bardd—gwnaeth ei gyd-Americanwr, T. S. Eliot, argraff ddyfnach o'r hanner arno yn hyn o beth[10] —ond does dim yn amddiffynnol nac yn ochelgar am ei driniaeth greadigol o'r Gymraeg. Yn hytrach, bu Gwyn Thomas yn benderfynol erioed o wneud i'r Gymraeg wynebu bywyd yn ei holl amrywiaeth:

> Os oedd yna un peth yn bwysig i mi, hyn oedd o: 'roeddwn i am wneud i'r Gymraeg siarad am yr hyn oedd gen i ddiddordeb ynddyn nhw yn berffaith naturiol. Os oedd gen i ddiddordeb mewn ffilmiau, wel, 'roedd yn rhaid i'r Gymraeg fod yn atebol i ddweud yr hyn oedd gen i eisiau'i ddweud am hynny. *Y peth* 'dwi wedi bod yn ei erbyn o erioed ydi cysylltu'r Gymraeg efo *rhannau* o fywyd. 'Dwi'n gwybod bod y Gymraeg wedi cael ei thraed dani mewn bywyd amaethyddol gwledig trwy'r adeg, a'i bod hi'n haws ichi sôn am bethau felly yn Gymraeg. Ond mi 'rydw i'n hollol argyhoeddedig fod yn rhaid iddi fynd ymlaen o fan'no. A bod yn rhaid iddi fod yn hollol gartrefol yng nghanol yr ugeinfed ganrif 'ma efo'i holl gyfnewidiadau. Dyna ydi'r peth pwysicaf un cyn belled â bod y Gymraeg yn y cwestiwn.[11]

Yn destunol, felly, hawlio tragwyddol heol i'r awen a wnâi Gwyn Thomas —agwedd chwyldroadol a âi'n gwbl groes i ymdrechion John Morris-Jones reit ar ddechrau *Cerdd Dafod* (1925) i godi wal rhwng gardd barddoniaeth a thir comin rhyddiaith; yn ei eiriau ef: 'Y mae barddoniaeth fel celfyddyd gain a rhyddiaith fel celfyddyd ddefnyddiol yn gwahaniaethu i ryw fesur yn eu holl elfennau'.[12] Ac i ymweliad ffilmiau America â Blaenau'i blentyndod y gellir priodoli'r penderfyniad hwn:

> Yn y lle pump fe fyddem ni'n gweld rhyfeddodau ac anturiaethau, chwedlau gwerin cyfareddol yr ugeinfed ganrif—yn Saesneg i gyd, wrth gwrs. Ond, yr adeg honno, roedd Cymraeg y gymdeithas yn ddigon cryf i droi'r rhan fwyaf o'r estron bethau a ddeuai i'n byd ni yn bethau Cymraeg. Oherwydd hyn roedd yr iaith Gymraeg yn iaith y diwylliant Eingl-Americanaidd eang, newydd yn ogystal ag yn iaith tref ddiwydiannol ac yn iaith cefn gwlad. Dyna pam na chefais i'r argraff mai iaith rhan o fywyd, mai iaith oedd yn fwy

cartrefol mewn byd amaethyddol neu wrth sôn am bethau'r gorff-
ennol oedd y Gymraeg. I mi roedd hi'n iaith y presennol byw a'i
bethau newydd amrywiol a diddorol.[13]

Y penderfyniad hwn—soniodd mewn man arall am yr 'ysfa i wneud i'r
Gymraeg fod yn atebol at bob galw'[14]—sy'n egluro pam y mae'r holl bethau
a ganlyn, ac enwi detholiad o deitlau cerddi'n unig, yn rhan o diriogaeth
barddoniaeth Gymraeg bellach: 'Llofft yn Llundain', 'Casanova', 'Bye-Bye
Love' (*ChFf*); 'Monroe', 'Arweinydd y Band', 'Dic', 'Joni', 'Hiroshima',
'Roger Casement' (*WH*); 'Octopws', 'Dyn mewn Car', 'Yn Stratfford'
(*YG*); 'Cyrtens', 'Gogi', 'Crocodeil Afon Menai', 'Letus Leidr', 'Harri a
Jess', 'Crwban', 'Jiráff', 'Pwtyn', 'Parrot', 'Powlen Bysgod', 'Morlo' (*EG*);
'Meicrosgop', 'Colofn Gofidiau', 'Miss Huws', 'Gorau Pwyll: Pwyllgorau',
'Grêt Efo Het', 'Rhyw Yw', 'Arwr: Ugeinfed Ganrif', 'Jan Pallach' (*PDPhE*);
'Wele Di yn Deg, "Baby"' (*CM*); 'Top of the Pops', 'At yr Eglwysi Sydd yn
Myned hyd yn Bycluns', 'Yn Hyde Park', 'Anjela', 'Y Diweddar Ffredrig
Tjips' (*CT*); 'Dodge City', 'Y Bwrdd Biliards', 'Mae Tania', 'Berlin 1945',
'Ffish a Tjips a Fimto', 'Y Ffatri'n Cau' (*SLl*). Yr hyn a gyfleir yw ymdeim-
lad o gyfoesedd a rhyngwladoldeb, argraff o bethau a phobl—cyffredin ac
enwog—yn perthyn i'n cyfnod ni. Dyma farddoniaeth Pentre'r Byd a
estynnodd ei derfynau fwyfwy oddi ar ddiwedd yr Ail Ryfel Byd, bardd-
oniaeth a rydd fynegiant Cymraeg i'r byd cosmopolitan ei ddiwylliant a
ddaeth yn norm cynyddol yn ystod ail hanner yr ugeinfed ganrif:

> Ei hoffi neu beidio, 'rydan ni wedi symud i ryw fyd 'cosmopolitan'
> ac i blant yn Llangefni a phlant yn Llundain a phlant yn Ffrainc a
> phlant yn Sbaen a phlant yn Efrog Newydd y mae 'na gryn dipyn
> yn gyffredin yn eu byd nhw ac yn gyffredin hefyd yn y pethau y
> maen nhw'n ymddiddori ynddyn nhw, o ran sŵn y canu pop ac
> o ran pethau y maen nhw'n eu gwylio hefyd, ffilmiau a rhaglenni
> teledu.[15]

Ac yn hyn o beth, mae hyd yn oed benderfyniad Gwyn Thomas i arddel
y sain 'j' a 'tj'—a eglurir mewn rhagair i *Y Pethau Diwethaf a Phethau
Eraill*—yn arwyddocaol: hynny yw, awydd sydd yma i gyfleu mor ffyddlon
â phosib *sŵn* a berthyn i'r dwthwn hwn, awydd ymarferol i wneud i'r iaith
wasanaethu ei ddibenion creadigol.

Yr hyn a welir, felly, yw ymdrech fwriadus i ymestyn terfynau barddoniaeth Gymraeg a phrofi ei bod hithau'n ddigon abl i daclo'r 'byd newydd'. Fe allai'r pwyslais hwn ar ymgolli ym mhethau, digwyddiadau a thaclau'r ugeinfed ganrif awgrymu bardd perthnasol ei gyfeiriadau ond un a fodlona ar wedd arwynebol pethau. Ond gyda bardd fel Gwyn Thomas sydd, a hynny'n gynyddol oddi ar gerddi plant *Enw'r Gair* ym 1972, yn gwneud ati i ddal eiliadau o fyw, un sydd am ffilmio dramâu bach bob dydd gyda chamera fideo'i awen (ac nid delwedd ffansïol mo hon o reidrwydd ond un a awgryma gyfrwng arall yn anffurfioli ac yn dod o fewn cyrraedd pobl gyffredin), efallai fod y wedd arwynebol hon weithiau'n anorfod. A chan fod y llifddorau testunol wedi'u dymchwel, yna'n anorfod mae'r awen yn fwy llifeiriol, ac afresymol disgwyl barddoniaeth o arwyddocâd cosmig bob gafael gan fardd mor gynhyrchiol—un a gyhoeddodd mewn cwta ugain mlynedd yn unig wyth cyfrol sy'n cynnwys rhyngddynt gyfanswm o 260 o gerddi. Mae'r ffaith fod Gwyn Thomas yn mynnu gan farddoniaeth, o bob cyfrwng celfyddyd Cymraeg—honno â'i thras uchelwrol a phendefigaidd—ei bod hi'n torchi ei llewys, yn sgubo'r lloriau ac yn cyflawni pob math o dasgau, wedi bod yn fodd i newid ein canfyddiad ohoni. Nid bod Gwyn Thomas ei hun yn gweld dim o'i le ar fodloni ar un wedd: 'Er bod cael cerdd sy'n ddelwedd yn ei chrynswth—yn ddau beth yn ei chrynswth —yn beth dymunol, 'fuaswn i ddim yn dal fod cerddi o'r fath o angenrheidrwydd yn well na rhai un gwastad'.[16] Ond nid bardd topical fel papur tabloid mo Gwyn Thomas, oherwydd bachau yn aml yw testunau penodol ei gerddi sy'n eu cydio wrth themâu mwy cyffredinol: 'Mi ddaw'r bardd o bwys â ni wyneb yn wyneb â phethau pwysig bywyd drwy sôn, efallai, am bot blodau . . . Y mae unrhyw gerdd o bwys yn tynnu'r sawl sy'n ei darllen hi neu'n ei chlywed hi yn ôl at ei brofiad o fywyd'.[17] O'r herwydd, mae cerdd am grocodeil a welodd mewn rhaglen deledu yn arwain at ystyriaethau ynglŷn â natur trugaredd ('Crocodeil'; *CT*, 49–50); mae cerdd arall am y bardd yn blentyn yn cael eistedd ar gefn hen geffyl gwedd y dyn glo hefyd yn tynnu sylw at 'ryw drugaredd/Na wn i fawr amdano' ('Capten'; *SLl*, 53); daw trychfil mewn cell carcharor yn symbol o '[r]ywbeth tebyg i gariad' ('Pam y Creodd Duw Grocrotjis'; *PDPhE*, 29);[18] daw draenog sy'n 'tresmasu' yn yr ardd gefn yn fodd i arwyddo hunan-dwyll a hunan-dyb bodau dynol ('Wil Draenog'; *SLl*, 29); daw chwilfrydedd babi bach â llenni yn awgrym o ddiffyg dychymyg oedolion ('Cyrtens'; *EG*, 10); arweinia cerdd am de parti i blant at sylweddoliad ynghylch natur llawenydd ('Pen Blwydd, Chwech', *CT*, 7–8). Mae yna symud parhaus, felly, o'r manylion diriaethol, penodol at arwyddocâd haniaethol, cyffredinol. Ac o'u gweld fel hyn mae rhai o'r cerddi plant mwy un-dimensiwn sy'n mabwysiadu arddull naïf—'Whiw!' a 'Golchi Dwylo' yn *Symud y Lliwiau*, er enghraifft (*SLl*, 31, 16), neu 'Fy Nhraed' a 'Henffych Datws' yn *Croesi Traeth* (*CT*, 18, 51–2)—hefyd yn tyfu'n drosiadau: trwy roi'r fath amlygrwydd i ddiniweidrwydd a dychymyg plant, dyrchefir y nodweddion hynny'n rhinweddau yn eu hawl eu hunain.

Awen Ddemocrataidd
Cyfeiriwyd gynnau bach at y modd y newidiwyd ein canfyddiad o fardd-oniaeth Gymraeg gan gerddi Gwyn Thomas: 'Y mae gan weithiau llen-yddol (diolch am hynny) y gallu i oresgyn rhagdybiau beirniadol a newid diffiniadau pobol o be ydi llenyddiaeth a be ydi celfyddyd'.[19] Pan awgrym-odd Eigra Lewis Roberts iddo na feddyliai neb amdano yn yr ysgol ym Mlaenau Ffestiniog fel bardd, dywedodd: 'Yn y criw ro'n i efo nhw yn yr ysgol fyddai cyfaddef 'mod i'n ysgrifennu barddoniaeth ddim yn beth tra chymeradwy';[20] mewn geiriau eraill, ni fyddai'n beth cŵl! Wrth amddiffyn barddoniaeth rhag ei delwedd sychlyd a merchetaidd, myn yn ei ragym-adrodd i *Y Traddodiad Barddol* nad 'pansan yw'r bardd ond crefftwr'.[21] A dyma'r glos a roddodd ar yr awdl ysgafn i '[b]erchentyaeth y pedwardegau', 'Ffish a Tjips a Fimto' (*SLl*, 54–6):

> Ar ôl yr holl ganu mawl a fu i'r uchelwyr 'rydan ni rŵan yn yr ugeinfed ganrif ac yng nghanrif y dyn cyffredin ac yr oedd yna rywbeth yn iachusol i mi i ddefnyddio'r hen gyfrwng yma wrth sôn am bobl gyffredin, fi fy hun a 'nhebyg.[22]

'He is, in short, "one of us", an amiable ordinary man busy "living a life" and making what sense of it he can', yng ngeiriau'r Americanwr Joseph P. Clancy, a gyfieithodd ddetholiad o'i gerddi i'r Saesneg.[23] A dyna'r man cychwyn *cyffredin* mewn gwirionedd, yr awydd i berchenogi barddoniaeth ar gyfer y dyn cyffredin, i ddemocrateiddio'r awen. O gerdd gyntaf un ei gyfrol gyntaf un, gwelir arwydd clir o'i benderfyniad i wneud i'w farddon-iaeth fod yn gynhwysol a hygyrch: ar waelod 'Y Ddôr yn y Mur' (*ChFf*, 9) eglurir y gyfeiriadaeth lenyddol o'r Mabinogi sy'n gefndir iddi. Mae'r parodrwydd hwn i egluro yn nodwedd gyfarwydd tu hwnt ar ei gerddi, nodwedd y dywedodd amdani yn ei ragair i *Ysgyrion Gwaed*:

> Nid gwybodaeth gyffredinol y darllenydd sydd o ddiddordeb i mi ond ei ymateb i eiriau mewn patrymau arbennig o sŵn. Y gobaith yw fod y sŵn ystyrlon hwn yn ysgogi rhyw fath ar ddiddanwch adnabod neu ail adnabod rhyw ran o'r bywyd sydd ynom ac o'n cwmpas.
>
> (*YG*, 9)

"Does gen i ddim diddordeb mewn gosod penbleth i bobl. 'Dwi eisiau iddyn nhw ddod at y teimlad neu'r meddwl sydd yn y gerdd. Yn fan'no mae fy niddordeb i', meddai wrth ateb cwestiwn am yr un nodwedd.[24] Er i John Gwilym Jones ddadlau mai 'Ychydig o ddim byd yr ydym bellach yn ei gysylltu â moderniaeth'[25] sydd yng ngherddi *Chwerwder yn y Ffynhonnau*, fel Modernydd y byddwn i'n ei ystyried; ond er tynnu sylw at nodweddion Modernaidd yng ngwaith Gwyn Thomas gynnau, rhaid cydnabod bod y duedd eglurhaol hon yn bur wrth-Fodernaidd. Fel y dadleuir mewn astudiaeth fel *The Intellectuals and the Masses* John Carey (1992), fel llenyddiaeth ar gyfer y dethol rai y paratowyd llenyddiaeth Fodernaidd yn aml, a'i hawduron yn gwneud ati i ddieithrio'r 'darllenydd cyffredin'; roedd hi'n fater o adnabod y gyfeiriadaeth rhagor adnabod y gair. Does dim arlliw o'r snobyddiaeth neu'r elitiaeth hon ar gyfyl barddoniaeth Gwyn Thomas. Bobi Jones, wrth drafod *Enw'r Gair* yn benodol, sy'n gwneud y sylw hwn:

> Nid hoff gan Gwyn Thomas—yn ei feirniadaeth na chwaith yn ei waith barddonol—ddim oll sy'n blasu o'r cymhleth na'r athronyddol. Ymwrthyd yn chwyrn weithiau â mwrllwch y myfyriol.[26]

Cyfeiria ymhellach at y 'pwyslais hwnnw ar gyfleu'r pum synnwyr yn anad dim [a fu] ar ganol barddoniaeth yn ddylanwadol amlwg am gyfnod ym Mangor dan arweiniad J. Gwilym Jones', ac er na fyddwn i'n gweld pethau mewn termau cweit mor absoliwt â hynny, mae'r pwynt yn un dilys. Hynny yw, does dim awgrym yn ei gerddi o arddel cymhlethdod nac athroniaeth dan dybio eu bod yn werthoedd llenyddol ynddyn nhw'u hunain. A gorsymleiddio'r mater, yn wahanol i bwyslais diedifar-ddeallusol barddoniaeth Euros Bowen neu Bobi Jones, dau y bu eu gyrfa fel beirdd yn cydredeg ag un Gwyn Thomas—barddoniaeth y deall neu *poésie cérébrale* —apêl emosiynol, apêl at y teimladau, sydd ym marddoniaeth Gwyn Thomas. Ar ailddyneiddio'r cnawd a wnaethpwyd yn ddur y mae ei phwyslais.

Fel yr awgryma Bedwyr Lewis Jones, un o'r pethau sy'n gyrru Gwyn Thomas fel bardd yw'r awydd i'w farddoniaeth ymgysylltu a chyfathrebu, awydd i'w gweld hi'n cael *impact* ac yn 'gwneud gwahaniaeth':

> Mae cyfryngau newydd diwylliant, mae fideo a ffilm a recordiau pop, mae'r pethau hyn o gryn bwys ganddo fo, nid ynddynt eu hunain, nid dim ond am eu bod nhw'n bod, ond am fod ganddo ef ryw ofal dwfn ynghylch dychymyg dyn. Mae'n ymboeni am y cyflyru torfol sydd ar y dychymyg hwnnw, cyflyru ac ystumio sy'n dadddynoli dyn. Mewn geiriau eraill, mae'n credu fod gwarchod diniweidrwydd plentynnaidd y dychymyg o fawr bwys ac yn hyn i gyd fod gan fardd ei ran. Am hynny mae am i farddoniaeth ymgyrraedd allan; mae am gynulleidfa, am fod yn boblogaidd. Mae'n defnyddio ffilm a theledu a thâp i gyhoeddi cerddi . . . Chwilio y mae am ddulliau ac arddulliau sydd fwy mewn tiwn â'n dyddiau ni.[27]

I'r perwyl hwnnw, gwneir defnydd o ddelweddaeth hygyrch. Un o'r nodweddion y sylwodd beirniaid arni'n gyson o'r cychwyn cyntaf un yw natur ddemocrataidd y ddelweddaeth hon. Meddai John Gwilym Jones ym 1962, er enghraifft: 'Ei ddelweddau'n ddieithriad bron yw'r rhai clasurol confensiynol o fyd natur—haul, lleuad, sêr, dydd, nos, eira, sarff, adar, coed, blodau ac angau . . . nid oes dim yn esoterig or-bersonol yn y delweddau';[28] dros ugain mlynedd yn ddiweddarach, yr un oedd byrdwn Robert Rhys: 'defnyddiodd eiriau a fagodd gysylltiadau emosiynol nerthol iawn, geiriau y gellid eu galw'n simbolau poblogaidd: haul, nos, haf, gaeaf ac yn y blaen'.[29]

Yn ei ddarlleniad Jungaidd o emyn enwog Ehedydd Iâl—hwnnw sy'n cynnwys y llinell 'Er nad yw 'nghnawd ond gwellt'—cynigir gan D. Tecwyn Lloyd y diffiniad defnyddiol a ganlyn o'r gair 'symbol':

> Mae symbol . . . yn codi'n ddigymell o ddyfnder yr isymwybod; nid peth wedi ei wneud mohono ac ni *ellir* ei wneud; y mae'n bod heb

erioed ei ddysgu yng nghyfansoddiad *psyche* pob baban sydd eto heb ei eni ac yn bod ar wahanol lefelau . . . pan fôm yn gwybod trwy ddarllen a thrafod beth yw rhai o'r symbolau sy'n dygyfor o'r isymwybod torfol—symbolau cyntafol megis y môr, y graig, y fellten . . . gallwn eu defnyddio'n fwriadol mewn cân neu arlunwaith ac fe ddichon y gwaith hwnnw, yn anymwybodol, ganu cloch yn isymwybod darllenwyr ac edrychwyr yn rhywle neu'i gilydd a rhoi iddynt brofiad datguddiol, cyffrous.[30]

Mae defnydd cyson Gwyn Thomas o ddelweddaeth archeteipaidd yn gwbl gyson â'r awydd i gael ei ddarllenwyr i adnabod a rhannu'r profiad; fel y dywedwyd am lenyddiaeth gan y bardd Americanaidd Robert Frost—y cyfeirir yn chwareus at ei 'Birches'[31] yn 'Siglwyr Rhododendron' (*SLl*, 22–5)—'It is never to tell them something they don't know, but something they know and hadn't thought of saying. It must be something they recognize'.[32] Ystyrier, er enghraifft, rai o gerddi Gwyn Thomas a leolwyd ar lan y môr: 'Dacw'r Môr (*Ceri a Gwydion yng Nghlarach*)' (*EG*, 9), 'Ar Lan y Cefnfor Mawr' (*SLl*, 50), a'r fwyaf o'r rhai hyn, sef 'Croesi Traeth' (*CT*, 63–4), cerdd am hunanadnabyddiaeth sydd, am fwy nag un rheswm, yn gwahodd cymhariaeth â cherdd fawr Waldo yntau, 'Cwmwl Haf'.[33]

Symbol o'r bywyd mecanyddol, unffurfiol sy'n dad-ddynoli dyn yn yr ugeinfed ganrif yw'r car y ceir amryw gerddi amdano gan Gwyn Thomas:

rydw i'n sylweddoli bod damwain mewn car yn bwnc sy'n dod ddwy, dair neu bedair o weithiau mewn cerddi gen i. 'Dwi'n meddwl bod hwnna'n rhywbeth sydd â gafael cryf iawn arna i am ryw reswm neu'i gilydd . . . Mi ddaru fo fy nharo i nad cerddi am nifer o bethau unigol oedd y rhain ond mai pethau oedden nhw am gysylltiad dyn â'r peiriant yn yr ugeinfed ganrif. Ac mewn gwirionedd, rhyw ddweud y mae'r cerddi yma nad dyn sydd wrth y llyw ond y peiriant, a bod y peiriant yn difa'r ddynoliaeth neu ddyn mewn rhyw ffordd neu'i gilydd.[34]

Yn ei gerdd 'Dau Wareiddiad' mae Gwenallt yn gosod dwy ddelwedd benben â'i gilydd:

Yr oedd dau wareiddiad ar strydoedd yr hen Gaersalem.
Gyrrai'r Arabiaid eu ceir llydain Americanaidd
Ar hyd yr heolydd culion . . .
Doniol oedd gweled y camel yn cerdded yn afrosgo araf . . .
Dau wareiddiad ar yr un heol;
Abraham a Henry Ford ar yr un ffordd.
. . .
Ac wele'r hen gamel gwybodus yn syllu oddi uchod yn ddirmygus
Ar wareiddiad materol y Gorllewin yn cyrnchwyrnu heibio.[35]

Y car, dyfais yr Americanwr Henry Ford, a gynrychiola drahauster, brys, gwamalrwydd, materoliaeth, o gymharu â'r camel, a gynrychiola urddas, pwyll, difrifoldeb, ysbrydolrwydd. Fel y teledu, daeth y car a fasgynhyrchwyd yn un o bethau diffiniol yr ugeinfed ganrif. Cyfandir y car yw America yn anad yr un arall; fe'i symboleiddir ganddo. Ag America yr uniaethir *genre* ffilmiau'r ffordd—y *road movie*—boed *Bonnie and Clyde* (1967) neu *Thelma & Louise* (1991). Gan gofio diddordeb Gwyn Thomas mewn ffilmiau cowbois, mae'n ddiddorol sylwi ar yr hyn a ddywedodd y cyfarwyddwr ffilmiau, Arthur Penn:

> When Ford made the V8 . . . gangs began to spring up. And that was literally the genesis of the Bonnie and Clyde gang . . . They literally spent their lives in the confines of the car . . . *in American mythology the automobile replaced the horse.* This was the transformation of the western into the gangster.[36]

Profiad dinesig negyddol a gyflwynir yn rhan gyntaf 'Dodge City':

> Metel, gwydyr, concrit, a ffrydlif
> Ceir; gwasgfa'r ugeinfed ganrif,
> Dyna sydd yno'n anniben,
> A'r carbon yn tagu'r heulwen.
>
> (*SLl*, 15)

Argraff o galedwch sy'n groes graen i drefn naturiol pethau a gyfleir, ond mae dwy wedd i Kansas y ddinas: y concrid a'r creadigol. Fe'n hachubir, felly, rhag negyddiaeth lwyr gan gipolwg ar agwedd lai gormesol a mwy

dychmygus ar y profiad Americanaidd—arwyr o ffilmiau cowbois y Gwyn
Thomas ifanc. Dyw pethau ddim mor gytbwys yn 'Dic', cerdd gynnar a
rydd bwyslais ar ddrwgeffaith y car. Yn debyg i Gwenallt yn 'Dau War-
eiddiad', cyfosodir anifail a char yn y gerdd hon hefyd:

> 'Roedd pawb yn pentref yn ei nabod o
> Â'i ben mawr a'i gefn llydan
> A'i sa'n gadarn.
> Ers peth amser ciliasai
> Sŵn gloyw ei bedolau o'r stryd.
> Yn ei warchae o wair fe wyliai
> Y lôn yn prysuro ac olwynion yn meddiannu'r ffordd.
> Yntau'n hen frenin mwythus, yn cael ei ddifetha'n lân.
>
> Pan fuo fo farw 'roedd y plant yn crio
> A phawb yn gweld ei golli o.
> 'Does dim tristwch fel hyn ar farwolaeth car.
>
> (WH, 22)

Cynrychiola'r ceffyl ffordd wahanol o fyw: cymdogaeth iach ac adnabydd-
iaeth pobl o'i gilydd; perthyn y car i fyd llai consyrnol, prysurach—byd
mwy unlliw ac ynddo lai o deimlad.

Dylanwad sy'n dad-ddyneiddio yw'r modur, ond yn rhyfedd iawn, daw
ei frawd bach, y moto-beic, yn fodd i'n hailddyneiddio yn 'Ar y Ffordd'.
Neu'n hytrach, gweld, wrth deithio mewn car, ddamwain moto-beic sy'n
fodd i '[g]racio ein difaterwch'—y math o ddifaterwch a ymledodd wrth
i'r wybodaeth a dderbyniwn drwy'r cyfryngau torfol am drasiedïau ym
mhedwar ban byd gynyddu:

> Yn y dyddiau hynny, o Gambodia—
> Hyd y cofiaf—
> Y deuai'r bwletinau beunyddiol am ladd.
> Miloedd, cannoedd, degau:
> Bywydau'n troi'n rhifau,
> A neb yn troi blewyn.
>
> (SLl, 47)[37]

Gellir olrhain y myfyrdod hwn ar ddamweiniau ceir yn ôl i'r gyfrol *Ysgyrion Gwaed* a'r cerddi 'Dyn Mewn Car' a 'Damwain' (*YG*, 46, 50): bron nad yw'r cyferbyniad rhwng y dyn bach a'r car mawr yn y naill yn gomig, ac ymdeimlad cryf o syfrdandod a geir yn y llall. Cyfosod eironig a geir yn 'Grêt Efo Het' (*PDPhE*, 27), ond mae tôn gyffredinol yr ymdriniaeth yn fwyfwy diamynedd erbyn cyrraedd *Y Pethau Diwethaf a Phethau Eraill*. Yn dra gwahanol i soffistigeiddrwydd y modur yn 'Dyn Mewn Car', 'hen gar heb ei swirio/Efo cortyn yn dal y corn-mwg wrth gorff lluddedig y cerbyd' sy'n difetha'r ffanatig ffitrwydd yn 'Cymaint â Hynny' (*PDPhE*, 38). Yn 'Diwedd Stém' mae'r gweithiwr sy'n rhuthro o'i waith ar wib yn ei gar yn taro plentyn, ac mae'r ordd foesol yn syrthio'n ddiamwys o drwm:

> Ai chwarter awr dros ben yn y bar yn y nos
> Ydi gwerth plentyn fel hwn sy'n bwn oer yn y ffos?
> (*PDPhE*, 41)

Mae'n ddiddorol sylwi, erbyn y cyfnod ôl-*Enw'r Gair*, y gyfrol a ddyrchafodd ddychymyg y plentyn ac a ddathlodd ei ddiniweidrwydd, fod peth newid yn y persbectif: lle gynt roedd y modur yn cael y llaw uchaf ar ei yrrwr ac yn ei ddifa, bellach mae'r peiriant fel petai'n cynghreirio â'r gyrrwr ac yn trechu'r plentyn. Mae'r un persbectif i'w gael yn y gerdd 'Anghyfrifol', a ymddangosodd gyntaf yn *Living a Life* cyn ei hailgyhoeddi yn *Wmgawa*. Er nad y gyrrwr sydd 'ar fai' y tro hwn am ladd y bachgen ysgol—'slamiodd/Y car ei gorff gwyn'—does dim cilio rhag yr ergyd foesol fan hyn chwaith:

> Ond y mae euogrwydd chwerw
> Dau lanc yn eu cwrw—
> Heb iddyn nhw deimlo dim ohono—
> Yn dal yn amdo du dros y marw.
> (*W*, 36)

Rhythmau Rhydd
'Er mai cerddi rhydd ydynt, rhyddid mewn cadwynau a ddewiswyd. Tuedd heddiw yw dewis mynegiant sgwrsiol mewn rhuthmau siarad bob dydd . . . Ond nid dyna ffordd Gwyn Thomas': felly y gwelai John Gwilym Jones hi wrth gyflwyno ym 1962 gyfrol gyntaf y bardd o'r Blaenau.[38] Fodd

bynnag, dair blynedd yn ddiweddarach, yn ei gyflwyniad i ail gyfrol o gerddi Gwyn Thomas, doedd J. E. Caerwyn Williams ddim yn gweld drwy'r un sbectol yn union: 'tôn sgwrs sydd ym mhob llinell'.[39] Dyma awgrymu, o fewn dim o dro, fod 'rhythm' a 'thôn' cerddi Gwyn Thomas wedi ymsefydlu, ac mai anffurfiol a sgyrsiol oedd y rheini. Mae hyn eto'n dwyn adlais o faniffesto Pound:

> To create new rhythms—as the expression of new moods—and not to copy old rhythms, which merely echo old moods. We do not insist upon 'free-verse' as the only method of writing poetry. We fight for it as for a principle of liberty. We believe that the individuality of a poet may often be better expressed in free-verse than in conventional forms. In poetry, a new cadence means a new idea.[40]

Y dôn sgwrs y cyfeiriodd Caerwyn Williams ati sy'n taro dyn yn 'Korea':

> 'Roedd y rhyfel yno yn un o gyfres
> A gynhyrfodd y bobl, ac a anghofiwyd,—
> Ymladdwyd, collwyd bywydau
> A chafodd rhai eu hanrhydeddu am eu gwroldeb.
>
> (*ChFf*, 28)

Naws annramatig y dweud sy'n tynnu sylw: does yma ddim o seremonïaeth '[b]ore dydd Sadwrn cad fawr a fu' Taliesin, cerdd yr ymddangosodd diweddariad ohoni yn *Ysgyrion Gwaed* ('Brwydr Argoed Llwyfain'; *YG*, 61). Marshall McLuhan a ddywedodd am deledu, iddo ddod â bwystfileiddiwch Rhyfel Fiet-nam i ganol cyfforddusrwydd y stafell fyw, a thôn mater-o-ffaith un wedi cynefino â rhyfel drwy gyfrwng newyddiaduraeth a glywir fan hyn; "Does dim aur ar fedal f'atgofion' yw geiriau anarwrol y milwr sy'n cofio'r Rhyfel Mawr yn '1914–1918' (*WH*, 37). Mae'n bosib mai'r math yma o beth oedd gan Bedwyr Lewis Jones mewn golwg pan alwodd Gwyn Thomas yn '[f]ardd mwya' cynrychioliadol y chwedegau o ran delwedd ac agwedd at bwnc'.[41] Fel pethau i'w llefaru y meddyliodd Gwyn Thomas am ei gerddi erioed:

> Wrth roi rhywbeth ar bapur mae yna rywfaint o anhawster: 'does yna ddim digon o arwyddion atalnodi i gyfleu'n ddigon cysáct y sŵn a glywir. Mae yna rythmau a thempo a hyd llafariaid a seibiau

y mae hi'n anodd . . . eu cyfleu nhw ar bapur. Un sŵn sydd yna i mi ym mhob cerdd o'm heiddof.⁴²

'Mi fyddaf . . . yn reit hoff o gael y gerdd yn beth a fuasai'n gallu perthyn bron i siarad pobol', meddai dro arall wrth gael ei holi gan Alan Llwyd,⁴³ a phan awgrymwyd iddo fod arddull y cerddi hwythau wedi llafareiddio'n gynyddol oddi ar iddo gyhoeddi *Enw'r Gair* ym 1972, dyma'i ymateb:

> Mae 'na, yn y pethau cynnar yna hefyd . . . nifer o bethau sy'n dwad o siarad pobol yn hytrach nag o'u darllen nhw neu fy narllen i. Yr hyn 'dwi wedi dod i sylweddoli fwyfwy yw fod yna ymdrechion a geiriau o'm llafar i fy hun o'r ardal lle cês i fy magu ynddi nad ydyn nhw erioed wedi cael eu cofnodi ar bapur . . . mae'n bwysig iawn eich bod chi'n sylwi ar beth mae pobl yn ei ddweud hefyd. Ac y mae—neu yr oedd hynny mewn ardal solat Gymraeg—gystal Cymraeg â'r peth ysgrifenedig.⁴⁴

Yr un penderfyniad a welwyd gan Pound: 'To use the language of common speech, but to employ always the *exact* word, not the nearly-exact, nor the merely decorative word'.⁴⁵ Pan holwyd Gwyn Thomas dro arall am y cysyniad o lafareiddio'r iaith lenyddol, fel hyn yr ymatebodd:

> Mae'r geiriau llafar yn y cerddi yn *Enw'r Gair* . . . yno am y rheswm syml eu bod nhw'n eiriau yr ydw i'n eu defnyddio . . . mae'r peth yn naturiol i'w wneud achos Y Gymraeg ydi'r holl eiriau Cymraeg (a'r rhai wedi eu Cymreigio) y mae dyn yn eu defnyddio, ar bapur neu ar lafar. Os ydi geiriau llafar yn cael eu defnyddio yna y mae'n rhaid fod iddyn nhw le yn ein profiadau ni. Geiriau ydyn nhw sy'n perthyn i bobol sy'n siarad Cymraeg, ac y mae yna elfen greadigol yn siarad cymdeithas fyw.⁴⁶

Wrth gwrs, hawdd meddwl am Gymreiciach dylanwad ar yr elfen lafar yn ei gerddi: fe'i cymharwyd gan fwy nag un â T. H. Parry-Williams, cymhariaeth a welir gliriaf yn rhigymau adran agoriadol 'Nadolig 1966' (*YG*, 54).⁴⁷ Ac afraid tynnu sylw at y ffaith fod natur lafar ei gerddi yn ymgysylltu â thraddodiad llafar llenyddiaeth Gymraeg gynnar; yn hyn o beth, gellir dadlau mai chwilio am lwyfannau newydd ar gyfer y traddodiad llafar hwnnw a wneir mewn cerddi radio fel 'Blaenau',[48] 'Hiliogaeth Cain' (*YG*, 11–24, 25–37) a 'Cysgodion' (*CM*, 38–55), ac mewn cerddi teledu fel 'Cadwynau yn y Meddwl' ac 'Y Dŵr a'r Graig' (*CM*, 7–26, 27–37). Ond wrth dyrchu'n ddyfnach i'r awgrym fod ei iaith wedi newid, awgryma Gwyn Thomas ei bod hi wedi newid 'oherwydd pethau o'r tu allan' iddo ef ei hun: 'Hwyrach fod y pynciau yn newid; 'doeddwn i ddim yn sôn am blant yn y rhai cynnar . . . Mi 'roedd yn rhaid i mi gael rhythmau a geiriau oedd yn ffitio'.[49] Pan holwyd ef yn dwll, gan holwr ifanc pengaled rywdro, am natur canu caeth diweddar a'r ffaith mai'n achlysurol iawn y gwnâi ef ddefnydd o'r mesurau traddodiadol, dyma'i ymateb:

> 'dwi ddim yn siŵr i ba raddau y mae cynghanedd yn cysylltu efo'r synau sydd yn dwad o'r ugeinfed ganrif. Mi ddwedodd rhywun fod dyfodiad y car wedi newid rhythmau pobol. Mae 'na synau newydd wedi dod ar glustiau pobol yn ein canrif ni—llawer iawn ohonyn nhw—a 'dwi'n meddwl bod hynny'n tueddu i ddylanwadu ar eich syniad chi o rythm neu'ch ymdeimlad chi o rythm, bod 'na amrywiaeth mawr iawn yn hyn o beth. Mae o'n ddiddorol i mi wrando ar be' mae cerddorion yn ei wneud. Nid yn unig cerddorion clasurol yr ugeinfed ganrif ond hefyd beth mae pobol sydd efo jas yn ei wneud, neu bobol sydd yn y canu pop. Mae 'na synau diddorol a rhythmau diddorol hefyd sy'n dod o'r byd o'ch cwmpas chi. A 'dwi eisiau'r rhyddid i wneud rhywbeth efo'r rheini.[50]

Rhyddid—yr hen gyfaill Americanaidd hwnnw. Ydi, 'mae'r tempo wedi newid', ond yn groes i naws orchfygus 'Rhwng Dau' (*YG*, 45), ymdrech greadigol ddiflino i '[dd]al y byd hwn â throsiadau,/Cysgodion, a rhythmau' a welir gan Gwyn Thomas. Ac efallai'n bod ni'n closio fan hyn at bennaf dylanwad America ar ei awen. Yn ei ymdriniaeth â'r gerdd naratif 'At yr Eglwysi Sydd yn Myned hyd yn Bycluns' (*CT*, 24–6), cerdd sy'n cyfeirio'n arwyddocaol at gyflwyno 'eto'r hen Nefoedd/Mewn delweddau Byclungar o newydd/Fel y bo'r cwbwl yn berthnasol/I'r to sydd ohoni yn yr oes bresennol', dyma a ddywedodd J. E. Caerwyn Williams:

> barddoniaeth i'w llefaru yw ei farddoniaeth . . . mae'n debycach i sgwrs dan reolaeth y meddwl nag i gân dan reolaeth gofynion sain . . . llais sgwrsio fydd ganddo yn ei gerddi, llais deialog . . . Bron na

ellir dweud fod y gwahaniaeth rhwng sain cerddi T. Gwynn Jones a sain cerddi Gwyn Thomas fel y gwahaniaeth rhwng cerddoriaeth glasurol a jazz, a bod Gwyn Thomas fel llawer cerddor diweddar wedi dod ag anghytgord i fod yn rhan o fiwsig ei gerddi.[51]

Gall yr anghytgord hwn y cyfeirir ato ei amlygu'i hun mewn mwy nag un ffordd. Enghraifft ohono yw'r cymysgu arddulliau yn 'Nadolig 1966', lle cyferbynnir iaith lafar y stryd ag iaith lenyddol y Beibl:

> 'Nadolig a busnes—dyna bâr blydi grêt!
> Mae rhincian am ewyllys da owt of dêt.'
>
> Yn y wlad honno,
> Liw nos yn y maes, bugeiliaid:
> 'Ac wele angel yr Arglwydd
> A safodd gerllaw iddynt,
> A gogoniant yr Arglwydd
> A ddisgleiriodd amdanynt.'
>
> (*YG*, 54)

Agwedd arall arno yw'r difetha awyrgylch bwriadol fel yn 'Roedd yr Haul', a allai fod wedi datblygu ar batrwm 'Dangosaf Iti Lendid' Dafydd Rowlands[52]—cerdd a ddisgrifiwyd gan Gwyn Thomas fel 'rhywbeth arbennig iawn'[53]—pe na bai am benstiffni'r plentyn:

> 'Edrycha, fy mab,
> Yma y bu Llywelyn
> Yn ei gaer yn Abergwyngregyn.'
>
> . . .
>
> ''Dwi ddim yn leicio.'
>
> 'Ddim yn leicio! Yli,
> Mwynhâ dy hun y mwnci
> Neu mi gicia' i dy din di.'
>
> (*EG*, 22)

Enghraifft arall o'r un gyfrol yw 'Rhyfeddodau', a'r delfryd Rhamantaidd o'r wlad yn cael ei fwrw benben â deniadau'r newyddfyd blin:

> Hyfryd, yn wir, ydi'r wlad—
> Adar a blodau a phethau felly;
> Hyfryd, hefyd, ydi moroedd,
> Afonydd, a nentydd o ran hynny . . .
>
> Ond y pethau rhagorol ydi
> Tractorau olwynfawr yn pistoneiddio . . .
>
> (*EG*, 16)

Ac un enghraifft arall, sef 'Wele Di yn Deg, "Baby"'—cymharer â 'Geiriau' yn *Am Ryw Hyd* (1986; *ARH*, 72)—lle disodlir arddull lesmeiriol y Salmydd gan gymysgedd o Americaneg a Saesneg bras:

> Wele di yn deg, f'anwylyd,
> Wele di yn deg.
> *Hold it, buster, your tongue twister*
> *Just don't turn me on;*
> *In short,*
> *Baby, what the bloody 'ell are you nattering about?*
>
> (*CM*, 59)

Joseph Clancy a gymhwysodd yr ansoddair 'Ôl-fodernaidd' at ei gerddi gyntaf; mae'n siŵr fod y parodrwydd hwn i arddel anghytgord a hyd yn oed effeithiau gwrthfarddonol o fewn ei farddoniaeth yn arwydd pellach o'r un duedd yn ei waith.[54]

Efallai mai yn ei gerddi hir ar gyfer y radio a'r teledu y cafodd Gwyn Thomas fwyaf o gyfle i ystwytho'i gyhyrau creadigol ac amrywio'i arddulliau. Ynddyn nhw y mae fwyaf 'rhydd'—rhydd i ecsbloetio'r rhyddid y cyfeiriodd ef ei hun ato fel un o nodau amgen llenyddiaeth America: 'y rhyddid i wneud hyn, i beidio ag edrych ormod dros eu hysgwyddau, i fod yn eneidiau rhydd yw cryfder awduron llenyddiaeth America'. Yr ymdeimlad hwn o ryddid a'i galluogodd yn 'Cadwynau yn y Meddwl' i'w fynegi'i hun yn rhydd fel hyn:

Coch coch coch coch,
    Melyn,
Coch coch,
    Glas,
Golau golau golau golau,
Nos,
Ias o aur
Gloyw yn y nos, gloyw,
Tywyllwch gloyw . . .
    (*CM*, 14)

Yn yr un gerdd, wrth drafod Tennessee ac Efrog Newydd, y caiff yntau gyfle i fynd i'r afael â'r profiad dinesig a gafodd yn nodwedd mor 'ddeniadol' ar 'Howl' Allen Ginsberg. 'Fy nheimlad i yw fod y gyfrol *Cadwynau yn y Meddwl* yn darllen yn ddigon llipa, ac eto roedd gweld a chlywed rhai o'r cerddi hyn ar deledu a radio yn brofiad gwirioneddol gynhyrfus', meddai John Rowlands.[55] Sylw Gwyn Thomas ei hun yw fod 'rhoi cerdd deledu ar bapur fel rhoi drama ar bapur: mae'r peth yn gofyn cael darllenydd a all ddychmygu yn ôl y cyfarwyddiadau a gwneud y cwbwl yn gyflawn iddo'i hun'.[56]

'Ceir yma'r arddull rwydd a welir mewn rhyddiaith, a welir yn wir mewn ymgom', meddai Thomas Parry wrth iddo adolygu *Symud y Lliwiau*.[57] Ac meddai John Rowlands, 'he prefers a style which is almost prosaic in its simplicity', ac ymhellach, 'Gwyn Thomas is not afraid of the prosaic'.[58] Hynny yw, yn y cyd-destun Cymraeg, mae'r rhyddid a fynnir gan farddoniaeth yn debycach i'r rhyddid y byddid yn ei fynnu o'r nofel. Wrth iddo gyfeirio at yr hyn a eilw'n '"performance-oriented" quality' yng ngherddi Gwyn Thomas, tynnir cymhariaeth gan Joseph Clancy rhyngddo a William Carlos Williams.[59] Mae geiriau'r beirniad Geoffrey Moore yn ei ragymadrodd i flodeugerdd o farddoniaeth Americanaidd yn canu ambell gloch:

> [William Carlos Williams] certainly followed his own voice-pattern, as later American poets . . . have been doing. This, of course, was a radical departure for, in spite of the advances which had been made in the art of poetic communication since Robinson and Frost, Pound and Eliot, a certain transformation had always been felt necessary in order to turn what men actually said or thought into 'literature' . . .

His verse is 'anti-poetic': factual, visual, simple—sometimes banal, un-mellifluous to the point of being prosy, if not prosaic.[60]

Cymharer dwy gerdd—yr Americanwr i gychwyn, y Cymro i ddilyn:

This Is Just To Say

I have eaten
the plums
that were in
the icebox

and which
you were probably
saving
for breakfast

Forgive me
they were delicious
so sweet
and so cold.[61]

Gwyn a Du

Roedd y byd
Yn wyn i gyd.

Roedd yna
Glympia' o gymyla'
Fel sebon siafio

A thudalen wen o eira
Dros bob man wedi'u lluwchio.

Yn wyn i gyd,
Felly'r oedd y byd.

Nes y daeth yna frân fawr
Ddu, ddu
I lawr o'r awyr i'r ardd,
Fel atalnod.

Ac wedyn
'Doedd y byd
Ddim yn wyn i gyd.⁶²

'Rydw i'n hoff o fynegiant syml lle bo hynny'n bosib', meddai Gwyn Thomas wrth drafod y gerdd hon; 'His verse is . . . factual, visual, simple', dywedwyd am William Carlos Williams. Ond pa mor bell y gellir canlyn y tebygrwydd? Dyw *eithafrwydd* estheteg farddol yr Americanwr, y dywedwyd amdano nad oedd ganddo ddim i'w ddweud wrth harddwch barddoniaeth, ddim i'w gweld yng ngherddi'r Cymro: o gymharu â noethni tryloyw 'This Is Just to Say', mae 'Gwyn a Du' wedi'i gwisgo mewn odlau, cyflythreniad, cyffelybiaethau, trosiadau, ailadrodd. All y Cymro ddim dianc rhag ei draddodiad: 'Mae cyseinedd, odlau, cyflythreniad a phatrymau o sŵn yn bwysig' yn y farddoniaeth Geltaidd gynharaf a gadwyd mewn sgrifen.⁶³ Ac er nad edrychai allan o le ymhlith cerddi *Enw'r Gair*, wn i ddim a ddylid dehongli'r ffaith na ddewisodd y bardd gynnwys y gerdd benodol hon yn yr un o'i gasgliadau o gerddi—fe'i disgrifir gan ei hawdur fel cerdd *i* blant yn hytrach nag un *am* blant—fel arwydd ei bod hi'n rhy 'rydd' yn ei olwg ef hyd yn oed. Ar yr un perwyl, mae'n ddiddorol nodi bod hyd yn oed gerdd a alwyd yn un 'arwynebol hwyliog'⁶⁴—'Gogi' (*EG*, 17–18)—fel y dangosodd Alan Llwyd, hithau'n gyfeiriadol gyfoethog.⁶⁵

Tebygrwydd perthynol yn y pen draw sy rhwng Gwyn Thomas a'i gymheiriaid Americanaidd; perthynas amodol sy rhyngddo a llenyddiaeth y Taleithiau Unedig. Disgrifiodd Alan Llwyd ef unwaith fel 'Walt Disney yr Awen Gymraeg',⁶⁶ disgrifiad sy'n dwyn i gof yr hyn a ddywedodd Anthony Conran am Ddafydd ap Gwilym, sef mai ef oedd Charlie Chaplin ei oes.⁶⁷ Yng ngherddi plant ac anifeiliaid *Enw'r Gair* y gwelir y cartwnydd yn Gwyn Thomas amlycaf, er y ceir awgrym cryf ohono drachefn yn rhai o gerddi creaduriaid *Anifeiliaid y Maes Hefyd* (1993) ac *Yli* (2003) yn ddiweddarach; o blith cerddi cyfrol 1972, gyda llaw, y daw'r gynrychiolaeth uchaf yn *Gweddnewidio: Detholiad o Gerddi 1962–1986* (2000), sy'n awgrymu eu hamlygrwydd ymhlith cynnyrch y bardd.[68] Hynny yw, mae yma fomentau materol o weld, yn aml heb islais nac is-destun. Mae'r darlun cyflawn, serch hynny, yn wahanol. Fe'i cyffelybodd Gwyn Thomas ei hun unwaith i gyfuniad o ddau aderyn:

> aderyn y to ac eryr. Mae un o gwmpas y lle, yng nghanol ei bethau cyfarwydd bob dydd a'r llall yn perthyn i rywbeth cignoeth a gerwin ac hefyd yn cysylltu â'r gorffennol.[69]

A chadw'r ddeuoliaeth hon mewn cof, fe ellid bod wedi tynnu rhestr gyfatebol i'r un a gaed yn gynharach yn yr erthygl hon o deitlau'n pwysleisio Cymreigrwydd gweledigaeth Gwyn Thomas—cerddi ganddo am faterion sydd o ddiddordeb neilltuol i drigolion y cilcyn hwn o ddaear mewn cilfach gefn. Wrth reswm, rhydd sylw i'r hyn sy'n unigryw amdanom fel pobl, i'r hyn a'n diffinia. Mae'r gyfeiriadaeth lenyddol gyfoethog hefyd ran amlaf, er nad yn ddieithriad o bell ffordd, wedi'i thynnu o lenyddiaeth Gymraeg—y Beibl, y Mabinogi, y traddodiad barddol—ac yn hynny o beth mae'n llefaru fel bardd 'nodweddiadol Gymraeg'. Ond yn fwy felly nag unrhyw un o'i gyfoedion, rhoddodd Gwyn Thomas ystyriaeth ddwys i'r byd newydd helaethach, i'r gymuned ryngwladol y perthynwn iddo, ac i'r hyn sy'n gyffredin rhyngom ym myd Disney, McDonalds, Microsoft, Coke—byd sy'n drwm dan ddylanwad America, cyfandir y corfforaethau mawrion. A pha mor llym bynnag yw'n beirniadaeth ar ei himperialaeth ddiwylliannol, erys ei bodolaeth yn ffaith. Dewis heriol Gwyn Thomas fu wynebu'r byd hwn ar ei ben, a gorfodi barddoniaeth Gymraeg, crefft a fwydwyd i'r fath raddau mewn traddodiad, i gwtogi'i sgert a dawnsio i rythmau gwahanol.

Er i rai amau hynny weithiau, nid ymadawodd Gwyn Thomas erioed â'i gynhysgaeth lenyddol. Pan awgrymwyd wrtho gan John Rowlands ei bod hi'n beth od ar un olwg, o gofio'i ddiddordeb proffesiynol yn y traddodiad barddol, na ddenwyd mohono at y gynghanedd a'r mesurau traddodiadol, fel hyn yr atebodd:

> Rhwng y lle sydd yna i odlau, hanner odlau, 'geiriau cyrch' . . . cyseinedd (heb sôn am ambell linell o gynghanedd neu led gynghanedd), a geiriau mwys yma ac acw yn fy stwff i, fe ellid dweud

bod yna lawer o elfennau o'r traddodiad barddol, yn enwedig y
traddodiad barddol cynnar, ynddo fo.[70]

Hynny yw, y traddodiad cynnar, hylifol a hyblyg, cyn i hwnnw gael ei
gyfundrefnu'n gynganeddion a phedwar mesur ar hugain—tynfa at ryddid
y traddodiad hwnnw sy ynddo. Ond drwy ei ymwneud proffesiynol â'r
traddodiad barddol, dysgodd rai gwersi yn ogystal, ac onid yr hyn a
welodd yn yr ail ganrif ar bymtheg oedd y gyfundrefn farddol yn mynd ar
y goriwaered, yn colli perthnasedd ac yn mynd drwy'r mosiwns yn unig?
Wrth ddwyn i ben un ysgrif ar ganu'r cyfnod hwnnw, fe ddywedodd fel
hyn: 'pa mor ddiddorol bynnag ydi gwneud olwynion trol, 'dydi hynny, yn
y bôn, ddim o ryw fudd mawr pan ydych chwi'n byw yn oes y car'.[71] Er
mor ymwybodol yw o'i beryglon yn ogystal â'i fanteision, nid un i wneud
olwynion trol yn oes y car mo'r Ianci o'r Blaenau.

NODIADAU

1. M. Wynn Thomas, 'America: Cân Fy Hunan', yn M. Wynn Thomas (gol.), *Gweld Sêr: Cymru a Chanrif America* (Caerdydd, 2000), 21–2.
2. Gwyn Thomas, 'Mae'n Wlad i Ni', yn Thomas (gol.), *Gweld Sêr*, 32.
3. Ibid., 33.
4. Siôn Eirian, ''Nhad Versus Ginsberg', *Plant Gadara* (Llandysul, 1975), 30.
5. Siôn Eirian, 'Profiadau Llencyndod', yn W. Rhys Nicholas (gol.), *Cyfansoddiadau a Beirniadaethau Eisteddfod Genedlaethol Frenhinol Cymru Caerdydd 1978* (Llandysul, 1978), 31. Am ymdriniaeth â'r dilyniant, gweler Gerwyn Wiliams, 'Epil Blin y Mans', *Taliesin*, 88 (Gaeaf 1994), 41–51.
6. Gwyn Thomas, '"Agro" (Siôn Eirian)', *Dadansoddi 14* (Llandysul, 1984), 106.
7. Gwyn Thomas, *Rhyw Lun o Brofiad*, Darlith Goffa Syr Thomas Parry-Williams, 1997 (Aberystwyth, 1997), 4–5.
8. W. J. Gruffydd, *Ynys yr Hud a Chaneuon Eraill* (Caerdydd, 1923), 32–3; ailgyhoeddwyd yn Bobi Jones (gol.), *Detholiad o Gerddi W. J. Gruffydd* (Caerdydd, 1991), 19–20.
9. Ymddangosodd y sylwadau hyn gyntaf yn y rhagair i *Some Imagist Poets* (1915); dyfynnwyd yn Stanley K. Coffman, *Imagism: A Chapter for the History of Modern Poetry* (New York, 1972), 28.
10. Gweler, er enghraifft, 'Gwilym Rees Hughes yn Holi Gwyn Thomas', *Barn*, 133 (Tachwedd 1973), 17: 'Mi enwaf Shakespeare . . . a T. S. Eliot fel dau o feirdd a sgrifennai yn Saesneg yr ydw i'n hoff iawn ohonyn nhw'. Ategir yr un pwynt ganddo yn ei ysgrif hunangofiannol, 'Gwyn Thomas', yn Eleri Hopcyn (gol.), *Dylanwadau* (Llandysul, 1995), 96: 'pe bai'n rhaid imi enwi un awdur, yn anad neb o'r ugeinfed

ganrif, y bydda i'n troi ato fo amlaf, rwy'n meddwl mai'r bardd o America, T. S. Eliot, fyddai hwnnw'.
11. 'Gwyn Thomas yn Ateb Cwestiynau Gerwyn Williams', *Y Traethodydd*, CXXXIX, 593 (Hydref 1984), 214.
12. John Morris-Jones, *Cerdd Dafod* (Rhydychen, 1925), 2; gweler Alun Llywelyn-Williams, 'Priodol Iaith y Prydydd', *Nes Na'r Hanesydd?* (Dinbych, 1968), 93–4, am ymateb i'w sylwadau.
13. Gwyn Thomas, *Yn Blentyn yn y Blaenau*, Darlith Flynyddol Llyfrgell Blaenau Ffestiniog, 1981 (Caernarfon, 1981), 20–1.
14. Thomas, 'Gwyn Thomas', 93.
15. 'Gwyn Thomas yn Ateb Cwestiynau Gerwyn Williams', 213–14.
16. 'Alan Llwyd yn Holi Gwyn Thomas', *Barddas*, 9 (Mehefin 1977), 2.
17. Gwyn Thomas, 'Rhagymadrodd', yn Gwilym Rees Hughes ac Islwyn Jones (goln.), *Cerddi '69* (Llandysul, 1969), 11.
18. Cymharer y myfyrdod hwn â cherdd yr Americanwr Ogden Nash (1902–71), 'The Fly': 'God in his wisdom made the fly/And then forgot to tell us why'; dyfynnwyd yn Roger McGough (gol.), *The Kingfisher Book of Comic Verse* (London, 2002), 231.
19. Gwyn Thomas, 'Cyflwyniad', yn Einir Jones, *Gwellt Medi* (Caernarfon, 1980), 9.
20. 'Llenor Wrth ei Waith: Gwyn Thomas Mewn Sgwrs ag Eigra Lewis Roberts', *Y Genhinen*, 27, 3 (1977), 151.
21. Gwyn Thomas, *Y Traddodiad Barddol* (Caerdydd, 1976), 9.
22. 'Gwyn Thomas yn Ateb Cwestiynau Gerwyn Williams', 212–13.
23. Joseph P. Clancy, 'Preface', *Living a Life: Selected Poems 1962–82: Gwyn Thomas* (Amsterdam, 1982), 7.
24. 'Gwyn Thomas yn Ateb Cwestiynau Gerwyn Williams', 215.
25. John Gwilym Jones, 'Rhagair', *ChFf*, 8.
26. Bobi Jones, 'Wrth Angor (36): Dau Gyfnod Cyntaf Gwyn Thomas', *Barddas*, 192 (Ebrill 1993), 20. Gweler hefyd R. M. Jones, *Mawl a Gelynion ei Elynion* (Cyhoeddiadau Barddas, 2002), 282.
27. Bedwyr Lewis Jones, 'Cip ar Ganu Chwarter Canrif', yn R. Gerallt Jones (gol.), *Dathlu: Cynnyrch Llenyddol Dathliadau Chwarter-can-mlwyddiant Sefydlu'r Academi Gymreig* (Caerdydd, 1986), 46; ailgyhoeddwyd dan y teitl 'Barddoniaeth 1959–1984', yn Gerwyn Wiliams (gol.), *Gorau Cyfarwydd: Detholiad o Ddarlithoedd ac Ysgrifau Beirniadol Bedwyr Lewis Jones* (Cyhoeddiadau Barddas, 2002), 340.
28. Jones, 'Rhagair', *ChFf*, 7–8.
29. Robert Rhys, adolygiad ar *Gwyn Thomas* gan Alan Llwyd, ac *Wmgawa*, *Llais Llyfrau*, Gaeaf 1984, 13.
30. D. Tecwyn Lloyd, 'Emyn Ehedydd Iâl', *Llên Cyni a Rhyfel a Thrafodion Eraill* (Llandysul, 1987), 71.
31. *Complete Poems of Robert Frost* (London, 1961), 145–7.
32. 'Sentence Sounds', yn James Scully (gol.), *Modern Poets on Modern Poetry* (London, 1966), 51.
33. Waldo Williams, *Dail Pren* (Aberystwyth, 1956), 48–9.
34. 'Gwyn Thomas yn Ateb Cwestiynau Gerwyn Williams', 218–19.

35. Gwenallt, *Y Coed* (Llandysul, 1969), 59; ailgyhoeddwyd yn Christine James (gol.), *Cerddi Gwenallt: Y Casgliad Cyflawn* (Llandysul, 2001), 335.
36. Dyfynnwyd yn Barry Norman, *Talking Pictures* (London, 1987), 164; fy italeiddio i.
37. Cymharer â'r hyn a ddywedir yn 'Hiliogaeth Cain': 'Ar ôl diwrnod o waith fe weli/ Boenau'r byd drwy lygad y teli./Heb eiriau, yn dy deimladau, dywedi:/"Ai ceidwad i'm brawd ydw i?"' (*YG*, 35).
38. Jones, 'Rhagair', *ChFf*, 8.
39. J. E. Caerwyn Williams, 'Cyflwyniad', *WH*, 7.
40. Dyfynnwyd yn Coffman, *Imagism*, 28.
41. Bedwyr Lewis Jones, 'Llenydda yn Gymraeg', yn *Y Chwedegau* (cyfres o ddarlithoedd a draddodwyd ar Deledu Harlech, Ionawr–Chwefror 1970; Caerdydd, 1970), 28.
42. 'Holi Gwyn Thomas' (sgwrs â John Rowlands), *Llais Llyfrau*, Hydref 1981, 5.
43. 'Alan Llwyd yn Holi Gwyn Thomas', 2.
44. 'Gwyn Thomas yn Ateb Cwestiynau Gerwyn Williams', 214–15.
45. Dyfynnwyd yn Coffman, *Imagism*, 28.
46. 'Gwilym Rees Hughes yn Holi Gwyn Thomas', 17.
47. Gweler, er enghraifft, Thomas Parry, 'Bardd Difri Iawn' (adolygiad ar *Symud y Lliwiau*), *Barddas*, 57 (Tachwedd 1981), 3: '[Cynhwysir] aml air llafar gwerinaidd, fel y cychwynnwyd yr arfer gan T. H. Parry-Williams'. At hynny, gweler John Rowlands, 'Wrth Fynd Heibio', *Barn*, 185 (Mehefin 1978), 208: 'Mae 'na yn bendant rywfaint o debygrwydd rhwng y ddau fardd—yn eu hoffter o'r "anfarddonol", eu hosgo ffwrdd-â-hi, eu tueddi "ariselu" yn hytrach nag "aruchelu", a'u penderfyniad di-ildio i elwa ar eiriau llafar na fuasai llawer wedi gadael iddynt ddod dros drothwy rhyddiaith heb sôn am farddoniaeth. Ac fel yr oedd Parry-Williams yn hoff o lyfnder clasurol y soned fel gwrthbwynt i'w rigymau, felly hefyd y mae gan Gwyn Thomas gerddi mwy traddodiadol farddonol a dwys eu naws'.
48. Fel y mae'n digwydd, fe wnaed ffilm hefyd o'r gerdd radio hon; gweler Marged Pritchard, 'Gwyn Thomas', *Portreadau'r Faner* (Y Bala, 1976), 174.
49. 'Gwyn Thomas yn Ateb Cwestiynau Gerwyn Williams', 215.
50. Ibid., 212.
51. J. E. Caerwyn Williams, '"Cipolwg ar Arswyd, Syrffed a Gogoniant y Syniad am Nefoedd"', *Barddas*, 56 (Hydref 1981), 6–7.
52. Cyhoeddwyd gyntaf yn y dilyniant o gerddi, 'I Gwestiynau Fy Mab', a enillodd i Dafydd Rowlands Goron Y Fflint ym 1969; gweler J. Tysul Jones (gol.), *Cyfansoddiadau a Beirniadaethau Eisteddfod Genedlaethol Frenhinol Cymru Y Fflint 1969* (Llandysul, 1969), 38–45. Ailgyhoeddwyd y dilyniant yn Dafydd Rowlands, *Meini: Cerddi 1960–1971* (Llandysul, 1972), 39–50.
53. Gweler ei feirniadaeth ar gystadleuaeth y Goron yn Jones (gol.), *Cyfansoddiadau a Beirniadaethau . . . Y Fflint 1969*, 37.
54. Clancy, 'Preface', 8. Yn ei anerchiad yn y cyfarfod a drefnwyd gan Wasg Gee i lansio *Gweddnewidio: Detholiad o Gerddi 1962–1986* yn Neuadd Powis, Prifysgol Cymru, Bangor, 19 Gorffennaf 2000, defnyddiodd Dafydd Glyn Jones yntau'r ansoddair 'Ôl-fodernaidd' i ddisgrifio'i farddoniaeth.
55. Rowlands, 'Wrth Fynd Heibio', 208.

56. 'Alan Llwyd yn Holi Gwyn Thomas', 1.
57. Parry, 'Bardd Difri Iawn', 3.
58. John Rowlands, 'Gwyn Thomas', yn Glyn Jones a John Rowlands, *Profiles: A Visitors' Guide to Writing in Twentieth Century Wales* (Llandysul, 1980), 159, 163.
59. Clancy, 'Preface', 12.
60. Geoffrey Moore, 'Introduction', *The Penguin Book of American Verse* (London, 1989), 26–7.
61. *The Penguin Book of American Verse*, 265.
62. Dyfynnwyd yn 'Alan Llwyd yn Holi Gwyn Thomas', 2. Trafodir y gerdd yng ngholofn farddol Alan Llwyd, 'Beth yw Barddoniaeth?', *Y Cymro*, 12 Ebrill 1977, 30. Fe'i cyhoeddwyd yn *Crwn yn Sgwâr a Cherddi Eraill* (Llandysul, 1978), llyfryn yng Nghyfres y Porth: Lliw a Llun. Cynllun Y Cyngor Ysgolion, Y Gymraeg fel Iaith Gyntaf yn yr Ysgol Gynradd, oedd hwn, a redai rhwng 1973 a 1979 dan arweiniad Menai Williams o'r Coleg Normal, Bangor. Ailgyhoeddwyd 'Gwyn a Du', ynghyd â rhai o gerddi eraill y cynllun, a sgrifennwyd gan Gwyn Thomas, John Hywyn, John Gwilym Jones ac Emrys Roberts, yn *Rhannu'r Hwyl: Cerddi i Blant* (Llandysul, 1994).
63. Thomas, *Y Traddodiad Barddol*, 15.
64. Jones, 'Barddoniaeth 1959–1984', 343.
65. Alan Llwyd, *Gwyn Thomas* (Caernarfon, 1984), 73–5.
66. Ibid., 71. Cyfeiriodd Bobi Jones yntau at 'ddau gymeriad Disneyaidd' y gerdd 'Gogi' (*EG*, 17–18); 'Dau Gyfnod Cyntaf Gwyn Thomas', 19.
67. Anthony Conran (cyf.), *The Penguin Book of Welsh Verse* (Harmondsworth, 1967), 59: 'Dafydd is his own constant and fascinating subject-matter, the Charlie Chaplin of the time'.
68. Dewiswyd 26 o blith cyfanswm o 36 o gerddi *Enw'r Gair* i'w cynnwys yn *Gweddnewidio*, sef 72% o'i holl gynnwys; cynrychiolir y gyfrol yn *Pasio Heibio* (Llanrwst, 1998), detholiad byr o gerddi'r bardd, gan wyth o gerddi, y nifer uchaf o blith y deg cyfrol y detholwyd cerddi o'u plith.
69. 'Gwyn Thomas Mewn Sgwrs ag Eigra Lewis Roberts', 149.
70. 'Holi Gwyn Thomas', 5.
71. Gwyn Thomas, 'Y Portread o Uchelwr ym Marddoniaeth Gaeth yr Ail Ganrif ar Bymtheg', yn J. E. Caerwyn Williams (gol.), *Ysgrifau Beirniadol VIII* (Dinbych, 1974), 129.

Gwyn Thomas a'r Barchedig Iaith

R. M. Jones

Yn yr astudiaeth fwyaf nodedig sy gennym o waith Gwyn Thomas, yn y gyfres 'Llên y Llenor', y mae'r awdur, Alan Llwyd, yn cymharu rhai o'i gerddi â gwaith Dafydd ap Gwilym.[1] Daethom bellach yn reit gyfarwydd yng Nghymru â'r arfer hwyliog o gymharu ambell un o'n llenorion, hyd yn oed rhai distadl, â Dostoieffsci, Plato, Shakespeare, Keats ac yn y blaen. Mae'n un o'n cwirciau cenedlaethol gogleisiol. Gallwn wenu'n nawddogol am y duedd hoffus hon, a cherdded o'r tu arall heibio. Ond yr wyf am oedi i sylwi ar bedair nodwedd sy'n tanlinellu awgrym Alan Llwyd.

Un peth sy'n taro dyn wrth edrych ar adeiladwaith cyson rhai o gywyddau mwyaf poblogaidd Dafydd yw fel y dotiodd at anecdotau. Fe'i clywir yn 'Trafferth Mewn Tafarn', 'Merched Llanbadarn', y traethodl 'Y Bardd a'r Brawd Llwyd' ac yn y rhan fwyaf o'i ddosbarth helaeth o 'gywyddau rhwystrau'.[2] Nid storïau byrion llawnddatblygedig ydynt, ond ymweliadau cwta, taro cis ar sefyllfa. Ni wnaethai neb erioed cyn Dafydd ddim tebyg yn y Gymraeg. Dichon iddo ymddangos yn dra gwerinol ar y pryd. Dichon hyd yn oed heddiw nad yw barddoniaeth anecdotol yn cael ei chyfrif ymhlith cynhyrchion balchaf yr awen. Gwell gan yr awen, os cydir mewn 'digwyddiad', ei ddathlu'n llai storïol; neu, o gael stori, ei datblygu'n fwy arwrol, neu o leiaf yn fwy sobr. 'Topicaliaid' oedd yr enw diurddas a ddefnyddiai Idwal Jones am ganeuon cryno o'r fath ynghylch digwyddiadau neu sefyllfaoedd achlysurol diddan a dibwys. Stwff ysgafn ysmala ar gyfer noson lawen. Wedyn, bant â ni am beint.

Ond dymunwn innau honni, ymhob sobrwydd, nad oes yr un bardd pwysig rhwng Dafydd ap Gwilym a Gwyn Thomas (wedi moesymgrymu'n frysiog i gyfeiriad y Canu Rhydd Cynnar) a anrhydeddodd yr anecdot fel y gwnaeth y ddau hyn. 'Bardd pwysig': pa fath o greadur yw hwnnw? Fe'i cyfrifaf yn berson o'r fath oherwydd ei wreiddioldeb, ffrwythlondeb ei ddychymyg, diddordeb creadigol ei iaith a'i ddeallusrwydd, a chanddo rywbeth i'w ddweud. Nid balchder diawen o boblogaidd sy gan y bardd hwn—nid baledwr mohono sy am ennill ceiniog ond heb roi gwerth am yr arian. Llwyddodd y ddau fardd pwysig hyn i lunio barddoniaeth arwyddocaol allan o anecdotau distadl. Dyna'r bont rhyngddynt.

Yn ail, yn yr anecdotau hyn, yr oedd Dafydd ap Gwilym ei hun yn gymeriad deniadol. Creu ei gymeriad ffuglennol ei hun oedd un o'i gampau: cryn orchest yn yr Oesoedd Canol. Creu clown 'wnaeth ef: cymeriad ychydig yn drwsgl, methedig yn fynych, braidd yn euog, edifar, ac mewn twll. Tueddwn ninnau i'w hoffi fel person o'r herwydd, yn bennaf, mae arnaf ofn, oherwydd yr empathi.

Felly Gwyn Thomas yn ei anecdotau yntau. Ac fel yn achos Dafydd, mae gan Gwyn ei gyd-actorion. Ei blant fel arfer sy'n cymryd lle Dyddgu a Morfudd, a rhyw anghenfil fel buwch neu lorri ludw yn cymryd lle'r gwynt neu Eiddig, neu'r don neu rwystr arall a geid gan Ddafydd. Gwyn Thomas ei hun yn ei gerddi yw'r tad diniwed, yr un sy'n ceisio datrys y broblem, neu'n wrthrych i'r tro chwithig, yn ddioddefydd, yn rhyfeddwr annealltwriaethol, yn academydd ynghanol y synnwyr arisel call.

Yn drydydd, mae gan Ddafydd ap Gwilym ei 'adar'—nid tri neu bedwar, ond haid ohonynt: yr ehedydd, y ceiliog bronfraith, y bioden, yr wylan, ac yn y blaen; creaduriaid cofiadwy, symbolaidd neu ysbrydol eu presenoldeb yn fynych: cynrychiolwyr iddo ef ei hun. Bwrdd taro iddo yw'r rhain. Y rhain sy'n crynhoi rhyfeddod y greadigaeth. Ac felly—eithr drwy ddefnyddio anifeiliaid yn hytrach na llu o adar—y mae hi hefyd yn achos Gwyn. Ceir llond milodfa o greaduriaid—pob un ohonynt yn creu syndod, rhai ohonynt yn actorion yn yr anecdotau, eraill yn sefyll ar eu sodlau eu hunain mewn anferthedd symbolaidd. Anferthedd: hyd yn oed draenog, heblaw wrth gwrs y fuwch, jeráff, fwltur, cath, tarw, gwiber, ceffylau, parot, morlo, ac yn y blaen.

Yn bedwerydd, y dyfalu yng ngwaith Dafydd, a'r dyfalu ynghyd â'r trosiadau llachar yn achos Gwyn. Rholiant, gyda'i gilydd, y ddau brydydd, mewn crebwyll diriaethol. Ymdrochant mewn dychymyg llachar. Rhannant â'i gilydd y sbri a'r rhialtwch a geir gan symbolwaith yr awen . . . a sbort eu hiwmor. Dyma'r lle y dônt o hyd i gryn swmp o'u gorchestwaith. Ni chafodd barddoniaeth Gymraeg gymaint o hwyl ers talwm.

Cafwyd cyfrol ddiweddar gan Gwyn Thomas o gyfieithiadau o waith Dafydd ap Gwilym—sef y 'cwbl'.[3] A hefyd, Dafydd ap Gwilym oedd pwnc ei Ddarlith Goffa i J. E. Caerwyn a Gwen Williams yn 2002.[4] Nid diddordeb diweddar mo hyn. Bu ef ymhlith y chwe chyfrannydd golau a gawd i'r gyfrol ragorol honno, y gyfrol orau o'i math o feirniadaeth ymarferol, o ddarllen clòs, neu o astudiaethau dadansoddol unigol, sydd i'w chael yn y Gymraeg, sef *50 o Gywyddau Dafydd ap Gwilym*.[5] Mae gwir angen cyfrolau tebyg ar gyfer beirdd eraill; dyma'r ffordd fwyaf effeithiol i gyflwyno pobl ifainc i'r gorfoledd o ddarllen barddoniaeth. Ond y mae ymrwymiad Gwyn Thomas wrth waith Dafydd yn mynd yn ôl ynghynt o lawer na hyn i'w ddyddiau fel myfyriwr, wrth gwrs. Mae yna berthynas ddofn rhwng y ddau fardd hyn—ymlyniad yn wir; cydwirioni o bosib.

Diau ein bod oll, sydd wedi astudio Dafydd ap Gwilym, mewn dyled i'r bardd canoloesol hwnnw. Ond dylanwad iach yw, fel Shakespeare i'r Saeson, am nad yw'n rhy idiosyncratig, a'i waith heb ymyrryd â'n hunigolyddiaeth ni nac ymwthio arni. Os dysgodd Gwyn Thomas efallai rywbeth gan Ddafydd ap Gwilym ynghylch y modd y gallai bardd difrif dynnu maeth o faes yr anecdot, nid ymwthiodd y dylanwad coeth hwnnw arno. Math o ddysg gudd ac anuniongyrchol oedd hyn, dysg organig. Tanddaearol oedd dylanwad Dafydd.

Arhoswn er hynny gyda'r anecdotau hyn, a'u defnyddio fel drws i mewn i waith Gwyn Thomas. Drws o fath hefyd yw i mewn i'w driniaeth ymddangosiadol ysgafn o'r iaith, fel y cawn weld, ac y mae hyn yn nodwedd ganolog sy'n ymgysylltu â gweddau eraill ar ei waith. Dichon mai anecdotaidd yw dull cynddelwaidd Gwyn Thomas. Nid mater yw hyn o 'Ôl-foderniaeth y Tameitiach' (*sound-bites*). Y mae i'r dull arwyddocâd cadarnhaol ysbrydol. Gwelir fel y mae'r digwyddiad mân iddo yn rhan ganolog o fywyd, o'r meddwl beunyddiol—ac o dynged hefyd, fel yn 'Ysgrifen ar y Wal' (*SLl*, 60). Nid amhriodol yw nodi bod dull yr anecdot yn rhan ganolog o gyflwyniad moesegol ac ysbrydol Iesu Grist ei hun. Yn wir, mentra Gwyn Thomas yn ei gerdd ar Luc 18: 1–8 droi dameg gan yr Arglwydd Iesu yn gerdd ddamhegol newydd. I mi, hon yw un o'r ceisiadau mwyaf llwyddiannus yn y Gymraeg i droi'r ysgrythur yn brydyddiaeth. Mae'n gorffen yn wirebol:

> Mae erfyn diderfyn a gwrthod pob 'Na'
> Yn rhan o gyfrinach gweddi dda.
> ('Luc Deunaw, Un i Wyth'; *SLl*, 58)

Dyma, er symled y bo, osodiad ysgubol am iachawdwriaeth ei hun. Dyma hefyd yr union fath o grynoder a geid gan y cawr La Fontaine yn ei *Fables* disglair.

Yr anecdot yw llenddull mwyaf cyrhaeddgar ac ymddangosiadol ddihidans Gwyn Thomas. Storïwr tan gamp yw. Efallai mai'r ffordd orau i esbonio beth yw arwyddocâd hyn oll yn ei achos ef fyddai drwy ddyfynnu cerdd yn ei chrynswth:

Pen Blwydd, Chwech

Daeth deunaw.
Mae deunaw yn hanner llond bws.
Edrychais arnynt yn dod
    ac yn dod
        ac yn dod,
Deunaw (!), yn dyrfa.

'*Company-y halt,*' bloeddiais inna'
Wedi cael fy ngwynt ata', ac yna
'Y-y-mlâ-en rŵan, yn ara'.
Gan bwyll, dalltwch hogia'.'
A dyma ymdrechu i arwain y palmanteidiada'
Parablus, cynhyrfus, gorfoleddus yma adra'.

Bwyta.
Symol ar y bara;
Sosejis ar sgiffla'—cymeradwy i'r eitha'
Efo lemonêd a mân deisenna';
Pawb yn heboca,
Yn cadw golwg barcud ar betha'
Rhag ofn colli'r un briwsionyn o'r eitema'.
Yna
Roedd mynd ar farshmalos, mynd ar hufen yr iâ
A mynd ar y bisgenna' siocled tena'.
Ond ar ôl chwythu canhwylla' roedd pawb mor llawn
Fel nad oedd fawr gynnig ar Y Gacen go iawn.

Ac yna chwara',
Allan (diolch i'r elfenna') nes iddi dywyllu,
Ac yna'n un haflug yn ôl i'w difyrru.

Dacw Glyn yn fan'cw yn gwrol gusanu
Hayley, a hithau yn swil yn cilwenu.
Yma mae Wenna, ar ôl cael sen,
Yn rhoi cwrban garate ddeheuig iawn i Ken.
Dyma Dewi'n ceisio 'mestyn i ben silffoedd llyfra'
Efo'i draed yn fŵd ar fraich un o'r cadeiria'.
Nes y cafwyd trefn, a chylch o dyndra
Yn pasio parseli; yna digon o weiddi
Efo mwgwd ieir a thíc ac ati.

Ac ymlaen, nes i ambell un
Deimlo ar ei galon ei bod hi'n biti
Gadael bwyd ar ôl a mynd eto ati
I sglaffio brechdana', marshmalos a jeli.

Nes i'r pnawn ddod i ben
Ac i bawb, ond rhai ni, fynd adra'
Gan adael ar ôl weddillion pen blwydd
Ac adleisiau gloywon eu llawenydd.

(*CT*, 7–8)

Sylwer ar y gair olaf yna. Llawenydd pwy? Nid llawenydd y plant yn unig, ond llawenydd cyd-deimlad y bardd yn ogystal; a thrwyddo ef ein llawenydd ninnau. A dyma ni'n dechrau ystyried llawn arwyddocâd yr hyn sy'n digwydd yn y gerdd 'ddirmygedig anecdotol'. Dyma gerdd wedi'i gwreiddio yn y ddaear, yn ddiriaethol benodol, yn lleoledig ond yn medru ymestyn. Ble y mae'n ymestyn? Mewn cerdd arall yn yr un gyfrol, 'Fi, Fo, Nhw' (*CT*, 27–8), y mae'r bardd yn myfyrio ynghylch y cyd-gymeriadau od hyn sydd gydag ef yn gwmnïaeth iddo yn ei gerddi. Ac mae'n ei uniaethu'i hun â'r plant. Ef yw hwy, a hwy yw ef. Yn sicr, mae yn ei ddeall ei hun yn well drwyddynt hwy. A ninnau'r darllenwyr, yr ydym ninnau'n rhan o'r 'hwy' yna. Cawn ninnau drwy'r cyd-ddarllen a'r cydysgrifennu, sy'n rhan o bob darllen deallus, gydfwynhau'r llawenydd sydd yn y greadigaeth. Ymunwn yn llon yn y chwarae.

Weithiau, y mae'r anecdot yn cyfateb i'r hen gwpled gwirebol a'n barddoniaeth ddoethineb. Ac er bod plant a'u dywediadau (megis yn 'Anweladwy Weledig' (*CT*, 20), a chymharer 'Ar Ôl Dod o'r Ysgol' (*CT*, 11)) yn ysgogiad priodol a dibynadwy, bydd anifeiliaid hwythau yn cyflawni'r un swyddogaeth barchedig yn fynych. Yn 'Amour Herissonois neu Bod yn Ddraenog' (*ARH*, 32–3), er enghraifft, fe'n denir oll i deimlo cryn empathi diymadferth â dau ddraenog sy'n ceisio cael cyfathrach rywiol.

Gyda'r anecdot, dylid gosod yr adroddiad am sefyllfa ogleisiol a chyffredinol: '3 Radio', 'Sbectol Haul o C&A', 'Ym Manchester', 'Cyfraniad y Fasnach Felysion at Achos Crefydd yng Nghymru' (*ARH*, 31, 39, 60–1, 65–6). Fel arfer, yr hyn a wna'r bardd yn y rhain yw cymryd un pwynt syml a'i droi'n gerdd gyfan. Estyniad pellach i hynny yw'r eitem newyddiadurol: 'Cyfarchion', 'Tystiolaeth Feddygol', 'Parrot Carrie Watson' (*ARH*, 15, 45, 46–7). Storïwr gwirebol tan gamp yw'r bardd. Ac fel yn achos Waldo, camgymeriad fyddai esgeuluso ysgafnder athrylithgar rhai o'r perlau hyn er mwyn ymgyfyngu i'w bwysau argyfyngus. Meddai ef yn 'Siglwyr Rhododendron': 'Canol Mai, ar ôl te, ydi amser y stori hon' (*SLl*, 22). Amser pwysig i bawb ohonom yw 'Canol Mai, ar ôl te'; a diolch am fardd academaidd sylweddol sy'n medru pyncio y pryd hynny, neu unrhyw amser arall—'Whiw!', 'Y Bwrdd Biliards', 'Ysgrifen ar y Wal' (*SLl*, 31, 36–7, 60), heblaw 'Drama'r Nadolig' ac 'Ar Awr Annaearol o'r Nos' (*CT*, 13–14, 33–4).

O fewn cyd-destun barddoniaeth Gymraeg, awel ffres oedd hyn oll. I rywrai roedd yn ddychryn. Ar un olwg hefyd yr oedd yn ymosodiad serchog am ben parchedig geyrydd. Ond i ddarllenydd catholig, deuai â modd i ledu amrediad emosiynol ein barddoniaeth.

Credaf, felly, nad amhriodol yw gweld arbenigrwydd gwaith Gwyn Thomas mewn ffordd gyffelyb i'r modd y dylid ystyried gwaith Dafydd ap Gwilym. Ceisiais ddadlau ynghynt, yn *Mawl a'i Gyfeillion* (2000), nad yn y gerdd unigol eithr yn yr *oeuvre* yn ei grynswth y canfyddir rhagoriaeth Dafydd.[6] Nid felly pob bardd. Yn achos Gruffudd ab yr Ynad Coch a Saunders Lewis ar y llaw arall, gall un gerdd yr un fod yn ddigon i osod y naill a'r llall ymhlith y mawrion. Eithr, er rhagored 'Morfudd yn Hen' ac 'Yr Ehedydd',[7] ni welir gwir gamp Dafydd ap Gwilym ond yn yr amlochredd mewn undod. Y profiad o amrywiaeth bywyd a phresenoldeb cymeriad cyfoethog sy'n byrlymu drwy wahanol gorneli'i gynnyrch—dyna sy'n rhoi iddo'i arbenigrwydd. Felly yn achos Gwyn Thomas hefyd. Er gwaethaf camp rhai o'i anecdotau unigol a'r portreadau o anifeiliaid cyfareddol, ac, ie, yn nannedd pob poblogrwydd, yn y cyfanwaith cytbwys y ceir llawnder haeddiannol fawrhydig ei greadigaeth.

* * *

Eto, nid Dafydd ap Gwilym i mi yw'r enw cyntaf o'r traddodiad sy'n dod i'm meddwl wrth fyfyrio am seiliau gwaith Gwyn Thomas, eithr T. H. Parry-Williams. Maent yno gyda'i gilydd yn bennaf oherwydd eu cydymgais i dafodieithu'r iaith lenyddol, i ymaflyd yng ngwar John Morris-Jones, a'i hysgwyd. Hefyd, tebyg ydynt oherwydd y ffordd y mae rhigwm Parry-Williams yn cyfateb i benillion bwriadol gocosaidd Gwyn Thomas. Ac oherwydd hefyd mai beirdd o Wynedd yw'r ddau. Dau acadmydd a deithiodd o Brifysgol Cymru i Rydychen ac yn ôl. Ceisient ill dau gymysgu'r academaidd â'r gwerinol. Cyferbynner y ffordd hollol wahanol a diargyhoeddiad, a choegdeimladol os caf ddweud, y defnyddid tafodiaith gan Ddewi Emrys.

Ceir dau grŵp o gerddi gan Parry-Williams, fel y gwyddys—y Sonedau a'r Rhigymau. A cheir dau grŵp nid cwbl anghyffelyb gan Gwyn Thomas —sef cylch yr iaith lenyddol a chylch yr iaith lafar. Ond mae iaith lafar Gwyn Thomas yn fwy llafar na'r cyffyrddiadau geirfaol o'r llafar a geir gan Parry-Williams; 'Beth yw'r ots gennyf i am Gymru?' gofynnai Parry-Williams mewn un rhigwm. Gellid tybied yn ôl dull ei gerddi mai'r hyn a ddywedai Gwyn Thomas fyddai, 'Be di'r ots gen i [neu gynno i] am Gymru?'.

Dyma ddau ddyfyniad o ddwy gerdd olynol yn y gyfrol *Enw'r Gair* (1972); yn gyntaf:

> O bell byd arall y daw gyda'r bore
> Trwy weddillion y tywyllwch
> A thrai araf dieithrwch
> Wên o adnabod.
>
> Ac yn y llygaid glas pererin
> Mae breuddwydion heb lawn ddiffodd . . .
> ('Deffro'; *EG*, 14)

Ond yn ail:

> Hyfryd, yn wir, ydi'r wlad—
> Adar a blodau a phethau felly . . .
> . . .
> Mae'r wlad yn iawn, 'dw i ddim yn ama',
> Ond mae'n llawer gwell gen i yn fan'ma.
>
> ('Rhyfeddodau'; *EG*, 16)

Sylwn, wrth gwrs, fod y gwahaniaeth rhwng y ddwy gerdd yn fwy na chywair iaith a chywair llais. Y mae fel petai dau fyd yn cael eu cyfochri. A'r hyn sy'n bwysig ym maich a meddwl Gwyn Thomas yw bod y ddau fyd hyn yn gyfun.

Ysgafn fyfyriol—a dywedaf hyn, nid yn ddifrïol o gwbl, eithr yn ddisgrifiol gadarnhaol—yw Parry-Williams a Gwyn Thomas. Ni theimla'r naill na'r llall yr angen i dorri rhych unigolyddol o wreiddiol mewn syniadaeth, nac i dreiddio y tu hwnt i'r farn arferol stöig a chymharol boblogaidd am y bywyd cyfoes. Petrusant rhag cymhlethdod.

Ac eto, Moderniaeth yw eu baich, a hynny mewn dau faes gwahanol: Parry-Williams ynghylch ing yr ansicrwydd ffasiynol, yr amhenodolrwydd rhigoledig; Gwyn Thomas ynghylch y gwrthdrawiad rhwng delwedd yr hedonistiaeth galed a'r gwynfyd tyner. Gellir dychmygu Parry-Williams ryw brynhawn Sul tua 1927–8 yn eistedd yn dawel i ddarllen y *Geiriadur Beiblaidd* (nid oedd angen iddo fynd ymhellach) ynghylch Stoïciaid Athen yn yr Actau: 'Yn Nuw, sef yn y fflam neu'r niwlen greadigol, y mae tarddiad popeth, ac i Dduw drachefn y dychwel popeth'. Ni allai dioddefiadau hyn o fyd gyffwrdd â distawrwydd difater nef. 'Ni wnawn, wrth ffoi am byth o'n ffwdan ffôl,/Ond llithro i'r llonyddwch mawr yn ôl'.

Dyma Athen Gyn-Gristnogol y ganrif gyntaf wedi cyrraedd Rhyd-ddu o'r diwedd. At ei gilydd, ni bu'n rhaid i Parry-Williams feddwl dim mwy. Prin bod datblygiad arall yn ei syniadaeth. Er ei fod yn gyfoeswr ag Eliot a Mann, ac er ei fod yn ymwneud â thema oesol a gafodd fywyd newydd yn oes Victoria (crud pob Moderniaeth)—thema y cafwyd ymboeni gwirioneddol ynghylch llawer o'i harwyddocâd a'i chysylltiadau amlochrog —digon o gyfoesedd i Parry-Williams oedd y farn arferol seciwlar. Athronydd elfennaidd oedd.

Nid materion athronyddol o fath Parry-Williams yw maes Gwyn Thomas. Ac o ganlyniad, cafodd yn fy marn i fwy o lwyddiant o safbwynt moderneiddio. Canfu Gwyn Thomas fod ei oes ef wedi'i gorlywodraethu gan ddelwedd. Yn y meicrocosm yr oedd y moto-beic, y wisg, arddull y canu, America ac ymddygiad ystrydebol y giang yn cyfateb yn burion i'r gweithredu pwerus ar raddfa'r macrocosm gan y gormesu o du bwlis masnachol a milwrol rhyngwladol. Fel yr oedd 'appearance' parchus oes Daniel Owen yn allweddol i ddeall y cyflwr ysbrydol, felly mewn modd llawer mwy gwrthrychol yr oedd 'delwedd' hedonistig bur wahanol oes Gwyn Thomas yn allwedd iddo yntau. Yr olwg hunanarddangos dechnolegol. Y creu argraff. Americaniaeth Blaenau Ffestiniog wedi'i masgynhyrchu. Dyma ond odid Gapten Trefor a rhag-rith wedi cyrraedd yr ugeinfed ganrif. Doedd dim angen llawer o feddwl ar baganiaid yr oes newydd hon: roedd teneurwydd hwnnw yn rhan o'r gwacter ystyr. Digon oedd aros ar yr wyneb, nid er mwyn cyhoedd nad oedd ganddo ddim profiad dwys o lenyddiaeth na dim diddordeb chwaith, eithr am mai'r wyneb oedd y gwir. Roedd y meddwl wedi'i grynhoi oll yn yr hysbyseb a'r sgrechair newyddiadur, yn Elvis Presley, Tarzan Rousseauaidd, y moto-beic a'r holl arddangosfa o wyriadau rhywiol a chyffuriau uchel eu cloch. A'r tu ôl i'r ddelwedd hedonistig fe gaed diniweidrwydd pluog y plant. Diddorol cymharu sylwedd allanol y ddelwedd gyfoes gan Gwyn Thomas â sylwedd allanol 'appearance' Daniel Owen. Yr oedd y naill a'r llall yn sgrifennu'n ddeuol am yr hyn a oedd y tu ôl a'r tu blaen i'r ddelwedd a'r rhag-rith.

Eto, un peth sy'n uno Gwyn Thomas â Parry-Williams, yn eu hymagwedd farddol at gyfoesedd darfodedig o'r fath, yw'r ffaith fod y naill a'r llall yn ymboeni am y bywyd a fynegant ar y gwastad ysbrydol. Dôi hyn i'r golwg yn bennaf yn 'nhrydydd cyfnod' Gwyn Thomas.

Gallwn alw'i gyfnod cyntaf, efallai, yn 'Gyfnod Alun Llywelyn-Williams' —nid oherwydd dylanwad hwnnw ond oherwydd y tebygrwydd naws sydd yn yr arddull gysurus a di-straen o fodern, braidd yn ganol-Iwerydd, yn gref o wâr, a gaed gan y ddau fardd, eithr gyda mwy o egrwch yng ngwaith y bardd iau. Dyma'r lle y safai *Chwerwder yn y Ffynhonnau* (1962), *Y Weledigaeth Haearn* (1965) ac *Ysgyrion Gwaed* (1967). Perthynai'r rhain i'r briffordd brydyddol orllewinol yn ail hanner yr ugeinfed ganrif. Gwisgent gywair dinesig a dyneiddiol wâr. Gallwn ddefnyddio disgrifiad digon tebyg ar gyfer ei ail gyfnod—'Cyfnod Islwyn Ffowc Elis cynnar'. Dyma'r Islwyn Ffowc Elis a befriai o ramantiaeth delynegol liwgar yn *Cyn Oeri'r Gwaed*; cyfnod ieuenctid buddugoliaeth, a chyfnod tecnicylar Gwyn Thomas. Yn y gyfrol *Enw'r Gair* (1972) yr ymdeimlir fwyaf efallai â'r tebygrwydd llachar i Ddafydd ap Gwilym. Mae'r bardd yn fwy hyderus, ac wedi meithrin ei lais unigolyddol ei hun bellach. Teimla'n ddyn rhydd. Y trydydd cyfnod (yn bennaf) wedyn yw 'Cyfnod y Parry-Williams rhigymol', sef cyfnod bwriadol gocosaidd Gwyn Thomas. Nid wyf wrth gwrs yn ceisio cydbentyrru pob cerdd a luniwyd ym mhob cyfnod gwahân yn garfanau annibynnol twt a chytûn. Yn syml, dymunwn dynnu sylw at 'broblem' wahanol ym mhob un o'r cyfnodau hyn, at wythïen a ymagorai, ac at arddull a'i gogleisiai. Cyfnod mwy diduedd fel petai a gwrthgyfnodol o fath wedyn yw'r pedwerydd a'r diweddaraf. Cyfnod adolygol yw. Cyfnod o ymwrthod â labeli, fel petai. Mae wedi cyrraedd porthladd diogel o aeddfedrwydd na ellir gwneud cartŵn ohono. Bardd catholig yw.

* * *

Credaf fod ymwneud nodedig Gwyn Thomas â'r iaith wedi etifeddu problem chwalfa Parry-Williams. Y mae i'w hystyried hefyd yn wyneb Ôl-foderniaeth, ac yn wyneb rhagdybiau isymwybodol ffasiynol yr oes. Dyma hoff gyfnod chwalfa ystyr a phwrpas, diffyg gwerth a sicrwydd, sef y diddanwch negyddol a fu mor orthrymol yn niwedd yr ugeinfed ganrif. Cafwyd dau fath o chwalfa neu o sarhad ar y pryd ymhlith Cymry Cymraeg yn eu triniaeth o ansawdd iaith lenyddol.

Cafwyd ildiad go gydwybodol i drefedigaethrwydd yn y gymdeithas. Suddwyd o dan briod-ddulliau Saesneg. Teneuwyd geirfa. Benthycwyd yn ddiangen. Meithrinwyd siarad Saesneg yn Gymraeg. Fel baw y triniwyd yr iaith weithiau. Aeth chwalfa seicolegol o'r briw israddol yn rhan o wead yr iaith ei hun. Dyma Ôl-foderniaeth amhenodol y taeog. Amlhawyd caneuon Saesneg ar Radio Cymru i'r fath raddau ar un cyfnod fel na allai cwsmer o Gymro fod yn sicr wrth droi'r nobyn a oedd eto wedi cyrraedd Radio Cymru neu Radio Wales. Amhenodolrwydd rules O.K.

Ynghanol hyn i gyd, dyma un bardd (gyda rhai beirdd a llenorion eraill, yn wir) yn gwybod yn benodol nad J. Morris-Jones (er pob parch) oedd yr ateb i gyd, a bod yn rhaid ymaflyd codwm, cystwyo, adffurfio, plygu a siglo'r iaith er mwyn ei deffro. Hyd yn oed yn ei gwendid, rhaid oedd i hon ei mentro. Er mwyn iddi fyw, ni châi gysgu. Nid âi neb yn bellach o blith ein prif feirdd na Gwyn Thomas yn yr ymgyrch ddelfrydus hon. Ar y naill law fe gaed gan y bardd ei ymwybod byw â chwalfa iaith a chwalfa safonau'r amseroedd a chwalfa ffurf. Ac ar yr ochr arall caed cryn benderfyniad nad drwy ddulliau J. Morris-Jones yr oedd datrys y sefyllfa hon yn llenyddol ar ddiwedd yr ugeinfed ganrif.

Yr ymosodiad ar Wlad y Stiltiau (neu'r ymdeimlad o'r 'sublime'— urddas prydyddiaeth) oedd un o gyfraniadau pwysicaf Gwyn Thomas. Fe wnaeth yr ymosodiad nid o du cystadleuaeth tafodiaith yr eisteddfod leol neu genedlaethol, ond o gyfeiriad parchus y Sefydliad Cymraeg. Un o etholedigion y traddodiad llenyddol uchelwrol oedd ef o hil gerdd. Ac eto, hwn a gariai faner sathredig y cari-dyms dros y wal derfyn i mewn i'r wlad honno lle y parablai'r beirdd uwchben eu creision ŷd fel hyn (dyma T. Gwynn Jones am Ddafydd ab Edmwnd):

> Garuaidd dad melysaf breugerdd dyn
>   A didlawd feistr ei delediwaf iaith,
>   Pan roddit dro, a'r fro gan Fai yn fraith,
> Hyd las y lawnt lle bai dy lusael un,
> I'w bagad ros tebygud rudd y fun,
>   A'i hwyneb i ôd unnos mynydd maith;
>   Neu frig yr hwyr, a'r gaea'n llwm a llaith,
> Ba lys di-ail oedd ef, dy blas dy hun!⁸

Fe adwaenai Gwyn Ddafydd ab Edmwnd gystal bob dim ag y'i hadwaenai Gwynn; ond yr oedd jôc y barchedig iaith wedi cydio ynddo:

> A'r rheswm dros yr arwrol ymatal?
> Egwyddorion cryfion angholestraidd,
> Neu awydd angerddol am fod yn gorfforol lluniaidd?
> Nid hynny, ysywaeth, ond gorchymyn mwyn-fenywaidd:
> 'Cadwa di dy facha'
> Oddi ar y gacan 'na—
> Merched y Wawr bia hon'na.'
>
> ('O Walia!'; *ARH*, 18)

Y gacan? Beth oedd? Dim llai na'r iaith ei hun. A thrachefn, sylwer:

> Y trydydd dydd fe gaewyd Bonso
> O gyrraedd llawlyfrau cyfathrebiaeth
> Ac o gyrraedd hanes llenyddiaeth
> Yn y washws.
> ('Y Modd y Bu i Bonso Gallio'; *ARH*, 16)

A hefyd:

> Cyfodod Iwng Tjw Ien
> A chwipio tro i fraich Len
> A'i taflodd cryn bump o lathenni.
> Fe'i jw-jitsiwyd fel na jw-jitsiasid fawr undyn
> Na chyn hynny na chwedyn.
> ('Len'; *ARH*, 22)

Mae hon yn jôc bwysig i'r bardd. Mae'n fwy na jôc ddyfal. Ynddi hi y crynhoir peth o'i raglen gatholig ar ffurf goeg. Mae'n dod bron yn rhaglen boliticaidd farddonol iddo. Crybwyllais enw Idwal Jones gynnau yng nghyd-destun 'topicaliaid'. Gallai'r llinell olaf ond un yna yn y dyfyniad diwethaf ddod yn syth ddigon o gynhysgaeth Idwal.

Bardd academaidd yw Gwyn Thomas ar un pegwn. Nid yw'n hawdd iddo adael llonydd i'r barchedig iaith. Ond lle y bo'n academaidd, prydydda'n ymwybodol hunanddychanol o'r tu mewn i wrthosodiad. Os oes eisiau adnod i brofi'r pwnc, yna sylwer ar ei ateb i'w blentyn bach ynghylch y cwestiwn 'pam maen' nhw'n galw hon yn/Jaen?':

> Ateber fel hyn:
> 'Diau mai benthyciad ydyw
> O'r Saesneg *chain*
> Y mae ei ffurf yn yr Oesoedd Canol
> Yn fabwysiad o'r Hen Ffrangeg *chaeine*,
> Gair a ddaw, yntau, yn ei dro
> O'r Lladin *catena*—
> Gair, gyda llaw, a roes inni yn Gymraeg
> *Cadwyn*.'
> ('Cwestiwn ac Ateb'; *CT*, 9)

Fe academeiddiwyd gan Gwyn Thomas fel nad academeiddiasid na chynt na chwedyn: yr academydd o fardd na hyrwyddodd neb tebyg o'i hil y poblogaidd i'r un graddau ag ef. Dyma'r prif dyndra, a'r tyndra canolog yr wyf yn ceisio'i ystyried.
Dyma'i gwmni:

> yn brysur gyda'r A.U.T. . . .
> . . .
> Mae Herr Heidegger, doethur,
> Yn awdurdod ar y dylanwadau ar Proust . . .
> ('Ffoadur'; *PDPhE*, 10)

A chofier, dyma'r iaith felys y maent yn ei siarad wrth eu gwaith:

> *In sindone muti Iorwert Ruallaunque sepulcris . . .*
> ('Mwgwd Marwoldeb Dylan Thomas'; *PDPhE*, 34)

Yn eu hamdden wedyn, fel rheg mewn angladd, mae'r mwgwd yn syrthio beth, a dywedir pethau gwerinol braf megis:

> Pa fodd mae cael lle i biso
> Gan fod y doiledaidd wal-ddyfrio
> Yn gorfoleddus orlifo[?]
> ('Maes Carafanau'r Eisteddfod Genedlaethol';
> *PDPhE*, 45)

Cyn mynd allan oddi yno i 'fflorensneitingeleiddio' 'yn y gwych Dragwyddol' 'metaleiddia'i gorff'; a bydd y 'boldrwm ffaglyd, brych, bronceitig' 'a gordeddai'n ffyrf' 'yn garcus fyseddol'. Fel 'na mae pobl y Blaena, wyddoch, bob amser yn barod 'i wyryfol ymgadw rhag llychwino eu bodolaeth heulog'. Os digwydd iddo weld yno gyd-academydd, gwaedda ar draws y stryd: 'Hei lyfli', 'go dam', 'ceiniog i'r *deserving poor?*', 'Mynd am dro rydw i', 'Hyp dau tri', 'eisio smôc', 'Sgennoch chi . . . Na?', 'Ddim yn unlla', 'Slwtj'.

Mae yma ddychan amlwg, yn gyson felly, ynghylch iaith ymhongar, iaith oracademaidd. Dyma sy'n cyfrif am 'cyd-ffliwio', 'ymwelingtoneiddio',

'Efrestu', 'bownsio'n dableidiog'. Mae yna hyd yn oed elfen fasochistig ysgafn yn hyn o beth. Ond mewn un gerdd sydd wedi'i lleoli yn olaf yn *Am Ryw Hyd*, yn gerdd glo i'r gyfrol, y mae'r bardd yn mynd ymhellach na dychan. Dwyn ei gyfrol i gwlwm a wna drwy ddweud:

> Y geiriau hyn sydd, fe ddichon,
> Yn ymglymu, am ryw hyd, yn synau ystyrlon,
> Yn cydio'n deimladau neu'n plethu'n feddyliau,
> Darfod y maent. Y maent yn darfod.

Edrycha'n ôl ar elfennau'r iaith yn eu tro, a'i gasgliad yw:

> Ie . . . *So what?*
> ('Geiriau'; *ARH*, 72)

Dychan sarhaus yw hyn efallai, ac ebychu a wna'r bardd; ymgoega; eithr hefyd, cynhwysa dranc. Fe'i hymgnawdolir. Fe gorffora'r hen beth. Nid sarhau'r iaith gyfoes a wna, eithr sarhau'r sarhad i'r iaith.

Blaendirir ganddo y tyndra hwn rhwng y gogwydd academaidd a'r gogwydd gwerinol mwy archolladwy, yr aruchel a'r arisel, y crach a'r caridyms, drwy gyferbyniadau ieithyddol.

Ymddengys i mi, ynglŷn â'r iaith ym mryd Gwyn Thomas, ei bod hi'n gwbl ganolog. Mae cymysgu cyweiriau a sensitifrwydd ynghylch naws yn sylfaenol i'w genadwri. Ond cyfyd ef i mi sawl problem amwys a chymhleth sy'n fy ngadael mewn drysfa, mae arnaf ofn. Nid wyf yn siŵr pa mor bell i fynd gydag ef weithiau.

Ymddengys braidd yn gafalîr yn ei Ragair i *Y Pethau Diwethaf a Phethau Eraill*: 'Rwy'n dra diolchgar i Mr Derwyn Jones, M.A., am fwrw golwg dros broflenni'r gyfrol hon. Lle ceir yma wyro oddi wrth reolau'r llyfr, *Orgraff yr Iaith Gymraeg*, myfi sy'n fwriadol gyfrifol am hynny'. Ni allaf yn fy myw fod yn siŵr ynghylch ystyr hyn. Dichon fy mod yn rhy geidwadol. Eto, mae'n amlwg, er enghraifft, yn ei gerdd hyfryd o deyrnged i John Gwilym Jones, fod yr acen yn 'bâch' yn dynodi gwedd ar ynganiad (*ARH*, 10). Gŵyr yn burion beth y mae'n ei wneud. Ond cymerwch hefyd y gerdd 'Nadolig':

> Er ein bod yn gwybod o'r gorau
> Bod yna enbyd bethau
> Hefyd yn cynniwair o'n mewn . . .
> (*GA*, 46)

Ni threiglir yr ail 'bod', gan ddiogelu'r glec gynganeddol. Lluchir y safon arferol, fel y gwneir yn 'cynniwair'. Ai codi y mae ef ddirmyg at orofal y pedantiaid diddychymyg? Yn yr hen amser, wrth adolygu barddoniaeth, yr unig safon a gaed oedd sbelian defodol. Dyma'r fuwch sanctaidd. Beth arall y gallai'r sawl a feirniadai farddoniaeth, heb wybod dim am farddoniaeth, ei wneud heblaw tyrchu mewn orgraff a phethau o'r fath? Sylwer ar ddyrnaid o enghreifftiau o luchio'r safon arferol yng ngwaith Gwyn Thomas: nôd; o'r chwe, y pump, a'r pedwar-degau; y rhai nad ymguddiai oddiwrth eu cnawd eu hun; y dull o gorlanu; tunnelli; Gerllaw y Donaw; hŷn na'r Donaw; yr hwyl di-hid; yng ngheneuau y pocedi; arwyddai hyn bod rhyddhad; trwy rhyw lidiart; adennydd; prês, rhês, hûn; y Neil; cynffoni; fô; na ildiasom; gwaeddi; iâs; Diloetran yw'r dwy liter, a.y.b. Beth yw hyn? Ai bod yn gafalîr y mae? Ai ceisio gwthio'i dafod allan y mae yn wyneb Llyfr yr Orgraff uchod ar ei orsedd wen, a hyd yn oed trafod anuniongrededd gramadegol braidd yn ysmala?

Dichon—yn wir yr wyf braidd yn siŵr—fod y bardd yn awyddus i ddiwygio'r Gymraeg. Mae ef drwy gyfeirio at Derwyn Jones yn diarfogi beirniadaeth; ac yr wyf yn barod i dderbyn nad llithradau'r awdur na'r wasg yw'r rhan fwyaf o hyn, eithr gweithred 'fwriadol gyfrifol'. Ond tybed? Gŵyr yr awdur yn burion beth sydd o'i le ar y rhain. Ac eto, yn y Gymru geidwadol a nerfus, mentra. Yn y rhain, ai 'un ohonon-ni' yw ef, y gwehil-ion sy'n camdreiglo neu sy'n methu gyda'r proflenni? Mae'n ei uniaethu ei hun â'r cloffion erlidiedig, y werin a roddodd y gorau i sgwennu oherwydd ffwdan 'John', ac ymrestra gyda'r rhai a fyn sôn am 'Hir-DDRÂÂÂCHTIO' ac am 'ddad-bicnica' a 'chanllawiedig'. Myn fod yn fwriadol 'anghyfrifol'.

Bron na theimla'r ceidwadol barchus ei fod yn mynd yn rhy bell. Ond codi dadl y mae mewn amryw lefydd o'r fath. Sylwer ar ôl iddo glirio Derwyn Jones o bob euogrwydd, y mae'n ychwanegu:

> Efallai y dylwn dynnu sylw at un peth, sef y sain a ddynodir gan y llythrennau *tj* . . . Dyma dreiglo *tjaen* fel enghraifft:

fy nhjaen i (yn lle *tsaen*—fy *nhsaen*) . . .

Y tebyg yw mai'r hyn a ddywedid ar strydoedd y Blaena bid siŵr fyddai 'yn tjaen i', heb dreiglad (nac 'f'). Ond jôc sydd yma gan Gwyn Thomas, parodi; nid ceisio cyflwyno'r cywrain 'tj' y mae o gwbl, na'r treiglad, eithr tynnu coes yn ei 'orofal' diogel gyda'r hyn a alwaf 'y barchedig iaith'. Dyma'r ysfa ddirmygol.

Mae'n talu inni osod ei chwaraeon iaith o fewn cyd-destun ehangach yr anecdotau a'r isel-ael. Dyna, er enghraifft, ei 'ryddieithrwydd' enwog a dychanus. Os bu'n awyddus i roi John y *Welsh Grammar* a John yr *Orgraff* yn eu lle, daeth yn bryd iddo roi detholgarwch mursennaidd syniadau John am briod gywair ac angerdd yr awen yn Rhan 1 *Cerdd Dafod* yn ei le. Dyna'r John a'n rhybuddiai ni oll gynt yn daer rhag y gair 'trwyn' a geirfa dra amheus o'r fath ym mharlwr y gerdd.

Rhan yn unig o'r ymosodiad ar y barchedig iaith yw rhyddieithrwydd. Ac nid peidio ag odli na dewis y testun arisel yw peth felly. Gellid cael enghreifftiau teg o 'daflu llinellau i ffwrdd':

> Ar odre'r traeth a'r tywod melyn,
> Ar odre'r traeth roedd bryn,
> Roedd yno fryn yn Erin,
> Ar lan y môr yn Erin.
>
> ('Ar Lan y Môr yn Erin'; *SLl*, 7)

Arweinia'r bardd ei ddarllenydd i fforio gydag ef yng nghoedwig rhyddieithrwydd ymosodol. Ymddengys y mentro hwn i diriogaeth gwrthryfel yn debyg iawn i'r symudiadau ym myd arlunio *avant-garde* lle y caed cynfasau gwag heb ddim arnynt neu heb ddim ond smotyn bach mewn un cornel. Mentra Gwyn Thomas yn amlach na neb o blith ein beirdd amlwg i eithafion gwacter ystyr. Sylwer ar un pennill nid cwbl annodweddiadol:

> Lana, y lana'
> Ding a ling a ling
> a ling a ling a ling
> a ling a ling a ling
> a ling a ling a ling
> a ling a ling a ling a ling a
> Ma ma ma ma ma ma ma ma ma

EL A EN A,
EL A EN A,
Lana, y lana'.
Gchchrrâw.
('Orbison'; *GA*, 44)

Nid da gennyf ei addef, ond gellid meddwl am hyn o bosib fel cyfraniad i'r argraffiad nesaf o *Caneuon Ffydd*, yn frawd i 'Moto imiêca leo'. Ai 'mam' ynteu dafad golledig yw'r llinell sy'n crwydro'n fwyn ar draws y canol yna, wedi dechrau dod i'r golwg ar ôl inni glywed y clychau? Ai blaidd i'w hysu hi sydd yn y llinell olaf? Ynteu parodïo y mae ef Foderniaeth gartwnaidd? Credaf fod llawer o'r rhyddieithrwydd goruwchdafodieithol hwn yn ei waith yn wedd ar ei ymagwedd feirniadol gymdeithasol, ieithyddol.

Nid gwacter ystyr yn unig sydd yma, ddwedwn i, ond chwarëusrwydd dros-ben-llestri. Mae yna feiddio mawr hefyd. Meiddio sy'n fy nychryn i weithiau. Mae'r herio ieithyddol hwn yn troi'n herio ar y farddoniaeth stiltiog ac yn gallu arwain at sefyllfa dra ecsentrig. Cymerer y gerdd ganlynol ar ei hyd. Pwy arall a feiddiai wneud hyn o fewn y cyd-destun Cymraeg?

Er Cof
(*Arwydd bach o barch mawr*)

Mary Vaughan Jones.
Dyma dŷ Mary Vaughan Jones.
Ond nid yw Mary Vaughan Jones yma.

Drwg.

Mae Mary Vaughan Jones wedi mynd.
Mae Mary Vaughan Jones wedi mynd oddi yma.

Drwg. Drwg.

Mae Mary Vaughan Jones wedi marw.
Mae Mary Vaughan Jones wedi marw
Ac nid yw hi yma.

Drwg iawn wir.

Na. Na. Na. Na.
Mae Mary Vaughan Jones yma.
Mae Mary Vaughan Jones yma
Ac yn llefaru eto.
Mae Mary Vaughan Jones yma ac yn llefaru eto
Â thafodau plant bychain.

Da iawn, wir.

[Dyma awdur llyfrau darllen i blant bach, llyfrau am gymeriadau fel Y Pry Bach Tew a Jaci Soch.]

(*W*, 61)

Mae'r adeiladwaith ei hun yn ddiddorol: sef y duedd tuag at fod yn rhestrol. Gwedd ar y dadbothellu Gwyn-Thomasaidd yw'r *rhestr* a geir, weithiau'n gyflawn adeileddol, mewn sawl cerdd: antur benderfynol arall o her gan y rhyddieithwyr. Rhestru yw un o dechnegau mwyaf nodweddiadol rhyddieitholrwydd neu wrthfarddonolrwydd o'r fath. Gall hefyd ymddangos yn orymdeithiol, yn olyniaeth dra ffurfiol. Gall ar dro—er enghraifft yn y gerdd 'Serch y Doctor' (*SLl*, 43–4)—fod yn sylfaen i'r thema, drwy ddweud nad rhestr yw person, fel y mae'r gerdd fformiwlëig i'r Friallen hithau (*SLl*, 46). Ond mewn cerdd ar ôl cerdd y mae'r elfenoldeb cyrhaeddgar sydd yn y rhestr gystrawennol ieithyddol yn gynhenid i ystyr a natur y darn, megis yn 'Cyfarchion', 'Dros', 'Fi', 'Pa Fodd', 'Ym Manchester' ac 'Eisteddfod Sir yr Urdd (Dan 12)' (*ARH*, 15, 42, 50, 57–8, 60–1, 68–70). Mae'n ymglymu yn y mannau hyn wrth un arall o'r priodoleddau cyson, sef afrwyddineb neu ddadarferu rhythm, *staccato* y frawddeg enwol, fel yn 'Meicrosgop', 'Ffoadur', 'Coeden Nadolig', 'Mae Hi'n Anodd' ac 'Eira Cynta'' (*PDPhE*, 9, 10, 16, 25–6, 52). A dyma finnau yn awr yn dechrau mynd yn rhestrol.

Brawd dybiaf i (gefaill yn wir) i'r rhestr yw'r '*staccato* clercaidd' hwn:

Y tu draw i lonyddwch—
Caledwch:
Y byd, dan ei wyneb—
Gerwindeb.

('Meicrosgop'; *PDPhE*, 9)

> Dŵr: dyfnder, dwy fodfedd.
> Dŵr: tymheredd, cynhesol.
> Seboni: cymhedrol [*sic*].
> Felly golchi dwylo sydd yma!
>> ('Golchi Dwylo'; *SLl*, 16)

Nodwedd academaidd yw dadarferu rhythm fel hyn—academeidd-dra sy'n gyfaill i jôc y barchedig iaith, ac yn wedd ar wrthramantiaeth wrthsynhwyrus. Ystyrier ymhellach:

> *Mae* a gyflea'r Presennol,
> *Yfory* a gyflea'r Dyfodol,
> *Oedd* a gyflea'r Gorffennol.
>> ('Geneth Dair Oed yn Cofio Glaw Mawr'; *SLl*, 62)

> Dau tri,
> Hýp dau tri.
> Rhedaf yn yr unfan,
> Hongian ar fariau,
> Llamu dros geffylau pren
> Bob dydd.
>> ('Cymaint â Hynny'; *PDPhE*, 38)

Yn y fan hon mae gofyn i rywun grybwyll crefydd Gwyn Thomas. Hynny, wedi'r cwbl, sy'n sylfaen ac yn dreiddgar i'r cwbl hwn. Mae hyd yn oed enwi rhestr ddienaid yn fodd i ergydio'r gwacter ystyr. Mae llu o gyfeiriadau crefyddol yn rhedeg drwy'i waith. Gellir cysylltu'r wrth-ôl-foderniaeth a'r ymwrthod â rhai o safonau'r ugeinfed ganrif â'i argyhoeddiadau dyfnaf, gan gynnwys iaith. Ceir amryw gerddi sy'n aralleirio'r ysgrythur. O safbwynt teimlad ac ymwybod y mae ystyriaethau ysbrydol yn haenen gyson drwy'i brofiadau oll fel bardd. Fe'i poenir gan wacter ystyr yr anifeiliaid crefyddol o'i ddeutu, a holl rychwant amhenodolrwydd a nihiliaeth ei amgylchfyd. Un enghraifft ddiriaethol a gogleisiol, ac enbyd, o hyn yw relatifrwydd ei gyfres nodedig o ddamweiniau. Mae'r ddamwain yn argyfyngus ynddi'i hun. Y mae hefyd yn symbol pwerus ac yn sefydliad ysbrydol yn adlewyrchu meddwl yr amseroedd: 'Hunan Anladdiad', 'Ar y Ffordd' (*SLl*, 11–12, 47), 'Dyn Mewn Car', 'Damwain'

(*YG*, 46, 50), 'Grêt Efo Het', 'Diwedd Stém' (*PDPhE*, 27, 41) a 'Bu John' (*W*, 52–3). Mae hyn yn ymwybod byw yn ei waith, sy'n cynyddu hyd at obsesiwn. Yn wir, y mae ei fyfyrdod yng nghyfres y damweiniau ynghylch dynoldeb symbolaidd y byd damweiniol ffwrdd-â-hi, dihidans, wedi ymafael ynddo'n ddyfnach na'r un teimlad arall. Ymdry yn y peth yn ddiymatal.

Nid damwain, sut bynnag, yw'r gyfres hon am ddamweiniau. Y tu ôl i'r cerddi y mae yna fwy nag egrwch a thosturi, creulondeb a thristwch. Yn y rhain diriaethir yr ymwrthod â'r ddelfryd ddamweiniol. Mae yna lef wrthôl-fodernaidd yn erbyn damweinioldeb fel sylfaen deddfau'r byd, yn erbyn cynhaliaeth yr egwyddor, a hyd yn oed y goddefgarwch o athrawiaeth relatifrwydd fel ffordd o fyw. Bychana relatifrwydd fywyd yr unigolyn: nid yw hwnnw ond yn relatif. Dyna un o brif ddogmâu Ôl-foderniaeth. Syniaf fod a wnelo hyn â'r ymdroi crefyddol llawnaf yn y bôn. Credaf hefyd fod Gwyn Thomas—o safbwynt crefydd—yn cynrychioli prif ffrwd ein hamseroedd yn y cyflwr enwadol. Am y rheswm hwnnw, yn y mater hwn, fel mewn llawer o bethau eraill, y mae'n well lladmerydd o'r byd cyfoes Cymreig nag odid neb yn ein gwlad.

Oherwydd amlochredd ei orchest, anrhydedd i mi yw ymuno â chyfeillion eraill i'w gyfarch ar achlysur mor nodedig. Dysgais lawer ganddo, yn brydyddol ac yn ei ysgolheictod. Heblaw ei gyfraniad llenyddol tra ffrwythlon, personoliaeth unigryw yw, ysgolhaig anghyffredin o hoffus, yn y byd llenyddol Cymraeg. A braint i ni sy'n ymuno yn y deyrnged hon yw cael cyfoesi ag ef. Soniais am ei eithafrwydd techneg ymhlith beirdd Cymraeg ein cyfnod; yr un pryd, rhaid cydnabod, ar lawer cyfrif, mai ef yw'r mwyaf normal ohonom i gyd. Mae ef yn sylfaenol normal o ran ei ieithwedd ac yn ei agwedd at orgywreinrwydd ffurf. Normal yw ef yn ei ymddygiad synnwyr-cyffredin gyda'i blant. Normal eto yn ei ymwrthodiad â'r stiltiau. Ac eto, erys ef yn chwyldroadol. Dichon mai eithafrwydd o'r fath yw'r norm tawel.

Gallaf bid siŵr ddychmygu ambell un syniéd am normalrwydd 'Er Cof' uchod fel cwymp o fath eithafol. At ei gilydd, cytunwn. Ond a gaf ddweud wrth y rhai a wêl fwy nag un gerdd yn mentro i'r cyfeiriad hwnnw efallai'n eithafol felly: os dyna'r pris y mae'n rhaid ei dalu er mwyn ei ddilyn i ddibyn ambell ryfeddod fel "'Y Sêr yn eu Tynerwch'" (*CT*, 41) neu 'O Wraig' neu 'Lliw Gwyn' (*PDPhE*, 31, 39)—ac y mae Gwyn Thomas wedi mynnu byw yn beryglus odiaeth fel bardd—yna y mae'r pris yn hen werth ei dalu. A gaf roi to ar y das drwy ddyfynnu un o'm hoff gerddi ganddo, un dawel ddiffwdan o aeddfed fel yr awgryma'r teitl, un sydd, o'i chyferbynnu â'r amrywiaeth yr ymglywir ag ef yn y 'cyfnodau' gwahanol, yn adlewyrchu rhychwant cyfoethog y bardd hwn? Yn y fan hon y mae hagrwch yr ugeinfed ganrif yn cyfarfod â hydeimledd y bardd mewn tosturi a chydymdeimlad.

'Y Sêr yn eu Tynerwch'

Diwrnod melyn o haf aeddfed
A hwnnw yn dirwyn i'w derfyn
Yn egnïon y creigiau duon
A draw ar y môr disglair.
Ac yna gorffwys o dywyllwch tyner
Yn taenu murmuron dros y byd
Ac yn llacio oglau'r gwyddfid yn yr ardd.

A dyma'r fam yn mynd â'i baban
Allan, am y tro cyntaf, i'r nos,
Ar yr awr pan oedd yr awyr yn dechrau sbecian
Yn fân, fân, fywiog.
A dyma'r bach yn sbïo, sbïo ar ryfeddod y ffurfafen
Ac yna'n dechrau chwerthin,
Byrlymu sêr a gyrglo goleuadau.
Roedd yr ardd fel pe bai'n llawn o swigod llawenydd
A'r rheini'n codi'n lliwiau; llewychiadau
Yn bownsio'n wreichion o gwmpas y nos.

Roedd hi'n un o'r adegau hynny
Lle byddai Luc wedi dweud am y fam,
Fel y dwedodd o am Fair,
'Hi a gadwodd y pethau hyn oll
gan eu hystyried yn ei chalon.'

A phan oedd hi'n druan, yn hen
A'i chymalau wedi eu clymu gan y cryd
A'i mab, y baban hwnnw,

Yn alcoholig yn Awstralia,
Trwy niwl ei phresennol,
Trwy ddagrau pethau deuai
Cof am yr ardd honno, am nos o haf
Ac am chwerthin dan y sêr.
(*CT*, 41)

Ceir gan y bardd hwn lawer iawn o gerddi annwyl a difyr, llawer o jôcs campus a disgrifiadau tecnicylyr. Eithr droeon mewn ffordd seml a diymhongar, tan lechu ymhlith bwrlwm o gerddi poblogaidd, ceir ambell gerdd fel hon sy'n tawel godi, codi a chodi, i wastad anghyffredin iawn. Yna, gwyddom oll ein bod mewn cwmni mawr. Testun diolch, yn ddiau. Ond diolch am y cwbl a wnawn i.

NODIADAU

1. Alan Llwyd, *Gwyn Thomas* (Caernarfon, 1984), 63–4.
2. Thomas Parry (gol.), *Gwaith Dafydd ap Gwilym* (Caerdydd, 1952), 327–30, 130–1, 362–5. Gweler hefyd y cerddi perthnasol ar y wefan <*http://www.dafyddapgwilym.net*>.
3. Gwyn Thomas, *Dafydd ap Gwilym: His Poems* (Cardiff, 2001).
4. Gwyn Thomas, *Dafydd ap Gwilym: Y Gŵr Wrth Gerdd* (Aberystwyth, 2003).
5. Alan Llwyd (gol.), *50 o Gywyddau Dafydd ap Gwilym* (Abertawe, 1980).
6. R. M. Jones, *Mawl a'i Gyfeillion: Hanfod Y Traddodiad Llenyddol Cymraeg* (Cyhoeddiadau Barddas, 2000), 128.
7. Parry (gol.), *Gwaith Dafydd ap Gwilym*, 368–9, 300–2.
8. T. Gwynn Jones, 'Dafydd ab Edmwnd', *Manion* (Wrecsam, 1932), 38.

Gwyn Thomas:
Y Bardd yn y Theatr a'r Cyfryngau

William R. Lewis

Dwy ddrama lwyfan yn unig a gyfansoddodd Gwyn Thomas, sef *Lliw'r Delyn* ac *Amser Dyn*.[1] Y mae hyn yn syndod oherwydd yn ystod ei yrfa academaidd bu'n brif olygydd y gyfres 'Dramâu'r Byd', cyfres o gyfieithiadau i'r Gymraeg o glasuron y theatr Ewropeaidd a gyhoeddid hyd yn gymharol ddiweddar gan Wasg Prifysgol Cymru. Ac nid golygu'r cyfieithiadau'n unig a wnaeth; ef ei hun a gyfieithodd *Fin de Partie* gan Samuel Beckett, a hefyd, ar y cyd ag Ian Hilton, *Trotzki im Exil* gan Peter Weiss.[2] Aeth ati hefyd yn ystod y 1990au i gyfieithu dwy o ddramâu Shakespeare, *The Tempest* ac *A Midsummer Night's Dream*.[3] O gofio mai fel ysgolhaig a bardd yr adwaenir ef yng Nghymru, y mae ei gyfraniad i'n diwylliant theatraidd yn un clodwiw a phwysig. Ond gwneud cam â Gwyn Thomas fyddai ystyried hyn fel rhyw atodiad i'w gynnyrch barddonol.

Os edrychir yn fanwl ar rai cerddi yn y gyfrol *Ysgyrion Gwaed* (1967), sy'n rhagflaenu'r ddwy ddrama a gyfansoddodd, gwelir bod y bardd yn arbrofi gyda thechnegau dramatig i ddarlunio'i ddeunydd. Ar ddechrau'r gerdd 'Blaenau' y mae ieithwedd y 'Lleisiau' yn llenyddol goeth:

LLAIS 1:   Yn y gwanwyn mae'r haul yn newid,
              Yn addfwyno ac yn nofio'n nes,
              Fel pysgodyn o aur yn bwrw'i drwyn ar y ddaear
              Ac yn cau ac agor ei geg wrth ei gweld yn newid.
              Mae ei dynerwch yn hollti'r graig ac yn malurio'r pridd,
              Yn llusgo pethau eiddilwyrdd—fel baglau rhedyn—
              Rhwng cerrig ac yn rhoi gwe werdd o dyfiant ar wyneb
                  y graig.
              Mae'n swil wrth anwylo blodau o sgimpen o ddaear

> Ac y mae ei fysedd yn lliwiau i gyd ac yn beraroglau
> O gyffwrdd petalau. Daw bywyd i dywallt o'r garreg.
> LLAIS 2: Glaw. Mi ddaw fel y mynn,
> Ar ddiwrnod y Gymanfa—Methodistiaid, ac Annibynwyr—
> Ac ar garnifal.
> Mi fydd cymylau'n twchu ar ben y Moelwyn—
> Y Moelwyn yn gwisgo'i gap—ac mi fyddant yn rhwygo
> Ar eu traws ac yn arllwys ar ein pennau ac ar ein cynlluniau
> Gan ein gwneud ni'n rhegwyr neu dduwiolwyr
> Yn ôl yr anian, neu yn ôl y galw.
>
> (*YG*, 12)

Ond fel yr â'r gerdd rhagddi, y mae'r ieithwedd yn graddol newid; try'n gyfuniad o'r llenyddol a'r llafar:

> LLAIS 1: 'Dyma ni, O Dad, unwaith eto'n dynesu
> Yn wylaidd a gostyngedig ger Dy fron
> Gan estyn ein diolch am i Ti y waith hon eto
> Ein dwyn i'th dŷ.
> Gofala Di am y rhai hynny sy'n fyr o'n breintiau.
> A golyga ninnau yn gymeradwy yn Dy olwg . . .'
> LLAIS 3: 'Mae o'n daclus iawn ei weddi,
> Ond rydd o fawr o garreg i rybelwr bach.
> Dyna ydi pobol capal ichi!'
>
> (*YG*, 17)

Mewn mannau, deialog rhwng dau lais a geir:

> LLAIS 3: 'Ond pam y rhedodd Margiad i ffwrdd?'
> LLAIS 4: 'Rhy fyr ei cheiniog, mi wranta'
> Mai dyna oedd y rheswm penna'.
> Dyna, o leia', mae nhw'n ei ddweud.'
>
> (*YG*, 19)

Y mae fel petai'r lleisiau haniaethol yn troi'n unigolion o gig a gwaed.
   Gwelir yr un dechneg ar waith mewn cerdd gynnar arall, 'Nadolig 1966'. Gellid dadlau mai golygfa fer mewn drama yw hanner cyntaf y gerdd. Yma

y mae rhai o drigolion Durham yn lleisio'u barn ynghylch penderfyniad cynghorwyr y ddinas i rwystro cymdeithas ddyngarol rhag agor siop y byddai'r elw a geid ohoni'n 'helpu anffodusion a newynog ein daear':

> 'Mae bod yn ffeind yn iawn yn ei le
> Ond i bobol dalu trethi 'dych chi'n deall, ynte?'

> 'Adeg busnes ydi dechra' Rhagfyr yma,
> 'Does 'na ddim lle i'r rhai sydd â'u bryd ar gardota.'

> 'Fel siopwr fy hun mae'n rhaid i mi ddweud
> Fod y cyngor yn iawn yn yr hyn mae nhw'n 'wneud,
> Achos unwaith dechreuith peth fel hyn yn y dre'
> Fe all o ehangu i wn-i-ddim-ble.'
>
> (*YG*, 54)

Y mae'r ddeialog rhyngddynt yn wrthbwynt syniadol ac arddulliol i draethu coethach rhan olaf y gerdd:

> A lathrwyd y byd gan oleuni'r nef?
> A ddisgleiriwyd y nos gan ei seren Ef?
>
> Tywyllwch. Ac yn y tywyllwch, hongian.
> Yn y tywyllwch, hoelion.
> Gwlyb yn y tywyllwch yw'r gwaed.
> Gallwn adnabod y lladd.
>
> (*YG*, 55)

Yr elfennau hyn yn y cerddi sy'n rhoi iddynt rym dramatig, yn arbennig felly pan adroddir hwy gerbron cynulleidfa.

Disgrifia'r awdur *Lliw'r Delyn*, a gyfansoddwyd ar gyfer y teledu, fel 'Ffars . . . am y dyddiau dychmygol hynny yn y gorffennol tywyll pan oedd rhai Cymry dychmygol yn rhegi a phan oedd eraill yn ymhél â'r ffurf dderbyniol honno ar anonestrwydd a elwid yn *canfasio*',[4] a hynny er mwyn cael swyddi dysgu mewn ysgolion. Er mai ffars ydyw, gellid dadlau fod iddi, yn y bôn, thema ddwys: ceir ynddi feirniadaeth lem ar y cyflwr dynol. Ac eithrio unigolion fel Peredur a Gloria, y mae pob un o'r cymeriadau eraill yn gwbl lygredig. Y mae Agnes Jobworthy, aelod mwyaf dylanwadol corff llywodraethu Ysgol Brynlloeau Mawr, nid yn unig yn gymeriad diegwyddor, ond hefyd yn un hynod grotésg. Y mae cymeriad y Parchedig Tric Hughes, cariad Deleila, y ferch ystrywgar sy'n cynnig am yr un swydd â Pheredur, yn gwawdlunio'r gweinidogion ymneilltuol hynny yn y 1960au a gefnodd ar eu galwedigaethau er mwyn dilyn gyrfaoedd brasach ym myd y cyfryngau. Y mae hyd yn oed Ifan, cyfaill pennaf Peredur, yn fwy na pharod i dywallt potel o fodca i'r te a baratowyd ar gyfer llywodraethwyr yr ysgol. Canlyniadau'r weithred ysgeler hon sy'n peri iddynt, yn eu meddwdod, gynnig y swydd ddysgu yn y diwedd i Beredur. Ymddengys fod daioni a chyfiawnder yn y pen draw yn drech na drygioni. Ond gwyddys mai ystryw ar ran Ifan a sicrhaodd y fuddugoliaeth hon; hynny yw, cadarnheir gwireb y ddihareb a ddyfynnir dan deitl y ddrama: 'Ni waeth be fo lliw'r delyn os da'r gainc'. Ond os myfyrir ar y ddrama hon fel cyfanwaith, a chloriannu ei thema yng ngoleuni themâu cerddi'r cyfrolau a'i rhagflaenodd, y mae'n anodd osgoi gofyn a yw'r dramodydd yn gwir ategu gwireb y ddihareb hon. Y mae natur rhai o'r cerddi'n awgrymu y cài drafferth gwneud hynny, oherwydd y mae'r themâu a wyntyllir ynddynt yn awgrymu nad rhywbeth i wamalu yn ei gylch yw'r cyflwr dynol. Gellid dadlau fod *Lliw'r Delyn* yn debycach i gomedi ddu na ffars.

Y mae'r darlun a geir o'r cyflwr dynol yng ngherddi'r cyfrolau *Chwerwder yn y Ffynhonnau* (1962), *Y Weledigaeth Haearn* (1965) ac *Ysgyrion Gwaed* (1967) yn un pur besimistaidd. Gellid disgrifio'r rhain fel cerddi yn darlunio'r cyflwr dynol ar ôl y Cwymp. Themâu a welir yn gyson ynddynt yw creulondeb cynhenid dyn ac ymdrechion trwsgl ond dewr unigolion i sefydlu rhyw lun o fywyd digon amherffaith iddynt eu hunain wyneb yn wyneb â grymusterau y tu hwnt i'w dirnadaeth a'u rheolaeth.

Yn y gerdd 'Hiliogaeth Cain' ceir disgrifiad grymus o'r modd y cynddeiriogodd Cain am i Dduw ffafrio aberth ei frawd Abel yn hytrach na'i aberth ef:

> LLAIS 2: A Chain a ystyriodd fod golygon ei Arglwydd
> Yn dewis offrwm Abel.
> Am hynny yr hidlodd casineb trwy ei waed
> Fel yr hidlodd bywyd trwy'r môr.
> Amlhaodd marwolaeth fel ymlusgiaid yn ei ben.
> (*YG*, 27)

Y mae pob gwareiddiad ar hyd y canrifoedd yn ffrwyth 'cynddaredd' Cain. Penllanw'r cyfryw gynddaredd yw'r dioddefaint a ddeilliodd o ryfela'r ugeinfed ganrif. Ac na chreder bod ein rhyfela ni yn fwy gwâr na rhyfela'n gwrthwynebwyr:

> LLAIS 3: Dim hel dail, dyn drwg oedd Hitler.
> Ac eto o sylwi'n graff ar y mater
> 'Roedd rhywbeth heblaw chwilen yn ei ben
> Yn ôl y dull y trefnodd mor gymen
> I roi pentwr o Iddewon llwm mewn pobty
> Ac yna edrych arnynt yn crasu.
> Yr un mor gymen 'ddwedwn i
> Yr aethom, ar ein hochor ni,
> I ollwng bom ar Nagasaki.
> A ffrwydro'n well na Fuji Yama
> A wnaeth dinas Hiroshima.
>
> (*YG*, 32)

Hiliogaeth Cain ydym oll, ac, fel Efnisien gynt, ni allwn ffoi rhag y gynddaredd hon ynom, er inni ddeisyfu gwneud hynny:

> Mae'r gwacter yn hel, a rhagddo ni wn i ddim.
> Mae tynerwch yn darfod, ac ni fedraf fi ddim.
> Mae bywyd yn marw, ac ni allaf fi ddim.
>
> Onid efnisien ydwyf.
>
> (*WH*, 30)

Hyd yn oed pan ymddengys gweithred dreisiol yn un gyfiawn yng ngoleuni'r anghyfiawnder a'i symbylodd, ni ddylai hynny ennyn ynom dawelwch meddwl. Ni cheisia—ac, efallai, ni all—awdur y Mabinogi gyfiawnhau dialedd Lleu ar Ronw:

> Wrth afon
> Bu cyfranc arall. A'r Lleu â'i wayw
> A fwriodd y lladdwr, er ei warchod â chaledwch maen,

O'i lywodraeth gelwyddog, o gadernid ei gaer.

Ac fel hyn y daw'r chwedl i ben.

(*WH*, 16)

A phan nad ydyw dynion yn difa ei gilydd, ac yn hytrach yn mynd ati i geisio sicrhau rhyw ddedwyddwch iddynt eu hunain—'y llygad o lawenydd yng nghanol y graig'—fel y gwna cymeriadau'r gerdd 'Blaenau', y mae'n rhaid iddynt wneud hynny yn wastadol yng nghysgod angau:

LLAIS 2: 'Marwolaeth. Mae'n rhaid byw efo marwolaeth.
Mae o'n ddall yn llygadu'r llechfaen, ac yn rhedeg
 ar led yn y ddaear.
'Wyddoch chi ddim ple i'w gael o.
O'r tywyllwch y daw o,
Y tywyllwch sydd o gwmpas eich golau.'

(*YG*, 13–14)

Byrhoedlog yw enwogrwydd a llwyddiant bydol. Cafodd pêl-droediwr 'braw efo Everton pan oedd o'n llafn', ond erbyn hyn:

LLAIS 2: 'Mae o'n gorfod cysgu i lawr, ei frest o'n rhy gaeth
 iddo fo ddringo i'r llofft.
Llwch arno fo wyddoch chi.'

(*YG*, 15)

Ymddengys na ddaw dedwyddwch i ran y sawl sy'n chwennych cysur mewn perthynas ddynol ychwaith; mae rhyw ddieithrwch anochel yn llethu perthynas gŵr a gwraig:

LLAIS 3: Disgwyl ydyw rhan gwragedd.
Y mae gŵr a fedr dreiddio i'w hunigrwydd;
A disgwyl amdano, a gobeithio
Dyfod o'r hyn y mae ei greddf arno,
Yn ei lunio yn ei henaid,
Disgwyl yr hwn a dorro i graig ei hunigrwydd

Yw rhan gwraig.
Y mae ganddi ei hoes i ddisgwyl yr adnabod.
(*YG*, 17)

Nid nad yw'r bardd, weithiau, yn gallu ymateb i ambell wefr mewn bywyd. Yn y gerdd 'Haf Cynnar' y mae harddwch natur—'[y] cymhelri gloyw rhwng y dail' a'r 'llawenydd lliwgar sydd yng ngwallt yr afallen'—yn ei symbylu i ddatgan gyda gorfoledd 'mai'r haf yw hyn' (*WH*, 19). Yn y gerdd 'Hyn a Aeth Heibio' awgrymir y gall natur ymuniaethu â'r ing a'r gwacter dyddiol y mae'n rhaid i ddyn eu dioddef. Pan fo 'Ynni . . . byw'n ceulo', bydd cân yr aderyn du hithau'n 'distewi/Ac aur y gerdd yn syrthio i gawg y nos' (*ChFf*, 41). Ond munudau prin yw rhai o'r fath; yn amlach na pheidio y mae dihidrwydd mud natur yn llethu'r bardd. Yr hyn a erys yng Nghwmorthin ar ôl yr 'amseroedd . . . llewyrchus' a'r 'cyfannedd' yw 'Gwacter, gwacter, gwacter' (*WH*, 17).

Y mae'r un besimistiaeth ynglŷn â'r cyflwr dynol i'w chanfod yn *Amser Dyn*. Ar ddechrau'r ddrama dyfynnir geiriau Miranda yn act olaf *The Tempest*, pan ymddengys fod popeth wedi ei ddatrys:

MIRANDA: O, wonder!
How many goodly creatures are there here!
How beauteous mankind is! O brave new world
That hath such people in't.
(V. i. 184–7)

Ymateb swta Prospero i'w haeriad yw ''Tis new to thee'. Er gwaethaf diweddglo ymddangosiadol lawen y ddrama, y mae rhyw islif pesimistaidd yn rhedeg trwyddi. Y mae pen draw ar alluoedd Prospero; efallai na lwyddodd i wir newid natur dyn. A dyfynnu sylw Gwyn Thomas ei hun mewn trafodaeth graff o'i eiddo ar y ddrama:

Fe fu maddau, ond a fydd camweddau'n digwydd eto—yn enwedig yn achos Antonio a Caliban? Bydd, mae'n debyg.[5]

Y mae'n demtasiwn beryglus chwilio am ryw gysondeb syniadol yng ngweithiau creadigol llenor unigol. Nid athronydd na diwinydd mo'r llenor; yn amlach na pheidio, ymateb i fywyd gyda'i bersonoliaeth yn hytrach na'i ddeall a wna. Ymchwil i ddeall natur bywyd yw llenydda, a chan fod gwrthrych yr ymchwil hon yn ei hanfod yn gymhleth, y mae'n anochel fod deongliadau llenor ohono'n ymddangos i'r beirniad, ar brydiau, yn anghyson â'i gilydd. Yn aml, y cyfan y gellir ei haeru yw fod cynnyrch creadigol llenor arbennig yn gogwyddo at ryw un thema ganolog.

Thema ganolog *Amser Dyn* yw anallu dyn i'w achub ei hun o afael amherffeithrwydd cynhenid ei natur. Daw'r teitl o *Lyfr y Tri Aderyn* Morgan Llwyd, a gyhoeddwyd ym 1653. Dyma eiriau'r gosodiad yn llawn:

Amser dyn yw ei gynhysgaeth, a gwae a'i gwario yn ofer.[6]

Conglfaen diwinyddiaeth Llwyd oedd ei gred fod Duw yn bodoli ym mhob unigolyn. O'r herwydd, pennaf ddyletswydd dyn yw chwilio am y Duwdod, y goleuni mewnol, sy'n trigo ynddo. Ond y mae natur bechadurus dyn yn ei rwystro rhag gwneud hyn; myn afradu ei amser prin ar y ddaear yn chwennych darfodedig bethau'r byd hwn.[7] Dylid pwysleisio nad yw'r dramodydd yn adleisio'r ddiwinyddiaeth hon yn slafaidd. Serch hynny, gellid dadlau fod thema ganolog y gwaith yn gogwyddo ati. Drama foes gyfoes, biwritanaidd ei naws ydyw, sy'n darlunio'n theatraidd gyndynrwydd dyn i sicrhau bywyd gwir ystyrlon iddo'i hun.

Y mae'r ddrama'n cychwyn gyda'r llwyfan mewn tywyllwch llwyr am rai eiliadau. Yna, graddol ddatgelir inni fel cynulleidfa fod genedigaeth ar droed. Yr unig eiriau a leferir yn ystod hyn oll yw 'Ie', 'Ydyw', 'Y mae' a 'Byw'. Geiriau syml a moel ydynt sy'n tanlinellu dihalogrwydd a diniweidrwydd ymddangosiadol y plentyn a enir. Ond nid dihalog na diniwed mohono: y mae'r hunan halogedig a oedd eisoes yn llechu yn ei ddeunydd yn mynnu ei le ym mywyd y baban. Y mae'n arwyddocaol fod y ddeialog sy'n dilyn yr enedigaeth yn ymwneud ag enwi'r plentyn; y mae enw fel petai'n symbol o'r hunan ynddo:

TAD: Ond y mae gen ti enw?
MAM: 'Dydw i ddim yn meddwl y leici di o.
TAD: Be ydi o?
MAM: Leici di mo'no fo.
TAD: Be ydi o?
MAM: John. Dim ond John.

(*AD*, 12)

Ar un wedd, y mae'n achlysur llawen, ond y mae gwag faldorddi'r fam a'r nain yn tanseilio'r llawenydd; hynt a helynt arwynebol y byd hwn sy'n mynd â'u bryd:

MAM: Mi ges i deligram oddi wrth Dilys.
NAIN: Lwc ei bod hi adre. Mi ddaw hi draw ryw ben meddai hi. 'Doedd hi ddim am ddŵad heddiw rhag tarfu ar y teulu. O ie. Mi ffoniais i'r ffarm i ddweud. A wyddost ti be ddwedodd Mrs. Humphreys wrth ateb—'roeddwn i'n ei chlywed hi: 'Mae Mair wedi dy guro di eto. Mae ganddi hi hogyn.' Rhyfedd ynte?
MAM: Tynnu coes Dilys yr oedd hi.
NAIN: Efallai. (*Saib*) Sut yr aeth pethau?
MAM: Llawer gwell nag yr oeddwn i'n ei ddisgwyl, yn enwedig ar ôl clywed Margaret wrthi. 'Rydych chi'n cofio Margaret on'd ydych—honno ddaeth acw efo'r ci hwnnw pan oeddech chi draw i fwrw'r Sul ryw dro? Clywed am drafferthion y bûm i gan honno.
NAIN: Fel 'na y mae rhai. A be wyt ti'n ei ddisgwyl gan rywun oedd dragwyddol yn magu rhyw hen bwdl[?]

(*AD*, 14)

Nid yw'r taid yn cyfrannu llawer i'r sgwrs, sy'n awgrymu fod yr achlysur yn peri anesmwythyd iddo. Ac ef, mewn cerdd—gwrthbwynt arddulliol i draethu llafar blaenorol y fam a'r ferch—sy'n canfod arwyddocâd dyfnach i'r digwyddiad. Plethwyd dwy thema i'w gilydd ynddi; byrhoedledd diniweidrwydd yw'r naill:

LLAIS TAID: Hi.
Hi oedd yn fach.
A rŵan yn fam.
Hi oedd yn fach.
Fel doe. Mae o fel doe.
Fel y mae amser yn mynd.
Hi oedd yn fach.
A rŵan yn fam.

(*AD*, 15)

Presenoldeb anochel dioddefaint mewn bywyd yw'r llall:

> LLAIS TAID: Rhyfedd, rhyfedd.
> Rhyfedd.
> Llawenydd.
> Ac yn rhywle, y dagrau.
> (*AD*, 15)

Y mae'r pennill hwn yn adleisio llinellau agoriadol emyn enwog Ann Griffiths, sy'n dathlu genedigaeth Crist:

> Rhyfedd, rhyfedd gan angylion,
> rhyfeddod mawr yng ngolwg ffydd,
> gweld Rhoddwr bod, Cynhaliwr helaeth
> a Rheolwr popeth sydd
> yn y preseb mewn cadachau
> a heb le i roi'i ben i lawr,
> eto disglair lu'r gogoniant
> yn ei addoli'n Arglwydd mawr.[8]

Nid damweiniol, efallai, yw'r tebygrwydd rhwng y gerdd a'r emyn. Ac efallai nad damweiniol ychwaith yw'r ffaith mai Mair yw enw mam y baban yn y ddrama. A yw Gwyn Thomas, hyd yn oed ar y cychwyn, yn cynnil awgrymu y bydd tynged John, y prif gymeriad, yn bur wahanol i dynged Crist? Maes o law, y mae John yn gwneud pob ymdrech i osgoi 'dagrau' bywyd; dewisa Crist ddioddefaint y groes i 'dalu dyled pechaduriaid/ac anrhydeddu deddf ei Dad'.

Yn y cyfarwyddyd llwyfan dywedir mai '*Ansawdd Breuddwyd*' sydd i'r ail olygfa:

> *Tywyllwch. Yna llewyrcha goleuni lledrithiol ar y llwyfan. Daw merch ifanc, hardd wedi'i gwisgo mewn gwyn llaes o ochr chwith y llwyfan a symud yn araf a gosgeiddig i'r canol.*
>
> *Daw gŵr i mewn o'r chwith. Mae'n syllu'n weddol hir ar y ferch ac yn symud yn araf tuag ati. Mae hi'n symud ymaith yn araf i ochr dde'r llwyfan ac aros yno. Mae'r gŵr fel petai am ei chyrraedd ond cyn iddo*

wneud hynny mae hi'n diflannu. Mae yntau'n cael ei adael yn unig a thrist, ac y mae'r golau'n marw'n araf.
(*AD*, 17)

Gellid dadlau fod y ferch—gelwir hi'n 'Wraig y Weledigaeth'—yn symboleiddio'r goleuni mewnol y mae John yn ystod troeon ei fywyd yn methu neu'n dewis peidio ag ymgyrraedd ato oherwydd ei ddiffyg gweledigaeth bersonol o wir arwyddocâd bywyd.

Yn nhrydedd olygfa'r ddrama y mae'r baban John, erbyn hyn, yn blentyn ifanc yn chwarae cowbois gyda Geraint, cyfaill iddo. Ceisio efelychu'r ymladd a welsant mewn ffilmiau cowbois y maent, ac mae doniolwch eu sylwadau'n tanlinellu llawenydd ymddangosiadol y ddau wrth iddynt ddadlau ynglŷn â phwy yw'r 'bôi'—yr arwr—a phwy yw'r 'dyn drwg', fel y galwant hwy. Ond buan y try'r chwarae'n chwerw; yn anfwriadol, y mae Geraint yn anafu John. Delweddir yn theatraidd eiriau'r taid yn y gerdd a adroddodd ar ôl genedigaeth John yn yr olygfa gyntaf. Os cofir, yr hyn a bwysleisir ganddo ynddi yw fod dagrau 'yn rhywle' ynghanol pob llawenydd. Pan gaiff John ei daro '*go-iawn*' ar ei glust yn y cythrwfl, '*Mae'r chwarae'n peidio*' (*AD*, 20). Y mae dioddefaint yn rhywbeth real; nid rhywbeth afreal ar sgrin sinema mohono. Y mae is-destun y ddeialog yn awgrymu fod y ddau blentyn, am ennyd, yn sylweddoli hyn:

JOHN: Wff, fy nghlust ddrwg i.
GERAINT: Argol, sorri 'chan. Ydi o'n brifo?
JOHN: Siŵr iawn ei fod o'n brifo.
GERAINT: Wir-yr, 'doeddwn i ddim yn trio. (*Saib, pryd y mae JOHN yn gwneud ei boen yn amlwg*) Wyt ti'n ffrindiau?
JOHN: Mae o'n brifo.
(*AD*, 20–1)

Pan ymddengys Margaret, merch o'r un oedran â hwy, dechreuir trafod dirgelion cenhedlu plant. Camddehongli'r rhan hon o'r olygfa fyddai haeru mai darlunio diniweidrwydd plentyn wyneb yn wyneb â rhywioldeb bywyd y mae'r dramodydd; y mae mileindra'r plant tuag at ei gilydd yn gryfach elfen ynddynt na'u diniweidrwydd. Y gair allweddol yn yr olygfa yw 'babi'. O'i glywed, dygir i gof enedigaeth John ac, yn bwysicach fyth, y gerdd a lefarodd y taid ar ôl y digwyddiad. Byddai Cristion yn y traddodiad Awstinaidd yn dadlau mai ffynhonnell y 'dagrau' a'r 'ias fain o farwolaeth' (*AD*, 15) y cyfeiria'r taid atynt yw natur bechadurus dyn; hynny yw, a'i roi mewn ieithwedd ddiwinyddol, y Pechod Gwreiddiol.⁹ Trosglwyddir y Pechod Gwreiddiol hwn o'r naill genhedlaeth i'r llall drwy gyfrwng y weithred rywiol. Y mae'n arwyddocaol fod y drafodaeth hon ar ryw yn y ddrama yn digwydd yn syth ar ôl y cwffio, pan gafodd John ei daro ar ei glust gan Geraint. Wrth wneud hyn, cynnil awgrymir bod a wnelo rhyw rywbeth â chreulondeb sylfaenol bywyd. Y mae is-destun y ddeialog ganlynol yn awgrymu fod John a Geraint, er mai plant ydynt, yn greddfol wybod 'o ble mae babis yn dŵad', ond y mae'r gwirionedd hwn yn eu hanesmwytho. A rhywbeth greddfol hefyd ynddynt yw'r anesmwythyd a brofant; y mae dyn wedi etifeddu rhyw ddawn i osgoi gwirioneddau annymunol:

GERAINT: Wyt ti'n gwybod o ble mae babis yn dŵad?
JOHN: Ydw siŵr, mae pawb yn gwybod hynny.
GERAINT: O ble hefyd?
JOHN: Wel . . . ym . . . 'dydw i ddim yn gwybod yr holl fân bethau ynte, ond . . . y . . . rhywbeth i wneud efo adar ydi o.
GERAINT: Ie siŵr. Roeddwn innau wedi clywed mai rhywbeth i wneud efo adar oedd o.
Saib.
JOHN: Argol, mae gen i eisio bwyd.
GERAINT: A finnau hefyd.
JOHN: Mi rasia i di at 'rysgol bach!

(*AD*, 23)

Yn y bedwaredd olygfa darlunnir amharodrwydd John i ymrwymo i unrhyw egwyddor foesol. Y mae, bellach, yn fyfyriwr, ond nid yw yn ymateb o gwbl i sylwadau dadleugar gwyddonydd y mae ef a'i rieni'n hanner gwrando arno ar y teledu. Ceisio cyfiawnhau ymchwil i arfau biolegol y mae Dr Smith, ond ymddengys fod y pwnc llosg pwysig hwn mor ddiflas yng ngolwg John ag ydyw i'w rieni, sy'n dyheu am rywbeth ysgafnach i'w wylio, megis 'Hughie Green neu rywbeth felly' (*AD*, 26).

Nid oes ganddo ychwaith ddiddordeb ym mherthynas pobl â'i gilydd. Pan ddaw Mrs Jones, cymdoges y teulu, i'w gartref a dechrau protestio ynglŷn â chefndir cymdeithasol cariad ei mab, digon ystrydebol a swta yw sylwadau John. Graddol anghofir am broblemau carwriaethol; y mae hysbyseb sebon a phriodoleddau powdwr golchi arbennig yn mynnu sylw pawb.

Y mae agwedd ddidaro John tuag at berthynas unigolion â'i gilydd yn cael ei darlunio'n fwy trawiadol fyth yn y bumed olygfa, pan yw'n cael cyfle i leddfu peth ar ei hunanoldeb a'i sinigiaeth yng nghwmni Megan. Y mae John a hithau wedi cerdded i fyny '*Ochr mynydd uwchlaw'r môr*', ac y mae'r ddau'n syllu ar y byd naturiol oddi tanynt. Ond nid yw ei harddwch yn cynhyrfu dim oll ar John:

MEGAN: Mae'r ochor 'ma'n edrych i lawr ar y môr. Sbïa ar yr heidiau o wylanod yna.
JOHN: Nythu yn y creigiau y maen nhw.
MEGAN: Maen nhw'n sgleinio o wyn yn yr haul.
JOHN: Sgleinio o 'fan hyn efallai. Hen adar digon barus a brwnt ydyn nhw.
MEGAN: Ond 'dydi hynny ddim yn cyfri rŵan. Mae'r haul 'ma'n eu newid nhw.
JOHN: Mae'r pellter yn eu newid nhw. Ac y mae'r diwrnod bendigedig yma'n eu newid nhw.

(*AD*, 31)

Y mae fel petai'n gwneud ati i danseilio pob sylw o eiddo Megan:

MEGAN: Bach ydi'r bobol acw i lawr hyd lan y môr ynte?
JOHN: Mae nhw gymaint â ninnau mae'n siŵr.
Saib.
MEGAN: O 'fan hyn 'does yna ddim gwahaniaeth rhyngddyn nhw.
JOHN: Fel 'na y mae hi o ben mynydd.

(*AD*, 31)

Ond, fel yr â'r olygfa rhagddi, y mae'r ddau, am ennyd, yn nesáu at ei gilydd yn emosiynol, a rhydd John gusan i Megan. Gwêl hithau elyrch yn y pellter, ond difethir rhin yr ennyd hon gan sylwadau sinigaidd John:

MEGAN: Mae'r elyrch yn y parc.
JOHN: Rwyt ti'n gweld yn dda.
MEGAN: Dacw nhw'n wyn.
JOHN: Draw ymhell.
MEGAN: Mewn llyn disglair.
JOHN: Rydym ni'n farddonol iawn.
MEGAN: Mae elyrch yn gwneud i bobol farddoni.
JOHN: Ydyn mae'n debyg. (*Saib*)

(*AD*, 34)

Erbyn diwedd yr olygfa y mae sinigiaeth John wedi gadael ei hôl ar Megan hithau. (Flynyddoedd yn ddiweddarach pan ailgyferfydd y ddau, y mae sinigiaeth Megan fel petai wedi cyrraedd ei llawn dwf.) Er ei bod, yr ennyd hon, yn cyfaddef ei bod yn caru John, synhwyrir nad oes dyfodol i'w perthynas. Serch hynny, penderfynant fynd 'i weld yr elyrch yn y parc', ond, pan glywir hynny, dygir i gof araith gynharach o eiddo John yn yr un olygfa sy'n disgrifio'r modd yr ymosododd ar elyrch arbennig y daeth wyneb yn wyneb â hwy pan oedd yn blentyn:

JOHN: Ac o'r hesg dyma 'na glamp o alarch gwyllt yn dŵad allan gan glecian ei adenydd a'i wddw fo'n chwifio 'run fath â neidr. A dyma fo'n ei gwneud hi amdana' i, yn eitha' cyflym ond yn afrosgo.
MEGAN: Be' wnest ti?
JOHN: Dyma fi'n ei g'leuo hi a'r sŵn 'ma yn yr hesg y tu ôl imi.
MEGAN: Be' ddigwyddodd wedyn?
JOHN: Wedi mynd yn ddigon pell dyma fi'n cael cerrig ac yn ei bledu o, fo a'r un oedd ar y dŵr.

(*AD*, 34)

Y mae gosodiad olaf pryfoclyd Megan ar ddiwedd yr olygfa'n llawn symboliaeth:

JOHN: (*Yn bywiogi tipyn*) Iawn. Mi awn ni i weld yr elyrch yn y parc.
MEGAN: Ond 'dwyt ti ddim i daflu cerrig atyn nhw cofia.

(*AD*, 37)

O wybod bellach am ei natur, y mae'n debygol y bydd John yn bygwth yr elyrch. Ac nid yn unig yr elyrch sydd dan fygythiad, ond ei berthynas â Megan hefyd. Y mae golygfa olaf yr act—gwelir, unwaith yn rhagor, yr un olygfa freuddwydiol rhwng 'Gŵr a Gwraig y Weledigaeth'—yn tanlinellu'r tro hwn y dieithrwch sy'n debygol o ddwysáu rhyngddynt yn fuan.

Ac yn nechrau'r ail act nid oes sôn bellach am Megan. Y mae John erbyn hyn yn gyfreithiwr llwyddiannus â'i fryd ar yrfa wleidyddol. I geisio gwireddu'r uchelgais hon, y mae'n ymweld â chartref Henry, hen gyfaill iddo, sydd, bellach, yn Aelod Seneddol. Ymddengys fod Henry wedi addo sedd seneddol ddiogel i John yng Nghymru. Ond nid yw teyrngarwch Henry yn ennyn teyrngarwch cyffelyb yn John, oherwydd y mae'n fwy na pharod i gydorwedd â'i wraig, Jean. Yn yr olygfa fer hon awgrymir bod y byd gwleidyddol yn ei hanfod yn gwbl lygredig. O dan ddedwyddwch materol Henry a Jean llecha rhyw wacter; y mae'r 'dagrau' a'r 'ias fain o farwolaeth' (*AD*, 15) y cyfeiriodd y taid atynt yn ei gerdd i'w canfod yma hefyd. Y mae Jean ar ei phen ei hun gartref, ac wedi llwyr syrffedu ar undonedd ei bywyd beunyddiol:

JEAN: Mae Henry'n hwyr. (*Saib. Edrych at y ffenest*) A rŵan mae hi'n pigo bwrw. Mi fydd hi'n law eto. Rydw i wedi blino ar y glaw, glaw dragwyddol yma.

JOHN: Mae hi wedi gwneud haf sâl hyd yn hyn on'd ydi? A 'does yna ddim golwg fod dim byd gwell i ddod ychwaith.

JEAN: Mae'n siŵr gen i bod ein heneidiau ni i gyd yn y wlad yma wedi tampio efo'r holl law.

(*AD*, 41)

Y mae caru gyda John yn torri, am ennyd, ar yr undonedd hwn, ond nid yw'r weithred rywiol yn gorwefreiddio'r naill na'r llall. Ar ôl ei chyflawni, y mae John yn gwisgo amdano'n gwbl ddiemosiwn tra bo Jean '*yn y gwely . . . yn edrych yn syn arno*'. Ar ôl ymadawiad John, gŵyr Jean y bydd hi'n 'smocio a gwrando ar y cloc' hyd nes y dychwel Henry, ei gŵr, adref. A bydd hwnnw'n ei dwyllo'i hun 'fod popeth yn iawn' rhyngddynt. Y mae modd dehongli digwyddiadau'r olygfa hon yng ngoleuni'r olygfa yn yr act gyntaf rhwng John a Megan. Yn yr olygfa honno gallai John fod wedi meithrin perthynas ystyrlon â hi, ond, fel y gwelwyd, roedd rhyw elfen hunanddinistriol yn ei natur yn ei rwystro rhag gwneud hynny. Troes ei gefn ar lawenydd a oedd o fewn ei gyrraedd; y mae'n well ganddo berthynas arwynebol gorfforol fel yr un a gaiff gyda Jean, sydd, yn ôl pob golwg, yn rhannu'r un weledigaeth o fywyd ag ef ei hun.

Tanlinellir unwaith eto sinigiaeth a diffyg gweledigaeth John pan yw'n annerch cyfarfod cyhoeddus cyn yr etholiad. Pregetha ddarbodaeth economaidd i'w gynulleidfa gan wybod yn burion fod gwleidyddiaeth ar drugaredd mympwyon y farchnad stoc, sy'n ddim amgenach na gêm 'bingo' soffistigedig. Ystyrir y gêm hon yn un sanctaidd gan ei chwaraewyr; llafargenir y rhifau gan 'offeiriad' fel petai'n arwain litwrgi eglwysig. Ni chaiff John ychwaith drafferth cyfiawnhau gwariant afresymol ar arfau, a hynod lugoer yw ei agwedd at y Gymraeg a'i statws cyfreithiol. Ymddengys fod John wedi ei lwyr aberthu ei hun ar allor materoliaeth a mantais wleidyddol.

Y digwyddiad mwyaf arwyddocaol o safbwynt John yn nhrydedd olygfa'r ail act yw dod wyneb yn wyneb â Megan unwaith eto, a hynny mewn parti gyda'i gyd-aelodau seneddol. Erbyn hyn, er mawr fraw iddo, nid yw ei hen gariad yn fawr gwell na phutain sy'n troi mewn cylchoedd gwleidyddol uchel-ael. Ond, fel yr awgryma Megan, efallai, wedi'r cwbl, mai eneidiau hoff cytûn ydynt; y mae John yntau wedi cefnu ar bob egwyddor a feddai:

JOHN: Be' sy wedi digwydd?

MEGAN: (*Mae hi'n rhoi pwff o chwerthin chwerw*) Hff. Ie, be' sy wedi digwydd[?] Ofynnaist ti'r cwestiwn yna i chdi dy hun erioed? Naddo, m'wn. Wel os nad wyt ti'n gwybod yr ateb drosot dy hun, 'fedra' i ddim dweud wrthyt ti.

(*AD*, 61)

Y mae sylw annisgwyl John, "Does dim rhaid i'r darfod yma a'r diwedd yma ddigwydd', yn awgrymu ei fod o'r diwedd yn barod i herio'i dynged ac efallai ailgydio yn ei berthynas â Megan. Gadawant y parti a dychwelyd i fflat John.

Ar yr olwg gyntaf ym mhedwaredd olygfa'r ail act, gwelir agweddau ar bersonoliaeth John nas gwelwyd o'r blaen. Pan gyfeddyf Megan ei bod hi, ar ôl marwolaeth ei gŵr, wedi 'ymollwng', y mae John yn cydymdeimlo â hi:

MEGAN: 'Ymollwng' ydi'r gair. Ar un adeg bron na fedrwn i glywed gwragedd wrth siopa'n dweud wrth ei gilydd ar ôl cael fy nghefn i, 'Mae hi wedi ymollwng. Ac mor fuan hefyd'. *Saib*.
Ond mae rhywun yn magu cragen. Y widw lon! Y widw lon myn diawl!
JOHN: 'Dydym ni ddim yn dysgu fawr am boenau'n gilydd.
MEGAN: Na, fawr ddim. (*Saib*) Wel, dyna fo.
JOHN: Mae'n ddrwg gen i am yr hyn y bu'n rhaid iti ei ddioddef.

(*AD*, 65)

Pan yw Megan yn ei holi ef am ei hynt a'i helynt yn ystod y blynyddoedd, y mae'n ei dwyllo ei hun fod ganddo o hyd ei egwyddorion: "Theimlais i erioed fod yna ddim newid mawr wedi digwydd imi', meddai (*AD*, 65). Er iddo gael ei orfodi i gyfaddawdu â'r byd—'ildio' yw'r gair a ddefnyddia Megan—y mae, yn y bôn, yn 'credu yn yr hyn [a wnaeth]' â'i fywyd. Y mae clywed Megan yn awgrymu iddo sylfaenu ei fywyd ar 'gelwyddau' yn ei anesmwytho ac yn ei orfodi i newid trywydd y sgwrs rhyngddynt. Dechreua ddwyn i gof brofiadau a rannodd y ddau gyda'i gilydd yn eu hieuenctid:

JOHN: Megan, mae'n dda gen i dy weld ti. Wir. Rydw i fel petawn i wedi taro ar rywbeth nes fy mod i'n gwybod yn well lle'r ydw i.
MEGAN: (*Yn fywiog a chwareus*) Rwyt ti'n gweld trwy fwrllwch amser.
JOHN: Yr amser gynt a'r bobol oeddem ni!
MEGAN: Rydym ni'n siarad fel dau hen gant.
JOHN: Mae deugain . . .
MEGAN: A throsodd . . .
JOHN: Yn oed peryg.
MEGAN: Wyt ti'n cofio'r tro hwnnw'r aethom ni i lan y môr a chael ein dal ar y graig honno gan y llanw?
JOHN: A gorfod cael cwch i'n hachub ni. (*Saib. Meddwl*) Aros funud, mae gen i lun ohonom ni'r diwrnod hwnnw.

(*AD*, 66)

Cymaint yw'r agosatrwydd ac, yn bwysicach fyth, yr onestrwydd rhyngddynt nes y teimla'r gynulleidfa fod dyfodol i'w perthynas, er gwaethaf popeth. Maent fel petaent am ail-fyw'r olygfa gynharach rhyngddynt yn act gyntaf y ddrama:

> JOHN: Sbïa. Wyt ti'n cofio hwn?
> MEGAN: Llanfair. Yn yr ha'.
> JOHN: Fe aethom ni i ben y mynydd uwch y môr. (*Saib*) Dyna'r diwrnod y dywedaist ti na fyddem ni efo'n gilydd am ryw lawer wedyn.
> MEGAN: 'Ddwedais i hynny? Wel, mi 'roedd o'n wir.
> JOHN: Am dy fod ti wedi'i ddweud o.
> MEGAN: Wyt ti'n meddwl hynny?
> JOHN: Dyna'r ydw i'n ei gofio gliria' am y diwrnod hwnnw.
> MEGAN: Dyna iti beth od, 'doeddwn i'n cofio dim am y peth nes iti sôn. Fel y mae amser yn newid pethau ynte! Sbïa ar y dillad 'ma, mor rhyfedd ydyn nhw.
> JOHN: Ac eto 'doeddem ni ddim yn meddwl hynny ar y pryd.
> MEGAN: Na ddim ar y pryd. Sbïa ar hwn ynteu, wyt ti'n cofio hwn ...
> *Maent yno uwch y lluniau ac y mae'r golau'n diffodd yn araf.*
> (*AD*, 67)

Y bore canlynol egyr John lythyr a adawodd Megan iddo cyn iddi adael ei fflat, ac yr ydym, wrth wrando arno'n ei ddarllen yn uchel iddo'i hun, yn cydymdeimlo ag ef yn ei siom:

> F'annwyl John,
>
> Wedyn y dechreuais i feddwl ac ystyried. Mae hi'n rhy hwyr. Rydym ni'n dau wedi newid gormod. Ond diolch. Yn wir, yn wir diolch iti am ddod â fi'n fyw eto am unwaith neithiwr. Roedd o fel golwg ar wlad bell, rhy bell i fynd yn ôl iddi. 'Fedrwn ni, waeth be' feddyliwn ni, ddim byw ar hen luniau o'r gorffennol. Y mae o drosodd. Y mae'n rhaid i minau fynd. 'Ddoi di ddim o hyd imi, felly waeth iti heb â chwilio.
>
> Megan.
>
> (*AD*, 67–8)

Y mae sylw John ar ôl iddo ddarllen y llythyr, "Fedrodd hi erioed ddyblu "n" yn gywir', yn bwrw amheuaeth ar ei ddidwylledd yn ei chwmni. Ffugio agosatrwydd ac onestrwydd a wnaeth. Nid yw John wedi newid dim oll; y mae mor hunanol a sinigaidd ag y bu erioed. Y mae awgrym yn y llythyr fod Megan wedi synhwyro hynny.

Erbyn y drydedd act y mae John, yr Aelod Seneddol, newydd ymddeol. Y mae'r cloc bregus a gyflwynwyd iddo'n rhodd am ei lafur nid yn unig yn symboleiddio bregusrwydd ei yrfa ond hefyd dreigl amser, ac yn benodol yn achos John, amser a afradwyd ganddo. Symbolaidd hefyd yw'r hunllef a gaiff ynghylch hysbyseb ar gyfer wats arbennig. Yn yr hysbyseb hon y mae'r wats o gadarnach deunydd na'r deifiwr sy'n ei gwisgo; hynny yw, awgrymir bod amser yn ffenomen fwy arwyddocaol na dyn. Wrth blymio i'r dŵr lleddir y deifiwr, a gwêl y gynulleidfa ei gorff gwaedlyd 'da i ddim'. Ond cyhoeddir bod y wats 'yn dal i fynd,/Yn dal i gadw amser yn berffaith' (*AD*, 72). Yn theatraidd weledol, tanlinellir dinodedd meidrolion wyneb yn wyneb â thra-arglwyddiaeth amser ar fywyd oll. Nid rhywbeth i'w ddiystyru yw amser, ond rhywbeth i wneud yn fawr ohono—rhywbeth na lwyddodd John i'w wneud. Yn yr hunllef y mae corff gwaedlyd y deifiwr yn symboleiddio trasiedi ei fywyd. Aflonydda delweddau'r freuddwyd ar John, ac wrth ddeffro'n ffwndrus y mae'n taro oddi ar fraich ei gadair gwpan sy'n torri'n deilchion ar y llawr. Y mae ceisio '*codi'r darnau*' yn ymdrech iddo; y mae'n rhy hwyr ceisio dadwneud y llanastr a wnaeth o'i fywyd. Ond, unwaith eto, fel y gwnaeth droeon o'r blaen, y mae'n well ganddo osgoi wynebu ei wir gyflwr. Y mae anghenion materol y corff yn cael blaenoriaeth ar anghenion yr enaid:

        Mae'n edrych ar y cloc wrth godi.
JOHN: 'Rargian, ydi hi gymaint â hyn'na? Rhaid imi frysio neu 'fydd 'na ddim cinio.

(*AD*, 72–3)

Yng ngolygfa olaf y ddrama yr ydym, megis yn yr olygfa agoriadol, mewn ysbyty, ac ymddengys fod geiriau'r gerdd a lefarodd y taid ar enedigaeth ei ŵyr wedi'u gwireddu. Y mae John yn profi 'ias fain o farwolaeth', ac yn ei achos ef y mae'r farwolaeth hon yn un unig a diurddas. Tanlinellir hyn yn eiliadau agoriadol yr olygfa pan yw dwy weinyddes yn trafod ei gyflwr:

GWEINYDDES I: Ydych chi'n siŵr eich bod chi wedi molchi hwn y bore 'ma?
GWEINYDDES II: Wrth gwrs fy mod i.
GWEINYDDES I: Mae o'n drewi eto.
GWEINYDDES II: 'Does ganddo fo mo'r help. Hen ydi o.
GWEINYDDES I: Ac yn dal i fyw. Bob bore rydw i'n dŵad yma i chwystrellu einioes iddo fo, ac i be'?

(*AD*, 75)

Drwy gyfrwng hysbyseb am eirch o wneuthuriad arbennig, darlunnir ymdrech fas ein diwylliant cyfoes i osgoi wynebu ffieidd-dra marwolaeth. Os cyfnerthir coedyn arch â phlastig, y mae modd 'atal pydredigaeth'. Y mae byrdwn yr hysbyseb hon yn ádleisio thema ganolog y ddrama: ymdrechion John i osgoi wynebu ei farwoldeb.

Yr ennyd fwyaf gafaelgar yn theatraidd yn yr olygfa yw honno pan gilia Gweinyddes II oddi wrth wely angau John ac edrych allan drwy'r ffenestr. Y mae'n llefaru cerdd seml sy'n dathlu llawenydd bywyd. Yn eironig, tybia fod John yntau, ar un adeg yn ei fywyd, wedi profi llawenydd o'r fath:

GWEINYDDES II: Os gwn i, hen ŵr, be ydi'r haul 'ma i ti, cysur ynteu blinder?
Gobeithio'i fod o'n gysur.
Efallai dy fod ti'n cofio dyddiau braf pan oedd pethau'n well.
Dyddiau braf yn lle dy fod ti yn fan hyn ac yn hen.

(*AD*, 78)

Gwyddom, fel cynulleidfa, mai 'blinder' a brofodd prif gymeriad y ddrama am iddo afradu ei amser ar y ddaear. Y mae gweledigaeth y ferch ifanc hon o fywyd yn amgenach nag un John. Awgrymir y bydd hi'n profi rhyw ailenedigaeth, rhyw 'wanwyn'; bydd yn ei bwrw ei hun i gymhlethdod 'rhyfedd' bywyd, rhywbeth na lwyddodd John i'w wneud oherwydd ei sinigiaeth a'i hunanoldeb:

GWEINYDDES II: Nos 'fory mi fydda' i'n dawnsio.
Mi fydd rhai o'r hogiau oedd yn 'rysgol

> efo fi yno, wedi'i dala hi.
> Ac yn hy
> Ac yn draed i gyd wrth ddawnsio.
> Mi fydd rhywun yn dewis y sobra'
> Iddo fo fynd â hi adre',
> Os na fydd yno rywun go arbennig.
> Ac wrth gerdded adre' mi fydd yr awyr
> yn llawn o ryw fywyd rhyfedd.
> Fel'na y mae'r gwanwyn ffordd 'cw.
>
> (*AD*, 78–9)

Rhydd y Weinyddes hon gusan i John a'i adael ar ei ben ei hun i wynebu aflawenydd angau unig, brawychus a di-ras:

> *Mae JOHN yn dychryn. Yn ei ddychryn mae o'n gwneud ymdrech fawr, codi ei law o flaen ei wyneb mewn ystum o amddiffyn.*
>
> JOHN: (*Yn rhyfeddol o gryf*) Nage.
>
> (*AD*, 79)

Yn ei ragair i'r ddrama y mae Gwyn Thomas yn nodi fod 'anawsterau' wedi codi ynglŷn â bwriad Cwmni Theatr Cymru i berfformio'r gwaith yn Eisteddfod Genedlaethol Y Fflint ym 1969. (Maes o law, perfformiwyd y ddrama gan Gymdeithas y Ddrama Gymraeg, Coleg y Brifysgol, Bangor ym 1970 dan gyfarwyddyd John Gwilym Jones.) Ni thrafodir yn fanwl union natur yr anawsterau hyn, ond gellir dyfalu mai problemau ymarferol yn ymwneud â llwyfannu'r ddrama oeddynt. Gan fod gofyn symud o'r naill olygfa i'r llall yn ddidrafferth, dylai'r set fod yn un hylaw ei chynllun. Gwneir defnydd helaeth yn y ddrama hefyd o ddelweddau gweledol ar sgrin tra bo'r chwarae'n digwydd ar y llwyfan. Efallai, ar y pryd, nad oedd gan y cwmni'r cyfarpar technegol angenrheidiol na chyllideb ddigonol i'w llwyfannu'n unol â dymuniadau'r awdur. Y cyfrwng a fyddai wedi gwneud gwir gyfiawnder â gofynion y sgript fyddai ffilm, cyfrwng y dechreuodd Gwyn Thomas ymddiddori fwyfwy ynddo yn y 1970au a'r 1980au.

Fel y gwelwyd, y mae Gwyn Thomas ar sawl achlysur yn y ddrama yn dychanu arddull a chynnwys hysbysebion teledu. O'r herwydd, gellir casglu ei fod yn gyfarwydd â damcaniaethau unigolion fel Vance Packard, a wyntyllid yn y 1950au a'r 1960au, ynglŷn â'r modd y gallai'r cyfryngau modern hyn, o'u camddefnyddio, lywio meddwl a chwaeth gwylwyr.[10] Er ei fod yn ymwybodol o'r perygl hwn, teg awgrymu iddo ddod i'r farn nad bygythiad llwyr yw cyfrwng fel teledu i'n diwylliant traddodiadol. Efallai mai doethach fyddai derbyn fod y cyfryngau newydd hyn, bellach, wedi hen ennill eu plwyf yn ein diwylliant cyfoes. O'r herwydd, yn hytrach na dibrisio eu harwyddocâd—a hynny'n aml mewn modd hynod drahaus— gwell fyddai ceisio deall eu natur ac, yn bwysicach fyth, geisio cloriannu eu heffeithiau hirdymor ar yr iaith a'r diwylliant Cymraeg.[11]

Pwnc trafod Cynhadledd Taliesin, y Pasg 1977, oedd 'Llenyddiaeth Boblogaidd', a dewisodd Gwyn Thomas 'Llunyddiaeth y Bobl' yn deitl i'w ddarlith i'r cynadleddwyr.[12] Ar ddechrau'r ddarlith haera'n ddiflewyn-ar- dafod nad yw 'darllen Cymraeg, bellach . . . yn ffurf boblogaidd ar ddi- ddanwch' yn y Gymru gyfoes, er gwaethaf ymdrechion Cyngor Celfydd- ydau Cymru i'w hyrwyddo'n ariannol.[13] Ond nid yw hyn o reidrwydd yn awgrymu nad oes gan bobl ddiddordeb yn 'y pethe'; natur 'y pethe' sy'n mynd â'u bryd sydd wedi newid. Nid yw 'pethe'r werin Anghydffurfiol Gymraeg',[14] bellach, yn denu sylw'r garfan gymdeithasol a eilw'n 'werin werinol'—'y werin honno y dywedir wrthym sy'n dal cyswllt â'r werin lawen oedd yn bod yng Nghymru cyn i'r Diwygiad Methodistaidd ein sobreiddio':

> Ymysg cynhyrchion eraill fe geir gan y werin hon lenyddiaeth faswedd, yn enwedig lenyddiaeth ym ymwneud mewn ffordd go fras â charu ac â meddwi.[15]

Yn y Gymru gyfoes, Gwasg y Lolfa, yn arbennig drwy gyfrwng y cylch- grawn dychanol *Lol*, sydd wedi cydnabod 'bod y Cymry mor chwantus ac mor feddw ag unrhyw genedl arall'.[16] Ond ar ôl dweud hyn, prin y gellir ystyried hyd yn oed cylchgrawn o natur *Lol* yn un gwir boblogaidd. Cynnyrch y cyfryngau gweledol, 'llunyddiaeth'[17]—Gwyn Thomas ei hun a fathodd y term hwn—yn hytrach na 'llenyddiaeth' yw pennaf ddiwylliant y mwyafrif yn y Gorllewin, gan gynnwys y Gymru Gymraeg.

Un o nodweddion amlycaf unrhyw lenyddiaeth boblogaidd yw fod adrodd stori'n cael lle canolog ynddi: 'y mae llenyddiaeth boblogaidd yn cychwyn efo hel clecs, yn yr awydd hwnnw am gael gwybod hynt a helynt hwn a'r llall'.[18] Does dim byd newydd yn hyn o beth; yr awydd i adrodd a gwrando ar stori a roes i'r byd ei lenyddiaethau mwyaf, a hynny ar ffurf chwedlau. Ar un wedd, rhyw estyniad o'r chwedl yw'r nofel, ac estyniad o'r cyfrwng hwn yw'r ffilm fodern. Â Gwyn Thomas rhagddo i nodi hyn ynghylch ffigwr yr arwr ym myd y ffilmiau:

> Dyna ichwi Tarzan; dyna ichwi ffigur y ditectif—Sherlock Holmes, Kojak, Starsky a Hutch, Ironside; dyna ichwi ffigur y cowboi a phortreadau rhai fel John Wayne, Gary Cooper a Clint Eastwood ohono; a dyna ichwi ffigur yr ysbïwr neu'r swyddog cudd—James Bond, *The Man from UNCLE*, a Steve Austin, y dyn bionig; heb sôn am ymladdwyr dygn dros gyfiawnder fel y digymar *Batman* a *Robin*, a'r hynod *Superman*. Y rhain ydi defnydd cyfarwyddyd yr ugeinfed ganrif. Rhaid imi ddweud fod rhai o'r rhain, yn fy marn i, yn dod lawn cyn nesed â chymeriadau mewn llenyddiaeth ysgrifenedig uchel-ael at fyd chwedlau'r Oesoedd Canol.[19]

Ac â Gwyn Thomas gam ymhellach: haera mai 'llunyddiaeth' yn hytrach na 'llenyddiaeth lyfr' sy'n cynnal mythau'r byd modern.[20] Y diwylliant Eingl-Americanaidd Saesneg ei iaith sy'n hyrwyddo'r cyfryw fythau—yr union ddiwylliant sy'n 'cael croeso mawr ar aelwydydd y mwyafrif llethol o Gymry, a hynny'n feunyddiol'.[21] Yng ngoleuni hyn, y mae'n dadlau y dylid cyflwyno'r diwylliant hwn drwy gyfrwng yr iaith Gymraeg:

> Hyd y gwelaf fi yr hyn y mae'n rhaid i'r Gymraeg ei wneud ydi symud, o fewn rheswm, i fyd diddordebau'r rhelyw ... Mae'n rhaid cyflwyno *Batman* a Tarzan a chowbois a chartwnau a phob math o bethau diddan y byd Eingl-Americanaidd yn Gymraeg. I gael llunyddiaeth boblogaidd Gymraeg y mae'n rhaid gwneud i'r iaith olygu rhywbeth yn y bywyd y mae'r rhan fwyaf ohonom ni, Gymry, yn ei ganol o.[22]

A sut y mae gwneud hyn? Yn ei dyb ef, dylid mynd ati i gyfieithu cynnyrch y diwylliant hwn i'r Gymraeg. Ni ddylid pryderu ynglŷn â hyn, oherwydd cyfieithir deunydd poblogaidd o'r fath yn gyson i ieithoedd Ewropeaidd eraill.

Y mae Gwyn Thomas, serch hynny, yn ymwybodol o beryglon hyn oll o safbwynt ffyniant a pharhad y diwylliant Cymraeg traddodiadol. Gallai '[g]werthoedd ysbrydol a safonau moesol' diwylliant unigryw gael eu bygwth.[23] O'r herwydd, y mae o blaid rhyw lun o sensoriaeth, er nad yw'n manylu ynglŷn ag union natur honno. Byrdwn cyson ei ddarlith yw nad oes fawr o ddewis gennym yng Nghymru os ydym am 'fynegi'r bywyd y mae pobol yn ei fyw' drwy gyfrwng y Gymraeg.[24]

Yn y ddarlith hon mynega Gwyn Thomas hefyd ei bryder ynglŷn â pheryglon 'llunyddiaeth' o safbwynt ei heffaith ar ddychymyg y plentyn. Mewn darlith arall, 'Llunyddiaeth Gymraeg i Blant' ym 1980, cafodd gyfle i wyntynllu pryderon o'r fath yn llawnach.[25] Ynddi y mae'n dadlau fod y gair ysgrifenedig yn gorfodi plentyn i ddefnyddio'i ddychymyg. Er mwyn darlunio'r haeriad hwn cyfeiria'n fanwl at y stori adnabyddus i blant, 'Y Tair Arth':

> [Mae] grym geiriau ar ei gryfaf pan fyddan nhw'n cyfeirio at bethau nad ydyn nhw ddim yn y golwg ar y pryd y lleferir y geiriau . . . 'Un tro 'roedd yna dair arth yn byw mewn tŷ del yn y coed.' Petaech chi'n dechrau adrodd stori fel yna, neu petai rhywun yn darllen brawddeg fel yna drosto'i hun, fe fyddai'n rhaid i ddychymyg y gwrandáwr neu'r darllenydd weithio. Ac y mae dychymyg, yn wastad, wedi ei seilio mewn profiad a phersonoliaeth ac yn estyn allan o'r pethau hynny. Er enghraifft: Be ydy 'tŷ del yn y coed'? Un efo drws gwyrdd a llenni pinc a tho gwellt? Un efo tân coed yn sbarcio i fyny ei simnai? Ynteu ai tŷ efo drws coch a llenni melyn a tho llechi, un efo tân glo'n farwor coch, cynnes yn ei grât o? Wrth iddo ddarllen peth fel yna neu ei glywed y mae yna weithred o weld yn tueddu i ddigwydd yn sydyn yn nychymyg y darllenydd neu'r gwrandáwr.[26]

Wrth wneud ffilm o'r stori hon, y cyfarwyddwr yn hytrach na'r plentyn a fyddai'n 'diffinio' natur y gwrthrychau y cyfeirir atynt. Y mae Gwyn Thomas yn derbyn y gallai 'diffiniad' cyfarwyddwr—'o gwmni Walt Disney, dywedwch'—o'r gwrthrychau fod yn un amgenach nag eiddo plentyn, ond, ar ôl haeru hynny, rhaid derbyn 'bod llun yn cyfyngu mwy ar ddychymyg creadigol edrychwr nag a wna geiriau'.[27] Gallai'r 'diffinio parod, parhaus yma . . . [g]yfyngu ar amgyffrediad pobol o eiriau ac o rin iaith ac, o bosib, ar allu pobol i ryfeddu'.[28] Dyma yn ei dyb ef yw un o brif beryglon ein cyfryngau gweledol modern:

> 'Rydw i'n barod i haeru mai *teneuo grym iaith* yn ein plith ni ydi gwir effaith teledu a ffilm. A fydd cenedlaethau'r dyfodol yn atebol i werthfawrogi rhin geiriau sydd gwestiwn na hoffwn i orfod ei ateb.[29]

Cyndyn dderbyn yr anochel y mae:

> Y mae dyfodiad y cyfryngau hyn yn ffaith; rhaid eu derbyn, a cheisio gwneud y gorau o bethau fel ag y maen' nhw yn hytrach nag fel y dylen' nhw fod yn ein barn ni.[30]

Y mae'n ffaith fod mwy a mwy o blant Cymraeg eu hiaith yn troi at y diwylliant Eingl-Americanaidd cyfoes am ddifyrrwch, a gellid dadlau fod rhai agweddau ar y diwylliant ymddangosiadol estron hwn, bellach, wedi'u cymathu i'r diwylliant Cymraeg:

> Rhaid inni gael gwared o'r syniad hynafiaethol (bellach) fod Tom a Jerri, er enghraifft, yn Americanaidd; 'dydyn nhw ddim: maen' nhw mor gartrefol ar aelwydydd Cymry Cymraeg ag ydi sgodyn a sglodion. Mae'r un peth yn wir am ugeiniau o gymeriadau eraill.[31]

O'r herwydd, yr ateb yw troi'r cymeriadau hyn 'yn Gymry llawn' drwy fynd ati, ar fyrder, i gyfieithu deunydd o'r fath i'r Gymraeg. Yn wir, haera Gwyn Thomas na fyddai cyfieithu 'holl gartwnau hir Walt Disney' yn dasg amhosibl.[32]

Ond dylai'r cyfryngau Cymraeg wneud rhywbeth amgenach na chyfieithu cynnyrch y diwylliant Eingl-Americanaidd; dylid, yn ogystal, geisio ennyn diddordeb plant Cymru yng ngorffennol eu cenedl drwy gynhyrchu ffilmiau antur a chartwnau am arwyr hanesyddol a chymeriadau chwedlonol Cymru. Ar ôl dyfodiad S4C ym 1982, gwnaethpwyd ymdrech i wireddu'r freuddwyd hon, ond, ar y pryd, pan draddododd Gwyn Thomas ei ddarlith, yr oedd arlwy o'r fath yn brin ac yn anfoddhaol:

Ydi Arthur Frenin, sydd yn rhan gynhenid o'n treftadaeth ni, yn golygu rhywbeth i blant o Gymry? Ydi, mae'n bur debyg; ond beth? Y mae Cwmni Teledu Harlech wedi gwneud cyfres deledu antur amdano, cyfres a ddug yr arwr hwn yn sicr i ymwybyddiaeth ein plant. Ond pa iaith a siaradai'r arwr hwn o Frython o Gymro? Saesneg.[33]

I wireddu'r dyheadau hyn byddai ar Gymru angen unigolion a fyddai'n meddu ar fedrau technegol a chreadigol arbennig ym myd teledu a ffilm. Un ffordd i sicrhau hyn fyddai dechrau rhoi sylw dyladwy i'r meysydd hyn mewn ysgolion a cholegau. Yn nechrau'r 1980au penderfynodd Gwyn Thomas gynnig cwrs newydd fel rhan o'r radd Gymraeg ym Mangor yn dwyn y teitl 'Cyfarwyddwyr a'u Ffilmiau'.

Yn fwy aml na pheidio, pan yw adrannau iaith prifysgolion yn cynnig cyrsiau ar y theatr a'r cyfryngau, tueddir i drafod y meysydd hyn o safbwynt thematig; hynny yw, dadansoddir drama neu ffilm o safbwynt y syniadau a ddarlunnir ynddynt. Er difyrred a phwysiced hyn, gallai myfyrwyr gwblhau cyrsiau o'r fath heb ddysgu dim oll am wir natur y cyfrwng a astudiwyd, boed hwnnw'n ddrama lwyfan, drama deledu, neu ffilm.

O'r cychwyn cyntaf, mynnai Gwyn Thomas fod ei fyfyrwyr yn deall natur ffilmio fel proses greadigol;[34] roedd disgwyl iddynt wybod am briod nodweddion y camera sine a hefyd am briodoleddau'r amryfal lensys y gallai'r dyn camera a'r cyfarwyddwr eu defnyddio i sicrhau effeithiau arbennig yn y ffilm derfynol. Yn bwysicaf oll, gobeithid y byddent yn deall sylfeini 'gramadeg' y cyfrwng. Yr unig ffordd i wir ddysgu hyn oedd mynd ati i astudio gweithiau rhai o feistri cydnabyddedig y cyfrwng. Canolbwyntid yn arbennig ar weithiau Sergei Eisenstein, Orson Welles, Ingmar Bergman, Elia Kazan a George Stevens. Yn ystod y darlithoedd dadansoddid ffilmiau'r cyfarwyddwyr hyn, siot wrth siot, i geisio deall arwyddocâd delweddau arbennig o safbwynt themâu canolog y gweithiau. Y mae'r drafodaeth a gyhoeddodd Gwyn Thomas yn 2002 ar ffilm gowboi enwog George Stevens, *Shane*, yn seiliedig ar ei ddarlithoedd ar waith y cyfarwyddwr hwn. Dyma'r modd yr â ati i ddadansoddi munudau agoriadol y ffilm:

> Y mae'r ffilm yn dechrau gyda golwg o'r tu ôl i gowboi sy'n dod dros gefnen ar fynydd ac yn mynd i lawr i ddyffryn. Dyma wlad Wyoming yn wythdegau hwyr y bedwaredd ganrif ar bymtheg. Trwy'r

wlad fawr, odidog hon gwelir y cowboi yn fychan ar gefn ei geffyl yn teithio. Dyma Shane, a dyma'r dieithryn dirgel sydd . . . yn gonfensiwn mewn ffilmiau cowbois. Y mae'r camera'n rhoi inni argraff o brydferthwch tangnefeddus y wlad: y mae carw mewn dŵr glas, gloyw yn torri ei syched ac yn y pellter y mae mynyddoedd mawr. Yma fe roir inni gip o Eden, o baradwys—mor dda y gallai bywyd fod yma. Yna gwelwn fachgen pryd golau yn cadw golwg yn llechwraidd ar y carw; yn ei law mae reiffl. Yn y baradwys y mae gwn: lle y gwn yn ein byd yw prif ystyriaeth y ffilm.[35]

Y mae i olygfa ymddangosiadol gonfensiynol, fel honno pan ddaw Shane a Wilson wyneb yn wyneb yn y salŵn, arwyddocâd o safbwynt thema ganolog ffilm Stevens:

Y mae'r ddau'n sgwrsio a Shane yn dweud fod eu byd hwy, ddynion y gwn, yn dod i ben, a'i fod ef yn gwybod hynny. Yna llefara Shane y geiriau a lefarodd Torrey wrth Wilson, 'You're a low-down Yankee liar'. 'Prove it', meddai Wilson. Y mae Wilson yn cael ei ladd, ac eraill o ddynion Ryker—gan gynnwys yr un sy'n anelu at Shane o ben grisiau, un y mae Joey Bach yn rhybuddio Shane rhagddo. Er bod Shane yn ei ladd y mae hwn yn clwyfo Shane. Fe ddywed wrth Joey Bach am fynd yn ôl at ei fam a'i dad, at ei deulu. Y mae Shane ei hun, fel yr oedd ar y dechrau, yn ddyn heb deulu, yn ŵr sydd ar y tu allan i'r math newydd o gymdeithas sydd yn dod i fodolaeth. Ei eiriau tyngedfennol wrth Joey ydi, 'Rhaid imi fynd. Rhaid i ddyn fod yr hyn ydi o, 'ellir dim torri'r mowld'. Y mae'n dweud hefyd na ellir byw gyda lladd.[36]

Disgwylid dadansoddi manwl cyffelyb gan y myfyrwyr pan aent ati i drafod ffilmiau yn eu prosiectau ysgrifenedig. Y mae trafodaeth un o'i fyfyrwyr, Elin Aaron, ar ffilm Elia Kazan, *On the Waterfront*, yn enghraifft nodedig o'r safon ddisgwyliedig hon.[37]

Un sgript ffilm wreiddiol y gofynnwyd i Gwyn Thomas ei hun ei llunio, a hynny yn nechrau'r 1980au ar gais y Bwrdd Ffilmiau Cymraeg.[38] Y mae thema *O'r Ddaear Hen* (1981) yn ymwneud â maes y bu ganddo ddiddordeb ysol ynddo yn ystod ei yrfa academaidd, sef diwylliant a chrefydd y Celtiaid.[39] Ffilm arswyd fer ydyw am effeithiau datgladdu pen carreg

Celtaidd ar fywydau unigolion. Gan fod presenoldeb y pen hwn yn nhŷ'r gŵr a'i darganfu yn codi arswyd ar ei wraig, penderfynir mynd ag ef at archaeolegwraig er mwyn cael mwy o wybodaeth amdano. Ond y mae'r pen yn mynnu aflonyddu ar ddedwyddwch ei bywyd hithau a chodi braw ar ei merch. Amheuir mai'r duw Celtaidd Cernunnos yw'r bod erchyll hwn, a phenderfynir mai doethach fyddai dychwelyd y pen i'w orseddfan wreiddiol, ond gwrthodir ei gymryd yn ôl. Daw'r ffilm i ben â golygfa aflonyddol pan ymddengys Cernunnos yn sedd ôl car a yrrir gan ŵr yr archaeolegwraig. Cymaint yw ei fraw nes y cyll reolaeth ar ei gar, ac fe'i lleddir yn y ddamwain. Ymddengys fod yr hen dduw ffrwythlondeb hwn yn mynnu aberthau heddiw hefyd os terfir arno.

Er mai ffilm fer ydyw, y mae'n dra dadlennol yng nghyswllt agwedd Gwyn Thomas at y gorffennol Celtaidd. Yn y gerdd 'Din Lligwy' awgryma'r bardd fod bwlch na ellir ei rychwantu yn bod rhwng y presennol a'r gorffennol. Efallai bod dihidrwydd y byd naturiol ynglŷn ag arwyddocâd adfeilion y pentref bychan Brythonig hwn yn adlewyrchu ein dihidrwydd ninnau yn eu cylch. Y mae'r ymdeimlad hwn yn ennyn rhyw rwystredigaeth ddofn yn y bardd:

> Y tu draw y mae'r môr,
> Y tu draw y mae'r glas yn treiglo,
> Treiglo y tu draw, ar erchwyn y byd.
>
> Y meini hyn.
> Yma yn y meini hyn
> Y bu cyfannedd,
> A mwg yn codi, yn clymu'r nefoedd
> Wrth fyd dynion.
>   (*YG*, 56)

Y mae thema'r gerdd 'Bryn Celli Ddu' yn llai pesimistaidd. Wrth fyfyrio ar y gladdfa hynafol hon, y mae'r un ymwybyddiaeth o derfynolrwydd angau, am ennyd, unwaith eto'n llethu'r bardd:

> A'r rhai a fu'n rhodio Môn, aeth eu hansawdd hwy
> Drwy'r pridd, yn wyrdd i'r gwair ac yn loyw i'r dwfr,
> Golchwyd eu heinioes gan y glaw, fe yfodd yr haul eu clwy.

> Aeth eu bywyd ar ddisberod yn y gwynt,
> Aeth ar goll yn yr amser hir
> Sy'n ymestyn rhyngom ni a'r hyn oedd gynt.
>
> (*YG*, 48)

Ond efallai na ddylai'r bardd adael i'r teimladau hyn ei lethu; er nad yw 'ansawdd' anianol y claddedigion bellach yn bod, efallai iddynt roi i ni yn hyn o fyd ryw ddawn gyfrin i'n galluogi i herio buddugoliaeth ymddangosiadol angau arnom:

> Eithr yn ein gwaed y mae eu bod
> Yn gyfrinach rudd yn sugno trwy ein calonnau,
> Yn gwlwm bywyd, yn afael o adnabod.
>
> A phethau mor wael â ninnau
> Wrth rym anniben yr angau
> Yn gwanu arfogaeth y bedd ag olion ein cyndadau.
>
> (*YG*, 48)

Yn y ffilm *O'r Ddaear Hen* awgrymir bod grymusterau llai bendithiol eu natur yn llechu yn y gorffennol pell. Pan ddeuir o hyd i'r pen carreg Celtaidd, ni ryddheir unrhyw 'gyfrinach rudd' gan 'olion ein cyndadau' a allai gynnal dyn wyneb yn wyneb â'i farwoldeb; yn hytrach, grymusterau anfad a difaol a ryddheir. Aflonyddu ar unigolion yn hytrach na'u cysuro a wna'r duw Cernunnos, ac, yn y pen draw, cânt eu dinistrio ganddo. A gorfodir ni i ofyn cwestiwn sylfaenol: pam y mynna'r duw hwn wneud hyn? Deuir i'r casgliad anesmwyth mai'r hyn sydd dan y lach yw ein byd modern bas a materol. Y mae'n arwyddocaol fod yr hen ŵr a ddarganfu'r pen yn sôn am y digwyddiad mewn tŷ tafarn lle gwelir, yn y cefndir, gartwnau swnllyd a bas eu cynnwys ar set deledu. Y mae'r archaeolegwraig yr eir â'r pen ati i gloriannu ei arwyddocâd yn byw mewn plasty bychan yn y wlad gyda gŵr sydd braidd yn hunanfeddiannol a thrahaus. Y mae ganddynt un ferch sy'n alluog yn academaidd ac yn chwaraewraig bêl-rwyd hynod addawol. Dyma deulu bach dedwydd iawn ei fyd, fe ymddengys. Ond gellid dadlau fod y modd y cyfathrebant â'i gilydd—y mae'r sgwrs rhwng y tad a'r fam yn fwy aml na pheidio'n ymhongar a ffurfiol—yn arwyddo fod yna wacter sylfaenol yn eu bywydau. Awgrymir eu bod wedi cefnu ar ryw werthoedd cadarn ac oesol a symboleiddir gan gadernid moel creigiau llethrau'r dyffryn y gyrra'r tad trwyddo cyn ei farwolaeth erchyll. Pan sylweddolant mai bygythiad yw'r pen, eu hymateb greddfol yw cael gwared ag ef, ei ailgladdu a'i guddio; y mae ymyrryd â'r byd ysbrydol, ni waeth beth fo'i natur a'i darddiad, yn rhy beryglus. Nid ffilm arswyd arwynebol mohoni: y mae *O'r Ddaear Hen* mor llym ei beirniadaeth ar ein gwerthoedd bas cyfoes â'r ddrama lwyfan *Amser Dyn*.

NODIADAU

1. Gwyn Thomas, *Lliw'r Delyn* (Llanystumdwy, 1969) ac *Amser Dyn: Sef Darnau o Einioes* (Dinbych, 1972).
2. Gwyn Thomas (cyf.), *Diwéddgan* (Caerdydd, 1969); Gwyn Thomas ac Ian Hilton (cyf.), *Trotsci'n Alltud* (Caerdydd, 1979).
3. Gwyn Thomas (cyf.), *Y Dymestl* (Dinbych, 1996) a *Breuddwyd Nos Ŵyl Ifan* (Caerdydd, 1999).
4. Thomas, 'Rhagair', *Lliw'r Delyn*.
5. Gwyn Thomas, '*Y Dymestl*', *Y Traethodydd*, CLIV, 649 (Ebrill 1999), 89.
6. Morgan Llwyd, *Llyfr y Tri Aderyn*, gol. M. Wynn Thomas (Caerdydd, 1988), 34.
7. Ar Morgan Llwyd, gweler yn arbennig ddau lyfr pwysig M. Wynn Thomas, *Morgan Llwyd: Ei Gyfeillion a'i Gyfnod* (Caerdydd, 1991) a *Morgan Llwyd* yn y gyfres 'Writers of Wales' (Cardiff, 1984).
8. *Caneuon Ffydd* (Pwyllgor y Llyfr Emynau Cydenwadol, 2001), 550 (emyn 446).
9. Gweler Peter Brown, *Augstine of Hippo: A Biography* (London, 1967), 388. Er bod y Cwymp a Phechod Gwreiddiol dyn yn gysyniadau canolog yn niwinyddiaeth Morgan Llwyd—cofier mai ei eiriau ef a ysbrydolodd y ddrama—yr oedd ei syniadau ef ynglŷn â'u tarddiad yn fwy anuniongred na rhai Awstin Sant. Yr oedd dylanwad yr Almaenwr, Jakob Böhme, yn drwm arno; gweler Thomas, *Morgan Llwyd*, 45–56. Yn y ddrama y mae John, fel dyn pechadurus Böhme, ar drugaredd temtasiynau cnawd a gwaed; y mae wedi colli golwg ar y goleuni mewnol sy'n trigo ynddo.
10. Gweler Vance Packard, *The Hidden Persuaders* (New York, 1957).
11. Gweler Gwyn Thomas, 'Teledu—Diffeithiwr?', *Y Faner*, 5 Chwefror 1982, 9, a 'Teledu—Diffeithiwr? (2)', ibid., 12 Chwefror 1982, 10. (Gofynnwyd iddo ymateb i erthygl Michael Holroyd yn *The Observer*, 10 Ionawr 1982, lle y dadleuwyd bod teledu yn gyfrwng dienaid.)
12. Gweler Gwyn Thomas, 'Llunyddiaeth y Bobl', *Taliesin*, 35 (Rhagfyr 1977), 9–20. Gweler hefyd ei erthygl 'Llunyddiaeth', *Llais Llyfrau*, Gwanwyn 1980, 11–12.
13. Thomas, 'Llunyddiaeth y Bobl', 9.
14. Ibid., 12.
15. Ibid.
16. Ibid., 13.

17. Ibid.
18. Ibid.
19. Ibid., 14.
20. Ibid.
21. Ibid., 16.
22. Ibid., 17.
23. Ibid.
24. Ibid., 18.
25. Gweler Gwyn Thomas, 'Llunyddiaeth Gymraeg i Blant', *Taliesin*, 41 (Rhagfyr 1980), 73–84.
26. Ibid., 75.
27. Ibid., 76.
28. Ibid., 76, 77.
29. Ibid., 77.
30. Ibid.
31. Ibid., 79.
32. Ibid.
33. Ibid., 82.
34. Y mae'r sylwadau hyn yn seiliedig ar gyfweliadau gyda chyn-fyfyrwyr iddo.
35. Gwyn Thomas, 'Shane, Arwr', yn Gwyn Thomas (gol.), *Ysgrifau Beirniadol XXVI* (Dinbych, 2002), 134.
36. Ibid., 141.
37. Elin Aaron, 'Cydwybod ar y Glannau: Astudiaeth o'r Ffilm *On the Waterfront* (1954)', yn Gwyn Thomas (gol.), *Ysgrifau Beirniadol XXVI* (Dinbych, 2002), 143–52.
38. O ran ei waith cyfieithu ac addasu yn y maes, dylid tynnu sylw at ei gyfraniadau nodedig i'r gyfres 'Dramâu Shakespeare Wedi'u Hanimeiddio'; gweler y fideos *Y Dymestl, Breuddwyd Noswyl Ifan* a *Macbeth* (Soyuzmultfilm, Christmas Films gydag S4C mewn cydweithrediad â BBC Cymru, HIT Entertainment, HBO, Fujisankei a Stiwdio Dave Edwards, 1992), ynghyd â'r llyfrynnau *Y Dymestl, Breuddwyd Noswyl Ifan* a *Macbeth*, a gyhoeddwyd gan Adran Addysg BBC Cymru (Caerdydd) ym 1993. Yn hyn o beth, gwireddodd, fel y gwelir, un o'i ddyheadau ynglŷn â natur teledu drwy gyfrwng y Gymraeg. Gweler hefyd '"Shakes" a Fi: Gwyn Thomas a Chymreigio Shakespeare', *Golwg*, 5 Tachwedd 1992, 12–13.
39. Gweler yn arbennig ei lyfr yn y gyfres 'Llyfrau Llafar Gwlad', *Duwiau'r Celtiaid* (Llanrwst, 1992).

Gwyn Thomas: Ei Ysgolheictod

Gruffydd Aled Williams

Bardd, beirniad llenyddol, ysgolhaig, lladmerydd llunyddiaeth, sgriptiwr cartwnau, awdur llyfrau plant: mae Gwyn Thomas yn bob un o'r rhain (a gellid ychwanegu 'ac ati'). A benthyg ymadrodd a ddefnyddiodd Gwyn ei hun unwaith wrth sôn am weithiau rhyddiaith Ellis Wynne (gan adleisio'r Bardd Cwsg ei hunan), gellir honni na cheir 'ceulan ddiadlam' rhwng yr ymgnawdoliadau niferus hyn.[1] O dro i dro yn ei weithiau gwelir cysgod y bardd ar y beirniad llenyddol, cysgod yr ysgolhaig ar y bardd, a chysgod y lladmerydd llunyddiaeth ar y beirniad a'r ysgolhaig hwythau. Anfoddhaol braidd, felly, yw ynysu un wedd yn unig ar weithgarwch gŵr mor amryddawn i'w thrafod. Ond ufuddhau i orchymyn golygydd y gyfrol hon sydd raid. At bwrpas yr ysgrif hon hefyd—yn rhannol oherwydd cyfyngiadau gofod a hefyd oherwydd nifer cyhoeddiadau Gwyn Thomas—bu'n rhaid imi ddiffinio 'ysgolheictod' mewn ffordd bur geidwadol, gan anwybyddu i raddau helaeth weithiau mwy 'beirniadol' eu gogwydd (yn ymwneud yn bennaf â llenyddiaeth, llunyddiaeth a llenorion diweddar). Gan gofio na cheir unrhyw 'geulan ddiadlam' yn achos Gwyn, mae diffygion y dull hwn o fynd ati yn amlwg.

* * *

Ym 1957 fe raddiodd y Gwyn Thomas ifanc gydag Anrhydedd Dosbarth Cyntaf yn Adran Gymraeg Coleg y Brifysgol, Bangor. Mewn ysgrif goffa i'w hen athro, J. E. Caerwyn Williams, fe nododd sut y pennwyd yn fuan wedi hynny gyfeiriad ei gamre ysgolheigaidd cyntaf:

> Fel myfyriwr ymchwil fe ddeuthum i adnabod Caerwyn yn well. Wrth drafod pwnc ymchwil, yr oedd wedi nodi Huw Llwyd o Gynfal fel pwnc posib i mi. Yna daeth John Gwilym Jones ac awgrymu Ellis Wynne—os oedd rhywun i dreulio dwy flynedd o'i

fywyd ar rywbeth, 'waeth i hwnnw fod yn rhywbeth a oedd yn
werth y drafferth. Cydsyniodd Caerwyn yn syth. Yr oedd y gwaith
i'w wneud dan ei gyfarwyddyd o a chyfarwyddyd John Gwilym
Jones. Fe fyddwn i'n gweld y ddau o bryd i'w gilydd.[2]

Nid damwain, mi gredaf, yw fod y ddau lenor a awgrymwyd yn destunau
ymchwil i Gwyn yn hanu, fel yntau, o Ardudwy. Mae'n ŵr sy'n ymwybodol
iawn o'i wreiddiau, a diau bod ei ddau athro'n gwybod hynny (nid yw'n
syndod, efallai, fod Huw Llwyd—a Morgan Llwyd yntau—wedi denu ei
sylw maes o law).[3] Ond Ellis Wynne—awdur yr oedd John Gwilym Jones
yn edmygydd mawr ohono—a aeth â'r dydd ym 1957. Canlyniad y pen-
derfyniad hwn oedd clamp o draethawd ymchwil—dros 700 o dudalennau
o hyd—a enillodd radd MA i Gwyn ym 1961,[4] yr astudiaeth estynedig
gyntaf o waith y Bardd Cwsg ers rhagymadrodd John Morris-Jones i'w
argraffiad o'r *Gweledigaetheu* ym 1898.

Er iddo ddwyn peth o'i waith ymchwil i olau dydd mewn erthyglau
rhwng 1962 a 1970,[5] ym 1971 y datgelwyd yn gyhoeddus wir hyd a lled
gwaith Gwyn ar Ellis Wynne pan gyhoeddwyd ei gyfrol *Y Bardd Cwsg a'i
Gefndir*, y dyfarnwyd iddo Wobr Ellis Griffith Y Bwrdd Gwybodau Celt-
aidd amdani. Er gwaethaf y sylw helaeth a roesai eisoes i Ellis Wynne, bu
Gwyn yn drawiadol o gyndyn i droi ei gefn arno yn ystod y degawdau
dilynol: ym 1984 cyhoeddodd gyfrol Saesneg arno yn y gyfres 'Writers of
Wales',[6] gwaith a ddilynwyd ym 1991 gan argraffiad cain o'r *Gwdedig-
aethau* (ar y cyd â Patrick Donovan) ar gyfer Cyfeillion Ellis Wynne, yn
cynnwys diweddariad o'r testun a nodiadau.[7] Yn rhinwedd y corff hwn o
gyhoeddiadau—ac, yn bwysicach, eu hansawdd a'u hystod—gellir honni
nad oes unrhyw un o ryddieithwyr 'clasurol' y Gymraeg a archwiliwyd yn
fwy trwyadl ac y darparwyd arweiniad mwy cadarn ac effro lygadog i'w
waith nag Ellis Wynne.

Os bu'r Bardd Cwsg yn ffodus yn ei ladmerydd, bu'r lladmerydd yntau
yn ei dro yn ffodus yn ei brentisiaeth ysgolheigaidd. Nid ffansïol, mi
gredaf, yw gweld dylanwad ei ddau Gamaliel ar *Y Bardd Cwsg a'i Gefndir*
a'r traethawd y'i seiliwyd arno: Caerwyn Williams, yr ysgolhaig cyfewin
fanwl (ond a ymddiddorai'n helaeth hefyd yng nghefndir syniadol llen-
yddiaeth, gan gynnwys, lle'r oedd hynny'n berthnasol, ei chefndir diwin-
yddol), a John Gwilym Jones, y beirniad llenyddol a beintiai â brws
brasach ond yr oedd ganddo hefyd glust fain i rin gair a rhythm brawddeg,

a synhwyrau a oedd yn fythol effro i gyfoeth a blas delwedd a throsiad. Lled ddiogel, mi dybiaf, yw dyfalu mai ôl arweiniad trylwyr a diogel Caerwyn a welir ym mhenodau'r traethawd a'r llyfr lle'r olrheinir yn drylwyr wybodus gyd-destun hanesyddol, syniadol a llenyddol y *Gweledigaethau* a *Rheol Buchedd Sanctaidd*, cyfieithiad Wynne o *The Rule and Exercises of Holy Living* Jeremy Taylor. Stamp John Gwilym, mae'n bur sicr, a welir ar yr astudiaeth estynedig o nodweddion llenyddol y *Gweledigaethau* sy'n cloi'r gyfrol gyhoeddedig;[8] yma gwelir ei ddisgybl dawnus yn ymarfer yn dra effeithiol dechneg 'darllen dwys' (*close reading/explication de texte*) a nodweddai gymaint o'i feirniadaeth orau ef ei hunan. Rwy'n credu bod dylanwad John Gwilym yn cael ei amlygu hefyd yn un arall o nodweddion y traethawd a'r gyfrol (er na ddylid, mae'n sicr, ddibrisio doniau a thueddiadau cynhenid Gwyn). Rhan o gyffes ffydd John Gwilym fel beirniad oedd y dylai beirniadaeth lenyddol amlygu'r un creadigrwydd mynegiant â llenyddiaeth ei hunan—y dylai'r beirniad ddiddanu yn ogystal â dehongli.[9] Dyma wers, mae'n ymddangos, y bu i Gwyn ei dysgu'n awchus. Droeon lawer yn ei draethawd a'i gyfrol ar Ellis Wynne fe geir ymadroddi bachog a brawddegau cyrhaeddgar y byddai John Gwilym yn sicr wedi eu cymeradwyo'n frwd:

> Arafa'r llafariaid hir symudiad y darn i gydweddu â symudiadau swrth, diffrwt diwrnod poeth . . . Rhuthm cysglyd diwrnod poeth sydd yma ac nid syn yw gweld y Bardd Cwsg yn hepian cysgu cyn pen nemor amser.[10]

> Ni ellir disgwyl i ddiawliaid y fall a hen bechaduriaid sipian geiriau fel petaent mewn parlwr Fictoraidd megis y disgwyliai amryw feirniaid yn y ganrif ddiwethaf iddynt wneud.[11]

> Rhyddiaith fel merch wedi pasio cyfnod ei phrydferthwch ac yn ceisio achles hudol yr hanner-gwyll ydyw honno sy'n dibynnu ar ddiffyg sylwgarwch darllenydd.[12]

Weithiau hefyd—ac nac anghofier ychwaith am ieithwedd barddoniaeth Gwyn maes o law—mae dull y traethu yn arddangos dylanwad hir ymdrwytho yn rhyddiaith liwgar Ellis Wynne, lle cryfheir blas y dweud mor aml â halen yr iaith lafar:

Rhempiai blys ac anniweirdeb yn llys Siarl . . .[13]

Gwelid Meistri yn y Celfyddydau'n feddw fawr ar y strydoedd.[14]

ffereta nerfus Tom Brown a Ned Ward . . .[15]

Fe amlygir yma nodwedd a amlygwyd yn gyson yng ngweithiau ysgolheigaidd a beirniadol diweddarach Gwyn, sef dawn dweud finiog a gloyw, un sy'n aml yn befriog ffraeth. Nid arddull ddi-fflach a llwydaidd cymaint o ysgrifennu academaidd a welir yma, ond hoywder a dyfeisgarwch ymadrodd ysgolhaig sydd hefyd yn llenor ac sy'n credu y dylai rhyddiaith ysgolheigaidd a beirniadol, megis rhyddiaith greadigol, borthi'r synhwyrau a chosi'r dychymyg yn ogystal â darparu maeth i'r meddwl a'r deall.

Cyn gadael *Y Bardd Cwsg a'i Gefndir* gellir nodi un neu ddau o bethau'n fyr. Un nodwedd drawiadol a berthyn iddo yw ei fanylder: yn ei ymchwil i gefndir gweithiau Wynne, yn ei ddadansoddiadau o deithi ei arddull a natur ei ddychan, fe fu Gwyn yn anhraethol fwy uchelgeisiol na'r ysgolheigion a aeth o'i flaen. Ac wrth ystyried eu cyfraniadau hwy, ni phetrusodd rhag torri ei gŵys annibynnol ei hun lle'r oedd angen: y mae John Morris-Jones, Thomas Parry, T. J. Morgan, Huw Llewelyn Williams a Garfield Hughes oll yn ysgolheigion yr anghytunir—yn llariaidd—â hwy. Rhywbeth arall i'w nodi yw cymesuredd a chydbwysedd beirniadol y gwaith. Weithiau fe welir ysgolheigion a beirniaid sy'n byw'n hir yng nghwmni awduron arbennig yn cau eu llygaid ar wendidau ac yn eu tradyrchafu'n anghymedrol. Fe fu Gwyn yn sicr yn effro i ragoriaethau Ellis Wynne (gan nodi ei arddull amlhaenog fel ei brif ragoriaeth), ond nid anwybyddodd ei wendidau ychwaith. Y mae'r adran ar ddychan Wynne sy'n cau'r gyfrol yn batrwm o gloriannu cytbwys a chraff. Tra cydnebydd Gwyn mai 'rhyw ffidlan â manion' a wna Wynne yn ei ddychan ar brydiau,[16] fe awgryma fod yn y *Gweledigaethau* hefyd weithiau ddychan mawr[17] —hynny yw, dychan y mae iddo rym moesol, sy'n tynnu'r darllenydd i uniaethu ag ef. Fe ddadleuir yr achos yn gelfydd, a'i grynhoi yn ddyfarniad terfynol yn y paragraff clo:

> Ni fyddwn i'n barod i alw Ellis Wynne yn ddychanwr o'r radd flaenaf, eithr y mae'n ddychanwr celfydd iawn ac, ar brydiau, y mae'n cyrraedd yr uchelfannau. Ond . . . nid ar gorn ei ddychan yn unig y mae ystyried camp lenyddol *G.B.C.*[18]

325

Cyn gorffen ei draethawd ar Ellis Wynne fe drodd Gwyn ym 1959 am Goleg Iesu, Rhydychen—cyrchfan gyffredin i fyfyrwyr ymchwil disgleiriaf Bangor yn y cyfnod—gan dreulio tair blynedd yno yn gweithio dan gyfarwyddyd yr Athro Idris Foster. Gellir tybio bod y cyn-Fangoriad ifanc, yn sgil ei waith ar Ellis Wynne, bellach yn teimlo'n bur gartrefol yn yr ail ganrif ar bymtheg. Gwedd bwysig ar dirlun diwylliannol y ganrif yng Nghymru—ac un y byddai ei waith ymchwil ym Mangor wedi cyfeirio Gwyn yn anorfod ati—oedd ei bywyd barddol: fe gaed yn *Y Bardd Cwsg a'i Gefndir* maes o law sylwadau golau ar ddyled Wynne i'r traddodiad barddol (er gwaethaf ei ddirmyg at y beirdd!) ac, yn fwy cyffredinol, ar ddylanwad arddull barddoniaeth ar ryddiaith Gymraeg wedi'r Dadeni.[19] Datblygiad naturiol ar ei waith blaenorol felly oedd i Gwyn ganolbwyntio'i sylw yn Rhydychen ar draddodiad barddol y ganrif. Pen draw'r gwaith hwnnw maes o law oedd traethawd ar 'Changes in the Tradition of Welsh Poetry in North Wales in the Seventeenth Century' y dyfarnwyd iddo radd DPhil Rhydychen amdano ym 1966, dair blynedd wedi iddo gael ei benodi yn Ddarlithydd Cynorthwyol yn ei hen adran ym Mangor. O fewn llai na deng mlynedd noder bod Gwyn—yn ogystal â dechrau ar yrfa broffesiynol fel athro ysgol ac wedyn darlithydd prifysgol, a chyhoeddi dwy gyfrol o farddoniaeth[20]—wedi cynhyrchu dau draethawd ymchwil hynod swmpus ac eang eu cwmpas ac ynddynt gyfanswm o bron 1,400 o dudalennau. Ym maes ysgolheictod cafwyd rhagargoel cynnar o'r math o egni ac ymroddiad a oedd i nodweddu ei weithgarwch mewn sawl maes arall hefyd yn ystod y degawdau dilynol.

Yn wahanol i'w waith ymchwil ar Ellis Wynne, cyfran fechan o draethawd Rhydychen Gwyn a welodd olau dydd mewn print. Craidd y traethawd oedd ymdriniaeth sylweddol—bron 400 o dudalennau o hyd—â 13 o feirdd y ganrif, nifer ohonynt yn rhai na olygwyd eu gwaith ac yr oedd yn rhaid troi i'r llawysgrifau i gael hyd i'w canu. Fel yn achos ei draethawd ar Ellis Wynne, fe gafwyd ymdriniaeth sylweddol â chefndir hanesyddol y canu, ynghyd ag adrannau byrrach ar y darlun o'r uchelwr ym marddoniaeth y cyfnod, ar nawdd a'r gyfundrefn farddol, ar brif *genres* y farddoniaeth, ac ar grefft lenyddol a delweddaeth y cerddi, heb anghofio ychwaith farddoniaeth rydd a barddoniaeth brintiedig y cyfnod. Dyma arolwg cynhwysfawr ac uchelgeisiol o hynt a natur y traddodiad barddol yng nghyfnod ei fachlud—cyfraniad sylweddol iawn i'w faes na chafwyd ei hafal o ran trylwyredd na chynt na chwedyn.

Cymharol ychydig, fel yr awgrymwyd, o gynnwys y traethawd hwn a gyhoeddwyd: hyd y gwn i, rhyw bedair erthygl a ymddangosodd dros gyfnod hir, rhwng 1974 a 1999, sy'n deillio ohono.[21] Mentraf ddamcaniaethu ynghylch y rheswm am hyn. Lle cofleidiodd Gwyn Ellis Wynne yn frwd (yn drosiadol felly!), ceir awgrymiadau go bendant mai oeraidd ac o hyd braich oedd y berthynas rhyngddo a beirdd a barddoniaeth yr ail ganrif ar bymtheg. Mae diweddglo ysgrif ar 'Y Portread o Uchelwr ym Marddoniaeth Gaeth yr Ail Ganrif ar Bymtheg' a gyhoeddwyd ym 1974 yn ddadlennol. Beirdd a oedd yn 'dal ati gyda'u mosiwns canoloesol' oedd beirdd y ganrif, meddai, gan ychwanegu: 'pa mor ddiddorol bynnag ydi gwneud olwynion trol, 'dydi hynny, yn y bôn, ddim o ryw fudd mawr pan ydych chi'n byw yn oes y car'.[22] Sonia mewn ysgrif ddiweddarach am y traddodiad barddol ar ddiwedd y ganrif 'ar ei hen sodlau neu . . . ar ei ffordd i "fol clawdd"',[23] tra meddai'n ddeifiol drachefn am drwch beirdd y ganrif: 'os trowch chi atynt am dipyn o awen, llawn cystal ichwi droi at eich llyfr ffôn'.[24] O'r 13 o feirdd a drafodir yn ei draethawd, llai na'u hanner—Huw Llwyd, Siâms Dwnn, Rowland Vaughan, Huw Morys, Edward Morris (i raddau: 'he has his moments'[25]), a Siôn Dafydd Las—sy'n ennyn canmoliaeth. Mwy nodweddiadol eu cywair yw sylwadau fel y rhain:

> The result is a corpus of poetry which is shoddily composed, repetitive, wholly formal and conventional, and lacking in invention. In short it is the work of a poor craftsman, a slave of a static art.[26] [Am Siôn Cain]

> Almost all his poems have the flat anonymous regularity and predictability of seventeenth century strict metre verse.[27] [Am Watcyn Clywedog]

> The fact that Gruffydd grinds on with the traditional images with a heroic patience largely accounts for the similarity of the poems. One feels that one is reading the same poem over and over with only slight variations and modifications.[28] [Am Owen Gruffudd]

Yn achos canu Siôn Rhydderch druan, dyfynnir gydag afiaith ddyfarniad cignoeth Lewis Morris:

Poor Stuff! a mere Jargon of Sounds. But the Poor Man meant well
and could do no better.²⁹

I'r sawl sy'n adnabod Gwyn—gŵr mwyn a llariaidd fel arfer—gall naws
chwyrn y sylwadau a ddyfynnwyd ymddangos ychydig yn annisgwyl!
Rhaid tybio i ganu treuliedig a marwaidd gonfensiynol llawer o feirdd yr
ail ganrif ar bymtheg beri i'w reddfau llenyddol wrthryfela. Wedi dyddiau
Rhydychen mae'n arwyddocaol mai'n anaml a heb fawr frwdfrydedd y
dychwelodd at farddoniaeth canrif yr oedd ffrwd ei hawen gan amlaf mor
llesg. Mae'r cyferbyniad rhwng yr ymwrthod hwn a'i ymlyniad mwy
amlwg frwd wrth Ellis Wynne yn drawiadol. Yn wahanol i lawer o ysgol-
heigion nad ymboenant yn ormodol ynghylch ansawdd lenyddol y deunydd
a drafodant, mae amlygu a dathlu gwerthoedd llenyddol yn ganolog i
weithgarwch ysgolheigaidd Gwyn. Rhaid pwysleisio eto na cheir 'ceulan
ddiadlam' rhwng yr ysgolhaig, y beirniad llenyddol a'r bardd yn ei achos
ef.

Os na chafodd Gwyn lwyr foddhad llenyddol yn 'anialdir' awenyddol
yr ail ganrif ar bymtheg,³⁰ bu ymgodymu â chanu'r ganrif yn fodd i
ddyfnhau ei adnabyddiaeth o'r traddodiad barddol. Ac yn rhinwedd ei
ddyletswyddau dysgu yn Adran Gymraeg Bangor, fe ddaeth cyfle hefyd i
ymgydnabod yn llwyrach â'r traddodiad hwnnw mewn cyfnodau mwy
disglair yn ei hanes. Drwy gydol ei gyfnod yno bu'n darlithio ar Ddafydd ap
Gwilym,³¹ ac am bron gyhyd yn dysgu cyrsiau ar y Cynfeirdd hefyd. Nid
rhyfedd felly fod cyfran helaeth o'i gyhoeddiadau ysgolheigaidd maes o
law yn ymwneud mewn rhyw fodd neu'i gilydd â'n hen farddoniaeth.
Blaenffrwyth y cynhaeaf hwnnw oedd nodiadau ar berthynas Dafydd ap
Gwilym ac Ifor Hael a gyhoeddwyd yn *Llên Cymru*³²—y cyntaf o nifer o
gyhoeddiadau ar fardd a roddodd iddo'i wala o foddhad llenyddol—a'i
lyfryn dwyieithog yng Nghyfres Gŵyl Ddewi Gwasg Prifysgol Cymru,
Eisteddfodau Caerwys, a gyhoeddwyd ym 1968. Fe erys gwerth y llyfryn
hwnnw fel arweiniad cryno ond cynhwysfawr i agweddau pwysig ar hanes
cyfundrefn y beirdd (gan gynnwys Statud Gruffudd ap Cynan) cyn iddi
lesgáu wedi teyrnasiad Elizabeth. Mae paragraff cyntaf y gyfrol, gyda'i
gyfeiriad at ymryson Prys a Chynwal, yn adleisio naws y byd oedd ohoni
ar y pryd, un lled anghofiedig bellach, cyn dyfod y ddidostur Margaret
Thatcher i ysbaddu'r undebau llafur:

Ychydig flynyddoedd yn ôl fe gododd ffrwgwd a streic mewn gweithdy llongau . . . am fod rhai gweithwyr heb hawl ganddynt i droi sgriws wedi bod mor hy â gwneud hynny. Petai Wiliam Cynwal yn y gweithdy llongau hwnnw fe fyddai'n uchel ei gloch ynghylch camweithred o'r fath. O leiaf, dyna a fyddai rhywun yn ei ddisgwyl a barnu oddi wrth ei agwedd at Edmwnd Prys yn ei ymryson barddol ag ef.[33]

Wele enghraifft gynnar o duedd a ddaeth yn fwyfwy amlwg yn ysgrifeniadau Gwyn, sef awydd i gyfoesi ei ddeunydd a'i ddwyn yn nes at brofiad cyfarwydd ei ddarllenwyr.

Flwyddyn cyn cyhoeddi *Eisteddfodau Caerwys* fe fu gohebiaeth ar dudalennau'r cylchgrawn *Barn* sy'n ddiddorol yng nghyswllt peth o weithgarwch ysgolheigaidd diweddarach Gwyn. Mewn llythyr at y Golygydd yn Ebrill 1967 cwynodd Cynog Davies (Dafis bellach), athro ysgol ar y pryd, nad oedd diweddariadau Cymraeg o'n hen lenyddiaeth ar gael, rhai a fyddai'n agor y drws 'i blas helaeth o hyfrydwch i Gymry darllengar o bob gradd a chwaeth'.[34] Ysgogwyd ei gŵyn gan ddarllediad a glywsai o rai o gyfieithiadau Saesneg Anthony Conran, blaenffrwyth *The Penguin Book of Welsh Verse* a oedd ar fin cael ei gyhoeddi—cyfrol, er ei edmygedd o waith Conran, y byddai Cynog, meddai, yn hwyrfrydig o'i hargymell i blant o Gymry Cymraeg gan y byddai'n cyflwyno iddynt gyfran o'u hetifeddiaeth 'trwy gyfrwng iaith estron'.[35] Pwy, gofynnai Cynog, a allai gynhyrchu gwaith o'r fath yn Gymraeg, cyn mynd rhagddo i ateb ei gwestiwn ei hun:

> Ar gyfer cyfieithu'r farddoniaeth, wrth gwrs, rhaid wrth fardd da; gallai Waldo Williams neu Gwyn Thomas, dyweder, ei wneud yn rhagorol.[36]

Yn *Barn* mis Mehefin fe welwyd Gwyn yn ymaflyd yn awchus yn yr abwyd.[37] Datgelodd ei fod 'wedi dechrau ers tro ar y gwaith o ddiweddaru tipyn ar farddoniaeth y Cynfeirdd . . . ac wedi diweddaru pytiau eraill o'n Hengerdd, sef, yn fras, ein barddoniaeth o'r chweched ganrif hyd y ddegfed . . . Erbyn hyn y mae Mr. Bedwyr Lewis Jones, Mr. Derec Llwyd Morgan a minnau am gydweithio i geisio diweddaru digon o ddefnydd ar gyfer cyhoeddi llyfr'.[38] Fe gyhoeddwyd y llyfr hwnnw, *Yr Aelwyd Hon*, ym

1970.³⁹ Gwyn a fu'n gyfrifol am olygu'r gyfrol, darparu rhagymadrodd iddi a chyflwyniadau i bob adran; ef hefyd oedd awdur y rhan fwyaf o'r diweddariadau, yn eu plith diweddariadau o Ganu Aneirin, tair o awdlau Taliesin, Canu Heledd, detholiad o ganu Myrddin, 'Englynion y Beddau' a'r Canu Natur a Gwirebol, ac o'r gerdd ddarogan hir, 'Armes Prydain'. Dyma graidd cyfrol y cafwyd ynddi arlwy gyfoethog a wireddodd freuddwyd Cynog ar ei chanfed lle'r oedd a wnelo â'n barddoniaeth gynharaf.

Yn ei sylwadau yn *Barn* ym 1967 ac yn rhagymadrodd *Yr Aelwyd Hon* fe ymhelaethodd Gwyn ynghylch ei ddull ef a'i gyd-ddiweddarwyr. Esboniodd mai'r bwriad oedd 'anelu at gadw mor glos at ystyr y gwreiddiol ag y mae modd';⁴⁰ nid 'rhoi argraff gyffredinol o'n hengerdd oedd y nod ond rhoi adlewyrchiad ohoni'.⁴¹ Ond fe bwysleisiwyd bod 'rhoi adlewyrchiad ohoni' yn y cyswllt hwn yn cynnwys hefyd y nod uchelgeisiol o 'ffitio ystyr mor glos ag sydd bosibl at y gwreiddiol efo nodweddion barddonol y gwreiddiol'⁴²—dull a olygai geisio cyfleu nodweddion megis odlau a chyseinedd y darnau gwreiddiol. Gallai'r dull hwn ofyn am gryn ddyfeisgarwch: lle dibynnai addurn mydryddol, megis odl, odl fewnol neu gyseinedd, ar air a oedd yn ddieithr i ddarllenydd modern, gellid atgynhyrchu'r effaith drwy ddefnyddio gair arall:

Gwreiddiol: Ef yng ngh*oed*; trwm h*oed* arnaf.
Diweddariad: Ef yng ngh*oed*; loes *oed*a arnaf.

Gwreiddiol: *H*ir *h*wyl *h*aul: *h*wy fy ng*h*ofion.
Diweddariad: *H*ir *h*ynt yr *h*aul: *h*wy fy ng*h*ofion.⁴³

Gellir gweld hanfod y dull yn niweddariadau Gwyn o ddarnau adnabyddus o'r Hengerdd. Sylwer bod y dechneg a ddefnyddir yn anymyrgar ac ymataliol; ni newidir geirfa a chystrawen y cerddi ond i'r graddau y mae hynny'n angenrheidiol i oleuo'r ystyr i ddarllenydd modern:

Gwyr a aeth gatraeth oed fraeth eu llu.	Y gwŷr 'aeth i Gatraeth oedd ffraeth eu llu;
glasved eu hancwyn a gwenwyn vu.	Ar lasfedd ymborthyn', a gwenwyn fu.
trychant trwy beiryant en cattau.	Trichannyn ar orchymyn yn ymgyrchu;
a gwedy elwch tawelwch vu.	Ac wedi elwch, tawelwch fu.
ket elwynt e lanneu e benydu.	Er myned i lannau ar benyd yn llu,
dadyl dieu agheu y eu treidu.⁴⁴	Angau yn ddiau oedd i'w trywanu.⁴⁵

Stauell Gyndylan ys tywyll heno,
   Heb dan heb wely.
   Wylaf wers; tawaf wedy.
. . .
Stauell Gyndylan, neut athwyt heb wed,
   Mae ym bed dy yscwyt.
   Hyt tra uu, ny bu dollglwyt.
. . .
Stauell Gyndylan ys tywyll heno,
   Heb dan, heb deulu.
   Hidyl [vyn neigyr] men yt gynnu.
. . .
Stauell Gyndylan a'm erwan pob awr,
   Gwedy mawr ymgyuyrdan
   A weleis ar dy benntan.[46]

Stafell Gynddylan ys tywyll heno,
   Heb dân, heb wely,
   Wylaf dro, tawaf wedyn.

Stafell Gynddylan, aethost wan dy wedd,
   Mae mewn bedd dy darian.
   Tra fu, nid briw'r glwyd yn unman.

Stafell Gynddylan ys tywyll heno,
   Heb dân, heb wyrda.
   Yn hidl fy nagrau 'dreigla.

Stafell Gynddylan, fe'm gwân bob awr
   Wedi'r mawr gydymddiddan
   A welais ger dy bentan.[47]

Ydyw, mae'r dull a ddefnyddiwyd yn un uchelgeisiol, sy'n gofyn am ieuo gwybodau'r ysgolhaig â greddf y bardd. Ond nid ieuad anghymarus mohono yma: fe lwyddwyd yn ddeheuig iawn i gyfleu nid yn unig ystyr ond hefyd rin a blas y canu gwreiddiol.

   Yr oedd diweddariadau *Yr Aelwyd Hon* yn flaenffrwyth cynhaeaf bras o ddiweddariadau o'n hen farddoniaeth a luniodd Gwyn, er iddo gefnu wedyn ar union ddull y gyfrol a throi at aralleiriadau rhyddiaith yn lle hynny (anodd fyddai osgoi hynny yn achos barddoniaeth y Gogynfeirdd a'r Cywyddwyr y mae eu haddurniadau mydryddol gymaint yn fwy datblygedig nag eiddo'r Cynfeirdd). Gwaith y cafwyd ynddo nifer helaeth o aralleiriadau rhyddiaith oedd ei gyfrol *Y Traddodiad Barddol*, a gyhoeddwyd gyntaf ym 1976.[48] Fe'i bwriadwyd yn wreiddiol ar gyfer disgyblion chweched dosbarth,[49] ac fe gyflawnodd swyddogaeth dra gwerthfawr drwy ddarparu dros gyfnod o fwy na chwarter canrif gyflwyniad bywiog, treiddgar a darllenadwy i'n hen farddoniaeth ar gyfer to ar ôl to o ddisgyblion Safon Uwch a myfyrwyr prifysgol.[50] (Byddai Gwyn bellach yn ddyn cyfoethog pe cawsai dâl bob tro yr honnwyd mewn arholiadau Safon Uwch a Phrifysgol fod Dafydd ap Gwilym 'fel sblash llachar o baent' yng nghanol ein barddoniaeth![51]) Yn rhinwedd y swyddogaeth hon yn unig mae'n llyfr tra phwysig a dylanwadol, megis *Hanes Llenyddiaeth Gymraeg* Thomas Parry yntau yn ei ddydd. Ond, fel cyfrol Thomas Parry, mae'n llawer mwy na gwerslyfr cyflwyniadol yn unig. Erbyn cyfnod ei sgrifennu yr oedd gan Gwyn ddegawd o brofiad o ddarlithio, myfyrio'n feirniadol ac ymchwilio ar yr hen ganu: mae'r gyfrol yn waith ysgolhaig a beirniad aeddfed (ac, nac anghofier ychwaith, ysgolhaig a beirniad a oedd hefyd yn fardd) y gall darllenwyr o bob gradd a phrofiad elwa a chael mwynhad o'i ddarllen. Yn *Y Traddodiad Barddol* fe'n hebryngir gan dywysydd gwybodus, craff ac effro finiog ei synhwyrau drwy dirlun y daeth i'w adnabod fel cefn ei law—un sy'n awyddus i'n harwain ninnau i werthfawrogi rhin a chyfaredd ei lecynnau gwyrddion.

Fe gymherais *Y Traddodiad Barddol* â *Hanes Llenyddiaeth Gymraeg* Thomas Parry. O ran bod y ddwy gyfrol yn rhai sylweddol eu dylanwad mae'r gymhariaeth yn un deg (noder hefyd fod teitl cyfrol Gwyn ynddo'i hun yn arddangos dylanwad pwyslais Thomas Parry ar hynt ein barddoniaeth fel 'traddodiad').[52] Ond gwahanol iawn yw naws y ddwy gyfrol er hynny. Oherwydd, er bod iddi fframwaith cronolegol bras (yn yr ystyr ei bod yn dilyn hynt barddoniaeth Gymraeg gan ddechrau gyda'r Cynfeirdd a gorffen gyda Beirdd yr Uchelwyr), nid *hanes* llenyddiaeth fel y cyfryw a geir yn *Y Traddodiad Barddol.* Yn arwyddocaol, fe ddywed Gwyn yn niweddglo'r gyfrol mai ei obaith yw 'ei bod hi wedi dod yn amlwg fod gennym ni nifer helaeth o feirdd gwirioneddol nodedig a nifer mwy fyth o gerddi arbennig iawn'.[53] Ar y cerddi yr hoelir y sylw, nid ar olrhain datblygiad hanesyddol y traddodiad, a dull a arferir ganddo droeon yn y llyfr yw 'darllen dwys', lle'r oedir uwchben manylion cerddi unigol (enghreifftiau disglair o'u bath yw'r ymdriniaeth â 'Marwnad Owain ab Urien' yn y bennod gyntaf ac â 'Trafferth Mewn Tafarn' yn y bennod ar Ddafydd ap Gwilym). Canlyniad y ffocws pendant hwn ar y cerddi yw mai dim ond i'r graddau y mae hynny'n gwbl angenrheidiol—megis yn achos canu'r Cynfeirdd—yr oedir rhyw lawer uwchben eu cefndir hanesyddol (nid fel beirniadaeth y nodir hyn). Diau mai greddf drwyadl lenyddol Gwyn sy'n bennaf cyfrifol am hyn, ond noder hefyd fod dull o'r fath yn gydnaws â meddylfryd y 'Feirniadaeth Newydd'—ysgol feirniadol a ddylanwadodd yn fawr ar John Gwilym Jones, hen athro Gwyn—gyda'i thuedd i bwysleisio natur hunangynhaliol y testun llenyddol.[54] Mae'n ddiddorol hefyd yn y cyswllt hwn sylwi ar y math o gerddi y mae'n amlwg iddynt fynd â bryd Gwyn, a'r rhai y mae'n ymagweddu'n fwy oeraidd atynt. Gwir ei fod yn ymdrin yn olau a chraff ag 'Armes Prydain',[55] ond fe anelir sylw mwyaf deifiol y gyfrol at drwch y daroganau y dywedir eu bod 'o ran eu profiad barddonol, mor ysbrydoledig â'r *Radio Times*'![56] Hawdd cytuno bod llawer o'r daroganau yn ddiffaith, ond tybed nad rhan o'r rheswm am osgo Gwyn tuag atynt yw mai cerddi ar gyfer eu hoes eu hunain yn unig oeddynt, perthnasau agos i newyddiaduraeth fyrhoedlog y dydd heddiw. Oherwydd mae'n arwyddocaol, mi gredaf, mai cymharol gwta yw'r sylw a roddir ganddo i rai beirdd galluog—anhraethol well na'r daroganwyr—yr angorwyd peth o'u canu gorau yn bur solet yng ngwleidyddiaeth eu dydd a'u cyfnod; mae Iolo Goch a Guto'r Glyn yn enghreifftiau amlwg yn hyn o beth. Y beirdd a'r cerddi sy'n ennyn ei gymeradwyaeth fwyaf brwd yw'r rhai sy'n ymwneud â gwerthoedd mwy 'oesol' a chyffredinol. Wrth ddadlau o blaid mawredd Dafydd ap Gwilym fe noda fod 'ei farddoniaeth o'n ymwneud â phrofiadau sylfaenol bywyd pawb ohonom ni—geni, caru, henaint, marw. Mae'r pethau hyn yn sylfaenol ymhob cyfnod'.[57] Mae'n arwyddocaol efallai mai ag ymdriniaethau â dwy gerdd gan Wiliam Llŷn a Siôn Cent y mae angau'n ganolbwynt iddynt y cloir y gyfrol. Mewn sylw terfynol ar 'Gwagedd Ymffrost Dyn' fe ddywedir wrthym:

> erbyn ichwi feddwl dyw marwolaeth ddim wedi newid . . . Ar y ffordd i'r bedd dyw arfogaeth y rhyfelwr modern—ei Jet Ffantom, ei Dafl Polaris, na'i Fom Heidrojen—mwy nag arfogaeth milwr yr Oesoedd Canol o ddim cysur na gwerth. Atgoffir ni mai penglog sydd y tu ôl i'n holl fateroliaeth: 'dim ond esgyrn'!58

Yr ymhlygiad, mi gredaf, yw fod perthnasedd thema egr Siôn Cent i bob oes yn rhan o'i fawredd. Ys dywedir ynghynt yn yr un bennod, 'Mae'r olwg ar angau fel Brenin Braw yn un hen iawn: y mae hefyd yn olwg nad ydyw'n heneiddio'.[59] Rhan greiddiol o ddiffiniad John Gwilym Jones o lenyddiaeth oedd 'y gweithiau hynny sydd mor berthnasol heddiw ag oeddynt yn eu cyfnod eu hunain';[60] yr oedd 'pob bardd o bwys . . . yn adnabod ei oes a phob oes'.[61] Prin, 'rwy'n meddwl, y byddai ei ddisgybl, awdur *Y Traddodiad Barddol*, yn anghytuno.

Fel yn *Hanes Llenyddiaeth Gymraeg*, Dafydd ap Gwilym yw'r unig fardd y neilltuir iddo bennod ar ei ben ei hun yn *Y Traddodiad Barddol*. Mae'n sicr nad gwrogaethu i farn ysgolheigaidd Thomas Parry—er cymaint ei barch iddo[62]—ond gwrogaethu i awen Dafydd sy'n cyfrif am gynllun cyfrol Gwyn yn hyn o beth. Mae'n arwyddocaol mai dyma'r unig fardd y defnyddir y gair 'athrylith' amdano yn y gyfrol. Fe ddywedir wrthym fod Dafydd yn meddu ar 'athrylith o ddychymyg a roes inni haldiad o gerddi gwefreiddiol',[63] teyrnged a ailadroddir,[64] cyn honni'n derfynol ei fod yn 'fardd gwirioneddol fawr yn hanes barddoniaeth Ewrop'.[65] Nid ystrydebu'n wag ynghylch athrylith Dafydd a wneir, fodd bynnag, ond amlygu elfennau'r athrylith honno yn graff a disglair iawn. Gwedd ar gryfder y bennod yw'r modd y tywysir y darllenydd y tu hwnt i'r syniad confensiynol o Dafydd fel 'bardd natur a serch' yn unig. Un enghraifft o hyn yw pan fynnir nad yw 'ymwybyddiaeth gref Dafydd o angau ac o henaint wedi ei llawn werthfawrogi',[66] cyn mynd ymlaen, ar ôl cyfeirio at y cywydd 'Morfudd yn Hen', i ddyfynnu llinell olaf 'Yr Adfail' ('Dafydd, â chroes; da foes fu'):

> Pan fyddwn ni . . . yn sôn am ganu Dafydd fel canu llawn bywyd, nid canu'n gyforiog o adar a natur yn yr haf yn unig a olygir ond y grym cadarnhaol hwn—'da foes fu'—hyd yn oed yng nglyn cysgod angau. Y mae'r peth yn aruthrol.[67]

Fe ymhelaethir wedyn ar y sylw hwn drwy sylwi'n graff ar arwyddocâd trosiadol yr haf a'r gaeaf yng nghanu Dafydd:

> Y mae'r ddau beth hyn—penllanw bywyd, a henaint—i'w cael mewn mannau eraill yng nghanu Dafydd. Mae ei haf yn dynodi bywyd yn hyrddio drwy'r cread ac y mae o'n cael ei gysylltu â charu yn y coed: mae hirlwm bywyd a chysgod marwolaeth yn ei aeaf . . . Welwyd ddim haf tebyg i haf Dafydd mewn llenyddiaeth Gymraeg, a welwyd ddim gaeaf fel ei aeafau o ychwaith.[68]

Fe adlewyrchwyd edmygedd Gwyn o ganu Dafydd yn y sylw a roes iddo drwy gydol ei yrfa ysgolheigaidd. Cyn cyhoeddi *Y Traddodiad Barddol* yr oedd eisoes wedi cyhoeddi dau nodyn arno yn *Llên Cymru*—un ohonynt yn drafodaeth na chafwyd ei gwell ar ddefnydd y bardd o'r sangiad—a hefyd erthygl arno yn *Poetry Wales*,[69] ac yn ystod y degawdau dilynol fe ddychwelodd ato dro ar ôl tro. Nodiadau mewn cylchgronau academaidd yn ymwneud â gwahanol agweddau ar grefft neu eirfa Dafydd oedd rhai o'r cyfraniadau hyn,[70] ond aralleiriadau a chyfieithiadau o gerddi'r bardd oedd canolbwynt ei waith diweddarach arno. Pan feddyliodd Alan Llwyd am gyhoeddi cyfrol gyfan o aralleiriadau o gerddi'r bardd, yr oedd yn naturiol iddo fynd ar ofyn Gwyn ar sail ei aralleirio helaeth yn *Y Traddod-*

iad Barddol a'i fri fel un o brif ladmeryddion cyfoes Dafydd, ac fe ymatebodd drwy gyfrannu aralleiriadau o ddeg cywydd i *50 o Gywyddau Dafydd ap Gwilym*.[71] Bum mlynedd yn ddiweddarach rhoes gynnig ar gyfieithu cerddi'r bardd i'r Saesneg mewn cyfrol gain a gyhoeddwyd gan Wasg Gregynog, *Dafydd ap Gwilym: Chwe Cherdd/Six Poems*.[72] Dyma flaenffrwyth prosiect uchelgeisiol a sylweddolwyd yn ei gyflawnder maes o law yn *Dafydd ap Gwilym: His Poems*,[73] yr unig gyfrol i gynnwys nid yn unig cyfieithiadau o'r cerddi a gynhwyswyd yn *Gwaith Dafydd ap Gwilym* Thomas Parry, ond hefyd o'r cerddi a dderbyniwyd i'r canon wedi hynny yn sgil canfyddiadau (neu, mewn un achos, oddefgarwch amgen) ysgolheictod diweddar.[74] Fe berthyn cryn ddiddordeb i ddull y cyfieithu yn *Dafydd ap Gwilym: His Poems* (sydd weithiau'n ymdebygu, er nad, wrth reswm, yn cyfateb yn llwyr, i ddull *Yr Aelwyd Hon*),[75] ond nid myfi biau ymhelaethu ynghylch hynny yma.[76] Ond rhaid nodi na phallodd awch Gwyn i archwilio a datgelu mawredd Dafydd. *Dafydd ap Gwilym: Y Gŵr Wrth Gerdd* oedd pwnc yr ail Ddarlith Goffa er cof am J. E. Caerwyn Williams a'i wraig Gwen y gwahoddwyd Gwyn i'w thraddodi, yn addas iawn, ym Mhrifysgol Cymru, Bangor yn 2002.[77] Fe nodwyd eisoes ddylanwad John Gwilym Jones ar Gwyn, ac mae'r cyflwyniad ar ddechrau'r ddarlith yn pwysleisio dylanwad a dyled arall. Noda Gwyn mai 'Caerwyn a agorodd fy llygaid gyntaf i waith y gŵr hwn—"ef a'm dysgawdd"', cyn mynd ymlaen i fynnu fod 'Dafydd yn gymaint o athrylith o fardd ag oedd Caerwyn o ysgolhaig' (yr un gair eto!).[78] Mae'r ddarlith yn ymgais uchelgeisiol i ddarganfod a chyfleu personoliaeth lenyddol amlweddog Dafydd —tasg anos, lai rhyddieithol na llunio bywgraffiad ohono—a hynny drwy graffu'n fanylgraff a diwyro ar dystiolaeth uniongyrchol ei gerddi. (Mae'n drawiadol na phwysir ar unrhyw dystiolaeth allanol: mae'r dull yn llinach dull *Y Traddodiad Barddol*.) Ymgais uchelgeisiol i gyflawni tasg anodd, meddwn, ac un a gyflawnwyd yn fuddugoliaethus o lwyddiannus gan un a fu'n cyd-fyw, megis, â Dafydd drwy gydol ei yrfa academaidd, un a ddaeth i'w adnabod o'r tu chwith allan ac i'w goleddu fel enaid hoff cytûn. Mae'n werth dyfynnu diweddglo'r ddarlith er mwyn amlygu unwaith eto gyflawnder crwn amgyffrediad Gwyn o Ddafydd, a dibendrawdod ei edmygedd ohono:

> Y mae'n un a fu'n myfyrio drwy gydol ei oes ar odidowgrwydd y byd yn yr haf a'i erwinder yn y gaeaf, ac ar ei serch, sy'n ymestyn o

lawenydd ifanc cnawdol a masw i fyfyrdod cariadlawn dwys a doeth, ac y mae'n un a fu'n ceisio amgyffred sut y mae'r cyfan yn perthyn i Dduw y cafodd wybodaeth amdano gan yr eglwys ac y cafodd ei brofiad ei hun ohono yn ei fywyd. Efallai fod eraill wedi myfyrio myfyrdodau nid annhebyg, ond gan Ddafydd yr oedd y geiriau a'r gân i wneud y cyfan yn ddifyr ac yn ysgytwol barhaol.[79]

Drwy gydol ei yrfa ysgolheigaidd fe drodd Gwyn ei sylw at rai meysydd droeon, er iddo—yn groes i arfer cyffredin academia bellach—ymwrthod yn bendant â'r duedd i arbenigo'n gul mewn unrhyw un maes. Nid yw'n syndod i'w waith ymchwil cynnar ar lên yr ail ganrif ar bymtheg sbarduno astudiaethau pellach: os diffyg brwdfrydedd oedd nod amgen ei ymateb i ganu trwch beirdd y ganrif, enynnodd dau o'i hawduron rhyddiaith— Morgan Llwyd a Rowland Vaughan, ill dau yn awduron gweithiau crefyddol—ymateb cynhesach a mwy cydymdeimladol (pontir barddoniaeth a rhyddiaith yn yr ysgrif gynnar, 'Dau Lwyd o Gynfal', lle'r awgrymir yn ddiddorol y gall fod y dwyster sy'n brigo weithiau yng nghanu Huw Llwyd yn rhagargoeli dwyster crefyddol tanbeitiach ei fab neu'i ŵyr, awdur *Llyfr y Tri Aderyn*).[80] Fel y nodwyd eisoes hefyd, bu ein hen farddoniaeth yn ei hamryfal agweddau hithau'n faes ffrwythlon iddo. Yn ogystal â'r cyhoeddiadau ar Ddafydd ap Gwilym y sylwyd arnynt uchod, cafwyd ganddo wedi dyddiau *Y Traddodiad Barddol* gyfraniadau pwysig ar 'Gân yr Henwr' o Ganu Llywarch Hen (mewn cyfrol deyrnged i Syr Idris Foster, ei athro gynt yn Rhydychen),[81] ac, yn fwy diweddar, yn ei gyfrol gyfansawdd o ysgrifau, *Gair am Air* (2000), ar Siôn Cent.[82] Er ei fod 'yn aderyn dieithr iawn ymysg beirdd arferol y traddodiad barddol Cymraeg',[83] mae'n eglur fod difrifoldeb a natur 'oesol' themâu Siôn Cent yn dal yn dynfa rymus i Gwyn megis chwarter canrif ynghynt pan luniodd *Y Traddodiad Barddol*.[84] Eithr ynghyd â chyfraniadau fel y rhain mewn meysydd cyfarwydd, ni phetrusodd Gwyn ychwaith rhag lledu ei adenydd ysgolheigaidd. Erbyn diwedd y 1970au mae'n eglur mai maes a âi â'i fryd yn gynyddol oedd ein hen chwedlau rhyddiaith (maes a ysgogodd weithiau creadigol ganddo, yn sgriptiau 'llunyddol' ac yn addasiadau o'r chwedlau ar gyfer plant, yn ogystal â chynnyrch ysgolheigaidd). Yn *Llenyddiaeth y Cymry: Cyflwyniad Darluniadol, Cyfrol I*,[85] llyfr yn olrhain hynt mil blynyddoedd cyntaf ein llenyddiaeth—gwaith a gyhoeddodd Gwyn ym 1985 ond a luniwyd ganddo tua saith mlynedd ynghynt[86]—mae'n arwyddocaol fod y bennod hwyaf o ddigon yn ymdrin â 'Myth, Mabinogi, Chwedlau'.[87] Daw'n eglur yn y bennod honno pa elfennau yn y chwedlau a enynnodd frwdfrydedd mwyaf ei hawdur: rhoir llawer o sylw i 'Hen grefydd, hen dduwiau', gan honni fod y pethau hyn 'fel cysgodion y tu ôl i'n chwedlau'[88] (coffa da am y ffilm *O'r Ddaear Hen* (1981) a sgriptiodd Gwyn i'r Bwrdd Ffilmiau Cymraeg ac a roddodd iddo enw haeddiannol dros dro fel archddychrynwr plantos Cymru!). Esgorodd y diddordeb yn yr elfennau hyn maes o law ar *Duwiau'r Celtiaid* (1992),[89] clasur cryno ond cynhwysfawr o gyflwyniad i faes a all fod yn un corsiog (hawdd cytuno â sylw'r Rhagair: 'Byddai wedi bod yn haws ysgrifennu llyfr maith ar y pwnc hwn nag un byr'). Fe ddychwelodd i'r un maes drachefn mewn dwy ysgrif gyfoethog a chraff eu myfyrdod yn *Gair am Air*, 'Yn Rhith Anifeiliaid' ac 'Annwn, y Byd Arall',[90] cyfraniadau y mae cynfas eu cyfeiriadaeth ddiwylliannol yn lletach ac yn fwy cyfoes na'r rhan fwyaf o ymdriniaethau o'u bath. Priodol, wrth gwrs, yw nodi nad yw cyfeirio at feysydd fel hyn—llenyddiaeth yr ail ganrif ar bymtheg, ein hen farddoniaeth, a chwedlau a mytholeg (meysydd a fu'n borfeydd ffrwythlon i Gwyn)—yn cyfleu amlochredd ei weithgarwch ysgolheigaidd. Ni raid yn y cyswllt hwn ond cyfeirio at ddwy astudiaeth sydd yn rhai *sui generis* megis (yn yr ystyr eu bod yn ymdrin â meysydd na roes sylw unigol pellach iddynt), sef 'Bras Ddosbarthiad ar ein Rhyddiaith Gynnar' (cyflwyniad i ryddiaith Gymraeg yr Oesoedd Canol, ar wahân i'r chwedlau brodorol)[91] ac 'Arolwg o'r Gymraeg yn Niwylliant Cymru',[92] cyfraniadau y mae eu teitlau ynddynt eu hunain—*pace* y 'bras' a'r 'arolwg' gorwylaidd—yn cyfleu rhyw gymaint o ehangder uchelgeisiol eu cwmpas. Dyma ysgolhaig y canghennodd ei ddiddordebau'n gynhyrchiol i lawer cyfeiriad, gan oleuo ein dirnadaeth o gyfran helaeth o etifeddiaeth ddiwylliannol y Gymraeg, heb sôn am gyfrannu'n nodedig gyda'i farddoniaeth a'i feirniadaeth i'w diwylliant diweddar.

* * *

I orffen yr ysgrif hon mi hoffwn sôn am rai nodweddion y credaf y gellir eu canfod yn gyson yng ngweithiau ysgolheigaidd Gwyn. Yn gyntaf, rhaid nodi nad ysgolhaig ar gyfer ysgolheigion yn unig mohono. Gall 'blyrb' cyhoeddwyr fod yn gelwyddog, ond mae'r geiriau a argraffwyd ar glawr cefn *Gair am Air* yn agos iawn at eu lle:

Anaml y gellir teimlo'n llwyr gysurus wrth honni bod gwaith awdur yn apelio at ddarllenwyr diwylliedig ac arbenigwyr fel ei gilydd, ond mae'n honiad sy'n dal dŵr wrth inni geisio crynhoi cyfraniad Gwyn Thomas i ddiwylliant Cymru yn yr ugeinfed ganrif. Mae dyfnder digamsyniol i'w ddeallusrwydd, ond eto llwydda i gyflwyno ei bynciau mewn ffordd sgyrsiol a hygyrch nes bod yr ysgolhaig a'r llenor yn asio'n un.

Yn sicr iawn, yn y rhan fwyaf o ddigon o'i waith ysgolheigaidd fe gadwodd Gwyn ei lygad ar y ddwy gynulleidfa y cyfeirir atynt uchod (ac efallai hefyd ar gynulleidfa arall yr anghofia academyddion, yn rhyfedd iawn, yn rhy aml amdani, sef y myfyrwyr sy'n darparu eu bara beunyddiol!). Fe hydreiddir ei waith gan awydd amlwg i addysgu ac i ddod â deunydd dieithr o fewn cyrraedd ei ddarllenwyr (mae ei aralleiriadau o'r hen ganu yn enghreifftiau gwiw o'r duedd hon). Fe honnodd Caerwyn Williams fod 'natur a naws pedagogiaeth' i gyhoeddiadau beirniadol John Gwilym Jones,[93] a gellir cymhwyso hyn at lawer o ysgrifeniadau Gwyn yntau. Fe adlewyrchir hyn yn null a chyflwyniad cartrefol cymaint o'i waith, ei ffordd sgyrsiol ac uniongyrchol (gellir nodi yn y cyswllt hwn hefyd mai ef yw'r lleiaf 'troednodiadol' o holl ysgolheigion cyfoes y Gymraeg!). Yn ei awydd i arlwyo dysg Gymraeg yn ddeniadol gerbron cynulleidfa ehangach na'r gynulleidfa academaidd broffesiynol yn unig, fe adlewyrchodd Gwyn draddodiad y mae'n deg dweud iddo gael ei arddel yn gyson yn Adran Gymraeg Bangor—traddodiad y bu Ifor Williams, John Gwilym Jones, ac yn enwedig Bedwyr Lewis Jones, cyfaill a chyd-weithiwr Gwyn dros gynifer o flynyddoedd, yn gynheiliaid gwiw iddo.[94] (*Pace* honiad clawr *Gair am Air*, amheuaf a fyddai unrhyw un a fu ar staff Adran Gymraeg Bangor yn anghysurus o gwbl 'wrth honni bod gwaith awdur yn apelio at ddarllenwyr diwylliedig ac arbenigwyr fel ei gilydd'!) Rhaid nodi, ysywaeth, fod y traddodiad gwâr a dyneiddiol hwn o ysgolheica allblyg bellach dan warchae enbyd. Gelyn marwol iddo yw'r drefn affwysol sydd ohoni bellach yn y prifysgolion, trefn y mae Asesiadau Ymchwil ac arteithiau tebyg yn ganolog iddi. Mae pob argoel mai un math o ysgolheictod yn unig sy'n pwyso yng nghlorian y drefn honno, sef ysgolheictod lle mae arbenigwyr yn llefaru wrth arbenigwyr eraill, tebyg at ei debyg. (Dagrau pethau yw y byddai'n rhaid i ysgolhaig ifanc heddiw feddwl ddwywaith cyn treulio'i amser yn gweithio ar gyfrol fel *Yr Aelwyd Hon*.) Mae'r ail fygythiad yn llai amlwg ond efallai'n fwy sylfaenol. Mae lle, ysywaeth, i ofni bod y gynulleidfa o 'ddarllenwyr diwylliedig' Cymraeg y bu Syr Ifor, John Gwilym, Bedwyr, Gwyn ac eraill gynt mor effro i'w gofynion yn prysur deneuo (mae teneuo ac edwino'r Gymraeg ei hunan a hefyd amlder difyrion diwylliannol technolegol—datblygiad a ragwelodd Gwyn genhedlaeth yn ôl yn rhai o'i draethiadau ar ddiwylliant cyfoes—ymhlith y rhesymau am hynny).

Daw'r sôn am ddiwylliant cyfoes â ni at ystyriaeth arall. Fe geir ysgolheigion sy'n cau eu llygaid yn dynn rhag diwylliant eu dydd, a'u hagwedd tuag ato yn llwyrymwrthodol a llym. Afraid dweud nad dyna feddylfryd Gwyn. Dyma ysgolhaig sy'n amneidio'n barhaus i gyfeiriad y byd sydd ohoni, y byd y mae ef a'i ddarllenwyr yn byw ynddo ac yn cyfranogi o'i ddiwylliant (a hwnnw'n ddiwylliant, fel ym mhob oes, nad yw'n unwedd uchel-ael ei natur). Tuedd gyson a welir yn ei waith yw ymgais i bontio'n ddiwylliannol rhwng yr hen a'r cyfoes (ac yn aml hefyd rhwng y dwys a'r ysgyfala). Tuedd yw hon a gymhellwyd gan ei awydd i ddal sylw ei ddarllenwyr a dod â'r dieithr yn fyw ac yn ystyrlon iddynt, gan ei ddiddordeb byw ef ei hun mewn pob math o ddiwylliant cyfoes (a hefyd, ambell dro, 'rwy'n amau, gan awydd direidus i anghysuro mymryn ar y gorddifrifol a'r sydêt!). Dyma un a roes eglureb o fyd pêl-droed wrth draethu ar ymadrodd o 'Armes Prydain' yn *Bwletin y Bwrdd Gwybodau Celtaidd*—gweithred fentrus yn y Gymru academaidd oedd ohoni ym 1971![95] Un hefyd a honnodd, mewn ysgrif ar ryddiaith gynnar y Gymraeg, fod nodweddion a geid mewn testunau fel *Delw'r Byd, Hystoria Gwlad Ieuan Fendigaid* a *Ffordd y Brawd Odrig* yn debyg i bethau a geid 'mewn rhai comics o'n cyfnod ni ac yn ein llenyddiaeth wyddonias (*science fiction*)',[96] cyn mynd ymlaen, yn fwy rhyfygus, i gyffelybu gwyrthiau bucheddau'r saint i orchestion arwyr fel Superman, Batman, Capten Marvel a Tarzan.[97] Fe ellid ychwanegu llu o bethau tebyg o gyhoeddiadau eraill gan Gwyn, ond rhaid cyfyngu'r sylw yma i *Gair am Air*, sy'n tystio'n groyw i barhad y duedd hon yn ei weithiau diweddar, a lle y'i defnyddir yn aml yn dreiddgar i oleuo dirnadaeth. Wrth drafod hanes Gwydion a Gilfaethwy yn chwedl 'Math fab Mathonwy', fe'n cyfeirir at stori Franz Kafka, 'Metamorffosis', ac at y ffilmiau *The Company of Wolves* a *Werewolf*,[98] wrth drafod Siôn Cent troir i fyd y ffilmiau drachefn a chyfeirio at *Y Seithfed Sêl* Ingmar Bergman.[99] Mae cymeriadaeth yr ysgrif '"Mewn Carchar Tywyll Du"' yn griw trawiadol o gymysgryw, yn ymestyn o Horas, David Charles, Caerfyrddin, a Hedd Wyn hyd Damien Hirst, Sid Vicious a'r Sex Pistols, a Kevin Michael Allin, prif ganwr (meddir) y Toilet Rollers.[100] Ac edrycher ar fynegai'r gyfrol: nid annisgwyl efallai yw presenoldeb Dafydd ap Gwilym a Dante, ond yr enw nesaf at Dante yw neb llai na Darth Vader; yno hefyd mae 'Eastwood, Clint', 'Wayne, John' a nifer o eiconau eraill llunyddiaeth a diwylliant poblogaidd yr ugeinfed ganrif. Mae'n sicr na cheid yr un ehangder o gyfeiriadaeth, hen a diweddar, uchel-ael ac isel-ael, mewn cyfrol gan yr un ysgolhaig a beirniad arall o Gymro. Mae gan Gwyn ddawn arbennig i gofleidio pegynau diwylliannol yn esmwyth, i drawsgyfeirio'n ddeheuig o'r gorffennol i'r presennol, ac i borthi'r dychymyg a'r deall drwy gyfuno'n annisgwyl yr ymddangosiadol annhebyg ac anghymarus yn welediad cyfannol a chraff.

Fe gyfeiriwyd yn agos at ddechrau'r ysgrif hon at y ddawn dweud a'r ymadroddi bachog sy'n nodweddion mor amlwg ar ysgrifeniadau ysgolheigaidd a beirniadol Gwyn. Ar wahân i'w ddoniau traethu cynhenid, mae'n amlwg mai rhan o'r esboniad ar y gynneddf hon yw ei fagwraeth yn sŵn Cymraeg cyhyrog Ffestiniog hanner canrif a mwy yn ôl. Gellir dweud amdano fel y dywedodd J. E. Caerwyn Williams am John Gwilym Jones, ei fod ef ymhlith yr awduron hynny 'y gellir clywed sŵn a rhythm eu llafar yn eu llên',[101] ond bod y nodwedd hon yn llawer amlycach eto yng ngwaith Gwyn rhagor gwaith ei hen athro. Fe ŵyr pawb a ddarllenodd ei waith— ei ysgrifeniadau ar lenyddiaeth a diwylliant yn ogystal â'i farddoniaeth— am ei hoffter o liwio a bywiogi ei draethu drwy ddefnyddio iaith siarad. Prin fod neb wedi bod mor fentrus ag y bu ef o ran llafareiddio traethu ysgolheigaidd a beirniadol Cymraeg (gan ennyn gwg rhai o'i gymheiriaid academaidd mwy ceidwadol ar brydiau!). Dyma un na phetrusodd ddweud mewn ysgrif yn *Nhrafodion Anrhydeddus Gymdeithas y Cymmrodorion* nad oedd Magnus Maximus 'yn fawr o gargo',[102] cyn sôn wedyn fel yr oedd brenhinoedd cynnar Prydain yn cael 'eu colbio'n ddidrugaredd' yn ôl Gildas;[103] un hefyd a ddefnyddiodd dystiolaeth iaith lafar ei fro i gywiro dehongliad J. E. Lloyd a Caerwyn Williams o ystyr yr enw Cynan Garwyn fab Brochfael Ysgithrog.[104] Ac ar wahân i feddu ar iaith lafar gyfoethog, rywiog ei hun, a'i thrawsblannu'n eofn i brint yn aml, fe welir arwyddion cyson yn nhraethu Gwyn o'i ymwybyddiaeth o bwysigrwydd yr iaith lafar a'i swyddogaeth fywhaol mewn perthynas â llenyddiaeth. Wrth drafod Ellis Wynne fe'n hatgoffodd 'fod gïau Cymraeg llafar y cyfnod yn llawer cryfach nag eiddo'n cyfnod ni',[105] gan nodi hefyd yn gymeradwyol fod

Wynne wedi ymollwng 'i ryddid a bywiogrwydd yr iaith lafar'.[106] Wrth drafod Syr John Morris-Jones, nododd fod 'ganddo . . . iaith lafar Sir Fôn mewn cyfnod pan oedd llawer o bobl Môn bron yn uniaith Gymraeg, ac y mae hynny'n dra phwysig'.[107] A'r un ffunud, wrth ganmol iaith D. Tecwyn Lloyd, fe bwysleisia fod honno 'wedi ei seilio ar *siarad* Cymraeg, ar siarad cymdeithas yr oedd y Gymraeg yn hanfod ei bodolaeth'.[108] Cyson â'r pwyslais hwn yw'r safon a osododd ar gyfer iaith ffurfiol gyfoes—'iaith newyddion a rhaglenni dogfennol, er enghraifft'—pan nododd y dylai

> ymgyrraedd at ryw safon a fydd yn ei gwneud hi'n gyffredinol ddealladwy heb iddi golli bywiogrwydd arbennig iaith lafar lawn, a'r creadigrwydd sydd wedi bod yn rhan o lafar Cymraeg ar hyd y canrifoedd, ac sy'n gallu bod yn rhan o'n Cymraeg llafar hyd heddiw.[109]

Afraid dweud bod y ddelfryd a anogir yma yn ymdebygu i arfer cyson Gwyn ei hunan. Afraid nodi hefyd ei fod yn ddigon effro i'r byd sydd ohoni i sylweddoli bod gweithredu delfryd o'r fath yn dibynnu ar barhad y Gymraeg fel iaith gymdeithasol, fel iaith byw beunyddiol niferoedd o bobl ynghyd. Yn dilyn y dyfyniad uchod, ar ôl sôn fod eto hanner miliwn o siaradwyr Cymraeg, y mae'n nodi fel a ganlyn:

> A fydd hyn oll yn ddigon cryf i wrthsefyll mewnfudiadau o Saeson, amlhau sianelau teledu, y cwlt ieuenctid Americanaidd y mae'r diwylliant pop yn ei greu, y llygadu ceiniogau, y masnacheiddio sy'n digwydd ym myd addysg a thrwy holl ffurfiau diwylliant, y llifeiriant o bethau y mae materoliaeth yn eu tywallt am ein pennau bron yn feunyddiol, dyna yw'r cwestiwn yr ydym yn ei wynebu'n awr.[110]

Daw'r cyfeiriad at fateroliaeth yn y dyfyniad uchod â mi at un pwynt olaf. Nodwedd sy'n brigo i'r golwg yn llawer o weithiau ysgolheigaidd a beirniadol Gwyn, fel yn ei farddoniaeth, yw ei dymer grefyddol (canlyniad naturiol ei fagwraeth ymneilltuol a'i ymlyniad crefyddol ffyddlon yn ŵr yn ei oed a'i amser, mi dybiwn, a nodwedd wahanol iawn ei natur i'r efengyliaeth achubiaethol a goleddwyd gan ambell un o ysgolheigion a gwŷr llên Cymraeg ail hanner yr ugeinfed ganrif). Er gwaethaf ffraethineb mynych ei draethu, na thwyller neb: gŵr dwys a difrifol yw Gwyn yn y bôn. Adlew-

yrchir y dueddfryd hon yn y modd cynnes a chydymdeimladol y closiodd
at awduron crefyddol megis Rowland Vaughan a Morgan Llwyd (a diddorol
yw'r modd y synhwyrodd ddwyster crefyddol na chanfu ysgolheigion eraill
yn Huw Llwyd yntau[111]). Ac fe'n hatgoffodd ni yn *Y Bardd Cwsg a'i
Gefndir* mai awdur crefyddol yn anad dim arall oedd Ellis Wynne:

> y grefydd a bregethai oedd yn hollbwysig iddo. Iachawdwriaeth
> oedd ei air mawr. Wrth ymboeni ynghylch hynny yr ysgrifennodd
> gampweithiau.[112]

Na chamarweinier neb ychwaith gan ei oerni tuag at y rhan fwyaf o farddoniaeth yr ail ganrif ar bymtheg, oherwydd mewn gwirionedd mae'n mawrygu'r ganrif honno fel un 'o rymusterau mawrion',[113] canrif a nodweddid gan brafFter profiad ysbrydol, pan oedd 'dychymyg dyn yn gweld olion Duw ar y bywyd hwn ac yr oedd hynny'n help i gadw enaid dyn'.[114] O droi at gyfnod cynharach, mae'n arwyddocaol mai Siôn Cent, ar wahân i Ddafydd ap Gwilym, fu'r unig un o feirdd yr Oesoedd Canol diweddar y rhoes sylw unigol iddo.[115] Archfflangellwr materoliaeth ddigydwybod uchelwyr ei oes—rhai a dwyllwyd 'gan gyfoeth a daearol fri'[116]—oedd Siôn, a diau fod gwrthfateroliaeth ddigyfaddawd y bardd yn un elfen a wnaeth i Gwyn gynhesu ato. Yn ei ysgrif 'Tu Hwnt i'r Llen (Brasolwg ar Lenyddiaeth a Chrefydd)', rhoddodd Gwyn gryn sylw i'r hyn a alwodd yn 'fateroliaeth fawr ein cyfnod ni'.[117] Soniodd am 'ormes y materol' a bod 'dyn yn cael ei fygu gan fateroliaeth',[118] gan briodoli sgileffeithiau brawychus i'r fateroliaeth honno (dadleuol—er nad cyfeiliornus o raid—yw hanesyddoldeb y dadansoddiad, ond peth arall yw hynny):

> 'Dydi hi'n rhyfeddod yn y byd inni weld malu pethau ac ymosod ar
> bobol yn dod yn gyffredin yn ein cymdeithas; dyma olion allanol
> argyfwng mewnol o syrffed ar fateroliaeth ronc.[119]

Crefydd yw'r grym a begynodd Gwyn â'r fateroliaeth hon, a'r grefydd honno, wrth gwrs, yn echblyg Gristnogol.[120] Ond wrth gyfeirio at 'y dimensiwn ysbrydol', wele ein hatgoffa fod 'nifer o feirdd bît a hipi America wedi dangos diddordeb yng nghrefyddau India, ac mewn myfyrdod trosgynnol'.[121] Dyna awgrym go sicr na fyn gyfyngu'r ysbrydol i'r profiad Cristnogol yn unig. A daw hynny'n amlwg mewn mannau eraill. Nid damwain a yrrodd Gwyn i astudio 'Hen grefydd, hen dduwiau' y Celtiaid. Wedi nodi bodolaeth elfennau rhyfeddol ym Mhedair Cainc y Mabinogi y cred iddynt esblygu o'r hen grefydd Geltaidd, fe ddywed wrthym:

> Y mae'r rhyfeddodau hynny yn dynodi ymdeimlad fod galluoedd amgenach na rhai naturiol yn gweithio ar y byd hwn. Y mae ymwneud gwŷr a gwragedd â'r pwerau hynny'n diffinio eu gwir ddynoliaeth.[122]

'Rwy'n tybio i'w ymwybyddiaeth ddwys o'r 'galluoedd amgenach na rhai naturiol' hyn fod yn allweddol o ran denu Gwyn at y chwedlau, megis y'i denwyd hefyd at lenyddiaeth fwy echblyg Gristnogol grefyddol o gyfnodau diweddarach.

* * *

Oherwydd ei amlygrwydd yn niwylliant Cymraeg ail hanner yr ugeinfed ganrif, gellir bod yn sicr y ceir llawer ymgais ar ôl y gyfrol hon i gloriannu gwahanol agweddau ar gyfraniad Gwyn Thomas. Efallai mai cymharol brin fydd y sylw a roddir i'w ysgolheictod. Mae ysgolheictod yn weithgarwch llai cyhoeddus, llai chwannog i dynnu sylw ato'i hun, na llawer o'r meysydd eraill y bu Gwyn yn ymwneud â hwy (er bod Gwyn, fel yr awgrymwyd, yn ysgolhaig mwy cyhoeddus ei ogwydd na'r rhan fwyaf o'i gymrodyr). Yn nhrefn naturiol pethau gellir disgwyl y rhoddir mwy o sylw i'w weithiau creadigol nag i'w ysgolheictod. Ond bu ei ysgolheictod amlochrog yn edefyn pwysig a chyfoethog ym mrethyn amryliw cyfanwaith cynnyrch Gwyn, ac ni thâl ei anwybyddu. Braint a phleser fu cael olrhain gwead a chyfrodedd yr edefyn hwnnw yn y gyfrol deyrnged dra haeddiannol hon i'm cyfaill.

NODIADAU

1. Gwyn Thomas, *Y Bardd Cwsg a'i Gefndir* (Caerdydd, 1971), 285.
2. Gwyn Thomas, 'J. E. Caerwyn Williams: Yr Athro', *Y Traethodydd*, CLIV, 651 (Hydref 1999), 223. Ar hyn, gweler hefyd Gwyn Thomas, *Bywyd Bach*, Cyfres y Cewri 30 (Caernarfon, 2006), 180.

3. Gwyn Thomas, 'Dau Lwyd o Gynfal', yn J. E. Caerwyn Williams (gol.), *Ysgrifau Beirniadol V* (Dinbych, 1970), 71–98; Gwyn Thomas, 'Llythur ir Cymru Cariadus', yn J. E. Caerwyn Williams (gol.), *Ysgrifau Beirniadol XIV* (Dinbych, 1988), 152–64.
4. Gwyn Thomas, 'Ellis Wynne o Lasynys, 1671–1734'; traethawd MA Prifysgol Cymru [Bangor], 1961.
5. Gwyn Thomas, 'Ellis Wynne o'r Lasynys', *Llên Cymru*, 6 (1960) [*recte*, 1962], 83–96; 'Dychan Ellis Wynne', yn J. E. Caerwyn Williams (gol.), *Ysgrifau Beirniadol I* (Dinbych, 1965), 167–86; 'Ellis Wynne, Y Lasynys', yn Dyfnallt Morgan (gol.), *Gwŷr Llên y Ddeunawfed Ganrif a'u Cefndir* (Llandybïe, 1966), 51–7; 'Ellis Wynne o Lasynys', *Cylchgrawn Cymdeithas Hanes a Chofnodion Sir Feirionnydd*, VI (1970), 137–47.
6. Gwyn Thomas, *Ellis Wynne* (Cardiff, 1984).
7. Gwyn Thomas a Patrick J. Donovan (goln.), *Gweledigaethau Y Bardd Cwsg: Y Rhan Gyntaf* (Cyfeillion Ellis Wynne, 1991). Ailgyhoeddwyd y gyfrol hon mewn diwyg cyffredin gan Wasg Gomer ym 1998.
8. Yn y traethawd cafwyd pennod glo ar *Lyfr Gweddi Gyffredin* 1710 (a olygwyd gan Wynne), ar *Prif Addysg y Cristion* (1755) ac ar ei farddoniaeth. Ni chynhwyswyd hon yn *Y Bardd Cwsg a'i Gefndir*.
9. Mynegwyd hyn ganddo'n gofiadwy yn ei ddarlith 'Swyddogaeth Beirniadaeth': 'Yn union fel y mae'n rhaid i lenyddiaeth roi pleser a difyrrwch, mae'n rhaid i feirniadaeth hefyd roi pleser a difyrrwch. Mae'r beirniad da mor fyw i ryfeddodau geiriau, mor awyddus i'w trafod yn fywiog, mor eiddgar yn chwilio am gyfuniadau newydd, mor fanwl synhwyrus yn disgrifio'i brofiad, mor eiddigeddus yn ffurfio'i frawddegau a threfnu'n daclus, ag unrhyw lenor'; John Gwilym Jones, *Swyddogaeth Beirniadaeth* (Dinbych, 1977), 33. Trafodir y pwyslais hwn (gyda dyfyniadau pellach) gan J. E. Caerwyn Williams, 'Beirniadaeth Lenyddol John Gwilym Jones', yn Gwyn Thomas (gol.), *John Gwilym Jones: Cyfrol Deyrnged* (Llandybïe, 1974), 131–4.
10. Thomas, *Y Bardd Cwsg a'i Gefndir*, 292–3.
11. Ibid., 297.
12. Ibid., 309.
13. Ibid., 79.
14. Ibid., 82.
15. Ibid., 290.
16. Ibid., 343.
17. Ibid., 345.
18. Ibid.
19. Gweler ibid., 247–50, 274–7.
20. Gwyn Thomas, *Chwerwder yn y Ffynhonnau* (Dinbych, 1962); *Y Weledigaeth Haearn* (Dinbych, 1965).
21. Gwyn Thomas, 'Y Portread o Uchelwr ym Marddoniaeth Gaeth yr Ail Ganrif ar Bymtheg', yn J. E. Caerwyn Williams (gol.), *Ysgrifau Beirniadol VIII* (Dinbych, 1974), 110–29; 'Golwg ar Gyfundrefn y Beirdd yn yr Ail Ganrif ar Bymtheg', yn R. Geraint Gruffydd (gol.), *Bardos: Penodau ar y Traddodiad Barddol Cymreig a Cheltaidd* (Caerdydd, 1982), 76–94; 'The Imagery of the Strict Metre Poetry of Wales in the Seventeenth Century', *Studia Celtica*, XXIV–XXV (1989–90), 99–107; 'John Griffith,

Llanddyfnan, Bardd o'r Ail Ganrif ar Bymtheg', *Trafodion Anrhydeddus Gymdeithas y Cymmrodorion*, 1999, Cyfres Newydd, 6 (2000), 14–37 (Darlith Goffa Syr T. H. Parry-Williams a draddodwyd yn Eisteddfod Genedlaethol Ynys Môn, Awst 1999). Er bod Rowland Vaughan yn un o'r beirdd yr ymdriniwyd â hwy yn y traethawd DPhil (tt. 186–215), ychydig o orgyffwrdd a geir rhwng yr ymdriniaeth honno a phennod Gwyn Thomas, 'Rowland Vaughan', yn Geraint Bowen (gol.), *Y Traddodiad Rhyddiaith* (Llandysul, 1970), 231–46, sy'n canolbwyntio ar ei weithiau rhyddiaith.
22. Thomas, 'Y Portread o Uchelwr', 129.
23. Thomas, 'Golwg ar Gyfundrefn y Beirdd', 94.
24. Thomas, 'John Griffith, Llanddyfnan', 16. Gweler hefyd ei sylwadau yn *Rhyw Lun o Brofiad*, Darlith Goffa Syr Thomas Parry-Williams, 1997 (Aberystwyth, 1997), 6–7: 'Y mae yna lathenni o waith Beirdd yr Uchelwyr nad ydyn' nhw'n ddim byd ond rhethreg fecanyddol, lle y mae'r awen yn cerdded trwy ei hun, neu wedi ildio i'r peilot awtomatig fel y dywedid heddiw. Y mae'r ail ganrif ar bymtheg, yn enwedig, yn dew o'r peth, ond yr adeg honno 'roedd y traddodiad ar ei hen sodlau. Fe gorddir yr un hen ddelweddau drwy ddegau o gywyddau, gan nodi ffeithiau aneneiniedig ar gynghanedd'.
25. Gwyn Thomas, 'A Study of the Changes in the Tradition of Welsh Poetry in North Wales in the Seventeenth Century'; traethawd DPhil Prifysgol Rhydychen, 1966, 300.
26. Ibid., 74.
27. Ibid., 131.
28. Ibid., 366.
29. Ibid., 415. Codwyd sylwadau Lewis Morris o Lsgr. BL Addl. 14866, 4^a.
30. Gweler ei sylw am ganu rhan gyntaf y ganrif: 'lle i gamelod llenyddol yw'r anialdir hwnnw hefyd'; 'John Griffith, Llanddyfnan', 16.
31. Yr oeddwn i (a'r Athro Derec Llwyd Morgan) ymhlith y myfyrwyr a ddilynodd y cwrs cyntaf ar farddoniaeth Dafydd ap Gwilym a ddysgodd Gwyn ym Mangor ym mlwyddyn golegol 1963–4.
32. Gwyn Thomas, 'Dafydd ap Gwilym ac Ifor Hael', *Llên Cymru*, 7 (1962–3), 249–51.
33. Gwyn Thomas, *Eisteddfodau Caerwys: The Caerwys Eisteddfodau* (Caerdydd, 1968), 8.
34. Cynog Davies, 'At y Golygydd: Diweddaru'r Clasuron Cymraeg', *Barn*, 54 (Ebrill 1967), 150.
35. Ibid.
36. Ibid.
37. Gwyn Thomas, 'Diweddaru'r Clasuron Cymraeg', *Barn*, 56 (Mehefin 1967), 196–7.
38. Ibid., 196.
39. Gwyn Thomas (gol.), *Yr Aelwyd Hon: Diweddariadau o Hen Farddoniaeth Gymraeg* (Llandybïe, 1970).
40. Thomas, 'Diweddaru'r Clasuron Cymraeg', 196.
41. Thomas (gol.), *Yr Aelwyd Hon*, 16.
42. Thomas, 'Diweddaru'r Clasuron Cymraeg', 196.
43. Ibid.; cymharer Thomas (gol.), *Yr Aelwyd Hon*, 93, 97.
44. Ifor Williams (gol.), *Canu Aneirin* (Caerdydd, 1938), 3.
45. Thomas (gol.), *Yr Aelwyd Hon*, 46.

46. Ifor Williams (gol.), *Canu Llywarch Hen* (Caerdydd, 1935), 35–6.
47. Thomas (gol.), *Yr Aelwyd Hon*, 91–2.
48. Gwyn Thomas, *Y Traddodiad Barddol* (Caerdydd, 1976). Adargraffwyd y gyfrol ym 1986, 1989, 1993, 1996 a 2002.
49. Gweler y 'Rhagair', ibid., 7. Comisiynwyd y gyfrol yn wreiddiol gan Bwyllgor Llyfrau Cymraeg Awdurdod Addysg Sir Feirionnydd, a'i mabwysiadu wedyn gan Gydbwyllgor Addysg Cymru ar ôl i'r hen siroedd ddod i ben ym 1974.
50. Gweler sylw Tudur Hallam mewn adolygiad o adargraffiad 2002: 'Erbyn hyn, wedi dros chwarter canrif o fodio, y mae i'r llyfr hwn, mi gredaf, statws beiblaidd'; <www.gwales.com>.
51. Thomas, *Y Traddodiad Barddol*, 149.
52. Ar y syniad hwn fel y'i hamlygir yn *Hanes Llenyddiaeth Gymraeg*, gweler ymdriniaeth ddisglair Derec Llwyd Morgan yn *'Nid Hwn Mo'r Llyfr Terfynol': Hanes Llenyddiaeth Thomas Parry*, Y Ddarlith Lenyddol, Eisteddfod Genedlaethol Cymru, Casnewydd, 2004 (Aberystwyth, 2004).
53. Thomas, *Y Traddodiad Barddol*, 240.
54. Crynhoir y safbwynt hwn yn sylw'r beirniad Americanaidd R. P. Blackmuir (1904–63): 'the more extraneous material of any sort you introduce into the study of a poem as belonging to it, the more you violate the poem as such'; dyfynnir gan René Wellek yn *A History of Modern Criticism, 1750–1950, Volume 6: American Criticism, 1900–1950* (London, 1986), 219. Gwaith tra dylanwadol o ran hyrwyddo'r duedd hon oedd gwerslyfr Cleanth Brooks a Robert Penn Warren, *Understanding Poetry* (New York, 1938). Disgrifir dull y gwaith hwn gan Wellek fel a ganlyn: '*Understanding Poetry* is deliberately designed to make the student focus on the bare text of the poem. It thus says hardly anything about biography or history except when it seemed necessary to clarify the meaning'; *A History of Modern Criticism*, 191.
55. Thomas, *Y Traddodiad Barddol*, 61–7. Gweler hefyd ei ymdriniaeth flaenorol, 'Sylwadau ar "Armes Prydein"', *Bulletin of the Board of Celtic Studies*, XXIV (1970–2), 263–7.
56. Thomas, *Y Traddodiad Barddol*, 67.
57. Ibid., 175.
58. Ibid., 239.
59. Ibid., 190.
60. John Gwilym Jones, 'Beth yw Llenyddiaeth?', *Swyddogaeth Beirniadaeth*, 36.
61. John Gwilym Jones, 'Cyfoethogwyr ein Hetifeddiaeth Lenyddol', ibid., 103.
62. Gweler, er enghraifft, *Y Traddodiad Barddol*, 150. Ceir sylwadau cyffelyb mewn gweithiau diweddarach o'r eiddo Gwyn ar Ddafydd ap Gwilym a grybwyllir uchod.
63. Ibid., 157.
64. Ibid., 168: 'ond mae rhywun yn dod yn ei ôl at y ffaith fod y dyn hwn yn athrylith a'i bod hi'n bosibl i athrylith droi traddodiad y tu chwithig allan neu ei ddefnyddio, neu fe all wneud y ddau beth'.
65. Ibid., 176 (gan wyrdroi barn wahanol Joseph Vendryes a grybwyllir ibid., 175).
66. Ibid., 167.
67. Ibid.

68. Ibid., 168–9.
69. Gwyn Thomas, 'Dafydd ap Gwilym ac Ifor Hael', *Llên Cymru*, 7 (1962–3), 249–51; 'Golwg ar y Sangiad yng Ngwaith Dafydd ap Gwilym', *Llên Cymru*, 10 (1968–9), 224–30; 'Dafydd ap Gwilym: The Nature Poet', *Poetry Wales*, 8, 4 (Gwanwyn 1973), 28–33.
70. Gwyn Thomas, 'Nodiadau Amrywiol', *Bwletin y Bwrdd Gwybodau Celtaidd*, XXVII (1976–8), 222–3; 'Dau Fater yn Ymwneud â Dafydd ap Gwilym', *Y Traethodydd*, CXLIII, 607 (Ebrill 1988), 99–105; 'Nodiadau Amrywiol: [. . .] (c) Cystudd y Bardd; (ch) Adleisiau ym Marddoniaeth Dafydd ap Gwilym', *Llên Cymru*, 21 (1998), 173–6.
71. Alan Llwyd (gol.), *50 o Gywyddau Dafydd ap Gwilym* (Abertawe, 1980). Am aralleiriadau Gwyn, ynghyd â'i gyflwyniad i'r bardd, gweler tt. 65–92. Y cyfranwyr eraill i'r gyfrol oedd Alan Llwyd, John Rowlands, R. Geraint Gruffydd a Gwynn ap Gwilym.
72. Gwyn Thomas (cyf.), *Dafydd ap Gwilym: Chwe Cherdd/Six Poems* (Y Drenewydd, 1985).
73. Gwyn Thomas (cyf.), *Dafydd ap Gwilym: His Poems* (Cardiff, 2001).
74. Cerddi rhifau 155–60 (tt. 307–18) yn y gyfrol. Gweler ibid., ix ('Acknowledgements') am ffynonellau testunau gwreiddiol y cerddi hyn. Cydnabu Thomas Parry fod rhif 160 ('To His Pecker', sef 'Cywydd y Gâl') yn debyg o fod yn waith Dafydd, ond ni fentrodd gynnwys yr enghraifft hon o '*erotica* Cymraeg' yn ei gasgliad; Thomas Parry (gol.), *Gwaith Dafydd ap Gwilym* (Caerdydd, 1952), clxxxiii.
75. 'I have not made any attempt to keep to the syllables of the original . . . although I have attempted to use some of Dafydd's techniques—some rhymes, some alliteration, some suggestions of *cynghanedd*, some *sangiadau* . . . some *trychiadau* . . . where these seemed to me to promote a richer impression of the poet's work'; Thomas (cyf.), *Dafydd ap Gwilym: His Poems*, xxiii.
76. Gweler ysgrif Yr Athro Dafydd Johnston yn y gyfrol hon, 350–66 isod.
77. Cyhoeddwyd y ddarlith yn Aberystwyth yn 2003 gan Ganolfan Uwchefrydiau Cymreig a Cheltaidd Prifysgol Cymru. Nodir bod y fersiwn ysgrifenedig o'r ddarlith 'yn hwy na'r traethiad llafar' (t. 3).
78. Gwyn Thomas, *Dafydd ap Gwilym: Y Gŵr Wrth Gerdd* (Aberystwyth, 2003), 3.
79. Ibid., 51–2. At gyhoeddiadau Gwyn ar Ddafydd ap Gwilym gellir ychwanegu bellach *Stori Dafydd ap Gwilym* (Talybont, 2004), cyfrol ar gyfer plant.
80. Gwyn Thomas, 'Dau Lwyd o Gynfal', yn J. E. Caerwyn Williams (gol.), *Ysgrifau Beirniadol V* (Dinbych, 1970), 71–98; 'Rowland Vaughan', yn Geraint Bowen (gol.), *Y Traddodiad Rhyddiaith* (Llandysul, 1970), 231–46; 'Llythur ir Cymru Cariadus', yn J. E. Caerwyn Williams (gol.), *Ysgrifau Beirniadol XIV* (Dinbych, 1988), 152–64.
81. Gwyn Thomas, '*Cân yr Henwr* (Llywarch Hen)', yn Rachel Bromwich ac R. Brinley Jones (goln.), *Astudiaethau ar yr Hengedd: Studies in Old Welsh Poetry* (Caerdydd, 1978), 266–80.
82. Gwyn Thomas, 'Siôn Cent a Noethni'r Enaid', *Gair am Air: Ystyriaethau am Faterion Llenyddol* (Caerdydd, 2000), 40–57.
83. Ibid., 56.
84. Cf. 333 uchod. Am gyfraniad pellach o'r eiddo Gwyn yn ymwneud â barddoniaeth, gweler 'Nodiadau Amrywiol: (a) Naw Englyn y Juvencus; (b) "Llo Cors"; (c) Cystudd

y Bardd; (ch) Adleisiau ym Marddoniaeth Dafydd ap Gwilym; (d) Dull Siôn Phylip o Gyfansoddi', *Llên Cymru*, 21 (1998), 172–7. Dylid nodi hefyd mai ef a ysgrifennodd y rhagair i *Llywelyn 1282* (Y Drenewydd, 1982), cyfrol a gyhoeddodd Gwasg Gregynog yn cynnwys cyfieithiad gan Joseph P. Clancy o farwnad Gruffudd ab yr Ynad Coch i Lywelyn ap Gruffudd.

85. Gwyn Thomas, *Llenyddiaeth y Cymry: Cyflwyniad Darluniadol, Cyfrol I: O tua 500 i tua 1500* (Y Bontfaen, 1985).
86. Gweler y 'Rhagair', ibid., 3.
87. Pennod V, ibid., 33–57. Cyfraniadau pellach gan Gwyn Thomas ym maes y chwedlau yw 'O Maximus i Maxen', *Trafodion Anrhydeddus Gymdeithas y Cymmrodorion* (1983), 7–21, a 'Pedair Cainc y Mabinogi', yn Geraint Jenkins (gol.), *Cof Cenedl XI* (Llandysul, 1996), 3–27.
88. Thomas, *Llenyddiaeth y Cymry*, 37.
89. Gwyn Thomas, *Duwiau'r Celtiaid*, Llyfrau Llafar Gwlad, 24 (Llanrwst, 1992).
90. Thomas, *Gair am Air*, 1–20 a 21–39.
91. Gwyn Thomas, 'Bras Ddosbarthiad ar ein Rhyddiaith Gynnar', yn J. E. Caerwyn Williams (gol.), *Ysgrifau Beirniadol XI* (Dinbych, 1979), 28–51.
92. Gwyn Thomas, 'Arolwg o'r Gymraeg yn Niwylliant Cymru', *Llên Cymru*, 18 (1994–5), 192–204.
93. Williams, 'Beirniadaeth Lenyddol John Gwilym Jones', 147.
94. Unol ag ysbryd y traddodiad hwn yw geiriau Dyfnallt Morgan (un arall o wŷr Bangor) yn y gyfrol *Gwŷr Llên y Ddeunawfed Ganrif a'u Cefndir* (sy'n cynnwys ysgrif gan Gwyn ar Ellis Wynne). Meddai am gyfranwyr y gyfrol: 'Fel ysgolheigion Cymraeg blaengar Dadeni Dysg yr unfed ganrif ar bymtheg, credant hwythau nad rhywbeth i'w gadw o fewn cylch dethol yw gwybodaeth a diwylliant disgybledig y canrifoedd'; 'Rhagymadrodd', yn Morgan (gol.), *Gwŷr Llên y Ddeunawfed Ganrif*, 8.
95. Thomas, 'Sylwadau ar "Armes Prydein"', 265.
96. Thomas, 'Bras Ddosbarthiad ar ein Rhyddiaith Gynnar', 36.
97. Ibid., 46.
98. Thomas, 'Yn Rhith Anifeiliaid', *Gair am Air*, 17.
99. Thomas, 'Siôn Cent a Noethni'r Enaid', 49. Cf. *Y Traddodiad Barddol*, 239, lle cymherir yr 'ymosodiad ar y synhwyrau a'r dychymyg' a geir yn 'Gwagedd Ymffrost Dyn' Siôn Cent â dulliau ffilmiau arswyd.
100. Gwyn Thomas, '"Mewn Carchar Tywyll Du"', *Gair am Air*, 166–86, *passim*.
101. Williams, 'Beirniadaeth Lenyddol John Gwilym Jones', 132.
102. Thomas, 'O Maximus i Macsen', 15–16.
103. Ibid., 20.
104. Gwyn Thomas, 'Nodiadau Amrywiol', *Bwletin y Bwrdd Gwybodau Celtaidd*, XXVII (1976–8), 222–3.
105. Thomas, *Y Bardd Cwsg a'i Gefndir*, 96.
106. Ibid., 159.
107. Gwyn Thomas, *Syr John Morris-Jones*, Darlith Eisteddfodol y Brifysgol, Eisteddfod Genedlaethol Cymru, Nedd a'r Cyffiniau, 1994 (Caerdydd, 1994), 7.

108. Gwyn Thomas, *Byd D. Tecwyn Lloyd: Golwg ar ei Ysgrifau Mwyaf Personol*, Y Ddarlith Lenyddol, Eisteddfod Genedlaethol Meirion a'r Cyffiniau, 1997 (Llys yr Eisteddfod Genedlaethol, 1997), 7.
109. Thomas, 'Arolwg o'r Gymraeg yn Niwylliant Cymru', 203.
110. Ibid., 203–4. Mae'r pryder sydd y tu ôl i'r sylw hwn yn cael ei amlygu'n ddiamwys yn un o weithiau mwy diweddar Gwyn: 'Yn y sefyllfa ddwyieithog sydd ohoni, 'dydym ni ddim mor barod â'n geiriau ag oeddem ni, ddim mor ffraeth ag oeddem ni. Y mae'n anos inni fod: y mae'n clustiau ni'n cyfarwyddo â phob math o ddweud yn y Saesneg neu'r Americaneg cyn inni gael cyfle i greu ein geiriau a'n dywediadau ein hunain . . . Yr ydym ni i gyd wedi ein Hamericaneiddio, achos yr Americaneg sydd yn naturiol yn troi pethau'r ddinas yn idiomau a dywediadau. Beth a ddywedwn ni am "street cred", "wired into", "park yourself right there, buddy", "acid head", "it's a new ball game", "a can of worms", "blow a gasket", ac ymlaen, ac ymlaen. Y mae yna ymadroddion cyfatebol i amryw o'r rhain yn Gymraeg, ond y maen' nhw'n tueddu i berthyn i fyd amaethyddol nad ydi'n pobol ifainc ni'n gwybod fawr amdano. Hynny ydi, yr ydym ni ar ei hôl hi efo geiriau am "bethau" y byd sydd ohoni'; Thomas, *Rhyw Lun o Brofiad*, 4–5. Gweler hefyd Thomas, *Bywyd Bach*, 208.
111. Thomas, 'Dau Lwyd o Gynfal', 79–83.
112. Thomas, *Y Bardd Cwsg a'i Gefndir*, 147.
113. Thomas, 'Dau Lwyd o Gynfal', 71.
114. Thomas, 'Rowland Vaughan', 245–6.
115. Thomas, 'Siôn Cent a Noethni'r Enaid', 40–57.
116. Ibid., 56.
117. Gwyn Thomas, 'Tu Hwnt i'r Llen (Brasolwg ar Lenyddiaeth a Chrefydd)', yn J. E. Caerwyn Williams (gol.), *Ysgrifau Beirniadol IX* (Dinbych, 1976), 352–65.
118. Ibid., 357, 365.
119. Ibid., 358.
120. Cf. Thomas, *Bywyd Bach*, 104: 'A fyddwn i'n meddwl am y pethau hyn o gwbwl pe na bai gen i ryw amgyffrediad o bethau uwch na'r materol, pethau yr oeddwn wedi dod yn gyfarwydd â nhw yn fy Meibl ac yn fy nghapel?'.
121. Thomas, 'Tu Hwnt i'r Llen', 357.
122. Thomas, 'Pedair Cainc y Mabinogi', 26.

Gwyn Thomas a Chyfieithu Dafydd ap Gwilym

Dafydd Johnston

Un o gymwynasau mwyaf Gwyn Thomas yw ei waith yn agor clasuron llenyddiaeth Gymraeg i gynulleidfa ehangach trwy addasu a chyfieithu, gwaith sy'n cyfuno ei ddoniau fel llenor ac fel ysgolhaig. Ymhlith ei gyfraniadau diweddar yn y cyswllt hwn y mae ei gyfieithiadau Saesneg o gerddi Dafydd ap Gwilym.[1] Saif cyfieithiadau Gwyn Thomas mewn olyniaeth hir yn ymestyn yn ôl i'r ddeunawfed ganrif,[2] ond gellir dweud yn hyderus eu bod yn rhagori ar bob un o ran cwmpas y casgliad, sy'n cynnwys y cwbl a ystyrir yn waith dilys y bardd erbyn hyn, ac o ran ffyddlondeb i ystyr a naws y gwreiddiol. Eithr nid profi'r rhagoriaeth honno yw bwriad hyn o lith, ond yn hytrach ystyried cyfieithiadau Gwyn o safbwynt llenyddol trwy eu cymharu â rhai gan feirdd eraill. Dylid gwahaniaethu yn y fan hon rhwng cyfieithiadau rhyddiaith academaidd, fel rhai Rachel Bromwich a Richard Loomis (yr unig un arall i gyfieithu'r cwbl o gynnwys *Gwaith Dafydd ap Gwilym*),[3] sy'n amcanu at gyfleu ystyr y cerddi heb ymboeni'n ormodol am eu ffurf farddonol, a chyfieithiadau llenyddol sy'n ceisio rhoi rhyw argraff o'u ffurf yn ogystal â'u hystyr, gan greu cerddi newydd. Rhagflaenwyr pwysicaf Gwyn Thomas yw H. Idris Bell a David Bell, Gwyn Williams, Joseph Clancy, a Tony Conran.[4] At bwrpas yr astudiaeth hon byddaf yn canolbwyntio'n bennaf ar waith y ddau olaf.

Mae cyfaddawd yn anochel mewn unrhyw gyfieithiad llenyddol o farddoniaeth. Ni raid cyd-fynd â honiad pesimistaidd Robert Frost mai barddoniaeth yw'r hyn a gollir mewn cyfieithiad, ond yn sicr fe gollir rhywbeth yn yr ymgais i gadw'r ddysgl yn wastad rhwng ystyr a ffurf, yn enwedig pan fydd y ffurf wreiddiol mor gaeth â'r cywydd. Damwain brin iawn yw cyfieithiad Joseph Clancy o linell gan Siôn Cent, 'Heddiw mewn pridd yn ddiddim'—'Today in earth he's worthless', sy'n llwyddo i ail-greu'r gynghanedd lusg a chadw hyd y llinell heb golli dim o'r ystyr.[5] Fel arfer bydd y cyfieithydd llenyddol yn cael ei orfodi i ddewis o hyd rhwng amryw elfennau yn y testun gwreiddiol, megis nifer sillafau, rhythm, odl ac addurn, yn ogystal ag ystyron geiriau unigol. Bydd ei flaenoriaethau a'i strategaethau yn dibynnu i raddau ar ei gefndir ieithyddol a'i nodweddion ei hun fel bardd, ac i raddau ar bwrpas ei gyfieithiad a natur ei gynulleidfa darged. Ac yn hyn o beth y mae gwahaniaethau arwyddocaol iawn rhwng cyfieithwyr llenyddol Dafydd ap Gwilym sy'n gymorth i egluro ansawdd arbennig cyfieithiadau pob un.

Roedd H. Idris Bell yn ysgolhaig clasurol o fri ar staff yr Amgueddfa Brydeinig, a gellir ei gyfrif yn un o Gymry Llundain. Yn Gymro ar ochr ei fam, cafodd ei eni a'i fagu yn Lloegr, ac aeth ati i ddysgu Cymraeg yn oedolyn. Mae'r cyfeiriadau mynych at 'the English reader' yn ei ragymadrodd i *Dafydd ap Gwilym: Fifty Poems* yn rhoi awgrym clir o'r gynulleidfa a oedd ganddo mewn golwg ar gyfer y cyfieithiadau a luniodd ar y cyd â'i fab David. Arwydd arall o gynulleidfa darged yw'r cyhoeddwr; cyhoeddwyd y gyfrol gan Anrhydeddus Gymdeithas y Cymmrodorion yn Llundain ym 1942. Strategaeth gyfieithu y Bells, felly, oedd Seisnigeiddio'r cerddi er mwyn bodloni'r gynulleidfa honno. Osgoir unrhyw beth a fyddai'n 'distasteful to the English ear', gan ddefnyddio llinellau pedwar curiad mewn cwpledi llyfn sy'n odli'n llawn, yn lle odlau acennog a diacen y cywydd. Ni cheisir efelychu cyflythreniad y gynghanedd rhag i'r cyfieithiadau ymddangos fel dynwarediadau sâl o gerddi Gerard Manley Hopkins, ond fe gaiff gwaith y bardd hwnnw gryn sylw yn nhraethawd David Bell ar 'The Problem of Translation' ar ddechrau'r gyfrol.

Athro Prifysgol mewn llenyddiaeth Saesneg yn yr Unol Daleithiau oedd Joseph Clancy pan luniodd ei gyfieithiadau o hanner cant a phump o gerddi Dafydd ap Gwilym a geir yn *Medieval Welsh Lyrics*, cyfrol a gyhoeddwyd gan St Martin's Press yn Efrog Newydd a chan wasg ryngwladol Macmillan. Cyn iddo droi at lenyddiaeth Gymraeg roedd eisoes wedi cyhoeddi cyfieithiadau o rai o gerddi Horas, ac yn ddiweddarach ymddangosodd tair cyfrol o'i farddoniaeth ei hun.[6] Fel dyneiddiwr Cristnogol y mae gan Joseph Clancy lawer yn gyffredin â Gwyn Thomas, ac efallai mai dyna sy'n esbonio llwyddiant arbennig ei gyfieithiadau o gerddi Gwyn yn *Living a Life* (1982). Yn sail i'w waith fel cyfieithydd yr oedd parch ar y naill law at fynegiant a chrefft neilltuol a osodai'r gwaith mewn lle ac amser, a chred ddyneiddiol ar y llaw arall fod profiadau cyffredin y ddynoliaeth yn ddyfnach na ffiniau cenedl a chyfnod. Er mwyn cyfleu mesur y cywydd i'w gynulleidfa ryngwladol, defnyddiodd Clancy arddull ddisgybledig ond anymwthiol, gan gadw hyd y llinell a rhythm y terfyniadau acennog a diacen gan amlaf, ond heb odlau (dull a ddefnyddir hefyd mewn nifer o 'gywyddau' Saesneg yn *The Signifiance of Flesh*). Ceir cyflythreniad mynych, a hyd yn oed ambell gynghanedd lle bo'n digwydd yn naturiol, fel y gwelwyd uchod. Yn sgil yr ymgais i gadw at hyd y llinell wreiddiol, bu'n rhaid hepgor ychydig o synnwyr mewn mannau, ond anaml y collir dim o bwys.

Gwahanol iawn oedd pwrpas cyfieithu i'r Cymro di-Gymraeg Tony Conran. Fel sawl un o lenorion 'Eingl-Gymreig' ei genhedlaeth, roedd yn ymwybodol iawn o'i etifeddiaeth ddiwylliannol goll, ac roedd ei raglen gyfieithu yn ymgais i ailafael yn yr etifeddiaeth honno, yn bersonol yn y lle cyntaf, ac yna er mwyn Cymreigio barddoniaeth Saesneg Cymru a'i gwneud yn rhywbeth amgenach nag efelychiad o ffasiynau barddonol Lloegr.[7] Fel yr eglurodd yn groyw yn ei ragair i *Welsh Verse* ym 1986, roedd amcanion gwleidyddol, diwylliannol a barddonol ynghlwm yn ei gilydd yn yr argraffiad cyntaf, *The Penguin Book of Welsh Verse*, ym 1967. Er mai gwasg Brydeinig oedd ei gyhoeddwr yn y dyddiau gobeithiol hynny, mae'n arwyddocaol mai at Poetry Wales Press, prif gyhoeddwr barddoniaeth Saesneg Cymru, y trodd ar gyfer yr ail argraffiad. Conran oedd y cyntaf i fentro dilyn y patrwm odli'n llawn wrth gyfieithu cywyddau. 'The *cywydd* rhyme is very alien to an English ear', meddai Clancy, ond dyna'r union reswm pam yr oedd Conran am ei defnyddio, er mwyn dieithrio ei gyfieithiadau. Bardd sy'n ymhyfrydu mewn crefft ffurfiol a chaeth yn ei waith ei hun yw Conran, ac wrth gyfieithu o farddoniaeth Gymraeg roedd ganddo'r cymhelliad ychwanegol o gynnig barddoneg wahanol i'r safon Saesneg. Nid bodloni'i gynulleidfa gyda dulliau cyfarwydd oedd ei nod, ond ei synnu gan ddieithrwch er mwyn newid ei meddylfryd.

O'i gymharu â'r cyfieithwyr eraill mae'n demtasiwn priodoli i Gwyn Thomas safle niwtral a diduedd uwchlaw pob agenda bersonol, ond mewn gwirionedd mae ganddo yntau ei strategaethau cyfieithu sy'n deillio o'i gefndir personol. Mae'n wir, fel y sylwyd eisoes, ei fod yn cyfleu ystyr y gwreiddiol yn llawnach na neb arall, ac mae'n gwbl briodol mai Gwasg Prifysgol Cymru a gyhoeddodd ei gyfieithiadau, megis gyda stamp awdurdod y sefydliad academaidd Cymraeg. Ond o osod ystyr yn flaenoriaeth (a bron nad oedd ei safle fel ysgolhaig yn ei orfodi i wneud hynny), bu'n rhaid cyfaddawdu o ran agweddau eraill ar y farddoniaeth. Yn wahanol i

Clancy a Conran, mae'n caniatáu iddo'i hun ryddid o ran hyd y llinell, ac nid yw fel arfer yn odli'i linellau. Yn hynny o beth mae ei gyfieithiadau'n debyg i'w farddoniaeth ei hun, sydd gan amlaf yn y wers rydd a heb odl reolaidd.

Ond rhy simplistig fyddai honni bod strategaeth gyfieithu Gwyn Thomas yn ddibynnol ar ei farddoniaeth ei hun. Mae'n ymwneud hefyd â safle Dafydd ap Gwilym o fewn y traddodiad llenyddol Cymraeg. Er bod Dafydd yn sicr yn grefftwr geiriol penigamp, nid am hynny y mae'n cael ei fawrygu'n neilltuol yn y cyd-destun Cymraeg, fel Cynddelw Brydydd Mawr neu Dudur Aled, dyweder, ond yn hytrach am ei ddychymyg, am ei hiwmor, ac yn enwedig am yr argraff gref o bersonoliaeth unigryw a geir yn ei gerddi. Ystyrir Dafydd yn arloeswr mesur newydd y cywydd, ac o'u cymharu ag awdlau ei ragflaenwyr a rhai o'i gyfoeswyr, roedd ei gywyddau'n gam tuag at symleiddio barddoniaeth a dod â hi'n nes at yr iaith lafar, er ei fod yn bell o fod yn fesur syml ynddo'i hun. Cofier hefyd fod nifer o linellau digynghanedd yn ei waith, a bod rhywfaint o ryddid o ran hyd y llinell yn y traethodlau, fel y mae Gwyn Thomas ei hun wedi dangos.[8] I gyfieithydd o gefndir Cymraeg byddai'r ystyriaethau hyn yn cyfiawnhau'r penderfyniad (greddfol yn y lle cyntaf efallai) i gyfieithu i'r wers rydd. Teg yw nodi hefyd mai un ymhlith nifer o gywyddwyr yw Dafydd ap Gwilym yng nghasgliadau Clancy a Conran, a bod eu strategaethau wedi'u llunio ar gyfer cyfieithu cywyddau yn gyffredinol, tra bo Gwyn Thomas yn cyfieithu cerddi Dafydd ap Gwilym yn unig, ac yn gyflawn, gan gynnwys yr holl amrywiaeth arddulliau a welir ar draws ei waith.

Nid anodd yw canfod tebygrwydd rhwng Dafydd ap Gwilym a Gwyn Thomas o ran safleoedd y ddau yn y traddodiad barddol. Fel Dafydd yng nghanol y bedwaredd ganrif ar ddeg, roedd Gwyn yn llais newydd a ffres a ddaeth â phynciau newydd i farddoniaeth yn y 1960au. Nid mater syml o adweithio yn erbyn y traddodiad oedd hyn, ond yn hytrach o weithio o'i fewn gan gyfuno ieithweddau hynafol a chyfoes, aruchel ac arisel. 'Fel sblash llachar o baent yn ei ganol o' yw disgrifiad cofiadwy Gwyn Thomas o effaith Dafydd ap Gwilym ar y traddodiad barddol,[9] a hawdd y gellid dweud yr un peth amdano ef ei hun. Ac efallai yn y pen draw mai'r ymuniaethu â'r gwrthrych sy'n esbonio llwyddiant ei gyfieithiadau.

Mae'n bryd inni edrych ar enghreifftiau o'r cyfieithiadau a gweld effeithiau'r strategaethau amrywiol. Dyma wyth llinell gyntaf 'Y Gwynt', a fersiynau Clancy, Conran a Thomas:

Yr wybrwynt helynt hylaw
Agwrdd drwst a gerdda draw,
Gŵr eres wyd garw ei sain,
Drud byd heb droed heb adain.
Uthr yw mor aruthr y'th roed
O bantri wybr heb untroed,
A buaned y rhedy
Yr awron dros y fron fry.[10]

Welkin's wind, way unhindered,
Big blusterer passing by,
A harsh-voiced man of marvels,
World-bold, without foot or wing,
How strange that sent from heaven's
Pantry with never a foot,
Now you can race so swiftly
Over the hillside above.[11]

Masterly wind of the sky
Striding with mighty outcry—
Ah, what a man, unheeding
And harsh, without foot or wing
Given out from the pantry
Of the sky—how can it be?
How is your pace so nimble
Now, across the highest hill?[12]

Sky-wind, whose way's unhindered,
With great bluster he moves yonder;
You're a strange one, loud of din,
World's wonder without foot or wing.
It is amazing how strangely from sky's pantry
You were sent without one foot,
And how swiftly now you run
Over that steep slope above.[13]

Gallwn sylwi yn gyntaf ar yr elfennau ffurfiol a nodwyd eisoes, sef bod Clancy yn cadw at saith sillaf yn gyson ac yn diweddu un llinell o bob 'cwpled' yn ddiacen a'r llall yn acennog (diacen yn gyntaf bob tro yn y darn hwn, ond damwain yw hynny); bod Conran hefyd yn cadw hyd llinellau'r cywydd ac yn odli'n acennog a diacen am yn ail yn ogystal; ac nad oes unrhyw gaethiwed ffurfiol yng nghyfieithiad Gwyn Thomas. Serch hynny, mae'r llinell seithsill yn batrwm gwaelodol y dychwelir ato o hyd; ceir saith sillaf mewn pump o'r wyth llinell hyn, gydag un ychwanegol yn yr ail a'r bedwaredd, ac yna gynifer â deuddeg sillaf yn y bumed llinell.

Mae rheswm da am yr estyniad yn y bumed linell, oherwydd mae'r geiriau tebyg *uthr* ac *aruthr* yn rhoi pwyslais neilltuol ar ryfeddod y gwynt, ac fe gyfleir hynny gan *amazing* a *strangely*, gan roi pum sillaf yn lle tair. Yr un gair, *strange*, sy'n gwneud y tro am y ddau gan Clancy, ac mae hynny'n ddealladwy o ystyried yr angen i gadw at saith sillaf, ond mae'r thema bwysig hon rywfaint yn llai amlwg o'r oherwydd. Gallai Gwyn Thomas fod wedi arbed un sillaf ar ddechrau'r llinell trwy gywasgu i *It's*, ac un arall ar y diwedd trwy gadw at drefn geiriau'r gwreiddiol gyda *you were sent* yno yn lle *from sky's pantry*. Ni thrafferthodd wneud hynny am nad oedd nifer y sillafau mor bwysig iddo, a hefyd, mi dybiaf, er mwyn rhoi amlygrwydd i linell bwysig iawn o ran thema. (Ofer, mewn gwirionedd, yw ceisio dyfalu ynghylch y cymhellion y tu ôl i bob geiriad; y cwbl y gallwn ei wneud yw ymateb i effeithiau dewisiadau'r cyfieithwyr.)

Peth arall sy'n codi yn sgil y pwyslais ar ryfeddod y gwynt yw'r angen am gyfystyron, ac mae hon yn broblem gyffredin i gyfieithwyr llenyddol, yn enwedig yn achos bardd mor eang ei eirfa â Dafydd ap Gwilym. Y pwynt yw bod y gair *eres* yn digwydd ddwy linell yn gynharach gydag ystyr gyffelyb. Defnyddiodd Gwyn Thomas y gair *strange* eisoes yn y fan honno, ac felly mae'n ailadrodd yn llinell 5 lle ceir gair newydd yn y gwreiddiol. Ond ar y llaw arall mae ganddo *wonder* am *drud* yn llinell 4, er bod cynigion Clancy a Conran, *bold* ac *unheeding*, yn nes at ystyr arferol y gair hwnnw. Mae gan Clancy ymadrodd da am *gŵr eres*, sef *man of marvels*. Ond yr anhawster wrth greu ansoddair o *marvel* yw bod *marvellous* yn air treuliedig iawn sydd wedi colli ei ystyr gynhenid. Dyna broblem arall sy'n wynebu cyfieithwyr llenyddol yn ein hoes ni.

Strategaeth hollol wahanol sydd gan Conran i gyfleu'r teimlad o ryfeddu at y gwynt, sef cwestiynau rhethregol—'how can it be?'—ac yna'n dilyn yn yr un modd, 'How is your pace so nimble . . .?'. Mae hyn yn rhan o duedd yn ei gyfieithiadau i gryfhau'r elfen ddramatig a pherfformiadol sydd yn sicr yn bresennol yn y cerddi yn gyffredinol. Mae hefyd yn dangos ei barodrwydd i ymadael â'r union eiriau er mwyn dal ysbryd y darn.

Gair sy'n tynnu sylw ato'i hun am ei fod yn brin iawn mewn Saesneg modern yw *welkin* am yr wybr yn llinell gyntaf cyfieithiad Clancy. Unwaith eto rydym ar dir sigledig wrth geisio dyfalu pam y dewisodd y gair, ond yn sicr mae'n darparu agoriad trawiadol i'r gerdd, rhywbeth yn debyg i effaith y gair cyfansawdd *wybrwynt*. Rheswm da arall dros ei ddefnyddio yw'r cyflythreniad rhwng y tri gair cyntaf, sy'n rhoi rhyw argraff o gynghanedd. Mae'r un cyflythreniad gan Gwyn Thomas yn fwy cynnil, ac yn debycach i ddull cynghanedd draws, rhwng *wind* a *way*. Ond mewn gwirionedd mae'r gyfatebiaeth yn ddiangen, oherwydd trawodd y ddau gyfieithydd ar gynghanedd lusg rhwng *wind* ac *unhindered*. Dyna enghraifft o'r math o ddamwain ffodus a all ddigwydd wrth gyfieithu, gan fod *unhindered* yn berffaith o safbwynt thematig hefyd. Er nad yw efallai'n ymgynnig yn amlwg fel cyfieithiad o *hylaw*, mae'n achub y blaen ar yr holl sôn am rwystrau posibl yn nes ymlaen yn y paragraff.

Nid yw'n gyd-ddigwyddiad, felly, fod Clancy a Thomas wedi taro ar yr un geiriau i gyfieithu *helynt hylaw*, oherwydd fe glymir *way* ac *unhindered* wrth y gair allweddol *wind*, y naill trwy gyflythreniad a'r llall trwy odl lusg. Ond er gwaetha'r tebygrwydd sylfaenol rhwng eu cyfieithiadau, mae gwahaniaeth digon arwyddocaol o ran eu dulliau cyfieithu, sef y gair bach *whose* gan Thomas, sy'n darparu cyswllt cystrawennol rhwng y goddrych a'r ymadrodd dilynol. Mewn gwirionedd mae'r cyswllt hwn yn ymhlyg yn y Gymraeg, oherwydd ansoddair cyfansawdd yw *helynt hylaw* sy'n cyfateb i 'hylaw ei helynt'. Dyma enghraifft o ddealltwriaeth gyfewin Gwyn Thomas, ond ar y llaw arall mae'r sangiad a geir gan Clancy yn nodweddiadol o'i strategaeth gyfieithu yntau, sef gadael ymadroddion heb gyswllt cystrawennol er mwyn cadw hyd y llinell (ac fe ellid atalnodi'n wahanol, gan drin *helynt hylaw* fel sangiad).

Mae'r llinell nesaf yng nghyfieithiad Gwyn Thomas yn enghraifft o'i barodrwydd i ailddehongli'r testun wrth ei gyfieithu.[14] Goddrych y ferf yw *agwrdd drwst* yn nhestun Parry (felly Clancy, 'Big blusterer passing by'), ond fe'i trinnir fel ymadrodd adferfol, fel pe cyfieithid 'Â gwrdd drwst y cerdda draw'. Mae hyn yn gwella symudiad cystrawennol y cwpled cyntaf, ond yn lleihau'r rhestr o ymadroddion enwol am y gwynt sydd yn un o ddulliau nodweddiadol Dafydd ap Gwilym. Gan fod y pos neu'r dychymyg yn ddylanwad trwm ar ran gyntaf y gerdd, gall fod gwahaniaeth pwysig rhwng dweud bod y gwynt yn swnllyd a dweud mai sŵn yw'r gwynt.

Cyn ymadael ag 'Y Gwynt', carwn drafod cwpled sy'n amlygu dwy broblem neilltuol wrth gyfieithu cerddi Dafydd ap Gwilym, sef geiriau cyfansawdd a sangiadau:

> Hyrddiwr, breiniol chwarddwr bryn,
> Hwylbrenwyllt heli bronwyn.[15]

Y gair anodd yma yw *hwylbrenwyllt*; yn fanwl gywir mae'n ansoddair cyfansawdd yn disgrifio *heli*, felly môr gwyllt ei hwylbrennau a gwyn ei fron yw hwn, a'r gwynt yw'r un sy'n ei hyrddio, gan beri i'r hwylbrennau siglo'n wyllt. Ond mae'r berthynas rhwng achos ac effaith yn amwys yma; beth sy'n wyllt, ai'r môr, neu'r hwylbrennau, neu'r gwynt ei hun? O safbwynt gramadegol ni allai *gwyllt* ddisgrifio *hwylbren*, ond prin y gellir gweld bai ar Clancy a Conran am ei ddeall felly, a throi *hyrddiwr* yn ferf, fel hyn:

> Hurling, laugher on hillsides,
> Wild masts in white-breasted brine.[16]

> Laughter on hills, you harry
> Wild masts on white-breasted sea.[17]

Mae cyfieithiad Gwyn Thomas yn cadw'r berthynas enidol sy'n cydio'r geiriau, ond yn trosglwyddo'r gwylltineb i'r gwynt ei hun:

> The white-breasted sea's wild
> Mast-mover; honoured laugher of the hills.[18]

Efallai fod *mover* braidd yn annigonol i gyfleu'r grym sydd yn y gair *hyrddiwr*, o gymharu â *hurling* a *harry*, sy'n cyflythrennu â *hillsides/hills*, gan adleisio'r cymeriad llythrennol yn y cwpled gwreiddiol. Tybed a oedd elfen o onomatopeia yn y gair Cymraeg wedi awgrymu'r ddau air Saesneg? Ar y llaw arall, mae cyflythreniad yn y gair cyfansawdd *mast-mover*, a hefyd mae cynghanedd sain gadwynog yn y llinell gyfan (ond i'r llygad yn fwy na'r glust, gan fod yr *h* yn *honoured* yn fud). Hepgorodd Clancy a Conran y gair *breiniol*, a dyna esiampl o'r math o golled sy'n anorfod o gadw at nifer benodol o sillafau. Ymddengys yr ansoddair yn ymylol i brif ddelweddaeth y llinell, ond tybed ai ffŵl trwyddedig, un na fyddai ei ffwlbri'n tramgwyddo neb, oedd *breiniol chwarddwr*?

Problem arall wrth gyfieithu'r cwpled hwn yw'r modd y mae'r sangiad yn sefyll rhwng *hyrddiwr* a'r ymadrodd enwol y mae'n dibynnu arno. Clancy yw'r unig un sy'n cadw'r drefn honno; rhoddir y sangiad ar ddechrau'r cwpled gan Conran, ac ar ei ddiwedd gan Thomas. Ond mae'r modd y rhennir y ddwy linell yng nghyfieithiad Thomas yn berthnasol i hyn hefyd. Er nad oes ond chwe sillaf yn y gyntaf ganddo, a deg yn yr ail, ac y gellid bod wedi llunio llinellau naw a seithsill trwy gadw *mast-mover* gyda'i ansoddair ar ddiwedd y gyntaf, fel hyn osgowyd rhoi'r sangiad mewn llinell ar ei ben ei hun, ac felly cedwir rhyw argraff o symudiad y gwreiddiol.

Dewiswyd 'Y Gwynt' fel esiampl nodweddiadol o ddulliau'r tri chyfieithydd. Rwyf am droi yn awr at gerdd eithriadol yng nghasgliad Gwyn Thomas, sef ei gyfieithiad o 'Trafferth Mewn Tafarn', lle defnyddir odl ymhob cwpled bron. Unwaith eto, ni allwn ond dyfalu pam y dewisodd wneud hynny, ond efallai fod ei erthygl adnabyddus ar y gerdd yn awgrymu rheswm.[19] Yno cynigir dehongliad o'r gerdd fel parodi ar foeswers ('an example of a mock morality tale' yn ôl y nodyn wrth ei gyfieithiad), ac awgrymir bod ei chrefft astrus yn ychwanegu at y doniolwch trwy wrthgyferbynnu â'r stori ysgafn ac amharchus. Mae'n debyg, felly, fod y defnydd o odl yn ymgais i ail-greu'r un effaith yn y cyfieithiad.

Odlau llawn a geir ganddo'n bennaf, ac er bod ambell un rhwng sillafau acennog a diacen, fel *city/me* yn y cwpled cyntaf, ni cheisir dilyn patrwm odli'r cywydd fel y gwna Conran. Ac mae hyd y llinell yn dal i fod yn rhydd, gan ganiatáu iddo ychwanegu ymadroddion i greu odl ac i ddynwared symudiad herciog y cywydd gwreiddiol, fel y gwelir yn y llinellau hyn:

> Wedi cysgu, tru tremyn,
> O bawb eithr myfi a bun,
> Profais yn hyfedr fedru
> Ar wely'r ferch; alar fu.[20]

And after all, except we two (ah, trip of woe!),
Had slept, I had a go
At finding this girl's bed
Most cleverly—there's grief [ahead]!²¹

Mae effeithiau digrif yn deillio o'r gwrthgyferbyniad yn yr odlau rhwng y sangiadau hunandosturiol ac ieithwedd bwrpasol y llinellau sy'n adrodd dechrau gobeithiol yr antur, ac mae'r amrywiaeth yn hyd y llinellau'n tanlinellu hynny trwy beri i'r ail a'r drydedd yma symud yn sioncach na'r lleill. Er mwyn gwneud hynny, symudwyd y cyfieithiad o *profais* i ddiwedd yr ail linell, gan ddarparu odl ddigrif gyda *woe*. Ac mae rhai o'r odlau eraill yn rhan gyntaf y gerdd yn cyfrannu at y darlun o'r dyn ifanc ffasiynol a hyderus, fel *gad about* a *I did not hang about*, cyfieithiad mentrus sy'n dal ysbryd 'ni bu segur serch' lawer yn well na chynnig llythrennol Clancy, *love was not idle*.²²

Mae erthygl Gwyn Thomas ar 'Trafferth Mewn Tafarn' yn ein hatgoffa bod ei gyfieithiadau'n ffrwyth myfyrdod hir ar rai o'r cerddi, a diddorol yw nodi bod cyfieithiadau o ambell ymadrodd yn cael eu cynnig yn rhan o'r dehongliad. Dyna brawf o'r berthynas agos rhwng cyfieithu a gwerthfawrogi barddoniaeth. Fel y mae'n digwydd, ni dderbyniwyd pob un i'r cyfieithiad hwn. Mae 'full of eastern promise' yn sicr yn goleuo'r sangiad 'liw haul dwyrain' yn llinell 9 i ddarllenwyr oes yr hysbysebion, ond cyfleu is-destun posibl a wna, a chadwyd at gyfieithiad mwy llythrennol, *colour of the eastern sun*. Mwy defnyddiol ar gyfer y cyfieithiad ei hun oedd yr ymadrodd 'slobber chops' a gynigiodd Thomas yn yr erthygl ar gyfer 'gwas soeg enau' yn llinell 51, ac fe addaswyd hwnnw yn ansoddair i roi *chop-slobber lad*.

Mae'r gair arall yn y llinell honno, *syganai*, yn un sy'n haeddu sylw hefyd. Cyfieithiad niwtral a geir gan Thomas a Clancy, *whispered*, sy'n iawn o ran lefel y sŵn a olygir ond nid efallai o ran naws y gair. Un broblem yw bod *whisper* wedi cael ei ddefnyddio'n barod i gyfieithu *hustyng* yn gynharach yn y gerdd, ac mae'n gwbl briodol yno i gyfleu sibrwd cynllwyngar y bardd wrth iddo geisio hudo'r ferch. Mae byd o wahaniaeth rhwng y math yna o gyfathrebu a ffordd y Sais o siarad â'i gyfeillion, ac felly dylid osgoi defnyddio'r un gair yn y cyfieithiad os oes modd. Ffordd arall o ddatrys y broblem yw edrych am enghreifftiau eraill o'r un gair i weld a ydyw'r cyd-destun yn dadlennu rhywbeth am ei ergyd.²³

Ac mae enghraifft berthnasol iawn yn y cywydd 'Cyngor y Biogen'; *syganai* yw'r gair a ddefnyddir i gyflwyno araith gyntaf y biogen yno, a honno'n araith grafog iawn, debyg i sylwadau hiliol y Sais.[24] Go brin bod sŵn piod wedi newid ryw lawer dros chwe chanrif, ac felly gallwn gymryd mai crawcian aflafar a olygir gan *syganu* yno (cymharer 'mae't lais hygryg'). Unwaith eto mae Gwyn Thomas wedi mynd ar ôl lefel y sŵn wrth gyfieithu'r enghraifft honno fel *muttered*, gair llawer mwy negyddol na *whispered*, ac yn sicr cyfieithiad gwell na *said* Clancy (ffrwyth y rheidrwydd i gynilo sillafau efallai).[25] Ystyriaeth bwysig arall yn y gerdd honno yw'r gair *canu*, bôn *syganu*, gan fod cyferbyniad rhwng y biogen a'r adar eraill, sy'n 'canu'n glau'. Anodd yw cael un gair yn Saesneg a fyddai'n gwneud y tro i gyfleu lleferydd y biogen a'r Sais, ac nid oes angen beth bynnag. Y peth pwysig a ddangosir gan y gymhariaeth rhwng y ddwy enghraifft o *syganu* yw cynodiadau negyddol y gair. Ac am y rheswm hwnnw mae cyfieithiad Conran yn ganmoladwy:

> The young one spluttered a curse
> And hissed forth to the others . . .[26]

Sŵn a gysylltir â sarff yw hisian; o ran yr awgrym o wenwyn yn y geiriau mae'n addas iawn yma, ac o'i blaid hefyd y mae'r effaith onomatopeig sydd yn y gair *syganu* yn ogystal. Mae'r cwpled cyfan yn esiampl dda o strategaeth gyfieithu Conran, sef mynegi hanfod synnwyr y gwreiddiol heb fod ynghlwm wrth y gystrawen. Y ferf *spluttered* sy'n cyfleu ergyd yr ymadrodd ansoddeiriol *soeg enau*, a'i gwrthrych, *curse*, sy'n cyfateb i'r *araith oedd ddig*, ac yn darparu lled-odl, gan adael lle i ail ferf sy'n cryfhau'r pwyslais ar leferydd atgas y gwas.

Gall cymharu cyfieithiadau fod yn fodd i amlygu ambell beth annisgwyl yn y testun gwreiddiol. Yn achos yr ymadrodd *megis dyn ag ofn* yn llinell 64, prin y byddai rhywun yn meddwl ddwywaith am gyfieithiad Gwyn Thomas, *like a man afraid*, oni bai am gynnig Clancy, *like a timid girl*. Ac o ystyried llu o enghreifftiau eraill o'r gair *dyn* yng ngwaith Dafydd, gan gynnwys un yn llinell 14 yn y gerdd hon, fe ddaw'n amlwg mai 'merch' yw ei ystyr arferol. *Gŵr* yw term arferol Dafydd am 'man', fel y gwelir wrth iddo gyfeirio ato'i hun yn llinell 15. Perthnasol hefyd yw'r ymadrodd Beiblaidd 'dyn bach' am blentyn. Gall *dyn* fod yn ddiryw yn yr ystyr 'person' hyd heddiw, a theg fyddai derbyn bod yr enghraifft hon yn amwys;

ond yn sicr y mae cyfieithiad Clancy yn cyd-fynd â'r thema o ddarostyngiad sydd yn niweddglo'r gerdd.

Fel y gwelwyd eisoes, geirfa eang Dafydd ap Gwilym yw un o'r problemau pennaf sy'n wynebu ei gyfieithwyr, ac nid oes dim yn amlygu hynny'n well na'r termau am ferch a welir yn ail baragraff y gerdd hon, sef *rhiain, gwen, bun, dyn, merch,* a *bun* eto, heb sôn am gyfystyron fel *enaid teg* a *gwyn fy myd main*. Er mwyn ymdopi â'r cyfoeth geirfaol hwn mae gofyn adnoddau ieithyddol a chryn ddyfeisgarwch. Heblaw'r gair normal *girl, maid* a *maiden* sydd gan Thomas a Clancy, a *virgin* sydd gan Conran. Mae cynodiadau rhywiol y termau hynny yn amhriodol, efallai, yn enwedig *virgin*, gan nad oes dim yn y testun gwreiddiol sy'n dangos bod y ferch hon yn wyryf—ac yn wir, mae ei pharodrwydd i dderbyn dyn dieithr i'w gwely yn awgrymu'n wahanol. Am y rheswm hwnnw byddai'n well gennyf gadw at y syniad o swildod sydd yn yr ansoddair *gŵyl* yn llinell 14, yn hytrach na'r cyfieithiad *pure maid* sydd gan Gwyn Thomas. Mae'n wir bod gwyryfon yn y *fabliaux* yn hynod o chwannog am anturiaethau rhywiol fel rheol, ond mae'r darlun o'r ferch yn y gerdd hon yn gadael ei statws rhywiol yn gwestiwn agored, a gwell yw parchu hynny wrth gyfieithu (er enghraifft trwy ddefnyddio gair niwtral fel *lass*).

Haws yw delio â'r cyfystyron, gan fod digon o ymadroddion cyfarwydd yn ymgynnig yn Saesneg, ond y perygl yma yw'r ystrydebau. Mae Conran yn crynhoi ergyd ei gwpled yn effeithiol eto trwy aildrefnu fel hyn:

Bwrw yn llwyr, liw haul dwyrain,
Fy mryd ar wyn fy myd main.[27]

On that bright-as-dawn sweetheart
Soon I'd wholly set my heart.[28]

Y broblem yma yw bod gofynion yr odl yn ei arwain i adleoli tarddle'r nwyd trwy roi *heart* am *bryd* (rhywbeth a wnaeth Clancy hefyd heb gymhelliad odl), gan gyflwyno arlliw rhamantaidd nad yw yn y gwreiddiol. Mae'n wir bod Dafydd ap Gwilym yn lleoli serch yn y galon mewn cerddi eraill, yn enwedig 'Y Galon' (*Gwaith Dafydd ap Gwilym*, rhif 108), ond gallai fod arwyddocâd i'r awgrym mai peth oeraidd a dideimlad yw chwant y bardd yma. Mae llawer i'w ddweud, felly, dros y cyfieithiad ffyddlon a geir gan Gwyn Thomas:

I put my mind (colour of the eastern sun)
Entirely on that slender, blessèd one.²⁹

Diddorol hefyd yw gweld fel y bu'r adlais o wynfydau'r Testament Newydd yn ddylanwad arno yma, gan gyflwyno, neu efallai'n well, gan ddwyn i'r amlwg, elfen grefyddol sy'n cyfoethogi'r parodi ar foeswers.

Mae'r clwstwr o eiriau thematig, fel y termau amrywiol am y ferch, yn dechneg sylfaenol gan y Cywyddwyr cynnar sy'n clymu uned o gerdd, ac felly mae gofyn i'r cyfieithydd ymdrin â'r uned honno fel cyfanwaith. Enghraifft o'r dechneg honno yn rhan nesaf 'Trafferth Mewn Tafarn' yw'r geiriau sy'n cyfleu sŵn y dodrefn yn cwympo. Mae elfen o bersonoli yn hyn sy'n cael ei chyflwyno gyntaf gan yr ansoddeiriau *croch* yn disgrifio'r ystôl yn llinell 32, a *llafar* yn disgrifio'r badell yn llinell 40, dau air sy'n ddigon cyffredin am bobl yn siarad. Cedwir yr un syniad yng nghyfieith-iadau Gwyn Thomas, *shrill foolish stool*, ac yn enwedig *loquacious bowl*, enghraifft hyfryd o ieithwedd grand yn cyferbynnu'n ddigrif â'r smonach sy'n digwydd, a thechneg nodweddiadol o arddull chwareus-ddysgedig rhai o gerddi Gwyn ei hun. Mae fel petai'r dodrefn wedi dod yn fyw ac yn cynllwynio yn erbyn y bardd, ac fe gryfheir yr argraff honno gan y berf-enwau yn uchafbwynt y paragraff:

> Rhoi diasbad o'r badell
> I'm hôl, fo'i clywid ymhell;
> Gweiddi, gŵr gorwag oeddwn,
> O'r cawg, a'm cyfarth o'r cŵn.³⁰

Cedwir y personoli yn y cyfieithiad eto, a'r tro hwn defnyddir yr odlau i bwysleisio'r geiriau allweddol sy'n cyfleu sŵn, gyda disgynneb ddigrif yn yr odl olaf:

> That bowl of brass, it gave a shout
> Behind me, it was heard a long way out,
> (I was very foolish!) the jug gave a bawl
> And the dogs barked at me [last of all].³¹

Mae dull Clancy o ymdrin â'r sŵn yn y darn hwn yn dra gwahanol. Yn hytrach na phersonoli'r dodrefn trwy synau dynol, dewisodd eiriau onomatopeig sy'n cyfleu'r math o sŵn y byddai dodrefn a llestri yn ei wneud wrth gwympo. Felly *noisy* yw'r *ystôl groch*, *booming* yw'r *llafar badell*, ac mae'r un agwedd i'w gweld yn ei gyfieithiad o'r pedair llinell uchod:

> Raising clamour from the pan
> After me, far-flung racket,
> And clanging, I was helpless,
> From the basin, and dogs barked.[32]

Ar un olwg, camddealltwriaeth o'r gystrawen Gymraeg yw *Raising clamour from* . . ., gan fod berfenw + *o* + enw yn ffordd gyffredin mewn Cymraeg Canol o fynegi gweithred syml (fel y gwelir yng nghyfieithiad Gwyn Thomas). Ac eto, trwy osgoi gwneud y llestri'n weithredwyr y twrw, mae Clancy yn gyson â'i ddehongliad o'r sŵn fel peth amhersonol. Mae ei gyfieithiad yn apelio'n fwy uniongyrchol at ein synhwyrau, gan beri inni glywed y sŵn ei hun, ac yn hynny o beth mae'n nodweddiadol o lawer o farddoniaeth Saesneg, gan fod yr iaith Saesneg yn gyfoethog iawn o ran geiriau onomatopeig fel *boom* a *clang*. Nid yw'r fath effeithiau'n gyffredin yn y canu caeth Cymraeg, efallai am fod digon o sŵn gan y gynghanedd ei hun.[33] Gellir dweud, felly, er nad yw cyfieithiad Clancy mor ffyddlon i'r gwreiddiol ag un Gwyn Thomas, ei fod yn gweithio'n dda fel darn o farddoniaeth Saesneg.

I gloi, dyma ddarn o un o gyfieithiadau mwyaf llwyddiannus Gwyn Thomas. Un o nodau amgen barddoniaeth Dafydd ap Gwilym yw'r tyndra rhwng dau lais gwrthgyferbyniol, rhwng canmol a chwyno, ac mae Gwyn ar ei orau yn ymdrin â darnau o'r fath. Yn aml iawn, y sangiadau sy'n cynnal y cwyno, megis sylwadau o'r neilltu, wrth y gynulleidfa yn hytrach nag wrth y sawl a gyferchir. Gwyn Thomas ei hun oedd y cyntaf i dynnu sylw at y dechneg hon mewn erthygl bwysig ar y sangiadau, ac yn ei gyfieithiadau mae'n defnyddio llythrennau italig i amlygu'r sylwadau *sotto voce*.[34] Mae ei gyfieithiad o linellau cyntaf 'Dan y Bargod' yn ddehongliad treiddgar sy'n goleuo cymhlethdod y farddoniaeth. Crëir effaith ddigrif trwy gyfosod ieithwedd ddyrchafedig y carwr addolgar yn cyfarch ei gariad ac arddull blaen ei rwystredigaeth. Sylwer hefyd ar y defnydd achlysurol o odl, a'r gynghanedd sain yn llinell olaf ei gyfieithiad.

Clo a roed ar ddrws y tŷ,
Claf wyf, fy chwaer, clyw fyfy.
Dyred i'th weled, wiwlun,
Er Duw hael dangos dy hun.
Geirffug ferch pam y gorffai?
Gorffwyll, myn Mair, a bair bai.

Taro trwy annwyd dyrys
Tair ysbonc, torres y bys
Cloëdig; pand clau ydoedd?
Ai clywewch chwi? Sain cloch oedd.
Morfudd, fy nghrair diweirbwyll,
Mamaeth tywysogaeth twyll,
Mau wâl am y wialen
 thi, rhaid ym weiddi, wen.³⁵

The door is under lock and key;
I pine, my dear, hear me!
Come and be seen, O fair of form.
(*For generous God's sake, show yourself!*
That lying girl, why should she fool me?
By Mary, this weakness drives me crazy.)

I struck, in that bitter cold,
Three blows; they cracked the [old]
Locked latch. Was that not loud?
Did you not hear it? A real clanger!
Morfudd my chaste-minded treasure,
(*Foster mother of the land of lying!*),
My hiding place is just by
Your wall (I have to bawl) my beauty.³⁶

NODIADAU

1. Gwyn Thomas, *Dafydd ap Gwilym: His Poems* (Cardiff, 2001).
2. Am restr gynhwysfawr o gyfieithiadau o gerddi Dafydd ap Gwilym, gweler y wefan dan ofal Adran Saesneg Prifysgol Cymru, Abertawe, <www.bwlet.net>, ac S. Rhian Reynolds (gol.), *A Bibliography of Welsh Literature in English Translation* (Cardiff, 2005). Ar y cyfieithiadau cynnar o waith Dafydd ap Gwilym, gweler Dafydd Johnston, 'Early Translations of Dafydd ap Gwilym', yn Alyce von Rothkirch a Daniel Williams (goln.), *Beyond the Difference: Welsh Literature in Comparative Contexts* (Cardiff, 2004), 158–72.
3. Rachel Bromwich (cyf.), *Dafydd ap Gwilym: A Selection of Poems* (Llandysul, 1982; ail argraffiad, Harmondsworth, 1985); Richard Morgan Loomis (cyf.), *Dafydd ap Gwilym: The Poems* (Binghampton, New York, 1982).
4. H. Idris Bell a David Bell (cyf.), *Dafydd ap Gwilym: Fifty Poems* (London, 1942); Gwyn Williams (cyf.), *The Burning Tree* (London, 1956); Joseph P. Clancy (cyf.), *Medieval Welsh Lyrics* (London and New York, 1965); Tony Conran (cyf.), *Welsh Verse* (Bridgend, 1986).
5. Clancy (cyf.), *Medieval Welsh Lyrics*, 18, 177.
6. Joseph P. Clancy, *The Significance of Flesh: Poems 1950–1983* (Llandysul, 1984), *Here and There: Poems 1984–1993* (West Kirby, 1994), ac *Ordinary Time* (Llandysul, 2000).
7. Gweler M. Wynn Thomas, '"Shaman of Shifting Form": Tony Conran and Welsh Barddas', yn Nigel Jenkins (gol.), *Thirteen Ways of Looking at Tony Conran* (Cardiff, 1995), 78–102, a sylwadau Tony Conran ei hun mewn cyfweliad yn *Modern Poetry in Translation*, 7 (Gwanwyn 1995), 184–97.
8. Gwyn Thomas, 'Dau Fater yn Ymwneud â Dafydd ap Gwilym', *Y Traethodydd*, CXLIII, 607 (Ebrill 1988), 99–105.
9. Gwyn Thomas, *Y Traddodiad Barddol* (Caerdydd, 1976), 149.
10. Thomas Parry (gol.), *Gwaith Dafydd ap Gwilym* (Caerdydd, 1963), 309, llau. 1–8. Gweler hefyd bellach <www.dafyddapgwilym.net>, cerdd rhif 47.
11. Clancy (cyf.), *Medieval Welsh Lyrics*, 71.
12. Conran (cyf.), *Welsh Verse*, 178.
13. Thomas (cyf.), *Dafydd ap Gwilym: His Poems*, 227.
14. Sylwer ar y sylw yn ei ragymadrodd, ibid., xxiii, fod llawer o linellau'n anodd eu dehongli, 'mainly because of the contamination of transcription'.
15. Parry (gol.), *Gwaith Dafydd ap Gwilym*, 310, llau. 37–8.
16. Clancy (cyf.), *Medieval Welsh Lyrics*, 72.
17. Conran (cyf.), *Welsh Verse*, 179.
18. Thomas (cyf.), *Dafydd ap Gwilym: His Poems*, 227.
19. Gweler Alan Llwyd (gol.), *50 o Gywyddau Dafydd ap Gwilym* (Abertawe, 1980), 78–82 (cyhoeddwyd gyntaf yn *Y Traethodydd*, CXXXIII, 567 (Ebrill 1978), 102–7).
20. Parry (gol.), *Gwaith Dafydd ap Gwilym*, 327, llau. 21–4.
21. Thomas (cyf.), *Dafydd ap Gwilym: His Poems*, 241.
22. Clancy (cyf.), *Medieval Welsh Lyrics*, 24.

23. Y ddwy enghraifft gan Ddafydd ap Gwilym yw'r rhai cynharaf sy'n hysbys, ac nid yw'r enghreifftiau diweddarach a nodir yn *Geiriadur Prifysgol Cymru* yn llawer o gymorth i bennu ystyr y gair ganddo ef.
24. Parry (gol.), *Gwaith Dafydd ap Gwilym*, 168, ll. 33.
25. Thomas (cyf.), *Dafydd ap Gwilym: His Poems*, 129; Clancy (cyf.), *Medieval Welsh Lyrics*, 101.
26. Conran (cyf.), *Welsh Verse*, 175.
27. Parry (gol.), *Gwaith Dafydd ap Gwilym*, 327, llau. 9–10.
28. Conran (cyf.), *Welsh Verse*, 174.
29. Thomas (cyf.), *Dafydd ap Gwilym: His Poems*, 241.
30. Parry (gol.), *Gwaith Dafydd ap Gwilym*, 328, llau. 43–6.
31. Thomas (cyf.), *Dafydd ap Gwilym: His Poems*, 242.
32. Clancy (cyf.), *Medieval Welsh Lyrics*, 25.
33. Eithriad yw disgrifiad Guto'r Glyn o gorn hela mewn cywydd gofyn sy'n cynnwys llinellau fel 'Bwmbart i ŵr a'i bumbys' a 'Bwa genau'n bugunad'; gweler Ifor Williams a J. Llywelyn Williams (goln.), *Gwaith Guto'r Glyn* (Caerdydd, 1961), 214, llau. 41, 47. Cofier hefyd am awgrym Thomas Parry fod sŵn y gynghanedd yn 'Y Gwynt' yn tawelu wrth i'r gerdd droi at Forfudd; gweler 'Dafydd ap Gwilym', yn J. E. Caerwyn Williams (gol.), *Ysgrifau Beirniadol IX* (Dinbych, 1976), 52.
34. Gwyn Thomas, 'Golwg ar y Sangiad yng Ngwaith Dafydd ap Gwilym', *Llên Cymru*, 10 (1968–9), 224–30; heblaw 'Dan y Bargod', ei brif esiampl yw 'Cyngor y Biogen' (*Gwaith Dafydd ap Gwilym*, rhif 63).
35. Parry (gol.), *Gwaith Dafydd ap Gwilym*, 244, llau. 1–14.
36. Thomas (cyf.), *Dafydd ap Gwilym: His Poems*, 180.

Gwyn Thomas: Y Bardd-feirniad

Alan Llwyd

Mae'n syndod cyn lleied o feirdd, at ei gilydd, sydd wedi ymhél â beirniadaeth lenyddol. Wrth 'ymhél â beirniadaeth lenyddol', ni olygaf yr ambell adolygiad yma a thraw neu'r feirniadaeth eisteddfodol achlysurol. Gwaith caib-a-rhaw llenyddiaeth yw adolygiadau a beirniadaethau eisteddfodol, er y gall ambell eithriad o adolygiad neu ambell feirniadaeth eisteddfodol gynnwys sylwadau craff a goleuol. Bu'r bardd-feirniad yn greadur cymharol brin erioed, yn enwedig yng Nghymru. Ychydig o feirdd sydd wedi mynd ati i gynhyrchu corff sylweddol o feirniadaeth lenyddol ac wedi cyhoeddi nifer o gyfrolau o feirniadaeth, ac eithriadau yn hytrach na'r norm yw beirdd-feirniaid fel T. S. Eliot, Bobi Jones, Saunders Lewis (bardd hynod o bwysig er mai cymharol brin yw ei gerddi)—a Gwyn Thomas. Does dim corff sylweddol o feirniadaeth lenyddol gan feirdd fel T. H. Parry-Williams, Waldo Williams ac R. Williams Parry, dyweder. Yn wir, fe gasglwyd holl sylwadau beirniadol R. Williams Parry ynghyd rhwng cloriau un gyfrol gymharol fechan yn unig, *Rhyddiaith R. Williams Parry* (1974), dan olygyddiaeth Bedwyr Lewis Jones, ac nid beirniadaeth lenyddol yn unig a geir yn y gyfrol honno. Mae cyndynrwydd beirdd i ymhél â beirniadaeth lenyddol yn peri syndod, a dweud y lleiaf. Y mae'r broses greadigol yn ei hanfod yn broses feirniadol, a bydd y bardd, wrth fynd ati i lunio ei gerddi, yn ymarfer crefft y beirniad llenyddol yn ddiarwybod iddo'i hun, yn reddfol. Bydd ei holl ddarllen, a blynyddoedd lawer o feithrin chwaeth ac ymarfer y grefft o farddoni, yn llywio'i waith.

Fe ddylai fod greddf yr ysgolhaig yn gry' ymhob bardd. Fe ddylai beirdd astudio beirdd, gyda chwilfrydedd yr ysgolhaig. Nid mewn gwagle y mae beirdd yn creu. Maen nhw'n rhan o'r hyn a aeth o'u blaenau—y traddodiad —a byddant yn rhan o'r hyn sydd i ddod ar eu holau—parhad y traddodiad. Ac eto, mae'n rhaid bod yn ysgolhaig i feddiannu'r traddodiad. Rhywbeth y mae'n rhaid ymlafnio i'w ennill yw cyflawnder ac ehangder cymhleth y traddodiad, nid rhywbeth a etifeddir o'r crud. 'It cannot be inherited, and if you want it you must obtain it by great labour', meddai T. S. Eliot.[1] Eisoes rwy'n dechrau cyffwrdd ag un o'r pynciau y byddaf yn eu trafod yn yr ymdriniaeth hon â beirniadaeth lenyddol Gwyn Thomas, sef ei agwedd at ei draddodiad, a'i berthynas ef a phob bardd unigol â'r traddodiad. Gellid dweud, am y tro, fod Gwyn Thomas wedi gwneud dau beth â'r traddodiad—ei boblogeiddio a'i unigoleiddio. Gweithiodd yn galed, fel ysgolhaig, i feddiannu'r traddodiad ohono'i hun (ond gyda chymorth eraill, wrth reswm, pan oedd yn ddisgybl ysgol ac yn fyfyriwr), ond hwylusodd y gwaith i eraill drwy ei fynych ddiweddariadau ac aralleiriadau o farddoniaeth a chwedlau cynharaf y Gymraeg: er enghraifft, ei gyfraniadau i gyfrolau fel *Yr Aelwyd Hon* (1970) a *50 o Gywyddau Dafydd ap Gwilym* (1980), cyfrolau megis *Y Traddodiad Barddol* (1976) a *Llywelyn 1282: Gruffudd ab yr Ynad Coch* (1982), a'i fersiynau ar gyfer plant a'i ddiweddariadau o'r chwedlau, fel *Y Mabinogi* (1984) a *Culhwch ac Olwen* (1988). Gwnaeth ein llenyddiaeth gynnar yn hygyrch i ddarllenwyr modern, ac roedd hynny'n gymwynas enfawr.

Nid â Gwyn Thomas yr ysgolhaig, fodd bynnag, y mae a wnelo'r sylwadau hyn, ond â Gwyn Thomas y beirniad llenyddol, eithr gan gofio, ar yr un pryd, fod yr ysgolhaig yn fythol-bresennol yn y beirniad, ac yn y bardd hefyd, o ran hynny. Ond yn anad undim, beirniadaeth lenyddol bardd a geir gan Gwyn Thomas. Mae'n rhoi sylw parhaus i'r elfennau hynny sy'n rhan o wneuthuriad barddoniaeth: geiriau, wrth gwrs, ac awgrymusedd a chysylltiadau geiriau yn enwedig; odl, a swyddogaeth odl; cyseinedd, cynghanedd a rhythm; trosiadau a chyffelybiaethau—holl arfogaeth bardd, mewn gwirionedd. Y gwahanol rannau hyn sy'n creu'r cyfanwaith. Yn anad dim fe roir sylw i eiriau. Yn y dechreuad yr oedd y gair, a thriniwr geiriau yw'r bardd o'r dechrau i'r diwedd. A chyda'r gair y dechreuwn ninnau. Drwy gyfrwng geiriau, wedi'r cyfan, y crëir barddoniaeth, ac mae'r cysyniad o air neu eiriau yn hollbwysig i Gwyn Thomas. Adlewyrchir hynny gan deitlau rhai o'i gyfrolau—*Enw'r Gair* a *Gair am Air*, er enghraifft.

Gyda geiriau y llunnir cerddi. Meddai yn *Y Traddodiad Barddol*:

'Dydych chwi ddim yn gwneud cerddi â syniadau, ond â geiriau'; fel yna y dywedodd Mallarmé, y bardd Ffrangeg, wrth Degas ryw dro . . . Â geiriau y mae'r dyn sydd wrthi'n gwneud cerddi yn ymhél. Dyw hyn ddim yn golygu nad oes ganddo fo syniadau hefyd, ei syniadau ei hun neu syniadau ei gyfnod—â geiriau y gwneir syniadau hefyd, fel y mae'n digwydd—ond dyn yw bardd sy'n ystyried pethau heblaw'r syniadau a gyfleir gan eiriau. I fardd y mae sŵn, cysylltiadau a blas gair yn bwysig yn ogystal â'i ystyr o.[2]

Geiriau sy'n ymgorffori ac yn mynegi syniadau neu ystyron. Meddai yn gyffredinol am y cysyniad hwn o 'air' yn *Golwg ar Farddoniaeth Ddiweddar*:

> Fe ŵyr pawb ohonom nad uned o ystyr moel yw gair, a bod i lawer iawn o eiriau *gysylltiadau* arbennig, eu bod nhw fel cerrig wedi eu taflu i ddŵr yn bwrw cylchau o'u cwmpas. Er enghraifft, pe dywedwn i'r gair *mam*, fe fyddai cysylltiadau personol iawn yn y gair i bob un ohonom. Fe fyddem yn ymateb yn deimladol i'r gair yn ogystal ag yn ddeallol. Go brin fod neb yn ymateb i'r gair *mam* trwy i'r syniad 'yr un fenywaidd o'r rhieni' fynd trwy ei ben. Byddem i gyd yn cymryd yr ystyr foelaf hon yn ganiataol ac yna yn ymateb yn bersonol. Mae'n debyg y byddai'r rhan fwyaf ohonom bob un yn gweld ei fam ei hun. Gallwn ddweud fod i'r gair *mam* o leiaf ddwy lefel: rhyw dir cyffredin, lle medrem i gyd gyfarfod arno, a bod ynddo hefyd ddyfnder o ystyr personol. Ac y mae'r ystyr personol hwn yn dibynnu ar eich profiad.[3]

Mae cerdd fel 'Dysgu Iaith (*Darn amhosib o fyfyrdod ar ran babi bach*)' yn gerdd am eiriau, sŵn a lliw geiriau, cysylltiadau geiriau, a natur ac ystyr geiriau:

> Gwlyb, llifo, a gloyw;
> Cysylltiedig â sebon:
> Y sŵn amdan hwn ydi
> DŴR.

> Aflonydd, cynnes, coch,
> Â gwifrau amdano;
> Bendigedig, ond gwaharddedig ydi
> TÂN.

Hedeg gwyn glan y môr
A nofio ydi
GWYLAN.

Wedi adnabod gwylan,
Gwylan ddu ydi
BRÂN.

Sws (Help!), efallai, ydi
ANTI.

Cyfarth du, llyfn, ysgwyd cynffon,
Heb fod yn ffrind mawr i'r postmon ydi
TIMI.

MAM ydi MAM.
(*EG*, 11)

I ddechrau, mae i air liw: dŵr gloyw, tân coch, 'hedeg gwyn' gwylan, düwch brân, 'cyfarth du' Timi'r ci. Mae i eiriau hefyd gysylltiadau: dŵr— 'Cysylltiedig â sebon'; tân—gair sy'n cyfleu cynhesrwydd, cochni ac aflonyddwch; gwylan, sy'n gysylltiedig â glan y môr, a'r frân sy'n gysylltiedig â'r wylan, ac yn y blaen, hyd at y fodryb, sy'n gysylltiedig â sws. O ran hynny y mae i air symudiad yn ogystal: mae dŵr yn 'llifo', tân yn 'aflonydd', gwylan yn hedfan ac yn nofio, modryb yn nesáu at blentyn i roi cusan iddo, Timi yn ysgwyd ei gynffon ac yn cythru am y postmon. A 'MAM ydi MAM', gair sy'n cael ei liwio gan brofiad yr unigolyn yn unig. Y mae ystyr gair, felly, 'yn rhywbeth amgenach nag a gewch chwi mewn geiriadur, gan fod a wnelo geiriau â'n profiadau yn ogystal ag â'n hymennydd'.[4] Rhaid ymateb i eiriau, felly, ar ddwy lefel o leiaf: y lefel ddeallusol (ystyr gyffredinol gair yn ôl y diffiniad geiriadurol ohono) a'r lefel bersonol (yr ystyr sy'n gysylltiedig â phrofiad). Ac nid clywed gair yn unig a wneir, na deall ystyr gair, ond, yn hytrach, 'y mae gofyn i'r sawl sy'n darllen barddoniaeth ymateb i gyfoeth gair: rhaid iddo *deimlo* ystyr gair'.[5] Teimlo ystyron geiriau a wneir yn 'Dysgu Iaith', ac ym marddoniaeth Gwyn Thomas yn gyffredinol o ran hynny.

Teimlo ystyr geiriau, nid ymateb yn ddeallusol yn unig, dyna sy'n bwysig. Ac fe ddylai geiriau gael effaith gorfforol arnom. Meddai Gwyn Thomas yn *Dadansoddi 14*:

> Yn y dadansoddi hwn, ceisio cael at ystyr a theimlad ac argraff geiriau a wnaethpwyd. Nid wyf am awgrymu o gwbl fod *cyfansoddi* yn weithred debyg i'r *dadansoddi* hwn. Y mae dadansoddi yn weithgarwch ymwybodol; mewn cyfansoddi y mae llawer iawn o'r anymwybodol—er mai'r anymwybodol ar ôl ymdrech go solet i ymgyfarwyddo â geiriau ydyw. Dadansoddi, cyfansoddi: dyna ddwy wedd ar weithgarwch y dychymyg. Y cyfansoddi, wrth reswm, yw'r wedd bwysicaf. Y mae amryw wedi rhoi cynnig ar ddiffinio'r dychymyg, ac wedi llwyddo i ddweud gwirioneddau am y gweithgarwch hwnnw. Erbyn hyn fe ddywedwn i mai'r peth pwysicaf amdano yw mai meddwl â'r corff, meddwl trwy gyneddfau'r corff ydyw; sef defnyddio geiriau fel eu bod yn cael effaith gorfforol, fel eu bod yn gafael yn y system nerfol ac yn cydio yn y synhwyrau ac yn y cof.[6]

Yn *Dadansoddi 14* mae Gwyn Thomas yn troi oddi wrth sylwadau cyffredinol am farddoniaeth at y grefft ymarferol o ddadansoddi a dehongli cerddi, ac fe wna hynny yn fanwl ac yn gyffrous. Y ffordd y mae geiriau yn gweithio mewn cerdd, y modd y mae bardd yn adeiladu awgrym ar awgrym, nes creu cyfanwaith, y ffordd y mae geiriau yn cydweithio â'i gilydd i greu uned o ystyr (neu ystyron), dyna'r pethau sy'n mynd â'i fryd. Mae ganddo ei syniadau ei hun ynghylch y modd y dylid darllen cerddi, ac yn y broses hon eto, y mae lle canolog i'r dychymyg:

> y mae darllen unrhyw farddoniaeth werth ei halen yn golygu bod dyn ar flaenau ei draed, yn effro. Mae'n rhaid i ddyn wrth ddychymyg, y gallu i ymateb i sŵn geiriau; i'r synhwyro sy'n codi o rai geiriau (geiriau sy'n gwneud i ddyn weld, clywed, arogli, cyffwrdd neu flasu); i bethau sy'n cael eu cyflwyno inni trwy gyfrwng pethau eraill, yn gyffelybiaethau a throsiadau.[7]

Mae popeth, felly, yn troi o gwmpas geiriau, a'r modd y mae bardd yn defnyddio geiriau, a rhaid iddo eu defnyddio mewn ffordd newydd a chyffrous. Nid pynciau neu themâu cerddi ynddyn nhw'u hunain sy'n bwysig yn y pen draw, ond y ffordd y mae bardd yn trafod y pwnc neu'r thema *drwy gyfrwng geiriau*:

> Nid y pwnc ynddo'i hun sy'n bwysig: y mae amryw fyd o gerddi gwael wedi eu canu ar bynciau pwysig—faint o gerddi sâl sydd yna ar ryfel Fietnam, er enghraifft? 'Does dim mwy diflas na cherdd sy'n tynnu oddi wrth bwysigrwydd ei phwnc. Yn hytrach y mae cerdd dda yn gwneud ei phwnc yn bwysig. 'Does dim rhaid i fardd da sôn yn uniongyrchol am bynciau o bwys . . . Dweud yr ydw i fod y bardd o bwys, trwy ei eiriau, yn treiddio'n ddwfn i fywyd, ac nad yw ystyriaeth o lenyddiaeth bwysig yn gorffen y tu mewn i ffiniau llenyddol. Y mae unrhyw gerdd o bwys yn tynnu'r sawl sy'n ei darllen hi neu'n ei chlywed hi yn ôl at ei brofiad o fywyd.[8]

Felly, 'treiddio'n ddwfn i fywyd' a wna bardd, a hynny 'trwy ei eiriau'. Wrth ei eiriau yr adnabyddir bardd, a'i feistrolaeth ar eiriau sy'n troi profiad yn gerdd lwyddiannus ac sy'n peri bod darllen y gerdd honno yn troi'n brofiad cyfoethog a chyffrous. Ac nid cyfoethogi llenyddiaeth yn unig a wna cerdd lwyddiannus ond cyfoethogi ein bywydau yn ogystal, ymestyn ein hamgyffrediad a goleuo ein crebwyll.

Mae cerdd, felly, yn cyflwyno profiad o fywyd, ac yn dirwyn y darllenydd yn ôl at 'ei brofiad o fywyd'. Nid newydd-deb y profiad sy'n bwysig ond y newydd-deb a roir yn y profiad drwy eiriau'r bardd. Gall profiad cyfarwydd droi'n brofiad newydd o'i fynegi mewn ffordd newydd. Gwaith y bardd 'ydi rhoi profiad newydd mewn gair neu eiriau'.[9] 'Mewn barddoniaeth dda', wedyn, 'y mae effaith newydd-deb y profiad yn parhau heb heneiddio', ac mewn cerdd lwyddiannus o'r fath 'Mae geiriau'n dod at ei gilydd unwaith ac am byth gyda grym a rhyfeddod sy'n barhaol'.[10]

Mae a wnelo'r pethau hyn oll â'r ffaith mai crefft yw barddoniaeth ac mai crefftwr geiriau yw'r bardd. Dyma genadwri barhaus Gwyn Thomas, ac mae'n genadwri a bwysleisir yn gyson ganddo. Wrth iddo feirniadu cystadleuaeth y Goron yn Eisteddfod Genedlaethol Y Fflint ym 1969, nododd fod sawl cystadleuydd 'yn tueddu i droi at agweddau adfydus ein canrif'.[11] Er bod rhai o'r beirdd yn teimlo'n gry' ynglŷn â'r agweddau adfydus hyn ar fywyd y ganrif, '"dyw cryfder teimlad ynddo'i hun ddim yn golygu fod ei fynegi yn farddoniaeth'.[12] Rhaid cael cryfder crefft i roi mynegiant teilwng i gryfder teimlad: 'Arbenigrwydd ei eiriau sy'n rhoi arbenigrwydd i brotest bardd neu i ba deimlad neu fyfyrdod arall y mae'n ei fynegi'.¹³ Ac mae crefft a disgyblaeth yn gyfystyr â'i gilydd: 'y mae crefft a disgyblaeth yn y rhwyddineb hwn', meddai am un o gystadleuwyr y Goron ym 1969 y tybiai, i ddechrau, ei fod 'yn sglefrio dros bethau'.¹⁴

Methu troi protest yn farddoniaeth oedd gwendid amlycaf rhai o bryddestwyr 1969. Un o ddiffygion pryddestwyr 1978 oedd eu tuedd i gofnodi hanes yn hytrach na chreu barddoniaeth o'u profiadau. Yn Eisteddfod Genedlaethol Caerdydd y flwyddyn honno gofynnwyd am gerdd hir neu ddilyniant o gerddi yn portreadu llencyndod, ond ceisiodd rhai beirdd bortreadu llencyndod o'u canol oed a'u henaint, gyda'r canlyniad 'nad oes yna ddigon o greu profiad o lencyndod yn y cerddi a'u bod nhw'n tueddu i droi'n hanes yn hytrach na bod yn farddoniaeth: creu, neu ailgreu ydi hanfod celfyddyd'.¹⁵ Pwysleisir disgyblaeth eto. Collfernir rhai o'r beirdd gwannaf am eu 'diffyg disgyblaeth wrth drin geiriau fel na fynegir fawr o hanfod profiad';¹⁶ canmolir un dosbarth oherwydd gallu'r beirdd 'i ddefnyddio geiriau'n drawiadol yn hytrach nag yn ystrydebol';¹⁷ a chlodforir beirdd gorau'r gystadleuaeth am eu defnydd 'cyffrous o eiriau'.¹⁸ Canmolir un o'r cystadleuwyr, *Rhyd-fach* (Donald Evans), am ei 'ddisgyblaeth gref ar eiriau'.¹⁹

Defnyddio geiriau mewn modd cyffrous a deinamig yw'r nod, felly, ond mae yna bethau sy'n gweithio yn erbyn y bardd cyfoes o Gymro yn ogystal ag o'i blaid. Dyna'r broblem o orfod gweithio o fewn traddodiad i ddechrau, gweithio dan bwysau'r gorffennol, fel petai. Os yw traddodiad yn beth byw, mae'n rhaid i'r iaith sy'n cynnal y traddodiad hwnnw fod yn iaith fyw. Dim ond iaith fyw a allai gynhyrchu traddodiad barddol mor rymus ag eiddo'r Cymry. Mae'r traddodiad hwnnw yn deillio o gyfnod pan oedd y beirdd yn feirdd proffesiynol, llawn amser, a phan oedd y Gymraeg yn iaith gref. Mae'r Gymraeg gyda ni o hyd, ond mae'n iaith sydd dan warchae yn feunyddiol, yn iaith sy'n gwanychu'n barhaus. Os yw parhad traddodiad yn dibynnu ar barhad yr iaith a esgorodd ar y traddodiad hwnnw, ac yn enwedig ar gryfder yr iaith honno, sut y gellir adnewyddu a pharhau traddodiad? Ac mae bardd, wrth gwrs, yn defnyddio iaith fyw ei bobl. Ond os yw'r bobl yn colli eu gafael ar gryfder yr iaith ac yn siarad bratiaith, sut y gall bardd dynnu egni a nerth o iaith ei bobl? Dyma un o broblemau mawr y bardd cyfoes. Oherwydd bod yr iaith a glyw bob dydd yn iaith lastwraidd ac ystrydebol yn aml, gall efelychu'r traddodiad fod yn demtasiwn i fardd, a gall cryfder a cheinder y Gymraeg yn y gorffennol ei lygaddynnu. Dyna un rheswm pam y creodd beirdd Rhamantaidd Cymraeg dau ddegawd cyntaf yr ugeinfed ganrif eu hieithwedd ddieithr eu hunain, i wneud iawn am ddirywiad yr iaith yn eu hoes eu hunain. Mae traddodiad, felly, yn broblem, ac mae parhad traddodiad yn broblem. A chyda bywyd yn newid yn gyflym ac yn troi'n fwy technolegol, sut y gellir addasu traddodiad i ymdrin â'r pethau newydd hyn? Ac am beth yn union y dylai bardd cyfoes o Gymro ganu amdano? Mae Gwyn Thomas wedi cyffwrdd â'r pynciau a'r problemau hyn i gyd yn ei feirniadaeth.

Ystyriwn ddraddodiad i ddechrau. Ni fynnai Gwyn Thomas ymwadu â thraddodiad. Fel awdur y gyfrol ragorol honno, *Y Traddodiad Barddol*, mae'n cydnabod pwysigrwydd y traddodiad, hanfod y traddodiad yn hytrach. Dyma ein hetifeddiaeth lenyddol ni, ond mae Gwyn Thomas yn rhoi pwyslais cyson ar y ffaith nad traddodiad statig mohono. Mae'n draddodiad sy'n ymadnewyddu yn barhaus, ac yn cael ei adnewyddu gan feirdd—ond gan feirdd sy'n ychwanegu at y traddodiad, sylwer, nid gan y rheini sy'n efelychu'r traddodiad yn slafaidd. Nid 'trafod hen stwff yn dragwyddol y mae bardd o Gymro os yw'n canu yn y traddodiad',[20] ond, yn hytrach, fe droir traddodiad yn beth byw:

> gyda bardd da y mae ei ddawn neu ei athrylith yn gweithio ar yr hen bethau a ddaeth i'w ddwylo ac yn rhoi newydd-deb iddyn nhw. Mewn gair, y mae traddodiad o unrhyw werth yn beth byw a chreadigol am fod dawn yr unigolyn yn gweithio ar ei etifeddiaeth lenyddol o. Pan fo'r etifeddiaeth lenyddol yn gormesu ar ddawn yr unigolyn yna traddodiad marw a geir, rhyw ymarfer crefft er ei mwyn ei hun, megis gwneud olwynion trol cywrain mewn cyfnod pan nad oes yna ddim troliau.[21]

'[I]f the only form of tradition, of handing down, consisted in following the ways of the immediate generation before us in a blind or timid adherence to its successes, "tradition" should be positively discouraged', meddai Eliot.[22] Mae'r pwyslais drwodd a thro ar greu yn hytrach nag ar atgynhyrchu ac efelychu. Yn '"Mewn Carchar Tywyll Du"' yn *Gair am Air* trafodir dwy gerdd o waith Hedd Wyn gan Gwyn Thomas, sef 'Marw Oddi Cartref' a 'Rhyfel'. Tra bo'r gerdd gyntaf yn 'dlws' ac yn 'gysurus', y mae'r ail gerdd yn llawer mwy egr. Beth, gofynna, sy'n cyfrif am y gwahaniaeth rhwng y ddwy gerdd?

Yr hyn a welwn ni yma ydi geni ymdeimlad llenyddol newydd, a hynny o fewn profiad un dyn. Yn y gerdd gyntaf fe gawn ni ganu rhamantaidd tenau ac ymdrech i gysuro trwy osgoi gwirionedd, neu beidio â gwybod amdano. Y mae'r gerdd yn dangos i'r dim yr hyn sy'n digwydd pan fo angerdd gwirionedd wedi peidio ag ysbrydoli geiriau—pan fo tyrbein yn dal i droi, heb gynhyrchu dim trydan, os mynnwch chwi.[23]

Wrth adolygu *Blodeugerdd Barddas o'r Ail Ganrif ar Bymtheg*, a olygwyd gan Nesta Lloyd, yn *Taliesin*, meddai, gan gymryd 'Marwnad Siôn ap Hywel ap Owen o Gefn Treflaeth' gan Huw Machno yn enghraifft o'r traddodiad barddol ar ei fwyaf ailadroddus ddirywiedig:

Cynganeddu, mydryddu yw hyn, nid barddoni: hynny yw, crefft— o ryw fath—sydd yma, nid celfyddyd. Y mae hyn yn wir am nifer go sylweddol o gerddi'r gyfrol hon. Un o nodweddion y traddodiad barddol ar y goriwaered—fel yr oedd yn yr ail ganrif ar bymtheg— oedd ei fod yn cael ei lethu gan gonfensiynau fel hyn. Beirdd dof sydd yma, gan mwyaf, rhai sy'n nyddu eu cerddi o fewn canllawiau cydnabyddedig a heb y dychymyg i ailweirio eu geiriau i gynhyrchu tipyn o drydan.[24]

Er mor hanfodol yw crefft, ac er bod Gwyn Thomas yn rhoi pwyslais mawr ar gadernid crefft, ni all crefft heb angerdd a dyfeisgarwch dychymyg greu barddoniaeth o'r radd flaenaf. Mae crefft yn hollbwysig wrth gwrs, ond mae cynnyrch beirdd sy'n dibynnu ar grefft yn unig, heb awen i drydanu'r grefft honno, yn dangos y modd y mae traddodiad yn gallu troi'n beth statig.

Enghraifft lachar o fardd a fagwyd oddi mewn i'r traddodiad, ond a fu hefyd yn ailwampio ac yn ail-greu'r traddodiad, yw Dafydd ap Gwilym, ac mae'n fardd y mae Gwyn Thomas yn troi ato dro ar ôl tro. Meddai yn *50 o Gywyddau Dafydd ap Gwilym*:

y mae barddoniaeth Dafydd yn sicr yn taro dyn fel barddoniaeth wahanol iawn i'r farddoniaeth draddodiadol a'i rhagflaenodd a barddoniaeth draddodiadol ei gyfnod ei hun. Y mae ei farddoniaeth ef yn llawer mwy personol ac yn rhydd o nifer o gonfensiynau'r traddodiad. Er mwyn bod yn hollol eglur yma, sylwer nad dweud yr wyf fod Dafydd yn rhydd o holl gonfensiynau ei ddydd— 'dyw o ddim, wrth gwrs. Nid wyf am honni ychwaith mai bardd digonfensiwn oedd Dafydd: yr oedd, yn sicr, yn gweithio o fewn confensiynau llenyddol Cymraeg ac estron, ond defnyddio ei gonfensiynau a wnaeth, nid cael ei lethu ganddynt. Y mae ei bersonoliaeth farddol yn pelydru trwy'r cwbl.[25]

Yn *Gair am Air*, y mae'n sôn am y modd yr oedd Siôn Cent yntau yn ei ddydd 'yn aderyn dieithr iawn ymysg beirdd arferol y traddodiad barddol Cymraeg'.[26] Adeiladu ar draddodiad a wneir, nid ei atgynhyrchu yn beiriannol, ac o safbwynt y bardd cyfoes, adeiladu ar y gorffennol o'r presennol a wna:

> y mae rhywun dan ddyled i'r farddoniaeth o'r gorffennol y mae wedi'i darllen. Eto, o'r presennol y mae pob egni'n dod, ac y mae'r egni hwnnw'n gweithio ar yr etifeddiaeth a dderbyniwyd ac fe all ei newid. Yn wir, tuedd ein presennol ni yw gwrthod y gorffennol; ond y mae'n rhaid gwybod amdano cyn y gellir ei wrthod.[27]

Ac mae'r syniad o 'egni', y trydan byw sy'n rhoi cyffro a grym i lenyddiaeth, yn bwysig iddo. O'u defnyddio'n iawn mae gan eiriau egni. Egni'r dychymyg ar waith oddi mewn i eiriau a thrwy gyfrwng geiriau, a chadernid y grefft yn cynnal egni'r dychymyg. 'Trwy egni ei ddychymyg a'i grefft y mae o'n cyflwyno inni lawnach ystyriaeth ar amryfal agweddau bywyd nag a awgryma Vendryes', meddai Gwyn Thomas am Ddafydd ap Gwilym eto, gan anghytuno â'r hyn a ddywedodd J. Vendryes am Ddafydd, 'C'était un amusement de l'imagination', sef mai difyrrwch y dychymyg yn unig oedd ei waith.[28]

Fel bardd, ac fel darlithydd ac ysgolhaig o ran hynny, mae Gwyn Thomas wedi myfyrio llawer ar ystyr ac arwyddocâd traddodiad, ac ar absenoldeb traddodiad yn ogystal. Mae traddodiad yn bwysau o'r gorffennol, ac fe ellid ildio i'w orthrwm a gwegian dan y pwysau yn ddigon rhwydd. Yn awr, fe all cerdd, neu farddoniaeth yn gyffredinol, fod yn rhan o draddodiad neu fe all fodoli y tu allan i draddodiad, neu o leiaf fe wneir ymdrech gan rai beirdd i ddiystyru traddodiad, i 'greu' traddodiad newydd. Yn sicr, fe all traddodiad fod yn ormes. 'Gwneud cam â cherdd yw ei phwnio a'i llyffetheirio ag unrhyw syniadau rhy set a ffurfiol am yr hyn a ddylai barddoniaeth fod', meddai Gwyn Thomas yn *Golwg ar Farddoniaeth Ddiweddar*.[29] Dyna enghraifft o orthrwm traddodiad. Cyflyrwyd ein meddyliau gan syniadau set am farddoniaeth o'r gorffennol, nes peri inni wfftio at unrhyw wreiddioldeb neu newydd-deb:

> Peth fel hyn yr wyf yn ei olygu: os ydym wedi cael ein magu ar Geiriog ac Eifion Wyn (ac yr wyf yn awr yn sôn am ddarllenwyr barddoniaeth) ac yn dod ar draws cerdd gan Euros Bowen, yna peth annoeth i ni ei wneud yw wfftio'r peth o'r neilltu am nad yw, o ran ffurf na chynnwys, yn ddim byd tebyg i waith y ddau arall ac am nad yw'n rhoi i ni yr un math o deimlad ag a gawn ni wrth ddarllen gwaith y ddau arall.[30]

Dylid darllen a beirniadu cerdd nid yn ôl y modd y mae'r gorffennol wedi ei ffurfio ond ar ei thelerau ei hun, yn ôl 'yr hyn y mae hi ei hun yn ceisio ei wneud a'r ffordd y mae hi yn ei wneud o'.[31] Pwysleisio newydd-deb o fewn y traddodiad a wneir, nid diystyru'r traddodiad. Mae Gwyn Thomas, fel rhywun sy'n gyfarwydd iawn â'r traddodiad, ac fel bardd a beirniad a chanddo barch at y traddodiad hwnnw, yn ymwybodol fod pob bardd yn gweithio oddi mewn i'r traddodiad, yn ychwanegu ato ac yn ei barhau. Ni all llenyddiaeth fodoli mewn gwacter:

> y mae pob gwaith llenyddol yn cymryd ei le mewn cyfangorff o lenyddiaeth ac y mae amryfal adleisiau llenyddol i'w cael trwy lawer o weithiau llenyddol—yn union fel y mae myrdd o adleisiau o luniau i'w cael mewn peintiadau, ac adleisiau cerddorol i'w cael mewn gweithiau cerddorol.[32]

Dyma rywbeth tebyg i'r hyn a alwodd Eliot yn 'the conception of poetry as a living whole of all the poetry that has ever been written'.[33] Y tu ôl i bob gwaith unigol y mae yna gorff o weithiau, ac o'r corff hwnnw y deillia popeth newydd. '[M]ae'r llyfr yn gynnyrch canrifoedd o wareiddiad, yn ogystal ag yn gynnyrch athrylith Ellis Wynne ei hun', meddai Gwyn Thomas am *Gweledigaethau y Bardd Cwsg*, gwaith y mae'n awdurdod arno, wrth adolygu fersiwn theatrig Cwmni Bara Caws o gampwaith Ellis Wynne ym 1991 yn *Barn*.[34] Ac felly y syniai Eliot hefyd am draddodiad:

yr hen y tu ôl i'r newydd, yr amryw y tu ôl i'r gwreiddiol unigol: 'The persistence of literary creativeness in any people . . . consists in the maintenance of an unconscious balance between tradition in the larger sense—the collective personality, so to speak, realized in the literature of the past—and the originality of the living generation'.[35]

Y mae beirdd, felly, yn perthyn i draddodiad byw, ac mae'r traddodiad byw hwnnw yn gynnyrch iaith fyw a chymdeithas fyw; neu o leiaf yr oedd y traddodiad barddol Cymraeg gwreiddiol, y gwir draddodiad, yn gynnyrch iaith a chymdeithas fyw. 'The maturity of a literature is the reflection of that of the society in which it is produced', meddai T. S Eliot.[36] Ond mae'r bardd o Gymro mewn sefyllfa fregus ac anodd, oherwydd cyflwr y Gymraeg. A dyma ddod at broblem yr iaith, problem y mae Gwyn Thomas wedi trafod llawer arni. Yn ei farddoniaeth fe glosiodd Gwyn Thomas at yr iaith lafar. 'Y mae a wnelo unrhyw farddoniaeth â graen arni yn y pen draw â'r iaith sydd yng ngheagu pobl', meddai.[37] Defnyddio iaith fyw ei bobl a wna bardd, wedi'r cyfan. 'Y mae o'n tynnu o iaith y bobl ac yn rhoi'n ôl i'r iaith honno', meddai am y bardd yn gyffredinol.[38] Yn hyn o beth byddai'n cytuno â T. S. Eliot, unwaith yn rhagor: 'The poetry of a people takes its life from the people's speech, and in turn gives life to it'.[39] Ond sut y gall bardd o Gymro, bellach, dynnu o iaith ei bobl a'r iaith honno yn teneuo ac yn breuo'n feunyddiol dan ddylanwad y Saesneg? Dyma un o bryderon mawr Gwyn Thomas, sef y ffaith fod 'dychymyg dweud pobl yng Nghymru, ac yn Lloegr hefyd, yn dechrau pallu i ryw raddau'.[40] Y dychymyg dweud hwn a fu'n gyfrifol yn y gorffennol am greu idiomau lliwgar a dywediadau bachog, dywediadau sy'n cynnwys troadau ymadrodd deheuig a chofiadwy, a'r rheini'n codi o ganol cymuned neu gymdeithas a ddefnyddiai'r iaith mewn ffordd greadigol a naturiol. Meddai eto:

> Mae'r dywediad 'tarw potel' yn enghraifft brin o'r math o fynegiant sy gen i dan sylw. 'Rydw i'n cael yr argraff fod mwy o greu dywediadau fel hyn mewn Americaneg—prawf ei bod hi'n iaith lawn bywyd, a'i bod hi'n cael ei chyfoethogi gan brofiadau a dychymyg ei phobl.[41]

Mae'r Americaneg, meddai, 'wedi tyfu mewn dinasoedd', ac mae hi, o'r herwydd, yn 'dygymod â phethau diwydiant a dinas ac yn eu troi nhw'n ffigurau'.⁴² Mae hyn yn wir ar lawer ystyr: does dim angen inni wneud dim byd mwy na gwrando ar y ddeialog mewn ffilmiau Americanaidd i gael y prawf. Bu'n rhaid i'r Americaneg greu ei hiaith ei hun, i raddau, i gyfleu'r profiad o fyw mewn dinasoedd. Tyfodd yr iaith gyda thwf dinasoedd. Roedd y gymdeithas amaethyddol uniaith a geid yng Nghymru ar un adeg yn creu ei hidiomau ei hun, a'r idiomau hynny yn codi o arferion y gymdeithas honno. Mae'r idiomau hynny wedi aros yn yr iaith er nad ydym yn deall eu hystyron gwreiddiol yn aml.

Sut, felly, y gall beirdd Cymraeg ymgodymu â'r broblem? Os nad yw'r egni dychymyg ar gael yn yr iaith a glywant o'u cwmpas, mae'n rhaid i'r beirdd 'gynhyrchu mwy ohonynt eu hunain nag oedd yn rhaid i, ddywedwn ni, Ellis Wynne'.⁴³ Mae'n rhaid i'r bardd weithio'n galed, mewn geiriau eraill, i roi egni a dychymyg yn ôl yn yr iaith, gan fod yr egni hwnnw ar goll yn ein siarad beunyddiol ni. Efallai, erbyn hyn, fod llai o dynnu o iaith y bobl a mwy o roi'n ôl iddi.

Y mae unrhyw fardd o bwys yn gweddnewid iaith, 'A hyn am y rheswm fod iaith a dychymyg bardd pwysig yn treiddio trwy iaith pobl, hyd yn oed trwy iaith pobl nad ydyn nhw ddim wedi darllen gwaith y bardd hwnnw'.⁴⁴ Roedd y beirdd yn gadael eu hôl ar eu hiaith, yn ehangu ac yn ymestyn iaith: 'Y mae'r ffaith fod T. Gwynn Jones neu R. Williams Parry wedi llefaru yn golygu bod ein siarad ni'n wahanol i'r hyn a fyddai petaen' nhw heb lefaru'.⁴⁵ Ac fe all y beirdd gyfoethogi iaith y bobl eto:

> Er bod amryw a ddywedant nad ydynt yn deall gwaith Euros Bowen neu Waldo Williams, dywedwch, y mae'n bur debyg fod cynhysgaeth dychymyg a iaith y beirdd hyn yn mynd yn rhan o'n siarad, yn rhan o'n hiaith—nid heddiw, efallai, ond rywbryd yn y dyfodol.⁴⁶

Dyna un posibiliad, ond ceir posibiliad arall, yn ogystal: 'Y posibilrwydd arall yw nad yw ein hiaith bellach yn cael ei chyfoethogi gan iaith a dychymyg na beirdd na llenorion ac y bydd dychymyg yr iaith yn teneuo fwy fyth'.⁴⁷

Yn awr, mae Gwyn Thomas, hyd y gwelaf fi, yn cyffwrdd â rhai materion go bwysig yma. Y beirdd a'r llenorion, yn sicr, a fu'n lliwio ac yn cyfoethogi iaith yn y gorffennol, ond yr oedd hynny pan oedd mwy o fri ar farddoniaeth nag sydd heddiw. Mae'r sefyllfa yn baradocsaidd, mewn gwirionedd. Oherwydd na ellir bellach dynnu o iaith y bobl, o achos bod 'dychymyg dweud' yr iaith yn wannach, mae'n rhaid i'r beirdd ddibynnu llai ar iaith y gymdeithas y maen nhw'n perthyn iddi a mwy a mwy ar eu dychymyg eu hunain, a hynny er mwyn rhoi peth o'r dychymyg a feddai'r iaith unwaith yn ôl iddi. 'Mae'r beirdd', meddai Gwyn Thomas, 'yn cael eu bwrw fwy-fwy ar eu dychymyg eu hunain neu ar eu darllen ac yn methu tynnu cymaint ag y buwyd ar y dychymyg sy mewn siarad pobl'.[48] Ac oherwydd eu bod yn troi fwyfwy at eu dychymyg eu hunain, ac yn dibynnu llai ar ddychymyg dweud pobl, mae llawer iawn o ddarllenwyr 'yn cael trafferth i ddeall barddoniaeth ddiweddar'.[49] Codwyd gwahanfur rhwng y bardd a'r bobl, a hynny, yn aml iawn—ond nid bob tro—oherwydd y bobl yn hytrach na'r bardd. Er mwyn cryfhau iaith ei bobl gorfodwyd y bardd i bellhau oddi wrth ei bobl i raddau helaeth.

Fe allai'r beirdd ddylanwadu ar y Gymraeg 'rywbryd yn y dyfodol', ond mae sawl peth sy'n gweithio'n groes i'r posibiliad hwnnw, ac mae Gwyn Thomas yn ymwybodol iawn o'r elfennau croes hyn. Cyffyrddwyd ag un rhwystr eisoes, sef y ffaith fod y beirdd yn gorfod dibynnu ar eu dychymyg eu hunain yn unig bellach. Y mae dywediadau ac ymadroddion a oedd yn newydd ac yn drawiadol unwaith wedi colli eu grym a'u ffresni oherwydd eu bod wedi cael eu gorddefnyddio; ac oherwydd bod yr iaith wedi teneuo a dirywio gymaint, fe lunnir llai o ymadroddion a dywediadau newydd gan y gweddill sy'n siarad yr iaith. Mae'n rhaid i'r beirdd, felly, roi grym a ffresni yn ôl mewn iaith:

> Ffigurau ysgytiol yw llawer o ffigurau barddoniaeth heddiw, ac y mae llawer o'r beirdd yn canolbwyntio ar ffigurau newydd. Y mae'r ffigwr newydd yn naturiol yn fwy trawiadol na'r hen un, yn cipio sylw eich synhwyrau megis. Mae ymateb i hen gyffelybiaeth, er enghraifft, yn tueddu i bylu. Os clywn ni ei bod hi'n dywyll fel bol buwch, neu fod rhywun yn dlawd fel llygoden eglwys 'dydym ni ddim yn ymateb gyda'n synhwyrau gymaint â hynny.[50]

Efallai fod y 'ffigwr newydd' yn fwy trawiadol na'r hen un, ond gall hefyd fod yn fwy astrus, ac i ddarlunio'r gwahaniaeth rhwng delweddu ffres a beiddgar modernaidd a delweddu mwy traddodiadol, fe gymer Gwyn Thomas gerdd serch gan Bobi Jones, 'Llygaid Fy Nghariad', a 'Rhieingerdd' John Morris-Jones yn enghreifftiau, gan ddangos sut y mae cerdd Bobi Jones 'yn fwy egr synhwyrus' na cherdd Morris-Jones.[51]

Y mae Gwyn Thomas wedi mynegi ar ddu a gwyn yr hyn y mae sawl un ohonom wedi myfyrio yn ei gylch sawl tro, sef union berthynas y bardd cyfoes o Gymro â'i iaith ac â'i gynulleidfa. Yn ogystal â phroblem blerwch Cymraeg cyfoes fe geir problem difaterwch y gynulleidfa Gymraeg gyfoes. Mewn geiriau eraill, mae'r bardd cyfoes o Gymro yn gorfod creu mewn hinsawdd anghydnaws, anffafriol. Meddai Gwyn Thomas:

> Mae ysgrifennu cerddi'n debyg iawn i anfon negesau i'r gofod— 'does yna ddim ymateb am nad oes yna neb yn eu darllen. Fe allai bardd Cymraeg heddiw ysgrifennu gweledigaeth yr oesau, ond 'waeth iddo heb. Dyna pam, yn ymarferol, y mae hi'n fwy buddiol i berson ddysgu trin cyfrifiadur neu drwsio car neu ladd gwybed.[52]

Mae hon yn gŵyn gyson ganddo, sef y ffaith mai gweithgarwch lleiafrifol bellach yw barddoniaeth, a 'bod egni creadigol mawr dyn yn ein cyfnod ni wedi'i droi at beiriannau, gwyddoniaeth a thechnoleg'.[53] Y mae'n broblem y mae pob un ohonom yn ymwybodol ohoni, ac mae beirdd Cymraeg cyfoes wedi ceisio ei datrys yn eu ffordd eu hunain, rhai drwy gyfaddawdu â'r gynulleidfa ac ymostwng i'w safonau hi, eraill drwy gadw eu safonau eu hunain a pheidio â chlosio'n ormodol at y gynulleidfa. Mae peryglon ac anfantesion i'r ddwy ffordd. Y mae'r rhai sy'n ymdrechu i ehangu eu cynulleidfa, fel beirdd-berfformwyr, yn gorfod gwneud hynny ar draul sylwedd a dyfnder yn aml, a gall eu cerddi fod yn amddifad o werth arhosol: barddoniaeth dros-dro ar gyfer cynulleidfa'r foment. Ar y llaw arall, gall y rhai sy'n gwrthod cyfaddawdu â'r gynulleidfa, drwy lastwreiddio eu barddoniaeth i foddio'r gynulleidfa honno, fynd yn fwy ac yn fwy ynysedig. Fe allent, yn wir, ysgrifennu gweledigaeth yr oesau, a 'fyddai neb ddim callach.

Disodlwyd barddoniaeth gan wyddoniaeth a thechnoleg i raddau helaeth, felly, yn ôl Gwyn Thomas. 'Cyfnod â thechnoleg yn ben arno yw ein cyfnod ni', meddai yn *Golwg ar Farddoniaeth Ddiweddar*.[54] Ni chais ddadlau pa un ai drwg ai da yw technoleg, dim ond cydnabod ei bodolaeth, fel petai, derbyn 'ei dyfodiad fel ffaith'.[55] Thema arall sy'n codi i'r wyneb yn ei feirniadaeth yn aml yw perthynas y bardd â'r byd sydd ohoni, ac yn enwedig â thechnoleg y byd cyfoes. Sut y dylai barddoniaeth Gymraeg ymdopi â'r pethau newydd hyn? Sut y gellir addasu traddodiad sydd yn dirwyn yn ôl i'r chweched ganrif ar gyfer gofynion y byd modern? Ac am beth y dylai'r bardd Cymraeg cyfoes ganu? Dyma rai o'r pethau sydd wedi corddi Gwyn Thomas drwy'r blynyddoedd, ac mae yna linyn o gysondeb yn rhedeg drwy'i syniadau i gyd.

Yn sicr, ni all bardd gladdu ei ben yn y tywod. Mae bywyd modern, a dyfeisiadau a theclynnau'r bywyd modern, yn cyffwrdd â ni oll. Mae'n amhosib eu hosgoi. Plentyn ei gyfnod yw'r bardd wedi'r cyfan. Fe ddylai barddoniaeth, felly, wynebu'r Gymru sydd ohoni a'r byd sydd ohoni. Wrth feirniadu cystadleuaeth y Goron yn Eisteddfod Genedlaethol Caerdydd ym 1978, rhoddodd Gwyn Thomas gryn glod i'r Prifardd buddugol, Siôn Eirian, oherwydd iddo 'chwilio am eiriau' i fynegi'r 'terfysg profiad' a deimlai pobl ifainc yn y 1960au.[56] 'Gwaith cythryblus felly ydyw, gwaith anesmwyth, a gwaith sydd yn gwneud i'r Gymraeg wynebu'r byd sydd ohoni'.[57] Canu i'r un hen bethau mewn modd efelychiadol sy'n cadw traddodiad yn ei unfan, a rhaid i'r Gymraeg, a barddoniaeth Gymraeg, wynebu'r bywyd cyfoes. Wrth adolygu tair cyfrol o farddoniaeth yn rhifyn haf 1996 o *Llais Llyfrau*, croesawodd Gwyn Thomas newydd-deb pynciau a themâu rhai o'r beirdd:

> Y mae'r awen Gymraeg (onid Cymreig) yn llai rhagfynegadwy y dyddiau hyn. Yr oedd gan y beirdd, yn enwedig y beirdd caeth, eu 'pethau'—fel diboblogi'r ardaloedd gwledig, tynged yr iaith, rhagoriaethau'r hen gymdeithas ac ati. Y mae gan feirdd y dyddiau hyn fwy o sgôp, y maen nhw wedi eu magu yn sŵn 'y siarad traws-Iwerydd', chwedl Emyr Lewis, ac yn llifeiriant petheuachau diwedd yr ugeinfed ganrif. Ond dydyn nhw ddim, chwarae teg, wedi anghofio y 'pethau' ychwaith: maen nhw mewn byd lle y mae Ambrose Bebb a Mici Mouse ysgwydd wrth ysgwydd, a Bangor Ucha', Route 66, ac Aber Henfelen ar yr un map.[58]

Route 66 ac Aber Henfelen: yr hen a'r newydd, technoleg a thraddodiad. Y mae'r rhain i gyd ar fap barddonol Gwyn Thomas yntau. Ochr yn ochr â phrofiadau newydd mewn byd technolegol y mae yna hefyd brofiadau sylfaenol, profiadau oesol. Y mae yna brofiadau sy'n gynhysgaeth canrifoedd yn ogystal â phrofiadau newydd, er mai hen brofiadau mewn gwisg newydd ac mewn amgylchiadau newydd yw'r profiadau newydd hyn yn y bôn. Yn union fel y ceir sefydlogrwydd traddodiad a newydd-deb oddi mewn i'r traddodiad hwnnw, ceir sefydlogrwydd profiad a newydd-deb profiad. Mae'r egnïon hyn ar waith yn gyson ym marddoniaeth ac ym meirniadaeth Gwyn Thomas. '[M]ae ei farddoniaeth o'n ymwneud â phrofiadau sylfaenol bywyd pawb ohonom ni—geni, caru, henaint, marw', meddai am Ddafydd ap Gwilym.[59] Roedd Dafydd ap Gwilym yn fardd ei oes ac yn fardd oesol ar yr un pryd, a dyna ran o'i fawredd: 'Rydw i'n credu . . . fod a wnelo Dafydd â diddordeb diwylliannol a hanesyddol pwysicaf Ewrop yn ei gyfnod; ond rydw i'n credu hefyd fod a wnelo fo â phethau mwy sylfaenol i brofiad dyn na hynny'.[60]

'Yr hyn sy'n dod yn fwy-fwy amlwg ydi mai trwy bwysleisio hen bethau neu trwy gyfuniadau newydd ohonynt, yn hytrach na thrwy wneud dim o'r newydd y mae barddoniaeth ddiweddar yn creu ei hargraff ei hun', meddai Gwyn Thomas yn *Golwg ar Farddoniaeth Ddiweddar*.[61] 'The business of the poet is not to find new emotions, but to use the ordinary ones and, in working them up into poetry, to express feelings which are not in actual emotions at all', meddai Eliot.[62] Yn ôl Eliot, gall chwilio am brofiadau dynol newydd arwain y bardd ar gyfeiliorn: 'One error, in fact, of eccentricity in poetry is to seek for new human emotions to express: and in this search for novelty in the wrong place it discovers the perverse'.[63] Amgylchiadau bywyd sy'n newid gydag amser, nid profiadau bywyd. Y cyfan y gall unrhyw fardd ei wneud yw mynegi hen brofiadau, hen ofnau a hen ddyheadau'r hil yn nhermau ei oes ei hun a chan ddefnyddio delweddau o'i oes ei hun. Meddai Gwyn Thomas yn ei ysgrif 'Arwyr Geiriau, Arwyr Lluniau' yn *Gair am Air*, wrth sôn am y modd y mae ffilmiau fel *Death Wish* a *Death Wish II* (gyda Charles Bronson yn actio'r arwr ynddyn nhw) a *Jaws* yn ymgorffori hen ddyheadau a hen ofnau'r hil:

> Fersiynau'r ugeinfed ganrif ydi'r rhain o ffigurau sydd wedi bod efo ni ers canrifoedd. Tua mil o flynyddoedd yn ôl, nid Bronson ar strydoedd Efrog Newydd fyddai gennym ni, ond marchog efo gwaywffon neu gleddyf, ac nid Jaws fyddai gennym ni ond draig. Hynny ydi, yr ydym ni'n sôn am rai o greadigaethau sylfaenol y dychymyg dynol. Ond . . . er bod y gynneddf yma i greu delwau neu gorfforiadau sy'n deillio o ddyheadau ac ofnau pobol yn gynneddf sylfaenol, eto y mae'r delwau eu hunain yn newid; yn newid i ffitio'n naturiol i wahanol gyfnodau ac i wahanol amgylchiadau hanesyddol.[64]

Wrth feirniadu cystadleuaeth y Goron yn Eisteddfod Genedlaethol Bro Dwyfor ym 1975, aeth Gwyn Thomas yn groes i farn ei ddau gyd-feirniad, Dilys Cadwaladr a Haydn Lewis. Dymunai goroni dilyniant *Gwawr o'r Gweryd* (Donald Evans), ac yn hynny o beth roedd yn llygad ei le. Rhan o apêl dilyniant Donald Evans iddo oedd gallu'r bardd i 'greu argraff o bwerau trwy ei eiriau, pwerau sy'n hen ond yn dal gyda ni ac yn rhan o brofiad dynoliaeth'.[65] Roedd popeth yn y cerddi 'yn cryfhau'r argraff o egnïon mawr', a'r bardd yntau 'yn creu angerdd'.[66] Fe ddywedodd rywbeth tebyg am Dic Jones flwyddyn yn ddiweddarach: 'O dan symlder ac uniongyrchedd ei ganu y mae ymdeimlad dwys â grymusterau hen y cread'.[67]

Fel Dafydd ap Gwilym, y mae Gwyn Thomas yntau yn fardd Y Pethau Diwethaf a Phethau Eraill. Y pethau eraill hyn yw profiadau sylfaenol dyn ymhob oes. Efallai fod amgylchiadau bywyd yn newid, ond yr un fu profiadau sylfaenol dynoliaeth drwy'r oesoedd, ac mae Gwyn Thomas yn ymwybodol iawn o hynny. Ac eto, profiadau sylfaenol neu beidio, fe ddaeth enbydrwydd newydd ac erchyllterau newydd i mewn i fywyd dyn yn yr ugeinfed ganrif. Esgorodd yr enbydrwydd newydd hwn ar Foderniaeth mewn celfyddyd. Mae Gwyn Thomas yn trafod sawl agwedd ar Foderniaeth mewn celfyddyd yn ei ysgrif '"Mewn Carchar Tywyll Du"' yn *Gair am Air*. Dengys fel y bu i Foderniaeth drwy gydol yr ugeinfed ganrif, yn enwedig o gyfnod y Rhyfel Mawr ymlaen, ddarlunio enbydrwydd y cyflwr dynol. Y mae i Foderniaeth fyd-olwg negyddol, ar un ystyr:

> Gadawyd dyn gyda'i ymwybod—ac, yn sicr, gyda'i isymwybod—ei hun i geisio gwneud rhyw synnwyr o'i fodolaeth. Yr hunan ydi'r unig beth y gellir gwybod amdano, mewn gwirionedd, ac y mae'r hunan hwnnw fel rhyw bresenoldeb heb wir gyswllt rhyngddo a bodau eraill, ynghanol technoleg bwerus, ddatblygedig, mewn amgylchfyd dinesig, mewn anhrefn, yn wynebu tywyllwch marwolaeth. Felly, yn nhywyllwch bodolaeth, y mae'r unigolyn yn wynebu tywyllwch marwolaeth. Fe allai rhywun honni nad ydi pethau ddim yn rhy joli, neu ddweud, mewn ymadrodd a ddyfynnwyd yn barod, fod dyn 'mewn carchar tywyll du'.[68]

Ac mae'n gofyn cwestiwn pwysig yn yr ysgrif hon. A ddylai bardd neu lenor lwyr ymostwng i siniciaeth bywyd modern, a chyflwyno darlun diobaith o ddyn yn unig? Ai dyma'r gwir ddarlun bellach—sef darlun o ddyn fel creadur siabi, distadl mewn cread sy'n amddifad o Dduw? Tra bo delfrydiaeth, a gysylltir â Rhamantiaeth, a siniciaeth, a gysylltir â Moderniaeth, yn cyflwyno dwy wedd eithafol ar fywyd, a dwy agwedd hollol wrthgyferbyniol i'w gilydd, pa drywydd yn union sy'n briodol i fardd neu lenor o'r ugeinfed ganrif ei ddilyn? Drwy gydol yr ugeinfed ganrif gwelwyd dyn ar ei fwyaf treisgar, ac ar ei fwyaf dyfeisgar yn ogystal, gyda thrais a dyfais, y dinistriol a'r creadigol, yn mynd lawlaw â'i gilydd yn aml, fel y bomiau atomig a ollyngwyd ar Hiroshima a Nagasaki, er enghraifft. Y mae angen rhywbeth amgenach na dyn a'i dechnoleg, felly, i achub bywyd rhag suddo i'r baw. Ond beth a all ein hachub? Y mae gan Gwyn Thomas hyn i'w ddweud am y syniad o Dduw:

> Yr hyn a ddigwyddodd oedd fod amgyffrediad o Dduw (neu dduwiau) wedi datblygu yn nychymyg a meddyliau pobol yn y gorffennol. Rhan o'r amgyffrediad hwn sy'n dweud nad ydi lladd pobol ddim yn iawn, nad ydi lladrata ddim yn iawn, nad ydi creulondeb ddim yn iawn. O droi at esblygiad, at arfer byd natur, yr hyn a welwn ni ydi: trechaf treisied. Pam y datblygodd syniadau mewn pobol sydd mor groes i arfer byd natur? Fe gysylltwyd syniadau 'annaturiol' o'r fath â Duw; mewn ffordd, fe allwn ni ddweud fod Duw yn ddelwedd a dyfodd mewn dyn am ryw reswm. Fe deimlodd dynion fod yna ryw 'realaeth gysegredig' [ymadrodd Kathleen Raine] mewn bywyd . . . Y ddelwedd fwyaf aruchel, yn y ffordd annaturiol (neu oruwchnaturiol) hon o synied, ydi dyn fel mab Duw. Yn amgyffrediad pobol o'r ddelwedd hon, nid yn unig yr oedd mab Duw'n gryfach na'r dyn naturiol (hynny yw, y dyn 'pechadurus' yn ôl gair yr Ysgrythur, y dyn y byddai lladd, y byddai lladrata, y byddai creulondeb yn naturiol iddo) ond yr oedd o, hefyd, yn gryfach nag angau. Dyma argyhoeddiad, dyma ddelwedd a ddeilliodd o fywyd pobol fel chwi a fi. Fe fu, ac y mae, yr amgyffrediad yna'n ysbrydoliaeth i fyw.[69]

Ac felly, yn ôl yn y gorffennol, ac yn yr oesol, y ceir moddau i wrthweithio elfennau negyddol a dinistriol y bywyd cyfoes, yn y syniad fod yna ddaioni sylfaenol yn y cread, a 'realaeth gysegredig' a all roi inni 'ysbrydoliaeth i fyw'. Er bod Gwyn Thomas, fel bardd ac fel beirniad, yn cydnabod presenoldeb yr elfennau brawychus a distrywiol hyn ym mywyd yr ugeinfed ganrif (a'r unfed ganrif ar hugain erbyn hyn), mae'n gwrthod ildio i siniciaeth a negyddiaeth. Mae'n glynu wrth obaith yn hytrach na chofleidio anobaith. Mae'n cloi'r ysgrif bwysig hon, '"Mewn Carchar Tywyll Du"', drwy roi inni ddwy enghraifft o weithiau sy'n cyflwyno argraffiadau hollol wahanol i'w gilydd. Y naill enghraifft yw cerdd rymus ac adnabyddus W. B. Yeats, 'The Second Coming', sy'n cyflwyno darlun tywyll a diobaith o fywyd, ac yn awgrymu 'fod y dyfodol yn gyfnod o enbydrwydd' heb arlliw o lawenydd na gobaith ar ei gyfyl.[70] Mae'r ail enghraifft yn dirwyn ymhell bell yn ôl i'r gorffennol, sef Dameg y Mab Afradlon. Ceir yn y ddameg honno hefyd y 'ddelwedd o ddyn yn gadael ei Dduw',[71] fel y ddelwedd o'r hebog yn gadael yr hebogydd yng ngherdd Yeats, ac o ddyn yn ymgolli yn y materol ac yn colli gafael ar yr ysbrydol. Ond daw'r Mab Afradlon yn ôl at ei goed, ac felly, 'Yn ei garchar tywyll du y mae yna i ddyn bosibilrwydd goleuni a gobaith'.[72] O'r herwydd, ceir yn Nameg y Mab Afradlon fwy 'o wirionedd am y ddynoliaeth' nag a geir yng ngherdd Yeats, 'am ei bod hi'n gweld gobaith yn ogystal ag anobaith'.[73] Yn y sylwadau hyn, mae Gwyn Thomas yn cynnig ateb nid yn unig i broblem agwedd y bardd cyfoes at y byd a'i bethau, ond i broblem bywyd yn ogystal. Tywyllwch yn unig a geir yng ngherdd Yeats, ond mae Dameg y Mab Afradlon yn awgrymu fod goleuni yn y tywyllwch:

> Yn y ddameg, dywedir fod hyd yn oed yn y goleuni—yn nhŷ y Tad—bosibilrwydd tywyllwch, oherwydd fe gefnodd y mab ar ei gartref ac ar ei Dad (dyma'r unig gyflwr a geir wedi ei fynegi yng ngherdd Yeats). Ond y mae'r ddameg yn dweud, hefyd, ei bod hi'n bosibl i oleuni lewyrchu yn y tywyllwch—fod modd i gof o dŷ ei dad ddod i'r mab afradlon sydd ynghanol cibau'r moch. Hynny ydi, fe ddywedir fod yna yn ein carchar tywyll du, obaith o oleuni, a hwnnw . . . yn oleuni nefol.[74]

Yn ei ysgrif 'Tu Hwnt i'r Llen' yn *Ysgrifau Beirniadol IX*, mae Gwyn Thomas yn sôn am ddirywiad ysbrydol ein hoes ni yng ngafael materoldeb: 'Yr ydym ni ers dechrau twf gwyddoniaeth ddiweddar a chyda'r chwyldro diwydiannol a thechnolegol wedi'n cyflyru i feddwl yn bennaf am bethau'r byd hwn a'r bydysawd', meddai, a hynny gan esgeuluso'r pethau tragwyddol fel 'adnabyddiaeth o Dduw'.[75] Canlyniad anochel yr ymddieithrio hwn oddi wrth Dduw yw creu sefyllfa lle mae dyn yn magu ffydd yn ei allu ei hun, a gall y ffydd ddall honno arwain at ddistryw:

> Yn y cyfnod hwn o ffydd mewn dyn a'i allu, ffydd a ddaliodd bwysau dau ryfel byd, ac sy'n dal gyda ni, fe deneuodd ymwybyddiaeth grefyddol yn ein plith i'r fath raddau nes bod distryw dynoliaeth yn bosibilrwydd.[76]

Pan fo dyn yn ymorchestu yn ei benarglwyddiaeth ef ei hun, mae 'cariad yn prinhau'.[77] Disodlir yr ysbrydol gan y materol, ac mae'r elfennau dinistriol a negyddol a geir o fewn cymdeithas gyfoes yn 'olion allanol argyfwng mewnol o syrffed ar fateroliaeth ronc'[78]—yn ganlyniad y weithred o gefnu ar Dduw mewn geiriau eraill. Â Gwyn Thomas rhagddo i drafod tri gwaith gan dri awdur, 'The Love Song of J. Alfred Prufrock' Eliot, 'Rhyfeddodau'r Wawr' R. Williams Parry (ac mae ei drafodaeth ar y ddwy gerdd yn rhagorol, gyda llaw), a dramâu Ionesco. Mae'r rhain i gyd yn weithiau sy'n cyflwyno'r wedd negyddol ar fywyd, ac eto, yn eu negyddiaeth y mae yna elfen gadarnhaol iawn, sef dangos inni sut fath o fyd sydd i'w gael o golli Duw:

> ni allaf lai na theimlo yma fod pob peth yn gweithio er gogoniant gan fod y byd heb Dduw a ddangosir yn beth mor erchyll. Yn y negyddiaeth y mae yna egni creadigol, bywiol yn hel ac yn hwnnw y mae Duw yn bod fel yr oedd O'n bod yn y berth a welodd Moses yn llosgi heb iddi gael ei difa.[79]

A dyna ni'n ôl yn y dechreuad unwaith yn rhagor, yn ôl gyda'r pethau gwaelodol, sylfaenol.

Cysyllter hyn oll â barddoniaeth Gwyn Thomas. Mae'n farddoniaeth gobaith a goleuni, a hynny ar ôl agor y ddôr tuag Aber Henfelen, ac wynebu enbydrwydd y bywyd cyfoes. Y mae yna dywyllwch ac enbydrwydd yn bod, yn sicr, ond mae yna hefyd oleuni a gobaith, a'r goleuni hwnnw yn 'anorchfygol', i ddefnyddio un o brif ansoddeiriau Gwyn Thomas wrth sôn am yr ochr gadarnhaol hon i fywyd. Y ffaith fod y goleuni hwn yn anorchfygol sy'n cadw dyn rhag cael ei orchfygu gan y pwerau tywyll a dinistriol sydd yn y cread, gan gynnwys marwolaeth. Daw'r egwyddor yn glir os edrychwn ar rai o'r cerddi—'O Farw'n Fyw', er enghraifft. Y mae'n

rhaid i bawb ohonom wynebu'r tywyllwch anochel ac 'anorchfygol' hwnnw
sy'n rhan o fywyd, tywyllwch marwolaeth:

> Neb,
> Does yna neb,
> Neb, neb all osgoi
> Y troi hwnnw i wynebu'r tywyllwch,
> Y troi hwnnw i'r tywyllwch
> Sydd dros riniog y drws diwethaf,
> Tywyllwch anorchfygol
> Y mynediad terfynol.
>   (*SLl*, 26)

Ond eto, y mae modd gorchfygu'r tywyllwch. Pan ddaw Mair at fedd
Crist, 'lle tywyllwch y meirw', cenfydd 'y bedd yn agored'; yno bu 'Datgloi
angau . . ./. . . Ac agor y tywyllwch' (*SLl*, 26). Ni all Mair amgyffred y bedd
gwag na gwyrth yr atgyfodiad, ond wedyn, 'Gwelodd Mair y Duw byw'
(*SLl*, 28). Mae'r gerdd yn cloi drwy wrth-ddweud yr hyn a ddywedwyd yn
y llinellau agoriadol a ddyfynnwyd uchod. Mae goleuni yr un mor anorch-
fygol â thywyllwch:

> Un, daeth un yn ôl
> Dros riniog y tywyllwch;
> Daeth un yn ôl.
> Dros ffin y cnawd marwol
> Y mae tystiolaeth, y mae
> Tystiolaeth fod yno oleuni sy'n anorchfygol.
>   (*SLl*, 28)

Mae sawl un o gerddi Gwyn Thomas yn symud oddi wrth dywyllwch i
gyfeiriad goleuni, fel 'O Farw'n Fyw'. Yn 'Mae Hi'n Anodd', sonnir, ar
ddechrau'r gerdd, am enbydrwydd ein hamserau, gan ddiriaethu'r enbyd-
rwydd hwnnw drwy sôn am faban dwyflwydd a laddwyd gan ei rieni
meddw. Dyma enghraifft arall o'r negyddol a'r dinistriol yn y byd cyfoes:

> Digwyddiad. Ie digwyddiad, mi wn,
> Ond digwyddiad enbyd ydi hwn
> Sy'n noethi'n hoes a dangos mor llwm

> O gariad, mor llawn o gas,
> Mor giaidd echrys, llawn galanas
> Ydi dynion; mor ddi-Dduw, ddi-ras.
>
> (*PDPhE*, 25)

Dyma'r 'ffynnon dywyll' sydd y tu mewn i bob un ohonom, ond eto y mae yna obaith, a hwnnw'n obaith anorchfygol:

> Yn y fagddu o ddinistr mae yna rywbeth gobeithiol
> Wrth feddwl fod cariad, yn ôl y profiad Cristnogol,
> Fel dail tafol, yn gwbwl, yn hollol anorchfygol.
>
> (*PDPhE*, 26)

Yn ôl 'Llawenydd', er bod 'angau yn rhan o'r gwaed yn y gwythi tragwyddol', 'Y mae Bywyd o amgylch ein marwolaeth' hefyd, a'r llawenydd hwnnw sy'n rhan o fywyd yn anorchfygol:

> Y tu hwnt i dristwch oer y corff,
> Ar ôl i gnawd fwrw ei alar cyndyn am gnawd
> Y mae Llawenydd yn anorchfygol.
>
> (*WH*, 50)

Y mae 'Cannwyll y Pasg' yn gerdd debyg i 'O Farw'n Fyw'. Dechreuir gydag angau a thywyllwch:

> Ar y Groglith y mae'r allor yn wag,
> Fel petai angau wedi symud drosti
> A'i dinoethi—hyn i ddynodi 'Gorffennwyd'
> A chymryd ymaith y Gwaredwr.
> Ar y Groglith y mae'r allor yn wag.
>
> Gyda'r hwyr y diwrnod wedyn
> Gadewir i'r tywyllwch feddiannu'r eglwys.
> Daw'r düwch, fel pwyso switj marwolaeth,
> Nes bod pawb yn amgyffred y bedd, yn amgyffred angau.
>
> (*SLl*, 51)

Ond wedyn daw'r goleuni, a'r goleuni hwnnw 'Yn datgloi y gwyll', yn union fel yr oedd atgyfodiad Crist yn 'O Farw'n Fyw' yn 'Datgloi angau':

> Yna yn y gorllewin, fel gwawr groes, daw golau.
> Fflam cannwyll fawr y Pasg sydd yno,
> Cannwyll yn wyn yn ymestyn, yn treiddio'r tywyllwch,
> Yn datgloi y gwyll, ac yn darganfod inni eto
> Gynefin bethau bywyd.
>
> Yn dynodi y 'dyfod allan' dacw hi,
>   Cannwyll y Pasg,
> I oleuo dynion, neu ynteu i'w llosgi.
>
> (*SLl*, 51)

Sylwaf imi, yn anfwriadol, ddyfynnu T. S. Eliot fwy nag unwaith yn y sylwadau hyn; ond, o ran hynny, mae Gwyn Thomas ei hun yn cyfeirio'n fynych at Eliot yn ei ysgrifau beirniadol. Daeth Eliot i mewn i'r drafodaeth hon am resymau amlwg. Y mae'r ddau fardd, Eliot a Gwyn Thomas, wedi traethu llawer am bynciau sydd o bwys mawr yn eu beirniadaeth lenyddol: perthynas y bardd â'i iaith, rhan a swyddogaeth pob bardd unigol oddi mewn i'w draddodiad, a sut y dylai bardd ymateb i enbydrwydd a chymhlethdod y bywyd modern. Rhoddodd Gwyn Thomas arweiniad cadarn inni yn y pethau hyn oll. Fel bardd, y mae wedi ychwanegu'n sylweddol at ei draddodiad, ac wedi rhoi bywyd ac egni newydd ynddo. Dangosodd yr hyn a oedd yn bosibl inni, a dylanwadodd ar lawer ohonom. Y mae, yn sicr, yn un o feirdd mwyaf y Gymraeg yn yr ugeinfed ganrif a'r unfed ganrif ar hugain, ac mae ei feirniadaeth yn aml yn mynd lawlaw â'i farddoniaeth.

NODIADAU

1. T. S. Eliot, 'Tradition and the Individual Talent', yn Frank Kermode (gol.), *Selected Prose of T. S. Eliot* (London, 1975), 38.
2. Gwyn Thomas, *Y Traddodiad Barddol* (Caerdydd, 1976), 14.
3. Gwyn Thomas, *Golwg ar Farddoniaeth Ddiweddar*, Darlith Flynyddol Asgell Addysg Bellach Y Preseli, 1975 (Llandysul, 1976), 12.
4. Ibid., 12–13.
5. Ibid., 13.
6. Gwyn Thomas, 'Rhagair', *Dadansoddi 14* (Llandysul, 1984), 9.
7. Thomas, *Golwg ar Farddoniaeth Ddiweddar*, 8.
8. Gwyn Thomas, 'Rhagymadrodd', yn Gwilym Rees Hughes ac Islwyn Jones (goln.), *Cerddi '69* (Llandysul, 1969), 12.
9. Thomas, *Golwg ar Farddoniaeth Ddiweddar*, 21.
10. Ibid.
11. Gwyn Thomas, Beirniadaeth Cystadleuaeth y Goron (Pryddest: Dilyniant o gerddi, heb eu cyhoeddi, yn ymwneud â bywyd cyfoes), yn J. Tysul Jones (gol.), *Cyfansoddiadau a Beirniadaethau Eisteddfod Genedlaethol Frenhinol Cymru Y Fflint 1969* (Llandysul, 1969), 34.
12. Ibid.
13. Ibid.
14. Ibid., 36.
15. Gwyn Thomas, Beirniadaeth Cystadleuaeth y Goron (Cerdd hir neu ddilyniant o gerddi yn portreadu llencyndod), yn W. Rhys Nicholas (gol.), *Cyfansoddiadau a Beirniadaethau Eisteddfod Genedlaethol Frenhinol Cymru Caerdydd 1978* (Llandysul, 1978), 23–4.
16. Ibid., 24.
17. Ibid.
18. Ibid.
19. Ibid.
20. Thomas, *Y Traddodiad Barddol*, 9.
21. Ibid., 9–10.
22. Eliot, 'Tradition and the Individual Talent', 38.
23. Gwyn Thomas, '"Mewn Carchar Tywyll Du"', *Gair am Air: Ystyriaethau am Faterion Llenyddol* (Caerdydd, 2000), 168.
24. Gwyn Thomas, 'Asbri Hanesyddol', *Taliesin*, 84 (Chwefror/Mawrth 1994), 120.
25. Gwyn Thomas, 'Diweddariadau Gwyn Thomas', yn Alan Llwyd (gol.), *50 o Gywyddau Dafydd ap Gwilym* (Abertawe, 1980), 69.
26. Gwyn Thomas, 'Siôn Cent a Noethni'r Enaid', *Gair am Air*, 56.
27. Gwyn Thomas, 'Ystyried Rhythm', *Dadansoddi 14*, 11.
28. Thomas, *Y Traddodiad Barddol*, 175.
29. Thomas, *Golwg ar Farddoniaeth Ddiweddar*, 8.
30. Ibid.
31. Ibid.

32. Thomas, 'Rhagair', *Dadansoddi 14*, 9.
33. Eliot, 'Tradition and the Individual Talent', 40.
34. Gwyn Thomas, 'Bara Caws a'r Bardd Cwsg', *Barn*, 345 (Hydref 1991), 46.
35. T. S. Eliot, 'What is a Classic?', yn Kermode (gol.), *Selected Prose of T. S. Eliot*, 119–20.
36. Ibid., 117.
37. Thomas, 'Rhagymadrodd', yn Hughes a Jones (goln.), *Cerddi '69*, 11.
38. Ibid., 10.
39. Dyfynnir yn Clive Sansom (gol.), *The World of Poetry: Poets and Critics on the Art and Functions of Poetry* (London, 1959), 167.
40. Thomas, 'Rhagymadrodd', yn Hughes a Jones (goln.), *Cerddi '69*, 10.
41. Ibid.
42. Ibid.
43. Ibid., 10–11.
44. Ibid., 11.
45. Ibid.
46. Ibid.
47. Ibid.
48. Ibid.
49. Ibid.
50. Thomas, *Golwg ar Farddoniaeth Ddiweddar*, 10.
51. Ibid.
52. Gwyn Thomas, 'Awen o Waeau', *Llais Llyfrau*, Gwanwyn 1991, 8 (adolygiad o *Cerddi Alan Llwyd 1968–1990: Y Casgliad Cyflawn Cyntaf*).
53. Thomas, *Golwg ar Farddoniaeth Ddiweddar*, 5.
54. Ibid.
55. Ibid.
56. Thomas, Beirniadaeth Cystadleuaeth y Goron (1978), 26.
57. Ibid.
58. Gwyn Thomas, adolygiad o *Ofn Fy Het* Twm Morys, *Chwarae Mig* Emyr Lewis, a *Bol a Chyfri' Banc* Iwan Llwyd, Ifor ap Glyn a Myrddin ap Dafydd, *Llais Llyfrau*, Haf 1996, 10.
59. Thomas, *Y Traddodiad Barddol*, 175.
60. Ibid., 176.
61. Thomas, *Golwg ar Farddoniaeth Ddiweddar*, 20.
62. Eliot, 'Tradition and the Individual Talent', 43.
63. Ibid.
64. Gwyn Thomas, 'Arwyr Geiriau, Arwyr Lluniau', *Gair am Air*, 147.
65. Gwyn Thomas, Beirniadaeth Cystadleuaeth y Goron (Pryddest heb fod dros 300 llinell neu Ddilyniant o Gerddi ar y testun 'Pridd'), yn T. M. Bassett (gol.), *Cyfansoddiadau a Beirniadaethau Eisteddfod Genedlaethol Frenhinol Cymru Bro Dwyfor 1975* (Llandysul, 1975), 23.
66. Ibid.
67. Gwyn Thomas, Beirniadaeth Cystadleuaeth y Gadair (Awdl: 'Gwanwyn'), yn J. Tysul Jones (gol.), *Cyfansoddiadau a Beirniadaethau Eisteddfod Genedlaethol Frenhinol Cymru Aberteifi a'r Cylch 1976* (Llandysul, 1976), 17.

68. Thomas, '"Mewn Carchar Tywyll Du"', 173.
69. Ibid., 179.
70. Ibid., 185.
71. Ibid., 186.
72. Ibid.
73. Ibid.
74. Ibid.
75. Gwyn Thomas, 'Tu Hwnt i'r Llen (Brasolwg ar Lenyddiaeth a Chrefydd)', yn J. E. Caerwyn Williams (gol.), *Ysgrifau Beirniadol IX* (Dinbych, 1976), 354.
76. Ibid., 356.
77. Ibid.
78. Ibid., 358.
79. Ibid., 365.

Llyfryddiaeth Yr Athro Gwyn Thomas[*]

Huw Walters

BYRFODDAU

AT	*Allwedd y Tannau*
AWR	*Anglo-Welsh Review, The*
BAC	*Baner ac Amserau Cymru*
Bangoriad	*Bangoriad: Cylchgrawn Cyn-fyfyrwyr Coleg y Gogledd*
BBGC	*Bwletin y Bwrdd Gwybodau Celtaidd*
BG	*Blodau'r Grug: Cylchgrawn Ysgol y Moelwyn* [Blaenau Ffestiniog]
BNW	*Book News from Wales* > *Books in Wales*
Cambria	*Cambria: The National Magazine of Wales*
CChChSF	*Cylchgrawn Cymdeithas Hanes a Chofnodion Sir Feirionnydd*
CE	*Cylchgrawn Efengylaidd, Y*
DP	*Daily Post*
Dyfodol	*Dyfodol: Papur Myfyrwyr Bangor, Y*
DdG	*Ddraig Goch, Y*
EA	*Efrydiau Athronyddol*
FD	*Forecast a'r Dyfodol: The Journal of the University College of North Wales, Bangor*
FN	*Faner Newydd, Y*
Ffenics	*Ffenics: Cylchgrawn Coleg y Brifysgol, Bangor*
Glas	*Glas: Newyddion gan Heddlu Gogledd Cymru = News from North Wales Police, Y*
Goriad	*Goriad: Papur Bro Bangor a'r Felinheli*

---

[*] Ni restrir yma y sgriptiau ffilm, y rhaglenni teledu na'r rhaglenni radio niferus a luniodd Gwyn Thomas dros y blynyddoedd, ac ni nodir yr adargraffiadau o'i gyfrolau o gerddi. Hoffwn ddiolch i Jason Walford Davies, Bruce Griffiths, Maredudd ap Huw, Eleri Huws, Dafydd Glyn Jones, Peredur Lynch, M. Paul Bryant-Quinn, Sioned Puw Rowlands, Gerwyn Wiliams, Gruffydd Aled Williams a'r diweddar Dafydd Arthur Jones am eu cymorth gyda'r llyfryddiaeth hon.

HG	Haul a'r Gangell, Yr
IPR	International Poetry Review
LR	Literary Review: an International Journal of Contemporary Writing, The
Llafar Bro	Llafar Bro: Papur Misol Cylch 'Stiniog
LlC	Llên Cymru
Lleufer	Lleufer: Cylchgrawn Cymdeithas Addysg y Gweithwyr yng Nghymru
LlG	Llafar Gwlad
LlLl	Llais Llyfrau
Llwyfan	Llwyfan: Cylchgrawn Cymdeithas Theatr Cymru
NPCB	Newyddlen Prifysgol Cymru, Bangor
NWR	New Welsh Review
Omnibus	Omnibus: Cylchgrawn Coleg y Brifysgol, Bangor
PBA	Proceedings of the British Academy
PW	Poetry Wales
RT	Radio Times
Rhamant Bro	Rhamant Bro: Cylchgrawn Cymdeithas Hanes Bro Ffestiniog
SC	Seren Cymru
StC	Studia Celtica
TAGC	Trafodion Anrhydeddus Gymdeithas y Cymmrodorion
TCHSG	Trafodion Cymdeithas Hanes Sir Gaernarfon
THES	Times Higher Education Supplement
UWBN	University of Wales, Bangor Newsletter
WHR	Welsh History Review
WM	Western Mail, The
ZCP	Zeitschrift für celtische Philologie

1953

Stori: 'Y Ddwy gath', *BG*, 1/2 (Haf 1953), 14–15.

1954

'Tymor pêldroed', *BG*, 1/3 (Haf 1954), 33–4.

1955

'Eisteddfod Genedlaethol Ystradgynlais', *BG*, 1/4 (Haf 1955), 8–11.

1957

'Câr dy gymydog', *FD*, 10 (4 Hydref 1957), 2. [Ar y berthynas rhwng y Cymry a'r Saeson.]
'Cymdeithas Llywarch Hen: R. Williams Parry', ibid., 10 (8 Tachwedd 1957), 4. [Sylwadau ar anerchiad J. O. Williams i aelodau o'r Gymdeithas.]
'Look back in anger', ibid., 10 (22 Tachwedd 1957), 4. [Sylwadau ar berfformiad o ddrama John Osborne ym Mangor.]
Cerddi: 'Cân merch i'w chariad'; 'Cenhinen', *Omnibus*, 64 (Nadolig 1957), 7.
Cerdd: 'Henaint', ibid., 15.

1958

'Papur dydd Sul', *FD*, 10 (17 Ionawr 1958), 2.
'Llywarch Hen', ibid., 10 (31 Ionawr 1958), 2. [Adroddiad am ginio blynyddol aelodau'r Gymdeithas.]
'Y Cymric', ibid., 10 (14 Chwefror 1958), 1. [Adroddiad am un o gyfarfodydd Cymdeithas y Cymric.]
Aelod o fwrdd golygyddol: ibid., 10 (17 Ionawr 1958) > 10 (14 Mai 1958).
'Y Niwl, y nos a'r ynys: adroddiad ar gyfres o ddarlithoedd gan Alun Llywelyn-Williams ', ibid., 10 (28 Chwefror 1958), 3.
Golygydd Cymraeg: ibid., 11 (11 Hydref 1958) > 11 (6 Rhagfyr 1958).
'Golygyddol', ibid., 11 (11 Hydref 1958), 4; 11 (25 Hydref 1958), 4; 11 (22 Tachwedd 1958), 4; 11 (6 Rhagfyr 1958), 4.
'"Y Werin" a'i hadloniant', *Omnibus*, 65 (Nadolig 1958), 12–13.
'Barddoniaeth: *Cerddi* Euros Bowen', *Yr Arloeswr*, 4 (Haf 1958), 42–5.
Cerdd: 'Cri cred', *CE*, 3 (Gwanwyn 1958), 22.
Cerdd: 'Y Ddôr yn y mur (Aber Henfelen chwedl Branwen)', *Yr Arloeswr*, 3 (Sulgwyn 1958), 11.
Cerdd: 'Chwarelwyr 'Stiniog', ibid., 4 (Haf 1958), 13.
Adolygiad: *Gruffudd Hiraethog a'i oes*, D. J. Bowen, *Lleufer*, 14 (Hydref 1958), 141–2.

1959

Stori fer: 'Metanoia', *Yr Arloeswr*, 6 (Haf 1959), 7–13.

1960

'Ellis Wynne o'r Lasynys', *LlC*, 6 (Ionor/Gorffennaf 1960), 83–96.
Stori fer: 'Fflam', *Yr Arloeswr*, 8 (Hydref 1960), 31–8.
Stori fer: 'Wat M.C.', *Ffenics*, 1 (Gwanwyn 1960), 29–34.

1961

'Ellis Wynne o Las Ynys, 1671–1734'. Traethawd M.A. Prifysgol Cymru [Bangor], 1961.

1962

Chwerwder yn y ffynhonnau [cerddi], Dinbych: Gwasg Gee, 1962, 41tt.
Stori: 'Yn iach', *Taliesin*, 3 [Haf 1962], [33]–41.
Adolygiad: *Y Nos, y niwl a'r ynys*, Alun Llywelyn-Williams, *TAGC*, 1962, 168–70.

1963

Golygydd: *BG*, 1963.
'Golygyddol', ibid., 2–4.
'Dafydd ap Gwilym ac Ifor Hael', *LlC*, 7 (Ionor/Gorffennaf 1963), 249–51.

1964

Cerddi: 'Deilen'; 'Hiroshima', *Taliesin*, 8 [Gŵyl Ddewi 1964], [78–9].
Cerdd: 'Y Ceiliog mwyalch', *Y Gwrandawr*, Atodiad i *Barn*, 25 (Tachwedd 1964), 11.
Cerdd: 'Fe fu farw gŵr', *Barn*, 26 (Rhagfyr 1964), 40. [Cyhoeddwyd cywiriad yn rhifyn Ionawr 1965.]
Adolygiad: *Gwaith Dafydd ap Gwilym*, ail argraffiad, gol., Thomas Parry, *BAC*, 5 Mawrth 1964, 6.
Adolygiad: *Myfyrion*, Euros Bowen, ibid., 21 Mai 1964, 3.
Adolygiadau: *Mis o wyliau*, Ifor Owen; *Dwy chwaer*, Beti Hughes; *Amser i faddau*, W. J. Jones, *Lleufer*, 20 (Gaeaf 1964), 203–5.

1965

Y Weledigaeth haearn [cerddi], Dinbych: Gwasg Gee, 1965, 51tt.
'Dychan Ellis Wynne', yn J. E. Caerwyn Williams, gol., *Ysgrifau beirniadol I*, Dinbych: Gwasg Gee, 1965, 167–86.
'Pedwar o feirdd cyfoes yn trafod eu barddoniaeth [Bobi Jones, Gwyn Thomas, R. Gerallt Jones a T. Glynne Davies]', *Y Ddraig: Cylchgrawn Cymraeg Coleg y Brifysgol, Aberystwyth*, Awst 1965, 18–27.
'At y golygydd', *Barn*, 27 (Ionawr 1965), 79. [Llythyr yn cywiro cambrintiad yn y gerdd 'Fe fu farw gŵr', ibid., 26 (Rhagfyr 1964), 40.]
Cerdd: 'Blaenau', *Taliesin*, 11 (Rhagfyr 1965), [28]–40. ['Darlledwyd y gerdd hon ar 9 Mawrth, 1965, dan gomisiwn y B.B.C. Lleisiau dynion yw I a II a lleisiau gwragedd yw III a IV'.]
Cerdd: 'Cors Fochno', *Y Traethodydd*, 120 (Hydref 1965), [145].
Cerdd: 'Darn a llawer o "au" ynddo', *Barn*, 29 (Mawrth 1965), 143.
Cerdd: 'Octopws', ibid., 34 (Awst 1965), 283.
'Emrys ap Iwan', ibid., 30 (Ebrill 1965), 174–5. [Adolygiad: *Erthyglau a llythyrau Emrys ap Iwan, II*, gol., D. Myrddin Lloyd.]
Adolygiad: *Baled Lewsyn a'r môr a cherddi eraill*, Gareth Alban Davies, *Dyfodol*, 5 (29 Ionawr 1965), 2.

1966

'A study of the changes in the tradition of Welsh poetry in north Wales in the seventeenth century'. D.Phil. thesis, University of Oxford, 1966.
'Ellis Wynne, y Lasynys', yn Dyfnallt Morgan, gol., *Gwŷr llên y ddeunawfed ganrif a'u cefndir: pedair ar hugain o sgyrsiau radio*, Llandybïe: Llyfrau'r Dryw, 1966, 51–7.
Cerdd: 'Rhwng dau', *Taliesin*, 12 (Gorffennaf 1966), 55–6.
Cerdd: 'Rhyw wraig', *Y Genhinen*, 16 (Haf 1966), 118.
Poem: 'Roger Casement' [translated from the Welsh], *PW*, 2 (Summer 1966), 23.
Cerdd: 'Y Rhyfel Mawr', ibid., 24.
'Egnïo uwch gwyn aeaf', *Barn*, 40 (Chwefror 1966), 111. [Adolygiad: *Man gwyn*, Bobi Jones.]

1967

Ysgyrion gwaed [cerddi], Dinbych: Gwasg Gee, 1967, 70tt.

Is-olygydd gyda Dafydd Glyn Jones: *DdG*, 36/4 (Ebrill 1967) > 40/5 (Gorffennaf/ Awst 1971).
'Yr Haf a'r gaeaf: astudiaeth o waith R. Williams Parry', yn J. E. Caerwyn Williams, gol., *Ysgrifau beirniadol III*, Dinbych: Gwasg Gee, 1967, 143–93. [Cyhoeddwyd fersiwn newydd yn 2000.]
'Yn iach', yn Gwilym Rees Hughes ac Islwyn Jones, goln., *Storïau'r dydd*, Llandysul: Gwasg Gomer, 1968, [99]–106.
'Dosbarthu cynganeddion', *LlC*, 9 (Ionor/Gorffennaf 1967), 239–40. [Nodyn ar y cyd ag Ll. G. Chambers.]
'Adran ysgolion: *William Jones* [T. Rowland Hughes]', *Barn*, 53 (Mawrth 1967), 128–9; ibid., 54 (Ebrill 1967), 156–7; ibid., 55 (Mai 1967), 185–6; ibid., 56 (Mehefin 1967), 215.
'Diweddaru'r clasuron Cymraeg', ibid., 56 (Mehefin 1967), 196–7. [Ymateb i lythyr Cynog Davies, ibid., 54 (Ebrill 1967), 150, a diweddariadau o 'Stafell Gynddylan'; 'Eryr Eli'; 'Eryr Pengwern'; 'Y Dref Wen'.]
'The Poetry of Anthony Conran', *PW*, 3 (Spring 1967), 11–17.
'Y Golofn deledu' [dan yr enw 'Llygad Gŵr'], *DdG*, 36/4 (Ebrill 1967) > 40/5 (Gorffennaf/Awst 1971).
Diweddariadau: 'Dwy awdl gan Taliesin: "Brwydr Argoed Llwyfein"; "Marwnad Urien"', *Y Traethodydd*, 122 (Ionawr 1967), 406.
Poem: 'Leaf', in Anthony Conran, trans., *The Penguin book of Welsh verse*, Harmondsworth: Penguin Books, 1967, 264.
Cerdd: 'Damwain', *Barddoniaeth heddiw*, Atodiad i *Barn*, 52 (Chwefror 1967), i.
'Llais newydd', *Barn*, 51 (Ionawr 1967), 76–7. [Adolygiad: *Y Tân melys*, Derec Llwyd Morgan.]
Adolygiad: *Yr Awen ysgafn*, gol., Urien Wiliam, *BAC*, 15 Mehefin 1967, 2.

1968

Eisteddfodau Caerwys (Cyfres Ddwyieithog Gŵyl Ddewi), Caerdydd: Gwasg Prifysgol Cymru, 1968, 130tt.
Stori fer: 'Jim', *Taliesin*, 16 (Gorffennaf 1968), [13]–16.
Cerddi yn Gwilym Rees Hughes ac Islwyn Jones, goln., *Cerddi heddiw: sef detholiad o farddoniaeth newydd*, Llandysul: Gwasg Gomer, 1968. ['Dacw'r môr (ar ôl bod yng Nghlarach gyda dau o blant bach)', 87; 'Meicrosgop', 88; 'Milwyr', 89.]
Emyn: Rhif 297, 'Yn dawel olau yn y nos', yn John Hughes a D. Eirwyn Morgan, goln., *Mawl yr ifanc*, Abertawe: Tŷ Ilston, 1968, 172.

'Truan o dynged' ['Lluniwyd y sgript gan Bedwyr Lewis Jones; diweddarwyd englynion Llywarch gan Bedwyr Lewis Jones ac englynion Heledd gan Gwyn Thomas'], *Y Gwrandawr*, Atodiad i *Barn*, 68 (Mehefin 1968), iii–v.
Cerdd: 'Colofn gofidiau (sef colofn megis y rhai a geir mewn cylchgronau)', *PW*, 4 (Winter 1968), [37–9].
'Y Pengwyn Cymreig', *Bangoriad*, 2 (Mawrth 1968), 28–9. [Sylwadau ar *The Penguin book of Welsh verse*, cyf., Anthony Conran.]

1969

Lliw'r delyn, Llanystumdwy: Gwasg y Moresg, [1969], 23tt. [Ffars a deledwyd 19 Tachwedd 1968.]
Cyfieithydd a golygydd: *Diwéddgan*, cyfieithiad o *Fin de partie*, Samuel Beckett (Cyfres y Ddrama yn Ewrop), Caerdydd: Gwasg Prifysgol Cymru, 1969, xii, 55tt.
Golygydd: *Mabon* [Cymraeg], 1 (Gwanwyn 1969) > 9 (Gaeaf 1975/1976).
'Golygyddol', *Mabon* [Cymraeg], 1 (Gwanwyn 1969), 3–5.
'Holi Euros Bowen', ibid., 14–23.
'Rhagymadrodd', yn Gwilym Rees Hughes ac Islwyn Jones, goln., *Cerddi '69*, Llandysul: Gwasg Gomer, 1969, 9–13.
Beirniadaeth pryddest: 'Dilyniant o gerddi, heb eu cyhoeddi, yn ymwneud â bywyd cyfoes', yn J. Tysul Jones, gol., *Cyfansoddiadau a beirniadaethau Eisteddfod Genedlaethol Frenhinol Cymru, Y Fflint, 1969*, Llandysul: Gwasg Gomer dros Lys yr Eisteddfod Genedlaethol, 1969, 34–7.
Beirniadaeth: 'Stori fer (testun agored)', yn Huw Llew Williams, gol., *Cyfansoddiadau a beirniadaethau Eisteddfod Gadeiriol Môn, Bro Goronwy a'r cylch, Sadwrn Mai 24 a'r Llungwyn Mai 26, 1969*, [S.l.]: Cymdeithas Eisteddfod Gadeiriol Môn, 1969, 39–40.
'Golwg ar y sangiad yng ngwaith Dafydd ap Gwilym', *LlC*, 10 (Ionor/Gorffennaf 1969), 224–30.
'Ystyried rhythm', *Lleufer*, 24/4 (1969), 11–14. [Ysgrif ar werthfawrogi barddoniaeth.]
'D. Gwenallt Jones (1899–1968)', *PW*, 4 (Spring 1969), 5–10.
Cerdd: 'Dysgu iaith (darn amhosib lle cyflwynir myfyrdodau ar ran babi bach)', *Y Traethodydd*, 124 (Gorffennaf 1969), 131.
Cerdd: 'Gwylanod', ibid. (Hydref 1969), 183.
Cerdd: 'I Gareth Miles (ar ôl gweld llun o gario dodrefn o'i dŷ yn *Y Cymro*)', *Taliesin*, 18 (Awst 1969), [54].
Cerdd: 'Coeden Nadolig', ibid., 19 (Nadolig 1969), [96].

Cerdd: 'Rhyfeddodau (lle cyflwynir, ar ei ran, sylwadau mab dengmis, wrth iddo ef a'i dad, ysywaeth, wylio tyllu'r ffordd)', *Y Genhinen*, 19 (Hydref 1969), 236.
Adolygiadau: *Agweddau ar hanes dysg Gymraeg*, G. J. Williams; *Astudiaethau amrywiol a gyflwynir i Syr Thomas Parry-Williams*, gol., Thomas Jones; *William Williams, Pantycelyn*, John Gwilym Jones, *Mabon* [Cymraeg], 1 (Gwanwyn 1969), 60–1.
Adolygiadau: *Meibion darogan*, Pennar Davies; *Cerddi Gwilym R.*, Gwilym R. Jones, *WM*, 5 Ebrill 1969, 8.

1970

Golygydd: *Yr Aelwyd hon: diweddariadau o hen farddoniaeth Gymraeg*, Llandybïe: Llyfrau'r Dryw, 1970, 151tt. [Ar y cyd â Derec Llwyd Morgan a Bedwyr Lewis Jones.]
Golygydd: *Wrth aros Godot*, cyfieithiad o *En attendant Godot*, Samuel Beckett, gan Saunders Lewis (Cyfres y Ddrama yn Ewrop), Caerdydd: Gwasg Prifysgol Cymru, 1970, viii, 90tt.
Golygydd: *Gwylan*, cyfieithiad o *Tshaica*, Anton Tshechof, gan W. Gareth Jones (Cyfres y Ddrama yn Ewrop), Caerdydd: Gwasg Prifysgol Cymru, 1970, xii, 76tt.
St Teilo: a dramatic cantata for narrator, contralto and tenor soli, mixed chorus, boys' (or girls') choir, organ and chamber orchestra, words by Gwynno James; Welsh translation by Gwyn Thomas; music by William Mathias (Opus 21), Cardiff: University of Wales Press, 1970, 112tt. [Commissioned by the Llandaff Festival.]
The Nightingale, music by William Mathias; words (based on Hans Andersen's story) by Gwyn Thomas and William Mathias (Oxford Instrumental Series, 8), London: Oxford University Press, 1970, 24tt. [For juvenile voices and instrumental ensemble.]
'Dau Lwyd o Gynfal', yn J. E. Caerwyn Williams, gol., *Ysgrifau beirniadol V*, Dinbych: Gwasg Gee, 1970, 71–98. ['Traddodwyd sylwedd y truth hwn fel darlith i Undeb Annibynwyr Cymru yn Llanrwst, 1966'.]
'Rowland Vaughan', yn Geraint Bowen, gol., *Y Traddodiad rhyddiaith* (Darlithiau Rhydychen), Llandysul: Gwasg Gomer, 1970, [231]–46.
Beirniadaeth telyneg: 'Dianc', yn J. Tysul Jones, gol., *Cyfansoddiadau a beirniadaethau Eisteddfod Genedlaethol Frenhinol Cymru, Rhydaman a'r cylch, 1970*, Llandysul: Gwasg Gomer dros Lys yr Eisteddfod Genedlaethol, 1970, 81–2.
Beirniadaeth pryddest: 'Trothwy', yn Huw Llew Williams, gol., *Cyfansoddiadau a beirniadaethau Eisteddfod Gadeiriol Môn, Cemaes a'r cylch, Sadwrn a'r Llungwyn*

23 a 25 Mai, 1970, [S.l.]: Cymdeithas Eisteddfod Gadeiriol Môn, 1970, 12–13.
Beirniadaeth telyneg: 'Distawrwydd', ibid., 19–20.
Beirniadaeth [cystadleuaeth i rai] dan 18 oed: 'Chwech o limrigau ar unrhyw destunau', ibid., 29.
Beirniadaeth [cystadleuaeth i rai] dan 18 oed: 'Chwech o benillion ar ddull yr hen benillion telyn', ibid., 31.
'Golygyddol', *Mabon* [Cymraeg], 2 (Gaeaf 1969/1970), 3–5; 3 (Haf 1970), 3–4.
'Holi Dr Kate Roberts', ibid., 2 (Gaeaf 1969/1970), 9–13.
'[Holi] Kyffin Williams', ibid., 14–23. [Gydag Alun R. Jones.]
'Holi John Gwilym Jones', ibid., 3 (Haf 1970), 12–18.
'Ellis Wynne o Lasynys', *CCHChSF*, 6 (1970), 137–47.
Cerddi yn Bedwyr Lewis Jones, gol., *Cerddi '70*, Llandysul: Gwasg Gomer, 1970. ['Gogi', 71–2; 'Rhai geiriau (myfyrdod ar ran plentyn bach)', 73.]
Cerdd: 'Gogi', *Y Traethodydd*, 125 (Ionawr 1970), 4–5.
Cerdd: 'Ceffylau', *PW*, 6 (Autumn 1970), 39–40.
Adolygiad: *Ysgrifau beirniadol IV*, gol., J. E. Caerwyn Williams, *Y Traethodydd*, 125 (Gorffennaf 1970), [173]–4.
Adolygiad: *The Gododdin, the oldest Scottish poem*, Kenneth Jackson, *AWR*, 19 (Autumn 1970), 227–9.
Adolygiad: *The Lilting house*, goln., John Stuart Williams a Meic Stephens, *Mabon* [Cymraeg], 2 (Gaeaf 1969/1970), 51–2.
Adolygiadau: *Prynu dol*, Kate Roberts; *Pigau'r sêr*, J. G. Williams; Elis Gruffydd, *Castell yr iechyd*, gol., S. Minwel Tibbott, ibid., 3 (Haf 1970), 49–50.
Adolygiad: *Cylch o gerddi*, Euros Bowen, *HG*, 47 (Hydref 1970), 31–3.
Adolygiadau: *Hedydd yn yr haul*, T. Glynne Davies; *Cerddi'r llanw*, James Nicholas, *BAC*, 2 Gorffennaf 1970, 5.

1971

Y Bardd Cwsg a'i gefndir, Caerdydd: Gwasg Prifysgol Cymru, 1971, 356tt.
Culhwch ac Olwen: difyrrwch = Culhwch and Olwen: an entertainment, geiriau gan = words by Gwyn Thomas; y gerddoriaeth gan = music by William Mathias (Opus 32), Cardiff: University of Wales Press, 1971, 80tt.
Wylo unaf fi = Weep, o mine eyes, John Bennet's madrigals for four voices (1599), edited by Edmund H. Fellowes; cyfieithiad Cymraeg gan Gwyn Thomas; dan olygiaeth Rowland Wyn Jones, [S.l.]: Llys yr Eisteddfod Genedlaethol, [1971], 3tt.
'Golygyddol', *Mabon* [Cymraeg], 4 (Gwanwyn 1971), 2–4.

'Holi Alun Llywelyn-Williams', ibid., 13–21.
'Sylwadau ar "Armes Prydein"', *BBGC*, 24 (Tachwedd 1971), 263–7.
'Sôn am sŵn', *Lleufer*, 25/1 (1971), 12–14. [Ysgrif ar werthfawrogi barddoniaeth.]
'Y Naill beth drwy'r llall', ibid., 25/2 (1971), 60–2. [Ysgrif ar werthfawrogi barddoniaeth.]
'Ellis Wynne o Lasynys', *SC*, 21 Mai 1971, 7.
'Cerdd dafod', *Y Gragen: Cylchgrawn Gŵyl Gelfyddyd Coleg y Drindod, Caerfyrddin*, 1971, 3–4.
Cerdd: 'Arwr: ugeinfed ganrif', yn James Nicholas, gol., *Cerddi '71*, Llandysul: Gwasg Gomer, 1971, 112–13. [Cyhoeddwyd gyntaf yn *Y Gragen*, 1971, 4–5.]
Cerdd: 'Soniwch am y Gymraeg', *Barn*, 107 (Medi 1971), 327.
Cerdd: 'Diwrnod o Hydref', *Y Traethodydd*, 126 (Ebrill 1971), 98.
Cerdd: 'Crocodeil afon Menai', ibid. (Gorffennaf 1971), [153].
Cerdd: 'Esboniadau', *PW*, 7 (Winter 1971), 81–2.
'Llais gwir ifanc', *Barn*, 104 (Mehefin 1971), 240–1. [Adolygiad: *Eira cariad*, Geraint Jarman.]
Adolygiad: *Cerddi hir*, goln., Gwilym Rees Hughes ac Islwyn Jones, *Y Genhinen*, 21 (Gaeaf 1970/1971), 41–2.
Adolygiadau: *Thomas Gwynn Jones*, W. Beynon Davies; *W. J. Gruffydd*, T. J. Morgan, *AWR*, 20 (Autumn 1971), 243–5.
Adolygiad: *Detholiad o gerddi*, T. H. Parry-Williams, *PW*, 7 (Winter 1971), 91–3.
Adolygiad: *Cerddi*, Gwyn Erfyl, *BAC*, 6 Mai 1971, 3.

1972

Amser dyn: sef darnau o einioes [gwaith ar gyfer y theatr], Dinbych: Gwasg Gee, 1972, 79tt.
Enw'r gair [cerddi], Dinbych: Gwasg Gee, 1972, 50tt.
Golygydd: *Oidipos frenin*, cyfieithiad o ddrama Soffocles gan Euros Bowen (Cyfres y Ddrama yn Ewrop), Caerdydd: Gwasg Prifysgol Cymru, 1972, [xix], 88tt.
Golygydd: *Y Claf diglefyd*, cyfieithiad o *Le Malade imaginaire*, Jean-Baptiste Molière, gan Bruce Griffiths (Cyfres y Ddrama yn Ewrop), Caerdydd: Gwasg Prifysgol Cymru, 1972, xiv, 100tt.
'Golygyddol', *Mabon* [Cymraeg], 5 (Gwanwyn 1972), 2–5.
'Yr Academi Gymreig', yn D. Ben Rees, gol., *Arolwg, 1971*, Lerpwl: Cyhoeddiadau Modern Cymreig, 1972, 104.
'*Cyn oeri'r gwaed* (Islwyn Ffowc Elis)', yn J. E. Caerwyn Williams, gol., *Ysgrifau beirniadol VII*, Dinbych: Gwasg Gee, [1972], 249–65.

Beirniadaeth: 'Blodeugerdd o farddoniaeth Ffrainc yn y bedwaredd ganrif ar bymtheg (cyfieithiadau), yn cynnwys rhagarweiniad, nodiadau a bywgraffiadau', yn J. Tysul Jones, gol., *Cyfansoddiadau a beirniadaethau Eisteddfod Genedlaethol Frenhinol Cymru, Sir Benfro, 1972*, Llandysul: Gwasg Gomer dros Lys yr Eisteddfod Genedlaethol, 1972, 184–5. [Ar y cyd â Bruce Griffiths.]

Beirniadaeth dwy delyneg: 'Llanw'; 'Trai', yn Elwyn Pugh Jones, gol., *Cyfansoddiadau a beirniadaethau Eisteddfod Gadeiriol Môn, Llangefni, Gwener a Sadwrn, Mai 26 a 27, 1972*, [S.l.]: Cymdeithas Eisteddfod Gadeiriol Môn, 1972, 16.

Beirniadaeth soned: 'Afon Menai', ibid., 17.

Beirniadaeth baled: 'Rhiain y glasgoed', ibid., 18.

Cerdd: 'Grêt efo het (hysbyseb diogelwch ar y ffyrdd a ddangosid o bryd i'w gilydd ar y teledydd oedd cychwyn y darn hwn)', yn J. Eirian Davies, gol., *Cerddi '72*, Llandysul: Gwasg Gomer, 1972, 116–17.

Cerddi: 'Cymaint â hynny'; 'Côr meibion', *Taliesin*, 24 (Gorffennaf 1972), 66–7.

Cerdd: 'Seren wib', *Y Traethodydd*, 127 (Ebrill 1972), 61.

Cerdd: 'Gorau pwyll: pwyllgorau', ibid. (Gorffennaf 1972), 134–5.

'Y Wawr (ar gais rhai myfyrwyr y gwnês i'r darn hwn. Darn dan y teitl, "Y Wawr", i'w adrodd i gyfeiliant cerddorol mewn eisteddfod gyd-golegol oedd arnyn nhw ei eisiau (nhw i ddod o hyd i'r cyfeiliant cerddorol eu hunain, neu i'w gyfansoddi o). 'Ddaethon nhw ddim o hyd i gyfeiliant cerddorol, ond y mae'r darn a fethodd eu hysbrydoli'n bod: dyma fo)', *Y Genhinen*, 22 (Hydref 1972), 160.

Adolygiad: *Pigo crachan*, Einir Jones, *Mabon* [Cymraeg], 6 (Gwanwyn/Haf 1972), 55.

Adolygiad: *Allor wydn*, Bobi Jones, *Y Genhinen*, 22 (Haf 1972), 146–7.

Review: *Poems to Eimhir*, Sorley MacLean, translated by Iain Crichton Smith, *AWR*, 20 (Spring 1972), 194–5.

1973

Editor: *Presenting Saunders Lewis*, Cardiff: University of Wales Press, 1973, xix, 361pp. [With Alun R. Jones. Reprinted in 1983.]
'Aspects of his work: his poetry', ibid., 106–11.
'Selected poems (translated by Gwyn Thomas)', ibid., 177–95. ['The Deluge 1939', 177–9; 'A Scene in a café', 180–1; 'To Dr. J. D. Jones, C.H.', 'The Carcass', 181; 'Against purgatory', 182; 'The Last sermon of Saint David', 182–4; 'To the good thief', 184–5; 'The Choice', 185; 'Indian summer 1941', 185–6; 'Elegy for Sir John Edward Lloyd', 186–9; 'The Dance of the apple tree', 189; 'Lavernock'; 'The Pine', 190; 'Ascension Thursday', 190–1; 'Mary

Magdalene', 191–3; 'The Milky Way', 193; 'June moon', 'Return', 194; 'Et homo factus est. Crucifixus', 195.
'Theatre: *Blodeuwedd* (translated by Gwyn Thomas)', ibid., 199–250.
Môr = Sea, ar gyfer côr a phiano = for chorus and piano; y geiriau gan = words by Gwyn Thomas; y gerddoriaeth gan = music by Daniel Jones, [S.l.]: Llys yr Eisteddfod Genedlaethol, [1973], 21tt.
'Golygyddol', *Mabon* [Cymraeg], 6 (Gwanwyn/Haf 1973), 2–5.
'Holi Islwyn Ffowc Elis', ibid., 11–25.
Beirniadaeth awdl: Agored, yn T. M. Bassett, gol., *Cyfansoddiadau a beirniadaethau Eisteddfod Genedlaethol Frenhinol Cymru, Dyffryn Clwyd, 1973*, Llandysul: Gwasg Gomer dros Lys yr Eisteddfod Genedlaethol, 1973, 19–22.
Beirniadaeth telyneg: 'Rhith', yn Dewi Jones, gol., *Cyfansoddiadau a beirniadaethau Eisteddfod Gadeiriol Môn, Biwmares a'r cylch, 1973*, [S.l.]: Cymdeithas Eisteddfod Gadeiriol Môn, 1973, 16.
Beirniadaeth barddoniaeth unigol: 'Dewis o unrhyw un o wyth testun', yn *Eisteddfod Genedlaethol Urdd Gobaith Cymru, Pontypridd a'r cylch, 1973: cyfansoddiadau llenyddol buddugol*, Aberystwyth: Cwmni Urdd Gobaith Cymru, 1973, 17.
Beirniadaeth soned: 'Y Bont', ibid., 17.
Beirniadaeth: 'Geiriau ar gyfer cân bop', ibid., 23.
'Gwilym Rees Hughes yn holi Gwyn Thomas', *Barn*, 133 (Tachwedd 1973), 17–18.
'Y Dychymyg yn arwain at y gwirionedd', *Y Gwrandawr*, Atodiad i *Barn*, 134 (Rhagfyr 1973), i–ii. ['Yn "Hyd Yma" ar B.B.C. Cymru, Radio 4, bu Meirion Edwards yn holi'r bardd Gwyn Thomas ynglŷn â'r personau a fu'n gymorth i lunio'i weledigaeth o fywyd'.]
'Dafydd ap Gwilym: the nature poet', *PW*, 8 (Spring 1973), 28–33.
Cerddi yn R. Geraint Gruffydd, gol., *Cerddi '73*, Llandysul: Gwasg Gomer, 1973. ['Deffro', 113–14; 'Diwrnod o hydref', 115; 'Morlo', 116; 'O Wraig (ar noson dawel yn edrych i'r môr yng ngorllewin Iwerddon)', 117.]
Cerddi: 'Tarw Tryfal (cartŵn-gerdd)'; 'Eira cynta'', *Taliesin*, 26 (Gorffennaf 1973), 40–2.
Cerdd: 'Diwedd stém', *Barn*, 130 (Awst 1973), 463.
Cerdd: 'O Wraig (a oedd ar noson dawel yn edrych i'r môr yng ngorllewin Iwerddon)', *Y Traethodydd*, 128 (Ionawr 1973), 6.
Cerdd: 'Mae hi'n anodd', ibid. (Ebrill 1973), [83].
Cerdd: 'Lliw gwyn', ibid. (Hydref 1973), 242.
Cerdd: 'Rhyw yw', *Pair*, 3 (Haf 1973), 38–40.
Adolygiad: *Rhyw hanner ieuenctid*, Dyfnallt Morgan, *Y Traethodydd*, 128 (Ebrill 1973), 142–3.

'Canu a thrywanu', *Taliesin*, 27 (Rhagfyr 1973), 129–30. [Adolygiad: *A Sense of time*, Raymond Garlick.]
Review: *The Beginnings of Welsh poetry*, Ifor Williams, ed., Rachel Bromwich, *Trivium*, 8 (May 1973), 151–3.

1974

Golygydd: *Y Brodyr*, cyfieithiad o *Adelphi*, P. Terentius Afer (Terens), gan Arthur O. Morris (Cyfres Dramâu'r Byd), Caerdydd: Gwasg Prifysgol Cymru ar ran Cyngor Celfyddydau Cymru, 1974, viii, 62tt.
Golygydd: *Y Wers* [ac] *Y Tenant newydd*, cyfieithiadau o *La leçon* a *Le nouveau locataire*, Eugène Ionesco, gan K. Lloyd-Jones (Cyfres Dramâu'r Byd), Caerdydd: Gwasg Prifysgol Cymru ar ran Cyngor Celfyddydau Cymru, 1974, xii, 77tt.
Golygydd: *John Gwilym Jones: cyfrol deyrnged*, Llandybïe: Christopher Davies, 1974, [viii], 160tt.
'Y Nihilydd creadigol o'r Groeslon', ibid., 21–7.
'Y Portread o uchelwr ym marddoniaeth gaeth yr ail ganrif ar bymtheg', yn J. E. Caerwyn Williams, gol., *Ysgrifau beirniadol VIII*, Dinbych: Gwasg Gee, 1974, 110–29.
'Golygyddol', *Mabon* [Cymraeg], 7 (Gwanwyn 1974), 2.
'Holi Dr Thomas Parry', ibid., 9–17.
'John Kelt Edwards', ibid., 18–19.
O glomen wâr = *O for the wings of a dove*, Mendelssohn; cyfieithiad gan Gwyn Thomas; dan olygiaeth Rowland W. Jones, [S.l.]: [Llys yr Eisteddfod Genedlaethol], 1974, 1t.
'William Emrys Williams', yn Gwilym R. Jones, gol., *Pigion Y Faner*, Y Bala: Gwasg y Sir, [1974], 27–9. [Coffáu W. Emrys Williams, Tynymarian, Blaenau Ffestiniog.]
'Gwroniaid y comics', *Y Genhinen*, 24 (Gaeaf 1973/1974), 11–12.
'Et a bientot a Struga', *Bangoriad*, 3 (Ebrill 1974), 38–9. [Adroddiad am ymweliad â Gŵyl Farddoniaeth Ryngwladol Struga, Iwgoslafia, 25–28 Awst, 1973.]
Cerddi yn T. Gwynn Jones, gol., *Cerddi '74*, Llandysul: Gwasg Gomer, 1974. ['Diwedd stém'; 'Chwyn', 79–80.]
Cerdd: 'Y Côr (i Gôr y Brythoniaid, Blaenau Ffestiniog)', yn Geraint V. Jones, gol., *Côr Meibion y Brythoniaid, 1964–1974*, Blaenau Ffestiniog: Côr y Brythoniaid, 1974, [1].
Cerdd: 'Chwyn', *Y Traethodydd*, 129 (Ebrill 1974), 84.

Cerdd: 'Mwy na'r un faint', ibid. (Hydref 1974), 236.
'I'r plant ienga', *Mabon* [Cymraeg], 7 (Gwanwyn 1974), 46. [Adolygiad ar gyfres o lyfrynnau i blant gan Aneirin Jenkins-Jones.]
Adolygiad: *Marged*, T. Glynne Davies, *WM*, 5 Awst 1974, 4.

1975

Y Pethau diwethaf a phethau eraill [cerddi], Dinbych: Gwasg Gee, 1975, 59tt.
'Golygyddol', *Mabon* [Cymraeg], 8 (Gaeaf 1974/1975), 2–3.
'Holi Saunders Lewis', ibid., 7–10.
'Euros Bowen', yn D. Ben Rees, gol., *Dyrnaid o awduron cyfoes*, Pontypridd a Lerpwl: Cyhoeddiadau Modern Cymreig, 1975, 14–33.
Beirniadaeth pryddest heb fod dros 300 llinell neu ddilyniant o gerddi: 'Pridd', yn T. M. Bassett, gol., *Cyfansoddiadau a beirniadaethau Eisteddfod Genedlaethol Frenhinol Cymru, Bro Dwyfor, 1975*, Llandysul: Gwasg Gomer dros Lys yr Eisteddfod Genedlaethol, 1975, 20–3.
Beirniadaeth cystadleuaeth y Goron: 'Darn o farddoniaeth rydd, cymwys i leisiau, ac yn addas i radio, yn ymwneud â thema gyfoes', yn Dewi Jones a G. Prys Jones, goln., *Cyfansoddiadau a beirniadaethau Eisteddfod Gadeiriol a Choronog Môn, Caergybi, 1975*, [S.l.]: Cyngor Eisteddfod Môn, 1975, 11–12.
Beirniadaeth englyn: 'Yr Hofrennydd', ibid., 20–1.
Beirniadaeth telyneg: 'Clai', ibid., 26.
Beirniadaeth cerdd rydd: 'Cymylau' neu 'Heno', ibid., 28.
'Diddanwch teuluaidd', *Barn*, 147 (Mawrth/Ebrill 1975), 593–4; 'Diddanwch teuluaidd (2)', ibid., 148 (Mai 1975), 628–9. [Sylwadau ar adloniant Cymraeg cyfoes y BBC.]
'Teledu: anialwch teuluaidd?', ibid., 149 (Mehefin 1975), 682.
'Stori o'r gornel', ibid., 150 (Gorffennaf 1975), 717. [Ar ddylanwad y teledu.]
'Teledu', ibid., 151 (Awst 1975), 779–80.
Cerddi yn Gloria Davies, gol., *Cynhaeaf cymysg*, Y Bala: Llyfrau'r Faner, 1975. Argraffiadau eraill ym 1976, 1980, 1981. ['Dacw'r môr', 33; 'Rhyfeddodau', 39.]
Cerddi yn Derec Llwyd Morgan, gol., *Cerddi '75*, Llandysul: Gwasg Gomer, 1975. ['Môr (geiriau a gyfansoddwyd i'w gosod ar gerddoriaeth y Dr Daniel Jones)', 75–6; 'Felly'n wir', 77.]
'Dim eisio (cyfieithiad o gerdd gan y bardd Rwsieg, Iefgeni Ieftwshenco)', *Y Genhinen*, 25 (Hydref 1975), 216. [Gyda chymorth Gareth Jones.]
Cerdd: 'T. H. Parry-Williams (bu farw ar y trydydd o Fawrth, 1975)', *Y Traethodydd*, 130 (Hydref 1975), 235.

Adolygiad: *Tafod y llenor*, R. M. Jones, *BAC*, 21 Chwefror 1975, [3].
Adolygiad: *Selected poems*, Glyn Jones, *Y Genhinen*, 25 (Hydref 1975), 232–3.
Reviews: *John Cowper Powys: letters, 1937–1954*, gol., Iorwerth C. Peate; *Beth yw pwrpas llenydda?*, Bobi Jones; *Eira gwyn yn Salmon*, Dafydd Ifans; *Marwydos*, Islwyn Ffowc Elis; *Pencampwyr!*, Howard Lloyd; *Poetry Wales*, Cyf. 10, Rhif 1, goln., Sam Adams a Gwilym Rees Hughes, *Mabon* [Cymraeg], 8 (Gaeaf 1974/1975), 58–9.

1976

Y Traddodiad barddol, Caerdydd: Gwasg Prifysgol Cymru, 1976, 240tt. [Adargraffwyd ym 1986, 1989, 1993, 1996, 2002.]
Golwg ar farddoniaeth ddiweddar, Llandysul: Gwasg Gomer, 1976, 24tt. [Darlith Flynyddol Asgell Addysg Bellach y Preseli, 1975.]
Cadwynau yn y meddwl [cerddi], Dinbych: Gwasg Gee, 1976, 63tt.
Golygydd: *Ymweliad yr hen foneddiges: comedi drasig mewn tair act*, cyfieithiad o *Der Besuch der alten Dame*, Friedrich Dürrenmatt, gan John Gwilym Jones a G. L. Jones (Cyfres Dramâu'r Byd), Caerdydd: Gwasg Prifysgol Cymru ar ran Cyngor Celfyddydau Cymru, 1976, xxii, 110tt.
Golygydd: *Yr Ehedydd*, cyfieithiad o *L'alouette*, Jean Anouilh, gan Kathleen Parry (Cyfres Dramâu'r Byd), Caerdydd: Gwasg Prifysgol Cymru ar ran Cyngor Celfyddydau Cymru, 1976, viii, 129tt.
Golygydd: *Antigone*, Jean Anouilh, cyfieithiad gan Roy Owen (Cyfres Dramâu'r Byd), Caerdydd: Gwasg Prifysgol Cymru ar ran Cyngor Celfyddydau Cymru, 1976, viii, 62tt.
Golygydd a chyfieithydd yr emynau: *Ann Griffiths, pedwar emyn: llyfryn i ddathlu daucanmlwyddiant geni Ann Griffiths*, [S.l.]: Cymdeithas Gelfyddydau Gogledd Cymru, 1976, 4tt.
'*Nawr huna'r petal porffor* = *Now sleeps the crimson petal*, unawd gan Roger Quilter; cyfieithiad o gân Tennyson gan Gwyn Thomas, [S.l.]: Llys yr Eisteddfod Genedlaethol, 1976, 1t.
Cyfraniadau yn Thomas Parry, Merfyn Morgan, goln., *Llyfryddiaeth llenyddiaeth Gymraeg*, Caerdydd: Gwasg Prifysgol Cymru, 1976. ['Adran Dd.: yr ail ganrif ar bymtheg', 122–40; 'Adran E.: y ddeunawfed ganrif', 141–54.]
'Golygyddol', *Mabon* [Cymraeg], 9 (Gaeaf 1975/1976), 2–3.
'Holi Iefgeni Ieftwshenco', ibid., 7–11.
'Tu hwnt i'r llen (brasolwg ar lenyddiaeth a chrefydd)', yn J. E. Caerwyn Williams, gol., *Ysgrifau beirniadol IX*, Dinbych: Gwasg Gee, 1976, 352–65.
Beirniadaeth awdl: 'Gwanwyn', yn J. Tysul Jones, gol., *Cyfansoddiadau a beirniad-*

aethau Eisteddfod Genedlaethol Frenhinol Cymru, Aberteifi a'r cylch, 1976, Llandysul: Gwasg Gomer dros Lys yr Eisteddfod Genedlaethol, 1976, 14–18.
Beirniadaeth cystadleuaeth y Gadair: 'Cerdd neu gyfres o gerddi caeth neu rydd ar y testun "Cadwynau" neu "Y Gaer"', yn *Eisteddfod Genedlaethol Urdd Gobaith Cymru, Porthaethwy, Ynys Môn, 1976: cyfansoddiadau llenyddol buddugol*, Aberystwyth: Cwmni Urdd Gobaith Cymru, 1976, 26–7.
'Cyfryngau llenyddiaeth a'r Gymraeg', *TAGC*, 1976, 38–54. [Darlith Goffa Syr John Cecil-Williams, a draddodwyd yn Llundain, 25 Hydref 1975.]
'Dramâu'r byd', *LlLl*, Gaeaf 1976, 18.
'Poetry naturally', *PW*, 12 (Summer 1976), 41–6.
'Preview', *RT* [Wales edition], 24/30 April 1976, 13; 22/28 May 1976, 17; 19/25 June 1976, 17. [Sylwadau ar raglenni BBC Cymru/Wales.]
'Dylai rheol yr Eisteddfod fod yn ddigon plaen i bawb', *Y Cymro*, 17 Awst 1976, 4. [Llythyr gan un o feirniaid yr awdl yn dilyn helynt cystadleuaeth y Gadair yn Eisteddfod Genedlaethol Aberteifi a'r Cylch, 1976.]
Poems translated from the Welsh: 'Horses'; 'Seagulls', *PW*, 11 (Winter 1976), 77–8.
Cerddi/Poems: 'Dros y gaeaf'; 'Winter resident', ibid., 12 (Summer 1976), 37–40.
Adolygiadau: Cornelius Tacitus, *Cofiant Agricola*, A. O. Morris, J. Ellis Jones; *Llenyddiaeth Gymraeg, 1936–1972*, R. M. Jones; *Amddifad gri: cyfrol deyrnged Gwilym O. Roberts*, gol., Elinor Lloyd Owen; *Y Toblarôn*, W. S. Jones; *The Kensington Mass*, David Jones; *Llên gwerin Sir Gaernarfon*, Dewi Machreth Ellis; *Yng Nghoedwigoedd y sêr*, Harri Gwynn; *Haenau cynghanedd*, Roger Hughes, *Mabon* [Cymraeg], 9 (Gaeaf 1975/1976), 45–8.
'Cyfoeth o ysgolheictod', *Barn*, 161 (Mehefin 1976), 202–3. [Adolygiad: *Dafydd ap Gwilym a chanu serch yr Oesoedd Canol*, gol., John Rowlands.]
'Pridd a drychiolaethau', ibid., 162/163 (Gorffennaf/Awst 1976), 270–1. [Adolygiadau: *Egin*, Donald Evans; *Blas y pridd*, Elwyn Roberts.]
'Ein drama hir gyntaf?', *Llwyfan*, 13 (Gwanwyn/Haf 1976), 24. [Adolygiad: *Troelus a Chresyd*, gol., W. Beynon Davies.]
'Review', *RT* [Wales edition], 6/12 March 1976, 62. [Sylwadau ar y rhaglen *How green was my father*, Harri Webb.]

1977

Ymarfer ysgrifennu, Abertawe: Christopher Davies, 1977, 113tt.
Golygydd: *Priodas waed*, cyfieithiad o *Bodas de sangre*, Federico García Lorca, gan R. Bryn Williams a John Rowlands (Cyfres Dramâu'r Byd), Caerdydd: Gwasg Prifysgol Cymru ar ran Cyngor Celfyddydau Cymru, 1977, xi, 68tt.

Caneuon natur i soprano neu denor gyda chyfeiliant piano, gan Dilys Elwyn-Edwards, Caerdydd: Gwasg Prifysgol Cymru, 1977, 11tt. ['Y Mynydd' (R. Williams Parry); 'Deilen' (Gwyn Thomas); 'Noson o haf' (Alafon).]
'Y Gath yn y meddwl, neu sylwadau ar ddelweddau', yn J. E. Caerwyn Williams, gol., *Ysgrifau beirniadol X*, Dinbych: Gwasg Gee, 1977, 411–21.
'Rowland Vaughan (c.1587–1667)', yn Geraint Bowen, gol., *Atlas Meirionnydd*, Y Bala: Gwasg y Sir, [1977], 65.
'Ellis Wynne (1671–1734)', ibid., 77.
'Nodiadau amrywiol: Cynan Garwyn fab Brochwael Ysgithrawg; llawgrwn wyd [cywydd 'Yr Alarch', rhif 28 yn *Barddoniaeth yr uchelwyr*, gol., D. J. Bowen]; ci glew llafarlew [cywydd 'Tri phorthor Eiddig', rhif 80 yn *Gwaith Dafydd ap Gwilym*, gol., Thomas Parry]', *BBGC*, 27 (Mai 1977), 222–3.
'Llunyddiaeth y bobl', *Taliesin*, 35 (Rhagfyr 1977), [9]–20. ['Traddodwyd crynswth y sylwadau hyn yng Nghynhadledd *Taliesin*, y Pasg 1977. Pwnc y gynhadledd oedd "Llenyddiaeth boblogaidd"'.]
'Llenor wrth ei waith, 2: Gwyn Thomas mewn sgwrs ag Eigra Lewis Roberts', *Y Genhinen*, 27 (1977), 149–54.
'Wayne, Eastwood ac eraill', *Y Faner*, 5 Awst 1977, 18. [Trafodaeth ar ffilmiau cowboi.]
'Alan Llwyd yn holi Gwyn Thomas', *Barddas*, 9 (Mehefin 1977), 1–2.
Poems in Gwyn Jones, ed., *The Oxford book of Welsh verse in English*, Oxford: Oxford University Press, 1977. ['Little death'; 'Microscope'; 'Horses', 282–4.]
Cerdd: 'Ar lan y môr yn Erin', yn W. Rhys Nicholas, gol., *Cerddi '77*, Llandysul: Gwasg Gomer, 1977, 103. [Cyhoeddwyd gyntaf yn *Y Traethodydd*, 132 (Ebrill 1977), 60.]
Cerdd: 'Llanfihangel Dinsylwy (lle ym Môn, un gwanwyn hwyr)', *Barddas*, 14 (Rhagfyr 1977), 5.
Cerdd: 'Y Mochyn dan y croen', *Y Faner*, 2 Medi 1977, 17.
'Afluniaidd haniaeth', *Barn*, 171 (Ebrill 1977), 132–3. [Adolygiad: *Gwlad llun*, Bobi Jones.]

1978

Croesi traeth [cerddi], Dinbych: Gwasg Gee, 1978, 64tt.
Golygydd: *Caligula*, Albert Camus, cyfieithiad gan Emyr Tudwal Jones a Prys Morgan (Cyfres Dramâu'r Byd), Caerdydd: Gwasg Prifysgol Cymru ar ran Cyngor Celfyddydau Cymru, 1978, [xii], 101tt.
'*Cân yr Henwr* (Llywarch Hen)', yn Rachel Bromwich ac R. Brinley Jones, goln., *Astudiaethau ar yr Hengerdd/Studies in Old Welsh poetry: cyflwynedig i Syr Idris Foster*, Caerdydd: Gwasg Prifysgol Cymru, 1978, 266–80.

Beirniadaeth: 'Cerdd hir neu ddilyniant o gerddi yn portreadu llencyndod', yn W. Rhys Nicholas, gol., *Cyfansoddiadau a beirniadaethau Eisteddfod Genedlaethol Frenhinol Cymru, Caerdydd, 1978*, Llandysul: Gwasg Gomer dros Lys yr Eisteddfod Genedlaethol, 1978, 23–6.

'Cyflwyniad: Dr John Gwilym Jones', *TAGC*, 1978, 66–9. [Anerchiad wrth gyflwyno medal Anrhydeddus Gymdeithas y Cymmrodorion i'r Dr John Gwilym Jones yng Nghastell Sain Ffagan, ddydd Gwener, 11 Awst 1978.]

'"Trafferth mewn tafarn" Dafydd ap Gwilym', *Y Traethodydd*, 133 (Ebrill 1978), 102–7.

Cerddi yn *Crwn yn sgwâr a cherddi eraill* (Cyfres y Porth), Llandysul: Gwasg Gomer ar ran y Cyngor Ysgolion, 1978. ['Coch'; 'Gwyn a du', 8.]

Cerdd: 'Golchi dwylo', *Barn*, 186/187 (Gorffennaf/Awst 1978), 256.

Cerdd: 'Hunan anladdiad', *Y Traethodydd*, 133 (Gorffennaf 1978), [123]–4.

1979

Cyfieithydd a Golygydd: *Trotsci'n alltud*, cyfieithiad o *Trotzki im Exil*, Peter Weiss (Cyfres Dramâu'r Byd), Caerdydd: Gwasg Prifysgol Cymru ar ran Cyngor Celfyddydau Cymru, 1979, [xx], 149tt. [Ar y cyd ag Ian Hilton.]

Golygydd: *Caeëdig ddôr*, cyfieithiad o *Huis clos*, Jean-Paul Sartre, gan Richard T. Jones (Cyfres Dramâu'r Byd), Caerdydd: Gwasg Prifysgol Cymru ar ran Cyngor Celfyddydau Cymru, 1979, xi, 53tt.

Golygydd: *Gwahoddiad i ginio*, cyfieithiad o *Le rendez-vous de Senlis*, Jean Anouilh, gan John H. Watkins (Cyfres Dramâu'r Byd), Caerdydd: Gwasg Prifysgol Cymru ar ran Cyngor Celfyddydau Cymru, 1979, vii, 110tt.

Golygydd: *Oidipos yn Colonos*, Soffocles, cyfieithiad gan Euros Bowen (Cyfres Dramâu'r Byd), Caerdydd: Gwasg Prifysgol Cymru ar ran Cyngor Celfyddydau Cymru, 1979, [xx], 149tt.

'Bras ddosbarthiad ar ein rhyddiaith gynnar', yn J. E. Caerwyn Williams, gol., *Ysgrifau beirniadol XI*, Dinbych: Gwasg Gee, 1979, 28–51.

Beirniadaeth cystadleuaeth y Gadair: 'Cerdd mewn cynghanedd gyflawn, tua 150 o linellau, ar y testun "Penmynydd"', yn Dewi Jones, gol., *Cyfansoddiadau a beirniadaethau Eisteddfod Gadeiriol Môn, Llanfairpwll a'r cylch, nos Wener, Mai 18, 1979, dydd Sadwrn, Mai 19, 1979*, [S.l.]: Llys Eisteddfod Môn, 1979, 1.

Beirniadaeth dilyniant o bump o gerddi: 'Colofnau', ibid., 8.

Beirniadaeth: 'Cerdd bortread o berson neu o le', ibid., 12.

Beirniadaeth: 'Pump o gerddi gwirion yn null Spike Milligan', ibid., 15.

Beirniadaeth cerdd fer rydd: 'Croesi', ibid., 17.

Beirniadaeth englyn: 'Y Delyn', yn *Eisteddfod Genedlaethol Urdd Gobaith Cymru, Ogwr, Maesteg, 1979: cyfansoddiadau llenyddol buddugol*, Aberystwyth: Cwmni Urdd Gobaith Cymru, 1979, 16.

'Nodiadau amrywiol: lliw papir', *BBGC*, 28 (Tachwedd 1979), 404–5.

'Hedd Wyn', *EA*, 42 (1979), 57–79. [Cyhoeddwyd hefyd ym 1997.]

Cerddi yn Gwynn ap Gwilym, gol., *Y Flodeugerdd delynegion*, Abertawe: Christopher Davies, 1979. ['Milwyr', 30; 'Deilen', 76; 'Bach ydi baban', 172.]

Cerddi yn *Rhyfel* (Gorwelion: cynllun Cymraeg fel iaith gyntaf yn yr ysgol uwchradd. Cyfres 2, thema 3: Rhyfel), [S.l.]: Schools Council Publications, 1979. ['Yr Ugeinfed ganrif', 5–6; 'Dyddiau gofid, 1914–1918', 52; 'Duw rhyfel', 103.]

Cerdd: 'Y Pethau diwethaf/The Last things', poem and translation, *IPR*, 5 (1979), 16–17.

Cerdd: 'Hen fam', *Y Faner*, 8 Mehefin 1979, 7.

Cerdd: 'Arwydd', ibid., 7 Rhagfyr, 1979, 20.

1980

Diweddariadau [o gywyddau Dafydd ap Gwilym], yn Alan Llwyd, gol., *50 o gywyddau Dafydd ap Gwilym*, Abertawe: Christopher Davies, 1980. ['Breichiau Morfudd', 70–1; 'Mis Mai a mis Ionawr', 71–3; 'Galw ar Ddwynwen', 73–5; 'Y Cyffylog', 75–7; 'Yr Wylan', 77–8; 'Trafferth mewn tafarn', 78–84; 'Y Rhugl groen', 84–6; 'Y Brawd du', 86–9; 'Cyngor y biogen a Morfudd yn hen', 89–92.]

Parot, darn i gôr cymysg S.A.T.B gan Brian Hughes; y geiriau gan Gwyn Thomas, [S.l.]: Côr Godre'r Garth, 1980, 5tt. [Comisiynwyd y darn gan Gôr Godre'r Garth gyda chymorth ariannol Cyngor Celfyddydau Cymru.]

Beirniadaeth cerdd hir neu ddilyniant o gerddi: 'Lleisiau', yn W. Rhys Nicholas, gol., *Cyfansoddiadau a beirniadaethau Eisteddfod Genedlaethol Frenhinol Cymru, Dyffryn Lliw, 1980*, Llandysul: Gwasg Gomer dros Lys yr Eisteddfod Genedlaethol, 1980, 41–4.

'Llunyddiaeth Gymraeg i blant', *Taliesin*, 41 (Rhagfyr 1980), 73–84. ['Traddodwyd swmp y sylwadau hyn mewn cynhadledd "Llenyddiaeth Plant" a gynhaliwyd yn Llanbedr Pont Steffan, o 19 i 21 Medi, 1980'.]

'Llunyddiaeth', *LlLl*, Gwanwyn 1980, 11–12.

'Cadw cof', *Y Faner*, 1/8 Awst 1980, 8. [Ar y traddodiad llafar.]

Emynau yn *Caniedydd yr ifanc*, Abertawe: Tŷ John Penry, 1980. [Rhif 114, 'Duw a wnaeth y byd', 89; rhif 117, 'Wyddoch chwi pwy wnaeth yr haf?', 91. Cyhoeddwyd hefyd yn 2001.]

Cerddi yn Elinor Davies, gol., *Drws dychymyg*, Llandysul: Gwasg Gomer, 1980. ['Haf cynnar', 26; 'Ceiliog', 46.]
Cerdd: 'Wedi byw', *Y Traethodydd*, 135 (Ionawr 1980), [3].
'Llyncu camel', *Taliesin*, 40 (Gorffennaf 1980), 84–6. [Adolygiad: *Golwg newydd ar Iolo Morganwg*, Brinley Richards.]
'Dyn geiriau', ibid., 87–8. [Adolygiad: *Tri diwrnod ac angladd*, John Gwilym Jones.]
Adolygiad: *Thomas Jones yr almanaciwr, 1648–1713*, Geraint H. Jenkins, *LlLl*, Gaeaf 1980, 24.

1981

Symud y lliwiau [cerddi], Dinbych: Gwasg Gee, 1981, 62tt.
Yn blentyn yn y Blaenau (Darlith Flynyddol Llyfrgell Blaenau Ffestiniog, 1981), Caernarfon: Gwasanaeth Llyfrgell Gwynedd, 1981, 25tt. [Traddodwyd ym Mhlas Tan-y-bwlch, Maentwrog, 6 Mawrth 1981.]
Deilen, geiriau gan Gwyn Thomas; y gerddoriaeth gan Brian Hughes, [S.l.]: Côr Godre'r Garth, [1981], 8tt. [Comisiynwyd y darn gan Gôr Godre'r Garth gyda chymorth ariannol Cyngor Celfyddydau Cymru.]
Beirniadaeth pryddest: 'Wynebau', yn T. M. Bassett, gol., *Cyfansoddiadau a beirniadaethau Eisteddfod Genedlaethol Frenhinol Cymru, Maldwyn a'i chyffiniau, 1981*, Llandysul: Gwasg Gomer dros Lys yr Eisteddfod Genedlaethol, 1981, 28–30.
Beirniadaeth cystadleuaeth y Gadair: Pedwar ar hugain o englynion i'r 'Tymhorau', yn Dewi Jones, gol., *Cyfansoddiadau a beirniadaethau Eisteddfod Môn, Brynsiencyn a'r cylch, Mai 23, 24, 25, 1981*, [S.l.]: Llys Eisteddfod Môn, 1981, 9–11.
Beirniadaeth cywydd gofyn: 'Nawdd i'r Eisteddfod', ibid., 14.
Beirniadaeth englyn: 'Y Pentref', ibid., 16–17.
Beirniadaeth: 'Englyn crafog', ibid., 18–19.
Beirniadaeth cerdd gocosaidd: 'Y Bont ar Bont Britannia', ibid., 20.
Beirniadaeth soned: 'Ffin', ibid., 22.
Beirniadaeth telyneg: 'Amser', ibid., 23.
'Llunyddiaeth mewn dau gyfrwng', *Y Faner*, 27 Mawrth 1981, 17.
'John Rowlands yn holi Gwyn Thomas am ei farddoniaeth', *LlLl*, Hydref 1981, 4–7.
Cerddi yn *Ar hyd y flwyddyn* (Gorwelion: cynllun Cymraeg fel iaith gyntaf yn yr ysgol uwchradd. Cyfres 1, thema 4: Ar hyd y flwyddyn), [S.l.]: Schools Council Publications, 1981. ['Cenhinen', 34; 'Diwrnod o hydref', 96.]

Cerdd: 'Y Ffatri'n cau/Fermeture de l'usine', *Caliban*, 17 (1981) [L'Université de Toulouse.]
Cerdd: 'Am fod fy meddwl, maddau', *Y Faner*, 31 Gorffennaf/7 Awst 1981, 20.
Adolygiadau: *Syr Thomas Parry-Williams*, gol., Ifor Rees; *Kate Roberts*, gol., Derec Llwyd Morgan, *Y Faner*, 27 Mawrth 1981, 17.

1982

Living a life: selected poems, 1962–82, selected and introduced by Joseph P. Clancy with translations by Joseph P. Clancy and Gwyn Thomas, Amsterdam: Scott Rollins for Bridges Books, 1982, 97tt. [Testunau cyfochrog Cymraeg a Saesneg.]
Llywelyn 1282, Gruffudd ab yr Ynad Coch, Y Drenewydd: Gwasg Gregynog, 1982, 8tt. [Golygwyd y testun gan Gwyn Thomas a lluniwyd fersiwn diwygiedig o'i drosiad ef ei hun gan Joseph P. Clancy. Argraffiad cyfyngedig i 200 copi.]
'Golwg ar gyfundrefn y beirdd yn yr ail ganrif ar bymtheg', yn R. Geraint Gruffydd, gol., *Bardos: penodau ar y traddodiad barddol Cymreig a Cheltaidd, cyflwynedig i J. E. Caerwyn Williams*, Caerdydd: Gwasg Prifysgol Cymru, 1982, [76]–94.
'Sylwadau'r beirniaid', yn Angharad Tomos, *Hen fyd hurt*, [S.l.]: [S.n.], [1982], 6–7. [Sylwadau ar gystadleuaeth Medal Lenyddiaeth Eisteddfod Genedlaethol Urdd Gobaith Cymru, Llŷn ac Eifionydd, 1982.]
Beirniadaeth casgliad o ddeuddeg o gerddi ar y thema 'Aberth', yn Edward Jones, Islwyn Williams a William Evans, goln., *Cyfansoddiadau a beirniadaethau Eisteddfod Môn, cylch y Garn, 1982*, [S.l.]: Llys Eisteddfod Môn, 1982, 13–15.
Beirniadaeth soned: '1282', ibid., 27.
Beirniadaeth telyneg: 'Sŵn', ibid., 28–9.
'Dacw'r môr', *Yr Athro*, 32 (Mawrth 1982), 27. [Trafodaeth ar y gerdd. Cyhoeddwyd hefyd ym 1983.]
'Cofio cyfaill', *Llafar bro*, 76 (Mai 1982). [Coffáu J. R. Williams (1907–82), Dinas, Blaenau Ffestiniog.]
'Teledu—diffeithiwr?', *Y Faner*, 5 Chwefror 1982, 9; 12 Chwefror 1982, 10. ['Anfonodd y golygydd imi dudalen o *Observer* y 10fed o Ionawr ac arni erthygl Michael Holroyd ar deledu fel cyfrwng dienaid.' Trafodaeth ar gynnwys yr erthygl.]
Poems: 'The Blackthorn'; 'Night in town'; 'Loneliness'; 'Little death'; 'Construct'; 'Cwmorthin'; 'Early summer'; 'An old thing'; 'Bryn Celli Ddu'; 'The Great War (soliloquy of a wounded man looking at a hospital garden)'; 'Killer dog'; 'Microscope'; 'Horses'; 'Seagulls', in *Twentieth century Welsh poems*, translated by Joseph P. Clancy, Llandysul: Gomer Press, 1982, [119]–228.

Poems in Joseph C. Allard and Michael S. Prochak, eds., *Not just another pile of bricks*, Colchester: Ampersand Press, 1982. [Edition limited to 300 copies.]
'Tair cerdd o'r Rwseg: "Byw heb deimlo'r wlad o danom . . ." (Osip Mandelshtam); "Goya wyf" (Andrei Foznesensci); "Tref niwlog" (Andrei Foznesensci)', *Taliesin*, 45 (Rhagfyr 1982), [60]–3. [Ar y cyd ag W. Gareth Jones.]
Cerdd: 'Yr Aderyn gwyn', *Barn*, 230 (Mawrth 1982), 47.
Cerdd: 'Ar ailagor Aelwyd yr Urdd, Blaenau Ffestiniog', *Llafar Bro*, 78 (Gorffennaf 1982), 11.
'Camp diweddaru', *Taliesin*, 44 (Gorffennaf 1982), 105. [Adolygiad: *Y Mabinogion*, diweddariad gan Dafydd a Rhiannon Ifans.]
Adolygiad: *Drws dychymyg*, gol., Elinor Davies, ibid., 105–6.
Adolygiad: *Pigion Talwrn y beirdd*, gol., Gerallt Lloyd Owen, *LlLl*, Gwanwyn 1982, 19–20.

1983

Editor: *Presenting Saunders Lewis*, Cardiff: University of Wales Press, 1983, xix, 361pp. [With Alun R. Jones. First published 1973.]
Cerdda, cariad = Siubhail a grádh, gan Eamonn Ó Gallchobhair; geiriau Cymraeg gan Gwyn Thomas, [S.l.]: [Llys yr Eisteddfod Genedlaethol], 1983, 5tt.
'Boddi cath ac atgyfodiad', yn Rhydwen Williams, gol., *Kate Roberts: ei meddwl a'i gwaith*, Llandybïe: Christopher Davies, 1983, 88–95. [Sylwadau ar 'Gofid' yn *Te yn y grug*.]
'O Maximus i Macsen', *TAGC*, 1983, 7–21. [Darlith a draddodwyd i Adran Gymmrodorol Eisteddfod Ynys Môn yn Eisteddfod Genedlaethol [Cymru] Llangefni, 4 Awst 1983.]
Beirniadaeth telyneg: 'Traeth', yn Keith Davies a Patric Stephens, goln., *Yr Awen: [cyfansoddiadau] Eisteddfod Ryng-golegol Bangor, 1983*, [S.l.]: [S.n.], 1983, 14.
Beirniadaeth: 'Stori arswyd', ibid., 17.
'Stiniog a thenis', *Y Faner*, 15 Gorffennaf 1983. [Ymateb i erthygl Nia Wyn Williams, 'Sêr, 'Stiniog a Wimbledon', ibid., 1 Gorffennaf 1983, 8.]
'Portread annheg ac anghywir', ibid., 30 Medi 1983, 17. [Llythyr yn cynnwys sylwadau ar gerdd Gwilym R. Jones, 'Pesimist (ar ôl darllen beirniadaeth Dr John Gwilym Jones ar Dr Kate Roberts)', ibid., 16 Medi 1983, 7.]
'Tu ôl i'r gerdd: "Dacw'r môr"', ibid., 4 Tachwedd 1983, 14. [Cyhoeddwyd gyntaf ym 1982.]
'Tu ôl i'r gerdd: "Rhyfel" gan Hedd Wyn', ibid., 2 Rhagfyr 1983, 9.

Cerddi: 'Bryn Celli Ddu'; 'Din Lligwy (ar ddechrau Mawrth)', yn Gruffydd Aled Williams, gol., *Hyfrydwch pob rhyw ffrodir: Môn a'i phobl mewn lluniau*, [S.l.]: Pwyllgor Llên Eisteddfod Genedlaethol [Cymru] Ynys Môn, 1983, 5, 7.
Cerdd: 'Cân fach o le pell', *Y Traethodydd*, 138 (Gorffennaf 1983), [115].
Adolygiad: *Dafydd ap Gwilym: the poems*, Richard Morgan Loomis, *BNW*, Spring 1983, 7.

1984

Ellis Wynne (Writers of Wales), Cardiff: University of Wales Press on behalf of the Welsh Arts Council, 1984, 69pp.
Y Mabinogi, cyfaddasiad newydd gan Gwyn Thomas; darluniwyd gan Margaret Jones, Caerdydd: Gwasg Prifysgol Cymru ar ran Cyngor Celfyddydau Cymru, 1984, 87tt. [Cyhoeddwyd hefyd yn 2006.]
Tales from the Mabinogion, [translated and adapted from the Welsh by] Gwyn Thomas and Kevin Crossley-Holland; illustrated by Margaret Jones, London: Victor Gollancz, 1984, 88pp. [Also published in 1989 and 2006.]
Am Mabinogi, Port-ruighe: Club Leabhar, 1984, 88pp. [Gydag Iain Mac Dhòmhnaill.]
Dadansoddi 14, Llandysul: Gwasg Gomer, 1984, 110tt.
Wmgawa [cerddi], Dinbych: Gwasg Gee, 1984, 63tt.
Golygydd: *Electra*, Soffocles, cyfieithiad gan Euros Bowen (Cyfres Dramâu'r Byd), Caerdydd: Gwasg Prifysgol Cymru, 1984, [xxi], 98tt.
'Cyfoesedd y gynghanedd', yn Alan Llwyd, gol., *Trafod cerdd dafod y dydd*, [Abertawe]: Cyhoeddiadau Barddas, 1984, 148–60.
'The Four branches of the Mabinogi', in Frank Keyse, ed., *Loughborough '83: Proceedings of the 16th Loughborough International Seminar on Children's Literature held at the College of Librarianship, Wales, 15th–20th August, 1983*, Aberystwyth: Welsh National Centre for Children's Literature, 1984, 13–22.
Cerddi yn *Dyn a dyfais* (Gorwelion: cynllun Cymraeg fel iaith gyntaf yn yr ysgol uwchradd. Cyfres 1, thema 7: Dyn a dyfais), [S.l.]: Schools Council Publications, 1984. ['Yn y trên', 14–15; 'Y Tyrchwr', 38; 'Rhyfeddodau (lle cyflwynir, ar ei ran, sylwadau mab dengmis wrth iddo ef—a'i dad, ysywaeth—wylio tyllu'r ffordd)', 39.]
'Gwyn Thomas yn ateb cwestiynau Gerwyn Williams (21.9.83)', *Y Traethodydd*, 139 (Hydref 1984), [208]–20.
'"Bardd y byd sydd ohoni"—Alun Llywelyn-Williams', *Barn*, 253 (Chwefror 1984), 19–21.

Cerdd: 'Rhywbeth gwiw i Dduw—Y Fam Teresa', yn Ann Jenkins, gol., *Gweithwyr dros Grist: Mario Borrelli, Y Fam Teresa, Danilo Dolci*, Aberystwyth: Adran Addysg, Coleg Prifysgol Cymru, Aberystwyth, 1984, 35.
'Cerdd o broffwydoliaeth gan W. B. Yeats: Yr Ail ddyfodiad', *Y Traethodydd*, 139 (Ionawr 1984), [3]. [Cyfieithiad o 'The Second coming' W. B. Yeats.]
'Bardd telynegol', *Barddas*, 85 (Mai 1984), 5. [Adolygiad: *Cerddi Lôn Goch*, Dafydd Owen.]
'Tjips Cymraeg', *Y Faner*, 11 Mai 1984, 2. [Ymateb i sylwadau Bedwyr Lewis Jones yn ei golofn 'Gloywi iaith', ibid., 4 Mai 1984, 11.]
'Cerddi gŵyl y Nadolig: "Immanuel"', ibid., 21/28 Rhagfyr 1984, 2.
Adolygiadau: *Cerddi*, Geraint Bowen; *Lleoedd*, Bryan Martin Davies; *Y Sioe*, Moses Glyn Jones; *Einioes ar ei hanner*, Alan Llwyd; *Annus Mirabilis*, T. Arfon Williams, *LlLl*, Gaeaf 1984, 9–10.

1985

Arwyr geiriau, arwyr lluniau (Y Ddarlith Lenyddol Flynyddol, 1985), [Y Rhyl]: Pwyllgor Llenyddiaeth Eisteddfod Genedlaethol [Cymru] Y Rhyl a'r cyffiniau, 1985, 23tt. [Cyhoeddwyd fersiwn newydd yn 2000.]
Llenyddiaeth y Cymry: cyflwyniad darluniadol. Cyfrol I, o tua 500 i tua 1500, Y Bont-faen: D. Brown a'i Feibion Cyf., 1985, 100tt.
Arfer cyffelybiaethau (Darlith Dyfnallt), Abertawe: Tŷ John Penry, 1985, 22tt. [Cyhoeddwyd fersiwn newydd yn 2000.]
Det skjulte rige: fire historier fra Mabinogion, Gwyn Thomas, Kevin Crossley-Holland, Peter Gotthardt, Margaret Jones, Kolding: Tellerup, [1985], 87tt.
Zbigniew Herbert: detholiad o'i gerddi, Caerdydd: Gwasg Prifysgol Cymru, 1985, viii, 50tt. [Ar y cyd â John Elwyn Jones a Nesta Wyn Jones.]
Cerddoriaeth fodern: crynodeb o hanes o Debussy i Boulez, cyfieithiad o *A concise history of modern music*, Paul Griffiths, gan Gwyn Thomas a Siân Megan, Caernarfon: Gwasg Gwynedd, 1985, 191tt.
Cyfieithydd a golygydd: *Dafydd ap Gwilym: chwe cherdd/six poems*, Y Drenewydd: Gwasg Gregynog, 1985, 35tt. [Argraffiad cyfyngedig i 150 o gopïau.]
Beirniadaeth pryddest neu ddilyniant o gerddi, heb fod dros 300 llinell: 'Glannau', yn J. Elwyn Hughes, gol., *Cyfansoddiadau a beirniadaethau Eisteddfod Genedlaethol Frenhinol Cymru, Y Rhyl a'r cyffiniau, 1985*, Llandysul: Gwasg Gomer dros Lys yr Eisteddfod Genedlaethol, 1985, 32–3.
Beirniadaeth: 'Golwg ddychanol ar yr ugeinfed ganrif yn null un o weledigaethau Ellis Wynne', ibid., 116–17.

Cerddi: 'Noson tân gwyllt'; 'Drama'r Nadolig', yn Elinor a John Davies, goln., *Blwyddyn gron*, Llandysul: Gwasg Gomer, 1985, 152–4.
Cerdd: 'Cyfarchion', *Barddas*, 92/93 (Rhagfyr 1984/Ionawr 1985), 13.
Cerdd: 'Niwl', ibid., 99/100 (Gorffennaf/Awst 1985), 17.
Cerdd: 'Diwrnod tynnu'r rhaff i lawr', *Y Traethodydd*, 140 (Ebrill 1985), 60.
Cerdd: 'Ym Manchester', *Y Faner*, 2 Awst 1985, 5.
Cerdd: 'John Saunders Lewis (1893–1985)', *Barn*, 273 (Hydref 1985), 378.
Adolygiad: *Detholion*, Euros Bowen, *LlLl*, Gwanwyn 1985, 12–13.

1986

The Dragon's pen: a brief history of Welsh literature, Llandysul: Gomer Press, 1986, 100pp. [With Bobi Jones.]
'Welsh literature after the Act of Union', ibid., 48–98.
Am ryw hyd [cerddi], Dinbych: Gwasg Gee, 1986, 72tt.
Cerddi'r canllaw (Cynllun y Canllaw), Llandysul: Gwasg Gomer, 1986, 22tt. [Ar y cyd ag Emrys Roberts.]
Y Traddodiad barddol, Caerdydd: Gwasg Prifysgol Cymru, adargraffiad 1986, 240tt. [Cyhoeddwyd gyntaf ym 1976.]
Cyfraniadau yn Meic Stephens, gol., *Cydymaith i lenyddiaeth Cymru*, Caerdydd: Gwasg Prifysgol Cymru, 1986. [Adargraffiad diwygiedig, 1992. Argraffiad newydd, 1997.]
Contributions in Meic Stephens, ed., *The Oxford companion to the literature of Wales*, Oxford: Oxford University Press, 1986. [New edition published in 1998.]
Beirniadaeth pryddest neu ddilyniant o gerddi: 'Llwch', yn W. Rhys Nicholas, gol., *Cyfansoddiadau a beirniadaethau Eisteddfod Genedlaethol Frenhinol Cymru, Abergwaun a'r fro, 1986*, Llandysul: Gwasg Gomer dros Lys yr Eisteddfod Genedlaethol, 1986, 38–9.
Beirniadaeth cystadleuaeth y Gadair: 'Cerdd gaeth neu rydd heb fod yn llai na 60 llinell: "Cysgodion" neu "India"', yn *Eisteddfod Genedlaethol Urdd Gobaith Cymru, Dyffryn Ogwen a'r cylch, 1986: cyfansoddiadau llenyddol buddugol*, Aberystwyth: Cwmni Urdd Gobaith Cymru, 1986, 25–6.
'Some impressions of recent Welsh poetry', *Cahiers sur la Poésie*, 3 (1986), 31–43.
'Sgwrs ag Alun Llywelyn-Williams', *LlLl*, Gaeaf 1986, 4–6.
Cerdd: 'John Gwilym Jones', yn R. Gerallt Jones, gol., *Dathlu: cynnyrch llenyddol dathliadau chwarter-can-mlwyddiant sefydlu'r Academi Gymreig*, Caerdydd: Yr Academi Gymreig, 1986, 89–90.

Cerddi gan Ranka Kuic [cyfieithiadau]: 'Yn dawel ymdaena'r gwyll (1941)'; 'Wrth fedd fy nhad (1959)'; 'Y 10 a.m. terfynol (ar farwolaeth ei mam, 1985)', *Taliesin*, 57 (Hydref 1986), [51]–2.
Cerdd: 'Yr Un Nadolig hwnnw', *Barddas*, 104/105 (Rhagfyr 1985/Ionawr 1986), 16.
Cerdd: 'Bun yn Nyffryn Ogwen (Eisteddfod yr Urdd, 1986)', *Y Faner*, 13 Mehefin 1986, 3.
'Difyrrwch', *Taliesin*, 57 (Hydref 1986), 88–9. [Adolygiad: *Cymysgadw*, D. Tecwyn Lloyd.]
Adolygiad: *Ysgrifeniadau byrion Morgan Llwyd*, gol., Patrick J. Donovan, *Y Faner*, 7 Chwefror 1986, 14.
Adolygiad: *Ar draws ac ar hyd*, John Gwilym Jones, ibid., 31 Hydref 1986, 14.
Adolygiad: *Neb*, R. S. Thomas, *Lll*, Gwanwyn 1986, 13–14.
Adolygiadau: *Oblegid fy mhlant*, Alan Llwyd; *Sgubo'r storws*, Dic Jones; *Trigain*, Gareth Alban Davies, ibid., Gaeaf 1986, 12.
Adolygiad: *Medieval religious literature*, D. Simon Evans, *BNW*, Winter 1986, 9–10.

1987

Alun Llywelyn-Williams (Cyfres Llên y Llenor), [Caernarfon]: Gwasg Pantycelyn, 1987, 73tt.
'Barddoniaeth gwŷr y Gogledd', yn Geraint Bowen, gol., *Y Gwareiddiad Celtaidd*, Llandysul: Gwasg Gomer, 1987, 190–201.
'Argraffiadau', yn D. Ellis Evans ac R. Brinley Jones, goln., *Cofio'r Dafydd: Cymdeithas Dafydd ap Gwilym, 1886–1986*, Abertawe: Tŷ John Penry, 1987, 163–9.
Beirniadaeth y Fedal Lenyddiaeth: 'Casgliad o waith gwreiddiol', yn Delyth Carpenter, Gwawr Davies ac Anwen Huws, goln., *Yr Awen: [cyfansoddiadau] Eisteddfod Ryng-golegol Bangor, 1987*, [S.l.]: [S.n.], 1987, 10.
Cerdd: 'Dyma lle'r oedd dinas (o "Hiliogaeth Cain")', yn Nigel Jenkins a Menna Elfyn, goln., *Glas-nos: cerddi dros heddwch*, Machynlleth: CND Cymru, 1987, 83–4.
Cerddi yn Gwynn ap Gwilym ac Alan Llwyd, goln., *Blodeugerdd o farddoniaeth Gymraeg yr ugeinfed ganrif*, [Abertawe]: Cyhoeddiadau Barddas; Llandysul: Gwasg Gomer, 1987. Ail argraffiad, 1994; trydydd argraffiad, 1998. ['Darn a llawer o "au" ynddo', 451; 'Hiroshima', 451–2; 'Damwain', 452–3; 'Gogi', 453–4; 'Ac oblegid eich plant (gweler Efengyl Luc xxiii, 27–31)', 454–5; '"Y Sêr yn eu tynerwch"', 455–6; 'Croesi traeth', 456–8; 'Arwydd', 458.]

Cerdd: 'Mantolen gyfrifon yr iaith Romansch (cyfieithiad o 'Bilantsch Rumantsch' o *Corv e Talina*, Mawrth 1967)', *Taliesin*, 60 (Nadolig 1987), [105]–6.
Cerdd: 'Traethodl: *Traethodydd* y merched (Rhifyn Ionawr 1986)', *Y Traethodydd*, 142 (Ionawr 1987), 4–5.
Cerdd: 'Y Nos hon', ibid. (Hydref 1987), [171].
Adolygiad: *Llenyddiaeth Gymraeg, 1902–1936*, R. M. Jones, *LlLl*, Gaeaf 1987, 10.
Adolygiadau: *Aspects of the poetry of Dafydd ap Gwilym: collected papers*, Rachel Bromwich; *Welsh surnames*, T. J. Morgan and Prys Morgan, *AWR*, 85 (1987), 152–5.
Adolygiad: *Hunllef Arthur*, Bobi Jones, *Y Faner*, 1 Mai 1987, 14–15.

1988

Ceffylau, Y Drenewydd: Gwasg Gregynog, 1988, 4tt. (Beirdd Gregynog 6). [Engrafiad ar bren gan Leslie Benenson. Argraffiad cyfyngedig i 400 copi.]
Culhwch ac Olwen, cyfaddasiad newydd gan Gwyn Thomas; darluniwyd gan Margaret Jones, Caerdydd: Gwasg Prifysgol Cymru ar ran Cyngor Celfyddydau Cymru, 1988, 64tt.
The Quest for Olwen, [translated and adapted from the Welsh by] Gwyn Thomas and Kevin Crossley-Holland; illustrated by Margaret Jones, Cambridge: Lutterworth Press in association with the University of Wales Press, 1988, 64pp.
Golygydd: *Geiriau William Morgan: detholion o Feibl 1588*, [Bangor]: Cymdeithas Gelfyddydau Gogledd Cymru, 1988, 95tt. [Argraffiad cyfyngedig i 300 copi. Ar y cyd â Bedwyr Lewis Jones.]
'Llythur ir Cymru cariadus', yn J. E. Caerwyn Williams, gol., *Ysgrifau beirniadol XIV*, Dinbych: Gwasg Gee, 1988, 152–64.
Beirniadaeth: 'Cerdd: "Y Gêm" neu "Sŵn"', yn *Eisteddfod Genedlaethol Urdd Gobaith Cymru, Maldwyn, 1988: cyfansoddiadau llenyddol buddugol*, Aberystwyth: Cwmni Urdd Gobaith Cymru, 1988, 8–9.
Cerddi yn Alan Llwyd, gol., *Nadolig y beirdd*, [Abertawe]: Cyhoeddiadau Barddas, 1988. Ail argraffiad, 1990; trydydd argraffiad, 1998. ['Carol', 66; 'Coeden Nadolig', 74; 'Ysbryd y Nadolig', 95; 'Yr Un Nadolig hwnnw', 96.]
'Gwlad y Mabinogi', yn *Arweinlyfr Gwynedd Guide*, Caernarfon: Cyngor Sir Gwynedd, 1988, 65–6.
'Dau fater yn ymwneud â Dafydd ap Gwilym', *Y Traethodydd*, 143 (Ebrill 1988), 99–105.
'John Gwilym Jones: y dyn ei hun', *Taliesin*, 65 (Rhagfyr 1988), [17]–27.
'Cofio Thomas Glynne Davies', *Barddas*, 135/137 (Gorffennaf/Awst/Medi 1988), 31.

'Hen Nic yn yr ysgol', *Y Casglwr*, 36 (Nadolig 1988), 4. [Ar Gwilym Edward Thomas, awdur *Nic* a *Nic oedd, Nic fydd*, Gwasg Aberystwyth, 1937 a 1947.]
'O eg i ell: Gwyn Thomas yn cyflwyno ail gyfrol *Geiriadur Prifysgol Cymru*', *LlLl*, Haf 1988, 10.
Review: *Aneirin: Y Gododdin*, A. O. H. Jarman, *BNW*, Winter 1988, 9.
Review: *Selected poems*, Bobi Jones, *AWR*, 88 (1988), 83–4.

1989

Cymraeg 5–16 oed, Caerdydd: Y Swyddfa Gymreig, 1989, 174tt.
Tales from the Mabinogion, [translated and adapted from the Welsh by] Gwyn Thomas and Kevin Crossley-Holland; illustrated by Margaret Jones, London: Victor Gollancz, 1989, 88pp. [Originally published in 1984. Also published in 2006.]
Drama'r Nadolig [cerdd], darluniau gan Jac Jones, [Abertawe]: Cyhoeddiadau Barddas, 1989, [27]tt.
Y Traddodiad barddol, Caerdydd: Gwasg Prifysgol Cymru, adargraffiad 1989, 240tt. [Cyhoeddwyd gyntaf ym 1976.]
Beirniadaeth cerdd rydd fer: 'Gwrthdaro', yn J. Elwyn Hughes, gol., *Cyfansoddiadau a beirniadaethau Eisteddfod Genedlaethol Frenhinol Cymru, Dyffryn Conwy a'r cyffiniau, 1989*, Llandysul: Gwasg Gomer dros Lys yr Eisteddfod Genedlaethol, 1989, 63–4.
'Myrddin', yn D. Gwyn Jones, gol., *Chwilota, 7*, Caerdydd: Gwasg Prifysgol Cymru dan nawdd Cynllun Gwerslyfrau ac Adnoddau Cyd-bwyllgor Addysg Cymru, 1989, 201–2.
'Ysgoloriaeth John Gwilym Jones', *Bangoriad*, 1989, 52. [Llythyr ar y cyd â Bedwyr Lewis Jones.]
Cerdd: 'John Gwilym Jones (ar ddathlu ohono ei ben blwydd yn 80 oed. Trefnwyd y dathliad gan yr Academi Gymreig)', ibid., 51–2.
'Y Bardd Cwsg', yn Gwyn Erfyl, gol., *Radio Cymru: detholiad o raglenni Cymraeg y BBC, 1934–1989*, Llandysul: Gwasg Gomer gyda chydweithrediad BBC Cymru, 1989, 118–20.
Cerdd: 'Y Modd y bu i Bonso gallio', yn Elwyn Edwards, gol., *Yr Awen lawen*, [Abertawe]: Cyhoeddiadau Barddas, 1989, 165–6.
Cerdd: 'John Gwilym Jones (1904–1988)', *Y Traethodydd*, 144 (Ebrill 1989), [59].
'Gormod o rwdins', *Barddas*, 144 (Ebrill 1989), 15–16. [Adolygiad: *Blodeugerdd Barddas o'r bedwaredd ganrif ar bymtheg*, gol., R. M. Jones.]
Adolygiad: *Cerddi, 1955–1989*, R. Gerallt Jones, *LlLl*, Gaeaf 1989, 11–12.

Adolygiad: *Cerddi Groeg clasurol*, gol., J. Gwyn Griffiths, ibid., 21.
Review: *Taliesin: poems*, Meirion Pennar, *BNW*, Autumn 1989, 12.

1990

Gwelaf afon [cerddi], Dinbych: Gwasg Gee, 1990, 54tt.
'Barddoniaeth R. S. Thomas', yn M. Wynn Thomas, gol., *R. S. Thomas: y cawr awenydd*, Llandysul: Gwasg Gomer, 1990, 1–22.
Beirniadaeth: 'Cywydd coffa byr i John Gwilym Jones', yn W. J. Jones, gol., *Cyfansoddiadau a beirniadaethau Eisteddfod Genedlaethol Frenhinol Cymru, Cwm Rhymni, 1990*, Llandysul: Gwasg Gomer dros Lys yr Eisteddfod Genedlaethol, 1990, 54–5.
Stori: 'Nain Brian Schwarzenegger (ynganer Shfarts-yn-eg-yr)', yn Glenys Howells, gol., *Heno, heno . . .: casgliad o straeon amser gwely*, Llandysul: Gwasg Gomer, 1990, 218–20.
'The Imagery of the strict metre poetry of Wales in the seventeenth century', *StC*, 24/25 (1989/1990), 99–107.
'Samuel Beckett', *Taliesin*, 69 (Mawrth 1990), [96]–9.
'Taliesin ac Aneirin: dau o'n beirdd cynnar', *Y Faner*, 9 Mawrth 1990, 6–7.
Cyfweliad: 'Dau fyd y bardd Gwyn Thomas', *Golwg*, 10 Mai 1990, 21–3.
Cerddi yn Elwyn Edwards, gol., *Cadwn y mur: blodeugerdd Barddas o ganu gwladgarol*, [Abertawe]: Cyhoeddiadau Barddas, 1990. [Diweddariadau: 'Marwnad Owain ab Urien', Taliesin; 'Brwydr Argoed Llwyfain', Taliesin; 'Pennill o'r Gododdin', Aneirin, 1–3; Diweddariad: 'Stafell Gynddylan', 10–11; Diweddariad: 'Eryr Pengwern', 14; 'Y Llyw Olaf', 40; 'Cymry', 131; 'Cymry', 165; 'Soniwch am y Gymraeg', 271; 'Saunders Lewis', 422; 'John Saunders Lewis (1893–1985)', 436; 'Y Cymry Cymraeg', 544; 'I Gareth Miles', 584; 'Cân biws', 592–3.]
Tair cerdd gan Ranka Kuic [cyfieithiadau]: 'Cofgolofn Chopin'; 'Cân ddiota I. (Mewn bar yn Dubrofnic gyda'i chariad ar noson o haf)'; 'Cân ddiota II. (Mewn bar yn Dubrofnic heb ei chariad. Bu ei gŵr, Pwyliad, farw dan amodau difrif iawn)', *Taliesin*, 69 (Mawrth 1990), [32]–3.
'Detholiad da a theilwng', *Barddas*, 163 (Tachwedd 1990), 23–4. [Adolygiad: *Blodeugerdd Barddas o'r bedwaredd ganrif ar ddeg*, gol., Dafydd Johnston.]
Review: *Saunders Lewis*, Bruce Griffiths, *THES*, 21 September 1990, 24.
Review: *Early Welsh saga poetry*, Jenny Rowland, *BNW*, Autumn 1990, 12–13.
Review: *Dafydd ap Gwilym and the European context*, Helen Fulton, *NWR*, 3 (Summer 1990), 64–5.

1991

Golygydd: *Gweledigaethau y Bardd Cwsg* [gan Ellis Wynne]: *y rhan gyntaf*, [Penrhyndeudraeth]: Cyfeillion Ellis Wynne, 1991, 160tt. [Ar y cyd â Patrick J. Donovan. Argraffiad cyfyngedig i 300 o gopïau. Cyhoeddwyd fersiwn llawnach ym 1998.]
Beirniadaeth dilyniant o gerddi neu bryddest heb fod mewn cynghanedd gyflawn a heb fod dros 300 llinell: 'Pelydrau' neu 'Llygredd', yn J. Elwyn Hughes, gol., *Cyfansoddiadau a beirniadaethau Eisteddfod Genedlaethol Frenhinol Cymru, Bro Delyn, 1991*, Llandysul: Gwasg Gomer dros Lys yr Eisteddfod Genedlaethol, 1990, 19–20.
Beirniadaeth cerdd rydd: 'Chwerwder', yn Rhiell Owen, Carol Ann Jones a Ffion Gwen Evans, goln., [*Yr Awen: cyfansoddiadau*] *Eisteddfod ryng-golegol Bangor, 1991*, [S.l.]: [S.n.], 1991, 9.
Beirniadaeth: 'Cyfieithu o'r Saesneg i'r Gymraeg', ibid., 65.
'Sobin Fardd? Gwyn Thomas yn edrych ar eiriau'r canwr roc', *Golwg*, 11 Ebrill 1991, 18.
Cerddi yn Modlen Lynch, gol., *Ar y cyd: llawlyfr addoliad*, Bangor: Canolfan Astudiaethau Iaith, Prifysgol Cymru, 1991. ['Hen beth', 24; 'Du a gwyn', 68; 'Rhywbeth gwiw i Dduw—Y Fam Teresa', 69; 'Cyfarchion', 132; 'Yr Awr hon', 132–3; 'Dowch i Belffast', 133–4; 'Dydd o heddwch' [detholiad], 134–5; 'Cadwynau yn y meddwl' [detholiad], 202–3; 'Y Pethau diwethaf', 226; 'Mae hi'n anodd', 227; 'Arwr: ugeinfed ganrif', 228; 'Ac oblegid eich plant', 229–30; 'Luc deunaw, un i wyth', 247–8.
'Bara Caws a'r Bardd Cwsg: fersiwn theatrig rymus o'r *Gweledigaethau*', *Barn*, 345 (Hydref 1991), 46.
Cerdd: 'Does unman yn debyg i gartref', *Taliesin*, 74 (Haf 1991), [7].
Cerdd: 'Ym Mhorthdinllaen etc.', *Barddas*, 169 (Mai 1991), 7.
'Prometheus wyf', *Barn*, 347 (Rhagfyr 1991), 40–1. [Adolygiad: *Gwae fi fy myw: cofiant Hedd Wyn*, Alan Llwyd.]
'Awen o waeau', *LlLl*, Gwanwyn 1991, 8–9. [Adolygiad: *Cerddi Alan Llwyd 1968–1990: Y Casgliad cyflawn cyntaf*, Alan Llwyd.]
'Gweini i'r dirgelwch', *Golwg*, 18 Gorffennaf 1991, 20. [Adolygiad: *Alun Llywelyn-Williams*, Elwyn Evans.]
'Arthur y Cymry', ibid., 14 Tachwedd 1991, 18–19. [Adolygiad: *The Arthur of the Welsh: the Arthurian legend in Medieval Welsh literature*, A. O. H. Jarman, Rachel Bromwich and Brynley F. Roberts, eds.]
Review: *Saunders Lewis: a presentation of his work*, Harri Pritchard Jones, *NWR*, 3 (Spring 1991), 81–2.
Review: *Praise above all: discovering the Welsh tradition*, A. M. Allchin, *BNW*, Winter 1991, 13.

1992

Duwiau'r Celtiaid (Llyfrau Llafar Gwlad, 24), Llanrwst: Gwasg Carreg Gwalch, 1992, 69tt.

Chwedl Taliesin, cyfaddasiad newydd gan Gwyn Thomas; darluniwyd gan Margaret Jones, Caerdydd: Gwasg Prifysgol Cymru, 1992, 61tt.

The Tale of Taliesin [translated and adapted from the Welsh by] Gwyn Thomas and Kevin Crossley-Holland; illustrated by Margaret Jones, London: Victor Gollancz, 1992, 62pp.

Cyfraniadau yn Meic Stephens, gol., *Cydymaith i lenyddiaeth Cymru*, adargraffiad diwygiedig, Caerdydd: Gwasg Prifysgol Cymru, 1992. [Cyhoeddwyd gyntaf ym 1986. Argraffiad newydd 1997.]

'Rhagair', yn Bedwyr Lewis Jones, *Yn ei elfen*, Llanrwst: Gwasg Carreg Gwalch, 1992, [7].

Beirniadaeth cerdd fer rydd tua 20 llinell: 'Gwyliwr', yn W. J. Jones, gol., *Cyfansoddiadau a beirniadaethau Eisteddfod Genedlaethol Frenhinol Cymru, Ceredigion, Aberystwyth, 1992*, Llandybïe: Gwasg Dinefwr dros Lys yr Eisteddfod Genedlaethol, 1992, 91–2.

Beirniadaeth cerdd rydd: 'Chwerwder', yn Dylan Huw Lewis a Rebecca Angharad Phillips, goln., *Yr Awen: [cyfansoddiadau] Eisteddfod ryng-golegol Abertawe, 1992*, [S.l.]: [S.n.], 1992, 8–9.

'Pennaeth Adran Gymraeg Bangor', *Taliesin*, 78/79 (Rhagfyr 1992), [8]–10. [Teyrnged i Bedwyr Lewis Jones.]

'David Tecwyn Lloyd (1914–1992)', *Barddas*, 187 (Tachwedd 1992), 1–2.

'Professor Bedwyr Lewis Jones', *The Times*, 3 September 1992. [Unsigned.]

'Rhoi cig ar y sgerbwd', *Golwg*, 9 Ebrill 1992, 22–3. [Addasu chwedl Taliesin.]

'Dyn pobl: cofio Bedwyr Lewis Jones', ibid., 3 Medi 1992, 7.

'"Shakes" a fi: Gwyn Thomas a Chymreigio Shakespeare', ibid., 5 Tachwedd 1992, 12–13. [Sylwadau ar ei gyfieithiadau o chwech o ddramâu Shakespeare (addasiadau ar ffurf ffilmiau cartŵn).]

Cerddi yn Mair Elvet Thomas, gol., *Merched ein beirdd*, Llandysul: Gwasg Gomer, 1992. ['Stafell Gynddylan, Canu Heledd (diweddariad)', 92–3; 'Gwraig i sant', 201–2.]

Cerddi yn Alan Llwyd, gol., *Yn nheyrnas diniweidrwydd: blodeugerdd Barddas o gerddi am blant a phlentyndod*, [Abertawe]: Cyhoeddiadau Barddas, 1992. ['Pais Dinogad (Diweddariad ar y cyd â Bedwyr Lewis Jones)', 18; 'Bach ydi baban', 33; 'Plasdar', 50–1; 'Fy nhraed', 54; 'Y Diweddar Ffredrig Tjips', 56–7; 'Gogi', 61–2; 'Ar ôl dod o'r ysgol', 80; 'Mwy na'r un faint', 88–9; 'Whiw!', 93–4; 'Fi, fo, nhw', 112–13; 'Ar awr annaearol o'r nos', 116–17; 'Y Dyn pestri',

123–5; 'Pen-blwydd, chwech', 138–9; 'Yr Un Nadolig hwnnw', 153; '"Y Sêr yn eu tynerwch"', 190.]
Cerddi: Cyfieithiadau i'r Gatalaneg gan Carme Manuel a Josep V. Garcia, yn Siân Ithel ac R. Gerallt Jones, goln., *Poesia Gal·lesa actual*, Valencia: Edicions Alfons el Magnànim-IVEI, 1992. ['I pels teus fills (Ac oblegid eich plant)', 76–9; 'Creuant una platja (Croesi traeth)', 80–3; 'Fulla (Deilen)', 84–5; 'Mió (Gogi)', 86–9.]
Adolygiad: *Early Welsh poetry: studies in the Book of Aneirin*, ed., Brynley F. Roberts, *LlC*, 17 (Ionor/Gorffennaf 1992), 153–6.
Adolygiad: *Culhwch ac Olwen*, goln., Rachel Bromwich a D. Simon Evans, ibid., 156–8.
Adolygiad: *R. S. Thomas*, W. Moelwyn Merchant, ibid., 179–80.
Adolygiad: *Cilmeri a cherddi eraill*, Gerallt Lloyd Owen; *Cadw gŵyl*, Myrddin ap Dafydd, *LlLl*, Gwanwyn 1992, 14–15.
Review: *Canu maswedd yr Oesoedd Canol = Medieval Welsh erotic poetry*, Dafydd Johnston, *NWR*, 4 (Spring 1992), 47.

1993

Anifeiliaid y maes hefyd [cerddi], lluniau gan Ted Breeze Jones, [Pen-y-groes]: Gwasg Dwyfor, 1993, [36]tt.
Macbeth, gan William Shakespeare, addasiad gan Gwyn Thomas, Caerdydd: Adran Addysg BBC Cymru, 1993, 22tt.
Breuddwyd noswyl Ifan, gan William Shakespeare, addasiad gan Gwyn Thomas, Caerdydd: Adran Addysg BBC Cymru, 1993, 43tt.
Y Dymestl, gan William Shakespeare, addasiad gan Gwyn Thomas, Caerdydd: Adran Addysg BBC Cymru, 1993, 33tt.
Y Traddodiad barddol, Caerdydd: Gwasg Prifysgol Cymru, adargraffiad 1993, 240tt. [Cyhoeddwyd gyntaf ym 1976.]
Cerddi yn Medwin Hughes, gol., *Blodeugerdd Barddas o gerddi crefyddol*, [Abertawe]: Cyhoeddiadau Barddas, 1993. ['Gwener y Grog', 162–3; 'Aileni', 163; 'Arwydd', 163–4.]
Beirniadaeth cerdd rydd: 'Dŵr', yn Eleri Llwyd, Esyllt Williams ac Eurgain Evans, goln., *Yr Awen: [cyfansoddiadau] Eisteddfod ryng-golegol Aberystwyth, 1993*, [S.l.]: [S.n.], 1993, 15.
Beirniadaeth cerdd rydd: 'Unigryw', ibid., 69–70.
Beirniadaeth cystadleuaeth y Goron, ar y cyd â Ray Evans: 'Tair stori mewn tafodiaith yn ymwneud â'r un person neu'r un digwyddiad', yn *Eisteddfod Genedlaethol Urdd Gobaith Cymru, Abertawe a Lliw, 1993: cyfansoddiadau llenyddol buddugol*, Aberystwyth: Cwmni Urdd Gobaith Cymru, 1993, 77–8.

'Hugh Bevan (1911–1979)', *TAGC*, 1993, 99–114. [Darlith a draddodwyd i aelodau o Anrhydeddus Gymdeithas y Cymmrodorion ym Mangor, 23 Ebrill 1993.]
'[J. E.] Caerwyn Williams: Llywydd yr Academi Gymreig', *Taliesin*, 80 (Ionawr/ Chwefror 1993), [56]–60. [Ar y cyd â Derwyn Jones.]
'Dysgu ysgrifennu?', ibid., 82 (Haf 1993), [27]–8.
'Ystafell Bedwyr', *Y Traethodydd*, 148 (Ionawr 1993), [13]–15. [Teyrnged i Bedwyr Lewis Jones.]
'Ar drywydd y Celtiaid', *Barn*, 363 (Ebrill 1993), 15–16. [Sylwadau ar *The Celtic connection*, gol., Glanville Price, a chwrs ar 'Y Dychymyg Celtaidd' yn Nhŷ Newydd, Llanystumdwy.]
'Yr Athro Bedwyr Lewis Jones, 1933–1992', *Bangoriad*, 1993, 39–41.
'Unigoliaeth John Gwilym', *Barddas*, 199 (Tachwedd 1993), 24. [Adolygiad: *Bro a bywyd John Gwilym Jones*, gol., Manon Wyn Siôn.]
Review: *Gods and heroes in north Wales: a mythological guide*, Michael Senior, *BNW*, Autumn 1993, 18.

1994

Syr John Morris-Jones (Darlith Eisteddfodol y Brifysgol, Eisteddfod Genedlaethol Cymru, Nedd a'r cyffiniau, 1994), Caerdydd: Gwasg Prifysgol Cymru, 1994, 19tt.
Rhannu'r hwyl: cerddi i blant, lluniau gan Jac Jones, Llandysul: Gwasg Gomer, 1994, 61–75. [Ar y cyd â John Hywyn, John Gwilym Jones ac Emrys Roberts. Cerddi: 'Pethau rhyfedd', 63; 'Parti', 64; 'Dyn ar fotor-beic', 65; 'Coch', 66; 'Gwyn a du', 68; 'Ysgol haf', 69; 'Storm haf', 70–1; 'Mae', 72; 'Bwli', 74–5. [Cyhoeddwyd ail argraffiad ym 1996.]
Aelod o fwrdd golygyddol *Geiriadur Prifysgol Cymru*, Caerdydd: Bwrdd Gwybodau Celtaidd Prifysgol Cymru, 1994 > yn parhau.
Beirniadaeth awdl: 'Chwyldro', yn W. J. Jones, gol., *Cyfansoddiadau a beirniadaethau Eisteddfod Genedlaethol Frenhinol Cymru, Nedd a'r cyffiniau, 1994*, Llandybïe: Gwasg Dinefwr dros Lys yr Eisteddfod Genedlaethol, 1994, 5–9.
'Yr Ystlum-fachan (chwedl addysgol i ieuenctid Gwalia)', *Taliesin*, 88 (Gaeaf 1994), [52]–5.
'Addasu ar gyfer y sgrin', *LlLl*, Hydref 1994, 5–6.
'Dyfnallt Morgan (1917–1994)', ibid., Gaeaf 1994, 9.
Cerdd: 'Benylin i ni', *Barddas*, 200/201 (Rhagfyr 1993/Ionawr 1994), 35.
Cerdd: 'Hen fwthyn prydferth ei nain', ibid., 36.
'Asbri hanesyddol', *Taliesin*, 84 (Chwefror/Mawrth 1994), 119–21. [Adolygiad: *Blodeugerdd Barddas o'r ail ganrif ar bymtheg: cyfrol I*, gol., Nesta Lloyd.]

1995

Gelynion y Cymry cynnar: y Gwyddelod a'r Eingl-Sacsoniaid ('Hanes, Cyfnod Allweddol 2: llyfr i gydredeg ag uned o dair rhaglen yn y gyfres radio "Di-bendraw"'), Caerdydd: BBC Cymru, [1995], 79tt.
Adnoddau Safon Uwch 2, rhyddiaith: deunydd ar gyfer myfyrwyr sy'n astudio'r Gymraeg ar gyfer Lefel A, Caerdydd: BBC Cymru, [1995], [131]tt.
'Y Stori fer a'r ysgrif: sgript radio', ibid., [8–34].
'Y Nofel: sgript radio', ibid., [35–60].
Golygydd: *Pair Ceridwen*, Llangefni: Y Ganolfan Astudiaethau Iaith, 1995, 72tt. ['Llyfr ar gyfer disgyblion Cyfnod Allweddol 3/4'.]
'Iaith, llenyddiaeth', yn R. Gerallt Jones, gol., *Tuag at y Filrif = Towards the Millennium*, Y Drenewydd: Gwasg Gregynog, 1995, 17–23. [Argraffiad cyfyngedig i 500 copi.]
['Dylanwadau'], yn Eleri Hopcyn, gol., *Dylanwadau*, Llandysul: Gwasg Gomer, 1995, [81]–99.
'Arolwg o'r Gymraeg yn niwylliant Cymru', *LlC*, 18 (Ionor/Gorffennaf 1995), 192–204. ['Cyflwynwyd y sylwadau hyn gyntaf fel darlith ar gyfer ysgol ddeuddydd ar 'Yr Iaith Gymraeg yn Hanes Cymru', a drefnwyd yng Nghaerdydd gan Dr J. Gwynfor Jones'.]
'Arwyddocâd Ellis Wynne', *CCHChSF*, 12 (1995), 191–4. ['Traddodwyd y sylwadau hyn yn eglwys Llanfair ar 7 Gorffennaf 1994, yn ystod gwasanaeth a drefnwyd gan Gyfeillion Ellis Wynne i ddathlu cwblhau adfer y tu allan i adeilad Y Lasynys'.]
Beirniadaeth limerig: 'Wrth ganu'n y côr ar y llwyfan', yn Alun Rhys Jenkins, gol., [*Yr Awen: cyfansoddiadau*] *Eisteddfod ryng-golegol Bangor, 1995*, [S.l.]: [S.n.], 1995, [9].
Beirniadaeth: 'Llythyr caru', ibid., [24].
Cerddi yn Eleri Ellis Jones, gol., *Shectol inc: casgliad o gerddi*, Talybont: Y Lolfa, 1995. ['Damwain', 81; Diweddariad: 'Stafell Gynddylan', 95; 'Hen beth', 99; 'Deilen', 100; 'Y Ffatri'n cau', 107; 'Drama'r Nadolig', 112; 'Mae gen i freuddwyd', 127.]
Cerddi yn Geraint Percy Jones a Geraint Vaughan Jones, goln., *Yn fyw mewn geiriau: detholiad o gerddi addas ar gyfer TGAU*, Llangefni: Y Ganolfan Astudiaethau Iaith, 1995. ['Drama'r Nadolig', 33–4; 'Damwain', 45; 'Hen beldroediwr', 59; 'Dyddio', 77; 'Cudyll coch', 79; 'Stori sgotwr', 84; 'Ci lladd defaid', 90; '1914–1918', 104; 'Niwl', 110; 'Galanastra', 129; 'Y Ffatri'n cau', 132.]
Translations: 'Words'; 'Not much of a joke (see Simone de Beauvoir's description of the end of Jean-Paul Sartre in *La Cérémonie des Adieux*)'; 'For'; 'Lizard'; 'Greetings'; 'The Way out of Camelot ("By south Cadbury is that Camelot")';

'A little chat by the fire'; 'Austin'; 'Now', in Daniel Weissbort and Dafydd Johnston, eds., *Modern poetry in translation*, 7 (Spring 1995), 146–54. [Translations by the author.]
'Cerddi'r Steddfod arall', *Barn*, 390/391 (Gorffennaf/Awst 1995), 35. ['Nid nepell o faes y Brifwyl, ac yn cynnwys llawn cymaint o liw a seremoni, mae Sw Bae Colwyn. Gofynnodd *Barn* i bedwar o feirdd sgrifennu cerddi yn ymateb i luniau o rai o'r creaduriaid sydd i'w gweld yno'. Cerdd: 'Ssarff'.]
'Ddim mor llwyd', *Taliesin*, 89 (Gwanwyn 1995), 129–31. [Adolygiad: *Glaw ar rosyn Awst*, Alan Llwyd.]
Review: *A Welsh classical dictionary*, Peter C. Bartrum, *WHR*, 17 (June 1995), 462.

1996

Y Dymestl, William Shakespeare; cyfieithiad gan Gwyn Thomas, Dinbych: Gwasg Gee, 1996, 88tt.
Eifion Wyn y bardd, Porthmadog: Clwb y Garreg Wen, [1996], 24tt.
Rhannu'r hwyl: cerddi i blant, lluniau gan Jac Jones, Llandysul: Gwasg Gomer, 1996, 61–75. [Ar y cyd â John Hywyn, John Gwilym Jones ac Emrys Roberts. Cyhoeddwyd gyntaf ym 1994.]
Y Traddodiad barddol, Caerdydd: Gwasg Prifysgol Cymru, adargraffiad 1996, 240tt. [Cyhoeddwyd gyntaf ym 1976.]
'Pedair cainc y Mabinogi', yn Geraint H. Jenkins, gol., *Cof cenedl: ysgrifau ar hanes Cymru XI*, Llandysul: Gwasg Gomer, 1996, 1–27.
'Cloriannu Celtica: grym dychymyg', *Barn*, 395/396 (Rhagfyr 1995/Ionawr 1996), 27–9.
Cerdd: 'Drama'r Nadolig', yn Elwyn Edwards, gol., *Angel a thinsel: blodeugerdd Barddas o gerddi Nadolig*, [Abertawe]: Cyhoeddiadau Barddas, 1996, 35.
'Gair a llun a phapur gwyn', *LlLl*, Hydref 1996, 8–9. [Sylwadau ar *Anifeiliaid y maes hefyd.*]
Adolygiadau: *Ofn fy het*, Twm Morys; *Chwarae mig*, Emyr Lewis; *Bol a chyfri' banc*, Iwan Llwyd, Ifor ap Glyn a Myrddin ap Dafydd, *LlLl*, Haf 1996, 10–11.

1997

Byd D. Tecwyn Lloyd: golwg ar ei ysgrifau mwyaf personol (Y Ddarlith Lenyddol Flynyddol, Eisteddfod Genedlaethol Cymru Meirion a'r cyffiniau, 1997), Llanrwst: Gwasg Carreg Gwalch dros Lys yr Eisteddfod Genedlaethol, 1997, 21tt.

Rhyw lun o brofiad (Darlith Goffa Syr Thomas Parry-Williams, 1997), Aberystwyth: Canolfan Uwchefrydiau Cymreig a Cheltaidd Prifysgol Cymru, 1997, [17]tt.
Golygydd: *R. Williams Parry* gan Bedwyr Lewis Jones; golygwyd a chwblhawyd gan Gwyn Thomas (Cyfres Dawn Dweud), Caerdydd: Gwasg Prifysgol Cymru, 1997, x, 188tt.
'Hedd Wyn', yn Robert Rhys, gol., *Y Patrwm amryliw: cyfrol 1*, [Abertawe]: Cyhoeddiadau Barddas, 1997, 88–111. [Cyhoeddwyd gyntaf ym 1979.]
Beirniadaeth pryddest i nifer o leisiau heb fod dros 200 llinell: 'Branwen', yn J. Elwyn Hughes, gol., *Cyfansoddiadau a beirniadaethau Eisteddfod Genedlaethol Frenhinol Cymru, Meirion a'r cyffiniau, 1997*, Llandybïe: Gwasg Dinefwr dros Lys yr Eisteddfod Genedlaethol, 1997, 41–5.
Cyfraniadau yn Meic Stephens, gol., *Cydymaith i lenyddiaeth Cymru*, argraffiad newydd, Caerdydd: Gwasg Prifysgol Cymru, 1997. [Cyhoeddwyd gyntaf ym 1986. Adargraffiad diwygiedig, 1992.]
Cerdd: 'Nid un dau wyth dau', *Golwg*, 7 Awst 1997, [21].

1998

Darllen y meini [cerddi], Dinbych: Gwasg Gee, 1998, 72tt.
Pasio heibio [cerddi] (Cyfres Pigion 2000, 3), gol., Tegwyn Jones, Llanrwst: Gwasg Carreg Gwalch, 1998, 75tt.
Golygydd: *Gweledigaethau y Bardd Cwsg* [gan Ellis Wynne]*: y rhan gyntaf*, Llandysul: Gwasg Gomer, 1998, xxxii, 163tt. [Ar y cyd â Patrick J. Donovan. Fersiwn llawnach o'r argraffiad cain a gyhoeddwyd ym 1991.]
'Rhagymadrodd: Ellis Wynne a'i waith', ibid., vi–xvi.
'Gweledigaethau y Bardd Cwsg', ibid., xvii–xxv.
Contributions in Meic Stephens, ed., *The New companion to the literature of Wales*, Cardiff: University of Wales Press, 1998. [First published in 1986.]
'Nodiadau amrywiol: (a) Naw englyn y Juvencus; (b) "Llo cors"; (c) Cystudd y bardd [rhif 102 yn *Gwaith Dafydd ap Gwilym*, gol., Thomas Parry]; (ch) Adleisiau ym marddoniaeth Dafydd ap Gwilym; (d) Dull Siôn Phylip o gyfansoddi', *LlC*, 21 (1998), 172–7.
'Meddwl am farw . . . a phethau comic eraill: cerddi newydd Gwyn Thomas', *Golwg*, 30 Gorffennaf 1998, 27. [Sgwrs gyda Karen Owen am y gyfrol *Darllen y meini*.]
'O'r ochor draw', *Barddas*, 249 (Tachwedd/Rhagfyr 1998), 44–5. [Adolygiad: *Byd yr ysbrydion*, Elwyn Edwards.]

1999

Breuddwyd nos Ŵyl Ifan, William Shakespeare; fersiwn Cymraeg gan Gwyn Thomas, Caerdydd: Uned Iaith Genedlaethol Cymru CBAC, 1999, x, 70tt.
'Rhwng Elim a Sinai', *Diwinyddiaeth*, 50 (1999), 4–15. [Sylwadau a draddodwyd yng Nghynhadledd Flynyddol Cyngor Eglwysi Rhyddion Gogledd Cymru yn Jerusalem, Blaenau Ffestiniog, 20 Mai 1999.]
'*Y Dymestl*', *Y Traethodydd*, 154 (Ebrill 1999), [80]–90. [Sylwadau ar *The Tempest* William Shakespeare.]
'J. E. Caerwyn Williams: yr Athro', ibid. (Hydref 1999), [221]–6.
'Rhai chwedlau am R. Williams Parry', *FN*, 11 (Gwanwyn 1999), 14–15.
'Y *Star Wars* gwreiddiol: yr Athro a'r Mabinogion', *Golwg*, 19 Awst 1999, 18.
Cerdd: 'Y Pethau diwethaf (gwraig ifanc a ddioddefai o gancr ac a gipiwyd, yn y diwedd, o ganol ei phethau i ysbyty i farw)', yn Gwynn ap Gwilym, gol., *Gogoneddus Arglwydd, henffych well (detholiad o ryddiaith a barddoniaeth Gristnogol Gymraeg drwy'r canrifoedd)*, [S.l.]: Cytûn (Eglwysi Ynghyd yng Nghymru), 1999, 317–18.
Cerdd: 'Tudur (Y Parchedig Ddoethur R. Tudur Jones)', *Y Tyst*, 18 Chwefror 1999, 1.

2000

Gair am air: ystyriaethau am faterion llenyddol, Caerdydd: Gwasg Prifysgol Cymru ar ran Pwyllgor Iaith a Llên Bwrdd Gwybodau Celtaidd Prifysgol Cymru, 2000, 199tt.
'Yn rhith anifeiliaid', ibid., 1–20.
'Annwn, y byd arall', ibid., 21–39.
'Siôn Cent a noethni'r enaid', ibid., 40–57.
'Profedigaethau Enoc Huws', ibid., 58–80.
'Yr Haf a'r gaeaf: golwg ar waith R. Williams Parry', ibid., 81–128. [Cyhoeddwyd y fersiwn cyntaf ym 1967.]
'Arfer cyffelybiaethau', ibid., 129–46. [Cyhoeddwyd y fersiwn cyntaf ym 1985.]
'Arwyr geiriau, arwyr lluniau', ibid., 147–65. [Cyhoeddwyd y fersiwn cyntaf ym 1985.]
'"Mewn carchar tywyll du"', ibid., 166–88.
Gweddnewidio: detholiad o gerddi, 1962–1986, Dinbych: Gwasg Gee, 2000, 272tt.
'Rhagair i'r argraffiad Siapanaeg cyntaf', yn *Y Mabinogion: chûsei Wales gensou Monogatarishû* ['Y Mabinogion: chwedlau anhygoel Cymru'r Oesoedd Canol'];

cyfieithwyd i'r Siapanaeg gan Setsuko Nakano, gyda chymorth Hisao Tokuoka, Tokyo: JULA Shuppankyoku, 2000, 2.

'Two prose writers: Ellis Wynne and Theophilus Evans', in Branwen Jarvis, ed., *A Guide to Welsh literature IV: c.1700–1800*, Cardiff: University of Wales Press, 2000, 45–63.

'Your margin is my centre', in Isabel Soto, ed., *A place that is not a place: essays in liminality and text*, Madrid: Gateway Press, 2000, 81–94.

Beirniadaeth: 'Cerdd fideo heb fod yn llai na 5 munud. Cywaith rhwng bardd a dyn camera', yn W. J. Jones, gol., *Cyfansoddiadau a beirniadaethau Eisteddfod Genedlaethol Frenhinol Cymru, Llanelli a'r cylch, 2000*, Llandybïe: Gwasg Dinefwr dros Lys yr Eisteddfod Genedlaethol, 2000, 118–19.

'John Griffith, Llanddyfnan, bardd o'r ail ganrif ar bymtheg', *TAGC*, 1999, Cyfres Newydd 6 (2000), [14]–37. [Darlith Goffa Syr T. H. Parry-Williams, a draddodwyd yn Eisteddfod Genedlaethol Cymru Ynys Môn, Awst 1999.]

'Yr Athro a Darth Vader', *Golwg*, 2 Mawrth 2000, 19. [Sylwadau ar *Gair am air: ystyriaethau am faterion llenyddol*, 2000.]

'Chwedlau'r ddraig: Y Mabinogi yng Nghymru a Japan', ibid., 20 Ebrill 2000, 20.

'Cywiro ffeithiau Cadair', ibid., 12 Hydref 2000, 24. [Llythyr yn cynnwys sylwadau ar golofn Gwilym Owen, 'Y Gair ola': yn ôl i Fangor', ynghylch Cadair Adran y Gymraeg, Prifysgol Cymru, Bangor, ibid., 5 Hydref 2000, 26.]

'"Hanes epig" ar glyw: cyfres radio Streic Fawr y Penrhyn', ibid., 9 Tachwedd 2000, 26.

'Barddoniaeth ac addysg: ymateb Gwyn Thomas', *Barddas*, 258 (Mehefin/Gorffennaf 2000), 69–70. [Ar y modd y dysgir barddoniaeth mewn ysgol a choleg.]

'Yr Adarydd yn ei fro', yn Anwen Breeze Jones a Twm Elias, goln., *Ted: dyn yr adar*, Llandysul: Gwasg Gomer, 2000, 13–15.

'Tylluanod', ibid., 31.

'Anifeiliaid ac ymlusgiaid', ibid., 55.

Cerdd: 'Cofio Ted Breeze Jones', ibid., 101.

Cerdd: 'Diwedd yr ail Fileniwm', yn Dafydd Rowlands, gol., *Cerddi'r troad: barddoniaeth newydd i'r Mileniwm*, Llandysul: Gwasg Gomer, 2000, 42–3.

Cerddi yn [Bethan Mair Matthews], gol., *Hoff gerddi Cymru*, Llandysul: Gwasg Gomer, 2000. Ail argraffiad, 2001; trydydd argraffiad, 2002. ['Croesi traeth', 78–9; 'Côr meibion', 90; 'Drama'r Nadolig', 148–9.]

Cerddi: Cyfieithiadau i'r Tsieceg gan Petr Mikeš yn *Drak má dvojí jazyk: antologie současné poezie Walesu*, [S.l.]: Periplum, 2000. ['Slova', 108; 'Ještěrka', 109; 'Ted'', 110; 'Pozdravy', 111.]

Cerdd: 'Athro', *Y Traethodydd*, 155 (Ebrill 2000), [69]–70. [Teyrnged i'r Athro J. E. Caerwyn Williams.]

Cerdd: 'R. S. [Thomas]', *Golwg*, 12 Hydref 2000, 19.

Adolygiad: *Gogoneddus Arglwydd, henffych well*, gol., Gwynn ap Gwilym, *Y Traethodydd*, 155 (Gorffennaf 2000), 189–92.
'Dyddiau da?', *Golwg*, 3 Awst 2000, 30. [Adolygiad: *Dim heddwch*, Lyn Ebenezer.]

2001

Dafydd ap Gwilym: his poems, translated by Gwyn Thomas, Cardiff: University of Wales Press, 2001, xxxiv, 318pp.
Y Griafolen = *The Rowan-tree*, geiriau Cymraeg gan Alun Llywelyn-Williams; English translation by Gwyn Thomas; y gerddoriaeth gan Dilys Elwyn-Edwards, Pen-y-groes, Caernarfon: Cwmni Cyhoeddi Gwynn, 2001, [4]tt.
Caneuon y tri aderyn = *Songs of the three birds* ['Y Gylfinir = The Curlew; Tylluanod = The Owls; Mae hiraeth yn y môr = There's longing in the sea'], geiriau Cymraeg gan R. Williams Parry; English translation by Gwyn Thomas; y gerddoriaeth gan Dilys Elwyn-Edwards, Pen-y-groes, Caernarfon: Cwmni Cyhoeddi Gwynn, 2001, [12]tt. [I soprano neu denor gyda chyfeiliant piano = For soprano or tenor with piano accompaniment.]
Cerdd/Poem: 'Seren y bore = The Morning star'; y gerddoriaeth gan/music by Robat Arwyn, *Atgof o'r sêr* = *The Memory of stars*, Pen-y-groes: Curiad, 2001, 17–23. [Cylch o ganeuon i gôr cymysg ac unawdwyr gyda chyfeiliant piano = A song cycle for mixed choir and soloists with piano accompaniment.]
Emynau yn *Caneuon ffydd*, [S.l.]: Pwyllgor y Llyfr Emynau Cydenwadol, 2002. [Rhif 129, 'Wyddoch chwi pwy wnaeth yr haf?', 110; rhif 141, 'Duw a wnaeth y byd', 123. Cyhoeddwyd gyntaf ym 1980.]
'Mae'n wlad i ni', yn M. Wynn Thomas, gol., *Gweld sêr: Cymru a chanrif America* (Cyfres y Meddwl a'r Dychymyg Cymreig), Caerdydd: Gwasg Prifysgol Cymru, 2001, 30–9.
Beirniadaeth dilyniant o gerddi: '"Muriau" . . . yn cynnwys o leiaf 10 cerdd, heb fod mewn cynghanedd gyflawn a heb fod dros 200 llinell', yn J. Elwyn Hughes, gol., *Cyfansoddiadau a beirniadaethau Eisteddfod Genedlaethol Frenhinol Cymru, Sir Ddinbych a'r cyffiniau, 2001*, Llandybïe: Gwasg Dinefwr dros Lys yr Eisteddfod Genedlaethol, 2001, 21–4.
'Gweledigaethau y Bardd Cwsg = The Visions of the Sleeping Bard (1703)', *ZCP*, 52 [2001], [200]–10.
'Cofio Brinley Rees (1917–2001)', *Taliesin*, 113 (Hydref 2001), 76–9.
'Cofnodwr a chyfathrebwr', *LlG*, 72 (Mai 2001), 9. [Teyrnged i John Owen Huws.]
'Cwm Cynfal a'r Mabinogi', *Rhamant bro*, 20 (Gaeaf 2001), 3–6.
'Goreuon Dafydd ap: Gwyn Thomas yw'r Cymro cynta' i gyfieithu gwaith y bardd Dafydd ap Gwilym i'r Saesneg', *Golwg*, 14 Mehefin 2001, 20. [Sylwadau ar *Dafydd ap Gwilym: his poems* (Cardiff, 2001).]

'Dafydd Glyn Jones', ibid., 15 Tachwedd 2001, 12.
'Argraffu yn amser Ellis Wynne', *Yr Ysbienddrych: Cylchlythyr Cyfeillion Ellis Wynne*, 2001, 1–2.
Cerddi yn [Bethan Mair Matthews], gol., *Hoff gerddi Cymru*, Llandysul: Gwasg Gomer, ail argraffiad, 2001. ['Croesi traeth', 78–9; 'Côr meibion', 90; 'Drama'r Nadolig', 148–9. Cyhoeddwyd gyntaf yn 2000.]
Cerddi Comisiwn: 'Gloff [sic(k)]'; 'Hen bethau'; 'Exit, dydd Mercher, Llanelli, o faes yr Eisteddfod Genedlaethol, 2000', *AT*, 60 (2001), 17–20.
Poems: 'Parrot'; 'Lettuce thief'; 'Old mother', *LR*, 4 (Winter 2001), 370–1. [Special number: 'Re-imaging Wales: contemporary Welsh writing. Translations by Gwyn Thomas.]

2002

Sawl math o gath [rhyddiaith a cherddi], lluniau gan Jac Jones, Llanrwst: Gwasg Carreg Gwalch, 2002, 83tt.
Ystyr hud, a ffantasi (Y Ddarlith Lenyddol Flynyddol, Eisteddfod Genedlaethol Cymru Tyddewi, 2002), [S.l.]: [S.n.], 2002, [23]tt.
Y Weledigaeth Geltaidd, John Meirion Morris gyda chydweithrediad Gwyn Thomas, Talybont: Y Lolfa, 2002, 120tt. [Cyhoeddwyd fersiwn Saesneg yn 2003.]
'Cyflwyniad', ibid., 7.
Y Traddodiad barddol, Caerdydd: Gwasg Prifysgol Cymru, adargraffiad 2002, 240tt. [Cyhoeddwyd gyntaf ym 1976.]
Tair rhan-gân: 1, Nos a bore: rhan-gân i gôr S.A.T.B. a phiano, cyfieithiad gan Gwyn Thomas; y gerddoriaeth gan William Mathias (Opus 12, rhif 1), Pen-y-groes, Caernarfon: Cwmni Cyhoeddi Gwynn, 2002, 8tt.
Tair rhan-gân: 3, Y Pren ar y bryn: rhan-gân i gôr S.A.T.B. a phiano wedi ei seilio ar y gân werin, cyfieithiad gan Gwyn Thomas; y gerddoriaeth gan William Mathias (Opus 12, rhif 3), Pen-y-groes, Caernarfon: Cwmni Cyhoeddi Gwynn, 2002, 15tt.
Golygydd: *Ysgrifau beirniadol XXVI*, [Dinbych]: Gwasg Gee, 2002, 152tt.
'Rhagair', ibid., [7].
Cyfieithiad o'r Saesneg: 'John Ellis Caerwyn Williams', gan D. Ellis Evans, ibid., 9–26. [Cyhoeddwyd yn wreiddiol yn *PBA*, 101 (2001), 697–716.]
'Shane, arwr', ibid., 130–42.
'Derwyddon a siamaniaid', yn *Ar lafar gwlad: cyfrol deyrnged John Owen Huws*, Llanrwst: Gwasg Carreg Gwalch, 2002, 261–72.
'Clamp o englynwr: cofio Derwyn Jones', *Golwg*, 28 Mawrth 2002, 6. [Yn cynnwys sylwadau gan Gwyn Thomas.]

'Derwyn Jones: teyrnged', *Barddas*, 269 (Medi/Hydref/Tachwedd 2002), 48–9.

'Cerdd Cymru . . . a thu hwnt: fe fydd cerdd dathlu Diwrnod y Llyfr eleni ar gael mewn fersiynau Cofi, Sir Benfro a Ffrangeg, yn ogystal â Saesneg Glannau Merswy', *Golwg*, 21 Chwefror 2002, 19. [Sylwadau ar 'Darllen/Reading', cerdd a gomisiynwyd gan Yr Academi Gymreig gyda chydweithrediad Cyngor Llyfrau Cymru ar gyfer Diwrnod y Llyfr, 14 Mawrth 2002.]

Cerddi yn [Bethan Mair Matthews], gol., *Hoff gerddi Cymru*, Llandysul: Gwasg Gomer, trydydd argraffiad, 2002. ['Croesi traeth', 78–9; 'Côr meibion', 90; 'Drama'r Nadolig', 148–9. Cyhoeddwyd gyntaf yn 2000.]

Cerddi yn D. Islwyn Edwards, gol., *Cerddi'r cewri*, Llandysul: Gwasg Gomer, 2002. ['Deilen', 78; 'Croesi traeth', 79–81; 'Ci lladd defaid', 82–3; 'Austin', 84–6.]

Cerdd: 'At yr eglwysi sydd yn myned hyd yn Bycluns', yn R. Arwel Jones, gol., *Cerddi Llŷn ac Eifionydd* (Cyfres Cerddi Fan Hyn), Llandysul: Gwasg Gomer, 2002, 60–2.

Cerdd/Poem: 'Darllen/Reading. Diwrnod y Llyfr, 14 Mawrth, 2002/World Book Day, 14 March, 2002', *A470*, 17 (Chwefror/Mawrth = February/March 2002), 4–5. [Comisiynwyd gan Gyngor Llyfrau Cymru mewn cydweithrediad â'r Academi Gymreig i ddathlu Diwrnod y Llyfr, 2002.]

'Drylliau: pedair cerdd. "'Roedd ganddo y modd"; "Pa sawl math o bobol sydd?"; "Steil"; "Hawliau dynol"', *Barddas*, 269 (Medi/Hydref/Tachwedd 2002), 25.

Adolygiad: *Caniadau unigedd*, David Hodges, *Cristion*, 115 (Tachwedd/Rhagfyr 2002), 60–1.

Adolygiad: *Cysgod y cryman*, Islwyn Ffowc Elis, Gwefan Cyngor Llyfrau Cymru, adran adolygiadau: <http://www.cllc.org.uk/amlyf_adol.html>. [Darllenwyd 12 Chwefror 2002.]

2003

Dafydd ap Gwilym: y gŵr wrth gerdd (Darlith Goffa J. E. Caerwyn a Gwen Williams, 2002), Aberystwyth: Canolfan Uwchefrydiau Cymreig a Cheltaidd Prifysgol Cymru, 2003, 52tt.

Stori Dafydd ap Gwilym, darluniau gan Margaret Jones, Talybont: Y Lolfa, 2003, 107tt. [Cyhoeddwyd fersiwn Saesneg yn 2004.]

Yli [cerddi], lluniau gan Ted Breeze Jones, [Pen-y-groes]: Gwasg Dwyfor, 2003, [36]tt.

Cân y werin = Songs of the people: Casgliad o 24 alaw werin Gymreig gyda'r hen benillion = A collection of 24 Welsh folk songs with the traditional verses, trefnwyd ar gyfer llais a phiano neu delyn gan/arranged for voice and piano or harp by D. E. Parry Williams; nodiadau cefndir a'r dewis o hen benillion gan/background notes and choice of traditional verses by Meredydd Evans; cyfieithiad Saesneg o'r hen benillion gan Gwyn Thomas, Pen-y-groes: Cwmni Cyhoeddi Gwynn, 2003, 61tt./pp.

The Celtic vision, John Meirion Morris with the co-operation of Gwyn Thomas, Talybont: Y Lolfa, 2003, 120pp. [Cyhoeddwyd fersiwn Cymraeg yn 2002.]

'Introduction', ibid., [7].

'Alan Llwyd: bardd', yn Huw Meirion Edwards, gol., *Alan: Casgliad o gerddi ac ysgrifau ar Alan Llwyd, gyda llyfryddiaeth lawn o'i waith gan Huw Walters*, [Abertawe]: Cyhoeddiadau Barddas, 2003, 91–105.

'Rhagair/Foreword', yn/in Robyn Léwis, *Geiriadur newydd y gyfraith: Saesneg–Cymraeg = The New legal dictionary: English–Welsh*, Llandysul: Gwasg Gomer, 2003, 12–13.

'Ted Breeze Jones (1929–1997)', *Y Naturiaethwr*, Cyfres 2, Rhif 2 (Mehefin 2003), 17–19.

'Gweld y pethau bychain', *Golwg*, 4 Rhagfyr 2003, 22. [Trafodaeth ar *Yli*, 2003.]

Cerddi yn Dafydd Morgan Lewis, gol., *Cerddi Powys* (Cyfres Cerddi Fan Hyn), Llandysul: Gwasg Gomer, 2003. ['Stafell Gynddylan' (diweddariad), 3–4; 'Mynydd-dir Cymru' (cyfieithiad o gerdd gan R. S. Thomas), 58.]

Cerdd: 'Llanfihangel Dinsylwy', yn Hywel Gwynfryn, gol., *Cerddi Môn* (Cyfres Cerddi Fan Hyn), Llandysul: Gwasg Gomer, 2003, 32.

Translations in Menna Elfyn and John Rowlands, eds., *The Bloodaxe book of modern Welsh poetry: 20th-century Welsh-language poetry in translation*, Tarset: Bloodaxe Books, 2003. [Translations by Joseph P. Clancy: 'Killer dog', 252–3; 'Microscope', 253–4; 'Horses', 254. Translations by the author: 'The nativity play', 254–5; 'The Welsh-speaking Welsh', 256; 'The last things (a young woman suffering from cancer who was, in the end, taken abruptly from her home to a hospital to die)', 256–7; 'For', 257; 'Greetings', 257–8.]

Cerdd: 'Muhammad Said Al-Sahhaf, diweddar Weinidog Gwybodaethau Irác', *Barddas*, 273 (Mehefin/Gorffennaf/Awst 2003), 26.

Cerdd: 'Pwy yw'r rhain?', *Taliesin*, 119 (Haf 2003), 120.

Cerdd: 'Y Titw bychan, blinaf un (*Parus parvus iratissimus*)', *Y Naturiaethwr*, Cyfres 2, Rhif 13 (Rhagfyr 2003), 55.

Adolygiad: *Chwileniwm*, gol., Angharad Price, *LlC*, 26 (2003), 174–7.

Adolygiad: *Rhannu'r tŷ*, Eigra Lewis Roberts, *Golwg*, 4 Rhagfyr 2003, 21.

2004

The Story of Dafydd ap Gwilym, illustrations by Margaret Jones, Talybont: Y Lolfa, 2003, 107pp. [Welsh version published in 2003.]

Tymhorau: pedair o gerddi ['Din Lligwy'; 'Lusard'; 'Deilen', 'Nos o aeaf'], geiriau gan Gwyn Thomas; y gerddoriaeth gan Alun Hoddinott, Caerdydd: Cwmni Cyhoeddus [*sic*] Oriana, 2004, 38tt.

Cadeirydd Panel Llenyddol: *Y Beibl Cymraeg Newydd*, argraffiad diwygiedig, Llundain: Cymdeithas y Beibl, 2004.

Aelod o banel golygyddol: *Cyfrwng: cyfnodolyn cyfryngau Cymru*, 1 (2004) > yn parhau.

Contributions in H. C. G. Matthew and Brian Harrison, eds., *Oxford dictionary of national biography: from the earliest times to the year 2000*, 60 volumes, Oxford: Oxford University Press in association with the British Academy, 2004.

Howel [Hywel], Harri (*b. c.*1610, *d.* in or after 1671), Vol. 28, 493.
Jones, John Gwilym (1904–1988), Vol. 30, 561–2.
Llwyd, Huw [Hugh] (*c.* 1568–*c.* 1630), Vol. 34, 176–7.
Phylip, Siôn (*c.* 1540–1620), Vol. 44, 192–3.
Rhisiart Phylip (*d.* 1641), Vol. 44, 193.
Gruffydd Phylip (*d.* 1666), Vol. 44, 193–4.
Phylip Siôn Phylip (*d.* 1676/8), Vol. 44, 194.
Phylip, William (*c.* 1580–1670), Vol. 44, 194.
Vaughan, Rowland (*c.* 1590–1667), Vol. 56, 200–1.
Wynne, Ellis (1671–1734), Vol. 60, 691–2.

'Afterword', in John Gwilym Jones, *The Plum tree and other short prose*, translated by Meic Stephens, Bridgend: Seren, 2004, 118–31.

'Ein barn am gerdd y Goron: "Rhan o angerdd y cyfanwaith . . ."', *Barddas*, 279 (Medi/Hydref/Tachwedd 2004), 25. [Sylwadau ar gerdd fuddugol Jason Walford Davies yn Eisteddfod Genedlaethol Cymru Casnewydd a'r cylch, 2004.]

'Mwy na charwr', *Golwg*, 25 Mawrth 2004, 20–1. [Sylwadau ar *Stori Dafydd ap Gwilym*, 2003.]

'Ysbryd ardal ar y waliau: ymateb i waith Gareth Parry, yr artist o Flaenau Ffestiniog', ibid., 29 Ebrill 2004, 20–1.

Diweddariad: 'Y Dref Wen (Dyfyniad)', yn Aled Lewis Evans, gol., *Cerddi Clwyd* (Cyfres Cerddi Fan Hyn), Llandysul: Gwasg Gomer, 2004, 96.

Cerddi yn Bethan Mair, gol., *Hoff gerddi Nadolig Cymru*, Llandysul: Gwasg Gomer, 2004. ['Carol', 50–1; 'Yr Un Nadolig hwnnw', 82; 'Drama'r Nadolig', 94–5.]

Cerdd: 'Tahathor (er cof am yr Athro J. Gwyn Griffiths, Eifftolegwr o fri rhyngwladol, ac un o aelodau gwreiddiol Yr Academi Gymreig)', *Taliesin*, 123 (Gaeaf 2004), 141–3.

'Y Farchnad dai—llythyr ar ffurf cerdd', *Golwg*, 29 Gorffennaf 2004, 42.

Adolygiad: *Un diwrnod yn yr Eisteddfod*, Robin Llywelyn, Gwefan Cyngor Llyfrau Cymru, adran adolygiadau: <http://www.cllc.org.uk/amlyf_adol.html>. [Darllenwyd 13 Awst 2004.]

2005

Apocalups yfory [cerddi], [Abertawe]: Cyhoeddiadau Barddas, 2005, 97tt.
Madog, lluniau gan Margaret Jones, Talybont: Y Lolfa, 2005, 104tt.
Madog: the first white American, illustrations by Margaret Jones, Talybont: Y Lolfa, 2005, 104pp.
Beirniadaeth cystadleuaeth y Goron: 'Cerdd rydd heb fod dros 150 o linellau neu gasgliad o gerddi, dim llai na 6, ar y testun: "Ynysoedd"', yn Gwyneth Morus Jones a Gwen Lloyd Jones, goln., *Cyfansoddiadau a beirniadaethau Eisteddfod Môn, Cylch y Garn, 2005*, [S.l.]: Llys Eisteddfod Môn, 2005, 13–14.
Beirniadaeth telyneg: 'Melin', ibid., 21.
Beirniadaeth emyn: 'Heddwch', ibid., 22–3.
'Fy ngherdd bwysicaf, a pham: "Croesi traeth"', *Barddas*, 283 (Mehefin/Gorffennaf 2005), 8–10.
'Diwrnod y Llyfr: dewis y darllenwyr', *Golwg*, 3 Mawrth 2005, 18. [Llyfr y Flwyddyn, 2005: dewis Gwyn Thomas.]
'Gwynfor y llenorion: fel Moses ac yn wahanol', ibid., 28 Ebrill 2005, 20. ['Fel sawl arweinydd mawr o'i flaen, fe ysbrydolodd [Gwynfor Evans] feirdd a llenorion . . .'.]
'Rhag troi'n "*grumpy old man*"', ibid., 8 Rhagfyr 2005, 19. [Sylwadau ar *Apocalups yfory*, 2005.]
Cerddi yn R. Arwel Jones a Bethan Mair, goln., *Cerddi'r byd* (Cyfres Cerddi Fan Hyn), Llandysul: Gwasg Gomer, 2005. ['Ym Manchester (mor anystyriol o wahanol yw pobl Gwynedd!)', 14; 'Niwl', 38; 'Elvis', 98.]
Cerddi yn R. Arwel Jones, gol., *Cerddi Arfon* (Cyfres Cerddi Fan Hyn), Llandysul: Gwasg Gomer, 2005. ['T. H. Parry-Williams (bu farw ar y trydydd o Fawrth, 1975)', 21; 'John Gwilym Jones (ar ddathlu ohono ei ben blwydd yn 80 oed. Trefnwyd y dathliad gan yr Academi Gymreig)', 33–4.]
Cerddi yn Tony Bianchi, gol., *Blodeugerdd Barddas o farddoniaeth gyfoes*, [Abertawe]: Cyhoeddiadau Barddas, 2005. ['Yn Naturiol', 89; 'Nid yn Eden', 90; 'Benylin i ni', 91–2; 'Heno, heno, hen blant bach', 92–3; 'Diwedd (cystudd olaf fy nhad)', 93.]
Cerdd: 'A fo ben, bid bont', *Barddas*, 281 (Chwefror/Mawrth 2005), 12.
Cerdd: 'Ann Griffiths', yn Hywel Jeffreys, gol., *'Gwna fi fel pren planedig, O! fy Nuw': talwrn yr hipodrôm, soirée ddiwylliadol y Pasg, 2005*, [Caerdydd]: [Hywel

a Gwyneth Jeffreys], 2005, 6. [Cyhoeddwyd hefyd yn *Barddas*, 283 (Mehefin/ Gorffennaf 2005), 48.]

Cerdd: 'Cadernid Gwynedd?: Yma y mae fy lle', *Taliesin*, 125 (Haf 2005), 66.

Adolygiad: *Amen, dyn pren: difyrrwch ein hiaith ni*, Gwilym Tudur a Mair E. Jones, Gwefan Cyngor Llyfrau Cymru, adran adolygiadau: <http://www.cllc.org.uk/amlyf_adol.html>. [Darllenwyd 10 Ionawr 2005.]

Adolygiad: *'Ei Horas a'i Gatwlws ar y llawr': y clasuron a llenyddiaeth Gymraeg y ddwy ganrif ddiwethaf*, Ceri Davies, Gwefan Cyngor Llyfrau Cymru, adran adolygiadau: <http://www.cllc.org.uk/amlyf_adol.html>. [Darllenwyd 4 Mawrth 2005.]

'Ysbryd barddol', *Taliesin*, 134 (Gwanwyn 2005), 135–7. [Adolygiadau: *Cerddi y tad a'r mab (-yng-nghyfraith)*, Gwyn Erfyl a Geraint Løvgreen; *Englynion a cherddi: y casgliad cyflawn*, T. Arfon Williams.]

2006

Y Brenin Arthur, lluniau gan Margaret Jones, Talybont: Y Lolfa, 2006, 144tt.

King Arthur, illustrations by Margaret Jones, Talybont: Y Lolfa, 2006, 144pp.

Y Mabinogi, cyfaddasiad gan Gwyn Thomas; darluniwyd gan Margaret Jones, Talybont: Y Lolfa, 2006, 96tt. [Cyhoeddwyd gyntaf ym 1984.]

Tales from the Mabinogion, [translated and adapted from the Welsh by] Gwyn Thomas and Kevin Crossley-Holland; illustrated by Margaret Jones, Talybont: Y Lolfa, 2006, 96pp. [First published in 1984. Also published in 1989.]

Bywyd bach (Cyfres y Cewri, 30), Caernarfon: Gwasg Gwynedd, 2006, 210tt.

Contributions to John T. Koch, ed., *Celtic culture: a historical encyclopedia*, Santa Barbara, CA; Oxford: ABC-CLIO, 2006.

Parry, Robert Williams (1884–1956), Vol. 4, 1424–5.

Wynne, Ellis (1671–1734), Vol. 5, 1812.

Beirniadaeth: 'Cyfrol bwrdd coffi: "Etifeddiaeth"', yn J. Elwyn Hughes, gol., *Cyfansoddiadau a beirniadaethau Eisteddfod Genedlaethol Cymru, Abertawe a'r cylch, 2006*, [S.l.]: Llys yr Eisteddfod Genedlaethol, 2006, 183–4.

'Rhagair Gwyn Stiniog', yn Robyn Léwis, *A fu heddwch? Gorsedd a 'steddfod: y difri a'r digri*, Talybont: Y Lolfa, 2006, 9–10.

'Derwyn Jones (1925–2002)', *Y Traethodydd*, 161 (Ionawr 2006), 15–21.

'Barddas yn holi Gwyn Thomas, ein Bardd Cenedlaethol newydd', *Barddas*, 289 (Awst/Medi/Hydref 2006), 24–6.

'Artist penigamp: gwahoddwyd Gwyn Thomas i sôn am ei brofiad o weld cerflun o'i ben', *Goriad*, 254 (Ionawr 2006), 3. Cyhoeddwyd hefyd yn *FN*, 36 (2005), 13. [Ar waith y cerflunydd John Meirion Morris.]

'A fo ben . . .', *Golwg*, 23 Chwefror 2006, 20–1. ['"Profiad od iawn" yw gweld penddelw ohonoch chi'ch hun, yn ôl y bardd, Gwyn Thomas'.]

'Galw am lyfrgell lleisiau: lle mae llais Bardd yr Haf?', ibid., 12 Hydref 2006, 23.

'Tro yng nghwm bywyd y bardd', ibid., 30 Tachwedd 2006, 26–7. ['Ar achlysur cyhoeddi ei hunangofiant, mae'r Athro Gwyn Thomas yn mynd â *Golwg* am dro i fannau pwysig ei blentyndod'.]

'I want to raise the profile of poetry through media', *DP*, 10 July 2006, 4.

'National Poet raises a glass to beer-mat poems for pub punters: Professor aims to broaden the appeal of verse', *WM*, 17 July 2006, 15. [Includes the poems 'Arglwyddes'/'Lady'.]

'National Poet sees goodness of people in world of tragedy. Gwyn Thomas' first poem as National Poet: "Let us praise"', ibid., 25 July 2006, 2.

'Surprise yourself with poetry fit for a king', ibid., 15 August 2006, 16–17. ['The world of poetry seems like a secret place. The National Poet of Wales offers some tips on how to get in'.]

Cerdd: 'Ann Griffiths', *Barddas*, 287 (Ebrill/Mai 2006), 9. [Cyhoeddwyd gyntaf yn 2005.]

Cerdd: 'Adenydd colomen: dyheadau dyn, dwy fil a chwech', ibid., 288 (Mehefin/Gorffennaf 2006), 18.

Cerdd: 'Canmolwn yn awr (cyfeirir yma at Danielle Cording a fu farw ar ôl cael ei chicio gan geffyl. Ei dymuniad oedd rhoi ei horganau i eraill. Derbyniodd geneth ifanc, Natalie Acott, aren, a achubodd ei bywyd)', *Golwg*, 27 Gorffennaf 2006, 27.

Cerdd: 'Syr John Kyffin Williams R.A., Pwllfanogl, Ynys Môn, 1918–2006', *Y Cymro*, 15 Medi 2006, 3. Cyhoeddwyd hefyd yn *A470*, 41 (Tachwedd/Rhagfyr 2006), 4.

Cerdd/Poem: 'Diolch byth am Richard Brunstrom/Thank heaven for Richard Brunstrom', *Glas*, 6 (Hydref 2006), 8. [Cyhoeddwyd hefyd yn 2007.]

Adolygiad: *Cof cenedl: ysgrifau ar hanes Cymru XXI*, gol., Geraint H. Jenkins, *TCHSG*, 67 (2006), 143–6.

Adolygiad: *Cysgod y cryman*, Islwyn Ffowc Elis (cryno-ddisg), Gwefan Cyngor Llyfrau Cymru, adran adolygiadau: <http://www.cllc.org.uk/amlyf_adol.html>. [Darllenwyd 10 Chwefror 2006.]

2007

Teyrnas y tywyllwch [cerddi], [Abertawe]: Cyhoeddiadau Barddas, 2007, 80tt.
Blaenau Ffestiniog, lluniau gan/images by Jeremy Moore; geiriau gan/words by Gwyn Thomas, Llandysul: Gwasg Gomer, 2007, 96tt./pp.
'Rhagair/Preface', ibid., 6.
Beirniadaeth cystadleuaeth y Goron: 'Pryddest neu ddilyniant o gerddi heb eu cyhoeddi a heb fod dros 300 llinell', yn J. Elwyn Hughes, gol., *Cyfansoddiadau a beirniadaethau Eisteddfod Genedlaethol Cymru, Sir Y Fflint a'r cyffiniau, 2007*, [S.l.]: Llys yr Eisteddfod Genedlaethol, 2007, 24–8.
'Poetry in motion: the composition of "screen poems"', *NWR*, 75 (Spring 2007), 37–41.
'Y Golofn wadd: lleisiau', *Barddas*, 292 (Ebrill/Mai 2007), 8–10. [Trafodaeth ar wrando ar gerddi yn cael eu hadrodd.]
'Barddoni yn y ganrif newydd: Gwyn Thomas yn ateb cwestiynau'r golygydd/ Gwyn Thomas answers the editor's questions', *Bangoriad*, 2007, 18–21.
'Cyflwyniad', yn Bethan Jones Parry, gol., *Cerddi cyfiawnder*, [S.l.]: Academi, 2007, 6–7.
Cerdd: 'Diolch byth am Richard Brunstrom', ibid., 32. [Cyhoeddwyd gyntaf yn 2006.]
Cerdd: 'Meredydd + Phyllis', yn Sally Harper a Wyn Thomas, goln., *Cynheiliaid y gân: ysgrifau i anrhydeddu Phyllis Kinney a Meredydd Evans* (Astudiaethau Cerddoriaeth Cymru), Caerdydd: Gwasg Prifysgol Cymru, 2007, [20]–4.
Poem: 'Meredydd + Phyllis', in Sally Harper and Wyn Thomas, eds., *Bearers of song: essays in honour of Phyllis Kinney and Meredydd Evans* (Welsh Music Studies), Cardiff: University of Wales Press, 2007, [20]–4.
Cerddi: 'Darllen—a deall? (Addysgu un sydd yn flwydd a hanner)'; 'Pan euthum yn ddyn', *Barddas*, 291 (Chwefror/Mawrth 2007), 29.
Cerdd: 'Man Gwyn, man draw', ibid., 36.
Cerdd: 'Tomos Leitning Lewis', ibid., 293 (Mehefin/Gorffennaf 2007), 15.
Cerdd: 'Alelwia', ibid., 39.
Cerdd: 'R. Williams Parry, 1884–1956', *Golwg*, 22 Chwefror 2007, 23.
Cerdd: 'Robat Gruffudd', *Y Cymro*, 11 Mai 2007, 22.
Cerddi: 'Ar yr awr ni thybiom'; 'Dwyn ein gwaith i ben', *Taliesin*, 131 (Haf 2007), 103.
Cerdd: 'Y Coleg ar y bryn', *NPCB*, Gorffennaf 2007, 3.
Poem: 'The College on the hill', *UWBN*, July 2007, 3.
'Hen chwedlau newydd', *Barn*, 531 (Ebrill 2007), 36–7. [Adolygiad: *The Mabinogion*, Sioned Davies.]
'Tales of old', *Cambria*, 9 (April/May 2007), 42. [Review: *The Mabinogion*, Sioned Davies.]

Mynegai

Aaron, Elin, 317
Abaty Aberconwy, 96, 108
Abel, 67, 294
Aber Alaw, 173
Aber Henfelen, 173, 387
Aberconwy, 108
Aberdaugleddau, 203, 204, 206–7, 209, 214, 215, 216, 217, 221, 224, 231, 238 n.88
Aberffraw/Aberffro, 81, 98, 101, 102, 103, 108
Abergwyngregyn (Aber), 101, 107
Abermo, 138
Abertawe, carchar, 217
Aberystwyth, 50, 51, 123
Ab Iolo, gw. Williams, Taliesin
Ab Ithel, gw. Williams, John
Absolon, John, 168
Academi Brydeinig, yr, 34, 36
A Celtic Miscellany (Kenneth Jackson), 46
Adar Rhiannon, 175
'Adar Rhiannon' (Gwenallt), 173, 178
'Adar Rhiannon' (William Jones), 179
'Adfeilion' (T. Glynne Davies), 42
Adran y Gymraeg, Prifysgol Cymru, Bangor, 21, 27, 322, 326, 328, 338
Adda Fras, 148
'Afallennau Myrddin', 69, 70, 71
Afon Cleddau, 206, 207, 217, 218
'Afon Cleddau (Yn Llanhuadain)' (Bobi Jones), 208
Afon Mawddach, 138
Affrica, 168
Angharad wraig Ieuan Llwyd ab Ieuan ap Gruffudd Foel, 122
'Angharad' (Waldo Williams), 229

Angyw, 82, 85
A History of England and Wales (Howell T. Evans), 165
Alban, Yr, 47
Alexander, Lloyd, 176
Allgood, Molly, 36
Allin, Kevin Michael, 340
Almaen, Yr, 38, 41
America/Americaneg, 160, 167, 168, 242, 243, 245, 246, 253, 258, 260, 261, 264, 277, 342, 349 n.110, 351, 378, 379
A Midsummer Night's Dream (William Shakespeare), 291
Amwythig, 48, 134, 140, 142, 149
'A National Valhalla for Wales', 170
Andrews, Rhian M., 98, 99
Aneirin, 33
'Anfodog', 29, 41
Anifeiliaid Hynaf, yr, 194
Ann (chwaer Rhisiart Fychan), 139
Ann (merch Ann a Vincent Corbet), 139
Ann (merch William Vaughan), 145
Ann (sioe gerdd), 51
Anne, y Frenhines, 140, 147
Annw(f)n, 195, 337
Anouilh, Jean, 177
Anrhydeddus Gymdeithas y Cymmrodorion, 145, 351
Antigone (Soffocles), 35
Antonio (*The Tempest*), 297
'Anwadalwch' (Tegfelyn), 174
Arawn Frenin Annwfn, 195
Arberth, 173, 202
Ardudwy, 91, 323

441

Arddangosfa Fawr y Palas Grisial (1851), 164
Arglwydd Russell o Lerpwl, 216
Arglwyddes Llanofer, gw. Hall, Augusta Waddington
'Armes Prydain', 330, 332, 339
Arnold, Matthew, 46
Arthur, 30, 162, 194, 174–5
'Ar Weun Cas' Mael' (Waldo Williams), 210
'Arwyr Cymru' (Sarnicol), 170
Arwystli, 85
'Ar Ymweliad' (Alun Llywelyn-Williams), 40
Atica, 67
Athen, 276
Avebury, 225
A Welsh Grammar (John Morris-Jones), 284
Awen (Susan Mayse), 52
Awen Aberystwyth, 176

Bacon, Francis, 162
Bangor, 34, 51, 96, 97, 123, 250, 311, 316, 322, 326, 328
Bardd Coch o Fôn, y, gw. Huws, Huw
Barddoniaeth Bangor, 176
Barn, 329, 330, 377
Barrell, John, 212
Bartrum, Peter, 122, 123, 125
Bate, Jonathan, 211–12, 221, 225
Batman, 339
BBC, 245
Beckett, Samuel, 291
'Beirdd Coleg', 173
Beirdd ein Canrif I, II, 176
'Beirdd Gwlad', 173
Beirdd Penfro (gol. W. Rhys Nicholas), 226
Beirdd y Babell (gol. Dewi Emrys), 176
Beirdd yr Uchelwyr (y Cywyddwyr), 81, 101, 137, 146, 229, 331, 332, 362
Beirdd y Tywysogion (y Gogynfeirdd), 23, 31, 80, 86, 89, 98, 102, 331
Bell, David, 350, 351
Bell, H. Idris, 46, 350, 351

Bendigeidfran (Brân), 67, 72, 73, 74, 173, 184
Bennett, Gordon T. H., 205
Bergman, Ingmar, 316, 339
Berlin, 40–1
Bertie (teulu), 143
Bertie, Bridget, 150
'Binsey Poplars (felled 1879)' (Gerard Manley Hopkins), 219
Blackheath, brwydr, 100
Blaenau Ffestiniog, 243–4, 246–7, 281, 284, 296, 340
Bleddyn ap Cynfyn, 150
Blegywryd, 89
Blodeugerdd Barddas o'r Ail Ganrif ar Bymtheg (gol. Nesta Lloyd), 375
Blodeuwedd, 44, 173, 174, 179, 192
Blodeuwedd (Saunders Lewis), 173, 176, 177
Blodwen (Joseph Parry), 168
Bodedern, 143
Bodfari, 96
Bollard, J. K., 65
Bonnie and Clyde, 253
'Border Blues' (R. S. Thomas), 48
Bottomley, Gordon, 177
Bowen, Euros, 179, 203, 251
Bowen, D. J., 124
'Brad y Llyfrau Gleision', 159, 160, 161, 164
Brad y Llyfrau Gleision (R. J. Derfel), 159, 161
Brad y Llyfrau Gleision: Ysgrifau ar Hanes Cymru (gol. Prys Morgan), 161
Bradford, Siôn, 135
Brân, gw. Bendigeidfran
'Branwen' (David Ellis), 175
'Branwen' (Ifor ap Glyn), 178
'Branwen a'r Ffoadur Arall' (Alun Llywelyn-Williams), 187–91
Branwen Ferch Llŷr, 23, 50, 67, 72, 73, 173, 174, 175, 178, 187–91
'Branwen Ferch Llyr' (Emyr), 175
Braslun o Hanes Llenyddiaeth Gymraeg (Saunders Lewis), 34–5, 47, 55 n.24

Brecht, Bertolt, 41
Breuddwyd Macsen, 174, 195
Breuddwyd Rhonabwy, 66, 174, 195
Breverton, Terry, 159
Bricriu, 66
Britons: Forging the Nation, 1707–1837 (Linda Colley), 161
Brogynin, 123
Brogyntyn, 139, 144, 147, 149
Bromwich, Rachel, 350
Bronson, Charles, 383
'Bronwen' (Thomas Evelyn Ellis (Arglwydd Howard de Walden)), 176
Brooke, Henry, 215, 216–18, 224
Bruce, H. A. (Arglwydd Aberdâr), 159
Brut y Tywysogyon, 79, 98
'Brwydr Maes Bosworth' (Eben Fardd), 166
Bryn Cae Meisir, 48
Bryn Celli Ddu, 318
Brynddu, Y, 140
Buddug, 170
Butlins, Gwersyll Gwyliau, 27
Bwa Bychan, y, 123
Bwclai, Rhisiart, 139, 140, 143, 144, 150, 153, 155 n.21
Bwclai, Siân, 144
Bwclai, Wiliam, 140
Bwletin y Bwrdd Gwybodau Celtaidd, 339
Bwrdd Dŵr Preseli, 214, 216, 217
Bwrdd Ffilmiau Cymraeg, y, 317, 337

Cadwaladr, Dilys, 384
Cadwgan Ficer, 102
Cadwyn Bod, 161
Cadwyn Cenedl (John FitzGerald), 230
Caer Arianrhod, 173, 193
Caer Dathyl, 192
Caer Droea, 46,
Caer Gwydion, 193
Caerdydd, 169, 170
Caerfyrddin, 216, 339–40
Caerloyw, 95, 104
Caerwrangon, 80
Cain, 67, 294, 295

Calan Mai, 64
Caliban (*The Tempest*), 297
'Cambrian Gold Torque of Valour', 166
Campbell, Mrs Patrick, 36
Camus, Albert, 177
'Cân Antur Pryderi' (Pennar Davies), 184
'Cân imi, Wynt' (Waldo Williams), 201
'Cân yr Henwr' (Canu Llywarch Hen), 336
Canada, 52, 217
Caneuon Ffydd, 285
'Caniad Ehedydd' (Waldo Williams), 210
'Caniad y Gog i Feirionnydd' (Lewis Morris), 146
Caniadau Elfed, 180, 183
Cantre'r Gwaelod, 38, 174, 224
Canu Aneirin, 46, 330
Canu Aneirin (gol. Ifor Williams), 46
Canu Llywarch Hen (gol. Ifor Williams), 29, 35, 38, 46, 48
Canu Natur a Chanu Gwirebol, 330
Canu Rhydd Cynnar, 269
Caoineadh Airt Uí Laoghaire, 47
Capel Celyn, gw. Tryweryn
Capel Celyn: Deng Mlynedd o Chwalu, 1955–1965 (Einion Thomas), 224
Capten Marvel, 339
Capten Trefor, 277
Caradog (arwr Brythonaidd), 170
Caradog (disgynnydd o Owain Gwynedd), 82
Caradog, gw. Jones, Griffith Rhys
Carey, John, 250
Carlyle, Thomas, 160
Carneddog, gw. Griffith, Richard
Carolau a Dyrïau Duwiol (Thomas Jones), 134
Cartrefi Cymru (O. M. Edwards), 169
Castell Pictwn, 205, 215
Castor, 67
Caswallon, 162
Catrin (gwraig Huw Nannau), 139, 155 n.15
Catrin (merch Huw Nannau), 145, 147, 149, 150, 155 n.21

443

Cefn Treflaeth, 375
Ceiriog, gw. Hughes, J. Ceiriog
Celtiaid, 169, 343
Cemais, 138, 139, 141
Cenedl o Bobl Ddewrion (E. G. Millward), 161
Cerdd Dafod (John Morris-Jones), 246, 284
Cerddi Cadwgan, 183
Cerddi '69 (gol. Gwilym Rees Hughes ac Islwyn Jones), 202, 203, 204, 222, 230
Cerddi Gwilym R. (Gwilym R. Jones), 192
Cerddi Hynafol (Rhian Samuel), 52
Ceredigion, 122, 124, 227
Ceridwen, 31
Cernunnos, 318, 319
Cerrigydrudion, 136
Chadwick, H. M., 37
Chadwick, N. K., 37
Chamberlain, Brenda, 48
Chaplin, Charlie, 263
Charles, David, 339
Charles, Geoff, 42
Chaucer, Geoffrey, 121
Chicago, 159, 168
'Children of Don' (Thomas Evelyn Ellis (Arglwydd Howard de Walden)), 176
'Cilhwch ac Olwen' (Elphin), 174
Cilmin Droetu, 92
'Claf Abercuog', 29
Clancy, Joseph P., 47, 211, 249, 260, 261, 350, 351–2, 353–63
Clarach, 123
Clare, John, 211, 212
Cleddau Ddu, 205, 206–7, 215, 221
Cleddau Wen, 206–7, 215, 221
Clenennau, 149
Clych Atgof (O. M. Edwards), 169
Clywedog, 227
Cocteau, Jean, 177
'Coed' (J. M. Edwards), 230
'Coed' (R. Gerallt Jones), 230
'Coed Glyn Cynon', 219

Coleg Iesu, Rhydychen, 326
Coleg Y Bala, 160
Coleg y Brifysgol, Bangor, 34, 311
Colley, Linda, 161
Conchubar, 36
Conran, Anthony, 47, 48, 176, 201, 211, 263, 329, 350, 352, 353–61
'Côr Mawr y De', 168
Corbet, Vincent, 139, 155 n.19, 156 n.26
Corfforaeth Abertawe, 217
Corfforaeth Dinas Lerpwl, 225
Corlannau a Cherddi Eraill (Mathonwy Hughes), 191
Corsygedol, 137, 138, 139, 144, 145, 146, 147, 149, 150, 152, 153
Corwen, 134, 171
Costigan, y Chwaer Bosco, 99
Crawford, T. D., 124
Cricieth, 92
Croes Millin, 206, 232
Crwydro Sir Benfro (E. Llwyd Williams), 206
Crwys, gw. Williams, W. Crwys
'Crys y Mab', 52
Culhwch, 193–4
Culhwch ac Olwen, 30, 174, 193
Culture and Imperialism (Edward W. Said), 161
Curtis, Tony, 205
'Cwm Berllan' (Waldo Williams), 205
Cwm Gwendraeth Fach, 217
Cwm Tryweryn, gw. Tryweryn
Cwmni Bara Caws, 377
Cwmni Teledu Opus 30, 51
Cwmni Theatr Cymru, 311
Cwmorthin, 297
'Cwmwl Haf' (Waldo Williams) 213, 252
Cwrtmawr 204, llawysgrif, 142, 150
Cyd-bwyllgor Addysg Cymru, 26, 27
Cyfeiliog, cwmwd, 91
Cyfeillion Ellis Wynne, 323
Cyfraith Hywel, 82, 83, 88, 89
Cyfres Gŵyl Ddewi Gwasg Prifysgol Cymru, 328

444

MYNEGAI

Cyngor Celfyddydau Cymru, 215
Cyngor Sir (Meirionnydd), 225
Cyngor Sir (Penfro), 214, 216, 218
'Cyngor y Biogen' (Dafydd ap Gwilym), 360
Cylch Heledd, 29, 31, 33, 34, 37, 38, 39, 41, 42, 46, 47, 70, 330
Cylch Llywarch Hen, 29, 39, 42, 336
Cylch Urien Rheged, 29, 41, 42
Cymdeithas Tonic Sol-ffa Llundain, 168
Cymdeithas y Ddrama Gymraeg (Coleg y Brifysgol, Bangor), 311
'Cymru a Chymraeg' (Waldo Williams), 223
'Cymru yn ei Chysylltiad ag Enwogion' (R. J. Derfel), 159, 161-5
Cyn Oeri'r Gwaed (Islwyn Ffowc Elis), 278
Cynan Garwyn fab Brochfael Ysgithrog, 340
Cyndrwyn, 29, 30, 31, 32
Cynddelw Brydydd Mawr, 353
Cynddylan, 30, 32, 33, 37, 39, 40, 43, 49, 50
'Cynddylan on a Tractor' (R. S. Thomas), 48
'Cynddilig' (T. Gwynn Jones), 39
'Cynefin' (Robat Powell), 44
Cynfeirdd, y, 33, 148, 328, 329, 331, 332
Cynhadledd Taliesin, y Pasg, 1977, 312
'Cynnydd Peredur' (Bobi Jones), 174
Cynon (brawd Heledd), 49
Cynon ap Llywarch, 81
Cynwal, Wiliam, 328-9
Cytundeb Gwerneigron, 96
'Cywydd Diolch am Fotffon' (Waldo Williams), 202
Cywyddwyr, y, gw. Beirdd yr Uchelwyr

'Chwilio am Ddelwedd Gymwys' (Alan Llwyd), 45

Dadannudd, 87-9, 112-13 n.60
Dadeni, y, 326

'Dadeni' (Dafydd Rowlands), 179
Dafydd ab Edmwnd, 80, 100-1, 102, 103-4, 106, 107, 279
Dafydd ab Owain Gwynedd, 101, 102, 103
Dafydd ap Gruffudd, 101
Dafydd ap Gwilym, 23, 24, 42, 102, 121-32, 141, 170, 209-10, 263, 269-71, 274-5, 278, 328, 331, 332-6, 340, 342, 350-64, 375-6, 383, 384
Dafydd ap Gwilym: Fifty Poems (H. Idris Bell a David Bell), 351
Dafydd ap Llywelyn, 79, 80, 82, 84-7, 91, 95-108, 110 n.20, 115 n.104, n.105, 116 n.109, n.115, n.118
Dafydd Benfras, 80, 86-7, 96, 97-100, 103, 107-8
Dafydd y Coed, 123
'Dangosaf Iti Lendid' (Dafydd Rowlands), 259
Dail Pren (Waldo Williams), 201, 202, 223, 225, 232-3
Dameg y Mab Afradlon, 67, 386
'Dan y Bargod' (Dafydd ap Gwilym), 363
Dante Alighieri, 340
Darth Vader, 340
Darwin, Charles, 161
'Dau Wareiddiad' (Gwenallt), 252-3, 254
Davies, Cynog, 329-30
Davies, H. Emyr (Emyr), 175
Davies, J. Eirian, 243
Davies, John (Mallwyd), 29
Davies, John (Siôn Dafydd Las), 136, 137, 327
Davies, Pennar, 42, 183-7
Davies, R. R., 85
Davies, T. Glynne, 42
Death Wish/Death Wish II, 383
de Clare, Richard, 104
de Clare, William, 104
de Scoteny, Walter, 104
Degannwy, castell, 91, 113 n.77
Deirdre, 36, 37, 47
Deirdre (W. B. Yeats), 36

445

Deirdre of the Sorrows (J. M. Synge), 36
'Deirdre'r Gofidiau' (Gwyndaf), 38
Delw'r Byd, 339
Derfel, R. J., 159, 161–6, 170, 171
Description of Penbrokshire (George Owen), 207
Dewi Emrys, gw. James, D. Emrys
Dewi Sant, 170
Dial yr Hanner Brawd (Arwel Vittle), 176
Dickens, Charles, 162
'Difodiant' (Gwyndaf), 39
'Dihangfa Peredur' (Tegfelyn), 174
Din Lligwy, 318
Dinas Cadfel, 81
Dinbych, 81, 144, 168
Dinorwig, 122
Disney, Walt, 263, 264, 314
'Diwedd Bro' (Waldo Williams), 224, 230
Dolgellau, 138, 143, 152
Donaw, 283
Donnelly, Desmond, 216, 217, 218
Donovan, Patrick, 323
Donwen, 31
Dostoieffsci, 269
Drayton, Michael, 207
Dros y Nyth (Wil Ifan), 175
'Drudwy Branwen' (R. Williams Parry), 173, 175
Drury Lane, 176
Drych y Prif Oesoedd (Theophilus Evans), 149
Dug Wellington, 164
Dulyn, 99
Durham, 293
Duwies y Ceffylau, 63, 65
Dwnn, Lewys, 150, 158 n.62
Dwnn, Siâms, 146, 327
'Dwy Gerdd ynghylch Hunaniaeth' (Alan Llwyd), 45
'Dychweliad Arthur' (D. R. Cledlyn Davies), 174
Dyddgu (Dafydd ap Gwilym), 270
Dyffryn Clwyd, 96, 97, 98, 100–1, 103, 104

Dyffryn Dysynni, 138
Dyffryn Hafren, 38, 48
Dyffryn Meisir, 48
'Dylan, Son of the Wave' (Thomas Evelyn Ellis (Arglwydd Howard de Walden)), 176

Early Welsh Saga Poetry (Jenny Rowland), 29
Eastwood, Clint, 340
Eben Fardd, gw. Thomas, Ebenezer
Edelfrith, 49
Edling, 83–5, 92, 95, 110 n.33, 112–13 n.60
Ednyfed Fychan, 99, 150
Edward, Albert, y Tywysog, 167
Edwards, Eben, 159
Edwards, Hywel Teifi, 24
Edwards, J. M., 222, 230
Edwards, O. M., 169
Edwards, Thomas (Twm o'r Nant), 141
Efa, 31
Efnisien, 23, 61–76, 173, 178–9, 295
Efrog Newydd, 247, 261, 351
Egerton (teulu), 143
Eglwysau Bassa, 33, 37
Englynion Cadwallon, 29
Englynion Geraint, 29
'Englynion y Beddau', 30, 192, 330
'Englynion y Clywaid', 30
Ehedydd Iâl, gw. Jones, William
Eiddig, 270
Eifionydd, 92, 93, 94, 95, 96, 136
'Ein Tir' (B. T. Hopkins), 43
Einion ap Caradog, 96
Einion ap Gwalchmai, 86
Einion ap Madog ap Rhahawd, 80, 86, 91–4, 95
Einion ap Maredudd, 96
Einion Wan, 80, 86, 94, 95, 98–9, 107
Eirian, Siôn, 243, 382
'Eiry Mynydd', 33, 40
Eisenstein, Sergei, 316
Eisteddfod, yr (cyffredinol), 161, 171, 176, 279

Eisteddfodau Cenedlaethol:
　Aberhonddu (1889), 167
　Abertawe (1891), 168
　Bae Colwyn (1910), 170
　Bangor (1902), 174
　Bro Dwyfor (1975), 384
　Caerdydd (1978), 243, 373, 382
　Caernarfon (1886), 167
　De Powys (1993), 51
　Dyffryn Conwy (1989), 171
　Hwlffordd (1972), 179
　Meirion (1997), 173, 178
　Penbedw (1917), 171
　Rhydaman (1970), 179
　Wrecsam (1888), 180
　Y Fflint (1969), 311, 372
　Ystradgynlais (1954), 26, 240 n.119
Eisteddfod Ffair y Byd, Chicago (1893), 159, 168
Eisteddfod Llangollen (1858), 166–7
Eisteddfod Ryng-golegol (1934), 38
Electra (Euripides), 35
Electra (Soffocles), 35
Elfed, gw. Lewis, H. Elvet
Elgan (brawd Heledd), 49
Elias, John, 162
Elin ap Hywel, 46
Eliot, T. S., 36, 38, 246, 261, 276, 367, 368, 374, 377, 378, 383, 387, 390
Elis, Islwyn Ffowc, 42, 277–8
Elizabeth I, 102, 328
Ellis, Thomas Evelyn (Arglwydd Howard de Walden), 176, 177
Ellis, David (copïwr), 139
Ellis, David (awdur 'Branwen'), 175
Elphin, gw. Griffith, Robert Arthur
Eminent Victorians (Lytton Strachey), 171
Emrys ap Iwan, gw. Jones, Robert Ambrose
Emyr, gw. Davies, H. Emyr
'Eneidfawr o Rosgadfan' (Alan Llwyd), 44–5
Epona, 63–4
Epynt, 42

'Er Ffoi o'r Hud-flynyddoedd' (Wil Ifan), 175
Ercal, 38
'Eryr Eli', 47, 48, 49
'Eryr Pengwern', 33, 47
Eryr Pengwern (Rhiannon Davies Jones), 49
Esgob Llanelwy, 31
Etholiad Cyffredinol 1959, 218
Euripides, 36
Evans, Beriah Gwynfe, 167
Evans, Donald, 373, 384
Evans, Dylan Foster, 224
Evans, E. Gwyndaf (Gwyndaf), 38–9
Evans, Ellis Humphrey (Hedd Wyn), 340, 374
Evans, Elwyn, 40
Evans, Evan (Ieuan Fardd), 153
Evans, Howell T., 165
Evans, Theophilus, 149
Evans, Tomi, 179
Evans, William (Wil Ifan), 175
Evans, W. R., 201

Fables (La Fontaine), 272
Feirniadaeth Newydd, y, 332
'Fern Hill' (Dylan Thomas), 229
Fern Hill Lodge, 229
Fictoriaid, y, 160, 171
Fin de Partie (Samuel Beckett), 291
FitzGerald, John, 230
Flame-bearers of Welsh History (Owen Rhoscomyl), 169
Fled Bricrenn (Gwledd Bricriu), 66
Ford, Henry, 253
Foster, Idris, 326, 336
Foster, R. F., 36
Freinlen Fawr, y (Magna Carta), 87, 90
Froomes, Sarah, gw. 'Haras o Gaer-ludd'
Frost, Robert, 252, 261, 350
Furnival, Christine, 46
Fychan, Rhisiart, 137, 139, 144, 145, 152, 153
Fychan, Sioned, 151

'Fflangell Ysgorpionog i'r Methodistiaid'
    (Rhys Jones o'r Blaenau), 153
Ffordd y Brawd Odrig, 339
Ffrainc, 247
Ffreuer (chwaer Heledd), 32, 49
Ffynnod Wyddeles, 84

'Gaeaf' (Megan Lloyd-Ellis), 46
Garden, pwll glo'r, 219
Garthmyl, 48
Garwen, 49
Geiriadur Beiblaidd, 276
Genau'r Glyn, 122, 123, 124
'Geneth Ifanc' (Waldo Williams), 225
George, David Lloyd, 168, 170
George, Megan Lloyd, 216
George, W. R. P., 43–4
Geraint fab Erbin, 174
'Geraint ac Enid' (J. Machreth Rees), 174
Gerallt Gymro, 79, 83, 85, 170
Gerddi Sophia, 169
Gildas, 340
Gilfaethwy, 339
Ginsberg, Allen, 242, 243, 261
Giraudoux, Jean, 177
Gittins, Linda (née Mills), 51
Glasynys, *gw.* Jones, Owen Wynne
Glifieu, 185
Glyn Aeron, 122, 123
Glyn Ceiriog, 136
Gogerddan, 123
Gogynfeirdd, y, *gw.* Beirdd y Tywysogion
'*Goleuad* Redemption Bond', 168
Gonne, Maude, 36
Gorllewin Morgannwg, 217
Goronwy ap Meilyr, 123
Gosse, Edmund, 160
Grammadeg Cymraeg (Siôn Rhydderch), 140, 142
Great Harmeston (Johnston, Hwlffordd), 226
Green, Hughie, 302
Gresffordd, 38
Griffith, Richard (Carneddog), 42

Griffith, Robert Arthur (Elphin), 174
Griffiths, Ann, 300
Griffiths, Ralph, 122
Griffiths, William (Gwilym ap Lleision), 174
Gronw Pebr, 295
Gruddieu, 185, 186
Gruffudd ab Ednyfed, 99–100
Gruffudd ab yr Ynad Coch, 92, 274, 368
Gruffudd ap Caradog, 96
Gruffudd ap Cynan, 81, 110 n.28, n.33
Gruffudd ap Cynan ab Owain, 102–3, 106
Gruffudd ap Llywelyn (mab Llywelyn ab Iorwerth), 79–82, 84–100, 103, 104, 107, 108, 115 n.95, n.104
Gruffudd ap Llywelyn (mab Llywelyn ap Seisyll), 80, 81
Gruffudd ap Llywelyn ab Ieuan o'r Morfa Bychan, 123
Gruffudd Fychan ap Gruffudd ab Ednyfed, 30–1
Gruffudd Hiraethog, 137
Gruffudd, Owen, 134, 136, 137, 327
Gruffydd, R. Geraint, 23
Gruffydd, W. J., 63, 64, 174, 175, 245
Guto'r Glyn, 141, 151, 333
'Gwagedd Ymffrost Dyn' (Siôn Cent), 333
Gwaith Dafydd ap Gwilym (gol. Thomas Parry), 121, 122, 123, 124, 125, 209, 335, 350
Gwalchmai ap Meilyr, 89
Gwales, 173, 174, 184–5
Gwallog, 123
Gwasg Gregynog, 47, 50, 335
Gwasg Prifysgol Cymru, 291, 352
Gwasg y Lolfa, 312
Gwedir, 96
Gweld Sêr: Cymru a Chanrif America (gol. M. Wynn Thomas), 242
'Gweledigaeth Cwrs y Byd' (Ellis Wynne), 147
Gweledigetheu Y Bardd Cwsc (Ellis Wynne), 148, 324–5, 377

Gweledigaetheu Y Bardd Cwsc (gol. John Morris-Jones), 323
Gwên fab Llywarch, 30
Gwenallt, gw. Jones, D. Gwenallt
'Gwenallt' (Waldo Williams), 201, 202, 203–4
Gwenddydd, 31
Gwern, 68, 71, 73–4
Gwestfa, 89, 94
Gwilym ap Lleision, gw. Griffiths, William
Gwlad Belg, 40, 168
'Gwlad Hud' (T. Gwynn Jones), 175
'Gwladys Rhys' (W. J. Gruffydd), 245
Gwobr Ellis Griffith Y Bwrdd Gwybodau Celtaidd, 323
Gwri Wallt Eurin, 64
Gwrthrych/gwrthrychiad, 83, 95, 112–13 n.60
Gwydion, 71, 173, 339
'Gwydion ap Dôn' (Gwilym R. Jones), 192–3
Gwylliaid Cochion Mawddwy, 138
Gwyndaf, gw. Evans, E. Gwyndaf
Gwynedd, 80, 81, 82, 83, 85, 86, 87, 88, 89, 90, 91, 92, 93, 94, 95, 96, 97, 98, 99, 103, 104, 107, 108, 275
Gwynedd Uwch Conwy, 97
Gwynn, Harri, 230
'Gwŷr Harlech', 180
'Gwŷr yn y Sachau', 71
Gyrthmwl, 32, 54 n.18

Hafren, 43
Hall, Augusta Waddington (Arglwyddes Llanofer), 170
Hamburg, 40, 41
Hamlet (William Shakespeare), 37
Handel, George Frideric, 162
Hanes Llenyddiaeth Gymraeg hyd 1900 (Thomas Parry), 331–3
'Hanes y pla yn Ffraingc' (Siôn Rhydderch), 136
50 o Gywyddau Dafydd ap Gwilym (gol. Alan Llwyd), 271, 335, 368, 375–6

'Haras o Gaer-ludd' (Sarah Froomes), 146
Harlech, 148, 174, 185
Harpwood, Cleif, 51
Harri VII, 170
Harris, Howel, 153
Harvey (teulu), 143
Haydn, (Franz) Joseph, 162
Hayes, Heledd, 52
Hedd Wyn, gw. Evans, Ellis Humphrey
Heilyn ap Gwyn, 178, 181–7
'Hela'r Twrch Trwyth' (Gwilym ap Lleision), 174
Heledd, 23, 29–52, 68–70
Heledd (W. J. Jones), 48–9
Heledd (sioe gerdd), 51
Helen o Atica, 67
Hen Ogledd, 49, 50
Hendregadredd, Llawysgrif, 90, 93, 102
Hengerdd, 23, 39, 46, 52, 329–30
Hengwrt, 29, 138, 139, 151
Henri III, 96, 98, 107, 115 n.103
Herbert, George, 222, 228
Herbert, Syr Ivor, 170
Herschel, Frederick William, 162
Heysel, 52
Hillsborough, 52
Hilton, Ian, 291
Hiroshima, 385
Hirst, Damien, 340
Historia Gruffud vab Kenan, 81
Hitler, Adolf, 38, 41
'Hob y Deri Dando', 180
Homer, 136, 162
Hook, 219
Hopkins, B. T., 42–3
Hopkins, Gerard Manley, 219, 351
Honorius III, y Pab, 84, 111 n.38
Horas, 136, 339, 351
Hors, 49
Houghton, Walter E., 160
Howard, John, 162
Howarth, H. L., 217
'Howl' (Allen Ginsberg), 242, 261
Hughes, J. Ceiriog (Ceiriog), 169
Hughes, Garfield, 325

Hughes, Lewis, 143, 152
Hughes, Mathonwy, 191
Humboldthafen, 40
Humphreys, Emyr, 176
Huw Dafydd, 140
Huw Machno, 375
Huw Nannau, 137, 139, 144, 155 n.19, 157 n.48
Huws, Huw (y Bardd Coch o Fôn), 140
Hwfa Môn, gw. Williams, Rowland
Hwlffordd, 204, 205, 206, 215, 217, 226
Hyde, Douglas, 36
Hystoria Gwlad Ieuan Fendigaid, 339
Hywel ab Ieuan (o Foelyrch), 151
Hywel ab Owain Gwynedd, 84, 86, 103
Hywel ap Goronwy (Deon Bangor), 123
Hywel ap Goronwy ap Meilyr, 123
Hywel ap Goronwy ap Tudur Hen, 30
Hywel Dda, 170
Hywel Foel, 86
Hywel Fychan, 29

Iaco ab Dewi, 135
Iago ab Idwal, 81
'Iago Prytherch' (R. S. Thomas), 48
Iarddur, 150
Iddawg Cordd Prydain, 66
Ieuan Fardd, gw. Evans, Evan
Ieuan Llwyd ab Ieuan ap Gruffudd Foel, 122
Ieuan Llwyd ab Ieuan Fwyaf, 122–5
Ifan, Tecwyn, 51
Ifan, Wil, gw. Evans, William
Ifor ap Glyn, 178
Ifor Hael, 124, 125, 328
'I Heledd' (Cyril Jones), 45–6
'I Ieuan Llwyd o Enau'r Glyn' (Dafydd ap Gwilym), 121–33
Iliad, yr, 163
Imagistiaid, 245
'In Memory of Ted Hughes' (R. S. Thomas), 21
'In the White Giant's Thigh' (Dylan Thomas), 221
India, 342

Iolo Caernarfon, gw. Roberts, J. J.
Iolo Goch, 31, 48, 333
Iolo Morganwg, gw. Williams, Edward
Ionesco, Eugène, 387
Iorwerth ap Madog ap Rhahawd, 92
Iorwerth Drwyndwn, 106
Iorwerth VII, 170
Isabella de Breos, 84
Isfoel, gw. Jones, David (Dafydd Isfoel)
Iwerddon, 36, 37, 38, 66, 69, 72, 73, 99, 100, 102, 106, 184, 226

Jackson, Kenneth, 46–7, 63–4
James, Iarll Abingdon, 150
James, Anni, 201
James, D. Emrys (Dewi Emrys), 275
James, Tomi, 201
Jarman, A. O. H., 70, 75
Jarvis, Branwen Heledd, 52
Jenkins, Dafydd, 88, 92
Jenkins, Nigel, 231
Jerusalem (Blaenau Ffestiniog), 26
John, y Brenin, 80, 81, 84, 87, 90–1
John o Gaersallog, 85
Johns, David, 101, 141
Johnston, Dafydd, 23, 121–2
Jones, Angharad, 176
Jones, Bedwyr Lewis, 47, 171, 251, 256, 329, 338, 339, 367
Jones, Bobi (R. M. Jones), 24, 174, 202, 208, 215, 226, 232, 250, 251, 367, 380–1
Jones, Cyril, 45–6
Jones, Dafydd (o Drefriw), 138, 139, 154
Jones, Dafydd Glyn, 23, 68
Jones, David, 176
Jones, David (Dafydd Isfoel) (Isfoel), 201
Jones, Derwyn, 282, 283
Jones, D. Gwenallt (Gwenallt), 173, 178, 252, 254
Jones, Dic, 384
Jones, Emyr Llywelyn, 227, 240 n.116
Jones, Glyn, 47, 48
Jones, Griffith Rhys (Caradog), 168
Jones, Gwilym R., 192–3

450

Jones, Gwyn, 73
Jones, Idwal, 240 n.119, 269, 280
Jones, Islwyn, 204, 214
Jones, John Albert, 227
Jones, John Gwilym, 250, 251, 255, 282, 311, 323, 324, 332, 333, 335, 338, 339, 340
Jones, Owen Wynne (Glasynys), 180
Jones, R. Gerallt, 230
Jones, R. M., gw. Jones, Bobi
Jones, Robert Ambrose (Emrys ap Iwan), 163
Jones, Rhiannon Davies, 49
Jones, Rhys (o'r Blaenau), 145, 146, 153, 154
Jones, Syr Henry, 169
Jones, T. Gwynn, 38, 39, 174, 175, 179, 259, 279, 379
Jones, T. Llew, 227
Jones, Thomas, 52, 73
Jones, Thomas (*Carolau a Dyrïau Duwiol*), 134
Jones, William, 179
Jones, William (Ehedydd Iâl), 251
Jones, William Richard (Goleufryn), 160
Jones, W. J., 48–9

Kafka, Franz, 339
Kansas, 253
Kazan, Elia, 316, 317
Keats, John, 221, 269
Kennedy, John F., 245
Kerry, 226
Krappe, A. H., 67

La Fontaine, Jean de, 272
Landshipping, 219
Lectures on Early Welsh Poetry (Ifor Williams), 46
'Lehrter Bahnhof' (Alun Llywelyn-Williams), 40–2, 57 n.58
Lewis, Haydn, 384
Lewis, H. Elvet (Elfed), 167, 175, 180, 185

Lewis, Lewis William (Llew Llwyfo), 169
Lewis, Lisa, 51
Lewis, Saunders, 34–5, 36, 37, 47, 52, 55 n.28, n.29, 73, 142, 177, 193, 274, 367
Lewys Glyn Cothi, 31, 48
Lewys, Huw, 30
Lhuyd, Edward, 31–2
Life in a Welsh Countryside (Alwyn D. Rees), 50
Livingstone, David, 168
Lloyd, D. Tecwyn, 251, 341
Lloyd, J. E., 82, 340
Lloyd, Nesta, 375
Lloyd-Ellis, Megan, 46
Locke, John, 162
Lockley, R. M., 213–14
Lol, 312
Loomis, Richard, 350

Llan Heledd, 30, 53 n.8
Llanaber, 141, 148
Llandygái, 50
'Llandysilio-yn-Nyfed' (Waldo Williams), 201–2
Llanddewi Aber-arth, 169
Llanefydd, 81
Llanelwy, 31, 138
Llanfair, 148
Llanfair Dyffryn Clwyd, 101, 141
'Llanfair-ym-Muallt' (Waldo Williams), 201, 223
Llangar, 135
Llangefni, 247
Llanllawddog, 135
Llannerch, 96
Llannerch-y-medd, 140
Llanofer, 170
Llansteffan 166, llawysgrif, 142
Llanuwchllyn, 136
Llanychaearn, plwyf, 123
Llanymawddwy, 142
Llanystumdwy, 134, 136
Llawdden Hen, 122, 123
Llemenig, 30, 32, 53 n.4

451

Llên y Llenor: *Gwyn Thomas* (Alan Llwyd), 269
Lleu Llaw Gyffes, 173, 192, 295
Llew Llwyfo, gw. Lewis, Lewis William
Lleweni, 100, 104
Lludd a Llefelys, 174
Llundain, 35, 36, 38, 79, 84, 96, 97, 108, 140, 145, 146, 168, 176, 184, 351
'Llwmhurig ab maon', 32
'Llwyd' (Waldo Williams), 202, 210
Llwyd, Alan, 44–5, 178, 257, 263, 269, 334
Llwyd, Syr Gruffudd, 122
Llwyd, Humphrey, 106
Llwyd, Huw, 323, 327, 336, 342
Llwyd, Morgan, 298, 323, 336, 342
Llwyd, Wiliam, 138
Llwydiarth Esgob, 140
Llyfr Aneirin, 34
Llyfr Coch Hergest, 29, 34, 102, 178
Llyfr Du Caerfyrddin, 30, 33, 38, 39
Llyfr Gweddi Gyffredin, 149
Llyfr Gwyn Rhydderch, 29, 178
Llyfr Iorwerth, 83–4, 88, 92, 94, 95, 114 n.81
Llyfr y Tri Aderyn (Morgan Llwyd), 298, 336
Llyfrgell Genedlaethol Cymru, 226
'Llygaid Fy Nghariad' (Bobi Jones), 380
Llŷn, 92, 93, 94, 95
Llyn y Morynion, 174
'Llyn y Morwynion' (Elfed), 180
Llywarch ap Trahaearn, 85, 111 n.44
Llywarch Goch o Ros, 80
Llywarch Hen, 30–4, 37, 40, 46, 51
Llywarch Hen (Lisa Lewis), 51
Llywarch Howlbwrch, 81, 109 n.15
Llywelyn ab Iorwerth (Llywelyn Fawr), 79–83, 85, 86, 87, 90, 91–100, 106, 109 n.10, n.15, n.18, 117 n.131
Llywelyn ap Gruffudd, 94, 96, 97–9, 100–1, 103, 104, 107, 167, 168, 170, 223
Llywelyn Bren, 165

Llywelyn Fawr, gw. Llywelyn ab Iorwerth
Llywelyn Goch Amheurig Hen, 122
Llywelyn-Williams, Alun, 39–42, 43, 187–91, 203

Mabon and the Mysteries of Britain (Caitlín Matthews), 178–9
'Mabon' (Saunders Lewis), 193
Mabon fab Modron, 193–4
'Mabon fab Modron' (Gwynne Williams), 193–4
MacCana, Proinsias, 62, 65, 66
MacBride, Sean, 36
MacDiarmid, Hugh, 46
Machynlleth, 139
Madog ap Maredudd, 89
'Madog, mesur', 183
Maelienydd, 89
Maelor, 31
Maes Gwyddnau (Cantre'r Gwaelod), 38
Maesmynan, 96, 104, 118–19 n.143
'Magdalen' (Gwyndaf), 38–9
Magdeburg, 40
Magna Carta, gw. Freinlen Fawr, y
Magnus Maximus, 340
Mair (mam Crist), 30, 31, 300, 388
Maldwyn, 50
Mallwyd, 29
Manafon, 48, 50
Manawydan, 74, 174, 175, 180–1
Manceinion, 164
Mann, Thomas, 276
Manuel, Dafydd, 134, 143
Marchudd, 150
Marsia, 31
Martin, Henri, 46
Martin, John, 162
'Marw Oddi Cartref' (Hedd Wyn), 374
'Marwnad Owain ab Urien' (Taliesin), 332
'Marwnad Siôn ap Hywel ap Owen o Gefn Treflaeth' (Huw Machno), 375
Matching, 142
Matthews, Caitlín, 178
Math fab Mathonwy, 71, 174, 175, 339

Mathafarn, 138, 140, 142, 144, 149, 150, 152, 158 n.62
Matholwch, 68, 71, 72
Mathrafal, 50
Mawl a'i Gyfeillion (Bobi Jones), 274
'Mawl Taliesin i Fendigeidfran' (Pennar Davies), 184
Mayse, Susan, 52
McKenna, Catherine, 103
McLuhan, Marshall, 256
Medalau Albert, 168
Medea (Euripides), 35, 36
'Medi' (Waldo Williams), 228
Medieval Welsh Lyrics (Joseph P. Clancy), 351
Meddged (treth fedd), 89
Mefenydd, 123
Meirionnydd (cantref a sir), 26, 91, 94–5, 135, 141, 146, 224, 225
Meisyr (chwaer Heledd), 32
Mellt yn Taro (Beryl Stafford Williams), 176
'Merched Llanbadarn' (Dafydd ap Gwilym), 269
Mererid (Maes Gwyddnau), 38
Mers, y, 82, 84, 85
Merseyside, 224
Mersia, 49, 50
Merthyr Tudful, 159
'Metamorffosis' (Franz Kafka), 339
Methodistiaid, 153, 154, 169
'Mewn Dau Gae' (Waldo Williams), 202, 210, 222, 232, 234–5 n.32
Michelangelo, 162
Midleton, Wiliam, 140
'Milford Haven Barrage Bill', 215, 217
Millward, E. G., 161
Miranda (*The Tempest*), 297
'Mis Mai a Mis Ionawr' (Dafydd ap Gwilym), 209
Mochres, 148
Moderniaeth, 177, 384, 385
Moelyrch, 151
Môn, 65, 101, 103, 123, 124, 135, 140, 143

Monica (Saunders Lewis), 35
Moore, Geoffrey, 261
Morfa Bychan, 123
Morfa Dinlleu, 192
Morfudd (Dafydd ap Gwilym), 124, 270
'Morfudd yn Hen' (Dafydd ap Gwilym), 274, 334
Morgan, Derec Llwyd, 47, 329
Morgan, Edward, 141, 142, 143, 146, 148, 156 n.32
Morgan, Gerald, 203
Morgan, John, 142
Morgan, Prys, 161
Morgan, T. J., 47, 325
Morgan, Wiliam, 142
Morgan, yr Esgob William, 170
Morgannwg, 135
Morris, Edward, 136, 137, 138, 327
Morris, Lewis, 135, 140, 142–3, 145, 146, 154, 156 n.32, n.34, 158 n.67, 327–8
Morris, Richard, 140, 154
Morris, Wiliam, 143
Morris, William, 174–5
Morris-Jones, John, 169, 174, 176, 179, 246, 275, 278, 279, 284, 323, 325, 341, 381
Morys, Huw, 134, 136, 137, 148, 327
Mostyn, Tomas, 137
Motif-Index, chwedlau'r, 61
Mozart, Wolfgang Amadeus, 162
Murray, Gilbert, 35–6
'Myfanwy' (Joseph Parry), 168
Myfyrdodau Bucheddol ar y Pedwar Peth Diwethaf (John Morgan), 142
Mynachlog-ddu, 205
Myrddin, 31, 68, 69–70, 136, 148, 330
'Myth y Gwanwyn' (Euros Bowen), 179

Nagasaki, 385
Nannau, 138, 144, 145, 147, 149, 150
'Nant Lleu' (Mathonwy Hughes), 191–2
Naoise, 36
Napoleon, Bonaparte, 164
'National Fine Art Union', 168

Natureingang, 124
Nelson, Horatio, 164
Neuadd Dinas Caerdydd, 170
Newton, Isaac, 162
Nicholas, James, 201, 202, 206
Nicholas, W. Rhys, 226
Nisien, 65–7, 74
No Fire, No Candle (Mary Oldham), 50
Nottingham, 50
Nyniaw, 67

'Ode on the Death of the Duke of Wellington' (Alfred Lord Tennyson), 164
Oedipus Tyrannus (Soffocles), 35
Oerddrws, 138
'Ogof Arthur' (William Morris), 174–5
'Oherwydd Ein Dyfod' (Waldo Williams), 229
Oldham, Mary, 50
Ôl-foderniaeth, 260, 271, 278, 288
Olwen (*Culhwch ac Olwen*), 42, 174
100 Great Welshmen: Eminent Britons, Volume 1 (Terry Breverton), 159
On Heroes, Hero-Worship and the Heroic in History (Thomas Carlyle), 160
On the Waterfront, 317
Orgraff yr Iaith Gymraeg, 282–3, 284
Osric, 49
Oswald, 50
Owain ('Englynion y Beddau'), 30
Owain ('Iarlles y Ffynnon'), 68, 69–70, 174
Owain ab Urien, 332
Owain ap Gruffudd, 86, 95–6
Owain Glyndŵr, 167, 168, 170, 171
Owain Gwynedd, 82, 84, 85
Owen, Ann, 143, 151
Owen, Ann Parry, 90
Owen, Athelstan, 139, 156 n.26
Owen, J. Dyfnallt, 174
Owen, Daniel, 277
Owen, Elizabeth, 147
Owen, George (o Henllys), 206–8, 220

Owen, Gerallt Lloyd, 224
Owen, Isambard, 167
Owen, John, 149
Owen, John Idris, 176
Owen, Lewis, y barwn, 138
Owen, Lewis (o Beniarth), 144
Owen, Morfydd E., 90
Owen, Siôn (o Frogyntyn), 139, 144, 147, 149
Owen, Siôn Tomas, 140, 143
Owen, William, 147

Packard, Vance, 312
Pair Dadeni, y, 62, 75
'Pais Dinogad', 52
Palas Grisial, y, 164, 168
'Pamphelett conteigninge the description of Mylford Havon' (George Owen), 206
Pantycelyn, gw. Williams, William
Paradise Lost (John Milton), 163
Parc Cathays, 170
Parc Cenedlaethol Arfordir Penfro, 213
Parcrhydderch, 122
Paris, Matthew, 79, 96, 103, 104, 105, 106
Parry, Joseph, 167–8
Parry, R. Williams, 173, 175, 367, 379, 387
Parry, Thomas, 27, 121, 122, 124, 209, 261, 325, 331–2, 333, 335, 356
Parry-Williams, T. H., 257, 267 n.47, 275, 276–8, 367
Pebiaw, 67
Pecham, John, 85
Pedair Cainc y Mabinogi (cyffredinol), 23, 24, 61, 63, 64, 70–1, 74, 160, 173, 174, 175, 176, 178, 180, 195–9, 249, 264, 337, 343
Y Gainc Gyntaf: Pwyll Pendefig Dyfed, 63–5, 174, 175, 178, 195, 202
Yr Ail Gainc: Branwen Ferch Llŷr, 23, 62–3, 65–8, 71–6, 174, 175, 178–9, 184

Y Drydedd Gainc: Manawydan Fab Llŷr, 174, 175
Y Bedwaredd Gainc: Math Fab Mathonwy, 71, 174, 175, 176, 179, 339
Pedeir Keinc y Mabinogi (gol. Ifor Williams), 173
Pembrokeshire (R. M. Lockley), 213
Pencerdd Gwalia, gw. Thomas, John
Penda, 49, 50, 51
Pengwern, 37, 38, 42, 43, 44, 49, 50, 51
Peniarth, 144
Peniarth 123, llawysgrif, 148
Peniarth 196, llawysgrif, 148
Penmynydd, 30
Penn, Arthur, 253
Peredur, 174
'Peredur, O Peredur . . .' (T. Gwynn Jones), 174
Perfedd, cwmwd, 122, 123
Peryf ap Cedifor, 86, 103
Peters, Ellis, 52
Petrarca, Francesco, 121
Picton, Syr Thomas, 170
Pictwn, 205
Plaid Cymru, 218
Plas Tan-y-bwlch, 148
Plasaugwynion, 142
Plato, 269
Poetry Wales, 203, 334
Poetry Wales, gwasg, 352
Pollux, 67
Poly-Olbion (Michael Drayton), 207
Pompeii, 40, 43
Pont y Caniedydd (Alun Llywelyn-Williams), 39, 187
Pontymeibion, 134
Pound, Ezra, 246, 256, 257, 261
Powel, Thomas, 170
Powell, Robat, 44
Powys, 32, 38, 51, 85, 89, 91, 93, 95, 150
Powys Wenwynwyn, 93
Presely, 42

'Preseli' (Waldo Williams), 231, 241 n.139
Presley, Elvis, 24, 160, 242, 277
Prichard, Michael, 140
Prifysgol Cymru, 275
Prifysgol Cymru, Bangor, 335
Prifysgol Lerpwl, 217
Princeps Wallie ('tywysog Cymru'), 98
Pritchard, David, 227
'Profiadau Llencyndod' (Siôn Eirian), 243
Promethews, 43
Prospero (*The Tempest*), 297
Pryce, Huw, 82
Pryderi, 173, 174, 181,185
Prydydd y Moch, 80, 86–91, 93, 94, 102, 105–6, 112 n.53
Prys, Edmwnd, 81, 328–9
Prys, Siôn Prisiart, 143, 155 n.19, 156 n.26, n.34
Prys, Tomas, 146
Prysaeddfed, 30, 143
(Pughe), William Owen, 31–3, 49
Pum Diwrnod o Ryddid (sioe gerdd), 51
Puw, Roland, 138, 144, 146
Puw, Margaret (o'r Rug), 138, 139
Puw, Wiliam, 138, 140, 142, 144, 149, 150–1, 152
Pwerdy Stwlan, 244
Pwllheli, 148
Pwyll Pendefig Dyfed, 65, 174, 175, 195, 202
'Pwyll, Pendefig Dyfed' (Wil Ifan), 175
Pwyllgor Amddiffyn Capel Celyn, 225
Pwyllgor Amddiffyn Cwm Gwendraeth, 217
Pwyllgor Dethol (yn Nhŷ'r Arglwyddi), 216
Pwyllgor Pwnc Astudiaethau Celtaidd Prifysgol Cymru, 121
Pwyllgor Pysgodfeydd Môr De Cymru, 215

Philipps, y Fonesig Marion, 215
Phylib, Siôn, 148

Radio Cymru, 278
Radio Wales, 278
Raphael, 162
Rees, Alwyn D., 50
Rees, J. Machreth, 174
Refferendwm 1997, 45
Reich, y Drydedd, 41
Richard (Esgob Bangor), 96, 97, 103, 105
Ritson, Joseph, 33
Roberts, Brynley F., 64
Roberts, Eigra Lewis, 249
Roberts, J. J. (Iolo Caernarfon), 168
Roberts, Kate, 44–5, 69, 243
Roberts, Owen, 225
Roberts, Penri, 51, 52
Roberts, R. Silyn (Silyn), 174
Roberts, Thomas, 101
Robin Nordd, 123
Robin Ragad, 134
Robinson, Edwin Arlington, 261
Roderick, John (Siôn Rhydderch), 134–54, 327–8
Rorke's Drift, 168
Route 66, 382
Rowland, Jenny, 29, 50, 60 n.102
Rowlands, Dafydd, 179, 259
Rowlands, Eurys, 86, 102, 103, 124
Rowlands, John, 203–4, 261, 264
Rowlands, John, gw. Stanley, H. M.
Rug, Y, 138, 144, 146

Rhamantiaeth, 177, 385
Rheged, 49, 51
Rheinland, y, 38
Rheol Bucheddd Sanctaidd (cyfieithiad Ellis Wynne), 149, 324
Rhiannon, 46, 63–5, 173, 174, 202
'Rhiannon' (Christine Furnival), 46
'Rhiannon' (Gwenallt), 178
Rhiannon (W. J. Gruffydd), 63
'Rhieingerdd' (John Morris-Jones), 380–1
Rhisiart, Ifan, 142
Rhiw, afonydd, 48
Rhiwedog, 144

Rhiwsaeson, 139
Rhodri ab Owain Gwynedd, 103
Rhodri Mawr, 81
Rhondda, Y, 168
Rhos (Arglwyddiaeth Dinbych), 80–1
Rhos (Sir Benfro), 205
'Rhos Helyg' (B. T. Hopkins), 42
Rhoscomyl, Owen, 169
Rhosgadfan, 243
Rhufoniog, 81
Rhwng Doe a Heddiw, 176
Rhwng Gewyn ac Asgwrn (Gwynne Williams), 193
Rhwng Taf a Thaf (Bobi Jones), 215, 237 n.62
Rhyd-ddu, 276
Rhydychen, 275, 326, 328, 336
Rhydderch ab Ieuan Llwyd, 122, 123
Rhyddiaith R. Williams Parry (gol. Bedwyr Lewis Jones), 367
'Rhyfeddodau'r Wawr' (R. Williams Parry), 387
'Rhyfel' (Hedd Wyn), 374
Rhyfel Byd 1914–18, 35, 44, 45, 166, 169, 171, 177, 256, 384
Rhyfel Byd 1939–45, 39–42, 45, 177, 244, 247
Rhyfel Cartref, y, 149, 153
Rhyfel Corea, 245
Rhyfel y Crimea, 164, 166
Rhyfel Fiet-nam, 245, 256
Rhyfeloedd y Sêr, 24, 160
Rhys ap Thomas, 166
Rhys Cain, 146
Rhys Meigen, 102
Rhys, Robert, 201, 251
Rhŷs, Syr John, 63, 169

S4C, 51, 315
Saarland, y, 38
Said, Edward, 161
Salisbury, Thomas, 100
Salisbury, Thomas ('Hen'), 100, 101
Salsbri, Elisabeth, 144
Salsbri, Margaret, 144

Salsbri, Owain, 144
Samuel, Edward, 135
Samuel, Rhian, 52
Sarnicol, gw. Thomas, Thomas Jacob
Sartre, Jean-Paul, 177
Saunders, David, 209
Savage (teulu), 143
Sbaen, 247
Scott, Walter, 162
'Sea Empress', 231
Sebastopol, 168
'Sefyllfa Wareiddiol y Cymry' (Thomas Stephens), 159
Senana ferch Caradog, 82, 96
Sencha, 66
Seth ab Adda, 150
'Seven Keys to Shaderdom' (Glyn Jones), 48
Sex Pistols, 340
Sgandinafia, 40
Shakespeare, William, 269, 271, 291, 321 n.38
Shane, 316–17
Shields, Corporal Robert, 166
Sibli, 31
Sieffre o Fynwy, 69
Silyn, gw. Roberts, R. Silyn
Simwnt Fychan, 100
Siôn Cain, 327
Siôn Cent, 333, 336, 339, 342, 350, 376
Siôn Dafydd Las, gw. Davies, John
Siôn Dafydd Siencyn, 139
Siôn Grustal, 145
Siôn Rhydderch, gw. Roderick, John
Siôn Tudur, 146
Sir Amwythig, 38
Sir Benfro, 205, 214, 216, 217, 218, 224, 225
Sir Drefaldwyn, 138, 144
Sir Feirionnydd, 138, 139, 144, 148
Sir Fôn, 140, 341
Sir Gaerfyrddin, 135, 216, 217
Sistersiaid, 86
Siwan (gwraig Llywelyn ab Iorwerth), 79, 81–2, 84–5, 87, 91, 100, 109 n.10, n.18
Slovic, Scott, 231
Something's Burning (Mary Oldham), 50
'Soned i Efnisien' (Alan Llwyd), 178
Southey, Robert, 33
Spree, afon, 40
Stacey, Robin Chapman, 83, 92
Stadiwm y Mileniwm, 45
'Stafell Gynddylan', 33, 34, 45, 47, 52, 331
Stanley, H. M. (John Rowlands), 168–9
Statud Gruffudd ap Cynan, 328
Stephens, Thomas, 33, 34, 159, 163, 166–7
Stevens, George, 316–17
Strachey, Lytton, 171
Suibhne, 69
Superman, 339
Sutherland, Graham, 205
'Sutherland at Picton Ferry' (Tony Curtis), 205
Swydd Essex, 142
Synge, J. M., 36

Taliesin, 33, 34, 45, 46, 148, 176, 185, 330
Taliesin (cylchgrawn), 375
'Tân' (W. R. P. George), 43–4
Tangwystl (gwraig Llywarch Howlbwrch), 81
Tangwystl ferch Adda, 122
Tangwystl Goch, 80–1, 109 n.10, n.15, n.18
Tannau Tegfelyn (Edward Lloyd Jones), 174
Tarzan, 24, 160, 277, 339
Taylor, Jeremy, 149, 324
Telyn y Dydd (gol. Annie Ffoulkes), 175–6
Tennessee, 261
Tennyson, Alfred Lord, 164
Terfel, Bryn, 168
Teyrnon, 64, 75
Thatcher, Margaret, 328

The Cauldron of Annwn (Thomas Evelyn Ellis (Arglwydd Howard de Walden)), 176
'The Charge of the Light Brigade' (Alfred Lord Tennyson), 164
The Company of Wolves, 339
'The Daughter of the Regiment' (John Absolon), 168
The Development of Welsh Poetry (H. Idris Bell), 46
'The Flower' (George Herbert), 222
The Growth of Literature (H. M. ac N. K. Chadwick), 37
The Heroic Elegies and Other Pieces of Llywarç Hen, Prince of the Cumbrian Britons (William Owen (Pughe)), 32
The Intellectuals and the Masses (John Carey), 250
'The Lament of Llywarch the Old', 52
'The Lamentations of Round-oak Waters' (John Clare), 211
'The Love Song of J. Alfred Prufrock' (T. S. Eliot), 387
The Misfortunes of Princess Heledd (T. J. Morgan a Glyn Jones), 47
The Myvyrian Archaiology of Wales, 33
'The New House' (Edward Thomas), 230-1
The Penguin Book of Welsh Verse (Anthony Conran), 47, 329, 352
'The Poems of Llywarch Hen' (Ifor Williams), 34
The Prelude (William Wordsworth), 228
'The Problem of Translation' (David Bell), 351
'The Rime of the Ancient Mariner' (Samuel Taylor Coleridge), 184
The Rule and Exercises of Holy Living (Jeremy Taylor), 149, 324
The Saga of Llywarch the Old (T. J. Morgan a Glyn Jones), 47
'The Second Coming' (W. B. Yeats), 386
The Significance of Flesh (Joseph P. Clancy), 352

The Story of Heledd (T. J. Morgan a Glyn Jones), 50
The Summer of the Danes (Ellis Peters), 52
The Tempest (William Shakespeare), 291, 297
The Victorian Frame of Mind (Walter E. Houghton), 160
The Weekly News for Pembrokeshire and Carmarthenshire, 214, 215, 216, 217
The Western Telegraph and Cymric Times, 214, 217
'Theater des Westens' (Alun Llywelyn-Williams), 42
Thelma & Louise, 253
'This Is Just To Say' (William Carlos Williams), 262-3
Thomas, D. A. (Arglwydd Rhondda), 170
Thomas, Dylan, 221, 229
Thomas, Ebenezer (Eben Fardd), 166
Thomas, Edward, 230-1
Thomas, Einion, 224
Thomas, Gwyn, 21-4, 26-8, 47, 57-8 n.69, 121, 124, 125, 173, 202, 242-65, 269-90, 291-320, 322-43, 350-64, 367-90

Barddoniaeth, 242-65, 269-90, 387-90
Dafydd ap Gwilym, diddordeb yng ngwaith, 121, 124, 125, 269-71, 275, 328, 331-6, 350-64, 375-6
Llunyddiaeth, 22, 312-20
Ysgolheictod, 22, 23, 26, 322-43

Gweithiau

Astudiaethau llenyddol a diwylliannol:

a) Cyfrolau a llyfrynnau:

Dadansoddi 14, 371
Dafydd ap Gwilym: Y Gŵr Wrth Gerdd, 335
Duwiau'r Celtiaid, 337
Eisteddfodau Caerwys, 328-9

Gair am Air, 336, 337–8, 339–40,
    368, 374, 376, 383
Golwg ar Farddoniaeth Ddiweddar,
    369, 377, 381, 383
*Gweledigaethau y Bardd Cwsg: Y Rhan
    Gyntaf* (gol., ar y cyd â Patrick J.
    Donovan), 323
*Llenyddiaeth y Cymry: Cyflwyniad
    Darluniadol, Cyfrol 1*, 336
Y Bardd Cwsg a'i Gefndir, 22, 323–6,
    342
Y Traddodiad Barddol, 47, 331–6,
    368–9, 374

b) Ymdriniaethau ac ysgrifau unigol:

'Arolwg o'r Gymraeg yn Niwylliant
    Cymru', 337
'Arwyr Geiriau, Arwyr Lluniau', 383
'Bras Ddosbarthiad ar ein Rhyddiaith
    Gynnar', 337
'Changes in the Tradition of Welsh
    Poetry in North Wales in the
    Seventeenth Century', 326
'Dau Lwyd o Gynfal', 336
'Mae'n Wlad i Ni', 242
'"Mewn Carchar Tywyll Du"', 339,
    374, 384, 386
'Y Portread o Uchelwr ym
    Marddoniaeth Gaeth yr Ail Ganrif
    ar Bymtheg', 327
'Tu Hwnt i'r Llen (Brasolwg ar
    Lenyddiaeth a Chrefydd)', 342,
    386

Cyfieithiadau a diweddariadau:

Culhwch ac Olwen, 368
*Dafydd ap Gwilym: Chwe Cherdd/Six
    Poems*, 335
Dafydd ap Gwilym: His Poems, 121,
    125, 335
Living a Life: Selected Poems, 1962–82
    (ar y cyd â Joseph P. Clancy), 255,
    351
Y Mabinogi, 368

Yr Aelwyd Hon (ar y cyd â Bedwyr
    Lewis Jones a Derec Llwyd
    Morgan), 47, 329–31, 335, 338,
    368

Cyfrolau o farddoniaeth:

Am Ryw Hyd, 260, 282
Anifeiliaid y Maes Hefyd, 263
Cadwynau yn y Meddwl, 261
Chwerwder yn y Ffynhonnau, 243, 245,
    250, 277, 294
Enw'r Gair, 248, 250, 255, 257, 263,
    278, 368
*Gweddnewidio: Detholiad o Gerddi
    1962–1986*, 263
Symud y Lliwiau, 243, 261
Wmgawa, 255
Y Pethau Diwethaf a Phethau Eraill,
    247, 255, 282, 384
Y Weledigaeth Haearn, 22, 244–5, 277,
    294
Yli, 263
Ysgyrion Gwaed, 243, 250, 255, 256,
    277, 291, 294

Dramâu a ffilmiau:

Amser Dyn, 291, 297, 298–311, 320
Lliw'r Delyn, 291, 293–4
O'r Ddaear Hen, 317–18, 319–20,
    337

Cerddi:

'Anghyfrifol' (*W*), 255
'Amour Herissonois neu Bod yn
    Ddraenog' (*ARH*), 274
'Anjela' (*CT*), 247
'Anweladwy Weledig' (*CT*), 274
'Ar Awr Annaearol o'r Nos' (*CT*),
    274
'Ar Lan y Cefnfor Mawr' (*SLl*), 252
'Ar Lan y Môr yn Erin' (*SLl*), 284
'Ar Ôl Dod o'r Ysgol' (*CT*), 274
'Ar y Ffordd' (*SLl*), 254, 287
'Arweinydd y Band' (*WH*), 247

'Arwr: Ugeinfed Ganrif' (*PDPhE*), 247
'At yr Eglwysi Sydd yn Myned hyd yn Bycluns' (*CT*), 247, 258
'Berlin 1945' (*SLl*), 247
'Blaenau' (*YG*), 243–4, 258, 291–2, 296–7
'Brwydr Argoed Llwyfain' (*YG*), 256
'Bryn Celli Ddu' (*YG*), 318–19
'Bu John' (*W*), 288
'Bye-Bye Love' (*ChFf*), 247
'Cadwynau yn y Meddwl' (*CM*), 28, 258, 260-1
'Cannwyll y Pasg' (*SLl*), 389–90
'Capten' (*SLl*), 248
'Casanova' (*ChFf*), 247
'Coeden Nadolig' (*PDPhE*), 286
'Colofn Gofidiau' (*PDPhE*), 247
'Crocodeil Afon Menai' (*EG*), 247
'Crocodeil' (*CT*), 248
'Croesi Traeth' (*CT*), 252
'Crwban' (*EG*), 247
'Cwestiwn ac Ateb' *(CT)*, 280
'Cwmorthin' (*WH*), 297
'Cyfarchion' (*ARH*), 274, 286
'Cyfraniad y Fasnach Felysion at Achos Crefydd yng Nghymru' (*ARH*), 274
'Cymaint â Hynny' (*PDPhE*), 255, 287
'Cyrtens' (*EG*), 247, 248
'Cysgodion' (*CM*), 258
'Dacw'r Môr (*Ceri a Gwydion yng Nghlarach*)' (*EG*), 252
'Damwain' (*YG*), 255, 287–8
'Deffro' (*EG*), 275
'Dic' (*WH*), 247, 254
'Din Lligwy' (*YG*), 318
'Diwedd Stém' (*PDPhE*), 255, 288
'Dodge City' (*SLl*), 247, 253
'Drama'r Nadolig' (*CT*), 274
'Dros' (*ARH*), 286
'Dyn Mewn Car' (*YG*), 247, 255, 287
'Dysgu Iaith' (*EG*), 369–70
'efnisien' (*WH*), 173, 295
'Eira Cynta" (*PDPhE*), 286

'Eisteddfod Sir yr Urdd (Dan 12)' (*ARH*), 286
'Er Cof (*Arwydd bach o barch mawr*)' (*W*), 285–6
'Fe Fu Farw Gŵr' (*WH*), 245
'Fi' (*ARH*), 286
'Fi, Fo, Nhw' (*CT*), 273
'Fy Nhraed' (*CT*), 249
'Ffish a Tjips a Fimto' (*SLl*), 247, 249
'Ffoadur' (*PDPhE*), 281, 286
'Geiriau' (*ARH*), 260, 282
'Geneth Dair Oed yn Cofio Glaw Mawr' (*SLl*), 287
'Gogi' (*EG*), 247, 263
'Golchi Dwylo' (*SLl*), 249, 287
'Gorau Pwyll: Pwyllgorau' (*PDPhE*), 247
'Grêt Efo Het' (*PDPhE*), 247, 255, 288
'Gwyn a Du' (*Crwn yn Sgwâr a Cherddi Eraill*, Cyfres y Porth), 262–3
'Haf Cynnar' (*WH*), 297
'Harri a Jess' (*EG*), 249
'Henffych Datws' (*CT*), 249
'Hiliogaeth Cain' (*YG*), 258, 294–5
'Hiroshima' (*WH*), 247
'Hunan Anladdiad' (*SLl*), 287
'Hyn a Aeth Heibio' (*ChFf*), 297
[I'r Friallen] (*SLl*), 286
'Jan Pallach' (*PDPhE*), 247
'Jiráff' (*EG*), 247
'John Gwilym Jones' (*ARH*), 282
'Joni' (*WH*), 247
'Korea' (*ChFf*), 245, 256
'Len' (*ARH*), 280
'Letus Leidr' (*EG*), 247
'Luc Deunaw, Un i Wyth' (*SLl*), 271–2
'Llawenydd' (*WH*), 389
'Lliw Gwyn' (*PDPhE*), 288
'Llofft yn Llundain' (*ChFf*), 247
'Mae Hi'n Anodd' (*PDPhE*), 286, 388–9
'Mae Tania' (*SLl*), 247

'Maes Carafanau'r Eisteddfod
    Genedlaethol' (*PDPhE*), 281
'Meicrosgop' (*PDPhE*), 247, 286
'Miss Huws' (*PDPhE*), 247
'Monroe' (*WH*), 245, 247
'Morlo' (*EG*), 247
'Mwgwd Marwoldeb Dylan Thomas'
    (*PDPhE*), 281
'Nadolig 1966' (*YG*), 257, 259,
    292–3
'Nadolig' (*GA*), 282–3
'Ni Newidir' (*DM*), 61
'O Farw'n Fyw' (*SLl*), 387–8, 389,
    390
'O Walia!' (*ARH*), 279
'O Wraig' (*PDPhE*), 288
'Octopws' (*YG*), 247
'Orbison' (*GA*), 284–5
'Pa Fodd' (*ARH*), 286
'Pam y Creodd Duw Grocrotjis'
    (*PDPhE*), 248
'Parrot Carrie Watson' (*ARH*), 274
'Parrot' (*EG*), 247
'Pen Blwydd, Chwech' (*CT*), 249,
    272–3
'Powlen Bysgod' (*EG*), 247
'Priodas' (*WH*), 244–5
'Pwtyn' (*EG*), 247
'Roedd yr Haul' (*EG*), 259
'Roger Casement' (*WH*), 247
'Rhwng Dau' (*YG*), 258
'Rhyfeddodau' (*EG*), 260, 276
'Rhyw Yw' (*PDPhE*), 247
'Sbectol Haul o C&A' (*ARH*), 274
'Serch y Doctor' (*SLl*), 286
'Siglwyr Rhododendron' (*SLl*), 252,
    274
'Top of the Pops' (*CT*), 245, 247
'3 Radio' (*ARH*), 274
'Tystiolaeth Feddygol' (*ARH*), 274
'1914–1918' (*WH*), 256
'Wele Di yn Deg, "Baby"' (*CM*), 247,
    260
'Whiw!' (*SLl*), 249, 274
'Wil Draenog' (*SLl*), 248
'Wynebu Pethau' (*DM*), 61

'Y Bedwaredd Gainc' (*WH*), 173
'Y Bwrdd Biliards' (*SLl*), 247, 274
'Y Diweddar Ffredrig Tjips' (*CT*), 247
'Y Dŵr a'r Graig' (*CM*), 258
'Y Ddôr yn y Mur' (*ChFf*), 173, 178,
    249
'Y Ffatri'n Cau' (*SLl*), 247
'Y Modd y Bu i Bonso Gallio' (*ARH*),
    280
'"Y Sêr yn eu Tynerwch"' (*CT*),
    288–90
'Ym Manchester' (*ARH*), 274, 286
'Yn Hyde Park' (*CT*), 247
'Yn Stratfford' (*YG*), 247
'Ysgrifen ar y Wal' (*SLl*), 271, 274

Thomas, Jennifer, 27, 28
Thomas, John (Pencerdd Gwalia), 167
Thomas, M. Wynn, 40, 242
Thomas, Ned, 222
Thomas, R. S., 21, 48
Thomas, Thomas Jacob (Sarnicol), 170
Thorndike, Sybil, 36
Three Sorrows of Story-Telling, 37
Times, y, 159
'To Autumn' (John Keats), 221
Toilet Rollers, 340
Tomas, Robert, 148
Tomos, Angharad, 51
Tonwen, 31
Traed Mewn Cyffion (Kate Roberts), 243
'Trafferth Mewn Tafarn' (Dafydd ap
    Gwilym), 269, 332, 358–63
Trahaearn Brydydd Mawr, 102
Trallwng Elfael, 93
Trawsfynydd, 42
Trefeglwys, 134
Trefriw, 138, 139, 154
Treffynnon, 168
Treiorwerth, 143
Tren, 38, 45
'Tri Thrwyddedog', y, 29, 37
Trotzki im Exil (Peter Weiss), 291
Trwyn Pictwn, 205, 206, 215, 221
'Trystan ac Esyllt' (R. Silyn Roberts), 174
'Trystan ac Esyllt' (W. J. Gruffydd), 174

Tryweryn, 42, 224–5, 227, 230
'Tryweryn' (Gerallt Lloyd Owen), 224
Tudur Aled, 141, 353
Tudur Penllyn, 30
Twm o'r Nant, gw. Edwards, Thomas
Tŷ Capel Bryn Bowydd, 26
'Tŷ Haf' (Ieuan Wyn), 43
Tŷ'r Arglwyddi, 216
Tŷ'r Cyffredin, 216
Tynewydd, pwll glo, 168
Tywyll Heno (Kate Roberts), 45, 69
Tywyn, 138, 141, 146

Theatr Felin-fach, 51
Theatr y Castell, 51
Theatr yr Abbey, 36

Ur y Caldeaid, 40
Urien Rheged, 31, 41, 42, 49
Uwch Aeron, cantref, 122

Vancouver Island, 52
Vaughan, Catrin, 145
Vaughan, Henry, 228
Vaughan, Robert (*c.*1592–1667), 29, 31
Vaughan, Robert (mab Hywel Vaughan, Hengwrt), 139, 151, 155 n.19
Vaughan, Rowland, 327, 336, 342
Vaughan, William, 139, 145, 146, 147, 149, 150, 154, 155 n.21
Vendryes, Joseph, 376
Ventry, 226
Vicious, Sid, 340
Victoria, y Frenhines, 159, 160, 164, 165, 167, 168, 169, 171
Vita Merlini (Sieffre o Fynwy), 69
Vittle, Arwel, 176

Walford Davies, Jason, 48
Walters, David, 227
Walton, Evangeline, 176
Watcyn Clywedog, 327
Wayne, John, 24, 160, 340
Wdig, 204
Webb, Harri, 176

'Wedi'r Canrifoedd Mudan' (Waldo Williams), 228
Weiss, Peter, 291
Welles, Orson, 316
'Welsh Not', 165
'Welshmen as Civil, Political and Moral Factors in the Formation and Development of the United States Republic' (Eben Edwards), 159
Werewolf, 339
Whitman, Walt, 176
Wilberforce, William, 162
Wiliam Llŷn, 137, 333
Wiliam, Dafydd Wyn, 143
Wiliams, Gerwyn, 24
Williams, Beryl Stafford, 176
Williams, Charles, 176
Williams, D. J., 201
Williams, Derec, 51
Williams, Dilys, 205, 206
Williams, Edward (Iolo Morganwg), 33
Williams, E. Llwyd, 201, 206
Williams, Gruffydd Aled, 92, 93, 228
Williams, Gwen, 271, 335
Williams, Gwyn, 46, 47, 50, 350
Williams, Gwynne, 193
Williams, Huw Llewelyn, 325
Williams, Ifor, 27, 34–8, 39, 46, 47, 48, 49, 52, 55 n.28, n.29, 338–9
Williams, J. E. Caerwyn, 256, 258, 271, 322–4, 335, 338, 340
Williams, John (Ab Ithel), 166–7
Williams (née Llewellyn) Linda, 229
Williams, Llewelyn, 170
Williams, Marchant, 170
Williams, Owain, 227
Williams, Rowland (Hwfa Môn), 167
Williams, Taliesin (Ab Iolo), 33
Williams, T. Arfon, 43
Williams, Thomas, 144
Williams, Waldo, 201–33, 252, 329, 367
Williams, William Carlos, 261–3
Williams, W. Crwys (Crwys), 174
Williams, William (Pantycelyn), 170
Windisch, Ernst, 37
Wordsworth, William, 228

Wyn, Ieuan, 43
Wynn, Syr John (o Wedir), 96, 103–4
Wynne, Edith, 168
Wynne, Ellis, 147–9, 153, 322–8, 340–1, 342, 377
Wynne, William, 148

Y Bala, 160
Y Bardd a Gollwyd: Cofiant David Ellis (Alan Llwyd ac Elwyn Edwards), 175
'Y Bardd a'r Brawd Llwyd' (Dafydd ap Gwilym), 269
'Y Bardd yn Ymliw â'i Awen' (Edward Morris), 137–8
Y Betws (Morgannwg), 135
'Y Ceiliog Bronfraith' (Dafydd ap Gwilym), 209–10, 212, 223, 235 n.37, n.39, 239 n.97
Y Cymro, 42
Y Dref Wen, 39, 48
'Y Dref Wen' (Tecwyn Ifan), 51
Y Drenewydd, 50
'Y Drws Cauedig' (Elfed), 175, 180–3
Y Dylluan Wen (Angharad Jones), 176
'Y Dderwen Gam' (Waldo Williams), 201–33
'Y Ddwy Awen' (Alan Llwyd), 44
Y Fam Dduwies, 63
Y Faner, 230
Y Flodeugerdd Gymraeg (gol. W. J. Gruffydd), 175
'Y Ffin' (T. Arfon Williams), 43
'Y Galon' (Dafydd ap Gwilym), 361
Y Genhinen, 203
Y Gododdin, 34, 43, 330
Y Golau yn y Gwyll (Alun Llywelyn-Williams), 188
Y Goleuad, 168
'Y Greal Sanctaidd' (J. Dyfnallt Owen), 174
'Y Gŵr Gwyllt o'r Coed', 69–71
'Y Gwrth-gyrch' (Alun Llywelyn-Williams), 39–40
'Y Gwynt' (Dafydd ap Gwilym), 353–8
'Y Gwynt' (Harri Gwynn), 230

'Y Gwynt' (John FitzGerald), 230
Y Llenor, 173
Y Mab Darogan (sioe gerdd), 51
'Y Morgrug' (Gwenallt), 178
'Y Morgrug' (John Morris-Jones), 174, 176
Y Mynydd Bach, 43
'Y Nef a Fu' (T. Gwynn Jones), 175
'Y Prifeirdd Wedi'r Brad' (Hywel Teifi Edwards), 161
Y Seithfed Sêl, 339
'Y Tair Arth', 314
Y Tair Rhamant, 174
'Y Tlawd Hwn' (W. J. Gruffydd), 175
Y Traethodydd, 159, 160, 202
'Y Twrch Trwyth' (Gwenallt), 173, 178
Y Tŷ Haearn (John Idris Owen), 176
Yeats, W. B., 36, 177, 386
'Ym Merlin—Awst 1945' (Alun Llywelyn-Williams), 40
Yma o Hyd (Angharad Tomos), 51
'Ymadawiad Arthur' (T. Gwynn Jones), 174
Ynawg, 182, 185
Ynysymaengwyn, 138, 139, 141, 143, 151
'Ynys yr Hud' (W. J. Gruffydd), 175
'Yr Adfail' (Dafydd ap Gwilym), 334
Yr Arwrgerdd Gymraeg: Ei Thwf a'i Thranc (E. G. Millward), 161
Yr Efrydd o Lyn Cynon (Pennar Davies), 183
'Yr Ehedydd' (Dafydd ap Gwilym), 274
'Yr Haf' (R. Williams Parry), 185, 238–9 n.96
'Yr Heniaith' (Waldo Williams), 225
Ysbaddaden, 194
Ysgol Fomio, helynt yr, 35, 43
Ysgol y Moelwyn, 26
Ystrad Fflur, 95
Ystrwyth (Instructus), 92

Zeebrugge, 52
'Zehlendorf' (Alun Llywelyn-Williams), 42